Norman F. Cantor

THE SACRED CHAIN

The History of the Jews

ノーマン・F. キャンター　　藤田永祐訳

聖なるきずな

ユダヤ人の歴史

りぶらりあ選書／法政大学出版局

Norman F. Cantor
THE SACRED CHAIN
The History of the Jews

Japanese translation rights arranged with
Alexander Hoyt Associates in New York
through The Asano Agency, Inc. in Tokyo.

目次

序言

本書はユダヤ人と非ユダヤ人とを問わず、専門家でない人々および大学一～二年生を対象に記したものである。ユダヤ人の歴史に関する数々の古典的な書物、および過去二〇年間に出版された広範な分野にわる新しい研究書によって、ユダヤ人の過去に関して明らかになったことを伝えようと試みた。私は、もろもろの主要なテーマに関して知的な批評と、歴史学の視点からの評価づけを含む物語を記すことに努めた。私自身の好みは歴史社会学と文化史にあり、この二つの学問で用いられる範疇をユダヤ人の歴史に適用してみた。

最初にこの本の執筆を思い立たせてくれたのは息子ハワードであった。本書で取り上げたさまざまな問題は、ハワードや妻のミンディ、娘ジュディと何度も論じたものである。見解が一致したもの、互いに大きく相違したもの、小さな相違があったもの、とある。二〇年以上にわたる我が家での討論が本書を執筆する準備となり、焦点になるテーマを決める助けになった。

ハーパーコリンズ社の主筆ヒュー・バン・ドゥセン氏、私の著作権代理人アレクサンダー・ホイト氏に貴重な示唆と励ましを頂いたことを感謝したい。秘書のネリー・フォンタネッツさんに本書を仕上げる上で献身的に仕事をして頂いたことを感謝したい。

ニューヨーク大学の人文学部学部長室専属の方々には学術的ならびに事務的にいろいろ助けていただい

た。サクラメントのカリフォルニア州立大学のアーサー・H・ウィリアムスン氏そしてハイファ大学のベネット・クラヴィッツ氏は草稿に批評眼を光らせお目通しくださった。ニューヨーク州立大学のノーマン・A・スティルマン氏、オックスフォードのウルフソン学寮のサミュエル子爵夫人、ヴェロニカ・グリム女史、アリゾナ州立大学のチャールズ・デルハイム氏には拙稿の一部に目を通され、有益なご批評をいただいた。とはいえ、事実や判断に過ちがあれば、ひとえに筆者の責任であることは言うまでもない。

ニューヨーク大学のボブスト・アンド・ロー図書館、プリンストン大学のファイアストーン図書館、そしてヘブルー・ユニオン・カレッジ（ニューヨーク）図書館の職員の方々に、いつも変わりなく丁重に応対していただき感謝申し上げる。

本書の6章と10章の一部は『コモンウィール』誌に掲載したものである。本書に載せるのを快諾いただいたことに対し、コモンウィール財団に感謝申し上げたい。

N・F・C
サグハーバー、ニューヨーク
一九九四年四月

プロローグ——ユダヤ人の歴史を記すに当たって

専門家でない一般の人向けのユダヤ人の歴史書が最初に著されたのは、一九世紀中葉のドイツにおいてである。それはレオポルド・ツンツを指導者とするいわゆるユダヤ教学派（サイエンス・オブ・ジュダイズム・スクール）に依拠したものであった。著者のハインリッヒ・グラエツはそうした学究的手法と、ドイツの史書に流れるロマンチックな民族主義的伝統を上手くミックスさせた。彼は数巻からなるその歴史書に、ユダヤ人の歴史は集団として共有してきた受難（とくにキリスト教徒により加えられた受難）の記録であると同時に、どの時代をとっても、ユダヤ人の卓越した道義性と知力を示す記録になるという信念をもりこんだ。このグラエツの史書は英語とイディッシュ語に訳されて、二〇世紀に入っても熱心に読まれ続けてきた。

一方、二〇世紀も早いころ、ロシアとポーランドのユダヤ人世界の文芸のルネッサンスは、小説と詩歌に端を発して、オデッサ、ワルシャワその他東ヨーロッパの中心的な諸都市で、ジャーナリストとして生計をたてているが学術的訓練を受けていないもの書きたちに、史書を記す試みをさせるにいたった。イディッシュ語で史書を記した彼らの中でもっとも著名なサイモン・ダブナウは、一九四一年にナチスに捕らえられ命を落とした。

第一次大戦後ドイツでユダヤ人の歴史に関する学問が栄え、ウィーンでも同様であった。その学術的成果は質の高いドイツの人文学の研究手法を十分に駆使して挙げられたものである。ドイツ語を話すこれらの歴史家たちの中でもっとも優れた人々は、一九二〇年代、三〇年代に、シオニズムの理想主義のためもあるが、ナチの脅威から逃れるために海外に出て行き、移住先の土地でこれまでと異なる言語で著作活動を続けた。ゲルショム・ショーレムはヘブライ大学の創設者の一人だが、このことがもたらす利点にも助けられ、ユダヤ教の神秘主義とメシア信仰に関する独創性に富む著作を著した。サロ・バロンはコロンビア大学で研究教授の職につき、一八巻に及ぶ、主として社会と宗教の歴史に焦点を当てた史書を著した。ソロモン・D・ゴイタインは、最初はエルサレムで、次にフィラデルフィアとプリンストンで仕事をした。いにしえのカイロのユダヤ教会堂の書庫に所蔵されていた写本を利用して彼は、西暦一〇〇〇年から一三〇〇年に至るまでの地中海世界におけるユダヤ人の社会と経済に関する五巻の大著を世に問うた。二〇世紀のユダヤ人の歴史家たちの中で、ショーレムは深みと人の好奇心を刺激する点で、バロンは多産性と広い分野に及ぶ豊かな学識の点で比類がない。ゴイタインは中世のユダヤ人社会が実際に機能していた様を明らかにする難解な文書の研究のパイオニアである。

現在の視点からすると、ユダヤ人の歴史に関する著作を著したこれら三人の巨匠は、それぞれ欠点を免れていない。バロンはユダヤ人共同体の組織に関する専門的な事柄にとらわれすぎ、それが他との関連性に欠け、難解になってしまった。ゴイタインの文章は饒舌でまとまりを欠き、独りよがりのきらいがある。ショーレムはみごとな文章家で必要なときは簡潔で要をえた文体で記している。しかし、彼の記した中世と近代初期のユダヤの宗教史は、宗教の変化に対する社会的原因の考究の面で欠陥がある。過度に思想・観念の歴史として捉えているからである。

ドイツの歴史学を礎《いしずえ》にしてほかに二つの卓越した仕事が成就された。ハーバード大学のイトシャク・ベーアの、中世のキリスト教国スペインにおけるユダヤ人の研究、ブランダイス大学のアレクサンダー・アルトゥマンのユダヤ哲学の発展史の研究である。またハーバード大学のアメリカ人、ハリー・ウルフソンも、ユダヤ哲学に関する意義深い研究書を著している。

ユダヤ科学協会（イーヴォ）はヴィリニュスに創設され、歴史的・社会学的研究のための膨大な蔵書を収集してきた。幸いにも蔵書の大方は第二次大戦前および最中に、ニューヨークに移された。マルキストとしての偏りはあるが、東欧のユダヤ人世界に関する権威である歴史学者ラファエル・マーラーは、長年にわたりイーヴォを基盤に研究を進め、学者としての経歴をテルアビブ大学で締めくくった。ユダヤ歴史学のもう一人の開拓者はヘブライ大学のヤコブ・カッツである。この学問分野が一九七〇年代にスティーブン・シャロットのおかげで不朽のものとなったのも、同じヘブライ大学においてである。

聖書時代の歴史的研究を一九世紀中葉に創始したのは、ドイツのプロテスタントの高等批評学派の学者たちで、この分野における優れた研究は今日に至るもドイツ語を公用語とする大学、スカンジナビア語を公用語とする大学で継続されている。とくに一九三〇年代から、アメリカ、イギリス、イスラエルの考古学者たちが新たな貢献をし、一九五〇年代にイェール大学のE・R・グッデナウとコロンビア大学のE・J・ビッカーマンによって新たな展望が開かれた。

一九五〇年以降、死海文書の発見がもたらした興奮と論争と資料、そしてカトリックおよびプロテスタントの学者たちの、古代のユダヤ教にキリスト教の知的源泉を求める風潮が次第に強まっていったことも原因して、ユダヤ人の古代の歴史に関する膨大な文献が生み出されてきた。その多くは非ユダヤ人の学者の手になるものである。

ユダヤ人の歴史の研究の新しい時代が一九七〇年代、八〇年代に、アメリカの多くの単科大学、総合大学でのユダヤ研究のプログラムの創設と共に始まった。そのためにユダヤ人の歴史の分野の教授の数が増え、博士課程の学生の数も急速に増えていった。重要なのはユダヤ人の歴史に関する著作の市場の拡大・成長を、商業出版社および大学出版局が認めたことである。論文を出版すると大学の図書館が即座に購入してくれるために、年若い学者たちが速やかに学術界の注目を浴びるようになった。

新しい大きな波となったユダヤ人の歴史の学問の質はまちまちで、一九九〇年代初期までにこの新しい分野は、研究に焦点を与え、解釈を刺激する新しい方法論を必要とするようになった。だが、ユダヤ研究の分野の急激な成長・拡大のおかげで、ユダヤ人の歴史へアカデミックな世界がまともな敬意と関心を払うようになった。ユダヤ人の歴史は少数の学者だけがかかわる、二義的でこむずかしい分野として扱われていたのが、二〇年間で、アメリカの学術界の本流とみなされるようになったのである。

一九八〇年代イスラエルのもろもろの大学は質が低下していたにもかかわらず、ショーレム、ベーア、ゴイタインの指導の下で、歴史研究にはずみがつき、そのため比較的若年の優れた学者たちが積極的に活動するグループが結成された。

エルサレムのヘブライ大学でベーアとカッツにより創設されたユダヤの歴史学部は、サミュエル・エティンガーとH・H・ベン・サスーンの指導の下に一九四五年以降の三〇年間に更なる発展をとげた。ベン・サスーンを監修者に、彼の四人の同僚も協力してこのユダヤの歴史学部は一九六九年に一一〇〇ページからなる『ユダヤ人の歴史』を世に問うた。ワイデンフェルトによって、一九七六年に英語訳が英国で、少し遅れてハーバード大学出版局によってアメリカでも出版された。ベン・サスーンとエティンガーの指導の下に完成したこの本には、ヘブライ大学のユダヤの歴史学部の歴史学方法論の長所と弱点がよく現れでている。主な欠点は宗教を綿密な考察の対象とするのを躊躇している点、そして、一般の教養人を読者の対象からほとんど外している点である。

ユダヤ人の歴史のテルアビブ学派は、エリ・バーナビの監修の下に『ユダヤ民族の史的図解書』というユダヤ人の歴史に関する一巻ものの概説書をフランスの出版社アシェテから、一九九二年には英語版をニューヨークのクナプフから、出版した。この創意工夫に富み、みごとなできばえの箇所もある、大判で二二九ページの本は、独創的で卓越した地図を載せているだけでなく、数々のユダヤの記念建造物の見事なカラー写真と非常に有益な歴史年表を載せていて、その大方は過去のユダヤ史の中の重要な主題に関する解説的論説からなっている。ヘブライ大学のユダヤ人の歴史のテキストよりは理解しやすいが、それでも一般読者には難解であるといえる。

この本の欠点は、知的な面では西暦一一〇〇年以降の歴史の展開の論述が明快でなく、挿話のつなぎあわせのような断片的性格を持つ点、後半部分に勝利主義のシオニスト風の口調がみられる点、そして偏った強調のおき方から、ヨーロッパとくに東欧のアシュケナジとアメリカの文化および社会が正当に評価されていない点にある。ビザンティウム〔イスタンブールの旧名〕のユダヤ人、オスマン帝国、中国、そしてインドが、一八世紀、一九世紀の東欧における啓蒙運動であるハスカラ（これあればこそシオニズムが生まれ、イスラエルという国の誕生が可能になったのは皮肉だが）と等しい、ないしそれ以上の考慮が払われているのを知るとき、私たちはイスラエルで出版されている本を読んでいることを知る。アメリカのユダヤ人の歴史の取り扱いは通り一遍で熱意がない。にもかかわらずテルアビブ学派の出したこの本は、とくに前半部分に載るさまざまな地図やイラスト、そしていくつかのエッセイゆえに賞賛に値する価値がある。

一九八〇年以降のユダヤ人の歴史の史料編纂の分野で最も重要な活動を展開してきたのは英語を公用語とする世界である。遅ればせながら聖書時代以降のユダヤ人の歴史の研究が、英国、とくにオックスフォードとロンドン大学で盛んになされるようになった。

アメリカユダヤ協会に支援され、かつ、ユダヤ人の歴史がアメリカ合衆国の歴史の重要な一部と学術的に認められたために、アメリカのユダヤ人の過去の経験に対する知識は大いに深まり、一九九二年には、シティ・ユニバーシティ・オブ・ニューヨークのヘンリー・L・フェインゴールドを監修者として五巻ものの『アメリカのユダヤ人』が出版されるにいたった。質は玉石混交で見解は判然とせず、語り口も従来からみられる、ことほぐような口調から、貴重な知的鑑識眼がうかがわれるものに至るまで、まちまちのこの歴史書は、しかしながら、一貫して読みやすく新しい時代も詳しく扱うという長所を備えている。

一九九〇年代初めまでに、ショーレム、バロン、ゴイタインといったおなじみの歴史家たちが知らなかった、彼ら以降に現れた多くの新しい重要な文献全体を利用することが可能になったのは、ユダヤ人の歴史の史料編纂の充実度を大いに高めた。

史書の著述は、大きな変化を経験する歴史の下位分野を常に特徴づける二つの面における進歩によって印しづけられる。一方では、限定された単一小分野をテーマとする詳細な研究論文が、もう一方では、総合的な解釈を試みる洞察に富む著書がある。ユダヤ研究以外の分野で教鞭をとる大学の教師たちが、ユダヤ人の歴史の史料編纂に貴重な貢献をしているのは喜ばしい兆候である。一九九三年に世に出たユダヤ人の歴史に関する独創的で興味深い六冊ほどの研究書の一つは、アメリカの大学の比較文学の教授、もう一つはアメリカの大学の政治学の教授が記したものである。

重要な仕事をする新しいタイプの人が増えたことは、ユダヤ人の歴史の分野が成熟してきた証拠である。ある歴史の分野ないし学派の価値の究極的なテストは、文化の総体的な変化、および世に知られ始めたイデオロギーと統合し、そこに影響を及ぼせるか否かにある。これは、焦点をより狭くしぼった学術的なものとは区別されるところの、ユダヤ人の歴史を扱う人々が二〇世紀の締めくくりの一〇年間に直面する社会的な挑戦である。その著作から、過去の解明だけでなく、イスラエルとディアスポラ（ユダヤ人の在住する土地）の将来を再考する上でのヒントが与えられるべきなのである。

ユダヤ人の歴史の編纂の仕事をして、アメリカのユダヤ人世界における世論形成の一つの重要な要素たらしめるには、歴史家は、世の教養ある世人に語りかけうる明晰な見解と文学的戦略を持つことが必要である。ユダヤ人の歴史をアメリカの大学で教えることができるようになった現在、歴史家たちはそうしたチャンスを与えられているのである。

それだけの自信と動機づけを持っているか否かは別問題である。アメリカの大学でユダヤ人の歴史を担当する教授のポストを支える資金の提供は、ほとんどすべて裕福なユダヤ人の個人的贈与によっている。ユダヤ人の歴史の編纂は、今では解釈がきわめて細かなレベルに達していて、このことは、この本の主題である領域にも浸透しており、富裕なユダヤ人たちが馴染んできた過去に関する心地よい従来の見解を覆す疑問を提起している。

ユダヤ人の歴史を担当する教授のポストを財政的に支えるアメリカの上流中産階級《アッパーミドルクラス》の人々は、歴史書が評論風になり、道義的、政治的に挑戦的な主題を扱うことなど期待してはいない。彼らが寄付金を寄せる医学部では、患者のユダヤ人たちは、一九世紀の医学を教わるのは望まぬが、一九世紀の歴史研究の方法はなんの異論もなく受け入れるのである！

彼らが慣れっこになっているユダヤ人の歴史の雛形というのは、不当な迫害そして賛美とからなる歴史、すなわち、過去二千年間キリスト教徒から受けた受難、近年では、ナチスによる受難に対し適切な悲しみを表しつつ、感傷的に賛美する、そういう歴史なのである。ユダヤ人は時おり知的な面で偉大なことを成し遂げる、二〇世紀には、イスラエルの場合、政治的、軍事的に偉大なことを成し遂げる、それらは、自分たちの運命を形成するのに与ってきたとする。ほかの面ではユダヤ人の歴史で問題にすべきことなど何もない、こうして不当な迫害ばかり連なる退屈な歴史となる。

これがユダヤ人の歴史担当の教授のポストを財政的に支えているアメリカの上層中流階級の人々が堅持するユダヤ人の過去に関する見解なのである。毎年大祭日〔新年と贖罪の日〕にシナゴーグの演壇から説かれる説教の内容なのである。それは、しかし、ユダヤ人の過去がさらなる綿密な研究と思慮深い再考の対象となるにつれ、厳密な精査と意義深い挑戦を受けることになる見解なのである。

多くの地域の新しい思想に開放的なアメリカのユダヤ人の文化は、しかし、ユダヤ人の過去を理解する脱構築的な試みに対しては熱意を持って耳傾けようとしない。最近アメリカの大学出版局からユダヤ人の歴史を扱ったものが急激にたくさん出るようになったが、論争を引き起こすおそれのない個々の主題を細かく扱った著作は歓迎されても、従前の迫害と賛美とからなるユダヤ人の歴史の雛形全体に対しあからさまに挑戦するようなものは歓迎されない、という一種の検閲の壁ができつつあるように思われる。

歴史家が、教授のポストの心地よさから、過去に関する都合のよい神話を鸚鵡返しに話しているかぎり、ユダヤ人の歴史編纂の仕事の知的向上、そして過去および現在のユダヤ人の生活の基本的な諸問題を再考する上での有意義さ、そうした点で、ユダヤ人の文化と社会の改革に役立つ影響を与えうるような著作とはとてもなりえないだろう。

ユダヤ人の歴史ものの著作の量と質を向上させるのにブレーキとなっている今一つは、体系的・制度的なものである。一つのアカデミックな分野の業績のレベルは、その分野の知的な進歩発展だけでなくその分野の制度のあり方によっても決定される。ユダヤ人の歴史はアメリカの大学では研究対象として人気のあるものになってきたが、多くの大学に広く薄く普及しているにすぎない。一つ一つの大学には生産的な学者や教育者は一人ないし二人、せいぜい三人居るにすぎない。この広くて薄い普及は、億万長者の後援者がユダヤ人・ユダヤ教に関する講座の基金をより多くの大学に寄せるにつれ、そしてまた、すでに名声を確立した学者に講座を担当してもらおうと各大学が競い合うにつれて、その希薄性を一層強めそうである。ある著名な学者がユダヤ教神学校からブラウン大学に移ったとき、あるいは同じことがブランダイス大学とニューヨーク大学の間で起きたとき、ユダヤ人の歴史の分野に関する研究は全体として少しもプラスにはならなかったのである。

私は、アメリカ南部および中西部のいくつかの意欲的な大学の学部長から一年間に三〜四回も、ユダヤ人・ユダヤ教の講義を担当する適切な人がいたら紹介して欲しい旨の書簡を受け取り困惑している。そして、きまってその条件というは、名前がよく知られていて、著作が多い人というのである。あたかもユダヤ人の歴史の担当者は、地域の億万長者であるユダヤ人の家族の財政的支援を受けていて、学内の黄金の鳥かごの中で囀っているエキゾチックな小鳥ででもあるかのように。

社会的情況としては、四〇年以前に比べて、あるいは二〇年以前と比べても、これは大きな進歩である。当時なら億万長者の家族はその義捐金を病院の方にあてたであろう。当時はユダヤ人の歴史はヒレル・ラビによってこっそり提供される教科課程として存するだけで、カリキュラムには載らなかったであろう。だが、アメリカの大学でのユダヤ人の歴史の財政的支援者たちの現在のレベルに困惑していても、安定した地位の学者なら経済的に報われる結果になろうとも、ユダヤ人の歴史に対する考え方に大きな進歩をもたらしはしないだろう。

必要なのはさらなる分散ではなく、さらなる集中である。アメリカにはユダヤ人の歴史を扱う三つないし四つの著名な学部があってしかるべきである。その一つ一つは、少なくとも六名ほどの卓越した学者がいて、第一級の蔵書を備え、提供される資金を基に専門誌を発行し、大学院生を募り教育するための基金を備えていてしかるべきである。一九三〇年代、四〇年代に、ヨーロッパの優れた研究所をモデルにして、ハーバード大学とコロンビア大学に総合的な歴史学部が設けられたことがアメリカの歴史編纂の仕事の質を向上させた。今はこの種の再出発が、ユダヤ人の歴史の分野で制度的に必要とされているのである。

信条

あらゆる法律や掟、モーセの律法のあらゆる祝福と呪いはただ一つ不変の目的を持つのみ。律法を継承する国民が全体として享受すべき安寧である……長い一つの絆がすべての世代を、アブラハム、イサク、ヤコブから時の終わりに至るまでのすべての世代を、結びつけている。

アハド・ハ・アム（アシェル・ギンスバーグ）　一八八九年

一つの民族に影響を及ぼすには、彼らの骨の中の骨、肉の中の肉であらねばならぬ。彼らの悲しみを悲しみ、彼らの辛酸を嘗めた者でなければならぬ。

メンデル・モチャー・スフォリム（ショレム・アブラモビッチ）　一八八八年

それなら、宗教とは何か？　過去二千年余りもユダヤ人がそのもつ幻想のために何を被《こうむ》ってきたか。そうだ、人々を把握・支配してきたのはこの幻想にほかならない。

テオドール・ヘルツル　一八九五年

ユダヤ人であること、それは、この世はいまだ贖《あがな》われていないことを忘れていないことの謂《いい》である。

この民の偉大さは、かっては神を信じていたこと、その信仰のありようが、神への信頼と愛が神への畏れより大きかったことにある。

アブラハム・J・ヘスチェル　一九五五年

ハンナ・アーレント　一九六三年

一九四五年以降生まれのユダヤ人は、父祖の神を信じることも、イスラエルに全幅の信頼を置くこともできずに、自分が、すくなくとも認識を共有できる場としてのシナゴーグを探し求める無神論者であるのを見出す。

フレデリック・ラファエル　一九九四年

第1章
ユダヤ人の起源

帝国の領土を広げていったローマ人は、紀元前六三年に地中海の東端の地域をローマ帝国の一部として併合した。この東端の地域の南の部分、シリアとエジプトの砂漠地帯の間にある土地を、ローマ人はユダヤと呼び、ここからそこに住まう人々はローマ帝国内でユダヤの人と呼ばれるようになり、こうしてユダヤ人という呼称が生まれた。この呼称は、ユダヤ人自身が、ユダヤ人の部族（のちに王国）の一員としての自分たちをよぶ呼称と符合した。

ローマ人はやがて、ユダヤ人は気が短く、反抗的で、内部分裂していて治めにくい人々であると知った。とはいえ、ユダヤ人は歴史や宗教について記した書物を所有していて、ローマ人のなかでも読み書き能力に秀でた人々はユダヤ人に興味をもち、称賛の念を抱いたのであった。ローマ人の目からみると、自分たちに征服された諸々の民族のなかで、ユダヤ人の著作の質の高さに匹敵できるのは古代ギリシアの文学あるのみであった。ユダヤ人の書物にはいろいろな事柄が記されていたが、彼らの起源について長々と記したものもあった。

今日私たちが読んでいるヘブライ語聖書〔旧約聖書〕はマソラ学者（マソラは「伝統的な」の意）の手になる

もので、西暦一〇〇〇年頃に記された。ギリシア語訳旧約聖書（セプトゥアギンタ）も今日まで世に伝わり、これはエジプトのアレクサンドリアにあった大きなユダヤ人共同体の人々のために紀元前二五〇年頃に記されたもので、内容の九五パーセントはマソラ学者の手になるものと一致している。そして死海沿いのクムラン共同体が所有していた聖書の本文——一九四〇年代後期に発見された世に名高い、かの死海写本——は、原語（通常はヘブライ語）で記された聖書を、ほとんどすべての巻にわたり（断片的なものも含めるなら）、伝えてくれている。この死海写本が記された時期はおそらく紀元前三〇〇年から同一〇〇年の間と思われる。

一一世紀以来ユダヤ人は、マソラ学者が編纂した聖書本文——今日もユダヤ教会堂および学校で使用されている——は権威をもつものとみなしてきたのであるが、死海写本の本文は、そうした信念を確証してくれた。死海写本の発見はラビたちに大きな安堵感を与えもした。古代のクムラン聖書の本文と中世のマソラ学者編纂の本文とは九八パーセント内容が一致しているからだ。

ユダヤ教聖書（タナハ）には紀元前の一五〇〇年間のユダヤの人々の歴史が、古代世界のどの民族の文献にも例をみないような、リズミカルで迫力ある文章、生き生きと描写された細部、そしてすべてに優先する明晰な概念を提示する文体で記されていた。こんなに密度の濃い、自信に満ちた、激しい内容の歴史に関する神話は、一九世紀にヨーロッパで民族主義的歴史が勃興するまで創造されなかったのである。こうして聖書に記された歴史は、ユダヤ人の教会堂や学校で、今日にいたるまで自信をもって説かれ、教え続けられることになった。

さらにまた一九三五年から一九六五年にいたる時期に、アメリカの著名な考古学者ウィリアム・フォックスウェル・オールブライト、イスラエルの考古学者Y・ヤーディン、そしていく人かのドイツの学者たちは、聖書に載るいくつかの重要な出来事——たとえば、イスラエル（ヘブライ）人はエジプト脱出のあとシナイ半島の砂漠地帯に四〇年間滞在し、伝えられるところではヨシュアに指揮されてカナンの地に侵攻し、ジェリコを陥落させた——についての記述は、現代における考古学上の発掘により、その真実性が裏づけられたと主張した。

族長と士師《しし》（裁き人）が支配していた紀元前の二〇〇〇年から一〇〇〇年にいたる紀元前第二ミレニアムに関する記述が、基本的には史実性をもつことを、喜ばしくも、もの言わぬ石板が語り、裏づけてくれたと主張したのである。一九六〇年代考古学の文献に通暁したドイツの作家ウェルナー・ケラーはそうした知識を、空前のベストセラーとなった『歴史書としての聖書』にもりこんだ。彼は一九八一年に出した改訂版で、その後の最新の知識をとり入れ、この本は今日なお一部の人々に熱烈に信奉されている。

だがいかんながら、厳格で聡明なイギリスの考古学者キャスリーン・ケニヨン——熱烈な反シオンニストで、ヨルダン政府の支援のもとに研究活動を行なった——は、一九六〇年頃、ジェリコに関するオールブライトの主張を否定した。オールブライトにより発見された焼失した都市は、ヨシュアがカナンの地に侵攻した時点より前の時代のものであることを彼女は論証したのである。聖書に載るユダヤの歴史の最初の一〇〇〇年間に関する記述のもつ史実性は、これと似たようにして、考古学的裏づけがすべて不確かなものとなってしまった。アブラハム、イサク、ヤコブ、モーセ——は、はたして実在した現実の歴史上の人物たちなのか、旧約聖書以外には人を信じさせる根拠になるものはなにもないのである。

ユダヤ人がファラオの奴隷であったエジプトからの、かの有名な脱出——毎年催される過越《すぎこ》しの祭りで祝われる解放——ですら、いく世紀間もユダヤ人の（ときにキリスト教徒の）想像力に火を灯してきたこの聖書の物語ですら、巨額のお金の投資と確固たる決意をもって、一〇〇年以上かずかずの記録の研究とナイル河のデルタ地帯の考古学的調査がなされてきたにもかかわらず、一片の証拠すら提供されていない。私たちに残されたものは、聖書に記された歴史を支持しようとする、説得性の薄い、なんの根拠づけもない二つの主張だけである。一つは、聖書の記述は、密度ある細部描写やドラマチックな説得性からみて、たんなる虚構の神話では「ありえない」。語り口にいかに装飾性が濃厚にみられようとも、核になる事実、基礎になる現実の出来事が「あったにちがいない」という主張である。一九九二年版の『ユダヤ人の歴史大鑑』の中でテル・アビブ大学の学識豊かな学者たちは、「聖書の中の、歴史的典拠性が最も薄弱な言い伝えですら、現実の出来事、変化する社会の過程、実際に生きていた人々について語ったものである」と主張している。意味するところは、聖書に記されている紀元前二〇〇〇年から同一〇〇〇年にかけてのユダヤ人の初期の歴史は、空想的で蓋然性に欠けるものではなく、現実に起こりうるものなのだということなのだ。

とはいえ、現実にあったことにはならない。経験主義に基づく研究は史実性を立証しえなかった。ユダヤ人の起源についての聖書の記述は、ずっとあとの時代（聖書に記されているもろもろの出来事より一〇〇〇年もあとの時代）に、こしらえられたものなのである。

聖書の記述の史実性を支持する二つめの主張は、ほかのもろもろの民族の古代の歴史書に記された類似性ないし関連性をもつ事柄に根拠を求める説である。聖書の中のいくつかの出来事は、古代の中東の歴史の、ユダヤ人でない民族の世に知られた個別的、ないし全体的趨勢や出来事と「ぴったり符合する」というのである。こうして、一神論者であったと思われるファラオが二、三年間エジプトに君臨していた（エジプトの司祭たちはこのことを認めようとしない。ファラオ・イクナトンの死後、エジプトは伝統的な多神教に戻った）とするのである。アブラハムが一族を引きつれて西方へ移住する前に暮していたと思われる紀元前第二ミレニアム初期ないし中葉頃には、その地域は開拓民が密集して生活していたことを思えば、チグリス・ユーフラテスの渓谷の「カルデアのネル」からアブラハムがきたということが、ありそうなことになる、と一部の学者たちは主張する。メソポタミアの宗教には歴史に関するいくつかの神話、とくに洪水（ノア）の神話がある。それらの神話は旧約聖書にも似たように記述されている。おそらくユダヤ人はカナンの地に移住したとき、メソポタミアの話を一緒にもっていったのであろう。

また、もしユダヤ人がエジプトに行って善きファラオたちに歓迎され、のちに悪しきファラオたちによって奴隷の身分に落とされたとしたら、紀元前一二世紀のエジプトの歴史に登場するヒスコス人のエピソードとうまく符合する。ヒスコス人は地中海東部からきた民で、海を生活の場とし、ユダヤ人と等しくセム人（一九世紀の人種主義者が創ったこの範疇が、厳格な意味でなにを意味するにせよ）であったと思われる。そんなわけでユダヤ人は一世紀間かそこら、ヒスコス人の支配下で快適な暮しをしていたが、土着のエジプト人の王朝が再び権力を掌握するに至った。打倒されたヒスコス人の支配者たちを支持していたユダヤ人は、当然のことに、迫害され、奴隷の地位に落とされたのは想像にかたくない。やがて一人の偉大な指導者（ユダヤ人でなかった可能性もある）のもと、イスラエル人たちはシナイの砂漠地帯に逃れ、聖書によれば、自分たちの父祖、族長アブラハムに神が約束した土地、カナンへゆっくりと戻っていった。

紀元前一〇〇〇年以前の事柄に関する聖書の記述の史実性はきわめて薄弱である。上述したように、疑義の容喙《ようかい》する余地のある推測に基づくほかないからである。この点で役にたつ唯一の考古学上の発見は、紀元前一二〇〇年頃カナンでエジプトのファラオがユダヤ人の軍隊を滅ぼした旨を記した石碑文の発見である。聖書の記述を証拠だてるものとしてあまり名誉な代物ではないが！　とはいえ、明らかにユダヤ人がカナンの地にいたのだ。そこでなにをしていたかは別問題である。

紀元前一〇〇〇年以降になると歴史の真実が少しは分り始める、とはいえ、紀元前八〇〇年以前については、ほんの少しにすぎないが。あるエジプトの資料には、紀元前九五〇年頃アシュルの人々と戦闘をまじえたことが記されている。アシュルは初期のユダヤ人の一二の部族の一つの名前である。一九九三年にイスラエルの数名の学者が、ダビデ王のひ孫の時代のものと思われる、「ダビデの家」についての記述がある石碑文を発見したことを欣喜雀躍《きんきじゃくやく》して報告している。聖書にダビデの生涯について小説のような長い話（おそらく二つの別々の話を一つにしたものだろう）が載っているが、この発見により初めてダビデの実在性が、ないしは少なくともその存在に関する思い出が、立証されたのだから、祝いたい気持ちも分からぬではない。

イスラエル人は、ここ数十年、国中いたるところを掘削してきたが、無出油井《ゆせい》ばかりで、自分たちの土地はちゃんとした油井一つない処（そんな場所は近東では数少ない）のように思われるという自覚に苦痛な思いを味わっている。おそらくいつの日か、湧出量の大きな噴油井が石油を産出し始めるだろう。そして、おそらくいつの日か、偉《おお》いなる考古学的発見がなされ、聖書に記された族長アブラハムからダビデ王にいたるユダヤの歴史の真実性が証拠づけられるであろう。ダビデ王が実在し支配したこと、息子である野心家のソロモン王がエルサレムに最初の神殿を建てたことは大きな蓋然性をもっている。

だがアブラハムの家系の史実性を考古学的に立証できる輝かしい日が訪れるまでは、聖書に記されている最初の一〇〇〇年間のユダヤの歴史のすべて、そしてそのあとの一、二世紀間のユダヤの歴史のいくつかは、人間の想像力が創った偉大な傑作の一つ、あるいは、すべての時代を通じてもっとも巧みに考案された歴史的神話の一つであると私たちは認めなければならない。経験に基づく根拠から判断すれば、実際には存しなかったことになる。

紀元前八〇〇年前後のある時期に、ダビデ王のひ孫の宮廷で、天賦の才の持ち主——おそらくは一人の位の高い貴族の女性——が、ユダヤ人の起源に関するこの驚くべき物語を考案したのである。すでに世に出回っていた話を断片的に採用したのかもしれぬし、独りですべてを考案したのかもしれない。紀元前六世紀ユダヤ人がバビロニアの捕囚になったとき（バビロニアは族長アブラハムの出身地とされていて、したがって、聖書によればユダヤ人たちはある意味で好都合にも地理上のルーツに戻ったことになる）ラビや律法学者たちは長時間費やして、この物語のような歴史をさらに詳細なものにし、自分たちに望ましいように神学的な工夫をつけ加えたのであった。紀元前五世紀、温容なペルシア人の支配者の治めるエルサレムに戻ってきたユダヤ人もいて、聖書に記されているユダヤ人の歴史は、ラビや律法学者たち、とくに学者で共同体の指導者であるエズラの手で、このエルサレムの地で私たちが目にする最終的なかたちのものになった。

ダビデ王のひ孫の時代の貴族が記した立派な本文である、いわゆるエホバの書に加え、エズラと律法学者はほかの三つの初期の出典から抜粋して、必ずしもきちんとしたかたちではないが、最終的に聖書の話をしあげた。

以上が今の最先端の聖書研究が教えてくれるところだが、最近リチャード・エリオット・フリードマン、ハロルド・ブルーム、デイビッド・ローゼンバーグ、そしてロビン・レイン・フォックスはその方面の成果をまとめてみごとな本を出版した。W・F・オールブライトやY・ヤーディンといったイスラエル人たちの研究書に基づく「歴史書としての聖書」という見解は、一九六〇年代にもてはやされ、ワーナー・ケラーの素朴な著書で熱っぽく平易に説かれたが、現在は通用しなくなっている。今ではきわめて熱烈なユダヤ人の学者ですらこの見解には用心深い態度をとるようになった。

「歴史書としての聖書」は一九九〇年代に「文学としての聖書」というモチーフにとって代られた。このモチーフは、カリフォルニア大学の文学担当の著名な教授で、アメリカの文化面をリードする、ユダヤ人が経営する雑誌『コメンタリー』誌への頻繁な寄稿家でもあるロバート・オールターが提起したものである。彼はこう主張する、イスラエル各地を掘り起こして聖書の細部をこうるさく証拠だてようなどと気を労しないこと。数世紀間かけてマソラ学者がどのように聖書の本文を組み立てたか、どのように校訂をほどこしたか、寄せ集めの中身の身元調べ、そうしたことに気を使わないこと。現在手にするみごとな聖書のテキストを完全な文学作品として読んで、いろいろな要素からなる文学的構造と総体的な知的意味を明確にしようではないか、と。

この主張を難じる理由はない。だれも傷つきはしないし、楽しみと創造的刺激を味わえるだろう。これは、歴史に無関心な一種の新根本主義であり、今ではケラーの主張はまちがっていると心の底では知っている進歩的なラビたちの間で、一時期もてはやされた考え方であった。

アブラハムの時代からダビデ王が登場する直前まで（すなわち紀元前一〇〇〇年かそこらまで）の、ユダヤ人の起源に関する聖書の記述に史実性が欠けていることは、モーセ五書自体に秘かに予言されている。「ユダヤの人々はほかの諸国民の中で孤独な存在となり、ひとしなみには見られなくなろう」（Numbers 23: 9）

それならユダヤ人とは何ものなのか。彼らはどこからきたのか。現代の学問研究の成果から三つの回答のどれかを選択できる。第一は砂漠地帯からきたというおなじみの説である。ユダヤ人（イスラエル人、ヘブライ人）は羊の群れ（そして、おそらくラクダ）に頼り半遊牧生活を送る砂漠の民であったが、カナンを侵略し、ヨルダン河渓谷地帯と海岸沿いの平原地帯の、新石器文明の段階のいくつかの豊かな都市を掠奪した。

聖書の記述に基づくこの見解には、考古学の見地からみていささか無理がある。古代の近東における遊牧文化はラクダに依存した文化で、考古学が教えるところでは、アブラハムとそのほかの族長たちは、ラクダが家畜化されるより数世紀前の人々であったように思われるからだ。とはいえ、原初のユダヤ人たちが砂漠地帯からきた遊牧民で、いまわしい偶像神を崇拝する防衛力の弱い異教徒のカナン人を襲ったとするのは、昔も今も心理的な満足感を与えてくれる。この説はユダヤ人と砂漠の民アラブ人とは密接な血縁関係にあるのを確証する傾きがある。聖書には、アラブ人も族長の子孫であると記されている。

ユダヤ人の起源を説明するもう一つの考え方は、マーティン・ノスの説にしたがえば、彼らは、いくつかの岡の上の革新的な祭壇のまわりに集まった、カナン人の下位集団であった。彼らは、偶像神に支配されることが少ない、精神的で独特の宗教を忠実に信奉するようになり、やがてヤハウェの意志によって、自分たちの集団を平凡でいまわしいカナン人たちから区別する歴史を創作した。とはいえ彼らはカナン人であり、ただその分派を形成した人々であるというものである。

あるいはN・K・ゴットワールドのようにマルキシズムに則った説明を好むなら、ユダヤ人の起源はプロレタリアートとしての反乱から生まれたことになる。彼らは「ハプリ（おそらくヘブライ語「イヴリ」の語源となったメソポタミア語）」つまり、反乱を起こした小作農、傭兵、その他社会的に恵まれぬ人々の集団であった。彼らはカナンの都市国家の支配階級と戦った人々の集団なのであった。

イスラエルの著名な考古学者I・フィンケルシュタインは一九八八年に、原初のユダヤ人に関するここ一〇〇年間の研究をまとめ、ユダヤ人の起源についてのあらゆる学説を合成した総合的学説を創る試みをした。イスラエル人は最初「定住生活者」であったが、やがて「牧畜生活」をするようになり、最後に「再び定住生活者」へ戻った、そう彼はいう。こうして、カルデアのウルを立ち去り、一族と一団の人々を引き連れて約束の土地カナンへと結局やってくる一見単純な父祖アブラハムのイメージは――平原のもろもの都市を通過していく砂漠の民のイメージは――大いに複雑な物語になったのであった。

ある時点で、おそらくはヒスコス人と同族の者に雇われて、ようやくのことエジプトに辿り着いたユダヤ人たちもいた、と認めてよいだろう。そしてヒスコス人が覇権を奪われるとカナンに戻った。この件《くだり》はあの大いなる解放の神話に、誇張されて記念されることになった。つまり、ユダヤ人の一部ではなく、その全体（これはまちがいだが）ないし大部分がファラオ、おそらくラメス二世（紀元前一二〇四年死亡）――ピラミッド建設に異常なほど熱を傾けた王――の奴隷にされ、そこから解放されるというあの神話になった。あるいはエジプトへの逗留という話全体が、なにかのイデオロギー上、ないしは社会的な都合で、のちの世に創作されたのかもしれない。

もし科学を信じるなら、また、歴史が経験により立証可能な証拠に基づくことを望むなら、原初のユダヤ人には民族的ないし社会学的に、特別なものは何もない。地中海東部に暮らしていた一つの集団、紀元前九〇〇年から同三〇〇年の間のある時期に、摂理に関する一元論的教義と清教徒的倫理をもち、男子の割礼の儀式と厳格な食事に関するタブーの遵守を主張する独自の宗教を創りだした集団。そしてエルサレムで発布された法律に実質性と説得力をもたせるために、一〇〇〇年前に遡る歴史を作り上げた集団であった。

紀元前五〇〇年前後のある時期に、ユダヤの知識人、物書き、宗教的指導者たちはユニークな文化、特異な宗教、行動の様式に関し他とはっきり異なる見解を創造した。そして自分たちの文化の他のすべての相を正当化し、物語固有の深みを賦与するために、歴史と歴史観を創作した。この創作された歴史は旧約聖書にくみこまれ、のちにキリスト教の思想として用いられ、議論の余地なく、何世紀もヨーロッパ人の文化意識を構成する一要素となったのである。
とはいえ、長期間影響力と高度の実質的威信をもってきたからといって、それがダビデ王が登場する以前の聖書の物語の史実性の証とはならない。ダビデ王の統治期間は勿論、そのあとの時代ですら、聖書にのる歴史に関する記述は問題をはらんでいて、精査を要する。いろいろな分野からの精査が必要だが、その中に考古学も一枚加わらねばならない。エズラと編集に携わった彼の同僚たちのあらゆる心づかいと理想主義も、ヘブライ語聖書から、民間に流布する話に内在する原始主義的文化の片鱗が混入するのを完全に排除することはできなかったといわれている。スタンフォード大学の若い人類学者ハワード・エイルバーグ・シュワーツは、一九九〇年に、紀元前三〇〇年頃に完成をみたヘブライ語聖書のマソラ学者が編纂した本文の中に、原始的ないし未開の、ありきたりな宗教の名残りを比較的容易に捜しだせることを指摘した。

イスラエルの宗教には固有のトーテミズムがみられる。原始的な社会におけると同じく、動物が、イスラエル人が自分が何ものであるか、何ものになりたいかに関してもっている見解を明瞭に表現する、基本的な隠喩を提供している。こうした隠喩は、神学的、国民的、社会的思考に慣用句を提供し、イスラエルの宗教のもろもろの慣行の基本を形成している。多産、生殖そして繁殖……はイスラエル人の神との契約の概念に欠かせぬものであった。……ユダヤ人はしばしば「聖書の民」といわれてきた。しかし彼らを「身体の民」と呼んでも適切であるといえよう。

こうして、人類学者によれば、聖書の宗教には、トーテミズム、多産性の礼賛の痕跡を、そして又、古代近東のすべての宗教および未開人の心性に普遍的に共通する身体を利用した物事の推理・推定の痕跡を、見いだすことができるのである。

とはいえ、たんなる未開人は決して聖書など書けはしなかった。近東に暮らしていたユダヤ人以外のすべての古代の民族は、中にはメソポタミアやエジプトのデルタ地帯に暮し本質的にはユダヤ人のもつ宗教的概念に近いものをしっかり保持していた民族もあったが、古代ユダヤ教には遠くおよばぬ宗教しかもちえなかった。ユダヤ人は、宗教的概念を表現する手だてとして、身体を意識することから出発したかもしれないが、紀元前三〇〇年までには、倫理と精神性を前面にうちだした、はるかに複雑な意識をもつに至っていた。

出発点ではユダヤ人はほかのどの民族とも変わらなかった。のちのちマソラ学者の編集になる聖書が仕上がるが、紀元前四世紀にエルサレムでその大本になるものが完成したとき、それはすでに他のどの民族とも異なる独自のものになっていた。

二つの点が共に重要である。人類学的にユダヤ人は紀元前第二ミレニアム後期には、カナン人やペリシテ人と同様に、古代の近東の社会の中の、そういう名前の一つの集団にすぎなかった。紀元前八世紀から紀元前一世紀の間のどこかで、彼らは自分たちの聖書であるタナッハに記された独自の宗教に呼応して、変化していった。

これが、歴史が人類学を超越してより大きなものとなり、それと区別されるあり様というものである。歴史にとって重要なのは、基点の普遍的同一性——未開社会が自分たちの認識を表現するのに採用する身体や動物をもちいた隠喩——ではなく、考古学的基点とは連続しない、発展する文化の上部構造にみられる個別的相違、それが重要なのである。

人々は自分たちがもつ概念を、自分たちの知る関係づけの枠の中で表現する。未開人の心性は、身体を自然の環境と関連づけて知る。そんなわけで、すべての宗教的な話は、動物や交尾や月経や食物等々に関連した身体的隠喩が織り混ぜられることになる。のちのち身体とは関係性の薄い、どうやら精神的といえる関係づけの枠が定められ、ものごとを表現する中心になる。身体的枠づけも、中に残ったものもある。それらは象徴的な話言葉の慣習的核となり、今なお卓越した響きを保持しているのである。

この耐久性のある、傍流をなす象徴的話し言葉は、ユダヤ人をして「身体の民」とはしなかった。紀元前六〇〇年から同三〇〇年のある時点（よし、それ以前ではないにせよ）からこの方、ユダヤ人は「聖書の民」となった。そしてこれらの聖書は摂理に基づく一神論、清教徒的倫理、厳格な行動の掟を特徴とする文化を表現していた。

私たちが目にする聖書が記された紀元前五〇〇年頃のユダヤ人は、自分たちについて、なにか特別なもの、ほかの民族とは基本的に区別される何ものかを感じとっていた。自分たちの起源についての物語、自分たちの独自性、その道徳的性格、知力、共同体の一員としての鋭敏な意識、猛烈な攻撃や追放にもたじろがぬ耐久力、そうしたものを説明する物語のかたちをとった神話を必要とした。

今日、人は次のような想像をするかもしれない。遠い過去のあるとき、初めはヘブライ人と呼ばれ、のちにユダヤ人と呼ばれるようになった、ほかの惑星生まれの人々を乗せた宇宙船が地球を訪れたのではないかと。そして空想をたくましうして、地球の外から到来したからこそ、ヘブライ人の起源のあいまいさ、考古学者があらゆるデータをそろえ、発掘を重ねてきたにもかかわらず、ユダヤ人の異様さ、驚嘆すべき精力、創造性、厳しくも圧倒的に不利な条件をものともせず生きのびる能力、そうした事柄を説明できないのだ、そんな仮説をたてたくなるかもしれない。

だが、地球上に存在するものについて地球の外に起源を求める考え方は、古代のユダヤ人の神話の体系のどこを探っても見つかりはしない。ヘブライ人は自分たちの特異な強さの原因を、全能なる宇宙の神の介在に帰さざるをえなかった。詩編四四にも、こうある

神よ、我らはこの耳で聞いています　先祖が我らに語り伝えたことを
先祖の時代、いにしえの日に　あなたが成し遂げられた御業を
我らの先祖を植えつけるために　御手をもって国々の領土を取りあげ……
先祖が自分の剣によって領土を取ったのでも
自分の腕の力によって勝利を得たのでもなく　あなたの右の御手　あなたの御腕
あなたの御顔の光によるものでした　これがあなたのお望みでした……
あなたに頼って敵を攻め　我らに立ち向かう者を
御名に頼って踏みにじらせてください……
自分の剣によって勝利を得ようともしません
我らを敵に勝たせるのはあなたなのです

彼らは、古代の地中海文化が説明に役立つ神話として提供してくれたもの、すなわち、超越的神のもつ能力と意志を利用しなければならなかった。

今日のいわゆるサイエンス・フィクションは別の説、おそらくもっと説得性のある、もっと人間的な情況で構成され、より具象的だが、ものわびしい説を提供するだろう。しかし、それらには彼らが発展させ

た起源神話が固着していて、彼ら以降のいく世代もの宗教、道徳、文化の根幹とも枝葉ともなってきたものなのである。

知的、文化的側面からみると、ユダヤ人の歴史は、神の定めたこの起源の神話を自己訓練によって受けいれて暮すよう努めてきたこと、そして、羊飼いと農夫からなる名もない人々の小集団に超越的神が与えた影響力、この二つから成立しているのである。

聖書は、ほかの民族集団に比較してのユダヤ人固有の卓越した堅固な忍耐力、厳しいまでの倫理観、文学の才をそなえた驚くべき知性を賛美した。そんな能力の源を彼らの人間性に帰すのでなく、特異にも自らの意志で弱い名も知れぬ人々を選びたまい、古代の近東の肥沃な三日月状の土地を長期間にわたり行進せしめ、現在聖地と指定されているパレスチナを引きつがせることを定めたもうた神に帰すことで、賛美した。これが古代のユダヤの律法学者、預言者、ラビが自分たちの起源に関する究極のなぞを説明するために、また、隠すために用いた神話であった。

紀元前第二ミレニアム初期の頃のある時期、アブラハムと彼の家族はチグリス・ユーフラテス渓谷の、ペルシア湾から遠くない、南の地点ウルに暮していた。彼はバビロンを通って北へ旅し、チグリス・ユーフラテス渓谷の北の端のハランへやってきた。神は彼にカナンへ行くようにと告げ、彼は従った。彼の息子イサクは、今日イスラエルの南部地域にあるネゲブ砂漠の中のオアシス、ベールシェバに暮していたが、イサクの息子ヤコブとその家族はユダヤ人らしく放浪の旅をはじめ、一時ハランに戻りしばらく伯父と一緒に暮していたが、しまいにエジプトに行った。ヤコブの息子の一人、ヨセフはそこで政府の高官になった。ところが「ヨセフを知らない」ファラオが現れ、ユダヤ人たちを奴隷の身におとした。結局、紀元前一三〇〇年頃モーセの指導のもとにユダヤ人はエジプトの地を離れ、「葦《あし》が海原のように茂る原」をよぎり、約束の地カナンへきて、ようやくその地に入ることができ、四〇年後、モーセが亡くなった直後に征服する。

以上が聖書に記された物語で、その史実性の立証は歴史学も考古学もなしえていない。それはロマンチックな幻想的物語である。現代のユダヤ人嫌いの人々は、ユダヤ人は人間ではないと主張した。ヒットラーは、文明人である諸民族の血液の中の病原菌であり、地上から抹殺せねばならぬといった。憎しみに満ちゆがんだ口振りに、反ユダヤ主義の人々がユダヤ人の歴史の真実性、ユダヤ人の特別性、地上における風変わり性を感じとっていることが顕れでている。反ユダヤ主義の人々は、ユダヤ人が人類にもたらしたすべての良い結構なものを正視しえないのだ。なぜなら、そうするとユダヤ人に比較しての自分たちの発育不全性、堕落ぶりに思いいたることになるからである。彼らはユダヤ人すべての殺害を企てたが、ユダヤ人の過去の歴史における虐殺や災難と同様に、根絶の試みは、ほかの多くの国民の積極的ないし暗黙の協力にもかかわらず、成功しはしなかった。

高度の科学技術を用いた大量殺戮をものともせずにユダヤ人が生きのびたことで、ユダヤ人に対するあまねくいき渡った憎しみですら、ユダヤ人の超人的な強さ、知力、忍耐力を打ち負かしえぬことを明示したのである。

古代のユダヤ人は自分たちの血統の特別な性質は、そのユニークな起源にいく分根ざしていることを知っていた。このことは秘密裡に保たれねばならず、学者やラビの手により、測りしれない法典を通してのみあとあとの世代に伝えられうることを知っていた。というのは、紀元前五〇〇年頃にユダヤの教師や物書きたちは故意に紛らわしいものの言い方をしなければならなかったからだ。好奇心に駆られやすい連中が、ユダヤ人が昔どこから、どのようにしてカナンにきたのか知ろうとしたからである。そこでユダヤ人はメソポタミアの地における起源、エジプトでの労役、そして民族の解放、カナンへの侵入、「イスラエルの母」デボラなる人も含めた士師《しし》たちの指導のもとカナンを征服する、という一連のみごとな物語を創りだしたのであった。

聖書の研究者たちの中には、「士師の巻」にのるデボラの勇壮な詩は古い時代に創られて後世に伝わったものという見方をする人もいる。だが、一〇〇〇年経った紀元前五〇〇年頃に、ちょっぴり冷笑的な誇張的表現をとりいれ、擬似古代的趣向を意識的にこらして創られたという風にも考えられよう。

わが心はイスラエルの指揮する者らと共に
この民の進んで身をささげる者らと共にある。主をほめたたえよ
栗毛の雌ロバに乗り、敷物を置いてその背に座り、道を行く者よ、歌え……
奮い立て、奮い立て、デボラよ。奮い立て、奮い立て、ほめ歌をうたえ

聖書に記す事柄にまことしやかさを賦与するための、似たような古風な表現が、申命記の中の曖昧模糊として意味不明な食事戒律（カシュルート）にもうかがえる。それは時に、健康上の理由によるように思われ、時に、血の反発や構造の二元性に基づく人類学的タブーのためであるようにも思われる。

聖書にのるユダヤ人の起源に関する話は、古代の近東の物語という文脈からみて、充分歴史的探索に耐えうるもので、この卓越した民族、堅忍不抜と文学的知性において超人的な民族が、いかにして現に住んでいる居住地に、現にあるような人々として存在するようになったかを探求する上でも、先駆となる性質のものである。ほかのすべての民族（ジェンタイル）に比較してのユダヤ人のユニークな精神的、肉体的

能力は、すべて比類なきただ一人の神の意志に帰せしめられた。ユダヤ人の生得の卓越性、固有の能力は、風変わりで気難しい、全能の神ヤハウェのせいにされた。

ひとたびこの神話がきちんと定まり、宗教的な読み物であると同時に、高等教育のテキストになった聖書のうちに練りあげられた表現で語られるようになると、ユダヤ人はその神話と共に暮していかねばならなくなった。神との誓約ゆえに、時の流れを通して聖なる絆で不朽の存在たらしめられた民族として、その誓約に基づいて文化と社会を建設していかねばならなくなったのである。

紀元前二〇〇年を過ぎる頃になると、イスラエルの知的、宗教的指導者たちはユダヤ人の起源に関する精妙に創られた神話に満足し、歴史的説明や解説をそれ以上付加するのをやめた。意義深くもタナッハ、すなわち旧約聖書は、史的考察や歴史に関する物語に満ちている。だが、紀元六世紀にメソポタミアでバビロニアのタルムードとして完結をみた、聖書に関する入念な注解書は、その大部のテキストを構成する、博識なラビたちの果てしなく続くように思われる対話集から、厳格に歴史を削り落とした。偶然そうなったということはありえない。対話を展開する律法主義者のラビや倫理学者のラビは、歴史にかかわる論議を好まなかったのかもしれない。だが、聖書の超歴史性に比較して、主題を選ばずラビのおしゃべりが際限なく続くタルムードの非歴史性は、偶然的なものではありえない。編集者と校訂者は、ラビがうっかり口にした歴史に触れる言及も、ほとんどすべてを意識的に削りとったように思われる。

ラビのこうした歴史に関する検閲の結果、いくつかの奇妙な変則的な扱いが生じた。勇ましいハスモン家の後半期の歴史を論じている第二マカベア書は、旧約聖書の正典にはのせられてなく、ギリシア語訳のキリスト教聖書を通して私たちに伝えられている。後半期のマカベア家の人々は道徳的に鑑《かがみ》となるような人々ではなく、編纂にあたったラビたちは、もっと建設的な初期の時代の記述——ハヌカーの祭りで祝われているそれ――を除いて、この後期のユダヤ王朝の歴史は、溶暗させてしかるべきと明らかに考えたのである。

歴史の削除に由来する変則的とり扱いは以上に限ったことではない。紀元前、七〇年から六六年にかけてのローマに対するユダヤ人の民族解放のための戦争は、第二神殿の崩壊に結果した。この大惨事は昔も今も、ティシャー・ベアブ（八月の陥落）の断食日のうちに記念されているが、資料となるタルムードには、ローマへの反乱もローマ軍による神殿の破壊もなんの記述もない。タルムードの校訂者と編纂者が旧約聖書の時代以後の歴史の検閲を終えたあとは、古代ヘブライ時代における最大の惨事であるこの戦争に関する唯一の詳細な資料は、ユダヤの貴族であり反乱に加わった将軍ヨセフス・フラビウスの、党派心が強くて自分の利益本位の、とはいえみごとな文章の、記録しかない。ヨセフスが戦った場所は北方の地、ガリラヤであり、自由を求める戦士の仲間には一度も加わらなかったため、解放を求める戦いの前線エルサレムにおける悲惨な仲間割れについては一向に定かではない。

タルムード編纂にあたったラビたちは、西暦一三五年に起こった、バー・コチェバに指揮されたローマに対するユダヤ人最後の反乱についてもほとんど語っていない、コチェバはこの時代の著名なラビ、アキバの支援を受けたにもかかわらずである。私たちには、タルムードに記されている、校訂に校訂を重ねた謎めいた対話を通して、この反乱に対するローマ人の復讐が極度に血なまぐさいものであったことを知るのみである。あるラビは、バー・コチェバに個人的な軽蔑の念を表明しているが、この箇所は校訂上の見落としである。

西暦一一五年から一一七年にかけてディアスポラ〔離散した場所、パレスチナ以外のユダヤ人の居住地〕とくにアレクサンドリアの大きなユダヤ人共同体でおきた、ローマに対するさらに重要な反乱――しまいには、アレクサンドリアのユダヤ人共同体と、おそらくは地中海東部のいくつかの共同体を荒廃させ、ディアスポラ〔離散ユダヤ人〕の歴史の重大な転機になった——に関しては、タルムードにたずさわったラビたちは何も触れずにすましている。

こうしてラビの手で編集されたユダヤの歴史文献には、紀元前第二ミレニアム初期のアブラハムの時代から、紀元前三世紀のマカベア家の初期の時代までに起こった出来事の入念な記述、そしてそれ以降の時代に関する記述、というくっきりした両極性が存する。マカベア家の後期以降は、ラビのユダヤ教は歴史に関し沈黙するのを選び、対話の形式としては律法主義的、倫理的分析に頼った。発展・展開の観念を抜きにした法律万能主義、道徳的考察であり、モーセの律法も、紀元後まもない頃およびそれ以降のラビたちの律法も、あたかも互いに同時代のもののように扱ったのである。

ユダヤ教は、聖書にみられるように空想的な物語を過度なまでに歴史化する傾向から根本的な方向転換をして、おそくとも紀元二世紀までには歴史抜きの宗教になった。歴史に対するこの偏見は、一〇九六年に、ライン地方に繁栄した暮らしをしていたユダヤ人の共同体に対するフランスの十字軍による集団虐殺が起こるまで、そのまま続いた。この事件はユダヤ人に、歴史に関する記述をするよう、ほんの少しだけ促した。後の世の惨事——一四九二年のスペインからのユダヤ人の追放、一六四八年のコサックによるユダヤ系ポーランド人の虐殺、一六六〇年代の、シャブタイ・ツビの指導下の救世主運動をめぐる論争の結果いくつかの国々で起こった動乱も、同じ影響を及ぼしたのであるが。

だが、概して歴史に関する記述を削除する傾向は一九世紀に入るまで続いた。一九世紀になると普通教育をうけたユダヤ人の学者たちは、過度に史実を重視するプロテスタント文化の影響をうけてユダヤの過去について記すことを始めた。

旧約聖書の時代のあとの、タルムードを創造した賢人たちがもちこんだ歴史への偏見は、今なお無くなってはいない。もし人がユダヤ礼拝堂で説教を聞く機会があれば、専門的訓練をうけた学識のある改革派のラビの説教ですら、アブラハムからマカベア家にいたるまでのおなじみの話を、教訓になる歴史的逸話の貯えとして話すのを聞く可能性が充分にある。そしてそのラビが補足的につけ加えるものは、きわだった惨事としての一四九二年と一九四〇年代の大虐殺に関する話だけであろう。

ユダヤ人の歴史に関して優れた著作を記した人々――グラエツ、ダブナウからバロン、ゴイタインにいたる人々――は、だれ一人としてラビを生業《なりわい》にしてはいない。一九世紀および二〇世紀初頭に歴史に関する著作にいそしんだのは、政治評論家とジャーナリストであったが、それ以降は学者である。ラビ的な心性の持ち主は、今現在のアメリカの改革派の人ですら、バビロニアのタルムードの著者たちがユダヤの上層の文化に植えつけた、本質的に没歴史的思考様式を廃棄する気になれないでいる。

旧約聖書後のユダヤ教は、歴史の次元では柔軟性を欠き、時代遅れの文化のまま存在してきた。それは、紀元前六〇〇年から同三〇〇年にかけてユダヤ人の起源を説明すべく律法学者とラビが作りあげた、入念でロマンチックでみごとな幻想的物語に満足してきたからである。創意性と説得力において古代文学において匹敵できるのは、ギリシアとローマの叙事詩と歴史物語があるのみの、この歴史的説話は、生気を失い、史実に基づくとされる固定した構成をもつ物語文化となり、ユダヤ人のほとんどすべての歴史に関する思索を今にいたるまで充たしてきたのである。

ユダヤ人に関する真実を伝えるリアリスチックな歴史は、今日なお、アメリカやイスラエルのユダヤ人共同体の支配階級の間では、すなわち、ラビやラビの強力なうしろだてとなり彼らを魅了してもいる億万長者の族長や著名な政治家たちの間では、歓迎されない。一九五〇年代にエリス・リブキンが、アメリカの改革派ユダヤ教の学術的中心であった、シンシナティのヘブルー・ユニオン大学でユダヤ史を担当してくれるよう依頼されたとき、階級闘争の観点から捉え大胆に脱構築理論を応用する彼のユダヤ史が、検閲されたり、咎められたりしないという契約を学部長とかわす必要があった。

エルサレムとテルアビブにある二つの著名なイスラエルの大学――両校ともに多数の歴史学者を擁するのを誇りとしている――では、ユダヤ史はほかの歴史とは別扱いされるべく、わざわざ一つの学科がもうけられ、そこで教えられている。こうして、オックスブリッジやソルボンヌやミュンヘン大学や超一流のアメリカの大学で専門分野の研鑽を積んできた教師たちは、ユダヤの歴史を扱うイスラエルの歴史学者が聖書の神話を扱うように（すっきりした扱いではないが）、自分も歴史を扱う責任があるとか、自分の専門分野が迷惑を蒙るとか思わずにすんでいるのである。聖書の神話の真実性を経験主義の科学的歴史学の基準と手続きで立証することもできないが、イスラエルとアメリカに住むユダヤ人の世論指導者たちの充分予期できる怒りの反応を思えば、信じるに値せぬとむげに神話を否定するのも恐いのである。

歴史は人を楽しませもし（よくできた話の場合）、鼓舞しもする（雄々しい振舞いが記されてる場合）。だが、歴史は腐食的な作用も発揮しうる。一九世紀の自由主義のブルジョアたちがヨーロッパの貴族的な旧秩序を攻撃している際に歴史を好んだ理由はここにある。歴史は解答を迫るもろもろの厄介な問いを提示することもできる。角《かど》のたつこと、片隅に追いやられていること、不和・軋轢《あつれき》、そうした事柄に対し癒しとなる解決法となり、また、それを提供できる一般の対話を奨励することもできる。

旧約聖書後のユダヤ人の歴史は、ローマ人に始まってドイツ人やアラブ人に至る諸々の民族から蒙った損害を長たらしく叙述したものとして解釈でき、また、それがこれまでの一般的解釈であった。だが、ユダヤ人はまったく罪なしに歴史の犠牲者となったわけではない。議論の余地もあるが、どう見積もっても、ユダヤ人は自らの運命の形成に自らも与ってきたのである。

一九世紀にいたるまで、ユダヤ文化の知的指導者たちが、旧約聖書後のユダヤ人の歴史を記した書物のすべてのページから意義深い内容はほとんど削除し、削除をまぬがれたものは縮小し、迫害をいわれなくして蒙ったことばかりくどくど語ったものにすると、ラビたちは歴史の考察という難題を（ほかの取り組みも充分可能であったのに）気楽に扱ってすましてきた。こうして、自分たちに好都合である間は、自己の任務を放棄し、永遠に古くなることのない、創造と初期の歴史のなりゆきの話を連禱のように朗唱し、聖書に記された歴史の永遠の意義を強調してきた。彼らは旧約聖書後の歴史のなりゆきという、具合の悪い実に面倒な問題の重要性を考慮するよう要請されているとは思わなかった。いうなれば有利な立場にいる間は史実性抜きにやってきたのである。

現代の歴史学が考古学の手法を大いにとりいれて、紀元前第二ミレニアムの、聖書に記された事柄の史実性——一九七〇年代までに、その内実は決定的に明らかになった——を確かめるべくまっ新《さら》の状態で登場したとき初めて、紀元前六〇〇年から同二〇〇年にかけて（とくに紀元前四〇〇年から同二五〇年にかけて）古代の賢人たちがロマンチックな幻想化をほどこしたことが完全に明瞭になった。イスラエルの大学の特色あるユダヤ史の学科が準備したテキストですら、この望ましからぬ事実を認めたがらないのは理解できる。もし認めると、歴史に基づいていると思われているが、実は虚構の歴史に基礎を据えた宗教を土台として、ユダヤの歴史全体とユダヤ教の意味を、手間ひまかけ、容易ならざる抑制をきかせつつ再評価しなければならぬことになるからである。大胆にユダヤ人の祖先に関し、ほかの惑星からの飛来説をたてて、族長たちの移住にとって代らせることが可能であろうか。ユダヤ人の起源を、畏れ心をもよおさせる異星人より、平凡無害なメソポタミアの羊飼いに求めるのを選ぶ従来からの好みは別にして、そんなにも革新的な虚構の仮説をたてると、ユダヤ民族をほかの民族とひとしなみにみる主張を通して——もっとも、正統派のユダヤ教徒は毎朝の祈禱で、神が自分たちを「ほかの地上の民」と異なるよう創りたもうたことを感謝しているが――現代の反ユダヤ主義と闘っているユダヤ人の精神全体を腐食する恐れがあるだろう。

それゆえ旧約聖書後の歴史には沈黙を守り、族長たちの移住の神話と、ダビデとマカベア家に関するロマンチックで勇壮な話を、鐘を鳴らすように絶えず口にしているのが最も賢明な方策のように思われる。

ユダヤ人に関する新しい研究分野が創られたことでユダヤ人についての著作が急激に数を増したが、このことがどんな影響を一般に及ぼすかを知るには、今後を待たねばならない。こうした研究にいそしむ学者の半数はラビとしての教育をうけ、彼らがついてる教職の座の資金はすべて億万長者の族長たちが支給しているため、近い将来ユダヤ人の歴史意識が大きく変わり、ユダヤ人の文化に変革が生じるなどと期待すべきではない。

第2章
契約の民

紀元前第一ミレニアム初期にイスラエル人が南部の砂漠地帯からきて、地中海東沿岸地域に暮し都会化していたカナン人を蹂躙《じゅうりん》した遊牧民族であったにせよ、あるいは、もともとカナン人で、カナン人の中で宗教的ないし社会的な一派を形成していた人々であったにせよ、彼らは団結し、ゆるやかな政治的連合体を形成した。さらに重要なことに、彼らは信仰の世界で一体感をもった——神ヤハウェ（エホバ）への傾倒と、契約によってヤハウェに結びつけられているという信念からなる一体感を。

イスラエル人と呼ばれるこうした人々の起源がなんであるにせよ、彼らはいまや集団として識別できるかたちで、神に指名された民であった。ヤハウェはイスラエルの部族を守りたまうであろう。そのかわり彼らは神が定めたいくつかの宗教的掟に従わねばならなかった。さらにユダヤ人は、自分たちのいくつかの部族のエジプトにおける虜囚、そしてヤハウェによるモーセに導かれてのエジプトからの脱出、それらの思い出（いかに創作が加えられたにせよ）に磨きをかけた。土地土地の神々とヤハウェを混同したり、カナン人の慣行的形式で礼拝する傾向にもかかわらず、こうした伝説は熱心に磨きをかけられていった。

契約は交渉をへて成立したものではない——ユダヤ人は自ら進んでヤハウェと契約を結んだのではない、

また神に約束した務めを撤回することもできなかった。ヤハウェは、測りがたい意志で、名もなき民を自分の民として選びたもうたのだ。

W・F・オールブライトその他数名の者が、ユダヤ人の神との契約と、古代の近東における商業上の協定や外交上の条約との間にみられる類似性を指摘したが、説得性に欠ける。それは自由意志をもつ当事者双方による取引の結果結ばれたものではないからだ。

契約の概念は次のようなものだ。神が一族の父祖——アブラハム、イサクそしてヤコブ——に彼らの土地としてカナンの地を与え、ユダヤ人がエジプトでファラオの奴隷になったとき、神はモーセを送って囚われの身から抜けださしめ、約束の土地へと戻らしめた。さらにまた、ヤハウェは自分の民に倫理的規範とシナイ山でモーセに与えた銘板を嚆矢《こうし》とする宗教的戒律を与えた。ユダヤ人は神との契約を保持していくほかに選択の路はなかった——それは彼らにとって重荷でもあり、栄光でもあった。

契約のもつ力と意味は、聖書の初めの方に記されているアブラハムが神の命令で息子イサクを進んで犠牲にする話に、おおよそのところが分かる。もちろん神の介在により子供の殺害は妨げられる。だが、神の命令でアブラハムが進んでこの忌まわしい儀式を執り行なったことは立派な行為で、無量の酬いをうけるに値するものとされているのである。契約は保持された、殺害をあえて犯そうとしてまでも、かくしてヤハウェは大いに喜ばれた

わたしは自らにかけて誓う、と主は言われる。あなたがこの事を行ない、自分のひとり子である息子すら惜しまなかったので、あなたを豊かに祝福し、あなたの子孫を天の星のように、海辺の砂のように増やそう。あなたの子孫は敵の城門を勝ちとる。地上の諸国民はすべて、あなたの子孫によって祝

福をうる。あなたがわたしの声に聞き従ったからである。

イサクを犠牲に供しようとした話は、そのあと数千年間今に至るまでユダヤ人の心に甚大《じんだい》な伝言を伝えてきた。

聖書に記された歴史の中では、人々はしばしば不平をこぼし、偶像や偽りの神々を崇めることまでして契約に背き、神の怒りをひんぱんにかっている。それでもユダヤ人たちは指名された人々であり、契約を拒否することはできなかった。ユダヤ人の男性すべてが掟に従い割礼を受けるのは契約の永遠性を象徴するものであった。優しい安息日の掟は、契約がユダヤ人の生活の中で一貫して人間的な価値をもつ象徴であった。

神がアブラハムに与えたこのカナンの地で、彼の子孫は栄え、数を増やすであろう。アブラハムは「多くの国民の父」となるであろう。カナンは契約の民の「永遠の所有地」となるであろう。


わたしは全能の神である。あなたはわたしに従って歩み、まったき者となりなさい。わたしはあなたとの間にわたしの契約を立てる……わたしは、あなたとの間に、またあとに続く子孫との間に、契約を立て、それを永遠の契約とする。そして、あなたとあなたの子孫の神となる。わたしはあなたが滞在しているこのカナンのすべての土地を、あなたとその子孫に、永久の所有地として与える。わたしは彼らの神となる。……包皮の部分を切り取りなさい。これが、わたしとあなたたちとの間の契約の印しとなる。

創世記に記された、ヤハウェがアブラハムに与えた右の言葉がユダヤの歴史の創設の神話であり、ここから、ユダヤ人が集団として自らに課した宿命としての聖なる契約が創りだされた。
このテーマは出エジプト記において、シナイ山のふもとに集まったイスラエルの民に向けての神の伝言ではさらに強い調子のものになる

今、もしわたしの声に聞き従い私の契約を守るならば、あなたたちはすべての民の間にあって、わたしの宝となる。世界はすべてわたしのものである。あなたたちは、わたしにとって祭司の王国、聖なる国民となる。

契約の観念は民主主義、多文化主義、民族の平等の反対の極にある。それは色濃くエリート主義的である。それは、イスラエルの民を選びだして、モーセがシナイ山でヤハウェから授かった十戒に要約された神の言葉を世界に証《あか》すべく指定された、聖なる司祭の共同体の民として、ほかのすべての国民の上に位置づけるものである

わたしは主あなたの神である
あなたには、わたしをおいてほかに神があってはならない
あなたはいかなる像もつくってはならない
あなたは、あなたの神、主の名をみだりに唱えてはならない
安息日を心に留め、これを聖別しなさい

あなたの父母を敬いなさい
殺してはならない
姦淫《かんいん》してはならない
盗んではならない
隣人に関して偽証をしてはならない
隣人の家を欲してはならない
隣人の妻……隣人のものを一切欲してはならない

これらの信条と道徳的掟により結束し、ユダヤの諸部族は敵対するカナン人の武力に打ち勝つことができたとされている。紀元前一〇世紀イスラエルの諸部族はペリシテ人からの大きな脅威に直面し、互いに結束して王国をつくった。ダビデは、のちの世にもっとも偉大な王として記憶されることになるが、イスラエルのもろもろの敵を倒し、この地に覇権を握ることができた。彼は丘陵にある都市エルサレムを占領し、自分の帝国の首都とした。ダビデの息子である強大で豊かな富をもつソロモンの治世下に神殿が建てられ、イスラエルにおける宗教的儀式が執り行なわれる中心の場所となった。ダビデを君主に戴いたこの国（紀元前一〇世紀）の興隆ぶりは、乏しいながら考古学的データの後押しもある詳細な聖書の記述にみてとることができる。

紀元前九世紀にイスラエル人が王政を選択したのは、卓越した鉄製の武器を所有していた海洋民族ペリシテ人が、地中海岸からカナンの地に侵入してきた結果であった。ペリシテ人は中心となる場所をアシュドドやアシュケロンといった地域の南岸沿いに置いた。この脅威に直面してヘブライ人は、指導者、とくに軍事的指導者（中には特異なことに女性もいた、おそらくそれは、女権拡張論者がいうように、もっと早い時代、女家長制度であったためであろう）として「師士（裁き人）」の指導に頼ってはいられなくなった。ヘブライ人は継続性と国力をもつ統一した君主制を必要としたのである。

最初の王サウルは、司祭長サミュエルが彼の頭に聖油を注いだ塗油式によって、国民への統治権を神に裁可された。サウルはヘブライの部族の中でも最も小さな部族出身であったが、塗油式により王位についたことと、即位してまもなくペリシテ人に対しいくつかの勝利を収めたこととで人々の人気と忠誠心を克ちうることができた。報酬目当ての強力な集団の野心的な指導者であり、最も大きな部族であるユダ族出身のダビデと、サウルの間には、権力者同士として緊張が高まっていったが、ダビデは塗油されたサウルに逆らって、彼を打倒しようとはしなかった。

サウルと彼の息子たちがペリシテ人との戦いで戦死したとき、ダビデは王位につきペリシテ人を打ち負かし（ユダヤ人はペリシテ人から製鉄を学んだが、彼らにアルファベットを教えた）新たに征服し、内陸の乾燥した高い台地にある要塞のような都市エルサレムに首都を定めた。ある宮廷の預言者はダビデ王の破天荒な性的振舞いにもかかわらず好都合なことに、王の家系は末長く続くだろうと言う。貯水池と井戸を入念に張り巡らして――最近の考古学上の発見のおかげで再び目にすることができるようになった――この新しい要塞のような都市に水を供給した。

ダビデは数多《あまた》の女性と交わったが、その中でも最も破廉恥な間柄から生まれたソロモンは、イスラエルそれ自体より大きな帝国の領土を一時的ではあったが支配した。ソロモンはきらびやかで華やかな宮廷を創り、自らも大勢の妻と妾をもつ生活を楽しんだ。そして人々に重税を課してエルサレムに神殿を建設した。ヤハウェのために動物を犠牲に供する儀式はすべてここで執り行なわれるようになり、この神殿の聖職者たちは宗教生活上の中心的役割を果すようになった。

丹念に細かく聖書に記されているダビデとソロモンの物語のどの点をとっても、古代近東の小さな王朝の物語と少しも異なりはしない――ヤハウェを信奉し契約を結んでいること以外は。もっともソロモンは異邦人の女を格別好んだのであるが。

統一された帝国を維持していた期間は短かかった。紀元前九三一年にソロモンが亡くなると帝国は崩壊し、二つの王国――北方のイスラエルと南方のユダ――になった。これは長年にわたる分離主義的傾向が表面化したものである。二つの王国共に独立を保っていた期間は短かった。両国ともにメソポタミアのいくつかの帝国とエジプトの間に位置しており、しばしば抗争する強大な国々の戦闘の場になった。最後にアッシリアがメソポタミアの地から覇権を拡大していき、ユダヤの二つの王国を隷属させた。

イスラエルとユダの両国が強大な国々の脅威にさらされている間に、ユダヤ人の宗教的慣行と信条は変化をこうむった――原因は外国からの脅威とイスラエル国内の情況のためと、二つあった。ヤハウェへの礼拝と同時に、紀元前一〇世紀から同八世紀まで、ほかの神を祭った聖堂での礼拝も行なわれていた。外国人との結婚は珍しくなく、ヤハウェへの礼拝は土地土地の聖堂でなされていたため、その土地の神と混同される傾向があった。もう一つ重要な社会的変化があった。部族単位で暮していた昔は一般に社会的・経済的平等がいき渡っていたユダヤ人の共同体は、次第に貧富の差が大きくなっていったのである。

近東の社会に特徴的な、地主対小作農、都市対地方、王族と聖職者対一般人という社会的相克・対立がいたるところでみられるようになった。

紀元前八世紀から同六世紀にかけて盛んに活動していた預言者たちは、イスラエルに迫りくる数々の災難の原因を、人々がヤハウェとの契約を捨てて顧みなかったことに帰した。預言者とは、予言的な幻を視、現時点でのヤハウェの伝言を契約の民イスラエル人に公に伝える厳格な道徳家の謂いである。預言者はたんに昔の慣行と生活様式に戻るようにと唱道したのではない。彼らは道徳を守り、社会的正義を達成し、ヤハウェだけを礼拝することを求めた進歩的な考えの持ち主たちであった。国を救うためには国民生活から不純なものをとり除き、社会を改革する必要があった。

預言者の中には神殿とのつながりをもつ者もおり、政治的党派の代表者もいた。とはいえ彼らは皆個人的な体験から、自分はヤハウェのために国民に語りかけるべくヤハウェから選ばれた人間であると信じていた。しばしば彼らは忘我状態で視るビジョンを通して、ヤハウェとの意思の疎通を経験し、国民がどう受けとるかとか、結果がどうなるかはかまわずに、ヤハウェからの伝言を国民に伝えねばならぬと感じた。不幸なことに、旧約聖書に記された大預言者に関する記述は後世のたび重なる校訂のために、たいていの場合その人柄・個性がよく分からないのである。

紀元前八世紀半ば預言者たちは、ユダヤ人たちに一般的な普通の伝言を語った。北のイスラエル王国で二人の預言者アモスとホセアはイスラエルの滅亡を予言した。アモスは、人々へのヤハウェの要求は道徳に関すること、精神的なことであると主張し、富める者が貧しき者を圧迫するのを非難し、イスラエル人の儀式尊重主義の慣行を糾弾《きゅうだん》した。アモスの同時代人ホセアは、人々が悔い改めないなら、ヤハウェはアッシリア人を使ってイスラエルを滅亡させるであろうと明言した。南方ユダの王国では、アモスとホセアが発した警告と要求を預言者イザヤが告げ、人々が犯している罪はヤハウェへの反逆にも等しいとみなした。そしてミカは、アモスと同様に苦情・不平の絶えぬ社会を改革することを求めた。

預言者たちは、人々がヘブライ人の信仰に他の信仰を混合することと、外面的な儀式を過度に重んじることを非難するだけにとどまらなかった。彼らは、ヤハウェは唯一の神で他に神はなく、ヤハウェの言葉に従い、その道徳的要求を果すことだけがユダヤ国民を救うことができる唯一の路であると主張した。結局彼らの改革を求める声は、時おり彼らが批判の槍玉にあげる官職についている人々——聖職者と王室に仕える人々——に深い影響を及ぼすことになった。こうした人々と対立する預言者の険しい姿勢は、着実に和らげられていき、やがて支配者集団に所属する人々が協力できるものになっていったのである。

紀元前七二一年サルゴン二世治世下にアッシリア人により北のイスラエル王国が滅亡すると、生き残った南のユダ王国の預言者たちはさらに執拗《しつよう》に人々に宗教的要求をした。

預言者に相当するヘブライ語ナビは、呼びかける者、ないし、呼びかけられる者の意である。ヘブライの預言者は随分と予言してはいるが、古代ユダヤ教における預言者は、本来は未来を予言する者ではなく、神の言葉を布告ないし伝達するために神に召された者を指した。それゆえ預言者は、神の英知に基づき真理を告げる人としてアブラハムやモーセの後をつぐ、神に選ばれた人なのである。旧約聖書を考察するキリスト教徒には、中世の頃も今も、預言者をして、司祭が信奉するユダヤ教とは対立する者のようにみなす傾きがある。ここからキリスト教徒の主張、預言者たちは倫理を基礎に据える自由主義的なユダヤ教を構想していたのであり、契約に由来する法の掟を重視してはいなかったとする主張が生まれる。こうして、預言者たちはイエスの登場、そして古い宗教的掟の多くを捨てた新しい摂理である新約聖書の登場の準備をしたとされるようになった。一九世紀および二〇世紀初期には改革派ユダヤ教に以上の見解に沿う傾向がみられ、預言者たちは契約の法的掟より、倫理に重きを置くユダヤ教を唱道していたとみなしたのであった。

いまなお改革派のラビや、聖職者ではない聖書の研究家たちの中には、同じ見方をする人がいるが、最近では、聖書を研究するユダヤ人に圧倒的に支持されている傾向は、預言者は、司祭の信奉する法律尊重主義的ユダヤ教の本流に属しており、預言者の活動に含まれるそうした要素と対立する性格のものを重要視しない見方なのである。

この点からみて最も興味深いのは、イザヤ書の中の、神が行動に意義を見いだす人の社会的正義に比べて、断食を、不信の目でみているように思われる件である

そのようなものがわたしの選ぶ断食、苦行の日であろうか
葦《あし》のように頭を垂れ、粗布を敷き、灰をまくこと……
わたしの選ぶ断食とはこれではないか
悪による束縛を断ち、軛《くびき》の結び目をほどいて
虐げられた人々を開放し……

今日ユダヤの学者たちのほぼ一致した見解は、イザヤは宗教的習わしに関する掟の上に正義を位置づけたのではなく、掟は正義を重んじる精神や感性のもとに遵守されねばならない、と言っているのだというものである。強い道義的意識ぬきの行動・振舞の掟、それはユダヤ人の流儀ではない。正義感を伴う掟の履行、それがユダヤ人の流儀なのだ。

すでに古代のユダヤの共同体でもイザヤ書のこの件は「贖《あがな》いの日」に会衆に音読され、掟は外面的に遵守《じゅんしゅ》されるだけでなく、内面的にも遵守されねばならぬことを人々に想起させた。それが預言者の伝言である。こうして預言者は最初聖職者を批判する人として活動を始めたにせよ、二つの役割は急速に合体していった。今日聖書を研究しているユダヤ人たちの間では、以上が共通した見解となっている。

聖書に記されたユダヤ教の本質は、法律尊重主義の伝統に預言者の伝統を一緒にしたもの——上からの指令の宗教に、道義心を重んじる宗教を一緒にしたもの——である。偉きな予言者たちの時代のあと、この掟と予言の混ぜ合わせ、上からの命令と道義への傾倒の混ぜ合わせは、紀元前七世紀に今のかたちに仕上がった申命記において決定的なかたちをとり、次の神の言葉となった、「わたしはあなたたちの前に命と死を、祝福と呪いを置く。……命を選びなさい……あなたたちの主である神を愛することによって、主の戒めを心に留め、主の訓えを固く守ることによって」

預言者イザヤは、神の正義と愛の言伝《ことづて》を全世界に広めることで、契約の観念とイスラエルに指定された役割とを合体させた

見よ、わたしの僕、わたしが支える者を。わたしが選び、喜び迎える者を
彼は国々の裁きを導き出す……
暗くなることも、傷つき果てることもない、この地に裁きを置くときまでは……
主であるわたしは、恵みをもってあなたを呼び、あなたの手を取った。
民の契約、諸国の光として、あなたを形づくり、あなたを立てた。

伝統的な掟と熱烈な予言からなるこの言葉は、紀元前八世紀の後半——この時期のユダヤの政治生活の特徴は征服や暴動、国内の争いであったが——の困難で苦しい日々、人々の精神的支えとなったのである。紀元前七〇一年アッシリアによる都市エルサレムの包囲が解かれた。包囲していたアッシリアの軍勢が伝染病に襲われ撤退せざるをえなかったのである。こうしてエルサレムはユダヤ人の王国の中で唯一征服さ

れるのを免れた都市となった。エルサレムとその神殿の地位はいやが上にも高いものになり、国民的神ヤハウェは、侵略者からエルサレムを守る守護神とみなされるようになった。だが包囲が解かれたあとの短い小康期間は、堕落の広まるアッシリアへの隷属時代の序幕にすぎなかった。アッシリアの軍事力はユダヤ人が抵抗するには強大すぎたのである。

ヘブライ社会の中には征服者アッシリア人に協力の域を越える行動をとる者もでてきた。ヤハウェをアッシリアの万神殿の中の最高の地位に据え、アッシリアの神々を崇める者すらいた。新しい預言者たちが現れ、そんな悪弊を糾弾した。紀元前七世紀後半にエレミヤは、ヤハウェのみを崇拝の対象とするよう命じた契約の戒めを見捨てたために、ソロモンの神殿は破壊されるであろうと予言した。

それに応えてヨシア王（紀元前六三九―六〇九）の指導のもとに、改革運動はすぐに具体的な成果をもたらした。ヨシアは礼拝のあり様を改革するのに熱意を傾けた。彼の企ての目玉は、すべての礼拝をエルサレムの神殿を中心にまとめることにあった。ユダの山々に点在する神殿はすべてとり壊され、それらの神殿に仕えていた司祭たちはエルサレムにつれてこられ、エルサレムの神殿の司祭に仕えさせられた。エルサレムの神殿も浄化され、厳格な儀式の遵守が命じられた。すべて礼拝の儀式がとり行なわれる場所がエルサレムの神殿のみに一旦限定されると、魔術的儀礼を伴うほとんどすべての意味ありげな動作・振舞いの慣行は廃止させられた。ヨシアの改革は正式の宗教的儀式の中に預言者の抱いた理想をいくぶん注入する役を果したのである。

ヨシア王は、新たに完成したユダヤ人の振舞・行動の掟、私たちが聖書の中の申命記として知っている信仰に関する律法の書を国王として正統性をもつものと認定した。ヨシア王の治世の間に司祭と律法学者たちは、昔の資料を利用し、同時に自分たちで創ったものを沢山つけ加え、エルサレムの神殿で新たに発見されたものとして申命記を提出し、この自らが定めた掟に対し国王から権威と正統性を認めてもらったのである。

公式には、神殿の浄化と修繕の作業を進めている間に、予言的慣行と伝統的慣行の融合のさせ方を概説した法律書が発見されたという言い方がなされた。これがヨシアが改革に際し則ろうと努めた書である。これが、究極の、かつ十全な神の言葉たる、トーラー（法、文字通りには、訓え）の、最初に記された部分となったものである。この時以降（ヨシアの死後重要な変化をこうむるが）イスラエルの宗教は、トーラーに記された神の掟の厳密な遵守がますます大きな部分を占めるようになっていった。

ヨシアの改革は彼が亡くなったとき初めて実行に移され始めた。広く改革が及ぶには期間が短かすぎた。エルサレムの神殿は破壊されるだろうというエレミヤの度重なる予言は、まもなく現実になった。近東の支配者としてアッシリア人にとって代わったバビロニア人がエルサレムを包囲したのである。紀元前五八六年にエルサレムはネブカドネザルの手に落ち、ソロモンの神殿は破壊された。エリート階級のユダヤ人のたいていの者は追放の身となり、バビロニアに送られ、そこでコロニーをつくった。エレミヤはエジプトに難を逃れた。ユダヤに残ったのは積極性を欠く人々だけで、バビロニア人が新しいコロニーをそこに持ちこみ、反撃の芽はこうして摘みとられたのである。

「エルサレムは今やもの寂しい、かつては人々ですばらしかったのに。ユダは追放の身となってしまった……」エジプトで追放の身の老エレミヤはそういって嘆いた。けれどもメソポタミアに行った人々は、聖書に記されているところでは、決してシオン〔エルサレムにある聖丘〕を忘れはしない、と誓った。バビロンの水辺に腰をおろしてむせび泣き、ヤハウェとの契約は決して破棄されることはないと堅く誓ったのである。

絶望感は未来に託した救出と復活の希望とで和らげられた。破壊と流刑とはやがてエルサレムへの帰還

で終りをつげ、ダビデの血筋の者が再び王位につくだろう。エレミヤは叙情的にこう言う

イスラエルを散らした方は彼を集め　羊飼いが群れを守るように彼を守られる。主はヤコブを解き放ち　彼にまさって強い者の手から贖《あがな》われる。

ここにエレミヤが明言する敗北と勝利、追放と復活、破壊と償いの繰り返されるサイクルは、聖書およびその後のすべてのユダヤ人の思想にみられる復活の神学の中心的モチーフとなった。

ユダの崩壊とバビロニア人がその帝国内のどこにでもユダヤ人が定住することを快く受け入れたこととは、ユダヤ人の人口の拡大にはずみをつけた。中でも最も活力ある集団はバビロニアに定住したコロニーである。異郷の地に暮す彼らは、エルサレムの神殿での礼拝はできなかったが、ユダヤ人である自覚を失うことなく地元の人々と同化して生活し、高度な自覚を保持した宗教的共同体を造っていった。いうまでもなく多くのユダヤ人がメソポタミア文化に同化・吸収されたが、残りの人々はユダヤ人の特徴を保つ源として掟を遵守した。多元的文化の異郷に暮しつつユダヤ人たる自覚を強化する手立てとして、食事に関する規定の遵守もそうであるが、割礼と安息日の遵守が従来にもまして重要視されるようになった（割礼は古代の近東では別に珍しくはないが、バビロニア人は実行していなかった。そのためユダヤ人にとっては一層大切なものになったのである）。

後期ユダヤ教にとって決定的に重要な存在になるシナゴーグの大本を、エルサレムから追放されているこの共同体における集会に辿ることができる。エルサレムの神殿がないため、信仰上の集会は儀式を捨てて、祈禱と信仰の書を読むことで成立した。

バビロニアではユダヤ人はこの国で一般に話されている言語であるアラム語を使っていた。アラム語はヘブライ語にきわめて近いが、はっきり異なるセム系の言語である。バビロニアの共同体のユダヤ人のいくらかがユダヤに戻ってきたとき、アラム語を持ち帰り、数世紀の間ユダヤの大衆の言葉になっていた。いまなお死者に対する祈禱はアラム語でなされるが、これは一時期使用されていたことの名残である。

現代の学者たちの中にはマンチェスター大学のジョン・アレグロやコロンビア大学のモートン・スミスのように、ユダヤ人がバビロニアで学んだものはアラム語とシナゴーグでの礼拝だけではないと考えている人々がいる。彼らの説に従えば、今はイラクの領土となっている渓谷地帯で、紀元前第一ミレニアム中葉にユダヤ人は一神教のなんたるかを大いに学び、後にエルサレムに持ちかえるモーセの五書の物語体テクストの草稿の大方をこの地で書き上げたのであった。聖書が族長アブラハムの母国をイラクに据えていることは、上述したことを象徴的に示唆しているといえる。

思索を重ねた説ではあるが実証されてはいないこの見解に従えば、ユダヤ教はメソポタミアの宗教文化から派生したことになる。さらにアレグロとスミスの主張するところでは、ユダヤ人はメソポタミアから、聖書に記された穏やかな性格の宗教と調和する、気まぐれで秘義的な性格の宗教を持ち帰ったことになる。

バビロニアに追放の身でいるときですら、預言者たちは遠慮なく人々に語り続けたが、エルサレムが破壊されると彼らの説教は異なる色合を帯びる。エルサレムの滅亡を予言する代わりに、ユダヤ人の数々の災厄は犯した罪に対する報いであり、いつの日かエルサレムにハラカー（信仰上の掟）が復活するのを期待すると述べたのである。先にエルサレムの滅亡を予言したエゼキエルも、集団として罪を犯したという考え方を否定し、個々人が犯した罪に応じて応報を受けると、追放の身にあって、書き記している。同時に彼にとりイスラエル人は万能の神によって選ばれた民であり、イスラエル国民の償いに期待をかけたのであった。

追放の身でものを書いた後期の預言者たちが、ユダヤ人の信仰に普遍的な意義を賦与しがちであったのは驚くに値しない。この傾向は第二イザヤの記したものがよい例証である。宇宙の万能の創造主ヤハウェはイスラエル人を異邦人の中に住まう立会人として選びたもうた、と彼は明確に述べる。ヘブライ民族の苦難が人類にとり教訓であったように、その復活も普遍的な平和と正義との新しい時代の徴としてもたらされるであろう。戦いも終り諸国民が剣を打ち伸ばして農具にすることができるように、神の言葉がシオンから発せられ、エルサレムから掟が宣言されなければならない。

追放された土地で書き物をした預言者たちは、すべての国民は同胞・兄弟であり、ヤハウェは全人類の父であることを認めた。この種の普遍救済説は、ユダヤ民族は神に選ばれた人類の立会人たるべしという、宿命的な聖なる契約の下に生きているというユダヤ人の信念を、減じることも損ねることもなく、逆にその信念を強くした。ユダヤ人は人類が平和と正義を享受できるようエルサレムに帰り、神殿を再建せねばならないのであった。

紀元前五三九年にペルシア人がバビロンを占領し、バビロニア帝国を支配下に収めると、異郷生活者のこうした希望は夢ではなくなった。ペルシアの政策は、帝国内の宗教活動が地域ごとに運営されるのを奨励したので、ユダヤ人はエルサレムへの帰還を許され、神殿の再建すら許可されたのである。だが二世代異郷の地で過ごしたユダヤ人たちのエルサレムへの帰還はぐずついて、エルサレムに住まうユダヤ人たちの神殿再建への熱意はそれほどでもなかった。戻ってきたユダヤ人も土着のユダヤ人も、エルサレムを再興するだけの金がなかった。ペルシア王ダリウス一世のもと、ゼルバベルの手で再建事業が始まり、紀元前五一五年に奉献の儀式がとり行なわれた。とはいえ、再建がなし遂げられ、宗教的掟が施行されるのは、五世紀半ばにペルシアの総督ネヘミアが行政の長につくのを待たねばならなかった。ペルシア王はネヘミアに重要な改革を行なう権限を与えた。ネヘミアはユダヤ人と非ユダヤ人との結婚を禁じ、十分の一税の納め方と安息日の遵守に関する規定を設け、貧乏人を重く圧迫する借金の棒引きを許可した。最後にネヘミアはエルサレムの城壁の再建を引き受けた。

ユダに留まっていたユダヤ人は、バビロニア支配下の異郷の地で異邦人に同化した暮らしをしていた人々と同様、強力な権限をもつ神殿の復活に乗り気でなかった。というのは、それは追放の地からの帰還者たちが支配力をもつことを意味したからだ。こうして彼らはネヘミアの改革に異を唱え、追放の身であった時とほぼ同じ暮しを送った。

バビロニアに追放されていた人々の一人であったエズラは、四世紀初めにペルシア王の指令をうけて、そんな妨害をくじくべく、ユダヤの掟を人々が再び系統立てて遵守できるように力を尽くすことになった。その結果、律法の書、ペンタテューク（いわゆる「モーセ五書」）は異郷暮しの経験で得たものとヨシアの改革、そして予言的伝統を合体させたものになった。律法は今や最終的なかたちにまとまりつつあった。宗教的指導者たちは、主流となるユダヤ教は将来ユダヤ国民すべてを縛る律法の宗教になるであろうと主張した。

慣行に関するかぎり、この改正版にみられる律法の最も重要な改正点は、贖罪《しょくざい》の日の遵守である。教義の面でつけ加えられたもので最も重要な点は、終末論に基づく歴史観を発展させ、救世主が世に現れ、主の日〔最後の審判の日〕にユダヤの国民を導くであろうとした点である。ヤハウェはもはやイスラエル国民の擁護者ではなく、全世界の審判者、その意志がすなわち絶対的正義である万能の神であった。神の審判は歴史上に達成され、神の命令はユダヤ国民の律法に示された。ユダヤ国民の数々の災厄は人類への教訓であり、ユダヤ国民は主の選びたもうた民であるがゆえに、終局の勝利が確保されたのであった。その間ユダヤ国民は征服された国民——ペルシア人への隷属、次にアレクサンダー大王とその後継者たちに、そして紀元前四世紀に近東に出現したヘレニズム時代の諸王国に隷属する国民であった。

紀元前三二三年に亡くなるまでの二〇年間に、マケドニアのアレクサンダーは、ギリシアからインド北部に及ぶ古代世界最大の版図を支配下に収める帝国を建設した。ユダヤは早い時期に支配下にくみこまれたが、アレクサンダーのユダヤ人に対する扱いは寛大であった。彼の死後、帝国は政治的に三つに分かれた。ユダヤは最初エジプトの支配下に置かれたが、じきにセルウコス朝が治めるシリア帝国にくみこまれた。

この三ヵ国の違いは政治上のものだが、アレクサンダー没後のヘレニズム時代の近東世界の文明は、どこでもほぼ一緒であった。ヘレニズム文化は地中海東部地方のもろもろの宗教と生活様式のごたまぜからなる都市中心の文明で、ギリシア語（古典時代以後の俗化したギリシア語）を共通語とし、教養ある階級が共有する哲学はプラトン哲学であった。

ヘレニズム時代、ユダヤ教自体にも数多くの宗派ができ、聖職をめぐる抗争が絶えなかった。エルサレムの神殿の再編成に伴い、高位の聖職者は国で最も重きをなす高官になった。聖職者たちの間で権力闘争が熾烈であることは、ユダヤの国民に平安がないことを意味する。ほとんどの闘争は、決定的に重要な一つの問題——ヘレニズム世界に吸収される傾向が強まる中で、本来のユダヤの宗教的文化を、保ち続けることが可能か否かの問題——をめぐって争われた。

ユダヤ人はヘレニズム世界のどの王国でも特権的な地位を与えられた。彼らは近東のいずれの都市でも自由に定住することを許された。そして、ユダヤ人以上の社会的、経済的特権をもつ者は、征服者たるマケドニア人とギリシア人しかいなかった。ヘレニズム世界の都市は大変な魅力をもっていたため、ユダヤ人の大きなコロニーが近東の世界のそこかしこに造られた。居住地は各地に分散しても、ユダヤ人としての独自性を失いはしなかった。シナゴーグが造られ、律法は忠実に遵守され、改宗者たちは昔からの信者仲間に迎え入れられた。改宗者はシナゴーグに出席し、割礼のような厳しいものは除き、いくつかの律法を遵守し、こうして、ユダヤ人の共同体仲間は数を増やしていった。

都市エルサレムでもヘレニズム文化の影響は、政治的には、専制君主国家である諸外国との協力というかたちで顕れ、文化的には、ギリシア語とギリシアの生活様式の採用というかたちで顕れた。ペンタテュークは、アレクサンドリアのユダヤ人の学者たちの手でギリシア語に訳され『七〇人訳ギリシア語聖書』となった。エルサレムにはギリシア風の屋内競技場すら造られ、イスラエルの若者たちがギリシア流儀で運動競技を競いあった。ユダヤの掟を忠実に信奉する人々は、人間の裸体へのギリシア人の愛好心が顕れでたものには、ぞっとする思いであった。もっとも、保守的なユダヤ人は、ヘレニズム文化の影響を受けての革新に対して、何ごとであれ広く反対したのであるが。

紀元前一六八年シリアを支配していたセレウコス朝のアンティオコス四世がエルサレムに来て破廉恥なやり方で神聖な神殿を汚そうとしたとき、政治や文化に対するユダヤ人の不満は燃え上がり公然たる反乱となった。古いみやしろはギリシアの神々を礼拝する場所に変えられ始め、新しくギリシア式の儀式を採用するといって脅されたのである。アンティオコスの動機はイデオロギーより政治的なものであったとも考えられる——ユダヤ人からの軍事活動の資金の強制的とりたてである——だが、憎悪にみちた反乱が勃発した。

最初に服従するのを拒否したのは新しい儀式への参加をやめた人々で、彼らは殉教死した。紀元前一六六年、大っぴらに組織的な暴動が始まった。当初は反逆者たちは丘陵地帯に引きこもり、時おり外国の役人たち相手にゲリラ戦にうってでるだけだったが、ユダ・マカベウスの指揮下に何回か勝利を収めた。マカベア家の人々は軍事的手腕を発揮したため、シリア人の支配者たちの宗教上の強制に深く憤りながら反乱の成功の可能性を当初疑っていたユダヤ人たちも、大っぴらに反乱を支援するようになった。

マカベア家が謀反《むほん》を起こしていた時期に執筆されたダニエル書には、シリア帝国相手の戦いに伴うきわめて感情的で終末論的な思索が反映されている。シリア帝国は歴史上四番目で最後の帝国であり、その後は神の帝国がとって代るであろうとみなされた。

反乱は急速に広まっていった。そして、シリア帝国の内紛のおかげで、マカベア家はユダヤの実質上の独立を認めさせることができた。マカベア家が建設した国は、紀元前六三年ローマに征服されるまで、ほぼ一世紀間続いた。

マカベア家の統治のシンボルは、三本脚の土台をもつ九枝の燭台であるマノーラである。そのあとローマ統治下のユダヤでマノーラに確りした台をつけるのが流行になった。現代のイスラエル国家のシンボルは、この後期マカベア朝様式のマノーラである。

灯りをともす八日間の祭りハヌカーの際に、一日一日ろうそくをともし、灯りを加えていく大きな特別のマヌカーは、マカベア朝がシリア人から神殿をとり戻し、神殿を浄化し、復活させたことの記念として用いられている。伝えられるところでは、神殿で八日間燃え続けるのに十分な量の聖油をいれる容器が発見されたとのことである。

マカベア家の軍事的勝利と神殿での再奉納をほめたたえるだけでは、マカベア（別名、ハスモン）王朝のその後の悲しい歴史を無視することになる、この王朝の歴代の王たちは、なんのことはない、この一門も貪欲で策謀好きで、しばしば無能な支配者たちを生みだしたことをみせつけたのだから。

反逆者たちと、新しく支配者になったマカベア家の支持者たちの多くは、純粋な信条と慣行を作り上げるのに格別関心をもつ人々であった。しかし、いったん他国への隷属を断ち切ると、マカベア朝の王たちは、自分自身の独立性と政治的権力を維持することにもっぱら関心を払うようになった。こうして新しい王国は派閥間の争いに引き裂かれ、独立性の維持のためにシリア王朝と裏取引をすることすら余儀なくされた。

紀元前六三年、ポンペイ指揮下のローマ人がユダヤに覇権を確立したときもこの情況は変わらなかった。ユダヤ人は自分たちの信仰生活をそのまま持続することを許されたが、ローマの総督とローマの傀儡《かいらい》である王たちは、ローマ帝国のユダヤ人たちを独自の存在たらしめるユダヤの信条や慣行と、しばしば衝突をきたした。紀元前一世紀後期にはいつなんどき政治的理由でユダヤ人の反乱が起こっても不思議はない情況になった。貴族や裕福な階層の人々もその多くは、ローマの支配を一度も全面的に受け入れたことはなかった。

そんな政治的情況下では、ユダヤ教をしてさまざまな派閥や宗派に分裂せしめる論争を解決する見込みは少しもたたなかった。成文法に依存する傾向が強まり、それは、長年律法の研究と解釈をしてきた律法学者が社会を牛耳ることにつながっていった。さらに信仰上の論争も盛んになったが、サドカイ人とパリサイ人の二つの集団がその中心的存在であった。貴族の身分の者が多いサドカイ人が、エルサレムにある高等法院サンヘドリンを牛耳っていた。彼らは成文法に明確に記されていない事は何ごとも認めなかった。サドカイ人はツァドク人、すなわち、ソロモン王の時代の高位の祭司ツァドク以来聖職者を支配してきたツァドクの一族とその協力者たち、の子孫であると考えられる。おそらく「サドカイ人」という言葉は

「ツァドク人」から来たものだろう。

マカベア家がシリア人を打ち負かしエルサレムを獲得したとき、ツァドク人を聖職から退かせて、臣下の者を聖職につけた。マカベア家のこのやり口はツァドク人に大きな動揺を与え、サドカイ人の好戦的な一派、エッセネ派の人々は革命を目論むに至った。

パリサイ人は律法のテキストに口伝の伝承とラビの解釈を追加するのに熱意を傾けた。その意味では自由主義的で進歩的であった。パリサイ人の主張はこうである。シナイ山でモーセとイスラエル人がヤハウェから授かった成文の律法（トーラー）に加えて、ユダヤ人はそれと等しい重要さをもつ口伝の法を受けとった。その口伝の法を解釈し成文の律法と完全に両立できるようにするのが、学殖ある律法学者やラビの務めであり特権なのであると。そうした解釈を通してパリサイ人のラビは、先祖からうけ継いだ二面性をもつ法を自分たちの時代に合うものにし、時代の必要性や問題に対処できるものにしようとした。

したがって、サドカイ人は成文化された律法を厳格に字義どおり読むことに固執したが、パリサイ人は、彼らの主張によれば、大部分は口頭で伝えられてきた律法について、進歩的で時代の先端をいく解釈をした。パリサイ人のこの見解は、ラビのユダヤ教、言いかえると、正統派のユダヤ教の基本的想定となってきたものである。概してパリサイ人はサドカイ人よりヘレニズム文化の影響に強力に抵抗したが、メソポタミアの宗教からトーラーにはない、個人の不滅性および死者の復活という民間に普及していた教義を借用した。

パリサイ人は中産階級出の人々であった。彼らは平信徒で、サドカイ人のように聖職者あるいは聖職についている貴族の家系の者ではない。パリサイ人は、律法学者や教師たち——彼らはさまざまな名称で呼ばれてきたが、最も一般的で昔から変わらぬ名称は「ラビ」——である。彼らは平信徒の身で、共同体の指導者であった。

パリサイ人は団結して共同団体やクラブを結成し律法の施行について討議を重ねた。彼らは二派に別れ、それぞれの指導者は、ベト・シャンマイの学校の教師たちとベト・ヒレルの学校の教師たちであった。シャンマイの学校は厳格で法律尊重主義であり、ヒレルの学校はプラグマチックで人本主義的であった。ある異教徒が片足で立ちながら、トーラーの全体を教えてくれとみくびったような問いをしたとき、「自分に嫌なことは隣人にしないこと、それがトーラーのすべてだ。あとは注釈だ」と答えたのは、ヒレルであった。

サドカイ人もパリサイ人も異教徒の強国による支配を必要悪として受け入れていた。社会的身分がパリサイ人より上のサドカイ人は、征服者のローマ人たちと積極的な姿勢で協力してはいたが。だが、ほかのユダヤ人の集団は妥協するのを嫌がった。ゼロテ派（熱心党員）は、外国支配に対するマカベア家の抵抗の歴史、その初期の頃の特徴である革命の伝統をうけ継いでいた。彼らはイスラエルの政治的独立を要求し、ローマ皇帝に税金を納めるのを拒否して、自分たちは唯一の真実の神を除いてだれにも忠誠の義務はないと主張した。少数派であるこのゼロテ派の人々は、テロとゲリラ活動を通して、圧政者たちへの抵抗運動を人々に扇動した。彼らはシカリウス派（アサシン〔「暗殺者」の意〕の元となった語）となった。彼らはローマの支配から国民を解放する戦い方を探ったのである。

ゼロテ派は大多数のパリサイ人の方針とたもとを分かつ過激な政治的立場を代表したが、ほかの集団は急進的な精神主義に傾く傾向があった。神の意志に純粋なかたちで従う生活を送りたいという願望に動かされ、エッセネ派の人々は、ユダヤ人の共同体から全面的に身をひいてしまった。純粋な人々からなる選ばれた共同体として死海沿いの砂漠の一画クムランに身をおちつけ、そこで彼らは形式のみならず精神においても律法を遵守する生活を送ろうと努めた。クムラン共同体の蔵書、いわゆる死海文書が一九四〇年代後期に死海沿いの洞窟の中で発見された。

死海文書の専門家であるニューヨーク大学のローレンス・シフマンの信じるところでは、紀元前一五〇年頃にクムラン共同体を創建したのは、口伝の律法を正典とみなすパリサイ人の考え方を拒否した、敬虔なサドカイ人の司祭たちの集団であった。エッセネ派は自分たちは歴史の最後の時代に生きていると信じて、「正しい道を説く師」のカリスマ性のある指導の下、規律のいき届いた禁欲主義の生活を実行した。彼らは財産を共有した。エッセネ派の中には、結婚しないでセックスを慎む者もいたが、古代ユダヤ教にあっては、それはユニークで修道士のような禁欲者たちであった。

クムラン共同体は、神の意志に従うことを通して正しい道を歩むことを求める預言者の要望に応えようとする熱心な試みの代表的なものである。だがエッセネ派の最盛時にあっても、エッセネ派のアクティヴィズム〔能動的活動を重視する主義〕の内に、ユダヤの文化ならざるヘレニズム文化の哲学と宗教からの、影響を認める人々がいた。

ローマに支配されていた時期にユダヤ人たちの間に派閥や宗派が急激に数を増したことは、ローマとギリシア文明の力と魅力に、ユダヤ人の本来の信仰のあり様が極度に脅かされたことの反映とみなしてよい。ユダヤ人がローマの権力と、ないしヘレニズム文化と、どの程度まで協力ないし妥協しても、ヤハウェとその掟に忠実でいられるかという問題は、ユダヤ人が日々直面した苦しい難題であった。この板挟みをさらにつらいものにしたのは、紀元前一世紀末にユダヤ各地に広まっていた信念――歴史の最後の決定的段階がすでに到来し、神はすべての国民を裁こうとしており、とくに神が立会人として選んだユダヤ人にその責任を問おうとしている。そして、ある種の救世主（贖《あがな》い主）がこのことを成しとげるための、神に選ばれた手立てとなるであろう——という信念であった。

ユダヤの貴族階級とくにマカベア人の子孫たちの中には、ローマの権力と協力する者もいた。なかにはヘレニズム文化の芸術や文学や哲学のみごとな作品につよく惹かれる者もいた。とはいえ、大多数の者はパリサイ人の指導のもとローマの支配を黙認することにも、ヘレニズム文化に吸収されることにも、最後まで抵抗した。彼らは自分たちの価値観・信条に従って、地中海世界のほかのすべての民族とは異なる道を歩んだ。神に選ばれた民としてどんな代償を払おうとも、神の意志を成就する務めがある、そして、その報酬は最後の審判の日がきたときに果されると信じていた。ローマ人には大変いらだたしく、ギリシア人にはひどくいまいましいこのユダヤ人の非妥協的態度と選別意識は、契約の民をして地中海世界におけるまったくユニークな存在たらしめた。

異邦人たちは、聖書と契約の掟に対する変わることのない忠誠心ゆえにユダヤ人を賛嘆した。だが同時に、ユダヤ人は地中海世界では傲慢で、破壊に走りがちで、信用のおけぬ連中とみなされもした。ユダヤ共同体の指導者たちは異教とたもとを分かつことがもつ意味を考慮にいれてなかった。彼らの考えでは、それによって契約を成就することができる神の掟、ハラカーに従い生きるほかに道はなかった。こうして、厳格な聖書の訓えやパリサイ人が定めた掟より、地中海文化をより意義深く、より受けいれ易く思った数十万のユダヤ人たち、とくにユダヤの地を離れ異郷に暮すユダヤ人たちは、契約の民であることをやめて土地の住民たちに完全に同化した人々とみなされるようになり、契約の掟を信奉する人々が、ユダヤ教の正統派の人々になった。

過去一二〇〇年間にわたって多数のユダヤ教徒およびキリスト教徒の学者たちが、ダビデ王からイエス・キリストに至る、紀元前一〇〇〇年間の、ユダヤ人の信仰の展開・発展のあり様をつまびらかにしようと試みてきた。細かな点は多くの面で依然として不確かであるが、大まかにいって、それは幸せなものではなかった。

とはいえ、紀元前一〇〇〇年間の古代ユダヤ史を組み立てている主要な要素――歴代の王とエルサレムの神殿をとり仕切る聖職者たちが発布した聖職者の振舞いの作法の掟、倫理に関する預言者の宣言、普遍的な歴史、時間の経過と共に聖職者の掟の一部となった未来への期待、バビロニアへの追放に始まる、ユダヤ人が異郷の地で民衆として体験した数々の経験、そして又、その間に神は肉体性を薄れさせ、共同体のシナゴーグは非物質的な神を崇める中心的場所になっていったこと、西暦元年に至る二〇〇年ないし三〇〇年間に、個人の不滅性と死者の復活への信仰が徐々にユダヤ教にとり入れられていったこと――そうした事柄は、充分に明らかになっている。

そうした基本的心的姿勢と共に、救世主への期待があった。贖い主はユダヤの民全体であり、ユダヤの民が「悲しみの人」としてユダヤ人以外の全人類に代わって苦難を経験し、全人類の罪を浄めるのか、それとも「エッサイの樹」(ダビデの家)の家系にカリスマ性をもつ人間が現れ、栄光にみちてはいても古ぼけ今にも崩壊しそうな王国を再建するのか、あるいは、この二つが合体したかたちをとるのか、そんな期待を人々は抱いていた。

紀元前一世紀の半ば過ぎには、こうした考え方がパリサイ人の説く教義の基本になっていた。パリサイ人の後をついだ人々は、訓えを説き司法を司るラビたちで、西暦七〇年の神殿の破壊後も、そしてユダヤ人が二度目の大規模な強制的追放の憂きめをみた後も、その地位を保っていた。今日私たちは、このパリサイ的ラビ的ユダヤ教を、正統ないし正典(ハラカー)の教義となしている。西暦一〇〇年にも(今日と同様に)ユダヤ人の過半数(おそらく大多数)は、パリサイ的ラビ的正統派のユダヤ教の一〇〇パーセントの信者、厳密にその掟を遵守する信者ではなかったであろうが、この主流派をユダヤ教と呼ぶのは正しいのである。

このラビ的正統派のほかに少なくとも二種類のユダヤ教が存した。一つはエッセネ派の黙示録的神秘主義的ユダヤ教（「死海文書」を遺したクムランの宗教がこれに属する）で、それは熱烈な少数派によって唱道され、そして、中世と近代初期に時おり正統派の伝統と合体し、それを包容しようと努める文化を唱道した。もう一つは、地域に同化し、アレクサンドリアや地中海東部地域の大きな共同体で信奉された、哲学的ヘレニズム的ユダヤ教で、今日の改革派の自由主義的ユダヤ教に似ている。

今にいたるまで続いているユダヤ教文化にみられるこの三重の分裂は、紀元前一世紀にすでにはっきり存在していた。ラビのユダヤ教が主流と呼ばれるゆえんは、それ以前の一〇〇〇年間のユダヤ史から直接的に派生しているからである。それはいくつもの世紀を通して忠実に守られ、重厚に創りあげられてきて、途切れのない歴史を所有し、今日もエルサレムだけでなくニューヨークでも活発に活動している。紀元後の六〇〇年間に、それはタルムードを創りだした。そして一七世紀から二〇世紀に至るまで、東ヨーロッパのすべての大きなユダヤ人の共同体の主要な宗教であり、主要な慣行となってきたものなのである。

パリサイ的ラビ的ユダヤ教は、ほかの宗派の共同体が自らを測り定義づける際に、その基準となる教義であり文化であった。それは核となる文化であった。主流のユダヤ教の性格を明確にしようと、正統派のラビの説教でも、学殖を積んだ論文でも、一貫して努力が払われてきている。「ユダヤ人の学問」に関する郊外住宅地の人々むけの案内書でもそうである。だが、最も洞察に満ちた本は、ドイツのプロテスタントで社会学者のマックス・ウェーバーが一九〇六年に著した『古代のユダヤ教』であり、その右にでるものはない。

主流のユダヤ教の最たる特徴は、キリスト教も含めて古代地中海世界のほかのすべての宗教と異なり、魔術を排した点にある。人類学で使われる意味の「魔術」は、神の助けを招来するための、秘跡または信仰療法または占星術に基づく計算を意味し、また何か物に触れる行為を意味する。主流のユダヤ教が、神との意思の疎通を試みるに際し認めたものは、祈禱と義《ただ》しい行ない、それだけであった。何世紀もの間エルサレムの神殿の祭壇に動物が犠牲に捧げられていた（程度の軽い魔術である）のは真実である。だがパリサイ的ラビ的ユダヤ教は、発展していく途上で、神の恵みと助けを求める際に、魔術の仲介へ依存するのを一切放棄した。魔術に頼らぬこの方式は、おそらく第一神殿の消失と第二神殿の建設の間の二世紀間、エルサレムで焼いた供え物を捧げることができなかったことに由来しよう。西暦七〇年以後も神殿は存在しなかった。それゆえ主流のラビ的ユダヤ教は、神と契約の民との意思の疎通をするのに、純粋に精神的なつながりに頼るほかなかった。

とはいえユダヤ教が魔術ぬきの宗教として発展した原因は、たんに神殿とその祭壇の消失にあるのではない。預言者たちは、伝統的に、神が犠牲を供されることやその他の魔術的儀式を喜ばぬことを語ってきており、さらに又、彼らの言葉には純粋に精神的で道徳的な基盤に依拠して神に嘆願する精神が底深くみられるからである。

一九六〇年にヘブライ大学のエゼキエル・カウフマンは、マックス・ウェーバーの古代ユダヤ教に対する見解を確証してこう述べている

聖書の宗教観は……宇宙のあらゆる法、あらゆる運命、あらゆる強制を超越した至高の神という観念に基づいている。誕生することも、創造されることもない神……ほかの神々、あるいは不純な力をも

つ存在と闘うこともない神。犠牲を供することも、予測も予言も、魔術の行使もしない神。罪を犯さず、償いの必要性もない神。己の人生を祝う祭りを催すことのない神。存在するものすべてを超越する自由な神の意志――それが、聖書の宗教の特徴であり他のあらゆる宗教と異なるゆえんでもある。

神は在るところのもの――絶対的に超越し、呼びだしたり何かの影響を及ぼす人間の魔術を超えるもの、永遠に超時間的に自ずから存在するものなのである。「聞きなさい、おおイスラエル人よ、主は私たちの神、主はただ一つ」。紀元前一〇〇〇年以前ユダヤ教が誕生したときは、おそらくちがっていたであろう。しかし、紀元前二〇〇年までに、主流のパリサイ的ユダヤ教はそういう宗教になっていた。

西暦元年頃にヘブライの契約宗教が最終的に形成された際、この魔術排斥性がその特徴となった。この特徴は同時に、ユダヤ人排斥主義のイデオロギーを生みだす究極の原因ともなった。主流のユダヤ教を信奉するユダヤ人は、キリスト教も含め、ほかのすべての地中海地方の共同体の宗教とは異なる過激な路を選んだ。そうすることでユダヤ人は、ほかの文化の正統性に異議を申し立てたのである。

西暦元年以降のある時点から正統派のユダヤ人は、神が自分を異邦人とは異なる存在に創りたもうたことへの感謝の祈りで一日を始めるのを習わしとするようになった――異邦人が富と権力をもって契約の民を迫害あるいは根絶しようとしている時ですらそうであった、というより、そんな時こそとくにそうであった。パリサイ的ラビ的正統派の信仰に従って契約の民として生きることは、ユダヤ人をして異教徒たち――「俗世の諸民族」――とは異なる存在たらしめた。その違いは割礼や食事の掟、安息日や贖罪《しょくざい》の日の遵守にあきらかである。

決定的ちがいは心性、主流派のユダヤ教が育んだ意識のあり様にみられる。第一に、正統派のユダヤ人は、物質的あるいは儀式主義の支えを持たなかった。人間の姿をし、死に瀕した、ないし復活した救い主たる神にも、救世主たる神と自分を結びつける秘跡にも、占星術に基づく計算にも、神聖な物やほかの魔術的事物との接触にも、頼ることができなかった。ただ神の善良性と尊厳性に頼る外なかった。もしよからぬことが善良な人々に起ころうとも、ユダヤ人はただ災難を受け入れ、最善を尽くして生き続けるほかなかった。

ユダヤ人は災難を合理的に解釈しなければならなかった。それにはいくつかの方法があった。ユダヤ人である自分に、結局は咎があるのだ。よく考えてみれば、過った行動をした。善良に振舞ったにしろ、あまりに自信過剰で独り善がりすぎた。それだけのことであれ、ヤハウェが自分を懲らしめられたのは正しかったとか。あるいは、苦しみは物事を学ぶ過程で浄化されることである、ユダヤ人の自分はそのためにより善き人間になれ、神の掟をさらに遵守できるようになれるとか。あるいは、ユダヤ人の苦悩は、どのようにしてか、人類に益をもたらすためのもの、異邦人に神の言葉を伝える手だて、神が恵みを施される方策であるとか。

ユダヤ人はなぜ集団として苦難をなめねばならぬのか、みたところ善良な人々になぜ悪いことが降りかかるのかを合理的に説明する試みが、紀元前二〇〇年以降の二世紀間ユダヤ人がかわした問答の至るところにみられ、また、この問題意識が植えつけられていった。「弁神論」(神の人間に対する業《わざ》の正当化)はユダヤの歴史上長期にわたり熱心な努力が払われてきたテーマである。このテーマ以上にユダヤ人が想像力を行使して一貫して努力を払ってきたテーマはない。ユダヤの歴史全体が一種の弁神論のようなものである。

主流のユダヤ教が育《はぐく》んだ心性にみられる二番目に重要な要素は、史的典拠性である。古代地中海沿岸世界の異教の文化にあっては、大切な時間はつねに現在、永遠なる現在、であった。ユダヤ人は自身を、族長の時代から今にいたる、非常に長くて荒れ狂う連続する時間の中の一部に生きる存在としてとらえた。ユダヤ人は自分がなすすべてを、長く伸びる時間というコンテキストで捉え、自分の行為を複製とみなして不朽化し、また、過去の歴史と相互作用させようとしてきた。

ユダヤ人の史的典拠性が特異な性格のもので、歴史の詳細な知識は初期マカベア王朝時代で終るという意味で、後ろ向きにカーブを描くものであることは先にみた。そのあとも、ユダヤ人の活動の非常に多くは、依然としてその時その時の時間の次元で行なわれた。しかしマカベア王朝以後のユダヤ史の詳細は、ほとんど空白のままである。その理由は、そうした詳細はあまりに多くの問いかけ、あまりに多くの論争をひき起こし、その中には、ラビにとって都合の悪いものがあるからなのである。

ユダヤ史の史的典拠性は充分である。ユダヤ人の初期の歴史に関する情報はあり過ぎるほどあり（その多くは架空のもの、ないし、ロマンス化さたものだが）、マカベア王朝初期以降の歴史については不足している。一九世紀初期に現代の史料編纂が始まる前までは、以上がユダヤ人の史的典拠性の典型的なものであった。そしてこの後ろ向きにカーブを描いた歴史が今なおあらゆる宗派のラビたちの説教に影響を及ぼしている。

さらにユダヤ人の思考様式は共同体に重きをおく。だれでも孤立した存在ではない。個人の行為は集団というコンテキストにおいて意義深いものになる。この心的姿勢はそれ自体ではユニークではない。ギリシア人は、私たちは皆社会的ないし共同体的存在であると言った。ユダヤ人の思考様式が異なるゆえんは、共同体を空間の次元と同時に時間の次元で捉えた点にある。ユダヤ人の共同体は、時間の次元の旅人、どこかあるところへ向う巡礼の旅の途上にあるもの、終末の日に終わる歴史の中のある時期に存在するもの、であった。こうして、ユダヤ人がそこにすっぽり浸かって生活する共同体は、その時その時の大きな人間集団であるだけでなく、アブラハムからモーセ、ダビデ、エレミヤを経て現在に至る二〇〇〇年間を通して、ユダヤの民からなる従者たちの集団なのであった。個々人のあらゆる行為は、時間の次元における共同体の巡礼の旅を前進させるものか、それとも妨げになるものか、という観点から思考され判断されねばならなかった。

弁神論と史的典拠性が人間心理に及ぼす負担は、厳しく妥協を許さぬ性格のものである。神慮と歴史の意義を、また、それらの意義と自分個人の気持ちや自分の一つ一つの振舞い・行動との係わりを、絶えず根本から再考せねばならぬとなると、だれしも狂気に陥るせとぎわに追いこまれるだろう。主流のパリサイ的ラビ的正統派のユダヤ教が、日々の暮しに提供した実際的な解決方法は、こと細かな戒律、つまり、善行（究極的には六一三の善行）の勧めであり、これは早朝から眠りにつくまでの（さらには、就寝中の）、ユダヤ人としての敬虔な振舞い方を成文化したものであった。

上述したように弁神論と史的典拠性は大変な心理的プレッシャーを与える。ほかの文化や信仰のもつ魔術的支えを拒否して日々の生活をしのいでいくのに、ユダヤ教は振舞い・行動に関する極端に細かくて執拗な掟を提供する。こうして、契約宗教のもつ大いなる逆説、この上なく人を自由にすると同時に否応なしに人を閉じこめる文化である、が生じる。

一九世紀後期そして二〇世紀初期のある時期、困難で不完全なこの世における毎日の暮しに契約の神学が引き起こす複雑な諸問題や疑念に関連して、ユダヤの知識人仲間の一部に、契約の神学に対し重大な留保条件をつける風潮がみられた。今ではそんな風潮はなくなったが。契約の神学に対し自己の見解を口にするユダヤ人ならだれしも、無条件に称賛の気持ちから述べる。この二〇年間潤沢《じゅんたく》な寄付金をよせられ、諸々のアメリカの大学に創られたユダヤ教研究のプログラムに参加する多数の研究者たちは、契約の民としてのユダヤ人という観念にゆるぎない称賛の念を抱きつづけてきた。

プロテスタント信者の聖書に対する見解は、契約を非常に強く肯定するこうしたユダヤ人たちの意を強くした。一九二〇年代以降、一七世紀にプロテスタント信者が創案した契約の神学が復活している。契約の神学は、人間の姿をとる神という教義——筋金入りの魔術の信仰——とは相容れぬため、両者をいかに調和させるかという問題に逢着し、プロテスタントの思想家の中には困惑を覚えるむきもあるが、彼らはそうした対立・矛盾する要素間の緊張をのり越えようと懸命に努めるか、さもなくば無視しようとする。『お召しをうけた民』といったタイトルの長々しい論文を集めた本を出している、経営状態も上々で穏健着実なプロテスタント系の出版社がフィラデルフィアにある。

ユダヤ教の学問研究のプログラムに従事する当今のアメリカの学者たちの間で好評なペーパーバックの本の一冊は、ブランダイス大学のナホム・サルナの著した『エジプト脱出の研究』(一九八六)である。著者は、真実のほどは不確かなおなじみの説、ユダヤ教の契約は外交や商売に関する当時の法律文書に「明文化されていた」ものと同種のものであると主張する。同時に彼はこう概括する。「契約は……神と、神に選ばれた民との間の、永遠に拘束力をもつ約束事の結論を明言したものにすぎない、サルナはこの考えが大層気に入り、それがユダヤ人の歴史に対してもつ心理的、社会学的意味を探ろうとしない。

聖書を記した人々は、もっとリアリスチックな心性をもっていた。神の契約と共に生きることの緊張と苦しみを聖書の著者たちは認識していた。「出エジプト記」には、モーセが神から戒律を記した銘板をうけとるべくシナイ山に登っている間に、「人々は統制がきかなくなり」、金の小牛の偶像をこしらえて拝む、とある。そして、モーセの兄で高位の司祭アロンは「人々を掟から解放してやらなければならなかった」

のである。モーセは、戻ると激怒し、偶像をたたき壊すにとどまらず、一同を攻撃すべく、聖職者であるレベ族の人々を解き放つ。そして三〇〇〇人もの人々が虐殺される。神に選ばれた民が神との間に永遠に拘束力をもつ契約をもつことは、明らかにマイナス面がある。掟を破ればヤハウェの聖職者たちからなる突撃専用部隊により虐殺されるのである。

聖書の最終の編纂をした人々やあのエズラは、この荒々しい話を載せることで、ユダヤ人共同体の中で契約をあからさまに破った人々への、自分たちの姿勢を明示しているのだ。契約を破る者がでるだろう、統制がきかなくなる時がくるだろう。必要な時、可能な所で規律をとり戻すべく懲罰が下されねばならぬ、そういっているのだ。ここには契約を保持する困難さに関するリアリスチックな検討・評価がある。

エズラと聖書の編纂者たちは、ヤハウェの命令がたとえ非人間的なものでも受け入れねばならぬという、ユダヤ人一人一人に課せられた要求を伝えるべく、イサクを犠牲に供しようとする、寒気を覚える話を「創世記」にのせた。

律法学者とラビたちは深いペシミズムをこめて聖書の正典に、後の世に記された「伝道の書」をのせた

天が下の万物、すべての経験には、ふさわしい時が定められている。……誕生の時、死ぬ時……泣く時、笑う時……愛する時、憎む時……人間にとって唯一価値あることはその生涯に楽しみを享受し、善行を積むことだとわたしは悟った。

今の時代、「伝道の書」を旧約聖書の中の特異な書と解説するむきもある。ストア派の哲学者の運命論的見解が反映されたものとみなし、ヘレニズム文化がユダヤ思想に与えた影響の産物とみなすのである。

だがこの書は、イサクを犠牲に供しようとする話の背後にうかがわれる運命論的感性と合致しており、パリサイ的心性の埒外《らちがい》にあるとは思えない。

同様に、おそらく紀元前三〇〇年頃に記されたヨブ記は、その全体が契約の神学が提起する問題にとり組んでいる。なぜ悪いことが善人の身にふりかかるのか。この問いへの答えはどこにも記されてない。結局は旋風の中から一つの声がして、心とり乱したヨブに、黙るように、そして神を信じるように、泣き言をいわぬようにと告げる。ヨブ記のエピローグ（おそらく後の世に記されたもの）で、ヨブは健康と富をとり戻す。後期の古代ユダヤ教に関する生き字引のようなエリアス・J・ビッカーマンは、「伝道の書」と並べてヨブ記を「聖書の四大奇書」の一つに数えた。正典の中に執拗な苦しみや心配をもちだしてどうしようというのだろう。ラビたち自身の心がそうした関心に占有されていたので、マソラ学者の手になる正典の中にヨブ記を入れたのに相違あるまい。

のちのちナザレのイエスの弟子たちに大きな刺激を与えるイザヤ書の五三章（追放の身の第二のイザヤが紀元前五二五年頃にバビロニアの地で記したもの）は、ユダヤ人の味わう苦悩を、人類の贖《あがな》いの手だてとして説明しようとする

彼が刺し貫かれたのは、わたしたちの背きのためであり
彼が打ち砕かれたのは、わたしたちの咎のためであった
彼の受けた懲らしめによって、わたしたちに平和が与えられ
彼の受けた傷によって、わたしたちは癒された
そのわたしたちの罪をすべて、主は彼に負わせられた……

多くの人の過ちを担い、背いた者のために執り成しをしたのはこの人であった。

こうして契約を一方的にユダヤ人に課すことで、神はユダヤの民を「屠《ほう》り場《む》に引かれる小羊」、人類の身代わりの犠牲として扱い、「主の望まれることは彼の手によって成し遂げられることになる」。そう第二のイザヤは語る。契約によりユダヤ人は、魔術が与える癒しなしに人生の苦しみを忍ばねばならぬという意味だけでなく、人類のために犠牲を払う使命を帯びてこの世に生れたという意味でも、難儀な立場におかれているのである。

これはつらいメッセージだが、同時に現実に対するリアリスチックな評価でもある。ユダヤ人は強力な存在ではない。彼らは強力な軍隊、強大な帝国により踏みにじられるであろう。契約は犠牲になる苦しみを意味する。神の聖なる名にかけて、それに耐える心の準備をしなさい。

契約の観念は今日アメリカの郊外地のシナゴーグでは、通常楽天的にセンチメンタルに解釈されているが、ロマンチシズムからこれほど遠いものはない。昔のラビはそうした点をもっとよく分かっていた。彼らは、異邦人の土地での長い長い巡礼の旅の間に、どんな目にあうか知っていた。彼らの現実主義はユダヤ人に、困難な、時として残酷な、運命に立ち向かうよう心づもりさせた。感傷に流されぬ現実的な気性だけが、契約の民をして幾世紀もの数々の敗北と異郷暮しをのり越えて生きのびさせえたのだ。

第七四賛美歌はユダヤ人が四面楚歌の状態で異邦人から憎しみをうける境遇に陥ることを率直に認めている

あなたに刃向かうものは、至聖所の中でほえ猛り……

あなたの聖所に火をかけ　御名の置かれた所を地に引き倒して汚しました
この地にある神の会堂をすべて焼き払いました。

ユダヤ人は破壊、大量虐殺に対していつでも心づもりしていなければならない。契約の民には新しく預言者が現れ、訓えを説いてくれる慰めはもはやない。預言者の時代は過ぎ去ったからだ。

わたしたちにしるしが現れることはない。もはや預言者はいないのだから。わたしたちのだれも、どのくらい長いことそうなのか知らない。

深くペシミスチックな社会観が、災難がいつなんどき降りかかるかもしれぬという意識が、パリサイ的ユダヤ教の思考傾向の中心にある。そんな社会観に応じてパリサイ的ユダヤ教は、ユダヤ人が歴史の中で犠牲となり贖いの手だてとなる役割をもつことにそなえて、防衛的な行動の掟、防壁になる信心のきまりを作った。トーラー（律法）は、ユダヤ人男性すべての割礼、七日毎に仕事からの完全な休息日をとること、食事に関する細かなタブーの遵守、贖罪の日の断食を申し渡すことで、ユダヤ人をユダヤ人以外の地上のすべての民族、異邦人と区別した。

さらにバビロニア捕囚から帰還し第二神殿を建設したあと、以下の事柄を遵守することが課せられた。男性はすべて朝と夕に皆で祈禱すること、男の子はすべて聖書の中の神の言葉を読むのに充分な教育を受けること、すべての家の戸口の側柱にとりつけられているメズーナ（装飾が施された小箱）に、根本的信条（「聞け、イスラエルよ。我らの神、主は唯一の主である」）を収めること、朝の祈禱の際、両眼の間につるした経箱（革製の箱）に神の言葉を収めること。

新しい動向を担うアメリカの大学のユダヤ学者たちの中でも、最も学識豊かで多くの著書を著しているヤコブ・ニュースナーは、一九七九年に、祈禱がトーラーが説く人の道の中で中心的意義をもつことを強調している

　掟のもとの暮しとは、朝に夕べに夜に食事の際に、規定の時のみならず、特別なことが起きた時も祈ることを意味する……トーラーの道とは神への絶えざる祈禱の道なのだ。

主流正統派の伝統における善きユダヤ人とは悔い改めの祈禱の熟達者の謂《い》いである。

魔術的な儀式によって緩和されることなく、頻繁な祈禱という毎日のしつけに基礎をおく宗教は、確固たる信念と寡黙《かもく》を特徴とする気質をつくりあげる。己れのなすべきことは成文法および口頭の法によって知ることができる。善き振舞いと洗練された情緒に神がお酬いくださることで、契約が果されますように、そう神に嘆願する。

だが神はあまりに超越的な存在なので、人は予言することができない。律法の掟の遵守は祝福をもたらすという信念はよいが、そう確信してはいけない。善良にして全能なる唯一の神ヤハウェに救けと報いを嘆願する、それ以外の道、とって代る道は知られていない。

絶えざる祈禱の生活は、生きる核となる感性と行動様式に個々人を包みこむ。しかも、そうした祈禱は、個人的敗北や失望や不公平と思える体験に直面しても、遵守されていった。さらに、掟を遵守するユダヤ人にとり祈禱は共同体の一員としての行動を奨励する効果をもった。入念で細目も欠かさぬ祈禱は、成人

ユダヤ人男性一〇名からなるミニヤン〔礼拝最低出席者数〕が充たされてとり行なわれるため、仲間同士の対話と礼節を促す効果があったからである。

パリサイ派ユダヤ教徒が社会的正義に対する預言者の指令を肯定する傾向は、個人の事柄から集団の結束に目をむけることを促した。正統派ユダヤ教は、事業の競争、奴隷の所有、富の蓄積、階層的な階級構造を咎めだてしなかった。魔術を排除したため個人は合理的で純粋に人間的な選択を独力ですることができた。そのため、ユダヤ教は合理的な選択をする市場原理の事業にすぐにもつながる考え方を産みだした。ユダヤ教と資本主義は完全に両立しうるのである。

しかし、強者、金持ち、運に恵まれた者は、弱者、貧者、虐げられた者に慈善を施すべしという共同体の強い要請があった。未亡人、子供、病人はたんに充分な援助をうけるだけでなく、尊厳を損なわれぬよう扱われねばならない。貧困と病苦はなんら恥ずべきことではないのだから。

主流派のユダヤ教は資本の蓄積を許容したが、慈善としての施しだけでなく、自己満足をあと回しにすることを要求し、派手な消費や個人的な放縦《ほうしょう》を咎めることで、裕福な者に節度を課した。

預言者そして後世のラビは、富のひけらかしや貧困に伴う屈辱のもつ社会的、道徳的意味あいに深い関心を払った。貧困が生む文化に対する彼らの洞察は鋭く、ユダヤ共同体の経済的情況がつつましくとも、下向きのそんな文化を共同体からとり除こうと努めた。

ユダヤ共同体の指導者、祈禱の先生、聖書の改訂に当る人、律法の解釈に当るラビ、みな男性であった。一方、多くの異教徒にあっては、ローマ人も含め、女性の聖職者が重要な役割を果していた。契約のしるしとしての割礼はユダヤ人男性の儀式であった。パリサイ派のユダヤ教では、母として、娘として女性を重んじたが、本質的には家族、共同体の中で二次的で傍流的存在とされていた。今日に至るまで正統派のユダヤ人は、毎朝の祈禱で、異邦人として生まれなかったこと、男に生まれたことを神に感謝している。ハラカーは月経時の女性との性的交わりを禁じることに格別の関心を払っている。また女性が女っぽさを存分に発揮するのもご法度《はっと》であった。

古代の近東ではどこでもみうけられたが、紀元前第一ミレニアム初頭のイスラエルでも土地土地の祭壇をとりしきる女性の聖職者がいたようだ。士師（裁き司）の時代には、女性の軍事的、政治的指導者がいた。モーセ五書の核になるJの書は、ひとりの王女によって記された可能性がある。女性の物の見方と合致するものがあるからだ。パリサイ派のユダヤ教が明確に定まった紀元前一五〇年には、宗教的共同体の中には女性の社会的、知的指導者は存在しなかった。そして第二神殿が消失するまでの数十年間、積極的で目立つ王族の女性は律法学者やラビに白い目でみられていた。

今日に至るも正統派のシナゴーグの建物では、女性を共同体の中の傍流的存在とみなす古代のラビが抱いていた思考傾向が守られている。すなわち、女性の座る場所は夫や息子の場所とは別のバルコニーなのである。正統派のユダヤ教では、女性はバスに乗車中、後部座席に座らなくてもよいが、シナゴーグでは、男性とは別の席に座らねばならない。正統派のユダヤ教は離婚に寛大だが、離婚は男性だけに許され、妻は自力ではできない。

パリサイ派、すなわち正統派ユダヤ教は、ユダヤ人の共同体の中で、家系は母親を通して伝わる——ユダヤ人であるためには母親がユダヤ人でなければならぬ——と主張する。ユダヤ人の共同体で女性が大いに敬意を払われている証左として時にこのことがもちだされる。実際には、男女同権とはほど遠く、性生活において二重基準を許容しているにすぎない。というのは、古代イスラエルでは男は異邦人の奴隷や妾と関係して子供をつくることができたから、血の純潔を調べる唯一の方法は、ユダヤ人の家系は合法的なユダヤ人の妻を通してのみ伝わるという、ラビの定めた規定によるほかなかったからである。異邦人の妻が改宗せぬかぎり、ユダヤ人男性の子供はユダヤ人とはみなされなかった。

夫は妻以外の女（しばしば異邦人の女も含む）と、比較的自由に性的交渉をもつことができた。こうして生まれた、異邦人を母親にもつ庶子は、ユダヤ人の共同体から締め出された。男女の不倫の間柄から生まれたユダヤ人の庶子は、ユダヤ人共同体のまったき一員といえるか否かという問いは、のちの世に、ラビが構成する法廷においてとり扱いの困難な問題となった。たいていの法廷の見解はノーであった。

ひんぱんに祈禱をし、掟を遵守して暮すユダヤ人男性は、契約とハラカーの掟という拘束と重荷に対する代償に、この世における神の証人である代償に、そして人類を浄化するために犠牲となる小羊である代償に、主流派のユダヤ教からいかなる報酬を提供されるのか。その報酬は次のようなものである。神はイスラエルの土地を与えるであろう。アブラハムの子孫は多産で数多いであろう。掟を守るユダヤ人は主の道を歩む義《ただ》しき人であることに、自分が異邦人と区別され、神が指定した特別の存在である民族の一員であることに、満足感を覚えるであろう。

古代ユダヤ教のこうした報酬体系は契約の重荷に充分みあってはいないため、近東に広くみられた人は不滅の存在であるという信条、死者の復活の信条が、紀元前二〇〇年以降、議論されることなく主流派のラビ的ユダヤ教にとり入れられていった。これはユダヤ人の間で熱心に説かれた教義ではない。そうあれかしと切に願う一般大衆に、宗教的指導者たちがかろうじて認めた譲歩のようなものであった。正統派の伝統では、人の不滅性が積極的に提起されるのは稀であった。それは、契約の遵守に対する主な報酬というより、付属の報酬、ボーナスのようなものであった。

死者の復活に関する聖書に明確に記された唯一の記述は、マカベア家が反乱を起こした時期である紀元前一六〇年頃に、マソラ学者が記したテキストの最後の作品「ダニエル書」に登場する「多くの者が地の塵の中の眠りから目覚める。ある者は永遠の生命に入り、ある者は永久に続く恥と憎悪の的になる」という記述しかない。この気が入らぬ記述は、人の不滅性という観念が古代ユダヤ教にいかにそぐわず、不承不承《ふしょうぶしょう》とりいれられて、以降少しも発展をみなかった観念であることを物語っている。

掟をよく遵守するユダヤ人男性が担う重荷と犠牲的精神に対し、主流派のユダヤ教だけでは適切な報酬を提供しえない。ユダヤ人男性は報酬の仕組みがあるから選ばれたのではなく、歴史と社会の中で役割を果すべく神によって選ばれたのである。

パリサイ派のユダヤ教が、この世で正義の人間が味わう苦悩に対する償いとして遅ればせにとり入れた人の不滅性の教義は、パリサイ派ユダヤ教の信条と容易には適合しなかった。ペルシアやヘレニズム世界の信条とは反対に、聖書は魂と肉体を別個のものとせず、一体のものとして捉える。人の不滅性の概念は、ラビや哲学者が何世代にもわたって熟慮を重ねなければならなかった肉体と魂を分ける問題を提起し、明瞭な見解の一致をみることができなかったのである。

パリサイ派のユダヤ教の考え方の本質は、不滅性を通して報酬を期待するのではなく、神の善意と権威に一点の疑念も抱かぬ点にあり、それは詩編第二三に盛られた、悲壮な雄々しい精神の内に肯定的に歌われている

　主は羊飼い、わたしには何も欠けることがない……
　　死の陰の谷を行くときも、わたしは災いを恐れない……
　命のある限り、恵みと慈《いつく》しみはいつもわたしを追う

主の家にわたしは帰り、生涯そこにとどまるであろう

紀元前六〇〇年以降に発展を続けた主流派ユダヤ教は、非常に強い積極的な性質のものであるため、ユダヤ人が物理的に排除された時期は別にして、西暦七〇年ローマ人によって第二神殿が破壊された後も、発展していったのは必然的といってよかった。実際、西暦一世紀そして二世紀初期の、ローマ帝国に対するユダヤ人の不幸な戦いの最中にすら、ヨハナン・ベンザカイを指導者とする掟を厳格に守る正統派のラビたちは、ローマ人がエルサレムを襲撃し神殿を破壊し住民を四散させているさなかに、親切心のあるローマ人からユダヤのほかの土地に宗教学校を建設する許可を手に入れた。

ラビがこうして本国の政治的運命にかかわるのをやめたのは、紀元前一世紀にすでに明瞭にみられた趨勢の最終的結末にすぎなかった。パリサイ派のユダヤ教は自立した文化であり、ユダヤ人が身の安全と経済的チャンスを少しでもみいだせる所ならほとんどどこででも、自動的、永久的に宗教的、道徳的機能を果す可動性の礼拝堂のようなものであった。パリサイ派ユダヤ教は現代に至るまで、ユダヤ史において唯一の一貫して最重要なテーマであり、各世代を束ねる聖なる鎖なのである。

だが主流のユダヤ教の否定的側面も紀元前一世紀、二世紀の二〇〇年間に明瞭になった。信奉者は厳しい要求を課され、心理的ストレスを味わい、社会的窮境におかれるのだ。このことは、本国でもとって代れるユダヤ教が求められることを意味する。東地中海世界の、当時すでに大きくなっていたユダヤ人居住地では、よりリベラルで柔軟性のあるユダヤ教——信奉者がそんなに厳しい生活を要求されず、異邦人の文化をより共有できて、異邦人との交際もより享受できるユダヤ教——の誕生の必然性を意味するといってよい。

キリスト紀元が始まるまでのユダヤ教の歴史がもたらした結果は、肯定面と否定面が深くからまりあっている。これは、今日シナゴーグの学校で教えられている捉え方、ユダヤ教の聖職者の説教で説かれる見解ではない。これらの公共の場では、アブラハムからサウル王に至る、聖書に記された紀元前二〇〇〇年から同一〇〇〇年までは、一直線の歴史として扱われている。ダビデ王とソロモン王は人々を魅了するすばらしい支配者としてほめそやされ、それに続く長い期間——分裂、敗北、国外追放、祖国帰還後の外国人の支配に甘んじた期間——すらも、軽快な口調で、最終的にはマカベア家の勝利で終ると語られ、一九六七年以後は、第三次中東戦争その他のイスラエルの勝利に勢いづいた、ユダヤ教を至上のものとする勝利主義者のプリズムを通して捉えられているのである。

最も冷静で歴史に関する最も優れた学識を有する人々は、初期のユダヤ史に関するこうした伝統的な認識にあまり信頼性をおいていない。聖書に記された最初の一〇〇〇年間のユダヤ史は、経験的に証明できる基礎をもっていない。それは後の時代に、想像に基づいて、教義的、政治的必要性から作られたものなのだ。ダビデ王は生存した。だが聖書に描かれる色彩豊かな人物像に関して私たちが確認できるのは、彼は、成功のほどもたかのしれた、たんなる三流どころの近東の支配者といったものである。神殿を建てた、栄光に満ちた帝国主義者のソロモンも生存した人物である。だが少なく見積もっても、聖書は近東の二流どころの君主を誇張して、壮大な権力と富を保有して活躍した王に仕立てあげている。記述されている事柄は確証できず、蓋然性もきわめて薄いのである。

多くの空白の部分はあっても、説得力があり経験的に支持できる部分部分からなる詳細なユダヤ史は、紀元前九三一年のソロモンの死、および南と北の二つの王国への分裂、以降のユダヤ史である。信頼できる古代のユダヤ史は、こうして政治的衰退の開始という消極的な価値の事件と共に始まるが、その点では二つの例外がある。一つは、ペルシアの後援のもとでの追放の地からの帰還。第二神殿の建設。そして、エズラの指導のもとでの聖書のテキストの完成である。二つめは、マカベア王朝が腐敗し衰退する前、意気揚々としていた一時期があったことである。長いユダヤ史は幸せでも栄光に満ちたものでもなかった。とはいえ、たび重なる政治的敗北と時おりの社会的進歩との一〇〇〇年間に、密度の濃い主流派ユダヤ教の文化が誕生したのであり、その文化を中心にその後のユダヤ史は展開・発展してきたのである。

パリサイ的、ラビ的ユダヤ教はさらに、ゴラン高原とネゲブ砂漠の間の地域に暮していた、カナン人やその他の中近東の雑多な諸民族からなる住民たちから、人種的に特定できる民族――ナチズムはそうした人種的な捉え方を政治的に歪めたが、一九二〇年代初頭にマルチン・ブーバーが述べた血統に礎《いしずえ》をおく国民――を、ゆっくりつくりあげていった。

紀元前一〇〇年以降のユダヤの地におけるユダヤ人の血統の濃さは、相当数の異教徒の住民のユダヤ教への改宗にもかかわらず、薄まりはしなかった。パリサイ派のユダヤ教は改宗を歓迎した。だがユダヤの地では、ローマ人が建設した地中海沿岸の都市のギリシア語を話す異教徒に対する改宗を促す働きかけは、一貫性のない微温的なものであった。

男性の異教徒が改宗して完全なユダヤ教徒になるのはまれであった。苦痛で危険性の伴う成人になってからの割礼を要求されたからである。時おり掟をよく守るユダヤ教徒と改宗した異邦人の女性との婚姻が成立することもあった。今日、多文化をテーマとするパネル・ディスカッションでラビが決まってとり上げるものだが、マソラ学者の手になる旧約聖書へブライ語校訂本の、比較的価値の薄い一つの巻は、そんな改宗者、モアブ人ルースの物語を扱っている。聖書の言い伝えは、潤色《じゅんしょく》してルースをダビデ王の先祖に仕立てている。だが時がたつにつれ、掟を守るユダヤ人の集団は、選択の幅の狭い極端な族内婚から生まれた人々の集団となっていった。というのは、律法に則り生活することは厳しく、かつまた、ユダヤ人の父と異邦人の母との混血の子供は（改宗せぬかぎり）、信心深いユダヤ人からなる共同体の一員になれなかったからである。

こうして西暦の年号が始まる頃には、成文法と口頭の法を遵守するユダヤ人は、社会的・宗教的に緊密な組織をもつ集団の一員であるだけでなく、血統および文化において、ほかの民族と区別される人種的に同質の人々になっていた。

ユダヤ人は、その起源においては、カナン人の中の一つの宗派を形成する現状破壊的下位集団であった、ということは充分考えられる。だが、時の流れと共に彼らははっきりした特徴をもつ人種・民族集団になっていった。

紀元前一〇〇〇年頃、ユダヤ人は、民族的、言語学的、政治的、経済的に、格別きわだったものをもっていたわけではない。東地中海地方にあるいくつかの小集団の中の一つにすぎず、その行動や組織のあり方は、いずれの点でも、古代世界のその地方にみられる典型的なものにすぎなかった。紀元前八〇〇年までにユダヤ人が他と区別されるようになったのは、彼らの宗教的体験の基本的な要素、それを表現する基本的な様式が世に現れ始めたからである。

紀元前五〇〇年までにその宗教は聖書に記されているユダヤ教として、詳細に表現されるようになり、バビロン捕囚の間にもそれは発展を続けた。五〇〇年後の、西暦の年号が始まる頃に、最終的に確立した聖書のテキストは、パリサイ人のラビを含む教師や律法学者によって解釈された伝統的な口頭の掟と一緒に、遺伝子的にも、精神的にも他とはっきり区別のつく国民――血縁関係と文化の様式双方で互いにつながりをもつ民族――を代表して、宗教的見解を述べたのであった。

古代ユダヤ史が終局的にもたらしたものを、遺伝子的につながりをもつ民族集団の形成にあるとする見解に、不快の念を覚えるむきもあろう。人種という概念、遺伝に基づいて分類する姿勢は、一九三〇年代、四〇年代にナチスが邪《よこしま》な意図で用いたために道徳的信頼性を失なって廃《すた》れ、最先端の人類学も完全に否定している、という主張もなされえよう。

一九六〇年代は歴史に関する論考から人種という概念を排除した最たる時期であったが、現在はそんな見方自体が反論されやすい。人類学にも若い世代が登場したこととDNA遺伝子の類型化の発見とは、人間の行動に及ぼす（さらに論争をかきたてる主張だが、とくに人間の知力に及ぼす）遺伝的影響を、肯定的に捉える傾向の科学的思考を再誕生させている。

人種と遺伝の影響の捉え方の歴史的変遷をバランスよく概観した研究書を自然人類学者パン・シップマンが最近著したが、その中で、人種という概念に含まれる「相克する信念、不完全な情報、道義的板ばさみといった厄介にもつれた問題を、遺伝学と人類学はときほぐせるか」という核心をつく問いかけをし、「否、まだできない」と答えている。とはいえ彼女は、近年の諸々の研究を引用してこう結論している。「次第に明らかになってきたパターンは、遺伝子が複雑な行動を支配するパターンというより、影響を及ぼすパターンである」。この慎重なもの言いは、一つの集団の展開・発展には、環境や社会的境遇と共に遺伝的素質が重要な影響を及ぼすといおうとしているからである。

ハーバード大学の動物学者エルンスト・マイヤーは「一つの遺伝子の貯水池の中にある素材となる遺伝子を、交換しあい再結合しあう、一定の境界内の個々人の集合、それが種族である」といった。この言葉は紀元前二〇〇〇年以来（それ以前ではないにせよ）ユダヤ人がなしてきたことに、まさに当てはまる。もう一人の著名な生物学者テオドシウス・ドブザンスキイは「人種間に相違があるのは自然界の事実である」

といっている。古代から今世紀に至るユダヤ人は、他とは異なるはっきりそれと識別できる民族的ないし人種的集団であったと思われる。

生物学者や人類学者の見解を引用したのは、人の集団のもつ遺伝子の構成に関するめざましい科学的論争に決着がついたことを示すためではない。だが、人種という概念に対するナチの醜怪な悪用から時がたてばたつほど、そして、遺伝子学の応用に関する研究が進めば進むほど、ユダヤ人をはっきりそれと識別できる遺伝的素質を受けついできた集団、並はずれて創造的な行動様式を発揮してきた集団として捉えることが、科学的に承認されるといっても、ひどい謬見《びゅうけん》にはなるまい。

科学的な諸々の問題がかたづくまでは、私たちの感性はこれまでの伝統からみて、ユダヤ人に関する人種的、遺伝学的想定を正当なものと思いつづけるだろう。聖書とこれまでのユダヤ史それ自体に根ざすイデオロギーに支えられた意識は、ユダヤ人を、たんに環境や文化や社会的事情によるのみでなく、血によって、遺伝子によって、心情によって相互に結びつけられた、一つの民族とみなすこの観方を是認するのである。これが古代のユダヤ史のもたらす結論であり、その後の展開もこれを肯《がえん》じるのである。

第3章　ユダヤ人の多様性

一九三〇年代に二人の卓越した歴史家が著作活動を始め、紀元前二世紀から西暦三、四世紀までの古代ユダヤ史に関し当時としては新しくて急進的な見解を発表した。ひとりはロシア系ユダヤ人として生をうけたエリアス・J・ビッカーマンで、ドイツで教育をうけ、フランスで教職についていたが、一九四〇年ナチの侵略で、アメリカに逃亡し、二五年間コロンビア大学で教鞭をとった。もうひとりは非ユダヤ系のアメリカ人で篤信のキリスト教徒アーウィン・R・グッデナウで、エール大学で三〇年間研究教授の職にあった。

ビッカーマンの主な関心の対象は、紀元前二世紀半ばのマカベア家の反乱の歴史と、紀元前六三年にローマ人がユダヤを征服するまでの一世紀間ユダヤを統治していた、そのマカベア王朝（ハスモン王朝とも呼ばれている）とにあった。グッデナウが主力を注いだ研究は、考古学上の一大発見が基になったものであった。すなわち西暦三世紀シリアの地方の町ドゥラエウロポスに存した、大きなユダヤ人のシナゴーグ、その廃墟が、よい保存状態で発見され、そこから出た資料とそのもつ意味あいを、彼は細かく研究したのである。彼はドゥラエウロポスに関する著作を数多く著した。なかんずくシナゴーグの床と周囲の壁に施されていた、精密なモザイク模様の中に組みこまれたイメージャリーのもつ宗教的、知的意味を解きあかすことに、格別の努力を傾けた。

ビッカーマンはコロンビア大学の、グッデナウはエール大学の、古代史の教授であった。ふたりの仕事はアメリカの大学にユダヤ研究という専門分野が創設される先駆けとなった。ふたりが言わねばならなかったことはユダヤ史にとってきわめて重要で、すこぶる論争の種になるような事柄であった、それは今も変わりはない。

両者は異なる時代に関して、本質的に同じ命題を提示した。後の時代からみるなら、パリサイ的・ラビ的・正統派のユダヤ教を主流のユダヤ教とみなしてよいだろう。だが、それを唯一の重要なユダヤ教とみなすと、古代のユダヤ教に関する、批判を受けやすい一方的な見解ということになってしまう。紀元前二〇〇年以後の古代世界では、ヘレニズム世界の哲学、神学、魔術と聖書の伝統を統合させた入念で深遠な教義をもつヘレニズム風ユダヤ教が、正統派のユダヤ教にとって代るものとして広く信奉されていた。ユダヤの地を離れ異郷に暮すユダヤ人の場合、大多数の者が遵守したのはこのヘレニズム風ユダヤ教であった。それゆえビッカーマンとグッデナウが扱ったテーマは文化的、宗教的多様性を考察したものとなった。

一九三七年にビッカーマンはマカベア家の反乱の原因と意義を論じた著書を出し始め、一九七〇年代になっても彼は、ハスモン王朝のもつさまざまな側面、そしてその時代の文化と宗教に関する本や記事を世に出し続けた。彼は、マカベア一族の反乱のそもそもの原因をアンティオクス・エピィファネスの抑圧的で、冒瀆的であったとされる政策に求める従来の見解が単純すぎることを知った。彼の見解によれば、マカベア一族がシリアからの独立を求めて反乱を起こすにいたる大本の原因は、ユダヤのエリートたち、なかんずく高位の司祭たちの間にみられた宗教上、文化上の分裂・対立にあった。もっと具体的にいうなら、パリサイ的・ラビ的教義からみての清浄さを求め主張する人々と、ヘレニズム世界の権力者たちに協力を申し出てとり入ろうとするのみでなく、広範な地域に普及していたヘレニズム文化を通して、文化的、宗教的目的のために、聖書に記された信仰を信条と儀式双方で再構築することを求める人々との間の、対立にあった。

マカベア家が活躍していた時代に関するビッカーマンの見解を全面的に支持するデンマークの学者ベネディクト・オッツェンは、今なお論争が続くこのテーマについて、こう述べる

エルサレムのギリシア文化愛好家たちは、文化的・宗教的に自分たちをほかと切り離そうとするユダヤ人のもつ傾向を、進歩と発達を阻害するものとみなした。孤立した暮らしから外に出て、ほかの諸国民たちの交際仲間に加わりたい欲求、ギリシア人なら野蛮とみなすであろう生活様式とは距離をおきたい欲求、それがユダヤのギリシア文化受益者たちを究極のところで動かしていたものであった。……勃発したのはユダヤ教自体の二つの党派間の内戦であった。

エルサレムのギリシア文化愛好家たちの態度は、歴史上時と所を問わず示されてきた自由主義的ユダヤ教の主義・原則を代弁するような態度であった。

マカベア一族がシリアの支配をくつがえし、ユダヤが数十年間独立国としての地位を保ったことは、ヘレニズム文化のユダヤの地への積極的浸透を阻止し、論争の面でも、政治的にも、パリサイ派ユダヤ教が信仰の主流として台頭する下地を整える役割を果した。だがヘレニズム文化の一部となった東洋の神聖な魅力ある諸々の宗教だけでなく、人をとりこにする魅力をもつギリシアの言語、文学、哲学、科学、占星

術は、紀元前一世紀後期にもユダヤの教養あるエリートたちには、大きな魅力をもっていた。ヘロデ大王が大国ローマに依存しつつ統治した紀元前三七年から同四年にかけて、エルサレムでは神知学の加担もあって、ヘレニズム文化はユダヤの文化に新たに影響を及ぼした。

ヘロデはソロモン以来最も裕福で最も金遣いの荒い王で、その宮殿は最も凝った造りのものであった。彼の一族の出自は、ユダヤ民族ではなく死海（今日はヨルダン領）の向こうに住んでいた民族であり、一族はユダヤ教に改宗し、マカベア家に仕えてめきめき昇進していき、エルサレムとローマで巧みな政治的駆け引きを駆使して、しまいにはマカベア家にとって代った。

ヘロデは、ネヘミアが紀元前四世紀に造ったつつましい第二神殿を再建し、ソロモン王の規模を凌駕《りょうが》するものとし、そのきらびやかさは天下に鳴り響いた。かの有名なエルサレムの「嘆きの壁」は、ヘロデの造った豪華で巨大な建造物を囲んでいた外壁の一部にすぎない。だが、ヘロデは熱烈な多文化主義者で、ユダヤの人々への苛酷な徴税で得た金を、自国や外国の異教の寺院に貢いだ。彼が異文化を後押ししたことは、ユダヤ王国の文化に新たなヘレニズム化への刺激を与え、かつその機会を提供した。このことが、紀元前一世紀半ばに文化を巡る相克が元になった内戦を再び引き起こさせた。この内戦は、西暦六六年に勃発し四年後にヘロデの神殿の破壊に至ったローマに対するあの不幸なユダヤ人の反乱のお膳立てとなった。

ユダヤ王国においても、ヘレニズム文化の中にユダヤ教をとりこみ統合しようとするギリシア文化愛好者たちと、エズラと彼の後継者のラビたちが明確なものにした成文法と口伝の法を遵守してきたパリサイ派のラビたちの、終ったかと思うと始まる闘争が二世紀間続き、最後は後者の勝利に終った。とはいえ、それは悲惨な状態で決着した。ほとんど政治に無関心なパリサイ派の伝統が、最初は地中海に面したヤッファ近くのヤブネのラビの学校において、のちにガリラヤで、ローマ人に是認されたこともあり、深く植えつけられていった。だがユダヤ人の政治的自立性は失われ、エルサレムはユダヤ人の都市としての性格を失い、神殿は焼き払われた。自由を求めて戦った数千人の戦士や一般市民が虐殺され、ほとんどのユダヤ人は第二の国外追放の憂き目にあい、以降二〇〇〇年間その状態が続いたのである。

グッデナウはこう主張する。ローマの大量虐殺からの避難民たちが、アレクサンドリアその他地中海東部のギリシア語圏に存する名の知られたいくつかのユダヤ人の植民地や、当時ローマに形成されつつあったユダヤ人社会に辿りついたとき、彼らは、ディアスポラ〔離散ユダヤ人の土地〕で最も支配的な信仰と文化はヘレニズム風のユダヤ教に近いものであることを知った。本国では、厳格な伝統のパリサイ派と二世紀間激烈な闘いをして、敗れさったのであったが。

グッデナウは、考古学的、文学的に証拠づけになるものと関連させて、ドゥラエウロポスのモザイク模様に人々の注意を向けさせ、パリサイ的ユダヤ教とは別の、膨大な数の離散ユダヤ人が信奉していたユダヤ教が確かに存在したことが認められてしかるべきであると主張した。

ドゥラエウロポスの装飾模様は、シナゴーグに何かの像をもちこむのを禁じた正統派の訓えに反するだけでなく、聖書に由来する映像ばかりか、ギリシア・ローマの異教の神学や占星術からとってきたモチーフをも描いている。グッデナウの主張は、古代世界に、いわゆる主流派のラビ的ユダヤ教のほかに、ヘレニズム文化の中心的要素と広く一体化した自由主義的ユダヤ教が存したこと、丁度それは、一九世紀、二〇世紀の自由主義的ないし改革派のユダヤ教が、進歩的で世俗的な現代の文化に合わせてユダヤ教の教義を練りなおしたのと同じである、ということである。ドゥラエウロポスのシナゴーグには男性用とは別に女性用のバルコニーが設けられなかったのは意義深い。

グッデナウにとりドゥラエウロポスのモザイク模様はユダヤ文化の偉大な記念碑的作品の一つであった。それはたんに当時の流行を物語る装飾ではなく、ユダヤの伝統と諸々の異教の伝統を統合した、彼の称賛するヘレニズム風のユダヤ教を象徴的に示す意義深い模様であった。

（ラビたちは）ユダヤ人の生活を規制する多大の権力を切望し、かつ実際にも所有した。だが……パレスチナにおいてすら彼らは人々から声望・支持をかちえようと何世紀にもわたり苦しい闘いをし続けねばならなかった……（ヘレニズム風）ユダヤ教について私たちがもつイメージは、神の目には特別の民族であるが、異教のもつ最善のものは受けいれるというはっきりした意識をもってシナゴーグを建設した……人々の集団のそれである。……その当時（西暦二・三世紀頃）ユダヤ人が借用した諸々の宗教的シンボルが一緒にまとめられると、その全体的効果はたんなる「絵本……」ではなく、明らかに当時のほとんどの宗教にとり入れられていた（のちにキリスト教もとり入れる）一種の国際共通語を反映したものになった。

グッデナウの見解では、中世初期にはラビによって大きく抑圧されはしたが、異教の思想や芸術との象徴的な統合を果したこの「包括的な」ユダヤ文化の輝かしい開花は、中世後期の神秘主義におけるカバラの部分的復活につながっていった。

グッデナウの初期の研究の対象は、西暦一世紀の前半にアレクサンドリアのユダヤ人共同体の指導者であったユダヤ人フィロがものした大部の著作であった。ギリシア語で記したフィロは、聖書の教義とプラトン哲学とを精巧に総合した哲学を展開した。グッデナウが注目し、ハリー・ウォルフソン（彼は一九三〇年以降の三〇年間ハーバード大学でユダヤ研究の講座を担当した）がそれに関する完全な概説をものしたが、ユダヤ教とヘレニズム文化を統合したフィロの哲学は、西暦一五〇年以降の二世紀間におけるキリスト教神学の発展のあり様の雛型であった。キリスト教神学が展開・発展する端緒を作ったのはユダヤ人のフィロの弟子で知的なキリスト教徒である、アレクサンドリアのクレメントであった。グッデナウは、キリスト教の教義よりユダヤの文化と宗教に対してフィロがもつ意義の方に強い関心を抱いた。彼の見解によれば、フィロは、ディアスポラ（離散ユダヤ人）が信奉した多様な文化を統合したヘレニズム風のユダヤ教を代表しており、そのヘレニズム風のユダヤ教は、とどのつまりドゥラエウロポスの精巧なモザイク模様に表現されていた。

幸運にもシリアの田舎の町で発見されたこの遺跡は、西暦後の最初の五〇〇年間、東地中海世界のどこにでも存在していた、自由主義的で文化的に多様な数千ものシナゴーグを代表するものであった。ほかのシナゴーグも断片的には残っている。だがユダヤのシナゴーグの工芸品は、勝ち誇ったキリスト教会によって好んで掠奪され、さらに又、幾世紀にわたる歴史上の戦いですっかり荒廃した。そのいずれをも免れたのは、比較的辺鄙《へんぴ》な町ドゥラエウロポスにある廃墟だけであった。ドゥラエウロポスのシナゴーグは信徒に見捨てられ、その結果のちの世代のユダヤ系ギリシア人には、ラビが遵奉する主義のおかげで、ヘレニズム世界の異教の象徴的意味を帯びた精巧な工芸品を他に移す機会がなかったのである。

古代ユダヤ史に関するグッデナウの見解は、一九三〇年代、四〇年代、五〇年代には、アメリカにおける熱を帯びたユダヤ史研究の中心的役割を果たしていたユダヤ教の神学校では、快く迎え入られなかった。後をついだユダヤ史研究のプログラムでは、せいぜいよくいっても、故意に過小評価されてきた。古代ユダヤ史においてヘレニズム風ユダヤ教をラビ的ユダヤ教と同じくらい重要視するグッデナウの学説は、逆説的なことに、イスラエルの学者たちの方がより好意的に迎えいれた。だが彼らは、もっぱら古代ユダヤの共同体ばかりに焦点をあて、広大なディアスポラの共同体をほとんどとりあげぬことで、この学説の影響力を弱めてしまった。

以上のことは、二五年間ニューヨークのユダヤ神学学校の古代ユダヤ史の教授を務め、現在はブラウン大学の権威あるユダヤ学の講座を担当しているシャイ・J・D・コーエンが著した、権威あるユダヤ史の概説書『マカベア家からミシュナへ』にも当てはまる。

コーエンはパレスチナのユダヤ教とヘレニズム風のユダヤ教の二律背反性をはっきり拒否し、ヘレニズム風ユダヤ教という言葉は漠然としすぎ、歴史的概念として認められず、使用できないとする。西暦元年頃のユダヤ教は、どの宗派もヘレニズム世界の影響を大なり小なり受けていたと彼は考える。だからヘレニズム風のユダヤ教は概括的な文脈に相当していて、伝統的なパリサイ派のユダヤ教と対置させて特定できる知的、宗教的運動とはみなせぬ、そう彼は主張する。とはいえコーエンは、「考古学者の発掘により日の目をみた彫刻、モザイク模様、絵画を伴うシナゴーグは、中世ラビ語の証言から予期できる類の建物ではない」ことを認めている。このことは、ヘレニズム風のユダヤ教をラビのユダヤ教と対立する文化とみなすのを拒否するその見解の妥当性を弱めている。

ブラウン大学の講座を担当したヤコブ・ニュースナーは、西暦開始後の最初の六世紀間のユダヤ教に対する、グッデナウの多元的見方をはっきり支持する見解を記した著書を、一九九〇年に出した。彼は「ユダヤの宗教は多様で複雑な顕れ方をした」ことに同意する。ニュースナーは、タルムードのユダヤ教を、「ヘレニズム風でもユダヤ風でもある神秘的神話体系」と比較して評価するグッデナウの手法を支持する。そして大胆にもこう主張する、西暦開始後の六〇〇年間に、パリサイ派の伝統を引き継ぎより豊かなものにした、律法に明るいラビや評釈の仕事をしたラビは、経済や政治の教義ではギリシア哲学の用語を使わなかったが、プラトンと並びギリシア哲学の伝統の師匠であるアリストテレスの影響を受けていたのであると。この主張はグッデナウよりコーエンに組することを意味する。

ディアスポラのヘレニズム風ユダヤ教を、ユダヤのラビ的ユダヤ教と対立させて捉えるグッデナウの枠組みは論争をよびやすく、とくにラビとして教養を身につけたユダヤ人の学者たちには、格別問題を含むものであった。文化史上の重要な概念すべての特徴であるが、重要な問題点はたいてい意味論的議論に帰着するように思われる（たとえば、一五世紀のイタリアルネッサンスは中世後期に属するか、それともイデオロギー上、中世以後に属するのか）。意識的にせよ無意識的にせよ、ユダヤ人の学者を悩ますのは、ヘレニズム風のユダヤ教とパレスチナのユダヤ教の両極性は、新たなかたちをとった、キリスト教の旧約聖書対新約聖書の対立性のようにみえ、それはあまりに党派心を伴っていて伝統的ユダヤ教を貶めることになり、学界でとりあげるべき性格のものなのかという思いである。

文化史における枠組みをめぐる論争の場合はすべて、社会的文脈を細かく検討してみることが有益である。そうすると、故郷の地におけるユダヤ人の歴史を集中的に扱い、ディアスポラのユダヤ人を過小評価することは、人口統計学上の事実を無視することになるのが明らかになる。

西暦が始まった頃のディアスポラに暮すユダヤ人の生活の歴史をみると、人口統計学上驚くべき事実が判明する。ローマ帝国の人口約六〇〇〇万のうち八パーセント以上、一〇パーセントほどがユダヤ人であった。ナザレのイエスが生活し、亡くなり、ヘロデの神殿が壊された頃、社会史学者サロ・W・バロンによれば、約六〇〇万のユダヤ人がローマ帝国内に暮し、その約三分の二がディアスポラに住んでいた。そして、その内の九〇パーセント近くが、ローマ帝国のギリシア語を話しヘレニズム文化が普及していた地中海東部の地域に暮していた。

エジプトの大都市アレクサンドリアの人口一〇〇万の内の三分の一はユダヤ人であった。小アジアの人口密度の高い諸都市――今日ヨーロッパに属さないトルコの地域――は、数世紀におよぶ悪政と、おそらくは気候の劣悪化とで破滅においやられる前は、繁栄を誇る大きな人口をもつ地域であったが、そこには西暦開始後の五〇〇年間大いに繁栄していたユダヤ人の共同体が沢山あった。起源を紀元前六世紀の最初の国外追放に遡れる諸々のユダヤ人の大きな共同体が、ローマ帝国の版図の外のメソポタミア（ユダヤ人は「バビロン」と呼んでいた）に存在し、そこに住むユダヤ人の人口は一〇〇万を数えた。

西暦が始まる頃、ディアスポラのこれら五〇〇万のユダヤ人たちはなんで生計をたてていたかというと、異邦人の高官や貴族の地主たちを除いた、その土地の住人と似た暮しをしていた。中流階級の職業ならんであれ、自作農でも職人でも傭兵でも、ユダヤ人は目立つ存在であった。数世紀あとでヨーロッパのユダヤ人が「ハンデル」と呼んだものでも重要な役割を果していた。「ハンデル」は、あらゆる種類の通商や商い――東アジアからの絹織物の輸入のように、巨額の投資の下に運営され、大きなリスクを伴う、野心的な遠隔地貿易から、今でもちょっとした商品ならたいてい売買されている近東の戸外マーケットにおける商いにいたるまで――を指した。

こうした古代のユダヤ人たちを気の弱い商人や店主たちであったなどと考えてはいけない。ヘレニズム世界でユダヤ人は、今日のイスラエル人と同様に、気の強い連中――彼らは傭兵として珍重された――とみなされていたのは注目に値する。ナイル河を二〇〇マイル遡り、今日アスワンダムがある場所の近くに、二、三世紀の間ユダヤ人の傭兵の野営地があった。そこでは、冒瀆的にも動物を生け贄にする儀式がとり行なわれる小型の神殿が建てられていた。

ディアスポラの共同体の組織支配体制はどうであったか。緊密なものか、ルーズなものか。階層制のものか、平等主義のものか。ウィーン生まれのユダヤ人で、一九三〇年代後期から三五年間コロンビア大学のユダヤ史の講座（名門大学の当時の反ユダヤ主義の理事たちの管理下のお定まりの資金ではなく、博愛主義のユダヤ人たちから資金を獲得していた講座で、この点ハーバード大学のハリー・ウォルフサンの講座と同じ）を担当したサロ・バロンは、長年、熱意を傾けてその方面の研究をした。だが今もって定かではない。コロンビア大学の歴史学科の同僚たちが固持するニューディール政策のイデオロギーに由来する自由主義的国家主義に影響され、バロンはユダヤ人共同体の構造のもつ合意性を重んじる性格と同様に、その組織の緊密性と地域の結束力をおそらく誇張したといえよう。

ユダヤ人の共同体の組織の大部分はシナゴーグに依存していた。加えて、様々な時と所で、共同体の評議会と役人たちは、ユダヤ人の住民たちを統治する指令・命令を国の権威で発していた。とはいえ「プリンス（統治者）」とか「エグザラーク（世襲統治者）」といった大仰な肩書きが、実際にもっていた意味を知るのはむずかしい。今日、アメリカやカナダのユダヤ系英国人の出版物を読んでも、合意性重視の民主主義の方針に沿い高度に組織された現代の共同体が存在しているような、やや現実離れした印象を受けるのである。

当時も今も、ユダヤ人の暮しにとって家族の外に大切な制度は、シナゴーグである。シナゴーグは宗教的活動だけでなく社会的活動（教育、貧しい人々や老人への慈善行為）も行なっている。少数の裕福な家族がシナゴーグを統治していた。シナゴーグの公認指導者であるラビは統治に当る裕福な家族たちの一つから抽選、ないし別の方法で選ばれた。ときおり裕福で教養ある著名なユダヤ人が、統治者たちから仰々しい肩書きを拝受し、町の、地域の、あるいは一国すべての、ユダヤ人の代表者となった。もったいつけた肩書きはその家族にとり望ましい財産であり、珍重されるほかの持ち物と同様に父から子へ引き継がれていった。ユダヤ共同体の大仰な肩書きの指導者たちは定期的に代表者を召集し評議会を開催した。代表者はそこで裕福な家族たちの意向を代弁する役目を果した。

とはいえ家族の外、シナゴーグの外にあって、ユダヤ共同体を統治するそんな仕組みは、直接そこにかかわる著名なユダヤ人たちや、その家族にはおそらく意義深いものであろうが、ユダヤ人の大多数であるディアスポラに住む数百万の人々の暮しにとってはそう意義あるものではなかったであろう。彼らは職人仕事なり商売なりをしながら、シナゴーグに頻繁に、あるいは時おり出席し、子供に伝統的な教育をしっかり、ないしなおざりに施し、多少とも安息日を顧慮し、満足のいく、ないしひどい暮しをしていた。

西暦二〇〇〇年にアレクサンドリアに暮すユダヤ人の大多数はギリシア語を話し、ヘブライ語はまったく読めぬか、読めても二、三の祈禱の文句が読める程度で、ほとんどギリシア語で執り行なわれる宗教的儀式にきちんと出席し、男の子には割礼を施し、過越しの祭り、ハヌカー〔宮清めの祭り〕、あがないの日（普通断食はしなかった）を遵守し、自分をユダヤ人であると思っていた。彼らは今日のアメリカに暮すユダヤ人に似ていた。そしてアメリカにおけると同様に、何十万というユダヤ人が、とくに内陸の小さな町に住む人々が、ユダヤ教から離れ躊躇なく異邦人と姻戚関係を結び、その世界にとけこんでいった。

大都市では食事に関する掟は広く（とはいえ、排他的といえぬ程度に）遵守された。祖国を離れて暮すユダヤ人の大きな共同体では、食事の戒律（カシュルート）を守るのは難しくはなかった。戒律の本質は、豚肉、甲殻類や貝を食べぬこと、儀式に則り牛、羊、鶏、家禽を殺すことにあった。豚肉を食するのは近東ではどこでもタブーであった（後の世になるとイスラム教徒も豚肉はタブーとするようになる）。地中海でとれる貝や甲殻類の量はほどほどで、スエズ運河が開通し紅海から暖かい水が流入し多くの種類の魚が死滅するまでは、貝や甲殻類以外に沢山の魚が水揚げされていた。近東の日常の食事では、現在もそうだが、牛肉は不可欠のものとされていなかった。従って掟に則り畜牛を殺すという厄介な問題も大した問題ではなかった、このことは今日のイスラエルでも同じである。

小羊は、裕福な者だけ、そしてエルサレムの神殿で儀式が施行される折だけに特別食するのを許された大切な食物であった。当時も今も近東の人々の主食は米およびその他の穀類で、終りは小量の鶏（戒律に則った畜殺方法は簡単なものだった）ないし魚を食べ、足りない分は多量の野菜と果物でおぎなった。今日のイスラエルでもこれが今なお大多数の人の基本になる食事で、木曜の午後や金曜の午前中にテルアビブの人並みで混雑する勘定カウンターの横にいれば、だれでも容易に確かめることができるだろう。

のちの世にユダヤ人が牛肉その他のいろいろな肉類を食するヨーロッパの北方の地域に住みつくようになったとき初めて、食事の戒律の遵守が困難になったのである。西暦二世紀にローマの軍隊の一員であったユダヤ人の兵士は、現在アメリカの軍人であるユダヤ人ほどには、食事の戒律に悩まされはしなかったであろう。

現代の改革派や保守派のラビたちは、近東の暑い気候風土で豚肉を食するのは健康によくない、貝や甲殻類は汚染された海からとっている恐れがあるといって、食事に関する戒律の合理性を主張する。だが今日学者たちは豚肉を禁じる掟（食用に供してよい動物は割れたひづめをもつものでなければならぬとされている）は、原始時代のタブーがたまたま残ったものと信じている。どうして貝類、甲殻類を禁じる奇妙な掟ができたのか、だれも説明できない。ロビン・レイン・フォックスは茶目っ気をみせて、多分古代の律法学者がまちがって書きこんだのだといっている。

食事に関する心遣いはローマ帝国初期におけるユダヤの住民の多産性を物語る。彼らは神が定めた食事の掟を意識し、口にするものにいつでもよく注意した。彼らは食物についてこうるさい、それゆえ、健康的に飲食を嗜《たしな》む人々であった。少数民族とはいえローマ帝国にはユダヤ人の人口が多かったことは、さらに、幼児、子供、高齢者の面倒をよくみる強い家族的絆により説明できる。さらには、慈善を指令する掟、貧乏人、弱者、見捨てられた者、老人への共同体全体の関心によって説明できるのである。個人および社会人としての行動に関する伝統的なユダヤの掟が人口の増加に及ぼした影響は、今日のアメリカの都市で、福祉および公的援助の計画が及ぼす影響に似ている。それは平均余命を伸長させ、乳幼児への配慮もその死亡率を低下させた。

ラビのユダヤ教は性の禁欲になんの特典も与えてはいない。夫婦生活の枠内での話だが、それは性交渉を奨励したため、出生率はおのずと高くなった。それは互いに心配りする家庭的環境を培い、幼児や子供を育むのにあつらえむきであった。

統治の任を担う階層のローマ人は、ユダヤ人の聖典、祈禱、精神性に感銘を受けた。同時に、排他性、己の社会以外の営みの多くから遠ざかる態度に悩まされた。ユダヤ人にはどこかはた迷惑な傲慢さ、体制に対する危険分子を思わせるものがあった。とはいえ、四世紀初期にローマ帝国がキリスト教に改宗するまでは、ユダヤ人に対する扱いは寛大であった。ユダヤ教は法的に認可されており、帝国の祭儀に際しユダヤ人は通常祭壇に生け贄を捧げる義務を免除されていた。ローマ帝国における祭儀は、ローマ帝国の世界の一体性を表現していたので、宗教的というより政治的意義を強くもっていた。帝国の祭儀に参加する義務を免れていたのは、アメリカ連邦政府がユダヤ人に忠誠宣誓、国歌斉唱、国旗への忠誠の誓いの義務を免除する法律を認可したことに相当する。

ローマ人はユダヤ人に敬意を払い（謀反を起こしたり、治安紊乱《びんらん》行為をしないかぎり）通常はよい待遇をした。理由のいくらかは、ユダヤ人の宗教は大変歴史が古く、聖書中心であったことにある。この特質はローマの貴族階級の人々にアピールするものがあった。

だが厚遇された一番の理由は、ユダヤ人の人口の大きさと都市ローマにおける、そしてローマ帝国の東半分にある諸々の大都市における、ユダヤ人の占める地理的位置にあった。やがてユダヤ人は西地中海の都市部とスペインへ、そしてスペインの内陸部へ徐々に移動していった。

その数と地理的位置からして、もし掟に従わず敵対するようになれば、帝国政府および地方の政府に大変厄介な事態となる可能性があった。実際に西暦六六年と西暦一三二年にユダヤ国民解放のための革命が企てられた。失敗に終ったが、とくに最初の企てはローマの政権にとり高くついた面倒なものであった。西暦一一五年に東方の大都市アレクサンドリアでユダヤ人の暴動が勃発し、市中での内戦に発展した。その原因は少数民族としては大きな人口をもつユダヤ人と、彼らの富と特権を妬《ねた》む非ユダヤ人の住民との間の積年の緊張状態にあったと思われる。

ローマ人はユダヤ人の人口統計学的勢力を正しく認識し、平和なときはユダヤ人は勤勉な働き手で、責任感の強い市民であることを知っていた。特異な振舞いぶりには常に批判を怠ってはならぬが、ほどほどの好待遇をするのは賢明な方策であった。

パレスチナ以外の東地中海地方の諸々の都市に住む教養あるユダヤ人のエリートたちは、ユダヤ教とヘレニズムを統合することで異教徒の批判を和らげようとした。アレクサンドリアの裕福で教養のあるユダヤ人たちは、ギリシアの文学、哲学、科学の世界に慣れ親しんできたために、ユダヤ教の教義の新たな解釈――ヘレニズム文化に本質的な討論・対話に参加することができて、同時にパリサイ派の教義に根本的にとって代れる知的、宗教的表現――を創りだすことを余儀なくされた。

高いレベルの哲学的なヘレニズム風ユダヤ教を代弁した哲学者はフィロで、西暦五〇年頃に亡くなった。したがって彼は、イエスやパウロ、そしてユダヤに住んでいたパリサイ派のラビであるヒレルと同時代の人間であった。彼はアレクサンドリアで最も裕福なユダヤ人の家族の一つに生まれ、共同体の卓越した指導者で、一時、ローマに上京し皇帝に嘆願する代表団の一員に選ばれたこともあった。

どの程度彼が律法を遵守するユダヤ人であったかは定かでない。ギリシア語訳の聖書（セプトゥアギンタ、別名、七〇人訳）に関する完璧な知識をもち、シナゴーグに定期的に出席し、安息日の遵守と割礼について敬意をこめて語った。公式の場では異邦人との結婚を非難する一方、「人と人との仲間意識、意思の疎通」を妨げるのを難じ、「異なる人種の人との結婚は、同族結婚の血縁関係に少しも劣らぬ血縁関係をつくりだす」と彼は語った。これはパリサイ派のラビの口にするような言葉ではなく、アメリカの改革派のラビにふさわしいような過激なものである。フィロがビバリーヒルズないしグレートネックの説教壇から、熱心に耳傾ける高額所得者たちに語りかけているとしたら、容易に想像できるものである。ラビの教義に共感を示す一方、彼はそれを普通の人の素朴な信仰とみなす。自分も含めて知識人には、別の類のユダヤ教——ギリシアの思想、とくにプラトンおよびストア学派の哲学を通して表現されるユダヤ教——があると彼は考える。

フィロの見解では、ユダヤ教の信仰のこうした二面性は、聖書の表面上の字義どおりのテキストにギリシアの理論・学説を見いだしうるのだから、聖書を寓意的に読むことで両立させうるのであった。聖書を寓意的手法を用いて解釈するのは、ユダヤ教の文化でもキリスト教文化でも二〇世紀に至るまで広く用いられてきた手法であった。

フィロの神の捉え方の根本を、神は光なり、によって表現できる。「神はこの上なく純粋な光線の源泉であり、それゆえ神が人の魂に自らを顕示するとき、放ちたもう光はすべての陰りから免れ、燦然たる輝きを放つ」。

フィロの学説では神と人の橋渡しをするために仲介役のロゴス（言葉、観念（イデア））「第二の神」が存在する。これはもう純粋にプラトン哲学である

万物の父なる神は、至高の名誉に浴する第一の使者ロゴスに、境目にあって創造主から創造物を分ける特別に必要な任務を与えたもうた。この同じロゴスが不滅なる神に嘆願し、悩める人類のための嘆願者として働き、支配される人々へ支配者の使者としての働きをする。

神は絶対的に独自で超越する存在、「無比なるもの」なのである。神の自己表現、最も純な表出としてのロゴスは、超越した独自の存在の神と人類との橋渡しをする。フィロはプラトンの学説をユダヤの信仰に適用しつつ、伝統的なユダヤ教が多くの人々に抱かせる精神的・心理的欲求、つまり、いかにして自立した独自の神に近づくか、いかにして神と意思の疎通をなし、その愛と心遣いに浴する方法を見つけるかという欲求に応えている。

知性を通してフィロのいうロゴスを把握する道は、紀元前二世紀のユダヤの「知恵」の文学によって用意されていた。神から発せられる知恵と呼ばれる宇宙の力が地上に舞いおりているのであるが、紀元前一八〇年にエルサレムで記された『シラク』には、「わたしは高みから語られる言葉である。霧のように地上を覆ったのはわたしであった。わたしの住みかは高い天空であった」とある。

パリサイ派は知恵の文学すべてをヘレニズム文化が混入したものとみなし、『シラク』やその類の作品

を聖書の正典から削除した。フィロは、形相に関するプラトンの理論を用いて、知恵の文学にもりこまれた意味を、ヘレニズム風ユダヤ教の神学のうちに統合した。後の世になってラビたちはシェキーナー、すなわち地上での神の臨在の顕現、について語っている。これはフィロが語ったことと大きな違いはないが、ギリシア語のロゴスは形相に関するプラトンの学説を継承しており、その点でシェキーナーと区別される。各民族の言語が互いの違いを産みだし、言葉が決め手となる。

ローランド・ウィリアムソンが「二層のユダヤ教」と呼んだもの、すなわち普通人の素朴な信仰と知識人の哲学的な信仰、をフィロが容認したこと、そして神性との神秘的一体感を達成する道を見いだそうとする彼の努力、この二つの特徴のためにフィロはユダヤ史の主流に属することになった。二層のユダヤ教の一つの層、洗練され、難解で学識を必要とする神秘主義である層は、ユダヤの文化史において大道となった。

人間性に対するフィロの二元論的見解もまたプラトン的である。以前パリサイ派が人間の不滅性を容認したにもかかわらず、統一体である人間存在、魂と肉体の一体性の概念を核とするヘブライの人間学から、それは、根本的にたもとを別つものであった。フィロの見解によれば、人間は分裂した存在であり、霊である魂は物質的な肉体という牢獄に存在していて、解放をこがれ求めているのである。この見解もまたヘレニズム的で、統一した人間存在という聖書の観方から根本的にたもとを別つものである。

フィロは人間性をこうして二元論的に捉えたために、彼が性行為を語るとき、それはヘレニズム世界のプラトン哲学とストア哲学に源を発してキリスト教にうけ継がれた、極端な精神的嫌悪を伴う視点となった。結婚生活での性行為についての言葉づかいすら熱がこもったものではない。

フィロは、ユダヤの自由主義的ないし改革派の知識人の原型といえる。彼は古来の宗教の本質的部分を尊重しつつ、完全に別の流儀でそれを受けとめることができるように解釈しなおし、同時代のまったく異なる文化からとってきた哲学的概念をそこに上塗りしたのである。伝統的な律法の範囲内で日々の経験を重ねるよりも、知性に準拠して真実を追求することを彼はめざした。これらの特徴は、二〇世紀のアメリカも含めて、時と所をとわず、正統派ユダヤ教と区別される自由主義的ユダヤ教の特徴となっているものである。

フィロの訓えの副次的目的は、多くの異邦人をユダヤ教に引きつけて、彼らを完全に改宗させるか、それとも、完全なる改宗や割礼は避け、ユダヤの思想と学問を多少とも習得したいわゆる「信心深い人」にするかであった。アレクサンドリアにはこのいずれかのタイプの改宗者が大勢いた。

ヘレニズム風ユダヤ教は自ら意識して変節した宗教、パリサイ派の宗教よりだれはばかることなく変節した宗教なのである。それは、ディアスポラのユダヤ人共同体が、他民族と結婚したり同化したりして、数を減らした分を補って余りある異邦人をユダヤ教に改宗させえたであろうか。そうではあるまい。だが、フィロはヘレニズム風ユダヤ教をして伝道によって広めうる信仰になしうる可能性に自らを賭けたのでる。ユダヤ人がローマ帝国の各地に広く分散して住み着いているのは、神のもつ目的のためであると彼はいった。ユダヤ人の離散はロゴス（宇宙の理法）によって、異邦人たちが啓示された真実であるユダヤ教に改宗するのを推進するために目論まれたものなのである、と。

とはいえ、異邦人のユダヤ教への改宗を助長するのはフィロの訓えの二次的目的にすぎない。主な目的は、当時ユダヤ人の世界で人々が感じていた要求に応えることにあった。神と人間との橋渡し、霊的魂を人間性の一面である束の間の腐敗する肉体から解放する人間学、当時風靡していたプラトン哲学の用語と概念を使ってユダヤ教を表現すること、そうしたことで知識階級に自分の訓えの正統性を訴えることが主たるねらいであった。

ユダヤ史をひもとくとフィロの後継者が大勢登場する。現在も、アメリカやカナダの改革派のシナゴーグならどこでも、そして、保守派のシナゴーグでもほとんどの所で、金曜の夜、説教壇からフィロの訓えが説かれているのを聴くことができるだろう。仮にフィロとうり二つの訓えが説かれていないとしたら、それは、ユダヤ教の内に統合された哲学が、永い時の経過のうちに、ヘレニズム文化のプラトン哲学から、一九世紀の自由主義的で世俗的な啓蒙運動から派生した二〇世紀の学説・理論に歩み寄ったからにほかならない。

ユダヤ人より異邦人の間でしばしばその訓えが論争の的になっているのは、自由主義的ユダヤ教の始祖というフィロの歴史的役割にふさわしい。今日のイスラエルで社会的地位が正式に認められていない現代の改革派のラビも、同じような経験をしている。

ロゴスは仲介の役割を果す第二の神というフィロの教義は、三位一体における父と子の関係に関するキリスト教の見解に相似する。小アジアかフィロの住まう都市アレクサンドリアかのどちらかで、一人の異邦人によって著されたイエスの生涯の記述を目的とする四つの福音書の一つ、ヨハネによる福音書は、冒頭でフィロが口にするような言説を唱えている。「初めに理法（言葉）ありき。理法は神と共にありき、理法は神なりき。」

フィロが魂と肉体を分けたことと性欲への不快感とは、これ又初期のキリスト教に特徴的な見解であり感情である。フィロは聖書をきわめて寓意的に解釈することを唱道したが、最近に至るまでこれがキリスト教徒の聖書の理解の仕方の主流になってきた。初期のキリスト教の知的側面は、フィロの作成になるといったら素朴にすぎよう。フィロとキリスト教の思想家たちの源は、共にヘレニズム文化およびその核であるプラトンの神秘主義である。にもかかわらず、フィロがキリスト教の思想に直接与えた影響は疑問の余地なく大きい。彼の大部の著作が無傷で今に残る主な理由はそこにある。たんにギリシア語で記されたからではない。彼の言葉は、古代のキリスト教会にも中世のキリスト教会にも魅力があり権威があり、キリスト教会は彼の作品を保存しコピーし、世に出してきたのである。

フィロが信奉したプラトンの魂と肉体を分ける思想は、一種の二元論哲学である。二元論は西暦が始まる頃、ユダヤ教が信奉されていた地域における、ユダヤ教の宗派の選択を巡ってとりかわされた見解の中にはっきり現れてくるテーマである。クムラン死海共同体のエッセネ派のユダヤ教（ほかいずれの派でも同じだが）は、紀元前二世紀半ばから発展し、西暦六八年に「ローマの邪悪な軍勢」（死海文書で征服者たちはそう呼ばれている）によってその集団が四散させられるまで、フィロの二元論とは異なっても、同じようにパリサイ派の一元論と対照的な二元論を信奉していた。

ユダヤ教の伝統的な見解は一つの神に一つの選ばれた民というものである。ほかの民族はすべて俗世の民族にすぎず、ユダヤ人が証言者として伝える神の言葉をうけたまわるだけの人々なのであった。他方クムラン派の宇宙に関する黙示録的ビジョンは、全世界を光明の子供たちと暗闇の子供たちとに分ける。加速する時の流れの中でのこの二つの陣営の闘争が、クムラン派にとって終末に近づいている歴史の主要なテーマであった。

聖書にのる預言者に関する記述には、社会における善と悪の相克のモチーフが実際にみられる。だがクムラン派のテキストは、ラビたちがヘブライ語の正典から締め出した（もっとも初期の黙示録的記述である「ダニエル書」は例外である）バビロン捕囚の間の黙示録的文学を写しとっている。

クムラン派は黙示録的な終末論の二元論的教義を押し進めた。世界は終末に近づきつつあり、光明の子らのみが勝利を収めるであろう。暗闇の子らは――異教徒と共に異端のユダヤ人も入る――地獄に落とされるであろう。「不潔なる会衆」「邪悪なる共同体」は呪われた悪魔と共に絶滅させられるであろう。だが「神は永遠の生活に奉仕する聖なる会衆として……現世の人々のある人々を手近に引き寄せた」。この見解は伝統的なユダヤ教から完全に縁を切ってはいない。だがそれは歴史的な一元論を二元論の宇宙観に巧みに置き換えた、ユダヤ教内部における大きな進展である。

歴史上二元論は聖書に基づく思想である。それはユダヤ人の運命の進路を指定する摂理を司る神を措定する。死海文書に盛られた二元論的宇宙観は黙示録的である。それは内面的で重要な終末論的物語を語る。それはきたるべき世界の終りを認める。それは宇宙論的で、ユダヤ史を超越して宇宙を包括するものである。そしてそれは、二元論に基づいている。現世の社会を、光明の子らと暗闇の子らとの二つの共同体の闘争が演じられる劇場とみなす。

この見解は伝統的なユダヤ教の歴史観を大きく歪めて、宇宙的枠組みに焦点をおくものである。クムラン宗派によれば歴史はユダヤ人の運命に中心点が置かれているのではない。それは普遍的な宇宙的展望にたったものである。クムラン宗派は、直線的に進展する長いユダヤ人の歴史という観念にとってかえて、現に世界で起こっていること、将来起ころうとしている事柄に重きをおく。

クムラン派の気質は極端に怒りっぽく厭世的なものである。人間は悪魔が支配する邪悪な世界によそ者として暮す。人間に慰安と平安をもたらすことができるのは、ただ宇宙規模の大変動あるのみである。怒りを秘める二元論は、パリサイ派の気質に大きな修正を施したものであった。法律を定め安心して心静かに寡黙《かもく》に暮すイメージは、一切を終決させる苛烈な戦争の偏執狂的ビジョンにとって代られたのである汝はあらゆる国々の敵たちを貧民たちの手に委ね、強者を腰の曲がった人々の手により卑しめたまう……私たちは諸々の王を軽蔑し、強者をさげすみ、嘲笑する……いにしえより汝は光明の王子を私たちの救けに馳せ参じるよう指定したまい……だが悪意の天使、悪魔を、汝は地獄に落とすべくつくりたまう……汝の強きみ手は貧しき人々にさし伸べられ……そして光明の子らは、罪深い者どもの体を流れる血をとり除き、自らの体を浄めるであろう。

クムランの文化は異常に過激化したパリサイ主義、極端に偏執的になったエレミヤ書のようなものである。クムラン派の心性は、預言者の伝統に流れるものの中の最も過激な要素が復活し、階級闘争による締めつけと、治安の乱れたユダヤの地でのローマの官憲による迫害のために分極化し、対決的になったものとみなすことができる。

これは蓋然性の薄い見方だが、主流派のユダヤ教がヘレニズム文化の諸々の観念の影響を受けたもの(クムラン派の光明の子はフィロの理法（ロゴス）からほど遠い観念ではない)、かつ又、長い歴史をもつイランの独特の二元論的宗教の影響を受けたものとみなすこともできよう。イランの理念は、時の終りに至るまで、光明の神と暗闇の神との永遠の闘いを措定するものであった。これがゾロアスター教そしてマニ教と呼ばれるものである。

クムラン共同体がイランの二元論の影響をうけたというのは可能性にとどまり、確かめようがない。以下の推定も可能性がなくはない、すなわち、この二元論の神学は、ペルシアの救けをえてバビロニア捕囚が終りをつげたとき、メソポタミアからエルサレムに持ちかえられ、秘密の宗派として存在し、死海文書でようやく表に出たのであると。

クムランの二元論的黙示録信仰はグノーシス主義（知識の意のグノーシスに由来する）の主要な礎である。グノーシス主義はもう一つの破壊的な神知論であり、イスラエル人ゲルショム・ショーレム、そして自らショーレムの弟子と称する現代のアメリカのユダヤ人批評家ハロルド・ブルーム、両人の著作に明らかなように、キリスト教のみならずユダヤ教の中でも長い歴史をもつ信仰である。

グノーシス主義は二元論である。それは、世界を、宇宙の善き軍勢と悪しき軍勢との闘いの場と措定する。一九八七年にクルト・ルドルフはグノーシス主義に関する決定版といえる研究書でこう結論した、「クムランはグノーシス派の思想の源を開明するのに役立つある種の手がかりを、ユダヤ教の周辺に提供してくれた」。ユダヤ神秘主義に関する歴史学の大家ゲルショム・ショーレムは、グノーシス主義の源はユダヤ文化ではなくヘレニズム文化にあると信じた。それが中世後期にユダヤの宗教を生気づける役割を果したのであると。だが近年になりヘブライ大学の学者モシェ・イデルはユダヤ神秘主義に関し革新的な見解を主張した。グノーシス派の神秘主義の土着の根は、神秘主義的傾向をもつユダヤの宗教的文化にあり、それはラビにより抑えつけられていたが、初期のキリスト教の形成に大いに貢献し、そして、西暦二世紀当時キリスト教に強力に対抗していた異教のグノーシス派の教会において、羽根を伸ばしていったのであると。

こうしてイデルはショーレムのユダヤ神秘主義に関する歴史観を大きく訂正したが、彼の学説はユダヤ神学学校のI・G・マーカスにより裏づけられた。グノーシス主義は部分的には古代のユダヤの超正統派神秘主義を代表していると思われる。

ショーレムもイデルも共に、中世後期のカバラのユダヤ神秘主義は、起源を古代に遡《さかのぼ》れる少数者相手の秘義的なユダヤ教内の運動が、表に出てきて、信者を増やしていき、一三世紀から一五世紀にかけてその教義も充分な発展をみたものであると信じた。両者の見解の相違は次のようなものだ。ショーレムは古代のユダヤの神秘主義は異邦人のグノーシス主義者から学んだもの、とするのに対し、イデルは、その神秘的教義は「もともとユダヤ人のもので、のちにグノーシス主義の人々に浸透し、同時にユダヤ人の間にも広まり、西暦一二〇〇年以降に歴史的なユダヤ教神秘思想カバラの誕生をみた」とする。

グノーシス主義として知られるようになる教義の中の何が、西暦後の二世紀間にユダヤの宗教的思想家たちの心に訴えたのだろうか。主として三つある。第一に、世界は神により権能を与えられた善と悪の軍勢、光明と暗闇の軍勢の闘いが展開する場であるという思想である。これはクムランの文献に広くみられる二元論のテーマである。それは、この世界になぜ、かくも沢山の悪が存在するかを説明する一つの方法であった。パリサイ的ラビ的伝統に沿う手法では、悪の起源の説明も、善人に悪いことがふりかかる理由の説明も、常に困難であった。ナチスによるユダヤ人大虐殺は、ラビの弁神論〔悪の存在が神の本来性、とくにその聖性と正義に矛盾せぬことを主張する説〕を大いに困惑させるが、ユダヤのグノーシス主義なら労せずしてその神学的意味を説明できる。ホロコーストは暗闇の神の為せる業、この世の悪の究極の具現化、そうグノーシス主義者は説明するであろう。

ユダヤのグノーシス主義が西暦一〇〇年頃に魅力をもっていた第二の原因は、人間の中には神性の光の火花をもつ人々がおり、その火花は解き放たれるのを待っている。それは原初の宇宙の出来事に由来するとする信念である。この思想は、神性の火花をもつ人ともたぬ人がいるとするため、社会的エリート主義を前提にしているといえる。

ユダヤのグノーシス主義の第三の魅力は、占星学の宇宙論にこの神秘的教義をはめこむ点にある。占星学は当時（そして、その後何世紀間も）キリスト教徒の間でもユダヤ教徒の間でも大変に人気があった。パリサイ的ラビ的ユダヤ教は占星学に理解を示しはしたが、魔術として却けた。中世後期になるとグノーシス主義はさらに発展したかたちで復活し、ユダヤの神秘思想カバラの発展に影響を与え、ユダヤの神秘的神知学に占星学の体系をもちこんだ。

ユダヤの神秘主義の展開・発展に関するゲルショム・ショーレムの方法論を、近年モシェ・イデルが修正したからといって、ショーレムの業績の重要性は少しも変わりはしない。一九四一年に『ユダヤ神秘主義の主潮』を世に問うたあと、ショーレムは一九五〇年代、六〇年代に中世後期の神秘主義的メシア信仰運動に関する研究書を世に出した。二〇世紀におけるユダヤの歴史編纂では、両著は右にでるもののない業績を達成した。というのは、西暦紀元の初め頃から一八〇〇年に至るユダヤ教の宗教的、文化的歴史に新たな展望を開いたからである。

ショーレムは、ユダヤ民族の内面の歴史に焦点を当て、その宗教的経験を細かに調べ、彼らの宗教意識を明らかにした。パリサイ派のタルムード中心のラビの伝統は主流を形成してきたかもしれないが、学識を要し権威あり主導権を掌握してきたこのパリサイ派ユダヤ教に加えて、とって代わりうるいくつかのユダヤ教の宗派が、神秘的体験を巡り、互いに入り組み複雑に展開・成長してきた。そして歴史上のいくつかの時点で、とくに中世後期に、タルムードの伝統と相互に影響しあい結びつきあってきたということを、彼は議論の余地なく明示した。

こうしてユダヤ人の内面の歴史は、従前よりはるかに興味深く刺激にとみ、二〇世紀に生きる人々にとって、意義深い研究対象になった。以上を要約すれば、複数のドイツの大学の優れた人文学部で学び、一九二四年にイギリス領パレスチナに移住した非聖職者のユダヤ系ドイツ人であり、ヘブライ大学の創立者の一人であるショーレムが、ユダヤの文化史に関し明らかにしたことは、「多様性」という言葉が「伝統」という言葉と同じくらい重要だということである。ユダヤの宗教史、文化史に関する彼の知的枠組みゆえに、彼は、ユダヤ史にみられる多様性に関して、すでに優れた研究をものしていたビッカーマンとグッデナウと協力して、研究を進めることになった。

パリサイ派の律法学者とラビたちにより明文化された契約神学が、古代世界においてユダヤ教の主流となり、それがユダヤ史上すべての世代を結びつけてきた聖なる鎖となってきた。この伝統的なユダヤ教のどのくらい多くの要素が周囲の近東世界の文化、とくにメソポタミアの宗教に依存しているかという問いは、適切な問いではあっても、おそらく解答されることは決してあるまい。とはいえ、契約宗教の大部分、または、そのほとんどすべてがユダヤ固有のものであると自信をもっていえる、のちにもちこまれた人間の不滅性と死者の復活という思想は例外であるが。この評価づけは現代の正統派の共同体に所属する人々にとって心地よいとはいえ、私たちは、古代ユダヤ教が大変な多様性をもつものであることに目をつぶるべきでなく、また、ユダヤ人がギリシア語を話す世界と文化的・知的に相互交流していたことを物語るだけでなく、正統派ユダヤ教自体にとって代わりうる高度に創造的な世界観を構成するヘレニズム風ユダヤ教の諸々の要素が、明瞭に明文化されていることに目をつぶるべきではない。

アレクサンドリアのフィロの哲学、ユデア（ユダヤ）の砂漠地帯で見つかった死海文書は、この時期のそうした様々なユダヤ人の世界における宗教的体験の最も顕著なものであった。それらは智恵文学、黙示録、グノーシス派の思索と同じ領域に属し、多彩なバリエーションを賦与している。私たちはここで神秘的で神知的な想像や論説という途方もなく複雑かつ生気あふれる世界ととりくんでいるのだが、この世界は、ローマ領のユデアの地のユダヤ人たちのみでなく、ディアスポラに住む大勢のユダヤ人たちの中の知的、宗教的エリートたちをとりこにし、ユダヤの一般大衆に影響を与えると同時に影響をうけながら、西暦が始まる頃、そしてその後何世紀間も、主流のパリサイ的ラビ的伝統に大いに影響を及ぼしてきたものなのである。

それゆえ、ユダヤ教は歴史的にみて内面指向のパリサイ的・ラビ的文化と、ユダヤのその他様々な文化との共同の産物であった。その周辺部分は、契約の伝統と、それにとって代わりうるヘレニズム世界から生まれた宗教的・知的体系とがダイナミックに統合されていた。

ユダヤ教にとって中心的なこうした事柄を記述するもう一つの手法は、古代のユダヤ教において文化を推進させた力は、ユダヤ教をできる限り密度の濃い、均質の、内面指向の、自立した文化にしようとするラビたちの熱烈な努力、私たちが正統の、伝統的な、主流のユダヤ教と呼ぶ、濃くて重ったるく統制のいきとどいたものにしようとする努力であったと表現することである。だが、ユダヤ教の中の他の様々な声が、色々な場所で正反対のことをやっていた。契約の宗教を公開し、哲学的で黙示録的で二元論的で宗派心の強い諸々の文化と影響を及ぼしあい、統合していたのである。創造的で順応性にとみ統制しにくい、未完の包容性のあるユダヤ教の諸々の宗派を生みだしていたのである。

多様性と両極性とのはざまに、今日に至るまでのユダヤ人の歴史にみられるダイナミックな文化の原動力がある。ユダヤ人の知性はあい矛盾するものが同時に燃焼することで駆りたてられてきた。ラビの教義にとって代わりうる諸々の体系――ヘレニズム風ユダヤ教とクムランの黙示録的二元論が古代におけるその最も記憶されるべきものだが――の破裂と、ラビの教義の内破によってユダヤ人の知性は駆りたてられてきたのである。

諸々のユダヤの文化の破裂と内破は共に過去も現在も、真正さ、正統性、卓越性を主張してきた。そうした主張は諸々のユダヤの文化のどれか一つだけに認められるべきものではない。内破し、破裂する諸々のユダヤの文化は差別なく偏見なしにそれぞれの誠意、品位、創造性を認められねばならない。

昔も今も、ユダヤ教をほかの文化を締めだす排他的な宗教であると定義したがるユダヤ人がいる。一方、ユダヤ教をユダヤ人が暮してきた地域をとりまく世界から、あらゆる種類の進歩的な観念や心的姿勢をとりいれてきた、包容性に富む宗教であると主張するユダヤ人もいる。絶対的な排他性は過去になく、またありえない。ほかの文化のちょっとした要素は、何かしら正統派の文化に入りこむ。完璧な排他性がありえたとしたら、それは硬直性と退屈さにつながる。包容性も、リベラルな統合主義者を満足させるほどのものはありえない。変則や不一致や整理できぬ逆説や矛盾が生じざるをえないからである。

排他的ユダヤ教も包容力をもつユダヤ教も、優れて権威をもつものとは認められない。ラビのユダヤ教は主流のユダヤ教と呼ばれる資格がある。その他のユダヤ教は知的で創造力に富むダイナミックなユダヤ教として認められる資格がある。ユダヤの歴史をひもとけば、文化的排他性と知的包容性の双方が多面的に貢献してきたのが分かる。詩編一一九にはこうある

わたしの目の覆いを払ってください　あなたの律法の驚くべき力に
わたしは目をそそぎます……
広々としたところを行き来させてください　あなたの命令を尋ね求めています
わたしは王たちの前であなたの定めをつげ　決して恥とすることはないでしょう

ヘレニズム風ユダヤ教は、一方に契約の宗教と預言者の倫理、もう一方にヘレニズム世界の生活様式とプラトン哲学、この両者を橋渡しすることに努めた。それは自由主義的で進歩的な文化であり、現代も含めて後の世のあらゆる種類の自由主義的ユダヤ教——常に人間性の側にたつ党派を代表してきた——の原

型であった。

クムランの、黙示録の、そしてグノーシス派のユダヤ教は、温容でも、中産階級的性格のものでもない。それらは激しく陰気で怒りっぽく、よく分からぬ点が多いものである。それらは、救世主と霊感による発見を礎とする党派を代表していて、その後のユダヤ教の諸々の運動を興した団体や勢力の先駆をなした。

それならパリサイ的・ラビ的ユダヤ教はどうであったか。その忠実な信奉者たちは現にみられる通りの人々で、他に類をみぬ、内面を重視する人々であった。彼らはヘレニズム文化にくみこまれることに抵抗した。彼らは救世主に関する思索や神秘的感情の発露には控えめで、日常の振舞いに関する厳しい掟を伴う信仰を遵守して暮らし、神学的な意味あいの多くについては寡黙であった。それは神との契約の党派であった。

濃密な文化と抑制のきいた行動様式を特徴とするラビ的ユダヤ教の排他性、しつけ、禁欲、一貫性、ひんぱんな祈禱、寡黙さ、内面性は、異教徒の世界および異邦人の世界から彼らを絶対的に区別させてきたもの（今日も同じ）である。ヘレニズム風のユダヤ教の場合は異なる。その活性化された周辺部分を通して、異邦人の文化と社会の魅力的で創造的で受容できる側面と混ざり相互作用しあって、今日に至ったのである。

ギリシアの思想と言語の抗《あらが》いがたい魅力は、ヘレニズム風の行動と思考様式から自らを峻《しゅん》別《べつ》するパリサイ派の努力を浸食し、さらに又、変節や異邦人との結婚やヘレニズム文化の魅力的な分野に同化することを、ユダヤ人に奨励する働きをした。それは催眠術的魅力をもつ二〇世紀のアメリカの世俗的文化が、数百万のユダヤ人を父祖たちの宗教から引き離してきたのに似ている。

だが、初期のローマ帝国にみられたユダヤ人の背教や他の文化への同化は、現代アメリカにみられるそれよりずっと釣り合いがとれていた。東地中海世界で、ヘレニズム風ユダヤ教は改宗者の宗教として成功をおさめた。それは、魅力があり指針になる文化であるため、西暦一世紀には独断的見解の異教徒や嫉妬心の強いキリスト教徒の指導者たちの偏執的な恐怖心を煽ることになった。彼らはローマ帝国がユダヤ化されるのではないかと怖れた。怖れ心にかられて彼らは対抗手段をとるようになり、ユダヤ人排斥の弁を揮い、中傷し、近東では街中でユダヤ人集団虐殺が勃発するにいたった。もしも自由主義的ユダヤ教が、現在アメリカで人々を改宗させ信奉者を増やすことに積極的に努め成功を修めているとしたら、宗教界、大学、マスコミから似たような反応が起こる可能性がある。

死海文書に盛られた黙示信仰には、異邦人の世界を改宗させるビジョンはなく、むしろ救世主が到来する終末の大変動の際に、光の子として異教徒の世界と軍事的に対決してそれを破壊し、暗闇と悪魔の追随者たちに打ち勝つというビジョンがある。さらに、死海文書にはユダヤ教徒の仲間たちの中の裏切り者を排斥しようとする性格がみられる。死海文書の文化はフィロのヘレニズム文化と同様に、パリサイ的・ラビ的ユダヤ教と区別されるものだが、その理由は異なっている。

ラビ的ユダヤ教が安定性を求めるのに対し死海文書の黙示信仰は社会的、政治的不安定性を欲する。温情をもって苦難を受容するより、ユダヤ人が剥奪や苦悩をこうむるのを一挙に解決する療法を望む。忍耐心とひんぱんな祈禱やしつけに礎を置くのではなく、それは解放、自由そして根本的充足を希求した。

死海文書の黙示信仰を受けついでいるものは、とどのつまり政治的シオニズムである。死海文書の黙示信仰の気質、すなわち、仰々しさ、短兵急さ、狂信性、向こう見ずさが及ぼす影響は、今もイスラエルの権力を掌握するエリートたちにうかがうことができる。

第4章 破壊と償い

西暦七〇年、ユダヤ暦のアブ（現行太陽暦で七－八月）の九日、八月の暑い陽ざしの下エルサレムの街は炎上していた。皇帝ウェスパシアヌスの息子であるローマの将軍ティトゥスの軍勢の徹底的な破壊をこうむっていた。ヘロデ王の壮麗な神殿も全焼した。紀元前五八六年アブの九日に第一神殿がバビロニア王の軍勢により破壊されたのと同じように。

第二神殿が破壊されて以降の五世紀間は、地中海世界の大勢のユダヤ人にとり、ユダヤでもその他の地域でも、災難と堕落の時代であった。その埋合わせは、タルムードの文化の洗練化があるのみであったが、それはユダヤ人の生活の中で救いになった。西暦開始後の五〇〇年間のユダヤの衰退期を、五つの時期に分けることができる。

第一期は紀元前七〇年から同六六年、ユダヤの地でユダヤ人がローマの支配に一大反乱を興して失敗し、第二神殿は破壊され廃墟となったその外壁（今日の嘆きの壁）が後世に遺されることになった。エルサレムは荒廃してローマ帝国の庇護のもとに非ユダヤ人たちが住みつき、ユダヤの地の数十万のユダヤ人たちは、死ぬか奴隷に売られ、さらに多くのユダヤ人が国外追放の憂き目にあった。母国にとどまったユダヤ人は長期間貧乏暮らしをよぎなくされた。ダビデの誇り高き王国ユダヤは、今やローマ領パレスチナとなり、ダビデが征服した、古代のユダヤ人の敵の名をいまわしくも想起させるこの名前を、一九四八年まで留めることとなった。

第二期は西暦一三五年のローマに対するユダヤの第二の反乱の敗北、そして軍事的指導者バー・コチェバと精神的指導者ラビ・アキバの、ローマ人の手にかかっての死に始まる時期である。ローマ人によって、割礼を施したユダヤ人はいまわしいラテン語の名で呼ばれるようになったエルサレムに立ち入ることを禁じられ、祖国におけるユダヤ人の人口は減じ、少数民族になった。

第三期は、五〇年代、六〇年代、割礼を施されていない異邦人の間に、ナザレのイエスを敬う少人数のユダヤ人からなる宗派――タルソス出身のラビ・サウロ（聖パウロ）がその指導者――に、帰依する者が急速に増えていき、西暦二世紀の半ばにはローマ帝国のユダヤ教にとり強力なライバル的存在になっていた。それゆえ、パリサイ人のラビ、パウロがキリスト教をユダヤ人のみならず異邦人の宗教たらしめようと決意したことは、ユダヤ人にとり大変動をもたらす一大事であった。非ユダヤ人の指導者たちがキリスト教会をひき継ぎ、ユダヤの伝統にギリシアおよびその他の異教の伝統をないまぜにしたために、キリスト教会はユダヤ人の共同体からの疎遠性を次第に深めていき、西暦二〇〇年になると互いに憎しみを燃やす敵同士になっていた。ユダヤ人聖パウロのナザレの宗派への改宗と、彼の万人救済論の訓えの布教が成功したことは、それゆえ、ユダヤ人の歴史の中では重い意味をもつ悲惨な一章を構成している。

第四期は、アレクサンドリアの大きなユダヤ人の共同体が、西暦一一五年の市街戦で大きな損害を蒙った時期である。甚大な損害を蒙った原因の一部はそれが異教徒のギリシア人との市街戦であったこと、一部はユダヤにおける反ローマ帝国の反乱の余波であったことにある。この市街戦のあと、アレクサンドリアのユダヤ人に対する迫害と組織的虐殺が起きるようになり、ユダヤ人の人口の激減、そして経済および文化の衰退がもたらされた。そのほか諸々のヘレニズム風ユダヤ教の中心地も衰退していった。

この破壊的過程の五番目、終局の時期は、西暦四世紀の初期におけるキリスト教を奉じる皇帝の誕生と共に始まる。それは、競いあう宗教の中でキリスト教が地中海世界で勝利を収めたことを意味するだけでなく、キリスト教の聖職者が国家権力を使いユダヤ人の自由と安寧を制限し、害ねることができるようになったことを意味する。西暦四世紀が終る頃には、国家権力の支援をうけたキリスト教徒による血なまぐさいユダヤ人迫害の長い長い歴史がすでに始まっていた。

戦争、迫害、文化面の闘争、国家権力による抑圧という状況のもと、ユダヤ人の社会的、経済的地位は低下し、地中海世界におけるその人口は激減していった。古代後期における疫病その他の病の流行という生物医学的理由でローマ帝国全体の人口が減少したことも影響を及ぼしたであろう。西暦五〇〇年頃のユダヤ人の人口は、西暦が始まった頃のそれの半分以下になっていた。人口の減少をくい止め、文化の衰退を防ごうとして、ユダヤ人は生き残りと自己防衛のための長い闘いを経験しなければならなかった。この時期の唯一償いとなるタルムードの宗教的文化が、社会的に影響力も弱く、知的にも限界性があったとしたら、それはこうした状況を斟酌《しんしゃく》せねばならない。

五段階を経てのユダヤの衰退期は、重要な意義をもつ点で旧約聖書を除き並ぶもののない一揃いの著作が誕生した時期と平行する。この著作はこの時期の埋合わせをしている。その第一の著作は生活・宗教に関する律法集『ミシュナ』（西暦二〇〇年）と『パレスチナ版タルムード』（西暦四〇〇年）である。この両書に伴って、聖書の解釈、物語体の伝説、医学的助言、民間伝承、教訓と娯楽を兼ね備えた空想物語などを載せた『ミドラッシュ』と『ハガダー』が著された。法律、注解、社会的法典そして空想物語の仕上がりぶりは、六世紀の『バヴリ』が精巧さの極に達した。これは大判の六〇〇〇ページに及ぶ『バビロニア版タルムード』で、代々のイランのパルティアとササン朝帝国の統治下に繁栄していた古メソポタミア共同体で編集されたものである。

タルムードは単なる書物ではない。司法についての論議、倫理的規定、社会生活上の諸々の想定、そして表向きはミシュナを明晰にし、その訓えを当時の（六世紀の）社会に適応させるための、聖書の解説というかたちをとった心理的観点からの修正、からなる知識の宝庫である。『バヴリ』は非常に大部の教養書で、広範な分野を考察しており、司法上の判断をし、政治的指導に当り、家族や道徳や心理的問題のカウンセリングをする指導者たちの準備を整えてくれる入念に編纂された教養書である。

タルムードは、ユダヤの一般大衆が苦しんだ暗黒の時代に、彼らの信仰と生活様式を保持するための「掟の周囲に張り巡らす垣根」を提供したという、これまでの一般的な見解は誤りではないが、一面をついているにすぎない。『バヴリ』は学識あるラビのエリートたちに、繁栄した時期もあったが抑圧と拘束下にあったユダヤ共同体を、一三〇〇年間にわたり統治し保護してきた、その基礎的訓練の教材を提供してきたのである。タルムードが作成された時代は、ラビがユダヤ人の生活に対する支配を堅固にした時代でもある。数世紀にわたって研究と討論を重ねた準備期間のあと記された『バビロニア版タルムード』は、ユダヤ人の勇気を支え、ユダヤ人意識を昂揚する一方、社会的不安と知的引っ込み思案の雰囲気を映しだしてもいる。

自由主義的、黙示的な種類のユダヤ教のさらなる発展がみられぬ間に、パリサイ派の伝統が栄え、ラビ風の文化が明確に指導的地位を占めるようになる。そしてそれは、コロンビア大学のアラン・F・シーガルが示唆したように、いく分インドのバラモン文化に類似した構造、感性、社会学的上部構造を示した。

それは又、西ヨーロッパでローマ・カトリック教会の階層制度が作り出した文化にもいく分似たところがあった。一七世紀まで持ちこたえたユダヤの中世紀の世界の基礎は、六世紀までに作りあげられたのである。

四世紀初め古代世界における運命の道をユダヤは辿っていたが、中世世界の輪郭が速やかに姿を現しつつあった。二つの共同体――ローマ帝国では二つの都市と呼ばれていた――は、共にその起源をアブラハムとヘブライの預言者たちに辿ることができるが、互いに敵対していた。いわゆるタルムードのユダヤ教が支配力をますます強化していっているパレスチナおよびディアスポラのユダヤ人共同体とキリスト教会である。

二つの共同体の統治方式には類似点がみられた。ユダヤ人の生活の中心は町のシナゴーグで、キリスト教文化の中心は都市の大聖堂であった。それぞれの共同体の、宗教的権威をもつ当局は、野心的な要求を人々に課した。ユダヤ人の場合、ナーシー（大公）がローマ政府当局から法律を施行する権限、パレスチナのユダヤ人から税金を徴収する権限を長期間にわたり委託されていた。また、バビロニアのユダヤ人共同体ではイランの支配者の承認のもとエクシラルク（捕囚の長）と呼ばれた世襲の統治者が人々に尊大な要求を課した。エクシラルクはさらに、多額の利益があがる東洋との絹貿易で特別の役割を担う経済的特権も享受したが、これはその後長期にわたりユダヤ人の生活にみられる宗教的権威と資本主義との関わりのあり様の先駆けとなった。シナゴーグはエクシラルクの厳しい統制を喜んで受けいれたのではない。パレスチナのナーシーはラビとしての学識ゆえにもっと人気があった。ナーシーの一人ユダ・ハナシは、西暦二〇〇年頃権威あるミシュナのテキストを編纂している。

同様にキリスト教の共同体では歴代の大司教が――東洋では族長が、ローマでは法王が――高い権威を主張し、間歇的《かんけつてき》にそれを行使した。

ユダヤ史の解説者たちはタルムードに依拠するラビとキリスト教の聖職者とは大きく異なるとしばしば主張する。後者は教師、伝道者、宣教師、共同体の指導者であるのみならず、聖職者としてもつ権力が司祭とくに司教に、天の王国への鍵を与えたと彼らは主張する。ラビは司祭ではなく、キリスト教の聖職者のように法外な権力を求めはしない。これは形式の上での大きな違いである。だが社会的慣行からすると、それぞれの共同体において両者の違いはそう大きくない。ユダヤの一般大衆がタルムードに依拠するユダヤ教の正規の信奉者であった時代また場所では、人々の私的・公的生活に対するラビの支配力は、キリスト教の聖職者の場合と実質的にはほとんど変わらなかった。ヤコブ・ネウスナーは指摘している

私たちがほぼ二〇〇〇年間知ってきたユダヤ教が誕生した。ラビというと、ユダヤ人が確信をもって学識、行動、希望を連想する人物像を念頭に浮かべるようになったとき、ユダヤ教信仰は充実した、永続する体験となった。……そのためユダヤ教はラビ風となり……私たちが知るユダヤ教は……西暦六〇〇年までに完全にできあがっていた

ユダヤのラビもキリスト教の司教もメシア（救世主）の出現について語ったが、どちらもそれがすぐに実現するものとして行動したわけではない。黙示的、終末論的ビジョンが彼らの行動を支配し、感性を形成しはしたが、それは日常的体験の核心部分ではなく、周辺部分でそうであったにすぎない。ユダヤ教徒は、終局的にはメシアの出現を信じていた。ラビはそれまでの間タルムードに記された掟に則り、共同体を治める気持ちでいた。ラビは今・現在のことに熱心で、関心のありようは社会的指向が強く、終末論や

メシアがこの世に早く現れてほしいという熱い期待感は念頭になかった。

キリスト教徒は、神・人であるイエス・キリストというメシアがすでに一度この世に現れたと信じていた。これはユダヤ教徒が忌み嫌った教義である。キリスト教徒は、キリスト教の救い主が再臨し、この世は終末を迎えると信じていた。だがそれとて、司教が現実にさし迫ったものとして捉えていたのではない。司教は都市に権威ある地位を築き、財産を貯えることで満足した。そしてそれは、西暦三一二年に迷信深く気性の荒い皇帝コンスタンティヌスが即位し、キリスト教の神（彼はしばしば異教の太陽神と混同した）への信仰を明言したとき、実現できる可能性が大いに高まったのである。

西暦三〇〇年の、ユダヤ教徒の都市エルサレムとキリスト教徒の都市ローマに広がっていく一連の出来事の発端は、西暦六六年に起きたユダヤ人のローマへの大規模な反乱であった。なぜ、どのようにして起きたのか。反徒の一人ヨセフスが西暦八〇年頃にローマでその委細を記した長文をものしている。ヨセフスの母方はハスモン王家の血筋をひいており、彼は高貴なユダヤの貴族の一員であった。戦いが始まると彼は北部ガリラヤのユダヤ軍の指揮官に任命された。以前から彼はゼロテ派としっくりいっていなかった。開戦後まもなく彼の軍隊がローマ軍に敗北を蒙ると、彼はローマ側に寝返り、エルサレム攻囲戦の際は、ローマの指揮官の顧問役をつとめ、やがてローマ王族の被護民となり、ローマ郊外の快適な別荘で『ユダヤ戦記』を著した。執筆の主な目的の一つは明らかに、保護者であるローマ王家の人々に自分を良くみせるためと、ユダヤの大義への謀反の理由を説明することにあったが、その著作は出来事の本質を明かす上で充分に詳細である。

この反乱の原因は主に二つあった。政治的愛国主義者ゼロテ派は西暦元年の初めから宣伝戦とゲリラ戦をずっと行なっていて、どのつまりそれが全面的な反乱になっていった。ヨセフスと、搾取され困窮す

る小作農の支持者であったゼロテ派とは、憎しみあう敵同士であったにしても、ゼロテ派に対する彼の評価には説得性がある

ありとあらゆる種類の不幸の源はこの一派にあった。国民は謀反を教える教義に信じがたいくらい染まっていた。熾烈《しれつ》な戦闘が次々に起り、神殿そのものも全焼した

ローマの政府はユダヤに無能でしばしば卑しい心根の総督を次々に送り、彼らは重税をユダヤ人に課し、賄賂をとって虐《しいた》げ、時にユダヤ人の宗教を侮辱し、ユダヤの急進主義者の思うつぼにはまった。こうしたことは、おおかたのパリサイ人の指導者たちを除いて、貴族的なサドカイ人も含め住民の大多数をローマ帝国と対決する気持ちに追いやった。

七〇年間、ローマ帝国の役人の質が一貫して悪かったことは、ユダヤを離れると、彼らは一人を除き全員が不名誉にも政府の役職につけなかったことでおし量れる。ユダヤのローマ総督たちも、半世紀間以上、例外なく性悪であったため、ハイアム・マコビーは陰謀説をとなえている。つまり、ローマ政府の上層部はだめ人間ばかりを送りだしてユダヤの住民を謀反に駆りたて、彼らを粉砕する口実を作ったとするのである。

ローマの軍隊は通常エルサレムを引き払っていたため、一年のおおかたの期間、住民は過激化していき、自由に陰謀を企むことができた。ローマ軍の中心的な部隊は海岸沿いの土地カエサレアに駐留していた。今日では、保存状態のよい当地の戸外ローマ劇場の廃墟は当時をこよなく偲ばせるものとなっているが、上流階級向けのコンサートも催されている。一年に三回催される重要な宗教的祝祭の際（このとき生け贄

の動物が神殿に供され、ユダヤ人たちが地方から上京してくる）、ローマの総督が大きな軍隊をひきつれエルサレムに上京してきた。海岸沿いの土地は快適で（カエサリアは今日、イスラエルの閣僚や企業の幹部たちのお気にいりの別荘地である）、総督もその軍隊も政府が海岸沿いの平原地帯に住まわせたギリシア語を話す非ユダヤ人の民族集団を保護する仕事につくのを望んだ。遠方のエルサレムは人が押しあいへしあいしている、暑い乾いた住心地の悪い都市（今もそう）で、ローマの貴族たちがくつろぐのによい都市ではなかった。

ユダヤ人は最初の二年間ローマ軍と互角に渡りあった後、敗れたが、二つの理由があった。一つは、シリアとエジプトから大規模な予備軍が投入されると、数においてたちうちできなかった。ユダヤの反徒たちはディアスポラでもユダヤ人が起ちあがるのを期待したであろうが、そうはならなかった。もう一つの理由は、ユダヤ人同士の間に深い溝があったことである。経済的な階級づけや宗派的原因で致命的なまでに沢山の集団に分裂していた。西暦六九年から七〇年、エルサレムが攻囲下にあるときですら、相克する集団の間で武力衝突が起こる始末であった。あるゼロテ党（熱心党）の一派はエルサレムに貯えた穀物を他の人々の手に渡るのを防ぐために、その多くを焼いた。一般大衆で、どの派にも属さぬ人々は町に閉じこめられ、壁を壊して乗りこんできたローマ軍に数万を数える人々が虐殺された。

ローマ皇帝の息子で後に自ら皇帝になったローマ軍司令官ティトゥスに、神殿を焼き払う意図があったか否かは定かでない。恐らく自然発生的掠奪のなりゆきで焼失したのであろう。だが彼の勝利を記念したローマの凱旋門には、彼の軍隊が聖なる燭台を神殿からもち去るさまが描かれている。彼の心構えは、節度を心得ていたとはとてもいえまい。

エルサレムの破壊後もユダヤ人の抵抗は続いた。西暦七三年、最後まで自由を求める戦士とその妻や子供たち七〇〇人は、エルサレムの南四〇マイルにある砂漠の中の丘陵に設けた要塞マサダ（ヘロデ王の冬季の宮殿の所在地でもある）で、ローマ軍が防衛線を突破したとき、集団自殺をとげた。今日マサダは、イスラエル人にとって憎むべき敵に対する不屈のレジスタンスを象徴する特別の意味をもつ地名である。イスラエルの徴集兵たちは、基本的訓練の課程を卒えるとき、夜を撤してキャンプ生活をし、日の出と共に祖国と国民に対し燃えるような誓いを唱えるのである。

西暦一三二から一三五年にかけて勃発した二度目のローマへの反乱の原因は定かではない。反乱の指導者は死後輝かしい存在になったが生れや来歴が不明の人物バル・コクバであった。彼は彼の同時代人より現代のシオニストたちの想像力を刺激する。彼はラビ学者アキバ尊師の支援をうけた。アキバ尊師は救世主的威厳を彼に与えようとして、その名をバル・コセバから、トーラーの訓え「一つの星がヤコブから昇る」にちなみ、星の息子の意味のバル・コクバに改名させた。ほとんどのラビはなんの感銘も覚えず、ラビの一人はアキバにこういった。バル・コクバという名の「ダビデの息子（救世主）が出現するのを待つよりも、あんたの頰から草が生えるのを待つ方がいい」。

イスラエルの考古学者たちは、バル・コクバが北方の彼の支援者たちに宛てた一通の書簡を発見した。今日この書簡はいくつかの死海文書と共に、イスラエルの議事堂の、通りをはさんで斜め向かいにある聖堂の展示室でみることができる。

謀反を起したユダヤ人たちへのローマ人の懲罰はきわめて残酷であった。戦乱を生きのびたパレスチナの一三〇万のユダヤ人の半数近くが殺害された。エルサレムはラテン語の名に変えられ、異邦人が定住した。以降、城壁の内側で割礼を施した者が見つかった場合、その者は処刑された。生きのび困窮して暮すユダヤ人たちで国外追放にならなかった人々は、北方ガリラヤの丘陵地帯に追いやられた。ラビたちは自分たちの学校を、海岸沿いのヤッファの南にあるヤブネから、その地へ移した。ミシュナはこの地の北部で完成をみたのであった。

ほぼ西暦二〇〇年頃ミシュナの編集に当ったラビたちは、二世代前のローマに対するバル・コクバの戦いの経緯についてほとんど何も語っていないが、その結果についてはこう記録している

七年の間俗世の人々(パレスチナの異邦人たち)は、ブドウ園からユダヤ人の血以外なんの肥やしも使わずにブドウを収穫し続けた。……彼ら(ローマ人)は戸口から血が流れだすまで……馬が鼻先まで血に浸かり歩くようになるまで、殺害を重ねた

イスラエル情報機関の将官を務めていたイェホサファト・ハルカビは一九八三年に『バル・コクバ症候群』を世にだした。これは、ヨセフスの『ユダヤ戦記』のあと世に出た、ユダヤの反乱に関する最も洞察に満ちた書物である。彼のいう症候群とは、ユダヤ人の意志力は克服できぬ軍事的劣勢ですらのり越え、奇跡をひき起しうるとする向こうみずな軍事的ナショナリズムを指している。これが、壮大な錯覚を惹起し事態の激変をねらう冒険主義を生み出す。星の息子の行為は「神を向こうにまわして自己の権力の拡大を目論むことだ」という二世紀のあるラビの判断にハルカビが目をとめて、バル・コクバに否定的な判断を下したとき、彼は明らかに一九八二年のレバノンにおける不幸な紛争を念頭に浮かべていたに違いない。ハルカビの本はイスラエルに烈しい論争を巻きおこした。

バル・コクバの反乱はパレスチナのユダヤ人の共同体にとり、事態を一層悪化させただけだった。それは惨めな失敗に終る運命のもので、歴史の転換点としての重要性は、その少し前の西暦一一五年にアレク

サンドリアで起きた出来事に比べれば劣る。いく分かはユダヤ人と異邦人との内戦であり、いく分かはパレスチナでの事件に共鳴して起こったローマに対する反乱であるアレクサンドリアの災厄は、数千人のユダヤ人の死をもたらし、かつては自信に満ち裕福であったアレクサンドリアのユダヤ人の共同体を、守勢に立たせ、以降長期にわたって迫害と虐殺が続き、西暦三〇〇年にはアレクサンドリアのユダヤ人たちは、フィロが活躍していた繁栄の時代に比べて影のような存在になっていた。

西暦一一五年の災難はギリシア文化圏のユダヤ人社会の衰退の先触れで、かつそれを促進させた。ローマの貴族および折あればユダヤ人虐殺に加担する地中海東部の非ユダヤ人の大衆の間に、ユダヤ人恐怖症が強まる状況の中で、ユダヤ社会は衰退の度を深めていった。アレクサンドリアでの戦いが続いている頃、ローマを代弁する歴史家で貴族のタキトゥスはユダヤ人を「最も破廉恥な碌でなし……淫《みだ》らな連中で……彼らの間で禁じられていることはほとんど皆無に等しい」といって非難している。この乱暴な評言は、彼の歴史書の、西暦六六年から七〇年にかけてのユダヤ人の反乱を論じた件に出てくる。今日に至るまで、同じ現象が何度も繰り返されてきたのが分かる。ユダヤ人への憎しみと嫉妬が卑しい傷害行為をひき起し、ユダヤ人が自らを守るべく立ち上がると、憎悪を一層かきたてるのである。私たちはこれをUN症候群と呼んでよいであろう。

西暦七〇年のヘロデの神殿の破壊とそれに続くローマの恐怖政治は、祖国の地に住むユダヤ人がなぜ党派心が強い気質をもっているのかを説明してくれる。サドカイ人の強みは神殿に仕える貴族の聖職者たちとつながりをもつ点にあった。神殿が壊されたとき、司祭の多くは共に滅びた。神殿の存在なくしてサドカイ派の存在理由はなく、速やかに舞台から姿を消したのである。

ローマ軍が死海沿いのネゲブの砂漠に、マサダのゼロテ党（熱心党員）の最後の前哨地点を攻撃すべく進軍したとき、近くにあったクムラン共同体は地上から抹消された。幸いにも、クムラン宗派は二世紀以上も前に記された黙示録的著作や他の類の著作からなる膨大《ぼうだい》な蔵書を大きな壺に入れ、眼下に死海が広がる洞窟の中に埋めた。これらの死海文書は一九四八年に遊牧民のベドウィンによって偶然に発見され、続く三年間のベドウィンとイスラエルの考古学者の探索によって、膨大な量の宗教上の文献が見つけだされた。もっとも、不幸なことに、死海文書の三分の一は、東エルサレム（一九六七年までヨルダン領であった）の反シオニズム主義のロックフェラー美術館の支援をうけて作業に当っていたユダヤ人嫌いで怠惰な、ベルギーとフランスの修道士たちの手に渡ってしまった。クムラン宗派とエッセネ宗派の信徒たちもこうしてローマ人の武力によって姿を消したのである。

こうして、ユダヤのパレスチナで活動している宗派は二つだけになった。支配的なパリサイ派と創設されてまもないナザレ派、少しあとキリスト教と呼ばれる宗派である。今やラビとキリスト教の指導者（ローマ帝国の遺産を中世へ、そしてそれ以降へうけ継いでいく二つの都市、二つの共同体になっていくのだが）との真剣な闘いが始まった。

一九世紀初期に歴史学が誕生して以来、ユダヤ人イエス・キリスト（「救世主」、「王」の意味）の生涯、ナザレ派、そしてキリスト教会の起源ほどに綿密な研究のテーマになってきたものはない。それももっともである。一九三〇年代に入るまでは、学者たちはイエスの生涯を史実に基づいて記すのは可能だと信じ、そう努めてきた。一九三五年頃から一九六五年まではドイツの新約聖書学者ルドルフ・ブルトマンの懐疑的な見解が主流であった。彼はいう、自分はルター派の敬虔な信徒としてイエスが実在したことに疑いを挟みはしないが、イエスの生涯に関する現存するほとんど唯一の資料である四つの福音書（「善き知らせ」）の記述は、ミドラシュに記されていること、つまり、一人の聖者についての諸々のユダヤの伝説の寄せ集めであり、イエスの人生に関する真実を立証できる歴史的な状況証拠はえられないのである、と。

カトリックの自由主義的学者ジョン・メアーが近年使った言い方をすれば、「ユダヤの境界人」イエスの生涯を記そうとする一般的動きが、この二五年間に以前のようにみられるようになった。

ブルトマンの言説には一理ある。イエスは西暦三〇年ないしその頃に三三歳で亡くなった。四つの福音書マルコ伝、ルカ伝、マタイ伝、ヨハネ伝は西暦七〇年から一〇〇年にかけて記されたと思われる。いずれの福音書もパレスチナの外の土地、アンタキア、アレクサンドリア、ローマで記されたのはほぼまちがいない。ルカ伝はパレスチナの地理について初歩的なまちがいをいくつか犯しており、ルカは聖パウロの旅の伴侶、兼秘書として生を終えているが、パレスチナを訪れたことは一度もなさそうだ。マルコとルカはユダヤ人でなかった可能性がきわめて高く、西暦一〇〇年頃に新プラトン主義の影響を強く受けて記しているヨハネは、確かにユダヤ人ではなかった。マタイも恐らく同じである。彼はユダヤの法律にきわめて明るいため、キリスト教徒のユダヤ人であった可能性があるとする批評家もいる。マタイがパリサイ人とユダヤの大衆一般を憎悪していたことは、いずれかに所属する人間であったとする説の根拠になりうる。

キリスト教の福音書にみられるこうした特徴は、その史実性の証しとして大いに役立つ性格のものではない。一九世紀の学者たちは、マルコ、ルカ、マタイのいわゆる共観福音書はいずれも、失われた同時代の資料、Q資料（ドイツ語 Quelle（資料）の頭文字をとったもの）に基づいていると主張して、非史実性を相殺しようと努めた。だがそれは単なる憶測である。もっと重要なことは、イエスの生涯に関する四つの記述は、イエスより少なくとも一世代あとの人々によって、パレスチナ以外の土地で、恐らく異邦人によって記されたこと、のみならず、後々のキリスト教のイエス観に影響を及ぼした二つの事件の後で記されたことなのだ。二つの事件とは、神殿が破壊され、とるに足りぬナザレの共同体だけがユダヤの共同体の中でパリサイ人と競合する存在として残ったこと。そしてラビたちはイエスに前向きの返答をせずに、ともかくも彼が救世主であるという主張を、単に無視し、イエスの信奉者たちをつまらぬ存在（異端者）とみなしたことである。

キリスト教徒の宗派を同時代のパリサイ派が軽蔑していたことは、四つの福音書、とりわけ最も長くて詳細なマタイ伝が、どうしてパリサイ派の人々をこっぴどく攻撃し、パリサイ派に――そしてパリサイ派を通してユダヤ人の共同体全体に――イエス殺害の責任を負わせているのかを説明してくれる。イエスの血が流されたのは、彼らに責任がある、そうマタイ伝は記す。今日ではほとんどすべてのキリスト教徒が、一九六五年以降はカトリック教会ですら公式に、この非難は誤りであると認めている。福音書がイエスの死の責任をパリサイ派の人々に負わせたのは、誤解からか、それとももっとありそうなのは、西暦一世紀の後半、パリサイ派の後継者のラビたちとキリスト教徒がライバル関係にあったためであった。

福音書が記された時期は、ラビのユダヤ教が野心的な新興のキリスト教の唯一の対抗勢力であった西暦一世紀の終りの三〇年間であった。当時ラビがキリスト教徒に少しの譲歩もせず、また、イエスを当世の預言者としてすら認めなかったのは明白である。福音書の著者たちは、情け容赦なく敵対するラビたちの先輩である、イエス在世時代のパリサイ派の人々を、ラビたちへの報復として、イエスの死に一番責任ある人々として記したのである。キリストを殺害した首謀者、イエスの血を流した張本人として記したのである。

歴史を書きかえ、今現在の競争相手に、前の時代の犯罪とされているものの責任を負わせるのは、珍しくない手法である。過去に遡ってのパリサイ派への非難のキャンペーンがユダヤの歴史にもった意味あいは、たんに知的な意味に止まらなかった。福音書は新約聖書――天来の霊感という権威をもつ新しい聖書

――の中心的テキストになったからだ。

イエスの死はパリサイ派の人々に責任があるとする記述は、カトリックの訓えにとり入れられ、以降二〇〇〇年におよぶユダヤ人の迫害と殺害にその記述は責任を負うことになる。カトリックの自由主義的な学者たちや神父ハンス・キュングのような神学者たちが、先頭にたって改革を推し進めた一九六五年の第二回バチカン会議で、それらの記述は否認され、ローマカトリック教会の公の場で唱えられることはもはやない。だが、ポーランド、ウクライナ、アメリカ中西部や南部のような地域のキリスト教の民衆文化では、依然として生き残っている。福音書の著者たちは、パリサイ派の人々を悪者にしたためにもたらされた大量虐殺という重大な結果を知ったとしたら、愕然としたであろうか。そんなことはあるまい。執念深い彼らのラビたちへの憎しみと怒りは大変なものであったのだから。

実際にイエスの死にいく分か責任があるユダヤ人の集団があるとしたら、それはサドカイ派のそれであろう。彼らは、エルサレムの神殿の聖職者に対するイエスの批判に非常に動揺していた。パリサイ派ではなく彼らが、ユダヤの最高法院たる大サンヘドリンを支配していた。大サンヘドリンかその分科委員会が(関係する記述には混乱がみられる)、イエスを破壊分子としてローマの官憲に引き渡した。だが、今日ではカトリックの学者ですら認めているが、磔は国家への反逆に対するローマ的懲罰で、瀆神の罪に対するユダヤの懲罰ではないのはまちがいない。もしイエスが大サンヘドリン、ないしその構成員たちにより有罪とされたのなら、それは、ローマ法の下す破壊活動ではなく、瀆神の罪以外にはありえず、刑は磔ではなく石叩きの刑であったであろう。

福音書はユダヤ人を長々と非難し、ローマ人の責任は免れさせている。それは、キリスト教会がユダヤ人の共同体から排斥され、異教徒たちに己の未来を託すほかなく、したがって、西暦一世紀後期当時ローマ当局の寛容性を必要としていたための、広報活動であったからである。無能で残忍なローマの総督パンシャス・ピラト（同時代人のアレクサンドリアのフィロですら彼を厳しく難じている）は、福音書の物語では免責されている。彼はイエスを有罪にし、刑を執行するのは望まなかったとされているのだ。そして不思議なことに、彼はユダヤの群衆にローマの法律にはない選択を――イエスか、死刑を宣告されている「盗人」バラバスか、どちらかを自由の身にしてよいという選択を――申し出る。群衆は「バラバスを自由の身に」という。そして福音書は、バラバスは、同時代の文書では時に盗人と呼ばれていた秘密活動を行なうゼロテ党の一員であったと匂わすことで、この空想的な話に蓋然性をもたせようと一工夫こらしているのである。

もしも、福音書の中にロマンチックな映画の脚本というより史実と呼べるものがあるとすれば（イエスの生涯に関心をもつ人なら、イタリアの映画監督で共産主義者のピエール・パゾリーニがマタイ伝を映画化したもの――ユダヤの宗教的指導者を描いた映画の中で唯一上出来といえる作品である――をみるべきである）、およその真実は以下のようなものである。

ユダヤ人イエスは、キネレト湖、別名ガリラヤ海の西方約二〇マイルに位置するガリラヤの小さな丘の町ナザレ（今もそこにある）に大工ヨセフの息子として生まれた。母ミリアム（メアリー）は夫と同じく低い家柄の人で、イエスの他に兄のジェームズも含め数人の子供の母親であった。イエスは従兄の洗礼者（バプティスト）ヨハネから民衆への布教師という天職をうけついだ。ヨハネは巡回説教師で、古代ヘブライの浸礼という浄めの儀式を執り行なうエッセネ派に所属する、クムラン共同体の聖職者であった。ヨハネは何かの理由でハロッド王の気分を害し処刑される。イエスはヨハネのあとをつぎ布教師になり――先祖伝来の天職であった――ヨハネの行なっていた布教の内容を広げ、ヨハネよりも信仰療法を沢山施した。

イエスは成長してカリスマ性をもつ説教師、信仰療法師となった。彼は地方に、とくにキネレト湖畔の貧しい漁民たちの間に、一握りの弟子をつくった。

この小集団の指導者は漁夫のサイモン・バー・ヨナで、イエスはのちに彼にアラム語でシーファス（不動の「岩」、ギリシア語でペトロ）の名前を進呈して、労に報いた。今日キネレト湖畔のティベリアスに軒を連ねる豪華なリゾート・ホテルの一つで食事をすれば、そのメニューには土地にふさわしく、聖ペトロの魚である身のやせたハタ、スズキが供されるだろう。

イエスはユダヤ人の共同体から離れたことも、その掟を却けたこともなかった。生涯の終りまで彼は掟をよく守るユダヤ人であった。時として司祭たちを形式主義的にすぎ、物質主義的にすぎると批判しはしたが、そんな批判なら他の多くのユダヤ人もしていた。彼は、自分は律法の内容を倫理的に深め、普通の人々の暮しにとってより意義深いものにしていると考えていて、少しもそれを否定しているとは思っていなかった

　わたしが律法や預言者を否定するためにきたとは思わないでください。否定するためではなく、全きものにするためにきたのです……律法を守り、人々にもそうすることを教える者は、天の王国では高い身分の者になるでしょう

イエスは自分を人の子（サン・オブ・マン）と呼び始める。これはダニエル書で使われている曖昧な言葉で、救世主の意味をもつようになっていったとも考えられる。イエスは掟を忠実に守るユダヤ人であったが、説く倫理は急進的で、物質的な豊かさは徳性を損なう脅威となる、貧しく惨めな境遇の人々はこの

世を引きつぐであろう、と説いた。それは、エルサレムの自由主義的パリサイ派のヒレルの学校で教えられていた主意主義者の倫理の、きわめて退行的な訓えであった。ユダヤの地をさ迷い歩きながら退行的な訓えを説く風変わりな説教師、信仰療法師はほかにも沢山いた。イエスは少しも特異な存在ではなかった。

弟子たちにせがまれて救世主という観念がイエスに影響をおよぼしはじめる。溺愛する母親との間にイエスは、母がダビデの血筋をついでいるという空想を抱くような会話をとりかわしたことがあったのかもしれない。ダビデは大変人気のある、性交渉の方も活発な王であったから、そんな空想は普通の庶民の間で珍しくはなかった。

ささやかなものであったイエスの布教活動はその地方に広く知られるようになり、大都市エルサレムでぜひ試してみたく思うようになり、彼は弟子たちを引き連れ、過越の祭りを過ごすべく上京する。彼は戦術的に二つの大きな過ちを犯す。一つは、聖なる都に勝ち誇るように騒々しく入り官憲に目をつけられたこと。次に、神殿の中庭のはずれの両替商の処に行き（それは、神殿の僧侶が執り行なう生け贄の捧げものを購入するために、地方から上京した人々には欠かせぬ行為であった）、騒ぎをひき起し、両替商たちを物質主義者と非難したこと。そのためローマの官憲に一層目をつけられ、サドカイ派の司祭たちに告訴されることになる。身の安全を脅かされる状況におかれ、イエスはペトロに自らを明かして「太陽の子、キリスト」であると告げ、誰にもそれをいわぬようにという。

彼は破壊分子として標的になっていた人物で、ローマの兵士たちが彼を捜しているという噂が広まる。過越の晩餐のおりかその前夜に（福音書の記述は一貫していない）、一同が席についている際、イエスは食事の主宰役をつとめる。そのあと自分は間もなく逮捕されるだろうといい、ブドウ酒の入ったコップと一片のマツォー〔種なしパン〕をさし上げて、弟子たちにこの二つを自分の血と体のシンボルとして覚えておくようにと告げる。

さらに、弟子たちは自分を否定し裏切るだろうと言う。実際彼が逮捕され、総督ピラトの前に引ったてられると、弟子たちはその通りに振るまう。ピラトは、疲れきり怯《おび》えるイエスに圧力をかけて、自らをユダヤの王であるといったことがあることを認めさせる。イエスはローマ総督によって、ただちに反逆罪で磔の刑に処せられる。

イエスは人々の侮りの対象である二つの職種の人々——収税吏と売春婦——と常に良好な間柄を保っていた。死後三日目に彼の亡骸が安置されている場所に（今日では聖墳墓教会に安置されていたとされているが）、いく人かの売春婦が行ってみると、彼の亡骸がなくなっていた。弟子たちが隠れ場所から出てきて、救世主メシアが自分たちの間で活動していたことを告白し、そしてイエスは、預言者エリヤの伝説にあるように、神の特権をもって復活したといった。ナザレ派のキリスト教徒たちは小さな共同体を結成し、一緒に集まり、感謝の祈り（ユーカリスト）をすることでイエスについての思い出を祝福し、彼の極端に自由主義的なパリサイ主義的倫理を説いた。

実際はイエスは優しい心の人で政治的な革命思想の持ち主ではなかった。その生涯の最後の頃には、第二イザヤの「受難の僕」に関する描写を体現するようになっていたに相違なく、そして、イスラエルの民全体よりも彼個人に、その観念を当てはめて考えるようになっていたに相違ない。彼自身は、人類がどうにかして浄められるように、神慮により殉教を余儀なくされた「神の小羊」であった。このことを彼はただ憂鬱な思いで捉えていたにせよ、イエスの受難後ただちに、弟子たちの固定観念になった。彼らは詩篇一一八をイエスに当てはめた。イエスはエッサイの樹（ダビデの家）の分枝であるばかりか、ある種の形而上的救世主になった。「わたしは死にはせず、生きながらえ、主のみ業を語るであろう。主はわたしを手ひどく懲らしめられたが、死神の手にゆだねられはしなかった。」

ラビたちはナザレ派の聖職者たちの、生命や死やイエスの復活の意義に関する見解を、無言の侮蔑をもって迎えた。とはいえ、イエスの訓えにはきわめてパリサイ派的なものがあり、たんにヒレルの指導原理の模倣ではない。実存的厭世主義、気高い宿命論、戒律を守らぬ力ある異邦人は落ちぶれ、柔和なユダヤ人は幸せな境遇に入るであろうという確固とした確信（「先頭の者はしんがりになるであろう」「義《ただ》しさのために迫害される人々は幸いなり、天の王国は彼らのものなればなり」「幼子が彼らを導くであろう」）――下位の者は上位に、上位の者は下位にという確信の念は、ラビの訓えの影響下に形成されたユダヤ人気質の中心にあり、十字架上のイエスにもみられる。

ピラトに対する彼の応答は曖昧で、かつ怒りをかうものでもあり、屈辱的な磔という恐ろしい処罰を招いた。イエスの言動にはパリサイ派の人々の意識の中核にあるマゾヒスチックな気質が発揮されている。「主よ、なにゆえわたしを見捨てるのですか」という何世紀間にもわたって発せられてきた、と殺者の手にかかったユダヤの殉教者たちのヨブのような叫び――それもまた、十字架上のイエスが発した叫びであった。

イエスが人々に自分は平和でなく剣をこの世にもちきたしたといった時、比喩的に話していて、物事に対し文化的に揺さぶりをかけているという意味であった。干渉されなかったら、彼は明らかに平和主義に組したであろう。彼は独り放っておかれたのではない、政治的な意味を帯びやすい雰囲気の中で、一連の出来事に足を掬《すく》われ、余儀なく挑発的な言葉を口にし、象徴的な行為をしたのであった。その結果は悲劇的であった。以上が一五〇〇年にわたる熱心な学術的研究とたび重なる討論の末にだされた解釈である。

西暦六六年の反乱につながっていく治安の乱れた時代、急進的な訓えを説くカリスマ性をもつ集団ならどの集団でも、多少の信奉者を獲得できたようだ。ナザレ派についてもそれは当てはまる。だが、教団の信者の数は少ないままであった。イエスの死後、約一五年たってタルソスのラビ・サウロがエルサレムに学問を習得すべく上京すると、事態は一変する。彼は彼自身の言葉を用いれば「パリサイ人」「ヘブライ人の中のヘブライ人として生れた」。彼は今日のトルコとレバノン、トルコとシリアの国境地帯からほど遠からぬ小アジア東部のタルソスの堅実で、おそらく裕福であった中流階級の家族の出であった。

エルサレムでナザレ派の人々に出会うと、ナザレ派に過度の猜疑心を抱き、彼らは伝統的なユダヤ教に対する一大脅威であるとみなす。彼は、ナザレ派の人々がダマスカスにある大きなユダヤ人共同体のシナゴーグで訓えを説いているということを耳にする。そして彼はラビの評議会からダマスカスにおもむきキリスト教徒たちを攻撃する演説をする任務を託される。ダマスカスへの途上サウルは癲癇の発作に見舞われ、その時点までの心理的抑圧のはね返りが起こり、イエスの幻を目にする。幻は、自分の信奉者たちを迫害するのをやめ、神そして救世主である自分の役割を説く使徒になるようにと告げる。

サウロ、ギリシア語の名前で呼べばパウロは、エルサレムに戻り、ペトロとジェームが率いていたナザレ派の共同体「主の兄弟」に仲間入りする。最初からぴりぴりした空気が漂うことになる。陰気で、強迫観念をもち易い、禁欲的な（パリサイ派のラビとしてはあまり例がないが、パウロは一度も結婚していない）率直な物言いの、この知的で学識に富むラビは、信心深くて謙虚だが教養のない中流の下層の人々からなる小集団とはうまくいかなかった。

彼が、キリスト教のメッセージを説いてユダヤ人たちを改宗させようとディアスポラのシナゴーグへと出立しても、一同は惜別の念を一向に覚えなかった。とはいえ、一〇年かそこらあとエルサレムに戻ってきて、異邦人に訓えを説いて、割礼を施していない異邦人もキリスト教の共同体に仲間入りさせたいと彼がペトロに告げると、激しい論争がもちあがった。パウロは、当然のことだが、信心深いユダヤ教徒たちからシナゴーグで手荒い扱いをうける。とはいえ彼は、キリスト教徒になる可能性のある人々——信奉者ではあるが、ギリシア語を話すユダヤ人共同体の一員でなく割礼を受けていない「神を畏れる人々」、いいかえると、正しい異邦人が大勢いるのを見いだした。彼は、ユダヤ社会の中のギリシア語を話す二等級の市民である異邦人たちに、割礼を施してなくてもキリスト教会の正会員の資格を与えることを望んだ。何ごとでもそうだが、結局彼は自分の思い通りにし、パウロとペトロおよびキリスト教徒のユダヤ人たちとの間に深いしこりが残った。

キリスト教の伝統が二人をして殉教者としての死をローマで迎えさせた、ペトロは初代の司教という身分で。こうした終末は用心深いペトロよりパウロにふさわしい。異邦人に敵意をもつペトロが、かなり大きなユダヤ人の共同体がローマにあったとはいえ、自分から名乗りでてローマのキリスト教会の指導者になることはあまり考えられない。サドカイ派の人々は「シーザーの意向に背く説教をした」かどでパウロをローマ当局に告発したと思われる。サドカイ派の司祭たちは彼の布教活動が成功を修めていき、割礼を受けてない者も改宗していくのをみて、心穏やかでなかったのだ。パウロはローマ市民としてローマで裁きをうけたいと主張したので、ローマに送られた。そこで彼の身に何がおきたかは定かでない。おそらく彼は西暦六六年の反乱が起きる直前にこの世を去ったのであろう。

ローマのカトリック教会の伝統にしたがいペトロもパウロも永遠の都ローマで、悪しきローマの皇帝の手で殉教させられ、ふたりの善きユダヤ人シモン・ロッキーとタルサスのサウロは、正式にローマ教会に祭られている。こうしたことを考慮すれば、今日ローマ教皇はイスラエルの熱烈な支持者か、怨恨を抱く敵か、どちらかであってしかるべきだろう。ユダヤ人大虐殺が行なわれていた一九四〇年代初期に、それを阻止する手を何もうたずにいた後、一九九三年に至るまで、ローマ教皇は後者の姿勢を保持してきたのである。

新約聖書には、学者たちが真正のものと認めてきたパウロの書簡（後の世の校訂を経てはいようが）が六通のっている。加えて、パウロの忠実な伴侶ルカの手になる彼の伝道活動に関する詳細で長い記述がのせられている。パウロの訓えを理解するのにその書簡を利用するのはいろいろ問題がある。比較的短いし、小アジア、ギリシア、ローマの様々なキリスト教の共同体にあてたもので、通常はその場かぎりの問題を扱っているからだ。しばしばパウロは、書簡を読む人は、自分が伝えたい趣旨はほぼ承知しているという想定の下で記している。というのは、ローマ人あての一通を除き、彼はそれらの土地ですでに訓えを説いたことがあるからである。

彼は全体的な原理・原則を明快に記そうとしているときでも、しばしば不器用で矛盾したことをいっているように思われる。実際、新約聖書に関する指おりの学者ポーラ・フレデリクソンは、決して多くはないパウロの記述したものを何年間も研究したあと、一九八八年にいらだちを隠そうともせずにこう結論している。「パウロがいおうとしていることを読みとるのはとても難しい……彼は興奮や信念を伝えるのが上手だが、いっていることが明晰でない。自分の会衆たちですら戸惑わせるのだ」。

この結論は根拠なしとはいえぬが、ちょっと厳しすぎる。パウロが感じていること、いっていることの本質は充分に明晰である。パウロの訓えは今なおユダヤの歴史の中で重要な一章を形成している。ヘブライ大学のデイビッド・ファスラーが述べたように、キリスト教を創造したのはユダヤ人だからである。キリスト教会の創建者はガリラヤの素朴な善人イエスより、むしろラビ・パウロであった。パウロはこれまであらゆる時代を通して人々から崇敬され、深甚な影響を及ぼしてきたキリスト教の思想家である。五世紀の聖アウグスティヌス、一六世紀のマルチン・ルター、二〇世紀のカール・バース、みな人に畏怖の念を起させる名前だが、すべてパウロの直系の弟子たちである。この熱烈で、強迫観念を抱きがちなパリサイ人が述べたことを理解するよう私たちは努めるべきである。それはユダヤ人の知的歴史の中の重要な一章なのである。

生涯の終りまでパリサイ派であったパウロは律法をよく遵守した。彼はまた異邦人のためにユダヤ教をそしることもしなかった。彼はいう、キリスト教のメッセージは双方にとりチャレンジとなるものである、「ユダヤ人にとってはつまずきの石、異邦人にとっては愚かしい説」なのである。「神は己の民を却けられたのか。決してそうではない」。それなら、パウロの訓えのどういう点が彼の同僚のパリサイ派のラビたちの心をかき乱したのであろうか。

最も素朴なレベル、暮しのレベルでおそらく最も当惑を覚えさせた点は、彼が割礼という障壁をとり払い、改心してキリスト教徒になった者ならだれでも共同体の一員になることを許したことである。彼はまた、ユダヤ人と異邦人が食事を共にするのを許した。とはいえカシュルート（食事戒律）の価値を否定せず、パウロ自身は食事の掟をずっと遵守し続けたようである。ユダヤ人と異邦人が席を並べて食事を共にすることは、割礼という障壁をとり払ったのと同じくらいキリスト教からユダヤ的特性を除くのに効果的であった。こうした方策によりパウロは信仰の点で多文化的、国際的共同体を創りだしつつあった。そこでは、ユダヤ人はハラカー（慣例法規集）を捨てろとはいわれないが、遵守するしないは個人的な選択、性向の問題となり、キリスト教共同体の本質的な一部ではもはやなくなっていた。キリスト教徒のユダヤ人は、深く心をかき乱させられざるをえず、パリサイ派の人々はパウロを律法に対する反逆者とみなしたのである。

するとパウロは方向転換をし、律法を解消せよとか放棄せよとか唱道しはしなかったが、律法は心理的に障害になるものと呼び、究極的には、道徳的に「悩みのもとになるもの」と呼んだ。なぜか。律法はキリスト教徒のユダヤ人をして、律法が規定した様々な区別だてに注意を喚起させたからである。イエスの生涯とその死から積極的な思想を生みだすよりも、律法は消極的・否定的な思考を誘導したからである。キリスト教徒のユダヤ人の間で、律法が、宗教的な感情を形成したり、個人や集団に一定の行動様式を強いる力をそのうちなくすことをパウロが期待したということは、容易に考えられる。彼は早くそうなればよいと思った。とはいえ、人が律法に対し批判的な姿勢をとることは、パリサイ主義の根幹を攻撃したことになる。彼はそのことを知っていた。

パウロの思想の第三のテーマは義認（罪を犯した人が信仰により罪を許され、神に受けいれられること）の教義である。彼はアダムとイブが天国から追放された意味を深く思考し、それは彼にとり人間の堕落、人間性が生来もつ堕落を象徴するものとなった。私たちは私たちだけでは決して神の愛に値する存在になれない。私たちの本性は罪と切り離しえず、神に反抗せずにいられない。それゆえ神はその子をこの世に送り、人間の姿をとらせ、その生と死を通して、身代わりとしてのイエス・キリストを通して人類が救われるに値する存在になるようにしたもうたのだ。ただし、もし神が私たちを個人的に選択したもうならばである。私たちは、神が私たちを愛して下さるまでは、私たちを義認し個人的に義にかなった人になし、個人的に抱擁するまでは、神を愛することはできない。

キリスト教徒のローマ人たちにあてた書簡の中でパウロは、その後のキリスト教神学すべてを通して鍵になり、論争の種になってきた教義を述べているというのは、区別されるべき人はいない、人はなべて罪を犯し、神の栄光に与《あずか》るに値しないのだから。イエス・キリストの償いを通して、神からの恵みという恩寵によって人は義認される。神はその血によって罪の償いとなり、キリスト教徒となれるようイエス・キリストをつかわされた

パウロの救いの神学は、ユダヤ人の「悲しみの人」としての歴史的役割、すなわち、その苦悩を通して人類が償われるとされる幻想を放棄した点に基礎をおく。そんなことはかつてなかった。そこで彼はキリストにその役割をふりむけ、その血によって罪の償いをし人類を救うとなした。

パウロの政治的教義は終末論社会学に基礎をおく。この世はまもなく終末を迎える。今になって法令を起草したり統治のあり方を変えても意味はない。だから現在「統治している権力」に服従し、かわりに、神との個人的かかわりを深めなさい。私たちは内面的には、奴隷、市民のいかんをとわず、ユダヤ人、ギリシア人のいかんをとわず、皆自由である。外面的には、神により社会の中で私たちが置かれた位置をうけ入れるべきである。どのみち社会の命運はじきに尽きるのだから。これは極端な現状容認の理論だ。そこにパリサイ派のもつ政治的消極性をちょっぴり認めることができる。

エルサレムの運命が決まったとき、ラビたちはエルサレムに背を向け、ローマの権力と取引するのをやめた。その結果トーラーの研究の続行が可能になった。同様にラビ・サウロは、キリスト教徒の共同体が騒ぎを起して当局の注意をひきつけるようなことがないことを望んだ。どちらの場合も静かな学問研究と祈禱の生活の意義は損なわれずにすみ、積極的な政治的行動を生きがいとする生活は禁じられたことになる。

パウロの結婚と性に関する見解は、ユダヤの伝統的なそれとは大層異なる。おそらく生涯独身で通した

エッセネ派の一部の人々が信奉したものに近かったと思われる。性生活に関するパウロの訓え、洗礼者ヨハネとエッセネ派とのつながりは、今日クムランの共同体と草創期のキリスト教会とのつながりを認める人々が、最も激しい議論を戦わす問題である。

パウロはキリスト教徒に、結婚せずに独身で通すのが最善であり、結婚は情欲に身を焦がし、自分を統御できぬ人々だけにふさわしいと語った。結婚生活における性の営みは子供をつくるためだけに限られる。さらに、ラビたちは夫婦の間の性の営みのみを許容したが、女との「情交」(聖書の用語)を自然なこととしてうけ入れ、独身生活を称賛する気持ちはもっていなかった。ユダヤ人が結婚するのは神の意思であり、夫婦が性行為を享受するのは推奨さるべきことであった。パリサイ派の伝統に従いタルムードは、夫と妻の結合を「精神的幸せをもたらすもの」と記し、「妻をもたぬユダヤ人は一人前の男ではない」と述べている。

地方出身のラビであるパウロは、伝統的なユダヤ教の枠組みを打破すると同時に、そのレトリックを巧みに利用するこうした急進的な思想をどこからえたのであろう。第一にヘレニズム文化の強い影響があった、とくにプラトン哲学とストア哲学そして二元論のグノーシス主義の影響が。パウロは、彼とほぼ同じ知的・社会的環境に暮していたフィロと同時代人である。この世代の離散ユダヤ人たちは、時代の先頭をゆくヘレニズム文化の思想によるユダヤの宗教の再構築を求めていた。

フィロは自分の学説をもち、パウロも同じであった。パウロの学説の周辺部分はフィロの学説と重なりあうが、核心部分はより過激で、陰気で、凶事《まがごと》を予期しがちな性格のものであった。ふたりの著作にはギリシア思想に由来する二元論的傾向がみられるが、パウロのそれは物事を悲観的にとらえる感性によって包まれている。それは、彼の思想の下地がパリサイ派であるためなのかもしれない。また、最後の時はまじかに迫っているとする終末論を固く信じていたためでもあるだろう。
厭世的なこの種の二元論はグノーシス主義の核心に存するもので、西暦二世紀に異端とされていたグノーシス派のキリスト教会は、パウロの書簡を新約聖書の権威ある部分とみなしていた。だからカバラを通して、グノーシス主義が中世後期のユダヤの文化の主流にくみこまれたとき、つまるところそれは、正体を把握しがたいラビ・サウロの学説がその長い影をユダヤ民族の上に、再び投影され始めたようなものだったのである。

パウロが生まれ、教育を受けた小アジアでは、イシス〔古代エジプトの主女神〕や太母（グレート・マザー）のようなギリシアの神秘的な諸々の宗教が盛んに信奉されており、そんなバックグラウンドが彼の訓えに反映したとみることもできよう。神秘的な諸々の宗教にあっては、人間の姿態を備える救世主としての神は、死んで甦り、なんらかの神聖な儀式（何かを食する、ないし身体を洗浄する、又はその両方）を通して、甦った神と堅い絆を結んだ人々を揺らぐことのない不滅な存在に導く。パウロの神学は、ユダヤ民族の思考様式に存する人間として現れる歴史的な救世主という観念と、神秘宗教の聖なる救世主としての神という観念を結びつけた。とはいえ、離散ユダヤ人の住みついた都市で、プラトン哲学、ストア哲学、グノーシス主義そしてイシスにであったラビはたしかに何百人といたが、聖パウロのように変貌することはなかった。

この偉大なユダヤの思想家、預言者を究極的に説明できるものは心理的な説明である。彼は活動を、騒乱を欲した。信仰の世界に革命を起すことを望んだ。真の信仰をもつ人々からなる国際的共同体を創設することを望んだ。彼はそうしたことのうちに充足感を見いだした。シナゴーグ中心の伝統的な共同体を指導することにも、結婚や家族生活にも、富の蓄積にも、政治的活動や権力にも、充足感を見いだせなかったのだ。彼はパリサイ派であったが、抑制のきく寡黙な気質ではなかった。彼はわが道を行き、自分自身の運命を創っていき、何千もの人々を同じ運命に導いたのである。——こうした生き方は、私たちがユダヤ人の間にみられる急進的な人生として耳にする類のものである。マルクス、フロイト、アインシュタイン、ヘルツル、トロツキーのように、彼は過去の鋳型の破壊者であった。ラビたちは、イスラエル人の中に預言者が現れる時代はとうに過ぎさったと言っていたが、パウロの方がものごとをもっとよく知っていたのである。

パウロはユダヤ人に贖罪の一つの型を提供した。それは、西暦一〇〇年頃にイエスの生涯を解釈し直すべくヨハネ伝においてとり上げられ用いられた型であった。初めに言葉ありき。私たちは十字架上のキリストの訓えを説く。パウロのキリスト教はユダヤ人に、救世主宗教を通しての贖罪と、国際的で多文化の会衆を提供した。パウロの訓えでは、ユダヤ人は律法を放棄しなければならぬことはないが、保持する必要はない。保持すると、いく分不都合な事情が生じる。こうして、割礼をうけたおおかたのユダヤ人はパウロのメッセージを却けた。ユダヤ教徒の集会に集う割礼を受けていない数千人のパウロの取り巻き連中は有難がったが。そして異邦人たちはゆっくりと改宗していった。

離散ユダヤ人の居住地に生まれ育ったパウロは、ローマ帝国で宗教上の危機が進行しているのを感じとることができた。いにしえのギリシア・ローマに誕生した異教は、地中海世界にごまんといる一般大衆にとり魅力のないものになりつつあった。彼らは、救世主である神がこの世では安心感を、あの世では永遠の至福を与えてくれる宗教を欲していた。イシスのような神秘宗教はそれを与えてくれたが、パウロは、聖典を備え、歴史に関する神話をもち、厳格な倫理を備えるユダヤ教がいかに人々に人気があるかに気づいていたに相違ない。割礼を受けていない「神を畏れる」異邦人が、ギリシア語で執り行なわれるシナゴーグでの礼拝に出席するのも、その魅力あればこそであった。もしユダヤ教が、死んで甦り人間の姿をした救世主である神の化身を提供できたなら、もし割礼という厳しい必要条件を廃止できたなら、異邦人たちから大変な数の信奉者を新たに獲得でき、おそらくローマ世界の最も権威ある宗教になれるであろう。

だがラビたちは頑として従おうとせず、キリスト教徒のユダヤ人たちは割礼をし、食事の戒律を遵守し続けた。ラビもキリスト教徒のユダヤ人もパウロが捉まえた絶好の機会をみすみす逃しつつあった。パウロは、市場を評定し、人々に欲するものを与えるマスコミ界の起業家の精神——映画ファンの欲するものが暴力とセックスであるのを知っていて、教養もあり時には洗練されてもいる自分の感性とは無関係に、そうした興奮と快感を提供する今日のハリウッドの映画界の大立者のユダヤ人たちの精神——の持ち主であった。パウロは宗教的体験と大衆文化の分野の、空前の大物起業家の一人であった。

割礼を施したユダヤ人で、パウロの説くキリスト教に帰依する者はほんの一握りの人々にすぎなかった。ユダヤ人たちは、割礼を受けていない人と共に風呂に入るのも、食事を共にするのにも、反発を覚えた。それは身を汚し、面目を失うことなのであった。

割礼を受けているユダヤ人がキリスト教を却けるのには他にも理由があった。二世紀半ばまでユダヤ人は集団としてキリスト教徒たちより裕福であった。ローマ帝国の領域内でキリスト教徒の数がユダヤ人のそれより多くなったのは、おそらく西暦二〇〇年を過ぎたあたりである。さらに、ユダヤ教は公に承認された宗教であり、キリスト教はそうでなかった。地域によってキリスト教徒への迫害もあった。三世紀後期には皇帝の指令による厳しい迫害が長期間にわたり続いた。

キリスト教徒がローマ帝国の人口の四分の一を占め、ユダヤ人の占める割合が五パーセント以下になった西暦三〇〇年の時点ですら、ユダヤ人はユダヤ教はキリスト教より特典を賦与された宗教であると思っていたであろう。ならばどうしてキリスト教徒になる必要があろう、そう思った。実際二世紀、三世紀を通じてキリスト教からユダヤ教への改宗者の方が、その逆よりおそらく多かったのである。ユダヤ教から離れていった何百万というユダヤ人たちは、四世紀にキリスト教会が国により特典を認められるまでは、通常は異教を奉じる集団に仲間入りしていき、キリスト教会に入っていく者はずっと少なかった。

そんなわけでユダヤ人たちはラビの掟に従い続け、ラビ・サウルの訓えを概して拒否した。彼らはミシュナとバビロニア・タルムードの訓えに基づいて贖罪を求めた。西暦が始まって三世紀間、ラビたちはキリスト教をほとんど完全に無視し、そんなものは存在しないものとして、なんの正当性も認めなかった。彼らがイエスやマリアの名を口にすることがあってもそれは、マリアはふしだらな女、未婚の母といった、礼儀を無視した皮肉な言葉を口にするだけであった。

私たちはラビがキリスト教を完全に無視する態度をとったことを批判しはしないが、いま少しうけ入れる姿勢を示し、和解のジェスチュアでもみせてくれていたら、後の世のユダヤ人たちがいく世代にもわたり味わわされた悲劇と苦悩とは、どれほど緩和されたかしれないのにと哀しく回想するのみである。とはいえ、もしそうだったら、さらに多くの背教と異民族間の結婚をうながすことになったであろう。

聖職者ではない自由主義的ユダヤ人の間でのタルムードの評判は、過去二五年間に大きく変化し好意的なものになった（とくにアメリカで）。二〇世紀の前半、少なくとも一九四〇年までは、非聖職者の自由主義的ユダヤ人は、一般にタルムードを、アメリカ在住のユダヤ人のほとんどの者、ないしその両親がそこから逃れ出てき、忘却したいと思っている東ヨーロッパのユダヤ人街や小さなユダヤ人町の、偏狭で時代に逆行する文化と同一視してきた。タルムードは、偏狭で時代遅れで人を窒息させる抑圧的な文化を連想させ、さらにまた、ロシアやポーランドの貧しい共同体での、反啓蒙主義者で寛容性に欠けるラビ——長いあご髭をはやし、微笑みが浮かぶことのない薄い唇をした、視力も弱い痩せた老人たち——により、私生活も公的生活も支配されている暮しを連想させた。

タルムードが、ヨーロッパ文明に敵対し、キリスト教徒に反感をもつラビたちの巧妙な策謀とみなされるようになった一三世紀以来、キリスト教徒の間ではそれはいかがわしいものとみなされてきたが、今世紀の前半、西欧に暮す大方の非聖職者のユダヤ人の間での評判もそれと大同小異であった。いく人かの、名の知られた中世の背教者であるユダヤ人たち――以前は通常ラビでキリスト教の修道士になった人々――は、タルムードを社会的・道徳的悪で、悪臭を放つものとなし、その評判を落としめる先導役をしばしば果した。

ナチスのユダヤ人大虐殺、そしてタルムードというと、決まって連想させられる東欧の文化の消滅、この二つが引き起こす悲しみの念がきっかけとなり、タルムードに対する姿勢に変化がみられるようになった。一九七〇年代までにタルムードは、多くの非聖職のユダヤ人たちに、ユダヤの伝統の中の善きものが脈打つ主流の文化に属しているものとして、懐旧の情と共に見なおされるようになった。イスラエルのタルムードの研究者、アルディン・スタインサルツは小冊子ながら熱のこもる研究書『タルムードの本質』を世に出した。一九七六年にアメリカでペーパーバックの翻訳本が出て、以降一一版を重ねている。

もっと感銘深いのは一九九〇年に同じ著者の手で、一流のレベルの注釈がついた、贅沢な装丁のタルムードの英語版の第一巻が世に出たことである。出版したのはアメリカで最も卓越した出版業者の一人であるアルフレッド・A・クノップだが、これは出版界の大きな出来事であり、売れ行きも上々であった。また、高級なメディアの書評では、高い（包括的なとはいえぬにせよ）評価をうけた。

アメリカの郊外地に住むユダヤ人にとりタルムードは大型豪華本になって再び世に現れでたことになる。購入したブルジョアたちのうち護符・魔よけを記したように難解なこの本を二、三ページでも精読した人は、おそらく数百人程度であろう。一方、アメリカの大学でユダヤ研究に関する科目が急に増えたために、タルムードに精通するための概観書の類が、数千人もの、アメリカの若い世代のユダヤ人たちに普及した。タルムードはナチの恐怖から救われ、忘却されずに戻ってきたのだ。結局のところ、神は昔のラビたちを見すてなかったのである。

こうしたすべてに加えて、一九四〇年以前のニューヨークにおける移民の共同体の暮しぶりを主題にどこまでもリアリスチックなタッチの小説をいくつか記しているアイザック・バシェヴィス・シンガーは、昔のユダヤ人町における彼の父の代のラビの法廷の模様を感傷的に記したシリーズものをのせ始め（それは、裕福な階層むけの『ニューヨーカー』誌の目玉作品になった）、やがて一冊の本にまとめられ、ベストセラーになり、ノーベル文学賞を授与された。一九世紀後期の写実主義の小説家「書店経営者メンデール」は、ラビが牛耳るこの同じ世界を無知と迷信と社会的病理の巣として描いたのであるが、シンガーが想像力を働かせ逆転させて描出したこれらの物語の世界を、どう思ったであろうか。

ミシュナが西暦二世紀末にパレスチナのラビ養成学校で（現在は北部に存在する）編纂された。ミシュナは法律に関する本である、そのほとんどはもっぱら宗教や家族や実務および民法に関する専門的な問題を扱っているからである。たとえば、傷害に対する個人の責任の問題にはきわめて聡明で綿密な気配りがみられる。ミシュナはラビの法廷における司法の手引書として意図された。タルムードは、パレスチナ版（西暦四〇〇年）でもバビロニア版（西暦六〇〇年）でも、ミシュナに対する一連の注釈であり、かつ又、しばしばそうは特定されていないがミシュナの法律の礎が置かれているトーラーの中の件に対する一連の詳しい注釈であった。

バビロニア版のタルムードは、トーラー以降、ユダヤの宗教に関する法律を扱った最も有名なものであるが、法律書らしい文体ではなく対話形式のもので、散漫な感を与える。バビロニア版タルムードは、ミシュナの律法と（しばしばそう明言されてはいないが、ミシュナの法律が、究極的に基づいている）トーラーの中の諸々の件、そして伝統的な口伝の律法、それらの意味と含蓄するところに関するラビたちの議論——説明や敷衍《ふえん》や誘導による長々とした議論——を記録したものである。タルムードの中の議論のあるものは綿密に校訂され、決着がついている。あるものは論が迷走し、ときに表向きの問題点から離れていき、司法上の問題点が解りにくく推理を要するに至っている——この場合、その後何世紀にもわたるタルムード自体に対するさらなる注釈の必要が生じたのだが——のを、そのまま記している。

タルムードは知識を与えるより、ラビが自分の法廷で民事や宗教に関する法律の様々な問題点に判断を下さねばならない、そのための知的訓練の書と解するのが一番よい。したがってタルムードは、今日のアメリカの一流の法科大学院（ロー・スクール）のようなものである。タルムードは読者に、お手軽な法律や明晰な裁決例をいろいろと記憶させるより、判事らしい思考方法を習得させる方に関心を払っている。

タルムードの執筆者たちは、自分自身の時代、自分の所属する共同体のためだけでなく、遠い未来にも通用するように、近東でも西ヨーロッパでも、故郷を離れユダヤ人が住みついている共同体ならどこでも通用するように記した。彼らが望んだのは、精神の訓練であり、この大部の書物の読者に思考方法を深く身につけさせることであり、明晰な輪郭をもつラビの教養の枠内で指導者としての能力を身につけさせることであった。タルムードは学校であり、訓練の場であり、体にしみこませる手段・方法なのである。

タルムードを、絶えず更新しつつ長期間続くテレビのシリーズものと考えるとよいだろう。毎週ラビたちが車座に席につき時間をかけてトーラーやミシュナの律法の範囲内で民事の法律を一つ一つ話しあうシリーズもの、と。しばらくすると私たちは、ラビたちの洞察力や鋭い応答や特異な個性がうかがえる見解が分るようになる。参加しているラビたち一人一人を認識できるようになり（パネルの構成員は時々変わるが）、学識に富むラビはだれそれ、的確な見解を述べるのはだれそれ、考え違いをよくするが聴いていて面白く、時に格別の洞察力を示すラビはだれそれといったことが分るようになる。するとこの特異な世界に引きこまれ、週に一度の一、二時間のタルムードの番組が見逃せなくなる。

何世紀もの間、少数のエリートたちにとってタルムードの研究それ自体が生涯の天職になったことを私たちは感じとることができる。たいていの時間を彼らは多かれ少なかれラビの法廷で判事役を務める準備のために過ごした。だが、タルムードの勉学それ自体が彼らの主な仕事になり、教養の拠り所になり、情熱の対象になってしまい、近代の東ヨーロッパのユダヤ人街や村では、自分の連れあいを外に働きにだして一家の家計を支えさせ、男だけがもつ特権をもって、自分は昼も夜も学校やシナゴーグでラビの聖人よろしく気ままに時を過ごし、もっぱらタルムードの勉強をして過ごす例もあった。

ブルックリンの少数の街やエルサレムの古くからの区域には、とりつかれたようにタルムードの勉学にいそしむ人々が今でもいる。おそらく将来もそうした人々はいるであろう。とはいえ中世のタルムードの伝統では、ラビがその妻に養ってもらったり、共同体の財源から俸給をもらうことすらいましめられていた。タルムードの研究にうちこむラビは、何かの技能を身につけるか、専門職――宝石商、金細工職人、内科医は好ましい職業であった――につき、働いて身を養うのが至当とされていた。

歴史的にみるとタルムードは、社会的な関心の強い宗教的文献の長い伝統――ヨシュア王から始まって、バビロニア捕囚前の中命記、エズラ記、そのあと聖書の校訂者へとひき継がれていく伝統――の末端に位置している。社会学的にみるならタルムードは、中世の始まりの時期にユダヤ社会で教育を受けた、しばしば先祖代々のエリートたちが、指導的役割を握る制度を定着させ、いき渡らせるための主な手段であった。

文学的理論の視点からするとタルムードは、知的な解釈学の伝統――その解釈と注解は、その権威を社会的に公認されているユダヤの文化と同一視されていた――の規範となる体系を系統的に記したものである。その意味でタルムードは、ラビが信奉する主流派にとってかわる、古代ユダヤ世界で一時栄えた哲学的、黙示録的なユダヤの文化からの決別を意味し、したがって、そうした文化にとっては敗北を意味する。

タルムードの精神はきわめて実際的で世俗的なものである。それは極端主義を嫌い、崇高な抱負や幻想（ビジョン）に基づいた計画やもくろみを嫌う。ラビたちは、口伝の律法を解釈することは預言者たちの言葉を解釈することより大切であり、預言者の時代は遠の昔に過ぎさったのだといい、預言者の言葉を引用するのを好まなかった。イザヤやその他の預言者の過激な主張は彼らにとってなじみにくく、救世主の到来に情熱を燃やしはしなかった。もしあなたが畑を耕していて、だれかが救世主が到来したといったら、「耕すのを終えたあと救世主が実際に到来したかどうか見にいきなさい」と、ラビはいった。

この種の実際的なものの考え方がタルムードにはごく普通にみられる。性欲は良いものだ、「なぜなら、それなしにだれも家を建てることはできぬし、妻を娶《めと》ることも、子供をもうけることも（さらに、仕事につくことも）できぬだろうから」。「二十歳になって結婚してない者は、罪を犯しながら、ないし罪になることを想いながら、終日時をすごす」と、バビロニア・タルムードはいう。来世で人が問われるであろう三つのことは、誠実に売買したか、律法を学ぶ時間をもうけたか、子供をつくったか、なのであった。

社会的闘争があって、そのあと第二神殿が破壊された反動から、タルムードでは階級間の闘争は罪悪とみなされた。「分裂して別々の集団をつくってはならぬ」。だか、農業や公正な商取引で富を蓄積するのはよしとされた。慈善を施す仕組みや慣行を通して、伝統的に富める者が貧しき者を助ける義務があった。

とはいえ社会主義に相当する思想や、富を批判する思想はタルムードにはない。地主の存在や重商主義社会を当然のこととし、合法であるとしている。聡明にもタルムードは、実際に普及している経済体制や階級制度を、人間性を考慮しつつ遵奉し、決して敵対する姿勢をとってはいない。

パレスチナ・タルムードに登場するラビたちは西暦四〇〇年頃、次のような言葉すら口にしている。「律法学者の言葉はトーラーの言葉よりも大切で、もっと慈《いつく》しむべきものである」。バビロニア・タルムードに登場するラビたちはこの見解を否定しなかった。彼らがいっていることは、ラビにより解釈された口伝の律法は、トーラーに載る言葉自体よりも重んじられ、大切にされるべきであるということである。

この見解は傲慢で私利的に思われよう。中世の時代から二〇世紀にいたるまでキリスト教徒の作家たちは実際にそういって非難してきた。別の見方をしてみよう。タルムードのラビたちは聖書の根本主義に反対し、時代時代の文脈で審議して法律を制定できる余地を主張したのである。この見地に立つなら、彼らは特権を享受する反動主義者などではなく、現実的な進歩主義者であることがわかる。こうした見解は、タルムードに本来備わる実際的・合理的精神からみて、充分に成立しうるのである。

とはいえ彼らの実際的な考え方は、ユダヤ人と異邦人との関係にまでは及ばなかった。タルムードに流れる精神は民族の平等や普遍主義には敵対的なもので、共同体の純粋性を強要する性格がきわめて濃い。避けるべき異邦人たちとの接触はすべて禁じられた。ユダヤ人が入浴する際は、共同体の資金で運営されている浴場ミクバーで、異邦人との混浴を避けてしなければならなかった。

食事の掟は一層の厳格性が要求された。肉類と乳製品を同時にとってはならなかった。その結果食事の調理法は厳格になり、台所での作業は面倒になる。かてて加えて、まったく別個の二組みの料理を欠かしてはならず、食べものの質にも一層の注意を払うようになり、ユダヤ人の食事のとり方は、それだけ一層ほかと異なる様式のものになった。

ラビはさらに応報の学説を改めた。もし人が、さしあたり神の善意が感じられなくても、ヨブのように神の善意に頼って生きていきなさいとは彼らはいわなかった。「ユダヤ人のすべてが来世に与ることができる」とミシュナはいう。すべての者とは、異端者、背教者、そして死者の復活を否定する者を除いた人々すべてを指す。ラビの訓えにしたがい、その権威を認める者は復活を確約される。これはカトリックの聖職者の約束ときわめて近似する。

タルムードに流れる文化や伝統の体系は、ユダヤ人もギリシア人もなく、奴隷も自由人もなく、男も女もないという普遍主義者としての聖パウロの信念になんら説得性を認めなかった。タルムードの流儀は区分けを温存し、強調し、弁別する。ユダヤ人はギリシア人とは大いに異なる、ユダヤ人だけが純潔性を育てる掟にしたがうことができる、そうラビたちは信じた。異邦人との結婚はもちろんタブーであった。とはいえユダヤ人の間にも一種の優生学的思考がゆき渡っていた。ラビの家系の人々は、血統の存続に大いに気を配り、エリートの家族同士での結婚がきまりとなっていた。時おりラビの家系の者と学者の家系ではない裕福な家族の者との婚姻が成立すると、大きな資産の持ち主の方が名誉に思って然るべきとされていた。

タルムードの流儀はエリート主義で、血統や資産より頭脳や教養を重視したが、時とともにごちゃまぜになる傾向がみられた。タルムードは言う、「学者の娘と結婚するためなら、人は持ち物すべてすら売り払うべきである。娘を学者に嫁がせる場合も同じである」。ラビはこんな風にあからさまにもちあげられても別に当惑を覚えはしなかった。

今日アメリカの改革派、またはいわゆる保守派の集会の場にいあわせて、ラビがユダヤ人とキリスト教徒との平等性、黒人と白人の平等性を説いているのを聞くと、奇妙な気がする。これはタルムードに沿うラビのメッセージではなく、ラビ・サウロのそれである。サウロが差別撤廃のメッセージを離散ユダヤ人のシナゴーグで説いたとき、彼は殴打され、追い払われたのである。

タルムードによれば神の目にはユダヤ人と異邦人は平等ではなかった。神の目に良き人と映る正しい異邦人は確かにいはした。それはノアのような人々であった。つまり、ヤハウェがアブラハムと契約をかわす前の、良き人、そういう人々である。だがヤハウェとの契約は一切を変えた。以降ユダヤ人は選ばれた民、聖職者の国民となり、周囲を堕落させる異邦人たちとは可能なかぎり選別されるべき民となった。正しい異邦人は来世に己の場をもつことができる。彼らは最後の審判のときノアになる人々である。とはいえ、タルムードはユダヤ人が異邦人と交際するのを望まず、とくに共に食事するのをタブー視し、食事法を犯すこととみなした。

タルムードは、どの社会階級のユダヤ人であれ、掟を遵守するユダヤ人をいわばブラーマンのような階層に属するユダヤ人とみなし、彼らの生活のもつ洗練された純潔性は選ばれた聖職者の民にふさわしく、ほかの人々——たとえ、いかに学識があろうと、道義心に富んでいようと——から、できるだけ別け隔てることで、維持されねばならぬとした。皮肉なことにアメリカの黒人のナショナリストは、ブラックモスレムの信念に刺激され、自分たちについて、いく分似たような見解をもつに至っている。

理論の面ではパウロの教義は普遍主義者のそれであり、比較的保守的で自己防衛的で人種差別的にみえる、ラビの拠ってたつタルムードの伝統的な信念体系より、はるかに自由主義的であった。実践の面、実際の社会的経験の側面では、ラビの流儀とキリスト教の聖職者のそれとの違いは、そう大きくない。キリスト教会は道徳的、社会的生活に対して聖職者がもつ権威を熱心に主張してきた。その点はラビに似ている。そして教会法において手のこんだ司法の掟を作ってきた点もそうである。だが、富と社会的特権に対する要求はキリスト教の聖職者の方がずっと大きかった。

古代後期のキリスト教会とタルムードの流儀（西暦三〇〇年—六〇〇年）との相違は、両者が本来もつ教義には、そうなくて（多少あるが）、両者が機能する社会的脈絡の中に、より多く存した。キリスト教会は比較的開かれた多元論的社会の中で活動し、さらに皇帝と王たちはその権威に制限を設けた。三一二年のコンスタンティヌス帝の改宗以降のキリスト教国、およびドイツ人の後継者が支配した五世紀後期と六世紀の西ローマ帝国に暮していたユダヤ人は、キリスト教会とキリスト教国による懲罰や差別のなかで、障害と堕落の危険性に絶えず悩まされていた。

三一二年のコンスタンティヌスの即位の際は、キリスト教徒の数はローマ帝国の人口の四分の一にすぎなかった。キリスト教に改宗すれば、役人の仕事、そのほか国が後押しする仕事にありつけるという噂が広まると、大挙して人々はキリスト教に改宗していった。さらに、キリスト教会は王室から大枚の寄付金を賜わり、建造物の建設計画が集中的に実現されていった。それは今日アイビーリーグの美術史部門でも大いに称賛されている事柄なのである。

コンスタンティヌスの息子たち、および彼の直接の後継者たちはキリスト教徒であった。だが、三六一年に彼の甥に当るユリアヌスが皇帝の座につくと、一族の宗教であるキリスト教を棄て、歴史の時計の針を逆に回そうとした。彼はユダヤ教の神殿の再建を提言することさえした。キリスト教の聖職者が喜び、神慮の介在に感謝したことに、背教者ユリアヌスは、キリスト教に敵対する政策が少しでも実効を顕す前、三六三年に急死した。

彼のあとをついだ皇帝たちはすべてキリスト教徒で、異教の神殿を閉鎖させるか改造し、キリスト教の教会として役立たせる（ローマのパンテオンがその例だが）強力なキャンペーンを開始し、改宗していない者すべてを強制的に改宗させようとした。ローマの貴族の中にはしばし抵抗し、信教の自由と良心の自由を雄弁に主張する者もいたが、イタリア人の主教たちにせがまれた皇帝は、彼らを論駁し、やむなく貴族たちは闘うのを諦め改宗した。こうして、何世紀間も帝国を支配してきた旧家の名前が主教の仲間に加わることになり、主教という役職も名誉に浴した。五世紀初期までに帝国の住民は、二〇〇万かそこらのユダヤ教徒を除き、すべてキリスト教徒になり、キリスト教会は真にカトリック教会、つまり「普遍的な」教会となった。

キリスト教徒の見解は次のようなものだ。ユダヤ人は彼らに与えられたイエスを救世主として承認する特別の機会を自ら却けることで、カトリックの共同体から自分たちを切り離した。彼らの「旧約聖書」自体が「受難の僕」「神の小羊」がこの世に現れることを予言している。だが、その人である救世主イエスが出現したとき、彼らはイエスに背をむけた。イエスがとって代ったというのに、強情にも古の契約という証《あかし》に忠誠を尽くす罪を犯した人々なのである、と。

コンスタンティヌス帝に仕え教会の管理の任に当る長官を務めたエウセビウスは、パレスチナのカエサレアの司教であったが、キリスト教国であるローマ帝国のユダヤ人に対する政策の基調を、キリストを殺害したかどで弾劾していくことに定めた。残るただ一つの問題は彼らをどう扱うべきかであった。

キリスト教の理論家たちは二派に別れた。少数の者は今すぐユダヤ人に懲罰を加えるべきだとしたが、大多数の者は、懲罰はキリストの再臨の際、キリストに任せることにし、それまでは、ユダヤ人が繁栄したり安楽な境遇に暮すことがないようにすべしという意見であった。身体に危害を加えてはならぬが、惨めな想いを味わう暮しをさせよう。こうしてユダヤ人は法律上、社会生活上かずかずの制約を課され、とび抜けて高い税を払わされ、居住地とシナゴーグを建てる場所を一定の地域に限定され、身につける衣服も制限され、ユダヤ教の布教は厳禁となった。官吏になるのも禁じられた。経済的に衰退していったローマ帝国後期にあって、発展を続けた主な職種は行政に関わる働き口だけだったから、これは大変なハンディであった。奴隷の所有も禁じられたため、キリスト教国で大きな耕作地を保有し集約農業を営むことが困難になった。

社会的なハンディをユダヤ人に押しつける偏見に満ちた条項が、最も権威あるローマ法典——四二五年のテオドシウス法典とさらに権威ある五七〇年代のユスティニアヌス法典——に記された。この二つの法典の条文は中世には大変な威信をもっていたから、西暦五世紀と六世紀、キリスト教国でのユダヤ人の地位・身分は、以前より一様にはっきり格下げされていた。

キリスト教の国家と教会からこうした政策を公に実施されたばかりか、ユダヤ人は、個々の主教そして修道士の集団から、たび重なる脅し——一般民衆を率いて、街路上でポグロム（乱暴狼藉）をはたらき、殺害し、シナゴーグを焼き払ってやるという脅し——を受けた。騒ぎが拡大するのを防ぐものとしては、騒動が拡大し内戦状態に発展するのを恐れる皇帝の懸念、それだけであった。

キリスト教に改宗したばかりのドイツ人の王が、五〇〇年頃に西ヨーロッパと北アフリカの崩壊したローマ帝国をひき継いだとき、ユダヤ人たちは、一時の間、時おり自分たちにとって状況が良くなるのが分かった。経済が急速に悪化する中で、ユダヤ人の商業や銀行業を運営する能力が王や領主や主教にすら役にたったからである。とはいえ、気性の激しいドイツ人の王たちの支配は、前ぶれなしに恐怖政治に変わることもあった。六世紀と七世紀のスペインでは、ゴート族の新しい支配者たちは、常軌を逸してユダヤ人嫌いの司教たちの影響をうけ、ユダヤ人への迫害は一層ひどくなり、ユダヤ人たちは改宗を一段と強く無理強いされた。

ミシュナと二つのタルムードの執筆者たちは、自分たちの知る世界の至る所で起きているこうした悲しい出来事を、聖書でよく知っているユダヤ人への暴虐な所業の繰り返しとしてうけとっていた。ミシュナと二つのタルムードには実質上の歴史は記されていない。歴史の記述は、同時期に注釈を集め逸話を多くとりいれて記されたミドラッシュの方に任せたのである。ミドラッシュに記された歴史はきわめて類型的である。ロマンチックなまでに慣習的なのだ。聖書から採ってきたヒーローたちと悪漢たちの逸話の列挙からなり、過去は一種の神話に変わっていて、それは単純でロマンチックな方法論による過去の非歴史化といってよい。初期のユダヤ史を扱うミドラッシュの手法は、聖書の記述を一層卑俗化しロマンチック化するやり方で、これまで長いこと人気を保ってきた。

ユダヤ史を聖書風に捉えるやり方は今なおシナゴーグで説かれており、ユダヤ人の教区学校〔宗教団体経営学校〕では、ミドラッシュと同じ手法で教えられている。そしてアメリカの大手の出版社は、依然として「宗教もののマーケット」用に、ミドラッシュ風な傾向のきわめて強い、「ユダヤ人としての教養」をうながすユダヤの歴史を扱った本や研究書を、たくさん出版している。

政治的にはリベラルで世俗的なニューヨークの出版業者たちは、アメリカ史がこんな風に伝説風に語られるのを決して許容しないが、ユダヤの宗教もののマーケットにとっては、それは結構なことだと思っていて、この類の本は、書斎にこもって二時間も読めば、ユダヤの歴史などとは呼べず、信心深いが批判精神に欠けていたり無知で感傷的な人々用に記されたミドラッシュ風の伝説集にすぎぬと分る代物である、そう思っているのである。

ミドラッシュに記された歴史風の記述に類するものは、聖書にのる最後の書の一つであるロマンチックなエステル記に原型をみることができる。そこでは、善良なユダヤのヒーロー、モルデカイと彼の妹で美しく貞淑な女王エステル（異邦人の王に嫁いでいる！）が、ユダヤ人を迫害する邪《よこしま》なハーマンに勝利するというまったくの虚構の話が、ミュージカル・コメディーよろしくペルシャを舞台にくり広げられる。エステル記は紀元前二〇〇年頃に聖書の正典に入りこんで、今日にいたるまで大変な人気を保っており、今ではプリムの祝祭にまがいの歴史的口実を与えるものとなっている。ユダヤ史を構築するミドラッシュの手法は、エステル記の類にみられるように感傷をまじえた空想物語をふんだんに創作するやり方で、聖書の中の伝説をさらに単純化するか、新しい伝説を創るかしている。

勇ましい神話を歴史化するこの種の手法は、ローマ帝国がキリスト教化したあと、ユダヤ人が政治的、経済的に社会的地位が落ちこんでいった時代――タルムードのテキストが明確化していった三世紀間――には、ユダヤ人にとって慰めとなった。タルムードが完成をみた西暦五〇〇年頃は、ユダヤ人にとり希望のない時代であった。彼らは、暗く困難な時代――それがいつ終るかは、救世主が到来したらというだけで、なんのあてもなく、しかも救世主の到来はさしあたり期待できぬ時代――に生きているように思われた。

そんなわけでサロ・バロンは、一九五二年に熱情をこめてこう記した。タルムードの社会的機能は「外部からのあらゆる嵐からイスラエルの人々を守る塀を周囲にめぐらす」ことであり、バビロニア版タルムードは「人々が大いに必要とし、かつ、きわめて効果的な、多くの点で無比の防波堤」になった、と。

ヤコブ・ニュースナーは、もっとエッセンシャリズム的〔実存よりも本質を重視する説〕で、勝利主義者的〔ある特定の宗教の教義が永遠不滅であるとする信念・主張〕な判断を、一九九〇年に、バビロニア版タルムードに下しているバビロニア版タルムードは、それがまとまった時点から今日に至るまでユダヤ教を最終的に記述したものとされてきた。その卓越した構成、各地にいる、その律法を習得し唱道する人々のもつ統御力と権威、その解釈や論考の鋭さ、細部に至るまでの調和と均衡のとれた描写、そうした点にうかがわれる優れた趣味と知性は、この書物を比類ないものとする評価を確保させるのに充分であろう。……バビロニア版タルムードは、それが完成した時点から、知識の百科事典、ユダヤ教の神学と律法の集大成として役立ってきた。形式の点でも内容の点でも、聖書およびミシュナの校訂された枠組みに依拠していることとあいまって、その包括性は、他のどんな書物にも勝る書として受けとめられてきた。……トーラーは今や完全なものになった。

バロンやニュースナーの見解よりもっと現実に即し、もっと社会学的なタルムードに対する評価は次のようなものだ。一〇〇〇年前に遡れるユダヤ文化の本流は、伝統に根をおろし巧みに唱道されてきたが、バビロニア版タルムードはその本流から創りだされ、時の経過と共に力強さをまし、一貫性を整えてきた。タルムードは世界を観る独特の見方をもち、その世界における集団と個人の安定性を確保するための独特の見解をもっている。タルムードは、ユダヤ人の共同体が社会的な逆境というプレッシャーの下に暮し、しかもそんな境遇に改善の望みが少しもみえぬ情況下で、最終的なかたちを整えたのである。

バビロニア版タルムードは、エリートたちが説明し人々に守らせた、人間的であると同時に抑圧的な行動の掟と、永続的にその地位を保ち続けるエリートたち、この二つによって支配される比較的複雑で特殊な機構を正当化し権威づけた。

主流派以外の諸々のユダヤ教やフィロの哲学を礎とする文化、あるいは対決的なクムランの黙示信仰それぞれが、五世紀、六世紀に深まっていったユダヤ人の危機に示した反応の仕方は、タルムードに依拠するラビの反応とは異なっていた。タルムードに依拠するラビの対処法以外の対処法に従っていたら、その結果がどうなったかは、知るよしもない。あのような情況下では、比較的受容性に富み、社会的には内部志向のタルムードに依拠するやり方が、唯一実行可能なものであったとはいえそうである。それは、敵意をもつ強力な相手に危険な対決を挑むことを避けて共同体を生きのびさせた。だが、ユダヤの文化と社会は有害な影響をうけずにはすまなかった。とくに知的停滞性と階層の分化が一段と加速されたのである。

ともかく主流派以外のユダヤ教諸派は衰退したり消失したりして、ほかの対処方法が六世紀以前に実際に試される可能性はほとんど失われた。西暦六〇〇年には、ラビのユダヤ教が、受け身の姿勢のまま劣化していくユダヤ社会を牛耳っていたので、進むべき唯一の道は、権能をもつエリートであるラビたちが解釈し体系化した、トーラーとパリサイ派が構成する主流派の道に一層磨きをかけること以外にないと思われた。

数世紀間にわたりユダヤ人は衰退してきたが、西暦六〇〇年の地中海世界は、その趨勢に歯止めをかけ、いくつかの重要な点で進歩に向かわせる一大変動を経験しようとしていた。キリスト教圏のヨーロッパの情況も、一〇〇年ほどの間にユダヤ人にとってよくなり始めたように思われた。とはいえ、密度があり強力で自信にみちたタルムードの文化は、社会的情況が変わろうとも、いつまでも永らえる能力を充分に備えていた。タルムードは今日も永らえている。もっとも、タルムードを生活の中心に据え、己の使命とする人々は世界中のユダヤ人の一〇パーセントにもみたないのだが。

タルムードが、バロンの熱のこもる実際的な考察やニュースナーのエッセンシャリズム的、勝利主義者的称賛に値するものであるにせよ、ないにせよ、それは西暦六世紀の暗黒時代にユダヤ人の生活の中心を占めるようになった。問題は、西暦七世紀、八世紀に地中海世界、近東、西ヨーロッパでユダヤ人の暮す情況が大きく改善された中でも、タルムードは同じ役割を果し続けたのか否かという点である。情況の改善から生じるいま一つの問題は、タルムードに代表される主流派のユダヤ教以外の諸々のユダヤ教は、かつての活気をいく分とり戻したのか否かという点である。

西暦六〇〇年には世界のユダヤ人二〇〇〇万のうち九〇パーセントの人々がディアスポラに住んでいたが、知的世界でも、バビロニア版タルムードの出現によってパレスチナ版タルムードは影の薄いものになるという平行現象が起こった。ユダヤ史において圧倒的な力をもつ場所はディアスポラに移ったのである。以降の一三世紀間ユダヤ史が演じられる場所はもっぱらディアスポラになったといってよいだろう。

一九三六年にフリッツ（のちにイトシャク）・ベーアは（一九四五年には大学教授であった彼は、中世のキリスト教国スペインのユダヤ人に関する卓越した研究書をエルサレムで著している）『離散（ガルート）』という、短いが思慮のいき届いた著作を母国語ドイツ語でものした。これはディアスポラの歴史的意義を考察したものである。『離散（ガルート）』を出した出版社ショッケン・ブックスは一九四七年にはベルリンからニューヨークに居を移していて（現在はランダム・ハウス社の子会社になっている）、この本の英語版を出した。そして、ブラウン古典ユダヤ文献シリーズの一巻として一九八八年に、編集主任ヤコブ・ニュースナーの称賛の序文を載せて再出版された。

ディアスポラの歴史がもつ意義に関してベーアは一九四七年版にこう述べる

> 私たちは諸国民の間を旅してきたが、それは彼らを搾取するためでも、自分たちの文明を彼らが建設するのを助けるためでもなかった。私たちが外国で為したすべては、私たち自身の精神に対する裏切

りでしかなかった。……この世で私たちにふさわしい場所は、この世の物差しではかりえない。私たちの歴史は、それ自身の法則にしたがう。離散、崩壊、世俗化、そして道徳および宗教の硬直化という外なる危険にもかかわらず、私たちの歴史の最も奥深くにある趨勢にしたがう

書かれたのがヒットラーによる破壊をうけた直後であることを思えば、離散に関するベーアの苦々しい言葉も理解できる。一九八八年にニュースナーは、こうした彼の見解を支持し、「ふさわしい時と所での」シオニズムが、ほかのどのユダヤ主義よりこの世界をよりよく理解しえた理由と手法」に関するベーアの見解に同意した。

ナチスのホロコーストによる傷痕からベーアの論法が生れたことは理解できる。とはいえ、一九四七年の時点で彼が述べたことは、すべて吟味の余地がある。ユダヤ人が離散して諸国民の間を旅してきた理由がなんであれ（沢山の理由があろうが）、ユダヤ人が諸々の文明の建設を手助けしてきたのは疑いない。ユダヤ人は、それらの文明を自分の文明とみなすあらゆる理由をもっている――そうした問題を検討するカリキュラムをもつヘブライ大学とテルアビブ大学は、今日そう理解している――。ユダヤ人の汗と血と知力は西欧文明の建設に助太刀してきたし、その分け前を主張してよいあらゆる権利をもつ。ユダヤ人は西欧に自分たち用の自由保有権の分譲アパートを購入したのである。ユダヤ人が外国で為したことのほとんどは、己の内のよりよき本性を存分に示したのであり、それはユダヤ人の精神の発露であって、それを裏切ったことにはならない。

この世におけるユダヤ人にふさわしい場所をおし測るのに、この世の物差しをおいて他にない。さもなくば、ユダヤ人はこの世界に押しつぶされることになろう。ユダヤ人は人類の一部であり、その歴史は歴

史学や社会学に知られているパターンに沿ったものだから、歴史学や社会学が用いる言葉と方法論によって理解されうるのである。それはヒンズー教のマントラのイメージャリーを投影したもののように、概念的に解釈されるべきミドラッシュではない。

少なくとも第二神殿の破壊以降（また、ある程度はそれよりずっと以前から）みられる、ユダヤ人の最も奥深い趨勢は、離散ユダヤ人が住まう環境と相互に影響を及ぼしあって形成されてきた。ユダヤ人の歴史には数々の失望、数々の敗北、数々の恐怖時代があり、実際にある程度の道徳の硬直化、宗教の硬直化を免れなかった。とはいえ、それは同時に変化、創造性、生活の多くの面での道徳的インスピレーションの歴史でもある。

ディアスポラは、ユダヤ人が最も奥深くにもつ感性、最も奥深くに存する意識に入りこんでいる。バビロンの河面《かわも》、スペインの諸々の都市、ドイツの平野、ポーランドの森林、ウクライナの大草原、そしてアメリカの都市郊外住宅地域も、エルサレムやガリラヤやネゲヴ砂漠と同様に、ユダヤ人の運命の土地なのである。

害心を抱いて振り返り、ディアスポラのもつ価値をののしり、他国での流浪の経験すべてを侮蔑することは、差別や恐怖政治やナチスの大虐殺やらを蒙った時代や場所でならば、ユダヤ人にとって自然なことであろう。だが、そうしてみても、ディアスポラがユダヤ人の経験の一部となり、ユダヤ人の精神に本質的影響を及ぼした仕方を抹消しはしない。それは決して終ることなく続いていくもののように思われる。

カナン人の住まう故国で嗅いだ匂い、目にした光景、耳にした響きや音は、ユダヤ人の意識の内にしっかりと留まって離れない。疑いもなくそれらはまったく親しいものだ、歴史の流れの中で強く憧憬の的になっているそうしたものは。生け贄《にえ》の動物の肉の焼ける臭いが、かつてはヘロデの神殿からエルサレムの旧市内の城壁をこえて漂ってきた。今その代わりに記念となるものは、旧市内の門の外のダビデの塔から列をなす観光バスの出す排気ガスなのだ。ネゲブの地平線にたち昇り、もの皆しなびさせる砂漠のもや。冬、突風が吹く際にカエサレアに吹きつける塩気を含んだ湿った風。イスラエルの金曜の朝、戸外のマーケットが開かれるでこぼこの敷石の通りで、大勢の人々の靴のこすれる音の中に漂う、できたてのパンの香り。

離散はそれを暗示するものもあった。異端審問によって祈禱書とメーズーザー〔申命記の数節を記した羊皮紙小片〕が無くなっている、アンダルシアの緒都市のセファルディ〔スペイン、ポルトガル系のユダヤ人〕のシナゴーグとその中庭に落ちる長い影、清々しい秋の午後、北ドイツの町のジンジャーブレッドを売る店が背景にある中央市場のゴミ一つない片隅で、ユダヤ風のリボンを結んだ供物の横を、顔をしかめてせかせかと通っていくキリスト教徒の市民たち、雨もようの春の朝、すきで掘り返されたウクライナの気持ちの良い黒々とした土、ニューヨーク郊外のシナゴーグの演壇にのっている大きな花束の薫りを殺すエアコンの冷気。

前者の追憶は永続し、後者のそれは消えさるものだろうか。ユダヤ人の経験の総体をゴランからベールシェバ〔イスラエル南部、ネゲブ地方北部の都市〕に至る区域、地中海からヨルダンに至る区域に限って、ローマからオデッサに至る二つのミレニアムを、ブルックリンからロサンジェルスに至る数十年間の歳月を消してしまうのは、ユダヤ人の経験を貧相化させはしないだろうか。

アメリカの夢の土地、アパラチア山脈とその西のいくつかの河を越えると、ルイスビル、ナッシュビルといった都市や町に、人は、経営者のユダヤ人の名前を誇らしげに掲げる大型衣料品店を見かけるだろう。こうした人々は一九世紀に大西洋を越え、燃え殻を撒き散らす汽車でやってきて、行商人の群れの中から身を興し、野心的な抱負を抱いて家族経営の店を経営していて、今もときに土曜の午後に異邦人たちに婦人もののドレスと紳士もののスーツを特売している。
アシュケロンやラマラで石をひっくり返しているヘブライ大学の考古学者たちは、こうしたものも又、ユダヤ人の過去の記念となるもの、ユダヤ人のうちに永久にしみこんでいる国民的経験の一部ではないといえるであろうか。

残念なこと、経験を貧相化させることなのだ。ディアスポラを忘却することとは。ポーランドの青々としたポプラの樹々の下で輪になって熱狂的に踊るハシディズム信奉者たち、世紀末のウィーンやブタペストの診察室で、モーニングコートのこわばったえりの折り返しを撫でる自信あふれる医者たち、あの栄光の日々、パリやベルリンの大学の演壇から目を凝らす教授たち、ロンドンの銀行の革張りの事務所で元帳に何事か記入している広い額の銀行員たち、ロワーイーストサイドのレストランで紅茶とブリンツ（チーズや果物入りのパンケーキ）を食しつつ、革命の陰謀を練る、汚れたワイシャツのカラーがゆがんだままの知識人たちを忘却の彼方に追いやることとは。

ディアスポラにおける経験のイメージは、華やかなものも、ありふれたものも、ユダヤ人の祖国で起った出来事から生じたそれらと並んで、ユダヤ人の歴史的記憶の中で貴重な位置を占めている。

古代のあと、シオニズム以前のユダヤ人の歴史、中世と近代の歴史に対する理解は、ディアスポラ時代の諸々の事件と人間たちが、古代のユダヤと現代のイスラエルとをつなぐ中継的な存在としてではなく本格的な研究の対象とされたら、大きく深まるであろう。

政治的シオニズムの観点からディアスポラの歴史にどんな判断が下されるにせよ、この二つのミレニアムは、文学的、知的、宗教的遺産の点で、ユダヤ人の歴史のみならず、広くヨーロッパ及び地中海世界の歴史においても、この上なく創造的な期間であり、好奇心をそそってやまない、きわだってユダヤ的な文化の時代であった。

苦難、迫害、異郷暮し、テロ、逃亡、移住、それらは確かに、一九四五年に到るまでのディアスポラの歴史の中心を占めるものであり、おそらく、終りを告げたわけではあるまい。とはいえ、平和な時も、繁栄の時も、知的・芸術的壮麗さを誇る時も、精神的・霊的昂揚の時も、又あったのである。そして常に変わることなく、ユダヤ人をとりまく世界とユダヤ人との、多面的内容と意義をもつ特異な心理的・社会学的相互作用があった。

人類の歴史においてユダヤ人のディアスポラでの経験とその流儀とは、まことにユニークなものであった。

第5章
地中海世界のルネッサンス

　西暦一〇〇三年イスラム教国スペインの都市コルドバで、シナゴーグの中心的な長老たち二四名ほどが、午後遅くの祈禱を終え静かに席に座っていた。彼らはマグレブから北アフリカを通り、ジブラルタル海峡を渡ってくるひとりの使者をまちうけていたのである。ゆったりと垂れた立派な白い服をまとい、頭にアラブ風にターバンをまいた真面目そうな顔つきの長老たちは、ひそひそ会話をかわす二、三の者を除き、静かに腰をおろしていた。彼らのほとんどは裕福で、トーラーに記されたユダヤの律法ハラカーに精通していた。ハラカーはタルムードに長々とその解説が記されており、のちのイスラム教の時代以降には、注釈者たち、中でも西暦九〇〇年頃のサーディア・ゴーンがその詳しい解説を記している。

　彼らは辛抱強い、感情を表にださぬ、責任感の強い人々で、そのがっしりした両肩に、家父長制の家族生活につきものの面倒事のほかに、商業銀行や企業の経営、気前のいいスペインのイスラム教徒の支配者たちとの共同体的関係の維持、といった重荷を担っていた。

　シナゴーグに灯るろうそくも燃えつき、宵闇がおちてきても、落ち着かなさそうな様子を見せる長老は二、三人いるのみであった。あとの者は次第に濃くなる宵闇の中に端然として身動き一つせず、集会所の広間の玄関のドアをじっと見つめていた。やがて人が動きまわる気配がし、馬にのって旅してきた者が、馬丁とひそひそ言葉をかわす声が聞こえた。マグレブからの使者は、中に入ってくると、シナゴーグの中央の通路を通って、聖なる櫃《ひつ》（そこには日曜の朝毎に拝読されるトーラーの巻き物が収納されているのだが）の正面にあるテーブルにむかって真っすぐ進んでいった。

使者は革の袋をテーブルの上に置くと、深紅のリボンで全体をぐるぐる巻きにされ、一枚の革でくるまれた羊皮紙の小さな巻き物を、丁寧に中からとりだした。

「ご長老の方々」使者は言った「皆様のご質問に対する大御所のラビの方々や学識をつまれた学者たち、そしてバビロニアのガオン〔ユダヤ教学院の長の尊称〕の方々の返答を、ようやくもってまいりました。そうです、東方のラビたちが皆様の急を要する数々の問いに対し律法に基づいて回答を出されてから、今日まで長い時間がかかったのです。この包みは最初はエジプト、それから船でマグレブへ、そして皆様のところへと、四ヵ月間の旅をしてきました」。

シナゴーグの共同体の長は使者に感謝の言葉を述べ、その尽力に対する報酬として金貨の入った小さな袋を渡すと、ひきとらせた。二四名の長老たちはバビロニアのガオンたちの司法に基づく回答の記された巻き物を見ようと、体が互いに接触する程テーブルの周りに集まった。リボンを切って、包装の革を慎重にほどき、中の小さな巻き物を広げると、磨かれた上質皮紙に興味深いヘブライ文字でラビの手で黒々と鮮明に記された書簡がでてきた。

一一世紀の初頭、平原地帯の諸都市を含めてその八〇パーセントはイスラム教徒の支配下にあるスペインに存した、裕福で平常時は安全で居心地がよいユダヤ人共同体は、宗教に関する法律の熟達度の点で、また、ハラカーの熟達度の点で自信がなく、個人および集団の正しい振舞い方に関する宗教上、道徳上の規定の中で、難解で曖昧模糊としていて論争の的になっている箇所に最終的判断が下せないでいた。

それから五〇年もたつと、スペインのユダヤ人共同体は自分たちのラビの学識にもっと自信をもち権威を認めるようになる。一〇〇年もすると、東方のメソポタミア(現在はアラブ語を話すイスラム教のイラク)で、宗教上の法律を担当・運用する、その頃も繁栄を誇っていた専門学者を養成する二大学院に、助力を求める必要性をほとんど覚えなくなる。

ガオンを頭に頂くこれらの学院を興した人々は、西暦六世紀にバビロニア・タルムードの編集に最終的に当った人々であった。学院の長たちは、王朝の職務を世襲でとりしきってきたエクシラルク(捕囚の長)にとって代るべく、ダマスカスのアラブ人の支配者に対しバビロニアのユダヤ人共同体のスポークスマンとして、一世紀前にやってきた人々であった。

ユダヤ系エジプト人サーディア・ガオンは、最初パレスチナのいくつかの学校で学び、壮年期をメソポタミアのタルムード学院の一つの学長としてすごした。彼はユダヤ世界の他の権威をもつ役職をすべてことわることで、知的にも形式的にもこの仕事を生涯の仕上げとした。ユダヤ人共同体では、古代からうけつがれてきた王家の子孫たちの支配は、古代からの法律(成文化されたものも、口伝のものも含め)と、その解釈を記した複雑なタルムードに精通しているゆえに尊敬をかちえたガオンたちの、充分に正当な支配にとってかわられた。

遠く離れたスペインの地では、興隆してきたユダヤ人の共同体は、ラビが係わる法律から派生する諸々の問題に対しては、依然としてラビの回答を求めて進んで東方世界に頼っていた。もっとも西暦一〇〇〇年のスペインのユダヤ人共同体は、二世紀にアレクサンドリアのユダヤ人社会が没落して以来、どのユダヤ人社会にもみられなかったほど経済的にも政治的にも知的にも活気に満ちた時代、ルネッサンス時代に入っていたのであるが。

スペインのルネッサンス時代、セファラド（ユダヤ人はスペインをそう呼んでいた）の黄金時代が、一二世紀初期にその余りにも短かい頂点の時期に入っていたときには、バビロニアのラビたちの精力と創造性はすでに衰えをみせていた。とはいえ、一二世紀になっても東方からの客員教師、さらには啓発的な文書すら、もはや本来の権威はなかったが、コルドバやトレドやその他の回教国スペインにある中心的なユダヤ人共同体なら、どこでも尊敬の念をもって遇された。

ハラカーを学んだ者はセファルディ〔スペイン・ポルトガル系ユダヤ人〕の間では確実に敬意を払ってもらえた。東方からきたタルムードのしきたりに通暁した人間は、イスラム教国スペインに住むユダヤ人の間ではいつでも歓迎された。一一世紀にはスペインのユダヤ人共同体の指導者であった学者や商人は、イスラム教の支配者たちと通常はしっくりした仲を保っていた。ユダヤ人たちは繁栄し、安楽な暮らしをし、アラブの言語、文学、哲学、科学に次第に習熟していっても、古来のユダヤの法律やタルムードの知恵・知識を重んじる気風を少しも失いはしなかった。一一世紀、彼らはアラブ世界の政治と経済の数々の恩恵を享受しつつも、ハラカーの文化を失わぬよう熱意をこめて努力した。

西暦一〇〇〇年頃のユダヤ人とスペインのイスラム教徒の支配者たちとの、互いに恩恵に浴しあう共生関係は、ユダヤ人とイスラム教徒がサウジアラビアで戦いを交えていた七世紀初期――イスラム（「アラーの神への服従」の意）教とイスラムの国際的共同体の創設者であるムハンマドが活躍していた七世紀初期――の両者の関係とは、まったく対照的である。

ムハンマドは、アラビアの大きな二つの商業都市の一つの、著名な一族出身であったが、貧しく名も知られぬ存在であったが、ある金持ちの未亡人（ラクダの使い手として、その下で働いていた）と結婚して出世の糸口をつかんだ。当時アラビアには少なくとも二つの大きなユダヤ人の部族があった。彼らは、当時は今ほど乾燥してなかった半島のみならず、インド洋を越えて東アジアにおよぶ国際的通商で大きな役割を果していた。東アジアは、地中海世界とゲルマン族が領する未開のヨーロッパで珍重された香辛料と香料の、原産地であった。

ムハンマドは妻が関わる貿易の権益の代理人として不可避的にユダヤの商人たちと接触を始め、彼らからラビの手になる標準的な神話を通してユダヤの歴史の基本を学んだ。ムハマンドは自分と最初の少人数の自分の弟子たちを、ユダヤ人と同様に、アブラハムの直系の子孫とみなすようになる。ヤコブの腹ちがいの兄で、家長のイサクに嫌われたその息子のエサウの血筋をついでいるとしたのである。

ムハンマドがコーランの内に定めた教義の本質部分は、イスラム教徒が信じるところでは、大天使のお告げを筆記したものであった。もしそうなら、その天使はユダヤ人なまりで話したことになる。というのは、コーランに記されたイスラム教の神学、倫理観、そしてある程度は食事の掟も、ユダヤの聖書の模倣といってもいい足りないものであり、イスラム教はユダヤ教の聖典を単純化し、世俗化したものといってよいからである。

だが、ムハンマドがアラビアでユダヤ人と仲良くやっていくには一つの障害があった。彼は自分を族長アブラハムの後継者であるだけでなく、「預言者の印」を授かった者、偉大な預言者たちの系譜に連なる最後の者とみなした。一方ユダヤのラビたちは遠く紀元前三世紀の昔に、もはや預言者がこの世に誕生することはないと明記していたのである。

ムハンマドはユダヤ教からイスラム教に非常に多くのものをとりいれたので、自分がアラブ人を政治的、軍事的に制圧したとき、アラビアに住むユダヤの二大部族は自分に従うと思った、ないし、少なくともそう期待した。しかしユダヤ人たちは彼も彼の定めた宗教も共に否定した。するとムハンマドはユダヤの部族にすさまじい復讐を行なった。戦いをしかけ、両部族を打ち負かし征服した。成年男子すべてを（おそらく一〇〇〇人近くを）殺戮し、その妻と子供すべてを奴隷の身分に落とすという処置をとったケースもあった。

コーランのユダヤ人に関する記述は手厳しく、キリスト教の司教の口振りを思わせる。「彼らには屈辱と悲惨との刻印が押され、神の怒りに見舞われるであろう。」

中世の最も優れたラビで思想家であったユダヤ人マイモニデスは、個人的にも一二世紀後期にイスラム教の偏狭な仕打ちを経験しているが、アラブ人に関し悲観的で辛辣な見解をもち、エジプトのサルタンに仕える大臣の侍医を務めていた時でも、非難の言葉を浴びせている

同胞たちよ、知ってのとおり、我々が犯した罪ゆえに、神は我々をこのイスラム教徒たちの中に、あのイシマエルの子孫である国民の中に、放りこまれたのである。彼らは我々にひどい迫害を加え、我々を傷めつけ、堕しめる方途を考えだす……いかなる国民もイスラエル人にこうまで危害を加えはしなかった。我々を堕しめ、屈辱を味あわせる点で彼らは比類がないではないか。いかなる国民も我々をこうまで落ちぶれさせはしなかったではないか。

民族の同胞主義と世界教会主義に関わる事柄については以上に止めよう。とはいえ、これははっきりと相異なる二面性をもつ物語の一面にすぎない。

これまで記したことは事の始まりとしては芳しくない。だがムハンマドの死後新しく団結し、攻撃的姿

勢に慣れたアラブ人たちは、乾燥化の進む半島から脱出して地中海の東端へ、その彼方へと進出しようとするにつれ、ユダヤ人とイスラム教徒との仲はすみやかに改善していった。第一に、ビザンチン帝国およびスペインでキリスト教徒の支配下に迫害されつつ暮していたユダヤ人たちは、アラブ人の侵略を手助けでき、実際にも手助けした、とくにエジプトとスペインで。第二に、ユダヤ人は通商や政治や行政の面の専門的知識を活用して新たに建設されたイスラム教国で手腕を発揮することができた。

キリスト教徒の諸都市の城門を開いてアラブの軍勢を中に入れさせるとユダヤ人たちは、新たに支配者になったイスラム教の君主たちに、役人、銀行家、そしてとくに西ヨーロッパからインドにおよぶ国際貿易の指導者として仕えた。アラブ諸国において公式にはユダヤ人はキリスト教徒と同様にジンミー（二級市民）であり、従属少数民族と指定された。ユダヤ人は人頭税を払い、一段低い地位を示す特別の記章と服を身につけることを法律で規定された。だが実際には、イスラム教圏の地中海世界の相当広大な地域で、とくに一二世紀半ばまでのスペインでは、ユダヤ人に対するこうした制限規定はしばしばゆるやかなかたちで施行されたにすぎなかった。

領土を縮小したビザンチン帝国がコンスタンチノープルからアラブ諸国に反撃に打ってでようとし、ローマ教皇と友好関係にあるイタリア王とフランス王がアラブ諸国に対し潜在的な軍事的ライバルたらんとしていたとき、ユダヤ人は、キリスト教徒が主張している程には脅威となる存在ではなかった。

西暦九〇〇年から一一五〇年までアラブ人のユダヤ人に対する好待遇は続いた。ユダヤ人は対等にはなれなかったが、しばしばそれに近い処遇をうけ、ユダヤ人共同体はますますアラブ人の支配を歓迎し、共同体も大きく裕福になっていった。結局のところユダヤ人とアラブ人は血のつながりがあり、共に族長アブラハムの直系の子孫と一般にみなされている仲間同士であり、ユダヤ人も同じく聖書の民であった。拡大解釈をすれば、聖書とコーランは充分に両立できる、というより似かよった訓えを説いているのである。

一九世紀半ばに中央ヨーロッパのユダヤ人の学者たちが、中世のユダヤ史の推移をみきわめるべく、現代の非宗教的な学問の研究手段を初めてもちこんだとき、ハインリッヒ・グラエツがイスラム教スペインの黄金時代と呼んだ時代——ほぼ西暦九〇〇年から一一五〇年に至る時代——を速やかに見いだした。イスラム教徒の支配者たちはユダヤ人にしばしば個人的に侮蔑的態度を示したが、そんな面は控えめに扱われ、アラブの政治体制におけるユダヤ人の重要度や、アラブ語を話せたユダヤ人たちがあげたみごとな知的業績が強調されて（おそらく誇張され）扱われた。

アラブの支配者はユダヤ人を温容に待遇し、ユダヤ人は政治的手腕と先見の明ある商才、そして文化面でのすばらしい素質の発揮により応えたというグラエツの捉えた両者の間柄のパターンが、中心的イメージとしてユダヤの歴史的文献に残ることになった。イスラエル人エリヤフ・アシュトルは、イスラム教国スペインにおけるユダヤ人を論じた三巻からなる研究書を一九五〇年代に出したが、そこでは、このパターンは入念に仕上げられている。一九九二年にこの本の再版がフィラデルフィアにある体制派のユダヤ出版協会から出た。

もしキリスト教国におけるディアスポラの歴史が全体として恐怖と悲しみの一五〇〇年とみなせるとしたら、イスラム教支配下の歳月は、とくに中世黄金時代のスペインでの二世紀間は、キリスト教徒の迫害、大量虐殺、ゲットーへの閉じこめと、こよなき対照をなし、後者を一層ひどいものに見えさせるであろう。

ドイツ語を母国語とする大学で教鞭をとる少数のユダヤ人の教授たちは、イスラム教国スペインでのユダヤ人の厚遇を讃え世に知らしめることに端を発して、一九〇〇年頃にムハンマドの生涯とイスラム教世界の勃興に関する科学的な学問研究を創設するに至った。一八九〇年頃から一九二〇年にかけて中世のアラブを研究する学問を創設したのは、イグナツ・ゴールドツァイハーであった。彼はベルリンとウィーンにアラビアおよびイスラム教の歴史を研究する立派な学校を創立し、学長として指導に当ったが、その弟子の中の何人かのユダヤ人は大きな役割を果した。

一一世紀、ユダヤ人は通商や科学部門や行政の面で一役かうことでイスラム教世界に貢献した。二〇世紀初期にはユダヤ系ドイツ人の学者たちが中世のアラブ世界の研究に初めて現代的研究方法をとりいれてイスラム世界の学問研究に貢献した。一九二〇年代以前、いな、おそらく一九四〇年代以前のアラブ世界は、この種の歴史研究をする能力を有していなかったであろう。当時のアラブの学者たちは、コーランや聖伝は読めたであろうが、西欧の人文科学の研究方法とその専門用語を使ってそれらのテキストを分析し解釈することはできなかったであろう。中世のイスラム世界の研究に現代の科学的手法を適用するやり方は、イギリス人とフランス人の多少の助力をえながら、主にユダヤ系ドイツ人の学者たちが始めたのであった。

一九二〇年代にアラブのナショナリズムが高まりをみせると、こうしたユダヤ人の貢献は酬われるどころか怒りをかうようになった。人文学の分野の学問研究ではよき行為は、罰せられずにはすまない、とくにユダヤ人の場合は。

一九五〇年代西欧の大学で、イスラム世界の分野の権威とされていた教授の多くは依然としてユダヤ人が占めていた。当時はアラブ人の教授はキリスト教徒のレバノン人フィリップ・ヒッティただ一人で、プリンストンで教鞭をとっていて、すこぶる好評を博していた。アラブ系のアメリカ人が経営する石油会社の基金で、一九五〇年頃にヒッティが創設したプリンストン大学の近東学科は、一九七〇年代になると、指導的立場にたつ三人の歴史家は皆すべてユダヤ人が占めるに至った。その一人はカナダ生まれ、一人はニューヨーク育ち、中でも著名なバーナード・ルイスはロンドン育ちであった。

こちこちのシオニストのルイスは、パレスチナとイスラエルで起こったことをリアルタイムで知っていたためであろうが、グラエツの学風を継ぐユダヤ人の歴史家が陥りがちなイスラム教徒たちに称賛の言葉をつみ重ねる弊に染まらなかった。ユダヤ人にとって輝かしい中世スペインの黄金時代にあってすら、ユダヤ人はアラブ人に屈従する二級市民であったことを彼は強調した。そして彼は、イスラム教徒たちの振舞いにみられる凶暴性、知識人への反感、貪欲さ、浪費癖、管理能力のなさ、盲目的愛国主義に駆られての暴走性、狂信性を、とくにこの二、三世紀間におけるそうした欠陥を、鋭く批判した。

パレスチナ生まれのエドワード・サイードはキリスト教徒のアラブ人であるが、エジプトと英国でふんだんに金を使って教育をうけ、第一級の文芸批評家と認められるようになる。彼はコロンビア大学(一九六〇年代、七〇年代にローレンス・ワインのような博愛主義者のユダヤ人が多額の寄付金を寄せた)の人文学の上級講座を担当したが、ルイスの批判が刺激となり、イスラム教およびアラブ世界の学問研究の分野にはユダヤ人が多すぎる――サイードの敵意ある目にはそう映ったのだ――といって毒舌を浴びせた。

サイードの世に知られた『オリエンタリズム』(一九七八年)は、帝国主義者のユダヤ人たちの手から歴史編纂の仕事を解き放つようアラブ人たちに高らかに呼びかけたものである。評議会をとりしきるパレスチナ解放機構の一員であるサイードは、賢明にもフランスの過激な社会思想から社会的「アウトサイダー的存在者」の概念をとりいれ、そして、アラブ世界の歴史の編纂にユダヤ人がかかわることと、一九世紀および二〇世紀初頭の近東における西欧の帝国主義とを混同した。

サイードが『オリエンタリズム』の中で、また、その後の多くの著作の中で、きわめて効果的に使った社会的にアウトサイダー的存在者の教義とは次のようなものである。悪者は保守的な覇権主義者たち、つまり西欧の帝国主義者、シオニストのような植民地主義者の白人、アラブ人から過去の文化的遺産をとりあげようとするユダヤ人の東洋学者である。良い人間はその他の人々、つまり、アラブ人、とくにシオニストたちに酷使されているパレスチナ人、そして帝国主義を信奉する西欧の白人男性の犠牲になっている集団に属する人々すべて——女性たち（シオニズムに敵対し正統派のラビに侮蔑感を示すなら、ユダヤ人の女性も含めて）——である。

これはシオニストやユダヤ人の東洋学者、およびユダヤ人一般の気持ちを傷つけることだが、この過激な、社会におけるアウトサイダー的存在者の教義は、多くのユダヤ人の学者や知識人にも好まれた。この学説が最初に明確に組織だって記された本は、一九五五年に出版されたあの有名な『悲しき熱帯』である。新著者のクロード・レヴィ＝ストロースはパリ在住の文化人類学者で、父親はベルギーのラビであった。新左翼のユダヤ人の社会学者として著名なイマニュエル・ウォーラスタインは、社会におけるアウトサイダー的存在者の概念をアメリカの学術界で使って、サイードが一九七〇年代に使ったときと同じくらいの効果を収めた。

エドワード・サイードはこの学説で成功をおさめ、ライフワークを仕上げ、一九九二年には帝国主義および文学の研究に再びこの学説を応用した。サイードは二〇世紀のアラブの最も重要な人文学者であるだけでなく、第一級の文芸批評家で文化面の理論家であった。サイードとバーナード・ルイスとの論争は学術界の巨頭同士の衝突であった。東洋学と文化面の帝国主義とを同一視するサイードの見解は、一九七〇年代、八〇年代の人文科学方面の文化の中心部分に入りこんでいた。

コロンビア大学では彼の教義をすすんで讃えてくれるユダヤ人の大学院生にこと欠きはしなかった。彼にとってそれは、アラブ世界の歴史学を創設したユダヤ人たちを、その分野から事実上追い出すことを意味したのだが。バーナード・ルイスは、英国在住のシオニストのユダヤ人で、サイードの見解では、アラブの文化と社会に関しとりとめもない判断を下す東洋学者として、いまいましい悪魔的存在なのであった。

ルイスはサイードにとって、石油が欲しい英国のアラブ人に対する巧妙な搾取と操作と同一視される存在であり、アラブ人に対するヨーロッパ人、なかんずくユダヤ人の好戦的愛国主義と同一視される存在であり、かつ、一九四〇年代後半に失った父祖伝来の土地の奪還を切望するパレスチナ人（サイード自身の家族も含めて）に対するシオニストたちの虐待と同一視される存在なのであった。サイードによれば、イスラム世界の歴史研究家としてのルイスは、根本的に堕落した人間、サイード好みの表現をすれば、「騎士」なのである。「イスラム世界に対する……公正な……判断をルイスに求めるのは……空しい望みである」というのが彼の結論であった。一九八〇年までにサイードの見解は、社会的にアウトサイダー的存在者の学説と帝国主義的西欧文化に対する非難とが、連禱のように唱えられるドグマとなった、過激な左翼の大学教授たちの支援をうけるようになっていた。

しかしルイスは自己の見解を保持した。それもマスコミからの支援も、どのユダヤ人の組織からの支援もほとんどなく、サイードの批判やユダヤ人の東洋学者を学術界から追放しようとする動きに対し、ルイスは雄々しく反撃したのである。一九九三年になってようやく権威ある『タイムズ・リテラリー・サプリメント』紙上に、ロンドン大学の著名な人類学者アーネスト・ジェルナーが、学術界のサルタンであるエドワード・サイードに対し痛烈な攻撃をあえて記した。

中世のアラブ人をルイスは充分正当に遇する努力をしてきたにもかかわらず、サイードは彼に対し嘲笑的で愚弄的な態度を示した。ルイスはこう述べている。「文学でも諸々の芸術でも、ユダヤ人に対するイスラム教徒の影響は非常に大きく、しかもほとんど一方的なものであった。」「ユダヤ教とイスラム教の共生は……ユダヤ史において、長期間に及ぶ豊かで生き生きした一時代を画した。」

ルイスはユダヤ人が宗教的な思想と慣行の点でもイスラム教文化へ順応した点を強調する。「信条および慣行の点で、ユダヤ人とイスラム教徒の間にみられる相似性・類似性は、これまで学者たちが信じてきたように、ユダヤ人がイスラム教徒に影響を及ぼしたためだけでなく、イスラム教がユダヤ教に影響を及ぼしたためでもあるといってよい。」

とはいえルイスは、イスラム教徒とキリスト教徒、それぞれの支配下にあったときの、ユダヤ人への待遇の差は一九世紀には誇張されて捉えられていたとした。「スペインにおけるユダヤ人の歴史を単純化し理想化した一九世紀の記述は、キリスト教徒の不寛容性とイスラム教徒の寛容性という善と悪に割り切るイメージを与える……実際にはそんな割り切り方がいつでも当てはまったわけではない。」

ルイスは現代のアラブの歴史、とくにそこに記されたユダヤ人への処遇に否定的な見解をもつ。彼は、一九世紀、二〇世紀にイスラム教の国々で、たとえばアルメニア人のようなキリスト教徒が、特権をもつユダヤ人にとって代るようになっていったこと、そして又「ひどく卑劣なかたちで捏造されたヨーロッパの反ユダヤ主義を、アラブ諸国の政治の世界および学術界の最高レベルの指導者たちが支持した」ことを強調する。

広くそう思われてきたようにユダヤ人に対し寛容でも好意的でもなかったイスラム教徒のアラブ人は、現代に入るとユダヤ人にひどい待遇をしてきた、そうルイスは主張する。そして、一九世紀、二〇世紀に近東でキリスト教徒が台頭して（サイードの身内の人々もその一例だが）ユダヤ人にとって代り高い地位につくようになったのは、東洋の生活環境において、ユダヤ人が下降線を辿るようになった一因となったのだと。

無視してよいイスラエルの学者ではなく、プリンストンの教授の口から出た見解だけにサイードは、パレスチナ解放主義者のアラブ人として、刺《とげ》を感じとったにちがいない。サイードの燃えるような領土回復主義を抜きにしても、また、ウエストバンク〔中東のヨルダン河西岸地区〕の先祖伝来の土地や、(アラブ側にいわせれば)シオニストのペテンのために失われた東イスラエルの快適な別荘に関するサイードの想いを抜きにしても、ルイスのこうした見解はサイードの気持ちを害するものがあるであろう。

ユダヤ人のアラブ学者として最大の人間(サイードは民族主義者として、ユダヤの東洋学者と論争を戦わしている際、巧妙にも無視する戦術をとったが)は、バーナード・ルイスではなく、プリンストンの町でプリンストン大学とは反対側に位置する『高等研究所』で、一九七〇年代に研究活動をしていたソロモン・ゴイタインであった。この研究所は一九三〇年代に、ユダヤ系ドイツ人の物理学者や数学者や古典研究者の避難所として、ユダヤ人が経営するデパートの出資金で創られたものである。一九七〇年までにはユダヤ人の学者たちのために奉仕する要素はなくなったが、この研究所もプリンストン大学も熟年期のソロモン・ゴイタインに安息所となり研究活動に最適の条件を提供してくれた。

ゴイタインはドイツの、ユダヤ人の指導下のオリエント学者たちの中のゴールドツァイハー派の出で、三〇年間エルサレム・ヘブライ大学で指導的立場にあった教授の一人であった。ぬきんでた学識を生かし多様な業績をのこした点で匹敵する存在は、ユダヤ系ドイツ人ゲルショム・ショーレムあるのみである。こういったからとて、人文学(ユダヤ人の歴史研究を中心に活動がなされている時でも)に対するイスラエルの支援を高く評価することにはならない。五巻からなる彼の権威あるライフワークを仕上げるのに、結局彼はアメリカに移住せざるをえなかったのである。

二〇〇〇ページからなる彼の著作『地中海社会』は、中世ユダヤ人の歴史に関するずば抜けて重要な書で、地中海をとり巻くイスラム世界の経済史および社会史全体に関しても重要な書である。西暦一〇〇〇年から一三〇〇年に至る時代を、そして、ほとんどが商業に携わる当時の裕福なユダヤ人の家族の生活を、悠々たるテンポで記した個性的で詳細な、どの箇所も誠に魅力的な著書である。基になる資料は中世のカイロ（現在のカイロから数マイル離れた、今はフスタット）のシナゴーグの書庫で見つかった文書である。

一八九〇年頃、少数のきわめて興味深い手書きの文書が――アラビア語、ヘブライ語で記された商人の書簡や家族の記録が――中世期のカイロで発見され、エジプトで売りに出されて、めぐりめぐってユダヤおよびオリエントに関する学問研究の中心的研究所に、中でもケンブリッジ大学に、所有されるところとなった。ケンブリッジ大学で、若いラビであるソロモン・シェクターがユダヤに関する諸々の学問の研究教授〔講義を担当せずに研究に専念する教授〕に新たに任命され、カイロにおもむいた。英国政府（当時は、ロンドン在住の裕福なユダヤ人たちと個人的に親しい上流階級の保守党員たちが掌握していた）による奨励金ももらったシェクターは、その地のある大きなシナゴーグで、その貯蔵室ないし倉庫が梁の高さまで一杯に中世の文書が保管されているのを発見した。

しきたりを守るユダヤ人は、神の名（ないし、その頭文字）が記された文書を決して破棄してはならぬと心得ていた。そのためにカイロの著名なユダヤの家族は、空文化した契約書や古い手紙で、神の名前が記されたものは永久に保存するために保管場所にあずける習わしに従った。しばらくすると、このシナゴーグの保管場所であるゲニザに、今日なら相続人を通して大学ないし国の保管所に預けるであろう類の、あらゆる種類の家族の記録を預けるようになった。この慣行はカイロでは一八世紀まで続いた。シェクターはゲニザに収納された文書の大方を（全部ではない）ほどほどの値でケンブリッジ大学の図書館が買いとる取り決めを結んだ。彼自身は、中世の宝であるこのコレクションの研究に少し手を染めたにすぎなかった。まもなく彼は、ニューヨークに創設されるユダヤ神学校の創立者で、かつその校長になる申し出をうけいれたからである。

地中海をとりまくイスラム教世界におけるユダヤ人の裕福な実業家や商人たちの活動ぶりを秩序だてて叙述するために、ゴイタインがゲニザに収納されていた記録文書を組織的に入念に利用し始めたのは一九三〇年代になってからで、四〇年代、そしてその後の三〇年間、分析し推理を働かせ研究を続けていった。それには、限りない時間と大変な熱意と忍耐心を要しただけでなく、言語学と古文書学の図抜けた能力（および筆跡判読の能力）を要した。

一八五〇年から七五年にかけて、ユダヤ人の歴史についてグラエッツが記した先駆的な数巻の研究書、ならびに一九五〇年代から七〇年代にかけて出版された、一二〇〇年から一八〇〇年までのユダヤの神秘主義とメシア信仰に関するショーレムの数巻の叢書ものと並んで、ゴイタインの『地中海社会』は、これまで世にでたユダヤの歴史に関する最も卓越した研究書である。彼の著作は今なお一般の人々にはほとんど知られていない。悠長で脱線が多く詳細で長すぎるため、一般の読者には近づきがたいのである。

あらまほしいゲニザの資料の利用方法は、最初にすべての記録をくまなく調べ、次に原文を翻訳した二巻からなる選集を出し、次に、出版されているもので資料に使ったものに言及しつつ、ユダヤ人とアラブ人の上層中流階級の社会に関する社会学を一巻にまとめて出すという方法である。

実際にはゴイタインは、文書の意義に関する長々しくとりとめのない解説と共にそれらの文書を世に出した。五巻からなるこの研究書は（「家族」とか「個人」とかの）トピックごとに区分けしたむね記されているが、現実にはそうなっていない。ほとんどの箇所は、資料をあさりつつ手じかの資料をなんでもそれについて記していく、そんな印象を受ける。さらに、彼が世を去る直前の一九九〇年に出た最後の巻では、初めの一巻、二巻よりユダヤ人の行動様式にずっと批判的になっていて、ユダヤ人の生活様式はアラブの支配階級のそれに、最初の一、二巻におけるよりずっと近いものとして記述されているのである。

言いかえると、この本の社会学は一貫性がなく充分に考え抜かれていない。みごとな洞察力をみせる能力もあり、卓越した記述もあるが、きわめて冗長で秩序だってなく、構想も練りあげられていない。彼の仕事はいつの日か継続されねばならぬが、その時はゲニザの文書に関する彼の研究、彼の編集・校訂に主として基づいてなされねばならない。

ユダヤに関する諸々の学問の教授たちは、ゴイタインの著作は、一九五二年に出版され世に知られている、一六世紀末の時代を分析した二巻もののフェルナン・ブローデルの『フィリップ二世時代の地中海世界』〔浜名優美訳『地中海』〕に匹敵することを示唆してきた。この比較はゴイタインにとって有利ではない。ブローデルは資料の社会学的処理に熟達し、数量化をとりいれた組織だった手法を心得ていたのに反し、ゴイタインの悠長な五巻からなる研究書はそんな手法が欠けているからだ。とはいえゴイタインが中世のユダヤ人の社会や文化を理解する上で、画期的な貢献をしたことにかわりはない。

一一世紀初頭、スペンのシナゴーグ共同体が、依然として法律上の問題事の解決をイラクのガオンたちに頼っていたことは、地中海をとりまくアラブ世界のユダヤの商人たちの活動領域が途方もなく遠距離に及んでいたことを教えてくれる。彼らの取引の場は、長々と延びる地中海沿岸地域を遠くこえて、アラビア半島をよぎる隊商たちの交易路とつながりをもっていた。そしてこの交易路はインドでの商業活動につながっていた。

西暦一一〇〇年におけるユダヤ人の交易の場はポルトガルからインド西海岸に及んだ。それには不屈の精神、忍耐力、そして一時に数ヵ月間、ときに数年間も家族を離れた暮しを送ることができなければならなかった。長距離に及ぶ交易は、拡大家族に基盤を置かねばならなかった。交易に従事する商会は血縁でつながっていない人々を雇い、頼りにしたが、ユダヤ人の商業活動の仕組みは、家族と縁故をもつ人々を通して結束し、機能した。

通商業を生業《なりわい》とする家族が携わる投機的事業はつねにリスクを伴った――ポルトガルからインドに至るルートのどこででも悪天候に見舞われたら、家族の財産の多くをつぎこんだ商品を載せた船が一瞬にして海の藻屑と消える怖れがあったからだ。こうしたことはすべて一七世紀の英国やオランダの商業資本主義に共通したことであるが、一一世紀にすでにそれが、ユダヤ人の商業資本主義を形成する構造であり行動様式であった。

複数の国々をまたにかけて活躍するユダヤ人の商人たちはきわめて合理的な思考の持主で、慎重な思慮を働かせつつリスクの高い事業に従事していた。成功する公算はどの程度か、奇禍に見舞われたとき生きのびる確率はどの程度か承知していた。彼らは活動情況を綿密に管理し、注意深く記録し、大変な遠距離間の商業通信を果てしなくとりかわしていた。往復の通信に要する時間が数か月かかることもあった。多額の財産をつぎこんだ東アジアとの交易が、一財産をもたらすか惨憺たる結果に終るか知るのに五年もの歳月がかかることもあった。

彼らは忍耐強く自信にみちている必要があった。彼らは己を律するに厳しい、禁欲的な気質であった。神慮を一貫して信頼していたが、自分たちの利益のために神慮が介在してくれるとは思わなかった。神は近寄りがたいが慈悲深く何も言わぬ、予測不可能な存在であった。

通商業で生計をたてるユダヤ人の家族は大世帯を形成して快適な暮らしをし、要請があればすぐに安い労働力を社会に供給した。彼らは料理に関心を払い、分量がたっぷりある食事をとった。だが浪費せずに収入にみあう暮しをした。というのは、彼らの交易事業は小さからぬ失敗のリスクを背負う冒険的要素をはらみ、突然財産を失う危険性を抱えていたからだ。

ほどほどの学識を心得るだけの商人階級のユダヤ人は、伝統的な学問に敬意を払い、宗教上の注解書や説教や教訓を記した本をよく購入した。タルムードに記された掟に関する大いなる権威者であるラビや学問に蘊蓄《うんちく》のある人が、依然として社会で最も尊敬され、人々はいとし娘でさえ喜んで嫁がせた。医者は個人的に重宝がられた職業であり、商業資本主義らしく速やかに場所をかえて営業できる事業家も大変敬意を払われた。

伝統的なハラカーの掟をどのくらい遵守していたかを知るのは難しい。安息日と主要な祝祭日は遵守されていた。彼らはシナゴーグに所属し、シナゴーグとそれに付属する学校を運営する費用を出していた。すべての争いごとは共同体内のラビの法廷で伝統的なやり方で解決するのを好んだが、時にそういかないこともあった。彼らは慈悲深く、共同体は生活困窮者や孤児の生活を支える義務があると考えていた。食事の規定をどの程度細かく守っていたかは定かでない。とはいえ彼らが旅していた土地・土地では、上質の菜食主義者用の料理が広く知られていたので、食事規定の遵守は、肉食がもっと普通のヨーロッパの社会で暮す場合よりは、問題も少なくてすんだであろう。

ゴイタインは彼のライフワークの最後の巻で、沈痛な想いをこめて報告している。一一〇〇年までにユダヤの商人階級の男性は、同棲や女の奴隷との性交や少年とか若者相手のホモ・セックスなどと共に、アラブの社会に普通の乱交を、彼らもまた普通のこととみなすようになったと。既婚女性の間での乱交も広くみられるようになっていたようだ。性に関してはユダヤ人はアラブ化したのである。

二〇世紀後半にニューヨークに移住したユダヤ人の家族の第三、第四世代にも驚くほどこれと平行した現象がみられる。世に支配的なアラブの文化に、言語や文学や芸術の面で同化することと、性生活の面で同化することが平行したのである。教養あるユダヤ人はセム系の二つの言語を完全に使いこなしたが、アラブ語がユダヤ人にとってすら共通の文学的用語になった。ユダヤの哲学の最も重要な作品、ユダヤ人が記した詩歌の多くはアラブ語で記された。ユダヤ人はしばしばアラブ語をヘブライ文字で記したが、それはやはりアラブ語ということになる。さらに、ヘブライ語の詩歌は、とくに官能的主題や多少とも世俗的な主題を扱った詩歌は、アラブ語の詩歌を模倣した性格が濃厚な韻文で記された。ユダヤ系アメリカ人にも如上のことは顕著に当てはまる。移住して二、三世代たつとユダヤ人の作家はほとんど常に英語で作品を記すようになったからだ。

五〇〇年の間ユダヤ人の人口はほぼ一定していたが、一一世紀に入るといく分増加したようだ。アラブ人の支配下にある地中海世界のおそらく一パーセント程度をユダヤ人が占めていた（ローマ人統治下の西暦一世紀には少なくとも五パーセントを占めていた）。とはいえ地中海沿岸沿いの大都市にいるユダヤ人は、一パーセントという数字が示す以上の影響力を及ぼしていた。それでも小さな集団であることにはかわりなかった。一一〇〇年ユダヤ人の総人口は二〇〇万より、おそらく一五〇〇万の方に近かった。何人《なにびと》もその人口数によって脅威を覚えるような存在ではなかった。

だがユダヤ人は、地中海世界を中心とする遠隔地におよぶ商業活動において、きわだって活動的な役割を果していた。一九世紀にグラエツの著作が世に現れてから、イスラム教徒のアラブ人が支配する世界におけるユダヤ人の業績は、知的・文学的面に力点が置かれるのがならわしであった。ゴイタインの仕事の意義は、ユダヤ人の拡大家族を基盤にする事業が、一〇世紀末から一三世紀半ばにかけて、ポルトガルからインドまで、文明世界の半分に及んでおり、そしてそれは、知的・文学的業績と等しい、またはそれ以上の意義をもつこと、かつ又それは一七世紀のオランダ人およびイギリス人の、商業資本主義に基礎をおく思考様式、行動様式の先駆をなしていることを明らかにした点にある。

多国間にまたがる交易に従事していたのはユダヤ人の集団だけではない。当時のアラブ世界は多くの民族の寄せ集めで、ほかの民族集団も活気ある商業活動に参加していた。だがユダヤ人が卓越した存在であったのは確かである。ゴイタインのライフワークが私たちに明らかにしたゲニザの記録文書は、偶然的ではない充分称賛に値する手法で、そうした事柄を歴史的に示してくれたのである。

ゴイタインの著作は、その体力、合理性、決断力ゆえに、ユダヤ人の社会をしてこの上ない尊敬に値するものたらしめた素晴らしい人々を、数世紀の時の流れをこえて親しく私たちに知らしめた。古代の軍事的英雄とされている人々や、感傷的に描かれた一九世紀、二〇世紀初頭のハシィディズムのラビたちと並んで、中世のハラカーの学者たちや思想家たちを讃える傾向が近年みうけられる。一〇〇〇年から一二〇〇年の間に活躍した、ゴイタインが挙げた商業資本家たちは、疑いもなくこうした名誉ある仲間につけ加えられるにふさわしい。

中世の地中海世界に住む高度に専門化し、いく分エキゾチックな感さえ与える少数のユダヤ人の集団の中から、とくにスペインとエジプトにいえることだが、ユダヤ共同社会の強力な指導者のみならず、アラブ人の統治機関の中で高官に抜擢され、抜群の能力、風采、影響力ゆえに広く令名を馳せた、裕福で教養のある一握りのユダヤ人たちがいた。この時代、こうして一番大立者のユダヤ人は、「ガオンのだれそれ」ではなく、アラブの統治者の主要閣僚として貴族的な王朝を打ち建て堅固にするのに一役かった「だれそれ閣下（プリンス）」ということになった。

だがそれには危険が伴った。アラブ人の統治体制、言い換えるとイスラム教徒の王朝は、長期間にわたる安定性を保持できる類のものではなかった。大きな抱負をもち政界に活躍するユダヤ人にとり政変は破局的な意味をもちえた。本人のみならず身内の者、血縁の者すべてが、無血クーデターや何かの政治的動乱のために命をおとすことがあった。そうなると数千人におよぶ共同体の構成員すべてが身の安全と落ち着いた暮らしを奪われた。数百人に及ぶ人々が逃亡して別のアラブの専制的支配者の許へ――二、三マイルのこともあれば、遠く離れた地域のこともあった――避難せねばならなかった。シナゴーグと快適であった住まいは、住む人もなく、荒涼として後にとり残された。

アラブ世界における政治家は危険な職業であった。それでも高い地位に登りつめたいと願う野心家のユダヤ人がいた。

七世紀半ばにイスラム教の軍勢がアラビアの砂漠地帯から北へ押し寄せていったとき、彼らは短期間で圧倒的な勝利を収めた。相手側の主力をなすビザンティン帝国のギリシア人とペルシア人が、互いに破滅的な長期戦をまじえ、行き詰まり状態になり、疲れきっていたからだ。地中海世界の中で体制派に属さぬ集団であるユダヤ人や異端のキリスト教徒たちの救けもあって、七世紀後半にはアラブ人たちは広大な政治的体制を打ち建てた。それは、シリアのダマスカスに首都を置き、領土はイランからスペインにおよび、草創期のマホメットを支えたアラビアにできた王朝が掌握する専制君主制によって統治されていた。

このイスラム教の統一国家は長続きしなかった。イスラム教に改宗したペルシア人たちがダマスカスの専制君主制の王朝の主だった人々を打倒して、テヘランに都をおく独立したイラン人の国家を創ったからである。八世紀中葉のこの政変は、元のイスラム教の世界国家が崩壊する兆しであり、イスラム教下の地中海世界各地に独立した独裁制の王朝がうちたてられていく兆しであった。

その後の地中海イスラム教社会の政治の歴史は、さらなる一連の政治的変動により特徴づけられた。統治者である一門は、側近者革命あるいは軍事的反乱あるいは外国の侵略で次々に変わった。不安定な政治的情況は野心家のユダヤ人に好機を提供した。新しく支配の座についたものの、行政と徴税に不慣れな統治者たちに貴重な助けを提供したからだ。

アラブ人の支配者の下に著名な閣僚として仕えることは、政治的に危険で身の安全も危うかった。権力を強力に掌握しているように見えても、一夜にして不安定なものになったからである。とはいえ、ユダヤ人の家族の中には貿易業や銀行業やユダヤ共同体の指導的地位をすて、国王に仕える身になり、出世して一時のあいだ国王の側近になる者もいた。高官に登用されると、通常はその地位をしっかりしたものにし、息子あるいは甥につがせようと努めた。

東洋のイスラム教の国々の支配者たちは通常非妥協的にすぎて、ユダヤ人に統治機構の重要な地位につかせることはなかった。とはいえ、イスラム教の国スペインのアンダルシアの比較的寛容な空気の中で、一〇世紀と一一世紀にユダヤ人が政治的に重要なポストについた例が少なくとも二つある。医者で作家のハスダイ・イブンシャプルトは、一〇世紀の半ば、コルドバの統治機構の中の高官になった。同時代人のユダヤ人たちはこの宮廷人を畏れ敬う気持から、彼をナーシー（閣下）と呼んだ。

一一世紀初期にはサミュエル・イブンナグデラはイベリア半島南部の小さな公国の君主に高位の行政官として仕えるのみならず、将軍としても成功を収めた。サミュエルはハスダイ・イブンシャプルトと同様に重要な作家で、ナギドゥ（大立者）と呼ばれた。彼の息子のヨセフは父親の後を継いで閣僚の一員になったが打倒され、グラナダに住む大方のユダヤ人も政権を握る人々が変わると殺害され、あとにはユダヤ人排斥の暴動が続いた。

こんな風にアンダルシアで異彩を放った人物は一八世紀に至るまでユダヤ史の中で大きな存在であった。

宮廷人であり、言葉を操る能力と磨かれた知性と財政上の優れた手腕を異邦人の支配者のために役立てて、ユダヤ人の共同体の中で非常な敬意を払われる学識と私有財産を誇る人は、宮廷に仕えるユダヤ人であり、通常王権による保護と特定の利権を確保することで自分と同じ宗教を信じる人々に役立つことができた。そして、普通はユダヤ人の世界の文学や芸術のパトロンであり、しばしば自身が重要な作家でもあった。その立場が困難をはらみ、問題をかかえていたことはいうまでもないが。

一二世紀も中葉をすぎると、北アフリカからスペインにやってきたイスラム教徒の支配者たちの間に非妥協的空気が漂うようになり、ユダヤ人がアンダルシアの統治機構に一役かうのが困難になると、ユダヤ人たちは国境を越えて、着実に版図を広げていた北方のキリスト教国スペインに移住して、キリスト教徒の支配者たちに仕えた。ユダヤ人の行政面での経験や能力、とくに財政的手腕をスペインの支配者はしばしば高く評価したのである。ユダヤ人たちは、イベリア半島に公式にはユダヤ人が一人もいなくなる一五世紀末まで、キリスト教国スペインの宮廷で活動していた。それ以降は、キリスト教に改宗したユダヤ人たちが、宮廷に仕えてきたユダヤ人の伝統を存続させた。

グラエツも含めて現代のユダヤの歴史研究の方法論を確立した人々が、イスラム教スペインにおける九〇〇年から一二五〇年に至る時代を、中世のユダヤ民族の黄金時代と名づけたのは、ユダヤ人が統治の一翼をになったためでも、通商上の業績のためでもない。今日ではこの呼称はやや素朴に思われるが、アンダルシアの地でユダヤ人が記したものを集成するなら――詩歌の面では、聖書以後一九世紀後期に至るまでに記された最も意義深い詩歌集があり、哲学の面では、フィロ以後一七世紀に至るまでに達成された最も偉大な業績が含まれる――をみれば、おおむね正当と評価できる。

このアラブ世界でのユダヤ人のルネッサンスにおいてスペインが一番の舞台となった地域ではあるが、

それは地中海世界の枠をこえた運動で、エジプト、イラク、イランもユダヤ人の学問およびその他の創造的な知的活動が盛んな中心的地域であった。ユダヤ人の学問、文学、その他の知的活動の盛り上がりに関してまず理解さるべきことは、ユダヤ人は自身の伝統を支える拠り所をアラブ世界だけに頼ったのではない点である。ユダヤ人が記した新しいもののほとんどはアラビア語で記されたが、知的な基礎は主としてギリシア並びにヘレニズム世界にあった。アラブ人がなしたことは、ギリシアおよびヘレニズム世界の哲学、科学、文学および美術の様式をひき継ぎ、磨きをかけたことである。

中世の時代のイスラム教支配下の地中海世界および近東世界の文化と知的活動の歴史は、アラブ諸民族によって速やかに吸収されたギリシアとヘレニズム世界の思想の、ギリシア・ローマ没落以降の、発展ぶりを扱った章のようなものだ。アラビア語を通して伝えられるこのギリシアとヘレニズム世界の文化遺産は、ユダヤ人の知識人にとって自分たち自身の思想や書き物への強力な刺激となった。大まかな区分だが九〇〇年から一二〇〇年に至る時代が、ユダヤ人の知的活動が大いに発展し創造性に富む複雑な時代となったのは、当時ユダヤ人が繁栄した比較的安全で平和な暮しを享受していたことも一因だが、最も大きくそれに寄与したのはこの文化遺産であった。

このアラブ世界のユダヤ人のルネッサンスに関する書物は沢山ある。なかでもゴイタインとサロ・バロンの著作は有益で洞察に富むが、決定的な研究書は出ていない。これまでの書はすべて特定の個々人に照明を当てたもので構造的な理解を詳細に試みてはいない。

ゴイタインのこの時代の発展を解く鍵となるものを提供しようとする試みは、大変興味深く刺激的ではあるが、結局のところ説得性に欠けるイスラム教は……ユダヤ教から生れ血肉をわかちあっている。アラビア語がヘブライ語に大変近しいように、イスラム教はユダヤ教を鋳直し、拡大したものである。それゆえユダヤ教はイスラム教文明からいろいろなものを自在にふんだんに引き出しえた。同時に、その独自性と本来性を、現代世界やアレクサンドリアのヘレニズム世界におけるより、はるかに完全に保つことができたのである。

一〇世紀から一三世紀にかけて地中海世界のユダヤ人の文化に実際に起きたことは、ゴイタインのこの概括とは大きく異なったものであったようだ。その発展の仕方は、もっと弁証法的でイデオロギー的性格の濃いものであった。

ユダヤの商人や実業家が享受した富、慰安、身の安全と、アラビア語を通して哲学と文学を熱心に吸収したこととは、彼らをして新しいユダヤ文化の創造へと向かわせた。アラビア語とヘブライ語が共に使われていたのであろうが、ユダヤ人が記した重要な散文の書き物は、哲学でも想像力を駆使した文学でも私的な書簡でも実務的な手紙でも、ほとんど皆アラビア語で記された。ヘブライ語の詩歌ですら、モデルとなったアラビア語の作品とそのモチーフから大きな影響をうけた。ヘブライ語自体がアラビア語の言語学を応用することで明晰さと力強さを新たに獲得した。

こうしたすべてから、また、ギリシアの哲学と科学、ヘレニズム世界とアラブ世界に継承され発展したそのギリシアの哲学と科学、およびアラブの神秘主義とエロチシズムを利用しつつ、新しい世俗的なユダヤの文化が初めて結晶化した。その新しい文化は一方で、聖書とタルムードに基礎をおくハラカーの伝統を少しも損なうことなく保持していた。アラブ化したユダヤ文化、および地中海世界の生活のスタイルと波長のあうリベラルな世俗文化は、ユダヤ人の神学および倫理と合体したものになっていくであろう。

西暦一世紀のフィロのヘレニズム風のユダヤ教にも同じ傾向が多少みられたが、今度は、携わる知識人の数の点でも、ユダヤ的枠組みの中の世俗的文化の多様性の点でも、ずっと幅広い基礎の上に築かれ、より精力的なものであった。中世地中海世界のこうしたユダヤ人の文化運動に類するものを見つけるとなると、一九世紀ドイツのユダヤ教学運動、そして最も盛りあがりをみせた一九三〇年代、四〇年代におけるアメリカのユダヤ教改革・再建運動しかない。しかも、似ているとはいえ、後者の方が見劣りするのである。

この運動に携わった人々の中で偉大な人々の名をあげれば、サーディア・ガオン、バーヤ・イブンパクダ、ソロモン・イブンガビロル、ユダ・ハレビそしてモーゼス・マイモニデスである。

とはいえ新しい文化はあまりに多くの矛盾・対立する要素を抱えていて、統合され明確なかたちをとるに至らなかった。リベラルな合理主義とハラカーに準拠するユダヤ教の両方に通暁していたマイモニデスですら、非妥協的な伝統的ユダヤ教を統合させることはきわめて困難であると知った。イスラム教世界が一二世紀後期になって包容性を失い、そのためユダ・ハレビが晩年に採用した新保守主義的姿勢が勢を強めていった。このことが、ギリシア、ヘレニズム文化の中心的な相とアラブ世界の知的、文学的体系とを統合しようとする意欲を喪失させた。

一三世紀に入ってハラカーに準拠するユダヤ教が再び勢いを盛り返し、知的狭隘《きょうあい》さが是認され、全体論的意味が天文学、悪霊学、神秘主義が一緒になった思想によって補強された。一二〇〇年以降のこうした文化の変質と反動とが、新しいユダヤの文化の創造への意欲を失わせたが、それには小さからぬ代償が伴なった。ユダヤの思想が硬化し粗雑化し、知的自由と感性が抑圧されたとき、自己の知的成長をはかる途として、ユダヤ教から他の宗教、特にキリスト教への改宗が正当視されるようになった。多くの能力ある人々、優れた気性の人々が一二〇〇年以降の保守主義の反動により追いたてられるようにユダヤ人の共同体から去っていった。長期的展望にたつと、黄金時代というテーマは勝利ともなり、悲劇ともなり、顕現ともなり失敗ともなった。

あらゆる経済的、政治的利点に恵まれ、発展する多様な文化とアラビア語を通して接触しえた地中海世界のユダヤ人共同体は、いついつまでも知的繁栄を維持したり、広く人々のコンセンサスがえられるタルムード以降のユダヤ文化を発展させ、それがその後のユダヤ世界の思想と信念の礎となったという風にはいかなかった。黄金時代の文化は内面からのイデオロギー上の矛盾によって特徴づけられていた。中心となる思想家や作家は称賛に値したが、過去からひき継いだ伝統的ユダヤ教と両立させうる統合した世俗的文化を集団としてつくることには失敗した。

スーラのバビロニア校の校長であるサーディア・ガオン（サーディア・ベン・ヨセフ、八八二－九四二）の思想は、その後のアラブ的ユダヤ思想すべてのひな型となった。彼はアラブの哲学に精通し、聖書をアラブ語に翻訳し、重要な著作はほとんどアラビア語で記した。さらに彼は、聖書に記された啓示を支援するためにギリシアの哲学の翻案を是認し、アラブ人がギリシア哲学を解説し注解をつけるのをよしとした。

サーディアの見解では理性の目的は啓示を確証することにあった。字義どおりの真実が聖書に記されていることに疑いの余地はなかった。哲学的思索は聖書が提示するものと同一の教義に至る一つの道であり、奇跡によって聖書に提示され、五感を通して経験的にも確証されている神聖な真実に対し、疑念をさしはさむことなど考えられなかった。

サーディアは、モーセが紅海を二つに分けた話のような聖書に載る数々の奇跡を、疑いもなく実際にあったこととして、啓示の真実性の証として、受け入れた。

主は……預言者の言葉を通して、唯一無二のもの、生きていて、強力で、賢明で、何物も、その存在、そのみ業に比べることあたわざることを、私たちに告げられた。預言者たちはお告げと奇跡により、そのことを揺るぎないものにし、私たちは即座に受けいれた。後の世の思索（理性）は私たちを同じ結果へと導く。

以上の言葉の内にサーディアの理論の全体が尽くされている。

サーディアの教義の多くが後のユダヤ教の哲学の主流にとり入れられただけでなく、究極的にはキリスト教のスコラ哲学、とくに一三世紀のトマス・アクィナスが提起したスコラ哲学にとり入れられた。サーディアは認識論においては、プラトン主義者である。

観念（イデア）が思索により明晰なものになると、理性がそれを理解し、受容し、魂に浸透せしめ、吸収させる。すると人は自分が到達した観念を信じ、別の時のために魂の内に保存する。

サーディアは文化面では盲目的愛国主義者といってよい。ほかの啓示、たとえばキリスト教やイスラム教の啓示は人間による啓示にすぎぬ。旧約聖書の啓示だけが神によって授けられたもので、絶対的に信じられねばならない。理性も経験も旧約聖書の啓示を確証する。真理はただ一つしかないからだ。

神はよき教師である。神はその啓示を容易なものから難解なものへと、段階をおって知らせしめる。「神はモーセが神の声を聞きとるのを望まれたとき、モーセの目の視力と強さを考慮して、目につらくないように気をくばられた。」

サーディアの教義は今日でも、たとえばニューヨークのタルムード学院で培われるような、教養ある正統派の文化の内に広くみられる。学識豊な学長ラビ・ノーマン・ラムの著作は完全にサーディア・ガオンの伝統をついだものである。トーラーに記された真実を支持しはしても、決して切り崩しはしないということを考慮にいれての真剣な哲学と科学の研究なのである。こうして、ここから、よし知的関心の幅は狭くとも、学識豊かで自信に満ちた幸せな人々が誕生していっている。

バーヤ・イブンパクダ（一〇五〇項－一一二〇）はイスラム教国スペインで判事を務めていたラビだが、『心の務め』という著作だけでその名を知られている。彼は達者なアラビア語で記したが、少なくとも二つのヘブライ語の翻訳が中世に別々に出て、大変評判になった。今日なお正統派の仲間の間では推奨されている。

バーヤはサーディアの弟子でサーディアの神学からはみ出さぬ範囲で所説を説いた。『心の務め』は神学の著作ではなく、倫理的な説教学に関するエッセイで、アリストテレスの倫理学を少々まじえ、ハラカーに依拠するユダヤ教に則った良き生活のおくり方を説いていて、手前勝手な利己主義と禁欲的な自制のあいだの中間にある中庸の道を推奨している。

この本は全体として、月並みな訓えを集めたものを人為的で誇大なラビ風の言葉づかいで記したものである。二つの興味深い思想が含まれている。一つは神に対する新プラトン主義的な神秘的愛を抱けるようになることの推奨である。こうした高い段階に達すると、トーラーが規定する六一三の道徳的戒律を常に念頭に置いている必要性はなくなる。そうした段階は神秘的な信心家によって到達されるであろう、という。

彼の訓えは、キリスト教の説教師で神秘家であった一二世紀のクレルヴォーの聖ベルナールのそれに非常に近いようにみえる。バーヤのいう神秘的信心家は、宗教的な権威や共同体にとってやっかいな存在とならないかという問題がもちあがる。だが、ベルナールにもバーヤにも、そんな社会・政治学的見解は意味のないものであった。審美的信心家は自動的に六一三の戒律、およびその他いくつかの戒律を守るであろう。キリスト教の神秘家の場合と同様に、ユダヤ人の場合も常にそれは簡単に到達できるような道ではなかった。

バーヤの見解でさらに興味深いのはほとんどフロイト的な、人間生活に占める性欲の大きさの観念である。もっともトーラーは悩まされぬために、性欲の抑制を訓えるのであるが。性生活に対するタルムードの訓えはキリスト教のそれよりずっと現実的である（そのため早婚や配偶者との週一回の性交渉が勧められている）。

バーヤが性生活を論じるくだりは、他の箇所の平凡月並みな説教にみられぬ鋭い洞察力がうかがわれる

人間の性欲は自然の力が生み出すもの、肉体の諸々の要素が組み合わさったものである。その基礎と根っ子はこの世界の内に存する。食物が性欲を力づけ、肉体が覚える快楽が性欲を勢いづける。一方、知性はここでは余所者で、助けも友もない……それゆえ知性は弱まり、情欲という強力な力をはねつけ打ち負かすのに、他の手段をかりる必要が生じる。だからトーラーは色々な種類の食物、衣服、性交渉を禁じ、性欲を強めるので身につけてはいけない習慣や持ち物をいくつか定めたのだ。さらにトーラーは性欲に逆い、対抗する手段を用いることを勧める。

性生活に関するバーヤの見解はギリシアの道徳哲学と一致する。共にフロイトのイド、超自我、自我の

三つ組みをいく分先取りしている。決定的な違いは、バーヤにはハラカーの抑圧の影響を緩和し、おそらく意識に対する逆機能としてそれに応じるであろう無意識の観念が存しないことである。しかし今日ユダヤ正教徒で精神科医のユダヤ人はなかなか見つからないであろう。

ソロモン・イブンガビロール（一〇二一―五八）はラビではなく詩人で、衣食のめんどうは裕福な宮廷人にみてもらっていた。彼は自分を小柄で、醜く、傲慢で、病弱な人間と記している。哲学者としては彼は純粋に新プラトン主義者である。その著作の一つのタイトルにあるように神は『命の泉』である。知的にそして精神的に頭脳を働かすことで魂を神に返すことが私たちの役割であるとする。この思想にオリジナリティはない。西暦二世紀にアレクサンドリアの哲学者プロティノスが詳細に述べていて、プラトン自身もほぼ同じ趣旨のことをいっている。

イブンガビロール（キリスト教圏のヨーロッパではラテン語訳のアヴィケブロンの名で知られている）について注目すべきことは、ヘブライ語の詩人としての能力である（アラビア語でも散文の著作を残している）。彼は中世のスペインの最大の詩人とみなされていて、その詩はセファルディの祈禱書に載せられている

朝な夕な欠かすことなく私は汝を求めてきた
汝に手をさしのべ顔をむけ、戸口で哀れみを乞う乞食のように
今、私は汝をかつえ求める心の叫びをあげよう
神よ、私はどれほど長く汝を空しく待つことになるのでしょう
汝の民はどれほど長く追放の身でいなければならないのでしょう
われらはあちこち放浪の旅を重ね、あるいは、わびしく追放され奴隷の身となり

それでもわれらは、いずこの地をさすらおうと
栄光の主はここに居たまうと宣言する

こうした詩には予言的な響きが聞きとれる。わずかに個人的で人間的なところと、原初シオニズムの強い響きがある。彼の最も野心的な作品は長編の宗教詩「王冠」で、神と人との関わりに関するユダヤ教の伝統的な見解が、新プラトン主義の文脈の中で峻厳に唄われている

日々の暮しの中　汝のお顔を私から遠ざけたり、隠したりすることなからしめたまえ
私の罪を浄めたまえ、私を見捨て、救けを放棄することなからしめたまえ
名誉ある暮しをし、名誉ある死に様で私をみまからせたまえ
汝がこの世から私をお召しになるとき、来世の暮しへ安らかに移らさせたまえ
私を天上にお召しになられ、聖者の一人として暮させたまえ
永遠の命に与る人々の仲間に加えさせたまえ

中世のユダヤ人の宗教的作家たちの中でイブンガビロールは最も普遍性をもっている。彼の詩はキリスト教の環境にも、ユダヤ教の環境と等しくぴったり適合する。ラテン語に訳された彼の作品を読んだ一二世紀のキリスト教徒たちは、アヴィケブロンがユダヤ人であるとは知らなかったのである。

ユダ・ハレビ（一〇七五―一一四〇）はイブンガビロールと同じく最初のシオニストであるが、イブンより率直・激烈で、二〇世紀のシオニストたちは、中世における自分たちの偉大な先駆者とみなし、しば

しば彼の民族主義的詩、とくに次の詩を引用する

私の心は東にある　なのにこの身は極西の地に住まう
食物に　なんで風味を覚えよう　なんで美味しかろう
なんで誓約をたてたり　契りを結ぶことができよう
シオンはエドムの枷《かせ》の下にあり　この身はアラブ人に拘束されているのに

ハレビは詩人で、医師で、ラビで、共同体の指導者で、時事評論家であった。在世時には、地中海世界のユダヤ人社会で広く知られ、死後は崇められた。生涯の最後の数か月間をエルサレムへの巡礼の旅に費やした。カイロに立ち寄ったが、シナゴーグの書庫に残る記録によれば名士として待遇された。聖地パレスチナに辿り着いたか否かは定かでない。シオンの岸辺にひれ伏して地面に接吻している際に、馬にまたがったアラブ人に殺害されたという言い伝えが遺されている。だが、アレクサンドリアの地で彼を歓迎するユダヤ人たちの生活圏外にまでは旅しなかったであろう。

ハレビは不穏な情勢のスペインに暮していた。イスラム教原理主義の最初の波が北アフリカから海峡をこえておし寄せ、政治権力を掌握すると、ユダヤ人の暮しの安全は以前ほど保障されなくなった。ハレビはキリスト教徒を王に戴くカスティリアの比較的友好的雰囲気の宮廷で、生涯のある時期を過ごしたが、パトロンが殺害されるとイスラム教の支配する土地に戻った。

ハレビは並々ならぬ学識を備え、諸々の科学、哲学、当時の医学に関し十全な知識をもっていた。さらに、歴史学と民族学にも深く考察をめぐらしている。とくに晩年の仕事は彼の同時代人および後の世代の

人々に影響を及ぼした。彼はギリシアの（すなわち、すべての世俗的な）学問に対し怒りと侮蔑感の伴う嫌悪感をもっていた

ギリシア人の知恵に心惹かれるなかれ
果実はなく、あだ花のみ
ギリシアの賢人連中の言葉は混乱し
虚ろな礎の上に、繕《つくろ》いだらけ
虚ろな心に、価値なき空しい弁舌
されば、まっすぐな大道を捨てて
なんでくねくねとねじれる小道を求める要があろう

自己の主張をこうして韻文で述べるだけでは意にみたなかった。ハレビは権威ある新保守主義の論文を著す仕事にとりかかり、習得した学問の実《じつ》のあるところすべてを技巧をこらして（韻文の場合ほどではないが）記した。できあがった作品が『クザリ』で、原題は（書簡に彼が記したところでは）『おとしめられた信仰の弁護の証と論駁の書』というもので、彼はこの書のおかげで名が知られている。『クザリ』はアラビア語で記された。現代のユダヤの歴史家たちはこの本を大層称賛するが、極度に復古的で反知性主義的で、冗長で決して達者な文章ではないことを思えば驚くべきことである。

この本は中世の最盛期に記され、内容は、あい異なる信仰の代弁者たち、この場合はラビ、キリスト教徒、イスラム教徒がバザル族（六〜九世紀を中心に南ロシア草原で活躍したアルタイ系遊牧民）の王を、王自

身とその民のために説得して自分の信仰を受け入れさせようとして、論争をかわすという趣向で、宗教文学のジャンルに属する。

内容は虚構でも、演劇的やりとりは歴史的な根拠に基づいている。一〇世紀にクリミア半島の北方に住む名前もあまり知られていないアジアの民族、ハザル族はユダヤ教に帰依した。というか、セファルディの宮廷に仕えるユダヤ人、ハスダイ・イブンシャプルトはビザンチン帝国を通して、そう伝え聞いたのであった。おそらくハザル族の改宗はコンスタンチノープルからやってきたユダヤ人の商人ないし宣教師の影響を受けてのことであろう。ハスダイ・イブンシャプルトはハザル族の王と接触しようと執拗に試みたが失敗した。おそらく、その頃には王国はスラブ族によって打ち倒されていたのであろう。

ハレビはこの広く知られた話を自己の見解を詳説するために演劇的に利用したのである。彼は真理を伝えるのに哲学的に理を説くのを退け、啓示を説いた。哲学者たちの間で意見が異なることは、知力は神への導きとならぬという点である。アリストテレスが提供した知識は真理とみなされるべきではない。唯一の信仰の原則は「創造主の実在と、創造主が欲するときに欲することを行なう能力」を信じることである、そう彼は説く。

この原則を知るのは、ほかのあらゆる民族より倫理的に優れたイスラエルの民に対する神の啓示を通してなのである。改宗した異邦人ですら生れながらのユダヤ人には及ばぬ。

ハレビは、ユダヤの「完全なる果実」はイスラエル民族の祖先（アブラハム、イサク、ヤコブおよびその父祖たち）を通して有機的に成長・発達し、モーセに至り完全なものになったという一種の原進化論を提示する。「そのとき彼ら（ユダヤ人）は、光が出現し、神意が顕れるに値する人々であった」、ユダヤ人の卓越性に呼応し、その言語も他のすべての言語に優る「アダムとイブに啓示が示された言語である」。聖地におけるユダヤ人はあらゆる人間の上に立つであろう、「汝らの間に神が来臨されたが故に、汝の土地は肥沃に、降雨もほどよくなった」。

現代のシオニストたちがハレビを愛する理由は理解するに難くない。だが、強い精神の持ち主、重要な思想家として歓迎されているのは驚きである。『クザリ』には後代に生まれた国粋的、民族主義的預言者という要素以外に何もない。ハレビが晩年に記したものに関して大変当惑を覚えさせられるのは、彼自身かつて親しんだギリシアやアラブの哲学的思想を、若い世代のユダヤ人が知ることを禁じたことである。彼は正統派の見地に立った検閲と思想統制を唱道した。

モーセ・マイモニデス（ラビ・モーセ・ベン・マイモン、ラムバム、一一三五―一二〇四）は、地中海のユダヤ・アラブ世界のルネッサンスが生みだした最も野心的な理論家であった。彼は聖書に登場するイスラエル民族の祖先たちや預言者たちと共に、ユダヤ人の指導者を祀る世界的規模のパンテオンに祀られてしかるべき人物とみなされている。「モーセ以来モーセが世に現れるまで、モーセのような人物はいない」。とはいえこの名声は、タルムードの法を彼が成文化した『ミスネ・トーラー』と、ユダヤ教の信仰の規範になる『一三の原則』となるものを、彼が組織的に記述したことに基づいており、彼の時代に大いに論争の的になった彼の哲学的著作のためではない。

マイモニデスは、とくに南フランスのプロバンスの神秘主義的傾向のラビたちの間に、極端な合理主義に対する激しい対立感情を喚起した。彼の主要な哲学的著作は一三世紀後期、ラビの仲間うちでは読むのを禁じられ、一九世紀に至るまで研究されなかった。

その間にキリスト教世界では彼は相当な名声をかちえた。彼の主要な哲学的著作『迷える人への手引き』はラテン語に訳されよく研究された。なかでも一三世紀半ばパリ大学のドミニコ会のスコラ哲学者、聖トマス・アクィナスによって。アクィナスは、マイモニデスがユダヤ教の思想のためになした仕事を、自分はキリスト教の思想のためにしていると考えていた。つまり啓示された信仰と、当時知られていた最高の科学、すなわち一二世紀半ばに翻訳を通して初めて読めるようになった体系を備えるアリストテレスの学説とを、総合ないし統合する試みをした。

マイモニデスは哲学的思索、科学的思索は特権をもつ少数のエリートだけがなしうると信じていた。ユダヤの民衆たちの大方は、トーラーに啓示されている真実、およびタルムードとその解説書に提示されている口伝の律法をうけ入れ、それに基づいて振舞うべきである。ユダヤ教の『一三の原則』に彼はそのことを要約してみせた。彼は神の権威、摂理、無形性を淡々と記したあと、一二番目の原則をやや挑発的な調子でこう記す。「私は救世主の到来を完全に信じている、それが遅れていようと、毎日私はまちうけている。」

一三番目の原則は死者の復活である。それは説明ぬきである。死者の復活は、メソポタミアからとり入れ、パリサイ人の時代後期以降ユダヤ教の信仰の一部となったものだが、一つの信仰個条として明確に述べられたのはこれが初めてであった。

ユダヤ人共同体の一員であること、そして善良な人間であることとは、これらの原則を遵守して行動することにほかならなかった。「これらの原則をうけ入れ心から信じるなら、その人はイスラエルの共同体の一員である。その人を愛し、心遣いするのが私たちの務めである。」

マイモニデスは、正統派の篤い信仰をもつ人は共同体内の福利の分配を指図する権利をもつという。ある見方からすれば、これは顕著に人道主義的教義となり、別の見方に立てば、進取の気性を抑え依存関係を合法化することになる。伝統的な信心は共同体内の慈善行為を保障する。とくに一九世紀の東ヨーロッパでは、マイモニデスの心遣いを推奨する理論は社会的には逆の効果を生み出した。彼は人々の世話をよくみる寛大で心の暖かい人間であった。彼はコルドバに生れ、判事を務める著名なラビの息子であった。一三歳のとき、マグレブから来た新しいイスラム教の原理主義者が支配者となり、先の見通しが暗くなったために彼の家族は逃亡した。モロッコにしばらく住んだあと（その間イスラム教徒であるふりをしていたことも考えられる）家族はフスタート（今はカイロの一地域）に身を落ち着ける。マイモニデスは最初商人になり兄と協力してやっていく。交易のためインドに向かう航海の途上難船して、兄が亡くなり、通商を営む家族の資本を喪失する。

するとマイモニデスは医者になって名を挙げ、所属する共同体に奉仕し、かつサルタンの第一の重臣に仕えた。彼は、長い一日を宮廷で過ごし家に戻ったとき、戸口に病人の列が待ちかまえているのを目にすると大変な疲労を覚えると記している。それでも面倒をみた。そんな責務に加え、町のユダヤ人の共同体の長を長期間務め、しかもアリストテレスの仕事全体に、また、それに関するアラブ語の注釈本の多くに精通していた。彼は刻苦精励の人であり、かつ、イエメンで迫害されているユダヤ人たちにあてた書簡に明らかなように、深い同情心をもつ人であった。その書簡の中で、この点は軽率であったが、キリスト教とイスラム教への軽蔑と憎しみを表明している。

ラビの中にはマイモニデスが宗教に関して定めたことは、自分たちの権限を弱めると感じ警戒心をもつ者もいた。『迷える人への手引き』の中で彼は、信仰と理性、そしてユダヤ教の信仰とアリストテレスの科学との間の緊張を緩和しようと努めたが、彼の死後まもなく、それが猛烈な論争の種となった。フランスにおける彼の敵対者たちは、彼の死をまって攻撃を始めたか、それとも、アラビア語で記された彼の著作が訳され、写しが作られ一般に広まり、その研究がなされるまで時間がかかったためか、いずれかである。

この本は序文からしてすでに敵対心を解く性格をもっている。巻頭で彼は信心には二種類あると断定する。一般大衆の単純で軽はずみな信心と、哲学の素養を充分にもつ人の合理的思考に基づく信心と。彼は、後者の方が優れていることを明らかにする。さらに、食事に関する規定のようなこみいった掟の多くは、神の指令ではなく、歴史的・社会的にできたものであることを明らかにしている。彼の所説はときに社会的、道徳的相対主義者のそれのように聞こえる。

本論において彼は、アリストテレスの主張には、ユダヤ教と両立させることができない点が少なくとも二つあるとする。世界は創造されたものではなく、超時間的永遠のものという見解、そして個々人ではなく集団の不滅性という見解である。

世界は創造されたものか、無限の時間存在し続けるものかという問に対しては、皮肉にも、ビッグバン理論として知られているものからすれば、今日の天体物理学は、世界は創造されたとする聖書の見解の方を支持していることになる。重要な点は、中世の最盛時には、こうした事柄ではアリストテレスが全体として科学的真実の源とみなされていたことである。世界は創造されたとするアリストテレスと対照的な見解が正しいか否かは、マイモニデスにとりきわめて厄介なものであった。同じ難問に直面したトマス・アクィナスにとっても、同じであった。

個人の不滅性の問題は、個人の死に際して精神的エネルギーは宇宙の知的力に還元されるとするアリストテレスの見解から生じる。この見解は、明らかに個人の不滅性と死者の復活を認めないからである。マイモニデスは死者の復活を信仰の一三番目の信条とした。アリストテレスの科学は、この信条と矛盾するように思われた。

啓示と科学の矛盾を解決しようとマイモニデスは大変骨をおるが、すっきりとはとてもいかなかった。そのあたりのくだりを読むのは努力を要する。曖昧な言葉づかいはこの矛盾は解決できぬこと、ないし、アリストテレスの方に組していることを仄めかしている。後者の場合、彼自身の『一三の原則』は犯されることになる。

おしまいに彼は、彼と同時代のスペイン在住のアラブ人の過激な哲学者アベロイスの教義――二様の真理、つまり神の真理と科学的な人間の真理があり、両者を結ぶ方法はない――に近い説を唱えるようになる。『迷える人への手引き』の中で、そんなくだりは大変挑発的な性格をもっている

私たちが知るすべては、存在するものを見ることを通してのみ知っている。だから私たちの知識は未来あるいは無限を掌握することはできない。私たちの洞察力は、私たちがあることについての知識を獲得する、そのあることによって、更新し、増大する。主は、ほめ讃えられようとも、そんな風ではない。……主に関しては、ほめ讃えられようとも、洞察力が増すことはなく、知識が更新することも変化することもない。

マイモニデスは、今日に至るまでユダヤの宗教的、知的歴史の中心に存する難問に直面した。ユダヤ人の生活のあらゆる様相――聖書、タルムード、個人、振舞い方、そして少なからずシナゴーグの典礼――に、非常に古いそして密度のある文化が表現されている。その主な特質は、神性を超越的で全能で全知の存在とみなすところにある。アリストテレスは非常に異なる論証を展開した。そこにみられるのは、宇宙を動かす力を超越的でなく宇宙に遍在する非個性的なものとみなす、合理的で科学的な心性であり、世界

を始動させたが、世界の営みや人類の運命には、ほとんどないしまったく関知しない第一動者〔自らは動かずにすべてのものを動かすもの〕とみなす心性であった。

マイモニデスは、知的で高い教養をもつユダヤ人ならこの二つの知的世界に同時に住まうことが可能であることをなんとか論証できると考えた。彼自身できたのだから他の人々も自分に見習うことができることを示そうと努めた。この試みは失敗し、彼が挑戦してしくじった中心的問題――ユダヤ教と科学を両立させる問題――は未解決のまま残された。失敗の主な原因は、この問題がもつ根本的な意味に彼が直面しようとしなかったか、できなかったか、いずれかに起因する。

ユダヤ教の遺産を科学と両立させるには、ユダヤ教の伝統の総体的精査が必要であり、知的に錯綜した一種のガイドブックでは用をなさない。それは、神の属性、および、神と人間との関わりを再考察することが必要とされた。それは、人文主義的精神に対置する科学的精神の弁別性と正当性を認知することが必要とされた。それは、従来のものとは非常に異なる響きをもつ典礼文が要求されることであった。

マイモニデスには、時間と才能を大いに費やして知的な調和をかちとるだけの心の準備はできていなかった。そこで問題はそのまま残り、はっきり識別できる集団としてのユダヤ人の存在が浸食されていく大きな原因となった。

マイモニデスの格別の魅力は、何物にもたじろがぬ誠実さと知的正直さである。トマス・アクィナスは、アリストテレスが教科課程に含まれるテキストになっていたため、哲学と神学の教授としてアリストテレスと対決せざるをえなかった。アリストテレスが提起した問題は学術界の論争の的になっていて、アクィナスはうまく対処せねばならなかったが、マイモニデスは職業上そうした困難な問題を提起する義務を負ってなかった。彼がアリストテレスの研究を始めたのは、それがすばらしい科学であると思ったためであり、それに関する見解を述べ、彼自身が成文化し要約したユダヤ教の諸々の原則とアリストテレスの命題とのくい違いを、彼は解決しようと努めた。

自分の仕事に彼が満足したか否かは定かでない。だがラビは、とくにヨーロッパのラビたちは、彼の哲学に関する労作に強い反発を覚えた。カトリックの宗教裁判で『迷える人への手引き』が禁書処分となったのは、プロヴァンスのラビたちの影響のためであったというのはおそらく本当であろう。

マイモニデスは自分が意図したことと反対のことを、間接的にしたことになる。ユダヤ教の文化を合理的で科学的なものにする代りに、世俗的文化と伝統的ユダヤ教とを橋渡しすることの無益性と危険性を明らかにしたように思われる。そうすることで彼は、ユダヤ教を、接神論的・反科学的寄せ集めであるカバラと呼ばれる半ば神秘主義的・占星術的神知論に追いやる手助けをした。それは、ラビにとり特別に高度な学問となったが、反科学的で秘義的性格のもので、高いレベルの科学的学問ではなかった。

マイモニデスの生涯と著作には、アイロニカルで風変わりな後書きとでも呼ぶべきものが続く。彼の独り息子アブラハムは、父親にとって代り、歴史の古いカイロのユダヤ人共同体の首長になった。彼はユダヤ人のシナゴーグの儀式文集をイスラム教の訓えに沿い改革することを試みた、つまりイスラム教の祈禱の形式に近づけた。共同体の人々は怒って反乱を興し彼を追放した。アブラハムは父親と同様に一種の文化的統合を試みたのは明らかだが、彼が提唱した形式は父親が提唱したものと同様に受け入れられないものであった。

過去のある社会の文化的・知的業績を評価するには、その社会が生んだ最も世に知られているいくつかの著作物の質を、他の時代、他の地域における文学や理論と比べあわせ、鑑識眼を備えた判断力を働かせつつ評価しなければならない。

実際にそうした試みをすると、中世アラブ世界におけるユダヤ人の知的黄金時代というイメージは、ゴイタインの大変興味深い著作（冗長で散漫なきらいはあるにせよ）でいく分全容が知られるようになった、ユダヤ教礼拝堂倉庫の文書が明らかにした、貿易・通商方面でのユダヤ人の業績に比べれば、誇張されたものであると結論できる。

商業資本主義の中枢である市場経済で、ユダヤ人が思いのまま十二分にその可能性を発揮して二世紀間かそこら活動した点では、実際に黄金時代であった。経済活動の面でユダヤ人がなし遂げたことはめざましく、それは、一六世紀と一七世紀に西ヨーロッパで、そして一九世紀以降もっと広い世界で、いく人かのユダヤ人の起業家がうちたてたみごとな業績の先駆をなすものであった。

知的業績に関してはアラブ・ユダヤ世界のルネッサンスの記録は、もっと限界性のあるものであったという判断に傾く。サーディア・ガオンの業績は主として教育学に関するもので、タルムードのユダヤ教を、この時代のアラブの文学的、哲学的所説と最小限調和するよう時代に沿うものにした。イブンガビロールは、ハレビと同じく卓越したヘブライの詩人であった。そのほか数名の優れた詩人はアラビア語の文学的作品に刺激を受けた。

とはいえ理論的、哲学的な業績となると、地中海世界におけるユダヤ人のルネッサンスの勝利といっても、部分的で限られたものであった。この時期の最も著名な三つの著作を読むと失望を覚える。『心の務め』は形式主義的倫理を説いていて、たとえば性欲から生じる問題のように現実生活で直面する行動・振舞に関する複雑な問題、ぎりぎりの苦しい選択については、ときおり考察しているにすぎない。

『クザリ』には情熱と、ある種の精妙な聡明さがみられるが、結局のところ、その中身はナショナリズム的民族主義の線に沿う反知性的で新保守主義的な非難・攻撃といったものに帰着する。だがこうした視点には弁護の余地がある。まずい点はハレビの表現の仕方である。今日ではどの翻訳を選ぼうと、『クザリ』の大部分は読むに値しない。記された当時もおそらく今日よりも大いに読むに値したとはいえなかったであろう。

『迷える人への手引き』はハラカー及びアリストテレスに関する学識を反映している点、および、ユダヤ人にとって問題となるギリシア哲学の所説とユダヤ教を結びつける困難を明らかにするという大変な問題に直面している知的勇気の点で、称賛に値する。

トマス・アクィナスがこの著作に魅かれた理由、そしてマイモニデスを称賛した理由は、この誠実さにあった。アクィナスが執筆活動をしていた頃、彼の所属するドミニコ修道会の同僚たちが南フランスのラビたちの生活を極めて困難な情況においやっていたことを考慮すれば、アクィナスのこの称賛の言葉は決して簡単に口にできるものではなかった。

とはいえアクィナスが聖書とアリストテレス哲学との緊張・対立を扱うやり方は、マイモニデスの『手引き』より野心的で、はるかに大きな業績となるものであった。彼はユダヤ教・キリスト教の訓えとギリシアの科学的な伝統との緊張・対立を細かな部分まで解消しようとする壮大な哲学的学説を創造したが、それ自身が一つの文化である。入念に組み立てられた総合的なこの知的体系は、今日なおカトリック教徒だけに止まらず、広く大勢の信奉者がいる。マイモニデスの『手引き』は知的業績という点ではアクィナスの『神学大全』とは比べものにならない。

『手引き』は、ユダヤとギリシアの文化・伝統の分離状態を解決しようとする荒削りな試みで、諸々の問題は未解決のままか、彼の同僚のラビたちも一向に納得しないような解決しかできなかった。彼は、一七世紀の新しい合理主義者であるベネディクト・スピノザ（『手引き』を称賛した一人だが）が為したように、哲学の分野に新しい合理主義的傾向を創始することもできなかった。『手引き』は題名が示唆するように、論調でも、構成でも、個人的な助言のような性格をもっていて、アクィナスの総合的な論文とは異なっている。

こうした評価はマイモニデスには酷で忘恩にきこえよう。彼は共同体の指導者で、大勢の患者をかかえる多忙な医師で、かつ実地に人々を教えるのに忙しいラビであった。超絶的な神慮に礎をおく唯神論と、科学的な自然論的神の内在論との矛盾・対立性によって惹起される知的問題を、アクィナスやスピノザが独自のやり方で精巧な解答を創るのに必要とした時間や機会を、彼は見いだしえなかった。とはいえマイモニデスの著作は地中海世界のユダヤ人のルネッサンスの知的限界性を明示している。近代的思想を生む瀬戸際までいったが、約束の地に入る社会的、制度的文脈を提供するには至らなかったのである。

マイモニデスは信じがたいほどの学識、並みはずれた知力、図抜けた勇気をもつ天才であったが、彼の最も大きな抱負、すなわちタルムードにもられた伝統を無事に後世に伝える合理的な新しいユダヤの文化を創ることには失敗した。直面する仕事がどのくらい困難で複雑なのかを充分には理解していなかったのだろう。彼以降にも大した成功を収めた者がいないことを思えば、それは実際にはできないのであろう。

マイモニデスのおかげでユダヤ・アラブ世界のルネッサンスが知的な転換期に入って半世紀後、多方面で発揮されていた活力は(スペインにおける原理主義者のイスラム教徒の勝利ですでに脅かされていたが)、地中海世界の東端に起った諸々の敵対的事件により衰退していった。エジプトでは政治的動乱の結果、寛容性に乏しい支配者が政権の座についた。一方アラブ世界全体が、主要なアジアへの貿易路が閉鎖されたことと農業生産力の低下により、経済的不況に陥っていった。農業の不振は、政治的動乱のとばっちりによる、近東における灌漑網の整備状態の劣化と、おそらくは年間の降水量の減少および土地の乾燥化の進行という気象の変化によりもたらされたものであった。

地中海世界におけるユダヤ人の経済的繁栄はゆっくりと、だが、確実に衰退の一路を辿った。一四五三年にトルコ人のオスマン帝国がコンスタンチノープルを占領した。一六世紀に入ると、一四九二年頃にスペインから追放されたユダヤ人たちが、オスマン帝国の強力で聡明な支配者たちのもと、手持ちの資本金を所持してオスマン帝国に移住してきて、経済的繁栄を一時的にとり戻した時期があった。だが一六〇〇年以後イベリアのキリスト教の強国により新しい海洋航路が開かれると、地中海世界の経済全体が衰退を辿り、そのあと、今もって回復していない。そしてユダヤ人の繁栄の最後の名残もそれと共に消え失せたのである。

一七〇〇年にはアラビア語を話すユダヤ人は、貧しい農民とささやかに職人業を営む人々ばかりになっていて、一九五〇年頃にイスラエルに強制的に移住させられるまで、そんな状態がつづいた。西欧化したイスラエル人の用いる呼称にしたがえば、オリエンタル・ジュー〔中東諸国生れのユダヤ人〕たちは、国の人口の半分近くを占めながら、イスラエルでも、教育レベルも低く、権力もなく、プロレタリアートとして暮してきたのである。

第6章
アシュケナジとセファルディ

四世紀にコンスタンティヌス王朝がキリスト教に改宗したことは、陽の光を包み風景をおおい隠し、社会生活の隅々に陰気な湿気を通わせる暗く不快な雲のように、ユダヤ人を惨めな生活に陥れた。

コンスタンティヌス一世は西暦三一二年に西ローマ帝国の玉座につき、ついで、西暦三二四年に東ローマ帝国の玉座にも即位したが、母親ヘレナはユダヤ人であった可能性がある。彼女は小アジアの都市に大勢暮していた一般大衆の一人であり、酒場の給仕として働いていた。彼女は、のちに皇帝補佐官にまでなるローマ人の将校の妾で、二人の間に生れたのがコンスタンティヌスであった。コンスタンティヌスの耳に入る母親がユダヤ人だったのではないかという憶測も、彼の宗教上の改革に影響を及ぼしはしなかった。及ぼしたとしたらそれは、ユダヤ人の視点から望ましくないものであった。

コンスタンティヌスはユダヤ人を嫌悪したので、キリスト教の司教たちと計らい、イースターの祭りが過越《すぎこ》しの祭りの時期に重ならぬよう、祭りの日取りを変えた。もっともイエスが催した弟子たちとの最後の晩餐は、過越しの祭りの正餐であったのだが。コンスタンティヌスはおそらくユダヤ人は自分の母親を一度も正当に待遇しなかったと思っていたのであろう。そこから生じる憤りのためユダヤ人への敵意が一層つのったのであった。

もしキリスト教が誕生したとき、そしてその後キリスト教が苦闘を重ねていた一、二世紀間、当時は人口もずっと多く政治的にも強い勢力を及ぼしえたユダヤ人共同体が、キリスト教徒にもっと寛容な接し方をしていたら、キリスト教会がこうして政治的覇権を握り、皇帝をとり巻く司教たちが他人の意見に動かされやすい皇帝にユダヤ人を排斥する政策の実施を勧めるようになっても、ユダヤ人はああまで悲惨な運命の凋落《ちょうらく》にあわずにすんだであろう。とはいえ、パリサイ人とラビの時代である西暦一世紀におけるキリスト教は、学問でも政治権力の点でも、中心から遠い辺境の地で活動するガリラヤの一説教師を熱心に信奉する名も知れぬ宗派、草創期の弟子といえばキネレット湖の貧しく無知な漁民ばかりの宗派にすぎなかった。

もし小アジアからきた責任感に乏しく不平をこぼしがちなタルソ人のサウロ（現在キリスト教徒は聖パウロと呼んでいるが）がいなかったら、とるにもたりぬこの宗派は、信者を増やしていって、御しがたい宗教的組織・共同体にまでなることはできなかったであろう。パウロが、イザヤ書の五三章の「悲しみの人」及び「苦悩する僕《しもべ》」に関する記述と、亡くなり甦る神という聖体に関わる思想――ギリシア語を話す東地中海地方の人々の間で数世紀間流布《るふ》していた思想――を結びつけた巧妙な手法は、ラビが忌み嫌ったものであった。

イエスが亡くなったあと七、八〇年間、ラビたちはキリスト教徒を下層階級の自暴自棄の異端者たちとみなしていた。せいぜい好意的に捉えても、軽蔑されるべき忌まわしい哀れな人々ぐらいに思っていた。マリアについても冗談をとばし、売春婦みたいな女で、男たちとのふしだらな性交から生れた子供がイエスなのだと笑いながらいっていた。

草創期の頃は厳しくも自己犠牲的なパウロの伝道の旅のおかげで――敵対的なシナゴーグよりは耳傾けてくれる市場の広場で、異教の寺院の中で、うまずたゆまず彼が訓えを説いたおかげで（しばしば罵倒され鞭打たれ、町からおいだされたが）、――そして、キリスト教徒の共同体にひんぱんに賢明な慰めや助言を与える手紙を送ったおかげで、キリスト教徒の数は増えていった。ユダヤ人で改宗する者もいたが、比較的簡単に改宗したのは異邦人たち、それも最初はいわゆる異邦人の「神を恐れる敬虔な人々」であり、やがて彼らが圧倒的多数を占めるようになった。彼らは、割礼という自己犠牲的行為にしりごみしたため、最初のうちはユダヤ人の共同体への参加を許されず、シナゴーグで後部に立っている期間が長く続いた。

次第に数を増すキリスト教徒に対するユダヤ教徒の反応は、冷淡に無視をきめこむ者、鼻にもひっかけず侮蔑心を示す者、積極的に非難する者と様々だったが、一方キリスト教徒たちは、寄る辺ない少数集団の人々が抱きがちな悪意と憎しみの念を、支配権をもつ多数派で自己満足的なユダヤ教徒たちに向けて応えた。西暦一〇〇年におけるキリスト教徒とユダヤ教徒との相対的位置関係はそんなところであった。

異邦人の改宗者であれ、ユダヤ教徒からの改宗者であれ、キリスト教徒たちは、彼らが創造していた新約聖書――イエス・キリストの生涯と死、および草創期のキリスト教会の歴史の証となるべき聖なる書物――に、イエスが甦《よみがえ》り、人間の歴史が終末を迎えるまでの（短期間と予想される）期間、キリスト教徒がユダヤ教徒に鎮めがたい憎悪の念を抱き続けるように、ユダヤ人に関する悪意のこもる話を挿入した。

イエスは、いく分急進的な傾きのあるユダヤ教の倫理を説くが、世の掟を遵守するユダヤ人であった。彼の弟子は皆ユダヤ人であった。パウロはパリサイ派でラビであった。だが新約聖書ではキリスト教会は最初から、微妙にだが、反ユダヤ教的なものとして捉えられている。というのは、福音書には、エルサレムの共同体の指導者たちからなるサンヘドリンはイエスを捕え起訴し、優柔不断で定見のないローマの総督に、彼に有罪を宣告し磔《はりつけ》にしてもらうべく引き渡した、と記されているからである。

西暦一世紀が終りを迎える頃は、キリスト教の教義は本質的にギリシア的な性格を帯びていて、主としてユダヤ人フィロにより練りあげられたアレクサンドリアのプラトン哲学が大いにとりいれられていた。だがフィロの秀でた知力の弟子たちはみな異邦人で、フィロの学説に沿った訓えを説く伝道者たちの口を通して、イエスの訓えは世を救済するロゴス〔宇宙を支配する理法〕、世界を救う神の影響力を示す福音、となっていった。

草創期のキリスト教徒たちがキリスト教にもちこんだ大きな改変・修正はそれだけに止まらない。アレクサンドリアのキリスト教徒たちは、西暦一五〇年までに、キリスト教会を牛耳っていたユダヤ人に完全にとって代わり、アレクサンドリアの文化の内に存した生半可でないユダヤ人恐怖症をキリスト教会にもちこんだ。ユダヤ人恐怖症が生じた原因は、アレクサンドリアにおける、異教徒のギリシア人と裕福で大きなユダヤ人共同体の人々との熾烈な競いあい、路上での両者の喧嘩にあった。西暦一一五年から一一七年にかけてアレクサンドリアのユダヤ人と、ローマの公権力に後押しされた異邦人とは、苛烈な内戦状態に陥り、それがずるずると長引いた。このためユダヤ人の財産、政治権力、人口は大幅に減少しただけでなく、ユダヤ人への怨恨という暗い遺産をあとに遺し、今度はそれが、それまでの二、三世紀間嫉妬心の強いギリシア文化圏で広まっていった反ユダヤ主義というレッテルを世に広める役割を果していったのである。

ユダヤ人を忌み嫌う気風がこうしてキリスト教世界の基本的文化にとりこまれ、福音書の中の憎しみのこもる見解が、それに典拠づけする役割を果した。ユダヤ人！　信用のおけぬ商人ども。貧しい人々や邪心のない人々を搾取し、謀反心を秘める反逆者ども。種族の宗教を奉じる、こそこそした詐欺師。キリストを殺害したキリスト教世界の敵。麗《うるわ》しの国ローマ帝国にまき散らされた害虫。角《つの》の生えたサタンの手先。ユダヤ人への憎しみが不吉な典礼文のように口にされ、固定化し、必殺の連禱《れんとう》のように唱和され、アウシュヴィッツ、さらにはその後まで、何世紀にもわたり呼び起こされ、言いふらされてきたのである。

もしキリスト教の司教たちが、ユダヤ人の共同体に鷹揚で愛情を失わぬ態度をとっていたなら、そして彼らがイエスやパウロのうちに見られるユダヤ人的性格を強調し、草創期のキリスト教にあっては多くのユダヤ人が疑問の余地なく大きな役割を果したことを強調していたなら、さらに又、もし彼らがキリスト教徒の一般大衆にユダヤ教ぬきにしてキリスト教は考えられぬことを語り、さらに、新約聖書は旧約聖書に基礎をおいていること、礎となる一神教の神学、倫理的原則の点で、旧約聖書はキリスト教の訓えのうちに充分生きていることを語っていたなら、キリスト教の司教たちはユダヤ人への憎しみに反対し、ユダヤ人への憎悪が及ぼした影響をもっと小さくすることもできたであろう。

とはいえ当時の司教たちの気風には、鷹揚さ、愛情ある心遣い、寛容性は乏しかった。彼らはユダヤ人を肯定する姿勢ではなく、一般大衆のもつユダヤ人排斥の感情を煽《あお》り、ユダヤ人を否定する姿勢を選んだ。

三世紀に入るまではユダヤ教とキリスト教は人々を己の宗教に改宗させようと競いあっていた。緊迫したライバル関係にある司教たちはユダヤ人に温容な態度をとるゆとりはなかった。ローマ法ではキリスト教徒は依然として違法の共同体に所属する人々でしかなく、一方ユダヤ教徒は特権をもつ集団に所属する存在であった。ギリシア的なユダヤ人排斥の気風にすっかり染まっている一般大衆を改宗させ、教育を施す任に当たる司教たちは、彼らのもつ偏見に自分を合わせることなしには、任務を果すのは難しかった。

コンスタンティヌス帝即位以前に中流階級の読み書きできる人々の中から選ばれて司教になった人々、

そして三一二年にコンスタンティヌスがキリスト教信者として初めて皇帝に即位したあと、キリスト教に改宗した日和見《ひよりみ》主義のローマの貴族たちの中から選ばれて司教になった人々は、一族一門の利害から、また教育や自己の階級のイデオロギーから、ユダヤ人に対し寛大ならざる傾きがあった。彼らはブルジョア階級の一員としてユダヤ人の商人、農夫、職人に対し、手強い競争相手というイメージを抱いていて、今度は、自分の手先として働いてくれる偏狭で党派心が強い連中を使って打倒しなければならぬ存在と捉えるようになった。元老院の貴族たちはユダヤ人をよそ者、権益の侵害者、反啓蒙主義者、反逆者とみなす昔からの伝統をうけ継いでいた。この伝統をうけ継ぐには、超貴族的歴史家タキトウスの著作を読みさえすればよかった。

五世紀の最初の二五年間にユダヤ人に対するキリスト教会の政策は教会法の中に定められ、それが公に改められるのは、一九六五年の第二ヴァティカン公会議をまたねばならなかった。一九九四年にイスラエルを国として完全に承認することで、ヴァティカンはこの改正を現実的に裏書きしたのである。

当時も、そしてそれ以降の多くの世紀を通しキリスト教世界の理論的代弁者であった北アフリカのヒッポの聖アウグスティヌスは、教会法の中にユダヤ人に関し決定的な意味をもつ記述を認《したた》めた。そのすぐ後、ローマ・カトリックの法制度を最初に集大成したテオドシウス法典は――キリスト教会の教会法の体系的整備においても、ヨーロッパの王室の社会的政策面でも、以後何世紀間も大きな影響を及ぼしたのだが――アウグスティヌスの教義を実際的な用語に書き改めた、とはいえ、実施に当ってアウグスティヌスが想定したよりおそらく厳しいものとなった。

アウグスティヌスはユダヤ人に肉体的暴力を加えてはならぬことを強調した。暴行を加えたり、改宗させるのに力を用いてはならぬとした。この点は彼のユダヤ人観の思いやりある一面である。彼自身は異端のキリスト教徒を正統派に戻すのに好んで力を用いた。だがユダヤ人はちがう。彼らは特別で、異端に対し揮ってしかるべき国家権力を揮うべきではない。ユダヤ人には関わるな、というのがその見解であった。放っておくことと、関わらぬことに彼は同じくらいの比重をおいた。

ユダヤ人は生きていくのに必要なだけの経済的チャンスを与え、キリスト教徒の社会から隔離すべきである。アウグスティヌスの教義ではユダヤ人は繁栄してはならず、信心深いキリスト教徒を嘲るようにみえるような立派な家や上品なシナゴーグを建ててはならぬ。ユダヤ人は精神的罪を犯したのだから。キリストはあらゆる民族の中で最初にユダヤ人に救済の恩恵を与えた。しかし彼らはイエスを拒絶した。彼らは強情で愚かで邪な人々なのだ。とはいえ彼らは、人間の姿をした主イエスと結局は同族の人々であった。イエス、マリア、ペテロ、パウロ、その他の使徒たちは皆ユダヤ人である。ユダヤ人のとり扱いは最後の審判の時に再臨するキリストにまかせるべきであるとした。

彼らをどうすべきか、いかなる罰を割り当てるべきかを決めるのはイエスであった。おそらくユダヤ人は永遠に地獄に落とされるであろう。だが誰が知ろう。愛と慈悲の源泉であるイエスは、自分を拒絶し、陰謀をたくらむという究極的過ちを犯した、この世における自分の同胞である人々を許したまうのかもしれなかった。

最後の審判の時までユダヤ人はキリスト教徒の社会から隔離され、経済的に生きのびさせ、束縛の多い不面目な暮らしの中で、主の再臨の時を待つのがよいであろう。ユダヤ人へのアウグスティヌスのこうした訓えを、カトリック教会が（全面的にとはいえぬが、実質的に）否認したのは、一九六五年になってからであった。

テオドシウス法典はアウグスティヌスの教義を法律に生かした。奴隷をもってはならぬ。キリスト教徒の召使をもってはならぬ。強力な階層制度の方針に沿い組織された社会にあっては、この規定はユダヤ人をして裕福な地主になったり、相当な規模の事業を営むことをきわめて困難にした。テオドシウス法典の編纂者たちはそのことを知っていた。ユダヤ人が繁栄するのを阻止する意図があったのである。

ユダヤ人は隔離された区域に住まねばならず、目立つ衣服を着用しなければならなかった。シナゴーグの建設も帝国政府と市の当局者の許可をえて、はじめてできた。キリスト教徒と性的関係をもつことも、結婚することも禁じられた。キリスト教徒の妾をもつと、両者とも死刑に処せられた。古代の文献に、セックスの面にすら見られるユダヤ人の貪欲性に関するイメージは、こうして公式に認められるかたちになった。

こうして、アウグスティヌスの教義とテオドシウスの規定にラビが対抗しようにも、その術はまったくなくなった。最後に残った二、三の異教の寺院も閉鎖されてしまった。西暦三九五年以降キリスト教のローマ帝国では、異教の信奉は法律で禁じられていた。西暦一世紀には五〇〇万いたのが一〇〇万にまで減ったユダヤ教徒だけが、合法的存在だが厳しい規制の下に、少数の異教徒の集団として存在していた。教会の指導者たちは人々の信仰を統一しようとする狂信的な熱情を抱いていて、ローマ帝国政府はそれを支援していた。司教や法律家は、ユダヤ人は軽い懲罰で逃れおおしていると考えていた。彼らだけが宗教の点でも公認の少数集団として特別待遇を受けている。彼らはラッキーで、不平をいういわれはないのだ、と。

ヨブのようにおしころした口調のヤハウェとの対話を除いては、ラビが不平をこぼした証拠は何もない。汝はなぜ我らをみすてられたのですか。タルムードの文化はカラカラに朽ち、男たちは生涯にわたる打撃を受け、沈黙のうちに精一杯辛抱していた。女たちは夫に対してすらなんの発言権も選択権もなかった。

ユダヤ人たちは黙って苦悩していた。かつては繁栄を誇った経済の営みも衰退の一路をたどり、家族と共に小規模の農業に従事したり、あるいは（だれの目も届かぬ遠隔の地では法で禁じられた奴隷を少数使って）ささやかに職人の仕事をしていた。

ワイン製造業がユダヤ人の好む職種になった。家族単位で営むこともでき、町の裏通りに小さなお店を構える者もでてきた。大工仕事も、窮乏したユダヤ人がつける職種であった。身元を隠し沈黙して、ローマ帝国の黄昏どきにひっそりとつつましく暮しながら、彼らは運が好転するのを待っていた。

すべてのユダヤ人がキリスト教徒の弾圧が過ぎ去るのを待つ心づもりでいたわけではない。キリスト教に改宗することで汚名と貧困から抜け出す手もあった。産めよ増やせよというハラカーの訓令に基づくユダヤ人家族の多産性にもかかわらず、ユダヤ人の人口が少ないままに一定していたのは、相当数のユダヤ人がキリスト教に改宗したためであった。

改宗してキリスト教徒になった者は教会から歓迎され報酬がもらえた。貧困や差別から、そして又、国家と教会がユダヤ人に加える精神的圧迫から逃げ出せる機会に、ユダヤ人が抗することは、容易ではなかった。改宗は個人的な決心に基づく風変わりな事例であり、集団として改宗した事例がなかったことは、ユダヤ人家族の団結力、そしてユダヤ人男性が幼時からうけてきた宗教と学問の教育のおよぼす甚大《じんだい》な影響への賛辞となる。

キリスト教会とローマ帝国から迫害される苦難の時代にもめげずに己の宗教と共同体への忠誠を守った大多数のユダヤ人にとって、新たな夜明けがついに訪れた。

それは、五世紀と六世紀に西ヨーロッパのローマ帝国にドイツ人が侵攻したこと、および七世紀に地中海の海岸線の八〇パーセントがアラブ人の支配下に入ったことによりもたらされた。あばら屋やゲットー

〔ユダヤ人強制居住区域〕に住まおうとも、今やユダヤ人は大望を抱いて起業家や資本家に、また、裕福で影響力をもつ人間になることができるようになった。ヨーロッパに関するかぎり、西暦七五〇年までにイスラム教徒支配下のセファラド（スペイン）「東方の地」だけでなく西ヨーロッパの残りの区域、アシュケナジ（「西方の地」）でも、アウグスティヌスとテオドシウス法典の時代である五世紀初期に比べれば、ユダヤ人は地位と身分において大変な違いがあるようになった。

　四〇〇年から六〇〇年に至る惨めな二世紀間にユダヤ人の祈りに応えて救世主が到来することはなかった。代りにドイツの王たち（ローマ人は彼らを野蛮人と呼んだ）が、ローマ帝国領のライン河やドナウ河の荒廃した砦を越えてやってきた。戦いと動乱と暴動の絶えぬ三世紀間に、ゲルマン民族の国々が西ヨーロッパのローマ帝国にとって代った。その中でも大きくて重要な王国はフランスであった。

　キリスト教徒の都市となったビザンティンすなわちコンスタンチノープルを中心とする東ローマ帝国は、ドイツ人侵攻の危機を容易にきり抜け、キリスト教会のユダヤ人排斥政策と古代後期以来のユダヤ人への苛酷な法律はそのまま温存・存続された。六世紀に皇帝ユスティニアヌス一世のもとローマ法の最終的成文化がなしとげられ、テオドシウス法典に盛られたユダヤ人から諸々の権利を剥脱《はくだつ》する条文は踏襲された。

　七世紀初期のビザンティン帝国の皇帝ヘラクレイオス一世は、攻撃的なギリシア人の司教たちに後押しされて、アウグスティヌスの訓えを踏みにじり暴力をふるってユダヤ人を迫害し、力づくで改宗させようとした。多くの中東の土地でユダヤ人がこうした迫害から救われたのは、東地中海をアラブ人が征服したためである。

　八世紀中葉までには、とくに八〇〇年前後ほぼ四〇年間玉座についていた偉大なシャルルマーニュにちなんでカロリング帝国と呼ばれたフランク族の大きな王国では、ユダヤ人の生活条件は大きく改善された。

ユダヤ人にとりドイツ人の支配下に入った当初、物事がかんばしく進捗《しんちょく》したわけではない。七世紀西ゴート族のスペインでは、司教たちは意志の弱い王たちを説得してユダヤ人に暴力をふるわせ、聖職者たちはユダヤ人に絶えざる圧迫を加えてキリスト教に改宗させようとした。七一一年、アラブ人とベルベル人の軍隊が、迫害されていた少数民族のユダヤ人の助力をえてジブラルタル海峡を渡ってくると、西ゴート族の支配者たちを簡単に片づけてしまった。生き残ったキリスト教徒の貴族たちはピレネー山脈北部の山裾に追い払われ、以後三〇〇年間彼らはその地で周囲から孤立した臆病な暮しを続けたのであった。

ピレネー山脈北方の、大西洋とライン河の間に横たわる、ローマ人がガリアと名づけた広大な地域で、西ゴート族はフランク族に敗北を喫した。八世紀に入りフランク族の一門カロリング家が新しく王座につき、以後三〇〇年間この恵まれた豊かな土地を支配することになる。カロリング王朝の歴代の王の中でも最も野心的なシャルルマーニュは、八世紀の終り頃思いのままにヨーロッパを支配し、ドイツの西半分のほとんど、北部イタリア、そしてスペインの一部も広大なフランス王国に併合した。王国ではユダヤ人は自由に旅ができ、国内でも国際的にも、奴隷の取引も含めて通商に従事することができた。また、キリスト教徒の領主、司教、修道院相手に金貸し業を営み利益をあげ、ブドウ栽培兼ブドウ酒醸造業の盛んな南部地域に広い地所を保有する者もでてきた。

すでに六世紀に、フランク族が侵攻した直後に、フランスを活動の場とする「レバント人」ないし「シリア人」の商人がいた。彼らのほとんどは実はユダヤ人であった。フランク族の歴史の記述に当たった司教は、ユダヤ人が再び新たに繁栄するのを目にし、強い不快感を覚えた。五世紀のユダヤ人排斥主義をイデオロギー上うけついでいたこの司教は、唐突なユダヤ人の復活をなんとしても許容することができなかったのである。

こうした事実はユダヤ人が生来もつ合理性と民族的活力を物語る。小作農やつましい職人として生きるほかない二〇〇年にわたる抑圧と貧困の境遇も、開発の遅れた後進地域であっても潜在的に豊かなアシュケナジ〔ドイツ、ポーランド、ロシア系ユダヤ人〕の社会で、諸々の国をまたにかけ活躍する商人や大きな資本家たらんとするユダヤ人の野心を消しさったり、その能力を鈍らせることはできなかったことを物語っている。一〇世紀に入ってかなり時がたつまで、通商業と金貸し業を営むユダヤ人は、中産階級が地を払い、社会の構成はほとんど領主、小作農それにユダヤ人だけからなる封建制度のフランスで、もっぱら大貴族の家族の人々の経済的欲求を満たし、その趣向や好みに応えることに努めていた。

ユダヤ人の商人たちは地中海世界に毛皮、木材、剣だけでなく奴隷も輸出していた。ユダヤ人の商人により、各地の市場や地中海のアラブ人の都市に運ばれる金髪のゲルマン族の奴隷はひっぱりだこであった。とくに若い男や思春期で結婚適齢期の女はそうであった。

ユダヤ人の商人たちは、キリスト教圏とイスラム教圏の境界線を行き来して、スペイン、北アフリカ、エジプトで通商に従事するユダヤ人の家族と接触していた。ユダヤ人の商人たちは地中海沿岸地域のユダヤ人たちから、アシュケナジに香辛料、香料、宝石、絹製品をもたらした。これらの品々は多くの場合、もともとユダヤ人の東アジアとの交易によりもたらされたものである。こうした商品はフランスの領主の間で着実な需要があった。

キリスト教の司教たちは、ユダヤ人が再び台頭してきて、スケールの大きい交易に従事したり、キリスト教徒の奴隷をアラブの都市につれていったり、先頭に立って隊商を引きつれたりするのを目にするのを快く思わず、また、アーヘンのカロリング王朝の宮廷、およびその他の王朝の広壮な館で、ユダヤ人が勢力をふるっているのを聞くのを不快に思った。また、南フランスでユダヤ人が力のある地主として台頭するのをみて、愕然とする思いをあじわった。なんと噂によれば、ユダヤの地主の一人はカロリング朝の王女の一人を嫁にもらったとのことであった。

九世紀半ば広くその名を知られたリヨンの大司教はユダヤ人を難じる説教をし、ユダヤ人を抑圧するアウグスティヌスの政策、およびテオドシウス法典に規定されたユダヤ人を社会生活上拘束する方針を実施することを求めた。カロリング朝の王とその要人たちは大司教の要求を無視した。彼らはユダヤ人を必要とし、彼らに帝国内を自由に行き来する権利を与え、政治的にも保護し目をかけた。管轄区域が山岳地域を越えてスペイン北部に及ぶフランス南端部を管区とするある司教が、フランス南部在住の大勢の有力なユダヤ人たちを喜ばせるために、キリストは単なる人間で、聖霊により神の子となったという異端の説である「養子論」を説いたとき、聖職者たちが大いに憤慨したことに、シャルルマーニュはこの司教を罰しなかった。ユダヤ人に肩入れしたこの異端の説に対する聖職者たちの非難をシャルルマーニュは受けいれはしたが、ユダヤ人の歓心を買うことに努めた司教を免職にしたり身柄を拘束したりはしなかったのである。

ゆっくりとだが、アシュケナジは広大なカロリング王国の国境を越え拡大していった。一〇世紀になるとカロリング朝の勢力は衰えをみせた。王国の東北部の地域には、掠奪をこととするデンマークのバイキングが侵略し定住するようになる。このスカンジナビア人の植民地の中から、カロリング朝から事実上独立し、抗争していた強力なノルマンディー公国が、一〇世紀後期から一一世紀にかけ、さらに強力な存在になっていった。

封建制度下のノルマンディー公国の首都ルーアンは、北ヨーロッパのユダヤ人の商人たちの中心的な定住地になった。ルーアンのユダヤ人の資本家たちはノルマン王朝に奉仕し役だっていた。裕福だが政治的に無力なイングランドがノルマン公に征服された後の一一世紀後期になると、イングランドに移住するユダヤ人の商人もでてくる。一一二五年になるとロンドンのユダヤ人街の通りでは、ユダヤ人の商人や金貸業者が熱心に営業に励み、活躍の場を英国の他の都市へ広げていった。

カロリング朝は一〇世紀後期に終焉を迎え、パリ公爵があとをつぐが、それはユダヤ人の生活になんの影響も及ぼさなかった。一〇世紀初期にはドイツ西部に独立した王国ができていた。西暦一〇〇〇年にはライン河ぞいの丘陵地の都市にユダヤ人は快適な住まいをかまえ、そこを北海沿岸の低地帯やドイツ北部、スカンジナビアとの交易の格好の中継地としていた。地中海世界との奴隷貿易は規模も拡大し盛んになっていたのである。

ラインラントにおける一番古い都市マインツは、イタリア以北に住むアシュケナジにとってラビの学問の中心となる重要な施設が最初に発達をみた都市であった。タルムードに関する学問は、とくにラビのコリモノス家によりイタリアから伝えられ広められたが、そのコリモノス家はマインツに居を移した。イスラム教国スペインにあるユダヤ文化の中心となる施設と接触していた南フランスのユダヤ人たちを除き、アシュケナジのユダヤ人たちは、ヘブライ語、聖書、タルムード、ハラカーの知識に乏しかった。

小作農はいのししの肉をたらふく食し、貴族は鹿肉のステーキを朝昼晩食するという風に、肉食を常食とするヨーロッパでは、食事規定が厳格に守られることはなかったであろう。三世紀間、封建制度のヨーロッパの未発達の経済を助けて有能ぶりを発揮し、やんごとなき貴族たちの用命に応じてきた資産家のユダヤ人の商人たちは、熱心に安息日を守ることすらしなかったであろう。

とはいえ一一世紀初期にドイツのマインツで、そしてフランス北部のトロワで、ハラカーの学問の中心となる施設が活動しはじめる。ラビとしての訓練をつんだ新しい世代の若者たちがアシュケナジに広がっていったが、イタリア北部の学校やイスラム教のスペインの学校で教育をうけた移民たちが彼らを助ける働きをした。

アシュケナジの文化は深みのある哲学や神学、あるいはセファルディ〔スペイン、ポルトガル系ユダヤ人〕の気品あるヘブライ語の詩歌を追求する文化ではない。それは農業や職人の仕事に後押しされた、貿易や銀行業のような経済活動が中心の社会であった。だが、一一世紀半ばにはアシュケナジはラビのユダヤ教に復帰していて、有産階級の生活様式は伝統的な宗教の掟の影響の下にあった。

アシュケナジの中で最も偉大な学者ラシ（ラビ・ソロモン・ベンイサク、一〇四〇—一一〇五）は、一二世紀初め頃トロワで学長を務めていた。彼の著したトーラーの注解書は実際的で良識に富み、簡潔でリアリスチックな性格のものである。彼は聖書のテキストの意味を明晰にしようと努めた。彼の注解書は教養あるユダヤ人一般の好みと必要性にマッチしていたので、ヘブライ語のトーラーのテキストと並んで、二義的な性格のものとはいえ、二〇世紀に至るまで好んで読まれる語句注解書となってきた。一九四〇年代にミネアポリスやウィニペグに住んでいた一二歳のユダヤ人の子供たちは、古代の筆記文字で記されたこのラシの注解が下に載っているモーセの五書を読んでいた。ハラカーの時を超える持続性とはそういうものなのである。

練りあげられた文学を生んだセファラドの黄金時代を誉め讃えるのは、ユダヤの修史を創設した一九世紀のグラエツその他のドイツの学者たちの傾向であった、というか、魅力的な作家たちの作品に関心が集中するのは、どの時代でも自然な趨勢なのかもしれない。理由はなんであれ、セファラドの最も幸せな時代であった一〇世紀、一一世紀にユダヤ人がアシュケナジでなしとげた偉大な業績は、これまで正当な評価をうけたことはなかった。アシュケナジの魅力を明らかにするには、ウィーンの市民で強固な意志の持主サロ・バロンのコロンビアにおける四〇年間にわたるユダヤ人の歴史の研究を必要とした。彼はとくにアシュケナジの共同体的構造を好んだ。

アシュケナジの諸々の都市では資本家とラビの家族の人々とは姻戚関係を結んで、名門出の人々による寡頭政治を執り行なった。彼らはシナゴーグ、学校、儀式に則った屠殺場、窮乏した人々のための義援金といった共同体に必要な物事はすべて整え、運営した。同時に自分たちの事業を経営し、自分がとり仕切りかつ代表する家族や共同体に必要なものはなんであれ、王や公爵たちと巧みに交渉して手にいれていた。彼らは、キリスト教の聖職者が治める、寛容性に欠ける情況の中で活動していた。というのは、西暦一〇〇〇年頃の司教たちは、ユダヤ人を自由に繁栄させてはならぬ、彼らの宗教的訓えを実践させてはならぬ、王や公爵領の宮廷で彼らに勢力をふるわせてはならぬというアウグスティヌスの教義やローマ・カトリック教会の法規に照らし合わせれば、世の現状はけしからぬと思っていたからである。

ユダヤ人は繁栄していった。だが中世社会における彼らの地位は有力者たちの善意に依存していたため、危なっかしく、根本的に脆弱《ぜいじゃく》であった。社会的にも法律的にも、ユダヤ人の特典が正式に認められるようになりその交易が存続する一方、一一世紀末までにユダヤ人は至る所で王や領主たちの機関である、財務府、国庫、公文書保管庁に深く関わるようになっていた。行政のシステムに関わるこうした機関は、ユダヤ人を保護する文書を発行したが、同時に、ユダヤ人に対し税金や進物や強制的融資借款を次第に過度に要求するようになり、ユダヤ人の商人や銀行家たちは、成熟し拡大し続ける封建国家の抗《あらが》いがたい権力と飽くことを知らぬ欲望に、毎年ないし毎月応えることを要求された。

一二世紀後半期の封建国家イングランドへのユダヤ人の移転支出に関する信頼できる統計的資料がある。当時のユダヤ人からの税の徴収は王に大変な利益をもたらしたため、財務府内に独立した部局、大蔵省の会計局がユダヤ人との交渉に当るために設置され、ますます多額の税収を引き出した。ユダヤ人は社会の他のどのグループと比較しても五倍もの税金を納めていた。一一七五年までにイギリス国王は年収の少なくとも四分の一をユダヤ人から徴収していた。

この財源を守るために国王は、流動資本をもつキリスト教徒——たとえば貸し金業（金利五〇〜三〇〇パーセントの、合法な高利貸）を営むのを望んでいた大規模な男子修道院の院長——に、大金を扱うその道の免許状を出すのを拒んだ。ユダヤ人だけが金貸し業を営めたのは、ユダヤ人が融資した金が生む利益のほとんどを（すべてではない——英国には少数だがユダヤ人の億万長者がいた）国王が巻きあげていたからだ。口実となった理論は、聖書は同族の人々に不利益となる金貸しを禁じていたのだが、ユダヤ人は同族関係からなる共同体の外の人間であり、異なる宗教を信じる二つの共同体間の貸し付けは許容されるというものであった。これは王権の下で契約を結んだユダヤ人のほぼ独占状態といっていい金貸し業を保護する口実である。それほど多額の収入を国王にもたらしたのである。

こんな情況は、司教たちの辛辣で党派心の強い批判を招き、勃興しつつあるキリスト教徒の有産階級の妬《ねた》みや嫉妬深い大衆の怒りをかって、長くは続かなかった。ユダヤ人の保護は国王の気持ち一つに依存していた。一一七〇年代には、アシュケナジは、自分たちの社会的地位が常に脅迫にさらされる新しい時代に入っていることを自覚した。英国はユダヤ人排斥運動の高まりに最も長期間抵抗した国であった。その理由は国王の権力が大変強く、ユダヤ人を収入を増やすのに大変有利な存在とみなしていたからに他ならない。

伝承によれば、アシュケナジの衰退が始まるのは一〇九六年である。この年、二、三の大領主に率いられたフランスのキリスト教徒の騎士たちからなる十字軍が、教皇の勧誘でバルカン半島とコンスタンチノープルを通って聖地におもむく途上、ラインラントの諸都市でユダヤ人の居住地にでくわした。近東のイスラム教徒を殺害する予行演習としてフランスの十字軍兵士たちは、一大災難が降りかかろうとは夢にも思っていないユダヤ人に恐ろしい組織的虐殺を行なった。それは、アシュケナジにおける数世紀に及ぶユダヤ人の平和、繁栄、特権の崩壊、破壊と剝脱《はくだつ》の時代の幕開けを意味した。十字軍の攻撃はユダヤ人の感性に恐るべきショックであり、救世主の到来の直前に訪れるとされる災いの時の到来としか説明できないものであった。

一〇九六年のラインラントにおける組織的虐殺はユダヤ人に、自分たちの世界は逆境へ向いつつあることを思い知らせた。一一世紀半ばに始まるこの転機はユダヤ人にとりまことに深刻な予兆になった。なぜならそれは、少なくともはっきりそれと認識できるヨーロッパ人の生活の四つの分野——経済的、法律的、政治的、宗教的分野——において展開・発達してきたものがもたらしたものであったからである。

経済の領域では土地保有の形が変わり、都市経済の組織のあり様も変わった。ヨーロッパの多くの地域では公爵領から、とるにたりぬ土地に至るまで、すべての土地が封建制度下の鉄の構造にくみこまれた。とりわけこのことは、土地の保有は、(領主の上にたつ) 大君主に忠誠の誓いをすることを意味した。誓いはキリスト教に基づくものであるからユダヤ教の遵法者は土地の保有に必要な条件をみたしえぬことを意味した。

すべての町で製造業と商業は規約をもつギルドと呼ばれる組合に帰属させられた——製造業は職業ギルドに、商業は商人ギルドに。ユダヤ人は排斥された。実際ギルドの存在の主な理由の一つは (とくに商人ギルドの場合) ユダヤ人の企業家の締め出しにあった。

法律の分野でもローマ法が大規模に復活した。このことは英国を除きすべての封建国家の法律に、また教会法に影響を及ぼした。教会法はその原則と手続きをローマ法に依存していたのである。ユスティニアヌス法典のテキストに当ってローマ法を学ぶ法律学校が設立された。人々はローマ法に規定されたユダヤ人が背負うすべての制約を、敬うべき法学のテキストを通して綿密に学んだ。生徒たちは多大の影響をうけて法律学校を卒業し、国や教会の重要な仕事についた。彼らはユダヤ人は法典が定めた統制から外れ、あまりに長いこと気ままに暮してきた、今こそローマ法が命じるように厳しくとり締まるべき時だと主張した。

ローマ法の復活はユダヤ人に不利に働く第三の要素の発展をうながした。封建君主制国家は絶対主義国家へと変容し始める。権威主義のローマ帝国のイメージを念頭において王政が変容するのをローマ法の復活は促したが、ほかにも王政の変容を促すものがあった。その一つに、精力的な支配者のもつ単純な野心があった。ユダヤ人にとって重要な意味をもつのは、絶対主義的体制の新しい国家は、己の領土内で特権をもつ団体に不寛容であったことである。

封建君主制国家は管轄が及ぶ範囲内で多数の団体を寛容に扱い、その活動を奨励しさえした。ローマ法の下に誕生した法律家たちは、すべての集団、周旋業、施設や組織を、王の権力の前にひとしなみに扱うことで、すべての団体をならし、その特権を剥脱《はくだつ》した。こうして自治都市も多くの貴族も被害をこうむった。ユダヤ人もこの絶対主義的な一様化の方策のために被害をこうむった。

一二世紀後期になると、特別の資格を求めるユダヤ人の請願に王室の顧問官ないし判事が耳傾けるのは困難になっていた。少数者に特権をもたせるのは、もはや行政上支配的な風潮ではなくなった。中世初期には、ユダヤ人は王による特別な資格の認可という恩恵をうけて暮していた。代償としてしばしば現金を支払ったが、通常欲するものは手に入れていた。いまや自治権を求める彼らの請願は政略的思惑とも、行政上の慣行ともあわなくなった。その結果ユダヤ人の生活基盤はずっと脆弱なものになったのである。

中世もたけなわの時期に、ユダヤ人の地位と身の安全にとりマイナスに作用した第四の要素は宗教界にみられる変化である。それは、中世キリスト教社会に存する集団すべてにユダヤ人を攻撃する気持ちを誘発させたために、最も有害で危険な性格のものであった。

歴史家たちは一一世紀と一二世紀における、人々の宗教的感性にみられるこの変化を新しい信仰心と呼びならわしてきた。その主導者は教皇グレゴリー七世（一〇七三―八五）、ピーター・ダミアーニ枢機卿（一一五四　死亡）、彼の腹心の仲間の一人で、カトリックの思想を新しい方向に向わせた神学者で修道院長のカンタベリーのセント・アンセルム、そして神学者で説教師で大きな影響力をもつ神秘家のクレルボーのセント・バーナードであった。

これらの宗教的指導者と彼らの数千の弟子たちは、中世のキリスト教を、外面的儀式より経験的事実にもっと即した個人的宗教心を重んじるように方向転換させた。彼らは関心の焦点を旧約聖書から新約聖書に移し、イエスの人間としての属性、人類のために犠牲になったこと、情愛深い母とイエスとの関わりに関心の焦点をおいた。新しい信仰心を醸成《じょうせい》した人々の手で、処女マリアはキリスト教の神にまで高められた。新しい信心の型は、皇帝としてのキリストではなく、人間としてのキリストを崇めることになった。

新しい信仰心から生じた多くのすばらしいもの、たとえば、キリスト教の神学に優しさを賦与し、それを民主化した処女マリア崇拝、ゴシック様式の建築、強く心をゆさぶる宗教的詩歌と音楽などと共に、人々の間に不可避的にユダヤ人忌避《きひ》の感情が波のように高まっていった。人々は、イエスの人間的側面を思えば思うほど彼の死に思いがいき、福音書に記されたイエスの死に対するユダヤ人の咎に心を向けた。中世もたけなわの時期にカトリックの神学が、人間性により配慮するようになったことは、カトリック教会の歴史の中で称賛されるべき立派なことである。その否定的側面は、ヨーロッパ社会のあらゆるレベルでユダヤ人への敵意を新たに刺激したことである。

ユダヤ人への憎悪、これまで特別に保護された地位を保持してきたことへの公然たる非難、彼らを改宗させるために新たにプレッシャーをかけることなどが、中心的な宗教的指導者たちに共通の姿勢となった。教皇グレゴリー七世はスペインのキリスト教徒の王たちに、当時イスラム教国からキリスト教国に移住しつつあったユダヤ人の行政官たちを採用することをいましめる文書を送った。ピーター・ダミアーニ枢機卿はカンタベリーのセント・アンセルムの仲間の主要メンバーであったが、ユダヤ人排斥思想を強く打ち出した小冊子を著した。クレルボーのセント・バーナードはユダヤ人を非難する説教をし、イエスの死に対する罪と咎《とが》を強調し、経済の分野で特権を保持してきたことを難じた。なるほど彼はユダヤ人に改宗を強制することを禁じたアウグスティヌスの訓令を再確認してはいる（歴史家たちは彼のこの抑制心をしばしば引きあいにだす）。だがユダヤ人問題への火のように烈しい敵意に満ちた彼の説教は、広く人々の胸に憎悪をかきたたせ、ユダヤ人に暴力をふるわせずにはおかなかったのである。

彼の政敵たちがいうように、グレゴリー七世が改宗したユダヤの一族の出であったということは考えられる。彼の家族は、改宗したユダヤの一族であった著名なローマの一門ピエレオニス家と親しく交際していた。だが、聖職者が改宗したユダヤの家族出であるからといって、ユダヤ人に寛容であるとは限らない。実際はまったく逆であった。真っ先にユダヤ人を指弾したのである。キリスト教に改宗したユダヤ人は罪の意識や後悔の念も少しはもっていたにせよ、それは、すべてユダヤ人は自分と同じく背教者の道を歩めという欲求でかき消されてしまった。

カトリックの聖職者たちの中世の最盛期におけるユダヤ人排斥主義は、つまらぬ狂信者たちが起したものではない。それはキリスト教界の中枢から生じ、一一、一二世紀のキリスト教界における最も創造的な精神の持ち主たちが系統だてて説いたものである。一二世紀後期の世界教会的文脈からすると、このことは不愉快な問題を提起し、人を悩ます事実である。だがアシュケナジの急速な衰退の原因を理解するにはこのことは強調されねばならない。グレゴリー七世、ピーター・ダミアーニ、カンタベリーのアンセルム、クレルボーのバーナード、これらの人々は当時西欧の教会の権力の頂点にいて、より個人で、より深い感性に沿った中世のキリスト教を再興した人々である。彼らは同時にユダヤ人を憎んでいて、その憎しみとあからさまな敵愾心《てきがいしん》は、下は教区司祭や名もない修道士に至るまであらゆる階層に伝わっていったのである。

一〇二五年から一〇四〇年にかけて当時最も大きな影響力をもっていたクレルボーのバーナードは、教会や市場に集まる群衆にむけてユダヤ人への毒気をもつ説教をした

ユダヤ人のなすこと、性向、理解力、あるいは彼らが神を崇める儀式ですら、どれをとろうと、がさつで下品でないものなど何があろう。というのは古来彼らがなしてきたことは、彼らをあまたの戦争に導き、彼らの性向はただもうけの追求あるのみ、彼らの知力は分厚い外皮のような法律・条文の中で行き詰まっている。彼らの礼拝はただ羊と牛の血を注ぐ、それだけのこと。……悪魔の飛翔《ひしょう》も自然力を従わせることも死者のよみがえりも、彼らの心からあの下品な、いな下品というより愚鈍さを、追い払うことはできない。その愚鈍さが、惨めというだけでなく驚くべき盲目さ加減を発揮して、光栄ある主に不信心な手をかけるという、途方もなく恐ろしい罪を犯させたのだ……

小作農、職人、読み書きできる騎士、あるいは風変わりな貴族ですら、こうした毒をもつ言葉を耳にしたら、ユダヤ人に危害を加えたく思うほかにどんな反応がありえよう。ユダヤ人問題に対する敬われるべきバーナードの説教の内には、まぎれもないカトリック教会の偽りなき声がきかれるのである。カトリック教会のユダヤ人への憎しみの念、そしてユダヤ人への侮蔑と怒りを説く訓えには、一二世紀から一九六五年のバチカン会議に至るまで、基本的には少しの変化もみられなかった。カトリック教会は常にユダヤ人排斥主義の最も一貫した源泉でありつづけたのである。事態は変わった。だが昔の真実は、かくも長い長い世紀を通してユダヤ人を憎悪し続けたことは、忘れさられてはならない。

とはいえ、それはナチスの虐殺の声とは違っていたことも記憶に留められねばならない。ナチスはユダヤ人に運命からの逃げ路を与えなかったが、カトリック教会はいつでも改宗するか逃亡する路を残しておいたからだ。実際、改宗したユダヤ人は祝福されるか、報酬を与えられた。だがバーナードの場合、人間が改宗して改まる可能性を考慮して攻撃の手をゆるめるということはなかった。彼は、廃れ誤った宗教を信じる人々としてのユダヤ人と、民族としてのユダヤ人とを区別しなかった。彼は呪われ下卑たユダヤ人について語っている。彼の説教は人種差別の臭いがぷんぷんする。彼の見解では、ユダヤ人は聖地における昔の数々の出来事が原因で生じた二者択一の一方の共同体、誤った路を択んだ共同体に属する人々ではない。恐ろしい他者、醜い邪悪な呪われるべき存在なのであった。

中世のカトリック教の新しい信仰心の主な特徴は一般大衆に受けが良い点と、平信徒に語りかけた点である。新しい信仰心の指導者たちによるユダヤ人排斥主義の訓えが、騎士や小作農や職人のレベルに浸透したとき、それ以降三世紀間という長きにわたって西ヨーロッパの諸々の都市でユダヤ人への一般人による集中攻撃が始まった。土地の権力者がユダヤ人に保護の手をさし伸べることもあれば、そうでないこともあった。ときには司教あるいは大修道院長が、暴徒化した虐殺者の群れを率いてユダヤ人を襲った。ときにはシナゴーグに集まるユダヤ人たちが暴徒に放火され生きながら焼き殺されることがあった。

今日美術館や出版社や大学や美術品収集家によって大切に保存されている中世最盛期のヨーロッパの輝かしい絵画や彫刻には、シナゴーグの会衆は盲目的な人々として描かれ、ユダヤ人は悪魔の手先、黒魔術師や魔女ないし猛獣として描かれ、あるいは、分厚い唇と鋭く尖った歯の間からキリスト教徒の子供の血をよだれのように垂らしている人間たちとして描かれている。

ユダヤ人に対する集団ヒステリーの中でも、扇動性において最たるものである儀式殺人中傷は、一二世紀半ば英国で始まり、ヨーロッパを東へ東へと（一一八〇年までにフランスへ、一二〇〇年までにラインラントへ）広まっていった。ウクライナでは今なお一般に信じられている。

儀式殺人中傷とは、ユダヤ人は過越しの祭りの際にキリスト教徒の子供を殺害する儀式を執り行ない、子供たちの血は過越しの祭りのマツォー（種なしパン）に混ぜられる、という中傷である。秩序も乱れ暴力が横行するヨーロッパの社会では、住民の出奔がはやった時代、子供たちはさして尊重されたり親の目が行き届くこともなく、なにかの不運な出来事や家出などが原因で容易に死んでしまうことがあった。ユダヤ人はそうした災難に対し濡れ衣をきせられたのである。

教会裁判所の判事たちは、儀式殺人中傷を支持するのか咎めるのか、一度として明確な判断を下さなかった。戒告的な言葉を口にしたり、それを否定する教皇や司教もいるにはいたが、それは一般大衆にはほとんど効果がなかった。司教や大修道院長や教会公認の説教師たちの中には、暴徒の先頭にたって組織的虐殺をする者もいた。

儀式殺人中傷が世に発生すると、中世文学のアーサー王伝説と共に東へ広まっていったのは、文化史における人を面食らわせる奇妙な事実である。

ロマンチックなアーサー王に関する文学は、一一四〇年頃オックスフォードで誕生した。オックスフォードの教区もその管轄下に治めていたリンカンの司教の後援の下で、あるウェールズ人の卒業生が著したのである。儀式殺人中傷は一一五〇年代にリンカンの町で発生し、リンカンの司教はその信憑性《しんぴょうせい》を認めた。一一八〇年頃にフランス北部のトロワ（ラシが居住した町で、相当な数のユダヤ人が住む商業の中心地）で、儀式殺人中傷が発生した。時を同じくしてフランス語の韻文で記されたアーサー王伝説の最高傑作が宮廷に仕える聖職者によって完成をみた。一三世紀初頭にラインラントで儀式殺人中傷が発生するが、同じ時同じ所でドイツ語で記されたアーサー王伝説に関する最高傑作が世に現れる。

一二、一三世紀におけるその土地言葉で記された最もみごとな一連の物語であるアーサー王文学が誕生した同じ場所で、同じペースで儀式殺人中傷が広まっていった意味は、一体なんなのか。結論は、西欧文明の最初のロマンチシズムの昂《たか》まりであると同時に、中世文化における文学面での最も創造的な顕れの中に、ユダヤ人憎しの証しである儀式殺人中傷が、その中心部分に組みこまれていたに相違ないということになる。

このことはカトリック教のユダヤ人排斥主義は、道理を解せぬ教養のない人々が広めた末梢的でとるにたりぬ事柄であるとする現代の理性主義者の希望的見解をまたも否定することになる。末梢的どころではない。ユダヤ人排斥主義は中世のキリスト教徒の感性の中心にあったのだ。中世の精神の中核、当時の前衛文学の中核にあったのである。儀式殺人中傷、アーサー王、円卓の騎士、これらは中世の気風（エートス）に欠かせぬものであったのであり、中世人の想像力の中に切り離しがたく結びついて存したのである。幼児を殺害するユダヤ人とサー・ランスロットは、等しく中世人の精神に欠かせぬもの、ロマンチックな文化のうちに抜きがたく埋めこまれていたのである。

ユダヤ人を社会的につまらぬ惨めな存在にするのに助だちした、中世の宗教的感性と教会の政策のいま一つの主要な表れは、十字軍遠征の思いつきであった。キリスト教会のために武力を使うことを正当化した聖アウグスティヌスの見解に立ち返り、イスラム教徒の聖戦（ジハド）の鏡像にも少し影響をうけて、教皇グレゴリー七世は一〇八〇年頃にイスラム教徒に対する二つの前線での戦い（スペイン北部と、聖地パレスチナ救出のためと）を呼びかけた。

聖地での戦いの呼びかけは、一〇九五年から九六年にかけての第一次十字軍となって実現したが、これが以後二世紀間大変な費用を費やす七回にわたるローマ・カトリック教会の中東のイスラム教徒を攻撃した冒険の中で、唯一成功した遠征であった。アラブ人たちが不意をつかれ統一戦線を組めなかったことが幸いし、フランスの十字軍はエルサレムを占領し、その地に住む数百人もの敬虔なユダヤ人を殺害し、画期的な成功を収めた。それから一〇〇年後エルサレムはアラブ人によって奪還され、二〇〇年後には聖地における最後の前哨地点である地中海に面した大きな要塞の町アクレを放棄することになる（近年になりイスラエルの考古学者がこの地の発掘作業を進め、今日ではイスラエル観光旅行の大きな目玉となっている）。

スペインのイスラム教徒に対する猛攻撃はさらに華やかな成功を収めた。教皇はスペイン北部の貴族たちに意志強固で統一のとれた軍隊をつくらせることができたからである。十字軍は一一〇〇年以降、スペイン各地を着々と奪還していき、一三世紀半ばまでにスペインのキリスト教徒の王たちは、イベリア半島の四分の三をイスラム教徒の統治者たちから奪い返していた。

教皇は、十字軍兵士となって戦えば、それまで犯した罪はすべて許されるという布告をだした。十字軍にまつわる理想像や理想的観念が中世の宗教的文化に共通する特徴になり、中世の貴族の気風を形成する中心的要素になった。実際に戦いの庭でイスラム教徒と戦ったキリスト教徒はごく少数であり、現実にイベリア半島や中東でイスラム教徒の軍隊と対決するのは不都合であるとか危険すぎると思う場合、キリスト教徒の十字軍に対する鬱積した熱情は、本国に住む無防備のユダヤ人相手に発揮された。十字軍運動からユダヤ人が最初に蒙った被害は、一〇九六年のラインラントにおける数回にわたる集団虐殺であった。教皇庁が十字軍への参加を公式に呼びかける度に、ないし、クレルボーのバーナードのような扇動家の説教師が巡歴の旅にでて、町や村で戦いへの熱情を人々の間に呼び起こす度に、各地に存するユダヤ人の共同体はいとも簡単に攻撃の対象になりやすかった。

一二世紀、一三世紀のキリスト教徒の考えでは、ユダヤ人を不意打ちして殺害するのは徳行として十分ではなかった。ユダヤ人に対しては執拗に改宗をせまるべきである、なぜなら、ユダヤ人の改宗はキリストの再臨を早めるからという新しい信念が、一二世紀末の新しい信仰心から誕生した。全世界がキリスト教に改宗するのをキリストは待っているという思想が、民衆相手の説教師だけでなくアカデミックな神学者の間にも広がっていった。こうして西ヨーロッパでは、ユダヤ人は黙示録の実現にとっての障害であると考えられるようになった。ユダヤ人はキリスト教に改宗させねばならず、そうして初めてイエスはこの世に再臨して人類を裁き祝福するのであると。

そんな見解がもたらした一つの結果として、改宗したユダヤ人はますます配慮のいき届いた報酬をうけとるようになった。改宗者が読み書きに格別堪能《たんのう》な場合——ラビやラビになる学問をつんでいる場合——ラテン語を少しでもマスターすれば、ただちに聖職関係の仕事につくことができた。だが大多数のユダヤ人は依然として改宗を拒んでいて、彼らは洗礼を受けるのを承諾するまで、脅迫や虐待や差別待遇や中傷の対象になった。

これは聖アウグスティヌスの訓えからの大きな逸脱を意味した。また、ユダヤ人はその経済的能力ゆえに尊重され保護されたシャルルマーニュの世界とも大きく異なる世界を意味した。

ここに、一二世紀、一三世紀にアシュケナジが繰り返し流血ざたにまきこまれつつ、着実に衰退していった理由を説明する鍵がある。もはやユダヤ人はヨーロッパ経済にとり必要な存在ではなくなっていた。中世初期にはユダヤ人は、未発達の社会に資本主義——遠隔地貿易と銀行業——をもたらす役割をしていた。だが中世中期のヨーロッパ経済は急速に市場経済に移行しつつあった。今や充分な数のキリスト教徒の商人や銀行家がいて、彼らは、ユダヤ人がまだ保有するいくつかの特権（かつて保有していた数々の特権の名残）——たとえば一二〇〇年前後まで英国ではユダヤ人が金貸し業に関する特許権を保有していた——をねたみ、ユダヤ人の排除を願った。

イタリア北部地方では一二世紀後期までに、資本家が活動していくのにヨーロッパで必要とするものすべてを供給しうるほど大規模に事業を営むキリスト教徒の家族がいくつかあり、興隆の道を歩んでいた。そうした家族はフランス南部地方と北海沿岸の低地帯にも存在した。

ユダヤ人はもはや必要でなかった。ユダヤ人との競いあいはキリスト教徒の企業家が興隆していく上で邪魔になった。そんなわけで一三世紀初期にはヨーロッパではユダヤ人の安寧《あんねい》に心配りする経済的理由はなくなっていた。一方ヨーロッパの宗教文化は一貫してユダヤ人への憎しみを大っぴらに表明し続けていた。

ヨーロッパ社会からユダヤ人を締めだす方針は、中世の歴代の教皇の中で最も強力なインノケンティウス三世が主宰した、一二一五年の第四次ラテラノ公会議（カトリック教会の長い歴史の中で最も大きな影響を及ぼした四大会議の一つ）で正式に承認された。特別に割り当てた区域（ベニスの鋳鉄工場の近くにあったユダヤ人居住地域の名に由来する「ゲットー」という言葉が、一五〇〇年ごろ広くそうした区域を意味して使われるようになる）に、ユダヤ人を住まわせることが決められた。ユダヤ人は人目につく服を身につけ、黄色の星章をつけ、奇妙な帽子をかぶること。総じてユダヤ人は社会の除け者あつかいされるべきことが決定された。こうした打撃が加わった後では、ユダヤ人が虐殺や追放の対象になるのは時間の問題であった。

一一三〇年頃に著作活動をしていたペルシアの急進的な哲学者ピーター・アベラールは、ユダヤ人には悪い運命が宿命づけられたことを感じて、こう記している

いかなる民族もユダヤ人ほどに神のために堪えがたい我慢を強いられてきた民はいない。よそ者の外国人の中に分散して暮し、王も王子ももたず、比類ない重税に悩まされて……ユダヤ人の暮しは不倶戴天の敵の手ににぎられている。……畑もブドウ園も所有できない……唯一許された職業は高利貸しだけ、しかもそれは彼らに対するキリスト教徒の憎しみをつのらせるだけなのだ。

アシュケナジの惨めな境遇は一三世紀の間にますます悲惨なものになり、フランスでは古い歴史をもつユダヤ人の共同体はみな姿を消し、分派である小規模の、かつて繁栄を誇った英国のユダヤ人共同体も同じ路を辿った。原因は三つある。フランスのルイ九世（聖ルイ）の政策と姿勢、そして新しい托鉢修道士の集団の結成、もう一つは、キリスト教に異端信仰が勃興し、教皇が宗教裁判でそれを撲滅《ぼくめつ》すべく努力したことである。

ルイ九世は一三世紀にほぼ五〇年間フランスを統治した。彼は、彼の孫が統治していたとき、政治的策略ゆえに聖者の列に加えられたが、良心的で信心深く勇敢な十字軍戦士（軍事指導者としては失敗者であっ

たが）であった。死後彼はヨーロッパ人の目に理想的な君主となった。とはいえ、ユダヤ人に対する激しい憎しみを抱いていて、シャルルマーニュの輝かしい時代の名残りとしてユダヤ人が少しでも品位を保っていたり、繁栄したり、特典を保有していると、彼らに屈辱を味わわせ、特典を剥奪するのに熱意を傾けた。

聖ルイは一三世紀に王権のあり様の一つのスタイルをつくり、シャルルマーニュ以降の王たちの中で、彼は最も崇められ魅力ある伝説的な王となった。ルイは、当時のほかのすべての王に（その多くと婚姻を通して血縁関係にあったが）理想的な王のイメージを与えた。彼はユダヤ人問題に気持ちが揺れ動いているような王や領主に、ユダヤ人迫害は合法的なものであるという観念をもたせる役割をはたした。

こうして、アシュケナジの歴史が開くのも閉じるのも、ほとんどフランスの偉大な王次第であったといえる。シャルルマーニュはユダヤ人の地位を上げ、ルイは、悲惨なものにした。預言者サミュエルが当時のユダヤ人たちに、王たちに信をおかぬよう警告を発したのは正しかった。一三世紀初期に、新しく二つの托鉢修道士、ドミニコ会修道士とフランシスコ修道士の集団が結成されると、新しい信仰心は具象的に規定化された。修道院に閉じこもらず、世間にでて奉仕活動をすべしと定められたのである。一三世紀およびそれ以降の宗教や文化をみると、托鉢修道士はそれと明瞭ではないが、大きな存在であったことがわかる。彼らはとくにヨーロッパの新興都市で、献身的に人々に教育を施し、医療施設を与え、家のない貧民たちの世話をし、そのほかいろいろと奉仕活動をした。

都市でする奉仕活動において彼らはユダヤ人たちと遭遇した。ユダヤ人を改宗させるのが彼らの好みの仕事の一つとなった。この目的達成のため、王に、大群衆を前にしてする自分たちとの公開討論会に出るよう、ラビに命じてもらった。ラビを論破することで（ときに失敗することもあったが）ユダヤ人を大挙して改宗させようとしたのである。討論会の主たる効果は、一般民衆にユダヤ人への敵対感情をかきたたせる点にみられた。

教皇庁は一三世紀初期にまことの危機に直面した。南フランスに、大勢の信奉者をもつ異端のアルビ派(アルビの町にちなんだ名称)、カタリ派(分離独立した共同体の指導者たち、カタリ〔純粋なる者たち、の意〕にちなんだ名称)が勃興したのである。カタリ派はマニ教徒が古来から保持する二元論を復活させた。光明の神と暗闇の神とが存在して、人間の魂を自分のものにしようと互いに格闘しているという説である。一二二〇年までにはおそらく南フランスの住民の四分の一がこの二元論、反教会派に組みしていた。

教皇庁はあらゆる手段——托鉢修道士による説教、フランス北部の騎士たちによる粛清運動、異端審問(通常は教会の法規や異端者を抑圧し断罪する神学を学んだ托鉢修道士がとりしきる特別裁判)など——を使い、異端説を奉じるアルビ信徒の根絶を試みた。

宗教裁判はローマ法の刑法に特徴的な方策——スパイの活用や異端信奉の容疑者に対する拷問——を利用した。異端裁判は死刑の判決を下すのを好んだわけではなく、むしろ異端に陥った者を説得したり脅したりして、まともなキリスト教徒に戻すことに努めた。火あぶりの刑を意味する「世俗裁判への引渡し」という判決は、よほどの強情者か常習犯だけに下された。

宗教審問担当の托鉢修道士の任務は、ユダヤ人ではなく異端のキリスト教徒の追求にあり、上々の首尾であった。だが、裕福で教育がいきとどいている、大きなユダヤ人共同体が存したプロバンス地方では、ユダヤ人は宗教審問官によって底引き網ですくうように捕えられ、迫害され、追いつめられ、宗教裁判で有罪を宣告された。

大規模にではないが、とにかくそんな事例があった。通常それは罪を問う熱意の過剰さのなせる業とか、教会の敵である可能性をもつ者すべてを偏執的な熱狂ぶりでごたまぜに迫害したため、とか説明されてきた。異端者、ユダヤ人、魔女（老婆や家族にとり不必要な未婚の若い女）、らい患者（皮膚病の患者のみならず、社会への不適応者も含む用語）はみな宗教裁判にひっぱりだされ、托鉢修道士たちの判決で投獄されるか死刑になり、社会から抹殺された。

以上は、ユダヤ人が宗教審問の網にかかった理由のおおよその説明であって、事の一面の説明にすぎない。当時の南フランスの宗教界の骨組みの中で、ユダヤ人はなんの理由もなくそんな目にあったのではなく、異端審問に当たる托鉢僧の攻撃も特異で偶然的なものとはいえなかった。

カバラが誕生したのはプロバンスのユダヤ人共同体であった。プロバンスのラビたちはマイモニデスの合理主義的教説を断然拒否した。その代りに、伝統的なハラカーやタルムードの学問を補うのに、のちにカバラと呼ばれるようになる神秘主義や悪魔学や占星術を混ぜ合わせたものをもってした。カバラは一四世紀にスペイン北部のユダヤ人共同体に伝わり、そこでカバラのテキストの決定版『ゾハール』がつくられるが、大本が誕生したのはカタリ派が隆盛を誇った時期と精確に符合する一三世紀初期のプロバンスであった。

ゲルショム・ショーレムは、カバラは西暦一世紀ないしそれ以前の古代グノーシス主義をひき継いだか、復活させたものであることを示した。グノーシス主義の大本はおそらく古代の二元論の宗教ゾロアスター教か、それより後のイランのマニ教である。ユダヤ人はメソポタミアへの追放から帰還した際、マニ教をもち帰り、選ばれた少数者だけが解する秘義的な教説として永遠化したものと思われる。それはユダヤ人の間でと等しく、初期キリスト教徒の間でも大いに信奉された破壊力を秘める強力な宗教であった。グノーシス主義を信奉する共同体は、キリスト教がその草創期の二世紀間に直面した最大の内面的脅威となった。

グノーシス主義はペルシアの二元論、ヘレニズム世界の占星術、新プラトン主義の神秘主義が混ざりあってできたものである。一三世紀初期に、南フランスという同じ場所で、キリスト教徒とユダヤ教徒の間に、同時にそれが出現した——キリスト教の場合はカタリ主義のかたちで、ユダヤ教の場合はカバラ主義のかたちをとって——。

ユダヤ教徒の間では秘伝的性格をもち、キリスト教徒の間ではあからさまに分離主義の性格をもつこの二つの宗教的文化が多くの面で共通していることは、共に神対悪魔という二元論を礎《いしずえ》としているだけでなく、輪廻転生ないし霊魂輪廻を共に信じていることによって示されている。

したがってアルビ派の異端説の知的ルーツは、南フランスのカバラ主義の初期の相であるユダヤ教の新グノーシス主義であるといえそうである。教皇庁の異端審問官によるユダヤ人への攻撃、そして一二一五年の第四回ラテラノ会議における教皇インノケンティウス三世の、ユダヤ人をキリスト教徒の社会から隔離するとの決断は、文化的・社会的なりゆきのためだけではなく、カタリ主義の誕生にユダヤ教のグノーシス派が与っていたことにも原因する。それゆえユダヤ人はなんの原因もなく、受動的に犠牲者になったのではない。審問に当った托鉢僧がユダヤ人を追求したとき、理由となるものがあったのである。

教会の猛攻撃にただ犠牲になったのではなく、自分たち自身の消滅に力をかしたのである。ドミニコ会托鉢修道士の最初の一、二世代の人々（異端審問の法廷の大抵のポストはドミニコ会修道士が占めていた）の中に、かなりの数のユダヤ人の改宗者がいた。フランスおよびスペインの公開討論会で托鉢修道士たち——フランシスコ会でも、ドミニコ会でも——が、延々と続くラビとの討論をなしえたのは、討論する修道士たちのほとんどが決まって以前ラビか、ラビの子供か、ラビになる学問を学んだ者であったからである。

中世中期にどの程度ユダヤ人がキリスト教に改宗したかは定かでない。変節したユダヤ教徒の学者に対する見返りは大きく、改宗者がいく人か出たのは明らかである。彼らはユダヤ人相手に、学識にとみ論争術にたけていて、優れた教会の代弁者になった。

したがって、托鉢修道士たちのタルムードへの通暁《つうぎょう》ぶりを示す引用をしばしばまじえたユダヤ人への攻撃は、ユダヤ教徒の支配層を構成するエリートたちの分裂を大いに促す働きをした。理想主義的ないし日和見主義的理由でキリスト教に改宗したラビは少数だったとはいえ、それは小さからぬ意味をもった。一三世紀にフランスで、後にイベリア半島で、ユダヤ人の間で文化をめぐる内戦が起ったが、その詳細を知ることはおそらくできまい。だが、内戦があったことはたしかである。

司教の懇請により王が出した命令で、余儀なく討論の場に出てきたラビたちと、通常は変節者のラビ、ないしラビの学問を学んできた人々との公開の論争は、嘲笑的視点からすると興味深いものがある。托鉢修道士たちは、古来のタルムードのテキストにイエスとマリアへの言及がなされていることを指摘し、このことは古代のラビはイエスの生と死について知っていたとする論の根拠となる故、ユダヤ人は顕現の史的典拠性を認め、集団でキリスト教に改宗すべしと主張した。ラビは答えた、イエスとマリアとイエホシュアとミリアムだって？　それらはありふれたヘブライ人の名前にすぎない。古代のラビたちはイエスとマリアについて知っていたが、それは君たちのいうイエスとマリアのことではないと。ユダヤ人の間に一つのユーモアが生れた。それは、命を落さずに論戦を切り抜けたラビたちは、変節したラビや、ずぼらにラビの学問を学んで托鉢修道士になった者から同じ論戦を挑まれぬよう、すぐにタルムードの本文からイエスとマリアに言及した箇所すべてを削りとる作業にとりかかった、というものである。

アシュケナジのユダヤ人たちはたしかにカトリック教会とその信徒から不当な迫害をうけ、ユダヤ人排斥主義に満ち満ちた文化に圧倒された。とはいえなんのいわれもなく偏見をもつ熱烈なキリスト教徒たちに迫害されたのではない。彼らは二つの点で自身の没落に手をかした、カバラ主義を信奉したこと、ないし、異端説のカタリ主義を、少なくとも、却けなかったことが一つ。次に、改宗したユダヤ人で自分の家族とかつて所属した共同体を猛烈に攻撃する著名な托鉢修道士たちが存在したことである。それは悲しいが、隠蔽《いんぺい》されるべき事柄ではない。この時代を詳しく研究すれば、そうした常軌を逸する振舞・行動がすぐ浮かび上がるが、概括的なユダヤ史では通常触れられていない。おそらくユダヤ人は常に受動的な被害者であったとする一般的雛型《ひながた》に当てはまらぬためであろう。

一二二五年にはアシュケナジは余命いくばくもない状態にあった。だれでも未来の見通しは暗いとわかり、絶望的な気持ちでいた。一二世紀後期にスペインにいたマイモニデスはイスラム教の原理主義者の猛烈な非難にさらされると、家族を引き連れて逃亡し、モロッコに、ついで温和な雰囲気のエジプトに行った。彼はいかにも合理主義者であった。アシュケナジのラビたちは何もしなかった。彼らは自分たちがとり仕切るユダヤ人たちの地位がひどく低下し、安全も危うくなったのは、救世主の到来が近いしるしであると思った。それは中世に生きる人々に典型的な想念であった。キリスト教徒もその点変わりなかった。物事が悪化すればするほど、じきに良くなる。救いはすぐにも訪れる、神が来たって、闇をつらぬかれるであろうと思った。

ユダヤ人の文脈からすると、それは大虐殺を静かにまちうける兆候であった。かくして正統派のラビたちは一三世紀のアシュケナジでユダヤの人々への指導力を発揮し損なった。そして二〇世紀のポーランドでも同じことを繰り返した。一方、ラビたちは麻酔作用をもつカバラを愛読して自らを麻痺させ——つまり、伝統的なタルムードの学問をマスターした者だけにふさわしいとされる占星術と悪魔学の非現実的世界へ引きこもり——心を慰めていた。ラビが隠者のようにカバラの研究に専念するのは一種の現実逃避であった。

現実はまことに無慈悲であった。一三世紀も最後の一〇年を余す頃になると、ユダヤ人は英国の君主政治にとりもはや役に立たぬ存在であった。金貸し業における重要な地位を失っていた。王室はすでにユダヤ人から金を搾りつくしていて、ユダヤ人は数回にわたる組織的虐殺を蒙り、もはや王が課す重税に耐える利益を生み出せる立場・情況にいなかった。聖ルイの甥に当るエドワード一世は一二九〇年代に、最後の取り立てをする口実をつくるため、自分が治める領土からユダヤ人を追い払い、出ていく前に彼らの残り少ない資本のほとんどを王室の金庫に納めさせた。以後、一七世紀半ばまでユダヤ人は英国に再び戻ってくることは許されなかった。

一三〇六年に聖ルイの孫の端麗王フィリップ四世はフランスからユダヤ人を追い出し、シャルルマーニュの時代からラシの時代に至るまで、事業とハラカーの学問で世に知られた大きな共同体を首尾よく消滅させることができた。ユダヤ人はもてる資本のほとんどを王室の財産として後に残し、再びよその土地へ放浪の旅にのぼらざるをえなかった。二、三年後ユダヤ人の排斥は少し緩和《かんわ》され、ドイツとの国境地帯のアルザスにかなりの大きさのユダヤ人の共同体ができ、発展して、二〇世紀にナチスが台頭するまで繁栄を誇った。

追放されたユダヤ人のほとんどはライン河を越えてドイツに行った。一三世紀末のドイツは名ばかりの国で、政治的に独立した三〇〇ほどの部分から成り立っていた。ユダヤ人は、どこかの辺境伯か伯爵か司教兼任の諸侯に仕え、少なくとも一時的に住み着くことはできるだろう、自分たちに哀れみをかけてくれるくらいには啓《ひら》けているだろう、あるいは、公国の経済力を高めるのにしばらくの間は自分たちを必要とするだろうと期待した。さもなくば、賄賂を使えばかくまってもらえるだろう、と。一四世紀前半はドイツのユダヤ人にとり繁栄の時代となった。中世後期のドイツ語の方言を学んで話せるようになったところにヘブライ語がつけ加わり、その土地固有のイディッシュ語となった。だがドイツのユダヤ人にも災難が襲ってきた。

一四世紀半ばに腺ペスト、黒死病が西ドイツを含む西ヨーロッパで多くの人間を死においやった。全人口の四分の一から三分の一が、苦しんで死んでいった。当時の医学は療法もわからず、腺ペストの原因の解明はお手上げであった。医者は、空気を通して広がると考え、シャッターを下ろし、タペストリーで窓をおおうことを勧めた。風呂は体の毛穴を広げ、空気を通して運ばれペストをひき起すと考えられる粒子をとりこむから、入らぬように勧めた。以降、ヨーロッパ人が再び新鮮な空気を室内にとりいれ、入浴するようになるのは、一八世紀になってからであった。それまではよく洗わない体から発する臭いを抑えるためオーデコロンと香水をふんだんに体にふりかけていた。腺ペストの伝染源がある種のねずみの皮膚に住む寄生虫であるとわかったのは、実に一九世紀になってであった。

ユダヤ人排斥主義が広まっていたため、人々が黒死病の咎《とが》をユダヤ人にきせたのは当然のなりゆきであった。子供たちに儀式殺人を執行できるのなら、井戸に毒を投じ（それがペストの原因とされた）成人たちの殺害を企てるのも、信憑性《しんぴょうせい》があるという訳である。こうして、西ドイツ各地で組織的虐殺が起った。

ユダヤ人たちは、ライン河近くの諸々の公国より経済的発展の遅れた東ドイツに行った。中央集権国家を作りつつあった強い権力をもつ諸侯を、固有のあるいは社会的に有利という理由で説得できれば、ユダヤ人はある程度の身の安全を保証してもらえた。

東ドイツは、しかし一五世紀後期に経済的発展を達成していたので、ユダヤ人は大して歓迎されなかったため、ポーランドに向った。ポーランドの王と貴族たちは広大な土地を所有し、奴隷の身分に堕ちた数百万の小作農を支配していたから、ユダヤ人の使い道は色々あった。そんな訳で一六世紀にドイツ及び西ヨーロッパからユダヤ人がやってくるのは歓迎された。一四九二年にスペインから追放されたユダヤ人や、北イタリアのゲットーで教皇庁の抑圧的政策のもとの暮しにうんざりしていたユダヤ人もポーランドにやってきた。彼らの目に、青々として肥沃な人口不足の土地はいかにもすばらしく映った。

一六世紀末にはユダヤ人たちはポーランドを新しい黄金の土地として歓迎していた。緑におおわれたその土地には、ナチスとナチスに協力した大勢のカトリック教徒のポーランド人によって、ゴミでも捨てるように命を奪われた三〇〇万ものユダヤ人の遺骨が眠っているのを思えば、こうした表現に薄気味悪さを覚えずにはいられない。

一六世紀ポーランドのユダヤ人は、アシュケナジにおけるこれまでの経済的、社会的歴史を繰り返した。彼らは、たち遅れた経済に国際貿易と銀行業をもちこんだ。ヨーロッパのユダヤ人の歴史の中でユニークなことだが、彼らはポーランドの支配階級に特別新しいやり方で役立った。不動産管理人になり、貴族のもつ辺鄙な土地にいき、農奴たちをとりしきり、領主に収益をもたらした。この点でのユダヤ人の働きぶりは際だって有能だったので、ポーランドとリトアニアの王室が一六世紀半ばに一緒になったとき、ユダヤ人はリトアニアに移り、そこでも同じ働きをした。

一六〇〇年頃ポーランドの貴族たちがウクライナの辺境地域の開発にのりだしたとき、ユダヤ人は裕福さの点でも社会的重要性の点でも、頂点に達した。ユダヤ人の不動産管理人はポーランドの貴族のために潜在的に肥沃な土地を開拓し、数千人の農奴を管理・支配した。こうして未開の処女地を穀物を育てるのに恰好な、驚くほど豊穣な土地に変え、ポーランドとリトアニアの不在地主に大変な利益をもたらしたのである。

ユダヤ人がうけた報酬は色々あるが、中でも一つの恩典が際だっている。ポーランドの都市部を除いた地域とウクライナでの、酒類の取引の専売権を与えられたのである。ユダヤ人だけが貴族から酒類販売の免許をもらい、小作人たちの村の居酒屋と長期の賃借契約を結び営業した。ポーランド人やウクライナ人の小作人が一杯ウォッカをひっかけたいとき、居酒屋の所有者であるユダヤ人から買うほかなかった。こうした専売・独占の仕組みは大層な利益をもたらした。ドイツから移住してきた際もちこんだイディッシュ語で、彼らはよく唄った、「異邦人は大酒飲み、飲まずにゃいられないのさ」。

アシュケナジの知的な側面がスラブ人の国に移植された。最初にクラクフが、次にビリニュスがタルムードの学問の中心地になった。ヘブライ語の祈禱書、数巻からなるタルムード、ラシおよびその他の賢人たちの注釈のついたトーラーの印刷機による出版が一六世紀のイタリアで始まったが、その印刷機が、今やクラクフ、ビリニュス、その他の東ヨーロッパの中心的な都市に姿を現していた。そして、ラビ養成神学校であるイェシーバがポーランドとリトアニアの寒々とした風景に点在するようになった。

以前と同様に裕福な資本家は将来性のありそうなラビ養成学校の学徒たちに娘を嫁がせた。ユダヤ人の娘たちは特別に目をかけられる面があった。彼らはイディッシュ語の読み書きを学び、印刷機は娘たちのために聖書にのる物語をイディッシュ語で印刷した。

ドイツからユダヤの強力な共同体の組織の型がもちこまれ、一層の磨きをかけられた。すべての共同体には資本家とラビからなる寡頭制《かとうせい》の評議会カハールが存しただけでなく、地域全体のための評議会——一つはポーランドとウクライナ地域の、もう一つはリトアニア地域の評議会——が設けられた。評議会は王や貴族や司教と上手に交渉を行なった。ポーランドの教会は完全に貴族に盲従していたので、ユダヤ人の生活に少しも干渉しなかった。ユダヤ人はこんなに幸せな境遇におかれたことはかつてなかった。

一六五〇年には世界のユダヤ人の人口は一五〇万を越えていなかったが、そのうち二〇万近くがポーランドに住みついていた。だが、早くも一五六〇年にポーランドのあるユダヤ人の物書きは「ユダヤ人は、余りに高慢になるのを避けるため、現在あまり繁栄してはいけない。余りにひどい懲罰を蒙ってもいけない、さもないと消滅してしまう」と警告を発している。果たして、一七世紀中葉に手厳しい懲罰が降りかかってきた。

アシュケナジの歴史はすばらしい展開をみせていた。すると、一六四八年に一夜にして災難が降りかかり、一〇九六年と同様にテロの年となった。コサックが起した多くの反乱の一つだが、ウクライナで掠奪をこととする兵隊の一団が、鎮圧に当った勢力に打ち勝ち、抑圧され搾取されてきた小作人たちに領主に対する反乱を起させた。それは、ウクライナの辺境地域の不在地主の代理人たるユダヤ人たちの虐殺を意味した。ウクライナの小作人たちは、ギリシア正教会の司祭たちの猛烈なユダヤ人排斥主義（その大本は、ユダヤ人を改宗させるために宣教師を送った中世初期のギリシア教会の、あのユダヤ人嫌忌の感情に遡る）に、扇動されたのである。

とはいえウクライナ人は、ユダヤ人に怒りを燃やす（殺害するとはいわぬまでも）権利をもっていた。ユダヤ人はウクライナ人を服従させ堕落させるための直接の道具として働いていたからだ。ハラカーを遵守するラビたちは、ヘブライの預言者たちの社会的正義の思想に鑑みて、ウクライナの小作人を抑圧する自分の役割を内省することをしなかった。昔からラビたちは、イザヤ書とアモス書を無意味なテキストとみなしてきていた。

あるいは、ユダヤ人たちはウクライナやポーランドの小作人に強い人種差別的侮蔑感をもっていて、旧約聖書に盛られた公正と人間性という範疇を当てはめるに価せぬ連中とみなしていたためかもしれない。ウエスト・バンクの正統派および超正統派の、パレスチナ人に対する最近の姿勢には、これと通じるものがある。ハラカーに盛られたユダヤ教はきわめて閉鎖的で人を盲目にする可能性をもっているのである。

恐るべきボグダン・クミエルニキ（ウクライナでは今も英雄視されている）に指導されたコサックの反乱軍は勢力を増していき、ポーランドの中心部に進軍してようやくくい止められた。数千人ものユダヤ人が虐殺され、その家は破壊され、共同体はばらばらになり、木造の立派なシナゴーグも灰燼《かいじん》に帰した。

ポーランドのユダヤ人社会はこの打撃から決して回復することはなかった。身の安全性、自信、繁栄ぶりを再びとり戻すことはなかった。一七〇〇年にはポーランドの農業は発展が止まっていて、ポーランドは利己的で内輪もめをくりかえす貴族たちのため、崩壊の過程を辿り始めた。そんな貴族に仕えるユダヤ人も同じ道を辿っていった。

ヨーロッパのもう一方の端、キリスト教国スペイン、セファラドでは、中世後期にもう一つの興隆と没落のドラマが演じられつつあった。中世後期におけるスペインの独自の特徴をもつユダヤ人共同体の衰退は、アシュケナジのそれと平行したが、その結果はより複雑なものがあった。セファラドのユダヤ人の大半はスペインに留まり、追放の憂き目にあうより改宗の路を選んだ。

一四九二年という年のもつ意味をマスコミや大学教師が盛んに論じてきたために、セファラドの終焉《しゅうえん》の物語は一九九二年現在、人々がよく知るところである。

一四九二年イベリア半島で三つの重要な出来事が起こる。イベリア半島におけるイスラム教徒の最後の領土グラナダが、ローマカトリック教徒のスペイン人が樹立した君主国家の手に墜ちたこと。ユダヤ教の共同体に所属していて信仰告白をした人々が追放されたこと。そしてクリストファー・コロンブスが初めて大西洋横断の航海をなしとげたことである。ユダヤ人の集団の大移動の最終日とコロンブスの大航海の初日とはわずか一日ちがいであった。そして、グラナダはその半年前に陥落した。これらの出来事の歴史的意味、そしてそれらが私たちにもつ意味は、五〇〇年後の今日、一考の価値がある。

すでにみたように、アラブ人、近東のさまざまな民族、北アフリカのベルベル人など多民族からなるイスラム教徒たちは、七一一年にはイベリア半島の大方を征服していた。それにはユダヤ人の助力があった。それまでの半世紀間ユダヤ人は、カトリック教の司教の依頼を受けたスペインの西ゴート族の王たちの手ひどい迫害を受けていた。アラブの諸侯にしっかり支配され、哲学や諸科学およびアラビア語で文化的統一性を保った、民族的、宗教的に多彩な社会であるイスラム教スペインは、九〇〇年からほぼ一一四〇年にかけて、大西洋からインドに及ぶ広大なイスラム教世界のどの地域より、おそらく知的にも経済的にも繁栄していた。ところが北アフリカのマグレブからきた、宗教的には原理主義者で民族意識の強いベルベル族によりイベリア半島が侵略されると、イスラム教スペインは一二世紀後期以後、内側から堕落・崩壊の過程を辿っていく。

一二世紀初期からイベリア半島北部のキリスト教の諸侯たちは、イスラム教徒を押し戻すべく聖戦を遂行してきた。一二一二年にアラブの軍勢は、ちょうどキリスト教徒の西ゴート族が七一一年に経験したような決定的な敗北をこうむる。伝説的なアンダルシア地方の南部の奥まった場所に位置するグラナダだけが、一二六五年までイスラム教徒の支配下にあったが、一四九二年にフェルディナンドとイザベル共同のスペイン君主国の手に落ちた。スペインによるグラナダの征服は一四九二年に起った最初の重要な出来事である。

すでにみたようにセファラド（イベリア半島）のユダヤ人は、一一四〇年以降原理主義者のイスラム教徒が反乱を起すまで、イスラム教徒の支配下で文化的に繁栄を誇った。西暦一世紀のアレクサンドリア以来、ディアスポラの地におけるユダヤ人の手になる最も偉きな哲学および神学の作品、そして、聖書が記されてから一九世紀に至る間の最も堂々たるユダヤ人の詩歌集（アラビア語で記されたものとヘブライ語で記されたものがある）は、イスラム教国スペインで生み出されたものである。ユダヤ人はイスラム教徒の支配者の下で重要な大蔵大臣、あるいは大使に任命されたりした。

だが、一二一二年にキリスト教徒が決定的な勝利を収める以前にも、ユダヤ人の中には拡大する北方のキリスト教徒の王国へ移り住む者がいた。マグレブの支配者の下のイスラム教徒は、鷹揚さを次第になくしていき、彼らの王国も不安定なものになっていった。キリスト教徒の支配者たちは、聖職者の助言に反しユダヤ人にきわめて寛大であった。というのは、ユダヤ人の資本投資を歓迎し、彼らの銀行業や商業的才幹を利用することを望んだからである。そして一一〇〇年以前のイスラム教徒の支配者たちと同様に、学識ある貴族のユダヤ人を行政職の高官に任用した。

一四世紀になるとこうした情況は変化して、一四九二年の第二の大きな出来事であるユダヤ人の追放へつながっていく。一四世紀後期のきわめて中世的なスペインとポルトガルに住むユダヤ人たちは、一方に職人と小売り商人、他方に裕福な実業家、宮廷人、学者、ラビからなるエリート層という分極化が進んでいった。後者の階層では著名な家族間の婚姻がむすばれ、閉鎖的で排他的な階級をつくっていった。そして裕福なユダヤ人は伝統的な教義やその遵守に醒めた態度をとるようになり、学者ですらそうなっていった。

一四世紀のラビの法廷の記録をみると、ユダヤ人がイスラム教の社会の生活様式に順応していく傾向がよみとれる。セファルディの間で一夫多妻、同棲、姦淫、妻を打擲《ちょうちゃく》することは普通にみられた。一二五〇年以降、理性主義的哲学や科学に失望したセファルディのエリートたちは、知的にはカバラに魅きつけられていった。カバラは通常ユダヤの神秘主義と定義づけられているが、正確ないい方をすればグノーシス主義の二元論、占星術、魔術、悪霊学からなっていた。一三九一年から一四二〇年にかけて、キリスト教徒のユダヤ人に対する宗教上の理由に基づく暴力的攻撃が繰り返された。ある時は自然発生的な暴徒の襲撃というかたちで、ある時は聖ヴィンセント・フェラーのような人気のあるキリスト教会の指導者に率いられた組織的攻撃というかたちをとって。

伝統的な（つまり、タルムードに準拠する）ユダヤ教を遵奉することへの熱意の衰えとあいまって、こうした迫害の結果、一四二五年までにユダヤ人のエリートたちの半分以上、そして一般庶民の（何割程度かは定かでないが）少なくとも一〇万人は、キリスト教に改宗した。こうした人々の中には豪商、政府の高官、ラビの学者たちも含まれていた。学者たちの中には聖職者として栄達をきわめる者もいた。一五世紀のカスティリヤのブルゴスのある著名な司教はもとラビで、彼の息子は司教になった。

ユダヤ人が経済的、政治的に恵まれた地位にあることに妬みをもつ一般のスペイン人たちは、ユダヤ人が市民としての不利な条件を緩和され、新キリスト教徒として繁栄していくのを目にし、苦痛を覚えた。それには二重のいわれがあった。第一に、イベリアの共同社会の指導者層に仲間入りするにはキリスト教徒であるだけでなく、「血の純潔性」が要求されたこと。第二に、新キリスト教徒たちは、隠れユダヤ教徒（マラーノ、豚）で、自分の宗教を密かに遵守（すなわち、土曜日の安息日の遵守）していて、それ故、最悪の異端者であり、スペインの異端審問で追求されるべきキリストへの裏切り者たちではないかとの嫌疑をかけられていたことである。

一四八〇年に教皇はスペインに異端審問の設置をしぶしぶ認可した。それはスペイン王室が直接統治する、異端をねらいうちにする特別の宗教裁判であった。設置に当たり二つの特別な動機があった。第一に、新キリスト教徒（改宗したユダヤ人）のエリートたちが重要な一部を構成する貴族たちを抑える王の権力を、中央集権化する手段となった。国家が統制する異端審問は貴族（改宗や異民族間の結婚のために、多少ともユダヤ人の血が流れる貴族は、一六世紀までに少なくとも貴族全体の三分の一ほどいた）の富、自信を攻撃する手段となった。

第二に、一五世紀後期におけるスペインでの異端審問は、一三世紀の南フランスにおけるそれと同様に、ユダヤ人同士の――キリスト教への改宗者とユダヤ教の信奉者との――殺しあいの場になることがあった。キリスト教への改宗者たちは、ラビ相手の公開討論の場で、以前信奉していたユダヤ教を激しく非難した。一四八〇年以降、宗教裁判の最初の世代の審問官たちの中では、新キリスト教徒の家族出の者が顕著な存在であった（一三世紀初期のフランスの審問官たちの間でも、比率と数の点でもっと少なかったが、同じ現象がみられた）。キリスト教の国家と非ユダヤ人の聖職者たちに唆かされたとはいえ、ユダヤ人たちは再び分裂し、お互い同士滅ぼしあいをしたのである。異端審問の最も強力な支持者であったフェルディナンド王の祖母の一人はユダヤ人であった。

一七〇〇年まで存続したスペインの宗教裁判の全歴史を通して、死刑に処せられた者は比較的少なかった。ナチのホロコーストとは類いを異にしていた。宗教審問官は、理論上は、隠れユダヤ教徒であることを心から認める者なら死刑に処すのを望まず、軽い刑罰（公の場での告白）か重い刑罰（財産の没収）をいい渡し、その後、隠れユダヤ教徒であるのを理由に再び有罪を宣告することはなかった。

スペインの宗教裁判が市民の権利に格別配慮したと主張する者はいまい。証言をうるために拷問し、被告人に告発人の名を明かさず、また、公開の法廷で被告を告発人と対決させることもしなかった。だが、一八世紀に至るまで証言をとるための拷問はヨーロッパの法廷では教会裁判でも、一般の裁判でも標準的な手段であった。被告人は審問官に敵と心得る者の名前を記したリストを提出することができ、そのリストにのる者は告発人の中から外されるものとされていた。中世では異端の罪に対しては死刑の宣告が普通であった。それはキリスト教徒に限らずユダヤ教徒の場合も同じだった。一一世紀のコルドバとセルビアのユダヤ人の共同体でも、イスラム教徒の支配者の許可をえて、異端者に対し死刑を執行していた。

一四八〇年以降は隠れユダヤ教徒(マラーノ)は、もしユダヤ教の信奉に固執したり、何度も繰り返し隠れユダヤ教徒である咎めだてをうけると、火あぶりの刑に処せられた。おそらくこの判決をうけた隠れユダヤ教徒の半数は、刑の執行の前に絞殺された。

宗教裁判に関する記録は断片的なものしかないが、歴史家たちの推定によれば、一四八〇年から一五二〇年の間にスペインの宗教裁判で死刑を言い渡された隠れユダヤ教徒の数は二〇〇〇から四〇〇〇で、それ以後はほとんどいなかった。こうした数字が教えているように、新キリスト教徒たちは心から改宗した人々、ないし、少なくともキリスト教徒としての振舞い方のしきたりを遵守した人々であった。改宗したユダヤ人のおおかたは隠れユダヤ教徒であると偏執狂的に主張する審問官もいた。さらにまた現代のユダヤ史家もそんな神話を広めているが、それは根拠のない空想にすぎぬといえよう。

改宗が心からのものにせよ恐怖心からにせよ、新キリスト教徒の大多数は疑いもなく背教者であった。とはいえ、一世代か二世代経過するうちに信心ぶりが一般のキリスト教徒と異なる者などめったにいなくなった。ユダヤ人の改宗者の大多数は心からの信仰心をもっていただけではない。実際一六世紀初期のスペインの教会および文化の歴史において、名だたる名前のいくつかは学識ある貴族で、新キリスト教徒の家系の出であった。たとえば、エラスムス風の人文主義者のジュアン・ルイス・ビベス、向こう見ずな征服者であるスペイン人たちの敵であり、アメリカの原住民にキリスト教を伝えた宣教師バルトロメ・デ・ラス・カサス、キリスト教会の最初の女医でカルメル修道会の改革者、そして十字架の聖ヨハネの教師であったアヴィラの聖テレサ、イザベラ女王の聴罪司祭を務めたあとグラナダの最初の司教になったヘルナンド・デ・タラバロもその一人だが、当時指導的立場にいた司教たちのいく人かも、皆そうであった。

二〇世紀初期のモダニストの文化革命においてユダヤ人が果した役割と同様に、一六世紀初期のスペインのルネッサンスにおいて、改宗したユダヤ人の家族の子孫たちは中心的役割を果したといっても過言ではない。二つのケース共に、文化一般に丸ごと接触できたことが誘因となり、知的創造性をみごとに開花させることができたのである。一九〇〇年から一九四〇年にかけてアメリカ社会に同化したユダヤ人が、文学と学理・理論においてモダニズムに貢献したように、一六世紀初期にユダヤ人の新キリスト教徒とその子孫たちは、燃えるような創造性をみせてキリスト教の思想と学問を受容したのである。

一四九〇年代にユダヤ教徒が国を出るよう要求されたのは、スペインにユダヤ教の宗規を厳守するユダヤ教徒がいるかぎり、キリスト教への改宗者は密かに元の宗教に戻りたい誘惑にかられ、その信仰は崩れ、キリストを裏切ることになるという理由があった。王室がユダヤ人の財産を没収するためというのも、一三〇〇年頃ユダヤ人が英国とフランスから国外追放になったときもそうであったが、一つの動機であった。

ここでも又私たちは、一四九二年に、キリスト教の洗礼を受けるより国を出る方を選んだユダヤ人がきわめて大勢いたとする陳腐な神話に出くわす。いく人かの著名な人々も出ていった。中でも指導的な二人のユダヤ人の閣僚の内の一人ドン・イサーク・アブラバネルは国を出た。コロンブスが最初に航海を試みた際、財政的援助をしたもう一人の閣僚アブラハム・セネオールは改宗した。一四九二年に国を出たユダヤ人の数は四万人前後にすぎず、ユダヤ教の教義を遵守するユダヤ人の半数は一四九二年にスペインを離れた。彼らの大多数は当初そう遠くに行かず、国境を越えてポルトガルに行った。一四九七年にポルトガル国王はユダヤ人に、追放あるいは改宗の命令を出したが、一六世紀半ばまで、厳しく実施されることはなかった。

一六世紀後半ポルトガル在住のユダヤ人は大挙してプロテスタントのアムステルダムに移住した（そこから、一握りの人々が英国に渡った。ユダヤ人が英国へ入国するのを再び許可されたのは一六五三年になってからであった）。一四九二年のエクソーダス（集団的大移住）に加わったユダヤ人で、ポルトガルに行かなかった人々はイタリアに行った、特にベニス、リヴォルノ、なかんずくローマへ（教皇は通常ユダヤ人を保護した――これはテベレ河沿いの土地の古くからのしきたりで、一九四〇年代になっても依然としてこのしきたりは生きていた）、そして、トルコへ移住した。

オスマン帝国のサルタンは国の経済力を強めるために熱心にユダヤ人を迎えいれた。一六世紀にポルトガルを離れた相当数のユダヤ人がトルコ領内、とくにギリシアに居心地のよい避難場所をみつけることができた。一九四〇年代初期にナチが地上から消したサロニカ共同体は、こうしたセファルディの子孫たちであった。

一四九二年以後、その他の地中海沿岸諸国をめざしたセファルディ系ユダヤ人はヘブライ語で記されるカスティリア地方の方言、ラディノ語を一緒に持っていった。これは、ポーランドのユダヤ人にとって、ヘブライ語で記されるドイツの方言イディッシュ語に相当するものである。今なおイスラエルにはラディノ語を話せる少数のユダヤ人がいる。

一三九〇年にイベリア半島に暮していた一五万から二〇万のユダヤ人の子孫たちの八〇パーセントは、

一五二〇年になってもセファラドに暮していたが、キリスト教徒になっていた。もしもスペインが一六世紀に経済的に衰退したとしたら――議論をよぶ問題だが――それはユダヤ人のエクソーダスのためではない。比較的規模の小さいエクソーダスだったからである。一四九二年に関する神話のうち、ユダヤ人の追放がスペイン経済をだめにし、カトリックの君主国は報いをうけたという神話ほど人目にたち執拗に唱えられてきたものはないが、作り話にすぎない。マラーノの中には宗教審問から逃れ、一五〇〇年以後も少人数単位で国外に出ていく者が絶えなかったのは事実であるが。

セファルディの多くは自分をユダヤ人というよりカタロニア人、ないしイベリア半島人と思っていた……彼らはスペインを離れるなんて思ったこともなかった。彼らは代々余りに長くスペインに暮してきた。多くの家族は二〇世代以上暮していた。祖先たちが意を満たし、欠けることのない生活を送ってきた土地、自分たち自身その創造に与ってきたユダヤ文化の最も生気に満ちた中心地の一つ、彼らはこうして、離散ユダヤ人の意識、追放され各地をさ迷うユダヤ人という意識をなくしてしまっていた。

セファラドから逃亡した少数のユダヤ人は同じ程度、ないし、それ以上に活躍したようだ。通常セファルディ出身のユダヤ人の資本家たちは、一五五〇年以降、北イタリア、トルコ、バルカン半島の、通商と産業の発達にきわめて重要な貢献をした。スペインの支配者たちと血縁関係にあるオーストリアのハプスブルク家の人々は、一七世紀に、中央ヨーロッパのプロテスタント相手の三〇年戦争の資金調達に、また、ハプスブルク家の軍隊の供給に、ユダヤ人のそうした資本家たちを大いに利用した。

ユダヤ人の実業家たちは、近代初期における国際的な重商主義の（国家が統制する）資本主義の勃興に大きな役割を演じた。とくに中央ヨーロッパおよびアドリア海沿岸地域の重商主義資本主義の勃興には、明らかにセファルディ的、ないしマラーノ的要素がみられる。近代初期の経済の発展に果したマラーノの役割に関するこうした見解は、一九六〇年代にエリス・リブキンによって提起され、一九八〇年代にジョナサン・イスラエルがそれを詳細に論証した。

一四九二年における第三の大きな出来事はコロンブスの大事業である。それは第一に、イスラム教徒およびユダヤ人社会にみられる変化から直接生まれたものであった。東アジアから輸入し、大きな利益をみこんだ価額をつけてトルコ人は絹、香辛料、宝石を西ヨーロッパの貴族に売っていたが、それらの商品の原産地であるインドへの航路を、ポルトガル人は南アフリカ回りの航路を開くことで、東地中海世界におけるアラブ人の富と力を切り崩すことに努めていた。さらに又ポルトガル人は、当時アラブ人が支配していたアフリカの黒人奴隷貿易の一角にくいこむことを狙っていた。彼らは奴隷貿易に成功をおさめ、さらにコロンブスの最初の航海から五年後に、南アフリカ回りのインドへの航路を開き、後にゴア〔インド西部マラバー海岸に臨む地域〕に大きな通商の中心地を設け、近年に至るまで保有していた。

コロンブスはスペインの王室に大西洋を渡る別の航路を提供した。彼も又イスラム教徒が通商を通して得ている利益をしのぐ利益をあげようとしていた。ポルトガルとスペインの航海業が盛んになっていった結果、アラブの地中海世界は一七世紀初期には衰退していた。しかしながら、カトリックの強国ポルトガルとスペインは、オランダとイギリスというプロテスタントの国が力を増してきた結果、一七世紀を通して、インドの富とアフリカの奴隷貿易からあがる利益を分かちあうことを余儀なくされた。

黒人の奴隷貿易では、オランダの場合もポルトガルの場合も、ユダヤ人の商人が二義的だが目に見えて重要な役割を果していた。それは、中世初期のヨーロッパにおいて、ユダヤ人が白人の奴隷売買業者として顕著な役割を果したのに似ていた。

コロンブスの数回にわたる航海はスペインにおけるユダヤ人の経験とつながりがある。その遺書に記しているように、彼はキリスト教に改宗したユダヤの一門の出であった。とはいえ彼は追放の憂き目にあっているユダヤ人たちの憩いの場を見いだそうとしたのではない。歴史のすべてを終結させようとしたのである。一五世紀末のスペインの教会には救世主到来のための強力な運動がおし進められていた。古来からの思想は、教会が全世界で勝利を収めたとき歴史は終わりをつげ、キリストが再来するというものであった。ユダヤ人たちの改宗はキリスト教の仕上がりの一つの重要な印であった。もう一つの印は東洋の諸民族のキリスト教への改宗であり、コロンブスの航海はそのための礎を築く意図をもっていた。東洋にキリスト教を広める目的で、彼は最初の航海にアラビア語が話せるユダヤ人の新キリスト教徒をつれていった。

マラーノたちはコロンブスが明示したキリスト教の理想主義に苦悩した。彼らはユダヤ教とカトリック教の間にもてあそばれ、苦闘した。その家族が辱めをうけ、社会的地位と財産を喪失した例は枚挙にいとまがない。マラーノの大多数はイベリア半島に残り、カトリックの信仰を受けいれた。なかには熱心に帰依し、ルネッサンスの指導者として、一六世紀初期のスペインのユマニスムにおいて大いに能力を発揮した人々もいた。だが事のなりゆきに憤りを覚え、新しい批判的合理主義と懐疑主義の生みの親になった人々もいた。

一六世紀と一七世紀、マラーノの家族には、科学を重視し、伝統に反抗的で、宗教的文化の核心に対し懐疑的な気分・気持ちが生れた。キリスト教後の社会・共和国に想いをいたす非宗教的な心性が誕生した大本を探れば、ユダヤ教とキリスト教の板ばさみになり、この二つの信仰と文化の間を行ったりきたりして、進むべき方向に迷い、司祭にもラビにも幻滅を覚えるに至った少数のマラーノの家族に辿りつくことができる。

衰えゆく中世の文化に対するセルバンテスの批判の先駆となる、一六世紀初期に体制破壊的ピカレスク小説『セレスティーナ』を著した、スペインの新キリスト教徒フェルナンド・デ・ロハスの内に、私たちはこうした世俗化した心性を認めることができる。フランスのヒューマニスト（人間性研究者）モンテーニュ——彼もマラーノの家系の出である——の懐疑主義的ヒューマニズムの内にも認めることができる。ポルトガル人の家系を継ぐふたりのユダヤ系オランダ人——その一人はウリエル・ダ・コスタで、ラビのユダヤ教を非難し、アムステルダムのユダヤ人の共同体から破門された。もう一人はバルーフ（ベネディクト）・スピノザで、有神論の伝統全体に背をむけ、新しい種類の科学的自然論と普遍救済説を唱え、同じくユダヤ人の共同体から破門された——の一六五〇年から一六七五年にかけての著作の内に認めることができる。

一六世紀に、玩ばれるように二つの宗教の間をゆれ動いたマラーノの子孫たちは、結局両方の宗教から疎外され、最初は国際的な重商主義的資本主義体制の中で蓄財に励み、やがて世俗的な科学的合理主義を信奉するようになる。彼らはそのいずれにおいてもこの上ない成功を収めた。一八九〇年以降にアメリカに移住した東ヨーロッパの伝統主義的なハスィディズム派のユダヤ人にも、同じことがあてはまる。彼らも古い信仰を捨て、実業と科学の世界で非常な成功を収め、急進的世俗主義の教義を熱心に信奉するようになった。

中世後期のユダヤ教の大きな欠点は、その静的で制約的な性質にある。唯一革新性をもつ宗派は、冒険的な神知学的非合理主義を信奉する宗派であったが、迫害や不快な経験に対し耐久性のある応答をすることも、総合的な社会的理論を提供することもできなかった。一三九〇年以降、最初の動機がなんであれ、キリスト教に改宗した多数のセファルディのユダヤの知識人たちは、ローマ・カトリック教の文化がユダヤ教の文化よりはるかに複雑で活気に富む文化であるのを知り、熱心に帰依するようになり、終末論的思想に一途に傾倒していった。この気高い理想主義は、だが、じきに一六世紀の政治と経済の現実にでくわす。アメリカ大陸から収奪した富に助けられ大国になる野心を実現しようとするスペインは、改宗者がその形成に大きく与った一五〇〇年前後の人本主義的なイベリア半島のキリスト教が、実りある活動をするのを不可能にした。

スペインの新キリスト教徒のユダヤ人たちが中世後期にキリスト教理想主義を花開かせようと腐心した時期は、そんな努力が、商業資本主義の広まりや諸々の帝国の勃興や、国際的な武力外交と絶対主義の国家によりひき起される諸々の社会的現実によって相殺される、まさにそんな時期であった。セファラドを離れたマラーノの家族の子孫たちのある人々には、とくに、ラビのユダヤ教にも中世のカトリック教にも幻滅を覚える人々には、一六〇〇年までに西ヨーロッパに行き渡った環境の変化は、これまでよりはるかに世俗的で合理主義的な新しい気風を探る、文化の変容を意味した。

文化の面でのモダニティのルーツは一七世紀のマラーノの文化にある。それは彼らが自分たちを包みこもうとしたユダヤ教とカトリック教に失望したために、そして又、マラーノの家系の人々が、裕福で臨機応変の才があり教養に富み、国際人らしい人生観の持ち主たちであったために誕生しえたのである。

ラビのユダヤ教に対するウリエル・ダ・コスタの批判は、タルムードに準拠するラビの規則に、中世のあるユダヤ教の宗派が異を唱えたのを想起させ、かつ又、一九世紀、二〇世紀の自由主義的改革派のユダヤ教を予期させるものがある。バルーフ・スピノザ（一六三二―七七）は、アムステルダムのユダヤ人共同体から彼と同様に追放されたダ・コスタよりさらに進んでいた。スピノザは聖書の史実性に関する批評を最初にした人であった。さらに彼は紀元前第二ミレニアムにおけるユダヤ人の始祖に関する記述の信憑性を問うた。彼は、一九世紀に進歩・発展した高度の聖書批評、そして自由主義的なユダヤ人共同社会の文化ですら今なお受け入れ難いとする、あらゆる現代の聖書の分析の先鞭をつけた。

その哲学的著作の中でスピノザは、神は自然界に遍満するとする汎神論と、啓示ではなく純粋な論理から導きだす倫理学を提示し、一八世紀の啓蒙運動の知的礎をつくった。

彼は「神は世界の内にあり、世界は神の内にある」という原則をもって、ユダヤ教の超越的な神にとってかえた。自然は「神自らが存在する一つのあり方であり」、人間の意識は「神自らが思惟する一つのあり方である」とする。

重要なのは議論の中身自体より、彼の著作の合理的で科学的な論調にあった。こうした科学的合理主義は、当時人々に知られていないわけではなかったが、彼は非凡な明晰さで雄弁に提示し、一八世紀およびそれ以降の啓蒙運動の偉大な先駆者、現代世界の科学的な文化の、自由主義的で合理主義的な唱道者であったとみなすことができる。

> スピノザは……啓示宗教の世界を越え、その代りになる力強い体系を提供した最初の重要なヨーロッパ人となった。彼は大変急進的なかたちでモダニティの原則を要約してみせたのである（イルマヤフ・ヨベル）。

スピノザに対するアムステルダムのラビたちの苛酷な措置《そち》が、正当化されうるにせよそうでないにせよ、彼の著作の内に伝統的ユダヤ教への一つの根本的脅威を――ある意味で親ユダヤ的な雰囲気の、プロテスタントで資本主義の当時のオランダでは、衰えつつあったキリスト教徒の伝統的な反ユダヤ主義より、究極的にはさらに一層の危険性を――彼らが読みとったのは正しかった。

生国を離れて暮すマラーノの一部の人々は、ユダヤ教とキリスト教のはざまで知的にも情緒的にもプレッシャーを感じ、自分たちの知的な体系にも小さからぬショックをうけ、彼らの意識は中世の帳《とばり》を越えて現代的世界に入っていたのである。スピノザの哲学のもつ意味を歴史的視野から観るなら、そう捉えることができよう。

それはユダヤ史の一つの転換点であったが、当時の人々はかすかに気づいたにすぎなかった。二〇〇年後には、ユダヤ人の住まう環境の文化の中心的問題とみなされるようになり、今もそうである。スピノザ、そしていく分規模は小さいが、ウリエル・ダ・コスタが提起した根本的問いは次のようなものだ。ユダヤ教は現代の科学的・合理主義的精神風土の中で、いかにして再考され再構築されうるのか。

ユダヤ教の礎に対するこの決定的問いかけは、西ヨーロッパでのみなされえた。西ヨーロッパでのみ、ユダヤ教の文化はハラカーやタルムードの世界の相を越え、合理主義や現代科学と対峙し、古代後期および中世期にラビのユダヤ教が作りあげた文化の骨組みを再考することを強行しえたのである。

それは、たんに一八世紀と一九世紀に世俗性を強める文化の中にユダヤ人が暮すようになり、そんな文化に応じることを強いられたためではない。セファラドとマラーノの後期の文化の展開のあり様自体が、ユダヤ人の思考様式の再考を促したのである。

キリスト教徒になったイベリア半島のユダヤ人たちは、一五世紀後期および一六世紀のカトリック教の人文主義運動（ヒューマニズム）に大きく貢献した。プロテスタントのオランダに移住した人々は、二、三世代のうちに時代にさきがけて自由主義的ユダヤ教（ダ・コスタ）を、そして急進的な科学的合理主義（スピノザ）を創りだした。ユダヤ人の知的進歩という観点からすると、ヨーロッパの環境は、身柄の安全性と快適な暮しにはしばしば結びつかなかったにせよ、西欧の最先端の文化に知力を集中させるにはよいものであった。このことは、ユダヤ人が科学と芸術の分野で創造の最先端にたってきた一九世紀後期と二〇世紀にあっては、特記されてしかるべきことである。

西ヨーロッパの環境の何がユダヤ人の知的活力を引き出したのだろう。三つの要因がある。第一のそれは人を知的に窒息させるようなハラカーの文化の殻から、ユダヤ人がなんとか抜け出すことができた点である。ハラカーの文化が共同体の団結と個人的満足感という点でどんな美点をもつにせよ、革新性や知的創造性より保存と継続性を指向する保守的で反知的な精神のものになっていた。マイモニデスがハラカーに準拠するユダヤ教と科学を総合して社会的に承認される体系を創ろうとして失敗したことは、正統派のラビたちが知的な面でそうした試みを決してせずに、宥和《ゆうわ》的なカバラの神知学に頼っていた証しとなる。

第二に、西ヨーロッパ在住のユダヤ人は、その地のキリスト教が好戦的に布教活動をする性格をもったため、自分たちの価値体系の基本を知的に研究し再考することを余儀なくされた。キリスト教世界でよそ者として暮すユダヤ人は、その地の支配的な宗教的文化と自分たちとの関係を、その土地の言語で精査する必要があった。この点ではプロテスタントのオランダの比較的友好的な空気は、カトリックのイベリア半島の敵意ある空気とは少しちがっていた。

最後に、近代初期のヨーロッパでは商業資本主義の腐食的影響が次第に大きくなり、それが倫理や行動に及ぼす意味あいから伝統的ユダヤ教を切り離して暮すことはできなくなった。九〇〇年から一二五〇年に至る地中海沿いのイスラム教の社会では、それが可能であった。当時ならユダヤ人はゴイタイン・ゲニザ的世界に安住し、宗教的・道徳的生活を経済面の生活と切り離して、心穏やかに二股の生活を送ることができたのである。だが一六世紀、一七世紀のヨーロッパの商業資本主義は、重商主義国家、膨大な海外資本の流入、都市化の急速な進展などにあと押しされ、富の自在な移動が、共同体の諸々の制度と家族・一門間の境界線が打ち建てたすべての障壁をうち壊し、個人が、威を揮う世俗の市場とそんな市場が育てる自由で科学的で物質的な条件と相関させて、世界に関する憶測を形成することを要求する、そんなダイナミックな段階に入っていたのである。

こうした変化の始まりは、一七世紀中葉のアムステルダムのユダヤ人たちの間にみられた。それはユダヤ人のモダニティの先触れであり、アムステルダムはその準備地域となり、一七世紀と一八世紀初期のドイツの、資本家である宮廷ユダヤ人たちの間にそれはひき継がれていった。それは一八世紀後期にドイツ在住のユダヤ人による啓蒙運動に発展していったが、これは現代ユダヤ文化の始まりであった。

したがってスペインの黄金時代についてこれまでよくいわれてきたことは、社会学的視点からすると批判の余地が多々ある。文芸上の業績はどうあれ、ゴイタイン・ゲニザ的世界の地中海世界では、ユダヤ人はタルムード時代の文化の鋳型から抜け出せずにいた。一五世紀から一七世紀にかけて、西ヨーロッパのキリスト教世界で初めて、その殻を破ることができたのである。最初はイベリア半島のユダヤ人の人文主義運動に、そして長い目でみてさらに意義深いことに、キリスト教後の、ハラカー後の、マラーノの文化に、それを認めることができる。

ユダヤの文化史における、中世のタルムード的、ハラカー的、ラビに礎を置く文化から現代の世俗的文化への転換が、カルヴァン主義のアムステルダムの子孫たちの間で起こったことは、プロテスタント革命がユダヤ史に与えた影響の問題を浮かび上がらせる。一六世紀に、キリスト教圏の西ヨーロッパの人口の約三分の一が、古来ユダヤ人の敵であるローマカトリック教から離れ、さまざまな宗教的共同体を創設していった。

それはユダヤ人にとり向上を意味する展開であったのだろうか。必ずしもそうではない。ユダヤ教を信奉すると公言する者も、カトリックへの改宗者という上辺《うわべ》の下にユダヤ教徒の顔が透けてみえる者も含め、マラーノの家系の人々は、プロテスタントたちから領土をとり戻そうと中央ヨーロッパで苦闘する熱烈なカトリック信者のハプスブルク王朝に仕えつつ、一七世紀には出世して繁栄を謳歌するに至ったが、プラハの場合は成功しすぎて三〇年戦争と呼ばれる国際紛争をひき起すに至る。

ユダヤ人の資本家たちはハプスブルク家に銀行業者として仕えただけでなく、同家の軍隊への物資の請負人ないし供給者として活躍した。初期の頃の同家の軍事的努力の一つは、主にプロテスタントのオランダ相手になされ、大半は不成功裡に終わった。したがって、ユダヤ人は必ずしも反宗教改革（一六世紀から一七世紀にかけてのカトリック教会の自己改革運動）の最中の非妥協的なカトリック教徒によって苦しめられたわけではなかった。

ユダヤ人は必ずしもプロテスタントからよい待遇をうけたわけではない。一五二〇年代に北ドイツと東ドイツで最初にローマ・カトリック教会と縁を切ったマルチン・ルターは、初めの内はユダヤ人に友好的にみえた。この興奮しやすい修道士兼神学教授は、ユダヤ人はその内ルター派に改宗すると考えていたからである。現実が彼の期待に背くと、文化的背景からドイツの中産階級の内にわずかに生き残っていた反ユダヤ感情が彼の内に喚起され、中世のカトリック教がユダヤ人に放ったどんな悪口や憎悪にもひけをとらぬ悪口雑言をルターは放った。ユダヤ人排斥を記した彼の小冊子は、彼が創設したドイツの国立教会にユダヤ人嫌いの伝統を遺し、一九三〇年代にナチは彼の小冊子を効果的に利用した。

英国国教会のユダヤ人への態度はルターよりは人間的で理解力がうかがわれるものであったが、根底には敵意を秘めていた。過去のすべての時代を通しての英国国教会の態度は、シェークスピアの『ベニスの商人』（一六〇〇年）の内に描出されている。そこには英国に暮すユダヤ人がごく少数の頃の英国国教会信徒の見方が描かれている。そんな事情で舞台はイタリアにおかれる。シェークスピアはユダヤ人の高利貸しシャイロックが人間であり、人間としての感情をもつことをみごとに表現している。傷つけば血がでる人間なのだと。とはいえシャイロックは、人を不利な情況に追いこむことができれば、権柄《けんぺい》ずくで災いをもたらす行動をとるユダヤ人の資本家であることにかわりない。ユダヤ人は根本的には、中世後期のカトリック信者の多くが考えたような悪魔ではない。だが彼らの行動様式はキリスト教徒の社会の枠内では受け入れられぬものなのだ、といっているのである。

ルネッサンスの新古典主義文化に依存し、自分たちを保護してくれる公国の利益に奉仕する初期のプロテスタントの集団、ルター派信徒、監督教会員たちは、社会の標準化という理想の実現に専心した。中世の多元主義と闘って、彼らはすべての階級を通して社会が組織的で、統制のとれた、文化的均一性をもつものになることを望んだ。プロテスタント主義は中央集権化された、文化的にも標準化・均一化した全体主義的国家のとる社会的方策であった。

こうした文脈からするとユダヤ人は社会的にも宗教的にも古風な変則的存在となり、大目にみることは許されなかった。彼らを改宗させねばならず、その行動様式を標準化させる必要があった。これが、ユダヤ人を扱ったあの巧妙な構成をもつ刺激的なシェークスピアの戯曲の背後にある思想であった。

ユダヤ人はルター派を信奉するドイツや英国国教会のイギリスの弱点となった。それは、ユダヤ人の信仰と行動様式のせいだけでなく、プロテスタントの理念を唱道する人々にとりユダヤ人は、散漫で無秩序な中世の多元主義の悪い点すべてを代表する存在だったのである。

だが一六世紀後期に、とくにオランダと英国に姿を現し始めたカルヴァン主義の改革派教会のユダヤ人に対する政策は異なっていた。カルヴァン主義者は旧約聖書を精読していたため、ユダヤ教の伝統と調和する、全知全能で怒りを発し審判を下す厳しい神のイメージを学んでいた。カルヴァン主義者の社会は、市場資本主義をこの世における神の恩寵《おんちょう》の顕れとして、好意的に捉えていた。

近代のカルヴァン主義者の間には千年至福〔世界の終末の審判がくる前に、キリストが再臨しこの世を統治する神聖な一〇〇〇年間〕への熱情、時の終りは近づいているという意識があった。こうした特質は必ずしもユダヤ人に対し好意的な態度をとることにつながらず、理論的には逆方向に働くこともありうる。だが、カルヴァン主義者は欲求充足を二の次にし、勤労の倫理や、個人の行動への共同体の基準の理性的な適用に好意的であったため、一七世紀初期には、少数独裁制を敷くアムステルダムの指導的資本家たちと、同じく少数独裁制を敷くユダヤ人の共同体のラビの資本家たちの間に礼譲が生れた。こうしてアムステルダム在住のユダヤ人の繁栄がもたらされただけでなく、カルヴァン主義の英国も一六五三年にユダヤ人の入国を再び許可するに至った。これは一二九〇年代以降初めての公式の入国許可であった。

ロンドンに最初に定住した家族はオランダからきたマラーノの家族であった。一八世紀にはプロテスタントのすべての宗派の神に対する見解が寛大に、理性主義的になったために、西ヨーロッパのユダヤ人とプロテスタントの宗派の人々とが親しく接触する機会が生れた。これは神学の問題ではなく、私的生活様式と物の見方に共通性をもつ二つの集団――近代の自由主義的中産階級同士――の最初の出会いという性格が濃い。

一六〇〇年以降カルヴァン主義が広まった所――オランダ、イングランド、スコットランド、アメリカ合衆国、カナダの英語を母国語とする諸地域、南アフリカ（一八一五年まではオランダの植民地、以降はイギリスの植民地）――では、ユダヤ人は事業で栄え、一九世紀には、学問的素養が必要な知的職業につく機会を与えられた。カルヴァン主義者はユダヤ人を自分と対等とみなすにはキリスト教徒でありすぎたが、ユダヤ人に寛容であるばかりか、敬意をもって接した。その理由は、誓約の神学がもりこまれた旧約聖書をカルヴァン主義者は愛読していたからである。また、事業での成功は神の祝福、神の目に価値ある人と映っている証とみなす点ユダヤ人と共通していたからである。さらに又、両者ともに、家父長制の家族、勤労、社会生活における知性や理性的な慮《おもんぱか》りを、そして欲望の充足を清教徒的に二の次にする態度を、称賛していたからである。

このユダヤ的、カルヴァン的気風はもはやはやらず、市場の競争と一九世紀の帝国主義につながる精神として、激しい（全体としてまちがってぃない）非難を受けているが、それは長いこと世に風靡し、影響を及ぼしたのであった。それは、プロテスタントの宗教改革と中世のアシュケナジとセファルディの遺産とが、共通点を認めた接点であった。一九四〇年代に、カナダの、英語を母国語とする地域で育った者なら、スコットランド長老派教会の日曜日を――映画の上映もサッカーの試合も法律で禁じられた日曜日を――経験したであろう。日曜は古き良きエジンバラのカルヴァン派の伝統にしたがって、祈禱と勉学と瞑想の日とされていたのである。ユダヤ人ならだれでも、このしきたりを奇妙とも異議を唱えたいとも思わなかったであろう。まさにユダヤの安息日と同じであった。

第7章

ユダヤ教の改革

一八世紀後半に科学技術と民主主義を特徴とする近代世界が世に現れるまでに、ユダヤ教の社会もキリスト教の社会も数世紀間におよぶ宗教上の激動を経験したのであった。こうした精神的探求と教義をめぐる論争の激動の波を、私たちは改革（リフォーメイション）と呼んでよいだろう。

ユダヤ教徒の間でもキリスト教徒の間でも、世にいき渡った精神世界と社会制度を「改革」するために、宗教的信条と共同体を再構築することをねらって、既存のものを破壊する一連の試みがなされてきた。ユダヤ教徒とキリスト教徒の両社会で、受け継がれてきた文化と、その顕れである制度とを、伝統的な宗教の諸々の制度のもつ基本的訓えを捨てることなしに、一般の人々のニーズと新たな抱負とに応えられるものにしようとする試みが平行してなされた。

近代以前の社会では、宗教改革は独裁政治および寡頭政治に対する反乱を正当化するのに最も便利な手法であった。改革を唱道する人々は、これまでより優れた道徳的価値を主張し、また、民衆を母体とする急進的な運動を起して、指導者である旧時代のエリートたちと伝統的な体制を打倒するようにとの霊感を新しく神からさずかったと主張した。

それゆえ宗教改革は、近代以前の旧体制の社会における集団や階級の反乱の常套手段——権力の座から離されていると感じて不満をもつ集団が、権力の分け前に与ることを主張し、自分たちの能力を認めさせようとする手段——であった。

現状に不満をもつ新興の社会集団が宗教改革を通して自らに主体性の意識と道徳的目的を与え、諸々の行政制度と世を支配する老練な少数のエリートたちと対決したのである。

宗教改革は反体制派で新米の知的職業人たちが、職につく際の従来からの厳格な基準に合格できぬのを恐れ、合格できるものに基準を変える手段であった。基準は彼らがうまく、しかも容易に合格できることが強調されるように書き変えられたのである。

キリスト教の宗教改革は、一六世紀、一七世紀のプロテスタントの諸々の教会や宗派と慣習的に結びつけて捉えられているが、実際は六世紀間におよぶものであった。一二世紀後期のカタリ派その他の異端の宗派の運動に始まり、メソジスト主義、ドイツの敬虔派、そして一八世紀後期のアメリカの大覚醒で締めくくられた。さらに又それは、一六世紀後期と一七世紀のカトリック教会内部の種々の改革運動も含み、とくにイエズス修道会の勃興と教皇政治に関連したものである。

ユダヤ教の宗教改革は、ハラカーのユダヤ教（伝統的な、ラビの、正統派のユダヤ教）の、内部における、周辺における、あるいは意識して自らを批判しつつ自らとの密な関係性を失わない、一連の運動を意味する。ユダヤ教の宗教改革は一〇世紀のカライ派から一八世紀のハスィディズムにおよぶ。ユダヤ教の宗教改革の一つ一つの局面は、ハラカーのユダヤ教を何かしら意義深いやり方で変えようとする点に特徴がみられる。キリスト教の宗教改革が中世のキリスト教を変えようとしたのと軌を一にしているといえる。

ユダヤ教とキリスト教、いずれの宗教文化においても、改革運動およびそれに従事した人々は、古来からの信仰の根幹部分を問題にすることはなかった。二次的な特質のある部分を修正ないし補足することに努め、もっと生きた、意義深い、真正のものにしようとしているのだと主張した。近年になり形骸化し、時の経過に伴って退化し、付着物におおわれているため、創造的な刺激を与える本来の精神的な要素を救出しようとしているのである。古い歴史をもつ宗教であるユダヤ教ないしキリスト教は、再生して本来の使命を果せる正道に戻るであろう、そう彼らは主張した。

これが、この二つの宗教の一連の改革運動すべての基本となるモチーフであった。ユダヤ教の改革は社会学的に捉えるとキリスト教のそれと同じ性格をもち、数世紀間にわたり同時平行的に行なわれた。二つの宗教改革はときおり影響を及ぼしあったが、大抵はそれぞれが自立しつつ、平行し、相互に働きかけあうより、範疇として相似したものであった。

キリスト教の宗教改革もユダヤ教のそれも、一組のあい似た社会的、政治的、文化的条件から起った。ヨーロッパのキリスト教世界は王、諸侯、聖職者が支配していた。ユダヤ教の社会はラビ、資本家、王室に仕えるユダヤ人がきっちり支配していた。キリスト教の社会でもユダヤ教のそれでも、知識人が権力に与ったり富み栄えたり重要な存在になりたかったら、支配者たちに順応し仲間入りするための厳しい条件をみたす必要があった。

どちらの社会の場合も、普通の人々は地域の共同体——ユダヤ教徒がカヒラないしカハルと呼んだもの——人々の暮しに保護と安定感を与えてくれるが、抑圧し、酷税を課し、思想統制をする少数独裁制のための手段でもあるもの、にすっぽり包まれて暮していた。

ユダヤ教でもキリスト教でも宗教改革が求めたものは、既存のものにとって代る表現の回路を合法化し練りあげること、また、権力に与ることを求める要求を、新しい、ないし修正された宗教的教義に基づいて合法化し練りあげることであった。改革運動が求めたことは、寡頭《かとう》政治の支配体制を動揺させること、ないし、既存の価値体系にとって代る価値体系（それらも諸々の宗教的既成概念に基礎をおいていることには変わりないが）を提供することで、体制を代えるか、少なくともその締めつけをゆるめることであった。

寡頭政治を敷く旧体制の支配者たちは、そうした要望を掲げて改革を求める人々の要求や野心を、的外れであるとか、革命的で受け入れがたいとして却けることが難しくなった。支配者のとる一般的な対処法は、改革を要求する者と取引し、交渉して彼らを体制にとり入れ、改革の方はどうでもいい部分を手直しして、事をにごすことであった。すると改革を支援する人々は、陰での交渉で決着するやり方に意義ある利益を認めることができず、さらに根本的改革を求めていった。

改革が果したもう一つの役割は、閉鎖的な地域の共同体の殻を破り、より速やかに変革がなされ、被抑圧者への償いが速やかに決断されるよう、諸々の問題事がより広い地域で、国レベルで、さらには国際的レベルで知られ、行動がとられたことにあった。

キリスト教の場合もユダヤ教の場合も、改革のどの機運、どの要素をとっても共通して常に二つの目的をもっていたといえる。第一に、古くからの信仰を再構築して活気をとり戻させ信頼できる真正のものにし、興隆する物質的資本主義と発展する市場経済——それらは伝統的な価値観と身近な生活様式を腐食するものだが——に直面して、しっかり対応ができるものにすること。第二に、聖書の聖句またはカリスマ性をもつ宗教的指導者への忠誠心で精神的まとまりを保つ共同体と個々人を融和・統合させつつ、個人の意識と感性をもっと直接的に表現できて、それらが正規に容認される方法を見いだすことである。

ユダヤ教およびキリスト教の改革運動は、野心的だが明確ではないこうした目的をあと少しで達成するところまではいかなかった。その結果、改革運動が残した遺産は、世俗的で民主的で科学技術の進歩が目覚ましい一九世紀のモダニティがもたらしたものによって甚だしく浸食されたのであった。

だが一方で改革運動は、長いこと重要視されてきた種々の文化の形式や現象を捨てさった。聖書の聖句やカリスマ性をもつ指導者への忠誠心でまとまりを保つ共同体の中には、指導者の講話の力と、執政者が旧来の寡頭政治を巧妙に運用することで、社会と文化にしっかり根をおろし、通常は少数独裁制を薄めた形で今日まで生きのびているものもある。

ユダヤ教の最初の改革運動は九世紀にメソポタミアに勃興したカライ派によって起され、一世紀もたたぬ内に近東の一大勢力になり、タルムードを信奉するラビたちの権威を脅かす存在になった。サアディア・ガオンはカライ派教徒たちを論駁するのに多大の時間を費やした。カライ派はアラブの思想に甚大な影響をうけ、口伝の法やタルムードを拒否する教義を発展させ、旧約聖書のみに権威を認め、しかも旧約聖書は文字通り解釈されねばならぬとした。

ラビを攻撃すると同時にカライ派は「ディアスポラの富める者たち」を非難し、寡頭政治におけるラビの盟友である「ディアスポラの商人たち」を非難した。カライ派教徒は熱烈なシオニストであった。カライ派教徒はイラクで勃興し、ペルシアで勢力を増し、パレスチナに移住して大きな共同体を作りあげた。

一〇九六年にフランスの十字軍がエルサレムで勝利を収めるとカライ派はこっぴどい打撃を蒙る。この時十字軍兵士に殺害されたユダヤ人の大半はおそらくカライ派教徒であった。そのあと彼らはクリミア半島およびロシアの黒海沿岸地方で勢力をまし、二〇世紀まで生きのびてきた。一九四八年にイスラエル国家が誕生すると、中世からエジプトに暮してきた一団のカライ派教徒がイスラエルに移住してきて、以来静かな暮しをしている。

カライ派は、メソポタミアの共同体の有名無実の指導権の継承をめぐる論争の後、アナンという人によって創設されたとされている。誕生のいきさつはどうあれ、カライ派の見解――聖書は神に霊感を授けられて生れた唯一の書であり、文字通り解釈されねばならぬとする見解、そして、体制側の知識人に敵対する姿勢――は一六世紀初期のプロテスタンティズムの見解に酷似する。彼らが合理主義と科学を好む傾向も後期のプロテスタンティズムに似ている。カライ派の主要な大義は明らかに、ラビとラビを支援する人々に対する不断の敵対にあった。

カライ派の運動の起りは共同体の指導権をめぐる個人的闘争にあったのかもしれぬが、じきにタルムードの規範としての権威を否定することでラビの権威――ラビの権力はタルムードの解釈に大きく依存していた――に歯むかう、イデオロギーを発展させた。

ゴイタインはカライ派を、ラビに教養と学識を積むことを強制する働きをした点で「ユダヤ教を大いに若返らせる勢力」と捉えた。この点ではカライ派の影響は、一六世紀にプロテスタンティズムがカトリック教会に及ぼしたそれと平行する。プロテスタントの宗派は反宗教改革のさなかの教会に宗教的儀式の執り行ない方の改善を求めた。このことは一〇世紀、一一世紀に東地中海地方でカライ派がユダヤ教徒に対してした要求と平行する。

一一世紀までにラビとカライ派との間で和解・調整が大いに進んだ。後者は、理論上は聖書の字義どおりの解釈という主張に依然として固執したが、実際には、彼らのいうラビのユダヤ教の「遺産の重荷」とその慣習的な掟をうけ入れた。正統派のラビとカライ派の改革者との間のこの最終的調整は、共に宗教的改革をおし進めたことになる。両者は闘争をやめ、共存し、互いをうけ入れることを学んだ、それは一六五〇年以降のカトリック教徒とプロテスタント教徒の関係にもそのまま当てはまるのである。

ユダヤ教の改革の二つ目の節目は、一二〇〇年から一六〇〇年にかけてカバラが誕生し普及したことである。カバラはユダヤの神秘主義としばしば呼ばれているが、この言葉が、こみいった伝統と掟より霊感を選ぶ非合理主義に傾く傾向を意味しているなら、まちがってはいない。とはいえ、キリスト教の伝統の中の神秘主義は新プラトン主義の副産物であり、このことは物質的世界と個人的意識が消し去られ、個人が格上げされて純粋に神秘的な神性の存在になることを意味する。

この種の神秘的神学はユダヤ教にも存在した。西暦一世紀のアレクサンドリアのフィロにも、一一世紀のセファルディのソロモン・イブンガビロールにも見いだすことができる。カバラはきわめて混合主義的なもので、文化的風景の中を転がる電磁石のように、発展する過程で様々な宗教的、知的伝統を吸収していったので、この鬼神学的、神知学的寄せ集めを構成する要素の中に、そうした否定主義的、自己抹消的神秘主義がまったく混入しなかったとはいえまい。

とはいえ、カバラの本質は新プラトン主義の神秘主義とは異なり、主眼点は心霊界ではなくこの世の再建にある。その視線は上方と同じくらい下方に、というより、おそらくより多く下方に向けられている。一方新プラトン主義の視線の方向はもっぱら上方である。

カバラのルーツはプラトン主義ではなく、世界を光明の神と暗闇の神の闘いの場と捉える二元論の古代のグノーシス主義にある。古代後期と中世初期を通して、おそらくは秘義的な神知学として比較的思索的なラビたちによって保持されてきたカバラは、一二〇〇年頃南フランスのプロバンス地方のユダヤ人共同体において目覚める。マイモニデスの合理主義に対するラビの闘いがこの新グノーシス主義を明るみにだし、人々に知らしめることになった。フランスのラビたちはこう主張した、もし伝統的なハラカーの信仰に何か補足が必要なら、それは危なっかしい科学的な合理主義ではなくカバラの神知学なのだと。カバラはここでも最も学識に富み、信仰心にあつい人々のみに適する特別の学問であることに変わりなかったが、この新しい宗教文化の最初のテキストがつくられたのもこの地であった。

カバラは世界を——性的イメージを用いて——女のシェキーナー、すなわち人間生活に善と悪を生みだすこの世に現れでた神の姿、を求めてヤハウェと悪魔が闘う場であると断定する。ある時点で神はこの世界から部分的に引っこんでしまう。すると神が後退した状態が訪れ、悪魔は勝ち誇り世界に害を与える時となり、世界を構成している器の破壊が起る。器は粉々の破片になって降りそそぎ、その細かな殻は結合して、復活し、生き返った神から光を受けとる分子になる。

癒しの過程が始まり、世界はゆっくりと神の秩序が勝利する状態へ戻ってゆく。善と悪とのこの闘争は、個人の内にも進行する。宇宙で演じられるドラマの縮小版、それが人間なのである。

この神話を基にあらゆる種類のバリエーションが作られうるが、以上が本質である。それは、個人の視点からするとアリストテレスの機械論的自然主義よりはるかに意義深く説得性に富む。

カバラに関する最も意義深い説明の一つは、一九五〇年代、六〇年代のアメリカの表現主義の抽象画家バーネット・ニューマンが試みたものである。カバラの教理が説く精神は、膨張したり希薄化したりするものでなく、包みこみ、ぎっしり詰めこむもの、引きこもってこの上なく密度の濃い生地になるものであり、それゆえ、抽象絵画の類の表現になじむ、そう彼は理解する。彼が捉えるカバラの教理は濃い色彩の地を使った類のもので表現される。カバラの教理は、精神の爆発ではなく内破を、感性と知性が集中してこの上なく密な束になることを表す。

カバラは、一三世紀中葉、版図を拡大しつつあったスペイン北部の強大なキリスト教国アラゴンの、高名なラビの指導者ナクマニデスの支持をえたとき、大いに奨励され広く普及していった。一四世紀半ばセファラドにおいて、カバラの正典ともいうべき『ゾハール』がモーゼス・デ・レオンの手により編纂された。それは複雑なイメージ、微妙な識別、手のこんだ隠喩に満ちた書物である。

『ゾハール』は、西暦七〇年に第二神殿が破壊されたあと、ユダヤの地に大きなラビ養成学校を創設したラビのシメオン・ベン・ヨハイと、彼をとり巻く人々の間でとりかわされる会話の形をとっている。ゲルショム・ショーレムやイトシャク・ベーアのような現代の学者たちは、『ゾハール』は神知学的想像力が生み出した作品で、歴史的にはラビ・シメオンとはなんの関わりもないと信じている。さらに又、カトリックのフランシスコ修道会の急進的で過激な一派、フランシスコ会厳格派が、モーゼス・デ・レオンに影響を及ぼした可能性が指摘されている。

宇宙に対する、そして宇宙の縮図としての人間に対する、神知学的グノーシス主義の二元論の本質的なところは『ゾハール』の内にはっきりうかがえる

シェキーナー〔神の臨在の顕現〕が追い払われると、別の霊がきたりてこの世界を徘徊する、腐敗をもちきたしながら……肉体は宇宙の邪な面を私たちに想起させる……天人の深い神秘が内に宿る……義しい人々が病や苦悩に冒されるとき、その人たちの世代のすべての罪人は、罪のあがないを受ける。

この思想は伝統的なユダヤ教から外れていない。ユダヤ教の再解釈であり、特別の読み方をしたものである。文体と用いられているイメージが、キリスト教のグノーシス主義および中世のカタリ派の教義を思い起させるのは意外ではない。というのは、カバラと、キリスト教のこうした異端派とは、互いに影響を及ぼしあってきたのだから。

科学や科学技術が発達する前の社会で、カバラが説得性をもっていた理由（また、今日カバラに比べられ

る新しい時代の神知論者が人気がある理由）は、宇宙論的レベルと文化人類学的レベルで観察される経験に対する説明をカバラが提供するからである。この世に執拗に存在する悪、気候や経済その他のかたちで訪れる災難は、宇宙を構成する器が破壊され、悪魔が侵入する時として説明されえよう。人間のレベルでも人格が肉と霊の二元性からなること、とくに性行動に顕れる二元性は、賤しい殻を、それを償う光の点により接着していると解することで分明しよう。リビドー〔性本能のエネルギー〕の存在は物質的な殻に帰すことができよう――イディッシュ語のケリパは人間性の中の悪の同意語となったのである――。

あるいは、もっと大胆な見方をして、性衝動を償いとなる光に帰して、乱交はハラカーの拘束への挑戦として正当化することもできよう。性交は神のみ業をなすことになり世界の癒しの一部となって、カバラの教理はフロイトの先鞭をつけ、リビドーの解放を正当化するのに用いられた。

一五世紀末にセファルディが集団的背教と国外追放とで消滅したショックは、教養あるユダヤ人たちの間にカバラの教理が一層信じられ広まる助太刀をした。宇宙論のレベルでも個人のレベルでも、カバラの思想は今や史実として顕現した。スペインで起ったことは器の破壊、そして悪魔の一時的支配の始まりと捉えられた。歴史における神の摂理は後退し、救世主による運命の逆転を待ちうけた。救世主や黙示や至福千年に関する思索が一六世紀には盛んになり、しばしばカバラの教理に基づく劇的なイメージで表現された。

カバラの教理の一般大衆化――少数者が研究する秘義の類から一般人むけの講話にとり入れられるものになったこと――に応じ、伝統を重んじる正統派は、ハラカーに準拠する作法・振舞を強調した。宗教的知識を普及する新しい手段は、北イタリアに暮すユダヤ人が一六世紀初期に使用し始めた印刷機であった。一七世紀初期までにオランダとポーランド在住のユダヤ人が印刷機を使っていて、主流派で正統派の人々が巧みに利用していた（もっとも、主流派を堅く遵守しつつ、カバラ主義者でいることもできたのだが）。

印刷機はタルムードのテキストを（反キリスト教的内容のくだりをいくつか削除して）出版したばかりでなく、個人・家族・共同体の伝統的な方針に沿う行動・振舞いに関する、一六世紀中葉のヨーゼフ・カーロのテキスト本『シュルチャン・オラチ（用意の整った食卓）』も出した。この新保守主義の本は今なお正統派の人々の間で典拠となっている。

だが、カバラの教理の古典的テキストである『ゾハール』もユダヤ人の印刷機で出版され、以前より容易に手に入るようになった。セファルディは姿を消し、トルコ、ギリシア、イタリア、オランダへ移住したマラーノたちは、宗教戦争に際し、戦争を新しく資本家としてやっていく好機とみなし、カトリック側にもプロテスタント側にも物資や武器を供給し銀行業を営む、そんな動揺定まりない時代の情況の中で、カバラを信奉する人はふえつづけ、ユダヤ文化の中心的位置を占めるようになった。

聖書からの引用文と簡素で繰り返しの多い中世の祈禱との長々しい寄せ集めに、カトリックのグレゴリオ聖歌によく似た朗詠者のうたう歌が間に入るシナゴーグの典礼が、規範として定まったのはこの時代であった。今なおこの同じ典礼が正統派および保守派のシナゴーグで遵守され、改革派の共同体では有難くも短縮したかたちで遵守されている。典礼は一層堅いものになり、より刺激的で魅力的なカバラの読み方と考察が奨励されるようになった。

カーロが、昔も今もラビの文化の中心地である、パレスチナ北部のゴラン高原の縁にあるサフェドで、ハラカーに準拠する作法に関する面白みに欠けるガイドブックを用意しつつあった時、カバラの神知学および占星学的、鬼神学的神秘主義についての新しい組織的記述をイサーク・ルリアが考案した。一七世紀初期までにルリアのテキストはヨーロッパおよび地中海世界のいたる所に普及していた。

ルリアの記述になるカバラは、学識あるエリート層むけの性格が薄れ、徐々に一般の教養ある人々のレベルに広まっていき、新しい段階に入ったユダヤ教の宗教改革の中心的なテキストになった。

実際カバラは広く普及し、キリスト教世界でも綿密に研究されるようになり、英国の詩人で論客のジョン・ミルトンも研究にうちこんだ一人である。キリスト教の宗教改革の際のカバラの人気は、とくに（一六五三年にユダヤ人の再入国が認められた）プロテスタントの英国とオランダでの人気は、一七世紀中葉および後期の特徴である親ユダヤの特別な時代を説明する一助となる。

一七世紀後期にトルコ、ギリシアからイタリア、オランダ、ドイツ、ポーランドへと、ユダヤ人世界をかき乱したメシア信仰（その反響はそれ以降も続く）に一番はずみをつけたのは、ルリアのカバラ教理の広汎な普及であるとするゲルショム・ショーレムの説は論争の的になっている。ショーレムの見解では、一六六五年から六六年にかけてのシャブタイ・ツビを中心とするメシア信仰運動で、最も影響力も大きく劇的効果を及ぼしたのは、ルリアのカバラ教理をユダヤ人の生活の現状破壊運動にもちこもうとしたことであった。

カバラ教理がシャブタイ派の運動にはずみをつける中心的役割を果したようだが、他にもその要因になるものがあった。スティーブン・シャロットは、歴史家が「一七世紀の危機」と呼ぶ当時の情況が及ぼした影響を重視した。一六二五年前後に始まり半世紀間続いた不況は、キリスト教徒の多くの資本家と共にユダヤ人の商業資本家をも襲った。通常は共同体で重きをなす指導者で、ラビの階層と密接なつながりをもつユダヤ人の企業家たちはとり乱し、惨めな財政情況から目をそらせるものを黙示録的メシア信仰に求めた。彼のこの説明は妥当性があるように思える。

シャブタイ派の運動というかたちをとったメシア信仰の唐突な高まりを説明する第三の要因は、最も普通にみられる社会的集団が宗教改革に固執したことである。貧しく踏みつけられ、社会の片隅に追いやられた最下層の人々と、社会のもう一方の端にいて、比較的裕福だが、経済的な成功にもかかわらず社会的地位がほどほどで権力の埒外にいる人々が一緒になった。権力をもたぬこの裕福な社会集団は、にわか成金の性格が強すぎて権力を掌握する少数者の仲間に入れぬか、それとも共同体の指導者としては教養や文筆能力が充分でないとみられていたか、いずれかであった。後者に属する人々はユダヤ人の世界ではことのほか多かった。ユダヤ人の（慈善事業や公共事業を管理するための）共同体であるカヒラを支配する少数のラビや資本家たちに仲間入りするには、優れた文筆能力が富と共に重視されていたからである。

ショーレムが著したシャブタイ・ツビの詳細な伝記から判断すれば、シャブタイを救世主として熱狂的に歓呼して迎えた人々の中には、後者に属する人々が大勢いた。上昇志向のこの集団の人々と、生活は保証されたが、自分自身への自信は奪われ、共同体の権力に与ることはできぬ社会から疎外され自暴自棄ぎみの貧乏人たちとが団結した。

シャブタイ・ツビおよびメシア信仰運動の勃興の第四の原因は、一六四八年にポーランドで発生したクミエルニキイの集団虐殺である。離散ユダヤ人にとり新たな黄金の国の発見であると思っていた東ヨーロッパの共同体にとり、この事件は安寧を極度に脅かされる出来事であった。コサックによるこの集団虐殺は、死傷者の比率の高さ（四万人のユダヤ人――ユダヤ人の人口の二〇パーセントに当たる――死者がでた）、そして、ポーランドのユダヤ人が抱く身の安全と永続的繁栄への期待感が一遍につぶされたことが精神的危機をもたらした。醸成された不安感は、ユダヤ教でもキリスト教でもメシアの到来直前に訪れるとされる邪悪な時代が、一六四八年に始まったという確信につながっていった。

一四九二年の災難のあと、追放されたセファルディのユダヤ人たちの中に、ドン・イサーク・アブラバネルのように、上述した発想に沿って、救世主に関するしっかりした思索を展開する者もいた。その結果一六世紀初期および中葉に、規模は小さいが二つのメシア信仰運動がマラーノの世界に起った。だがマラーノたちは、避難場所であるそれぞれの土地に適応して繁栄した快適な暮しをしていたので、メシア到来前の邪悪な時代が間近に迫っているという気持ちを長いこと痛切に保有しているのはむずかしかった。

コサックによる組織的虐殺の直後に、ポーランドでは、東ヨーロッパのユダヤ人に永続する悲惨を広くもたらすことになる戦争、侵略、経済的衰退が連続して降りかかったため、組織的虐殺というこの大災害は関心の中心的対象ではなくなってしまった。ショーレムがシャブタイ・ツビとその意義に関する記念碑的研究書を出版する前は、一六四八年の衝撃的出来事がシャブタイ派のメシア信仰運動を説明するものとして好んでとりあげられたが、ショーレムは、シャブタイ派のメシア信仰の中心が東地中海世界であった点を強調し、また、ポーランドのユダヤ人が反動的で非建設的であった点を指摘し、この説を否定した。これは正しい指摘だが、一六四八年の出来事は一四九二年のそれと同様に、酸の腐食作用のようにユダヤ人の意識に刻みつけられ、メシア信仰の促進におそらく一役かったといえよう。

シャブタイ派のメシア信仰運動は、格別気まぐれな性格のものだが、ユダヤ教の宗教改革の重要な一つの段階を画したものと捉えるべきであろう。共同体の住民の九〇パーセントを権力から締めだして、少数のラビや資本家や宮廷人が支配する寡頭制の社会は、その文化的・政治的支配権（ヘゲモニー）に対する挑戦を定期的にうけざるをえない。その際、対抗勢力がとりうる最も可能なかたちは、宗教改革である。

反乱は道徳的に正当性を示すことが必要となる。気まぐれなカバラの神知学や鬼神論がしだいに色濃く染みこんでくる文化的情況の中で、この信仰心に篤い社会はメシア的、黙示録的、千年至福的要求に意を払わねばならなかった。ルリアの手になる刺激的な神知学的所説が広く親しまれるのを許容したユダヤ社会の指導者たちは、メシア信仰が時おり熱病のように高まるのを黙認した。実際シャブタイ・ツビの場合、ユダヤ社会の寡頭制の舵をとる人々ですら、多くの場合その熱に染まってしまった。

シャブタイ・ツビは若くてハンサムで躁鬱病の気のある人で、各地を渡り歩いて暮し、躁病の時期にはカリスマ的特質を発揮した。トルコのスミルナからパレスチナのガザにやってきた若い頃、ナータン・アシュケナージという名の男と出会った。ナータンはのちに預言者ナータンとなる。忘我状態で神の指図を受けたナータンは、シャブタイを説得して彼がメシアの化身であると信じこませ、様々なユダヤの共同体に、千年至福の時、黙示録の実現の時がきたと宣伝した。その結果ヨーロッパと地中海世界のすべてのユダヤの共同体が集団ヒステリーに襲われ、何千という家族が、富める家族も貧しき家族も、きたるべき復活に備え、墓から掘りだした親族の亡骸と共にシオンの地へ輝かしい帰還をはたすべく準備を整えた。家族一同バッグに荷物をつめ、エルサレムに運んでくれるべき天使の飛来を屋根の上で待ちうけた。熱にうかされたこうした人々のほとんどが旅のプランを完成した一六六六年（キリスト教の理論家たちが長いこと黙示録的年であるとしてきた年である）に災難が襲った。シャブタイ・ツビがイスラム教のトルコ政府に逮捕され、死かそれともイスラム教に改宗するかを迫られ、後者を選んだのである。

シャブタイ・ツビの信奉者たちの大多数は、感染した時と同様、黙示録的メシア信仰熱から醒めるのも早かった。だがギリシアのサロニカおよびバルカン半島のいくつかの地域に暮す少数派（といっても相当な数の人々）は、この説明しがたい不愉快ななりゆきをカバラの教義で説明づけて自分を納得させた。光明が宇宙の癒しの過程で一時的に邪悪な暗闇の殻と結びつくように、メシアも、浄められたあがない主として姿を現す前に、屈辱を味わう邪悪な時期を経ねばならぬのだと。トルコの要塞における一六七六年のシャブタイの死ですら、こうした信心をもつ人々の気持ちを挫くことはなかった。

シャブタイの信奉者たちの多くは、トルコ語で改宗者を意味するデンメになった。彼らはマラーノのように外面的にはイスラム教徒だが、内面はユダヤ教徒であった。二〇世紀初期のギリシアとトルコには、こうして生きのびたシャブタイ信奉者の後継者たちがまだ暮していた。その中には裕福な商人、社会的に影響力をもつ知識人や政治家もいた。

シャブタイ派の運動が後世に遺したもう一つのものは、最初はポーランドに、やがて中央ヨーロッパの各地に形成された、ヤコブ・フランク（一七九一年、死亡）の宗派とその信奉者たちである。それは小さな宗派で信者の数が二、三千人を越えることはなかった。フランクは、ウクライナと境を接する発展の遅れた南ポーランドの地域、プドリアに生まれ、商人の父に伴ってサロニカに行った。その地で彼はシャブタイを救世主と崇める思想に染まった。ユダヤ教徒、キリスト教徒との交渉に長け、カリスマ性をもつフランクは、一七五〇年代、六〇年代に自分を救世主とする教団を作りあげた。フランクがシャブタイ派の権威あるメシアのマントをひき継いだという主張に、業を煮やしたユダヤ教の権力者たちからフランクを保護してくれるよう政府に頼むために、フランクとその家族、彼の信奉者の一部の人々は、かたちばかりカトリックに改宗した。

フランクと彼の信奉者のいく人かが実践した教義の中心は、性の営みは精神の世界と物質の世界を統一する宇宙の癒しの一つの形式であるとする、カバラの教理から派生した想定に基づく、乱交を正当化する思想であった。こうした性行為に対する見解は、プロテスタントの宗教改革の際、いくつかの急進的な宗派、福音主義者のある人々、一九世紀のアメリカのカリスマ派の人々も共有していた。今日でも西海岸のニューエイジのキリスト教徒たちは同じ見解をもっている。

フランク宗派は中央ヨーロッパで目立つ小集団として二〇世紀まで生きのび、著名な実業家や知的職業人もその中から輩出している。シャブタイ派やフランク宗派の中から後世成功者たちが生み出されたのは不思議ではない。彼らは育児に細心の心遣を払い、幼年期から教育を施したのだから。

驚くべきことに、最も大きな意義をもつユダヤ教の最後の宗教改革運動であるハスィディズムを興した人間も、フランクと同じくポーランド領ウクライナの辺鄙な貧しい土地の生れであった。バール・シェム・トブ(「神の御名を使い奇蹟を行なう者」の意)、縮めてベシトの名で知られるイスラエル・ベン・エリエゼル(一七〇〇―六〇)である。ベシトが亡くなったときの信奉者の数は、フランク宗派の信奉者の数と変わりなかったが、半世紀後には東ヨーロッパのユダヤ人の大方が信徒になっていた。現在もブルックリンにはそれとわかるベシトの後継者たちが集団で生活している。一九四〇年代のホロコーストはヨーロッパのこの派の数百万もの信徒たちをこの世から抹殺した。

キリスト教の聖者アッシジの聖フランシス――人柄も訓えもベシトはよく似ていた――の生涯に似て、ユダヤ人の宗教的指導者として過去三〇〇年間で最も大きな影響力をもつベシトの生涯は、聖人伝にありがちな数々の伝説に包まれている。そのため彼の伝記と初期の頃の運動に関して、歴史家によって解釈が相当異なっている。

バール・シェム(「神の御名を使い奇蹟を行なう者」)として彼は信仰療法師で魔術師であったことは分かっているが、聖職位を授けられたラビであったか、まっとうな教育をうけていたかは定かでない。おそらくラビの教育は何ほどかうけていたであろうが、ハラカーのまともな教育を修了してはいなかったかもしれない。彼は素人説教師の類で、最初は治療と魔術を行ない、人々の関心を集め、やがて主にポーランドの村々の中流下層の人々に一団の熱心な信奉者ができて、彼らに宗教的訓えを説いた。今に伝わる彼の訓えは第二代、第三代の世代の弟子たちというフィルターを通したもの、とくに、ハスィディズム運動の指導者としての彼の後継者で、人口密度も高いポーランドの中心的なヴォルヒニア地方のミツヒレッヒで活動していた「偉いなる巡回説教師」ドブ・ベーア（一七七二年　死亡）というフィルターを通してのものである。

普及・大衆化したカバラに大きく依存していて、カリスマ性をもつ指導力に対するシャブタイ派の切望の念が及ぼす影響を反映するハスィディズム運動のメッセージは「デブクート」と「ツァーディク」という二つの言葉に帰すことができる。「デブクート」は『ゾハール』（カバラの経典）では、神への忠誠ないし固守を意味する。ベシトと彼の後継者たちは、デブクートは、正統派の道――伝統的なミツバー〔旧約聖書に記された六一三の戒律およびミシュナ、タルムードにおいて付加された戒律〕を遵守し、トーラーとタルムードを学習すること――だけでなく、義《ただ》しい生活をすることで身につけられると教えた。神は日常的なもの、物質的なものに内在すると教えた。

ハスィディズムは平凡な事柄――飲み食い、踊り、物語を語ること、旅行、性交――を神聖化する（い い換えると、そこに神聖なものを見いだす）ことを説いた。神にであうのに謹厳な態度、学識を必要とするわけではない。日常生活の中の楽しくて欠かせぬ行為や振舞いのうちに神に会えるのだ。幸福感と善良さは調和する。シナゴーグでの祈禱自体、体を大きく揺すったり踊ったり、さらに側転すら許容し、個人的喜びのはけ口となしえた。

神はいつでも宇宙に存在する。物質的世界は神聖な光に満ちている。善良な心で晴れやかな顔をしていれば、子供も含め普通の男も女も貧乏人も宿無しも、ただちに神聖なものにであえることを意味した。ハスィディズムにおける平凡なものの神聖化と、初期のメソジスト主義およびアメリカ黒人のペンテコステ派におけるあらわな喜びの表示の推奨とは、強い類似性をもっている。

ベシトおよび彼の後継者たちが理解したデブクートは、正統派のラビを怒らせ恐れさせもした。それは、学問を堕しめ、伝統的な規律を崩し、ラビのもつ権威に挑戦する意味をもっていたからである。ハラカーを則とするラビには、それは、ユダヤの共同体ケヒラを長いこと支配してきた、学識あるラビと裕福な商人から構成される伝統的な権威を打ち壊す民主的な革命を約束するもののように思われた。ハスィディズムがポーランドやウクライナ、果ては、タルムードの学問で高名なビリニュスの学校で世に知られるリトアニアに普及したとき、正統派のラビの大多数は敵対的態度をとった。彼らはツァーディクの主張にも、デブクートに対すると同様、何ら共感の姿勢を示さなかった。

ツァーディクはキリスト教の聖者に大変似ていて、歴史家の中には、キリスト教の影響が相当あったとするむきもあるが、必ずしもそう考える必要はない。ツァーディクは信仰療法師、精神的カウンセラー、カリスマ性をもつ説教師、弟子や信奉者のためならいかなる労苦もいとわぬ仲裁者、そうした一切を兼ねあわせる存在であった。どんな問題も――健康、金銭、結婚、ないし単なる懐疑や精神の抑鬱も――解決してくれるか、少なくとも相談する前より楽な気持ちにしてくれる、それがこの世における神の光の担い手であるツァーディクの存在理由であった。そんな点でもメソジスト派のカリスマ性をもつ平信徒の説教師や、アメリカのアフリカ黒人のペンテコステ派の聖職者に似ている。

ツァーディクは通常ラビの知識や智恵を習得していたが、それをてらいはしなかった。また、その威信と能力をハラカーの学問に依存していなかった。彼は、聖者で能動的な活動家で奇蹟を行なう人であった。ベシトが亡くなって二世代もたたぬうちに（それ以前ではないにせよ）ツァーディクの存在はハスィディズムの世界の中心的力、制度になった。

共同体はツァーディクを中心に、彼と共に、彼のために、彼の訓えの中に生活していた。ツァーディクのカリスマ性は家系を通し、通常その息子ないし、娘むこに譲られていった。ツァーディクの支配は堅固になり、数十年ないしそれ以上も続いた。ツァーディクたちは自分の共同体から実質的な贈り物を要求し、裕福になっていった。

ハスィディズムに関する論説・論文はタルムードおよびカバラの解説の寄せ集めであり、今では（恐らく昔も）退屈な読み物でしかない。ハスィディズムに関する気のきいたジャンルは、デブクートとツァーディクの原理・原則を魅力的で、しばしば叙情的な語り口で記した挿し絵入りの民話である。ハスィディズムに関するテーマを挿し絵を入れて語った数多い民話文学の出版は、早くも一九世紀の二〇年代にイディッシュ語で出始めた。一九世紀後期にはロシアでイディッシュ語復興運動が盛んになったが、イディッシュ語の達者な使い手の一人であったI・L・ペレツは、こうした民話を巧みに改作し、それらの民話文学はペレツの改作物を通してユダヤ文化の一部として永久的に残ることになった。一九二〇年代にマルチン・ブーバーはハスィディズムに関する物語を改作したものを出版し、その中で主として対話形式を用いて自分の神学を詳細に説明した。

ハスィディズムに関する伝承に基づく話をペレツが改作したものは、ハスィディズムを明確に表現して右にでるものがない。こんな話がある。贖罪の日の前夜、典礼の歌の中でも最も厳粛なコル・ニドゥルの斉唱が始まるのをシナゴーグに集まった一同が待ちうけている。そのとき、一人の男の子がユダヤの風習で最も神聖を汚す行為である口笛を吹き始めた。困惑した父親が止めさせようとすると、ツァーディクはいった「ほっときなさい、この子は祈っているのだ。私たちは皆それぞれのやり方で神に語りかける権利がある」。

こんな話が記されている。ツァーディクが何時間も姿を現さぬため一同困惑している。愛人に逢っているのだろうか。一人の男が指名され、彼のあとを追っていくと、ツァーディクは貧者や身体障害者のために匿名で賤しい仕事を進んでやっていた。指名された男はシナゴーグの長老たちに、彼は愛人と逢っているのではないと報告する。「天国にでも行っているのか」と問われると、「まあ、そんなところです」と彼は答える。

三つ目の話は最も称賛された「無口なボインズ」の話で、イディッシュ語で記された選集に集録されている。純真な労働者のボインズは死んで天国にいく。大変有徳な人間であったから欲しいものをなんでもご褒美にあげようと神様にいわれる。彼は一個のバターつきロールパンを望む。ペレツはこの話に、ハスィディズムの世界に対して彼の世代が抱く肯定と否定両面の気持ちがうかがえるという注解をつけている。この話は人は良いが無知な男の哀れな意識を表現したものと解することもできる。改作される前の元の版では、デブクートが分かりやすく表現されている。神に出あうのは最も単純、素朴な行為においてなのだと。振舞い・行動の階層制を作ろうとするラビにみられる傾向は、人々の日常的な行為こそ神聖なものに係わるとする、平等主義的価値体系にとって代わられている。

初期のハスィディム（敬虔主義者）のツァーディクたちの中で私たちが最もよく知る人物は、ブラティスラバ（スロバキア西部の都市）のラビ・ナフマン（一七七二―一八一〇）である。本物であると信頼できる彼の記したものが残っているだけでなく、彼の一番弟子が配慮して、彼の伝記に関して細かな情報を集めてくれたからである。それらの資料はアーサー・グリーンの手で、優れた伝記（一九七九）の中に集録されている。

ラビ・ナフマンに関し以上が最も興味深い点である。彼はベシトの孫でハスィディムのツァーディクが代々もつ支配者的特質をしっかりと備えていた。一四歳で結婚し、二六歳の時イスラエルを旅行した。少なくとも彼の宗教上の能力の一部は、だれしももつ相克、おそらくは性的な相克に、若い頃彼自身悩んだ経験に基づくと思われる。すべてイディッシュ語を使って彼は説く、「イディッシュ語なら……人の心の殻を破るのが容易になる……イディッシュ語なら思いのままに、主の前に心の内すべてを話せる」。

ナフマンは自由意志を完全に信じた。「あらゆることが、何はさておき、善き行ない、闘争、そして礼拝にかかっていた」。彼ははっきり語った、「世界中のだれでも最も高い段階ですら到達できる。一切は人間の選択にかかっている」と。彼はツァーディクのもつカリスマ性に重きをおいた。善良さを身につけるにはツァーディクに頼る方が書物から学ぶのより勝っている。「ツァーディクの訓えをきく人それぞれに宿る邪悪なものは、賢人ツァーディクの善良さによって消えうせるのだから。」

ナフマンは気鬱、懐疑、絶望に襲われがちであった。だが、死の床で彼は「心のしん底から叫んだ、おお！　絶望するな」と。そして、「絶望なんてまったく存在しない」といった。ブラティスラバのラビ・ナフマンと今日、西海岸のニューエイジ運動にたずさわる人々や南部の福音主義の説教師たちとの間に、類似性を見いだすのは容易である。

ハスィディズムの成功は正統派のラビたちの権威と社会的影響力に大きなダメージを与え、根本的な社会的変容が起きるのでは、と彼らを脅やかした。ハスィディズムと対決した正統派のユダヤ教徒である、いわゆるミトナーグディム〔「反対者」の意〕は、タルムードの偉大な学者ビルナ・ガオンを指導者として、一八世紀の終りに、ハスィディズムのツァーディクたち、そして、デブクートの平等化の思想と慣行を激しく非難した。

保守的なミトナーグディムはハスィディズムに関する本の出版を妨げようとし、行政の当局者たちにハスィディズム運動を抑えるよう執拗に迫ったが、ほとんど成功しなかった。

ハスィディズムの驚異的な普及のため、学問をつんだラビたちは、代々のツァーディクたちを排斥するより共に協力してやっていくよう努めるようになり、やがて成功を収める。一九世紀の前半を通し正統派とハスィディズムとの妥協がゆっくりとすすんでいった。ツァーディクが治めるハスィディズムの共同体は、伝統的な法律と学問に以前より敬意を払うようになり、急進的な祈禱観をより穏和なものに改めていった。一方、正統派のラビたちは、一般の人々の宗教意識により寛大になり、活気がある理解しやすい説教をイディッシュ語で巧みに、かつ、進んでやるようになっていった。

一八三〇年代ないし四〇年代までに、東ヨーロッパの村々や都市にはモダニティが浸透していき、ハスィディズムとユダヤ教正統派共にその社会的・経済的基礎が脅かされるようになっていた。競いあうこの二つの宗教的文化は、政治的抑圧と社会的・経済的混迷に直面してゆっくりと合体、ないし少なくとも寛大な態度を互いにとるようになっていった。

長期的な歴史的展望にたつとハスィディズムは三通りに捉えられる。第一にそれは、一〇世紀のカライ派と共に始まり、カバラと、そしてシャブタイ派の救世主運動を通して進展したユダヤ教の宗教改革運動の最終的局面である。ハスィディズムは、これらの先行する宗教改革運動と同様に、伝統的な寡頭制の権威に挑戦し、ユダヤ教を個人の感性になじみやすいものにしようとする性格をもっていた。

第二にハスィディズムは、一八世紀後期、一九世紀初期のロマン主義運動の一部である。つまり人口学的、経済的に世の中が変容して現代の民主主義社会の基礎ができ上がるにつれ、人々の気質や心的姿勢が、法律・理性・伝統から感性・個人的体験・環境へより関心を払うようになる大きな文化的変容の一部である。

ベシトの振舞いと訓えは、ほぼ彼と同時代人の英国教会司祭ジョン・ウェスリーのそれに似ている。ウェスリーは、その感情の表出の仕方ゆえにジョージア州で聖職を解かれ英国に戻ると、小作人や産業労働者に説教をしてメソジスト教会を創設する。ウェスリーの「メソッド（方法）」は、ベシトのデブクートに似て、一般の人々を神聖なものに接近せしめた。喜びと宗教的体験は人々に自分のイメージを高めさせた。メソジストも、世俗的なものの内に聖なるものを見いだすことを教えたのである。

ロマン派の詩人ウィリアム・ワーズワースが一七九八年に称賛の念をこめ、「記憶にも留められぬささやかな無名の愛の親切な行為」について語ったとき、彼はハスィディズムとメソジスト派の精神を喚起していたことになる。ウェスリーとベシトの人生はほぼ三〇年間重なりあうが、互いの接触はなかった。だが二人とも、民主主義が広まる以前に衰退していったヨーロッパの旧体制の苛酷さに対する、そして普通の人間の喜怒哀楽の情への旧体制の鈍感さに対する、人々の宗教的・道徳的反応を発展・展開させたのである。

東ヨーロッパの村や町に、一九世紀中葉までに数百万もの信奉者が生れるまでにハスィディズムが普及した事実を説明する第三のものは、社会的文脈である。ラファエル・マーラーはハスィディズムを社会的側面から説明している。彼の研究によれば、考慮されるべき基本的事実は、一七世紀後半の破局的な組織的虐殺といくつかの戦争の影響のため、一八世紀にポーランドのユダヤ人の経済状態が深刻に悪化したこと、そして一九世紀前半に東ヨーロッパのユダヤ人の村や町が広く極貧化したことであった。

人々が広く極貧化するまでに経済が落ちこんだ主な理由は明らかである。一六世紀および一七世紀初期にポーランドのユダヤ人は、途方もなく広大な土地をもつ裕福なポーランドの貴族に仕えて、とくに不在地主の貴族になり代わってウクライナで小作人を使い農業・農地の運営・管理に当って、身の安全を保障され繁栄を築きあげてきた。それは同時に小作人たちに、貴族による抑圧と搾取を具象化した存在としてのユダヤ人に対する憎悪の念を染みこませていった。ユダヤ人たちは一世紀半特権的地位を享受してきたが、それは一六四八年のコサックの組織的虐殺により突然崩れ、続く一八世紀にも規模は小さいが致命的破壊をもたらす点で似たような襲撃が何度も起った。

ユダヤ人はポーランドとウクライナで以前の地位をとり戻すことはなかった。ポーランドの貴族の地位が一八世紀には低下したからである。彼らは、一八世紀の最後の三〇年間にポーランドが貪欲な独裁体制の隣国たち――ドイツのプロシア、ハプスブルグ家のオーストリア・ハンガリー帝国、ロマノフ王朝の帝政ロシア――の間で分割されていくのを、理性的な解決方法に同意することもできずに、内輪もめをくりかえしながら座視していた。ユダヤ人の約七〇パーセントはロシアで暮すことになったが、ロシア政府は当初から彼らに冷淡で、ギリシア正教会の伝統的反ユダヤ主義も彼らの暮しに悪影響をおよぼした。

ポーランドには依然として権勢を誇る貴族もいたが、ポーランドの多くの地主は地位も下がり富も減少した。彼らに頼って暮していたユダヤ人たちは、彼らに仕えることで恩恵に与ることもなくなった。ロシア政府はアルコール類の製造と販売の独占権を主張した。これまでは、小作人への販売権をユダヤ人の借地人が事実上独占し、それは大変実入りのよい事業であった。アルコール類を扱う商売をしている限りは通常、依然より不利な条件であったが、準借地人でいられた。

村や町に住む小市民階級のユダヤ人の間では慢性的な低雇用状態が、経済的にも、社会的にも常態となり、一九世紀末にアメリカへの大量移民が始まるまで続いた。

一九世紀初期にはユダヤ人の相当数の人々がぎりぎりの暮しをしていて、ユダヤ人の多くは夢想家、「空気を食って生きている人々」で、貧民の境涯から抜け出せないでいた。この情況はロシア政府が地域の共同体の統治機関であるユダヤのカヒラに重税を課したことで一層悪化した。その結果多くの共同体は重い借金を背負い、極貧の人々に義援金を支給する伝統的な機能は弱まった。

ポーランドから東へ、ウクライナへ、リトアニアへ、ロシアの内陸部の広大な辺境地帯への移民は、帝政ロシア政府により禁じられた。帝政ロシア政府は特典をお金で買った一握りの裕福なユダヤ人の企業家をのぞいて、ユダヤ人が東へ移住するのを禁じた。ユダヤ人たちは帝国の西部の一角の特別強制居住地域に閉じこめられてしまった。

こうした苛酷な政策は帝政ロシアの官僚たちの反ユダヤ主義的憎しみの念から生じたが、同時に、比較的聡明な役人たちが小市民のユダヤ人の寄生的生活様式に、また、彼らの小作人たちを搾取しがちな傾向に怖気をふるったことにも原因する。ユダヤ人たちは、自分たちの抱える問題を解決し、なんとかロシアの文化に同化してより生産的な生活様式を送るようになるまでは、特別強制居住地に暮すほかなかった。

歴史家たちはしばしばこの特別強制居住地をナチが設けたワルシャワのゲットーになぞらえて記している。地図を一目みれば分かるが、そこはアメリカのミドルステーツにニューイングランド諸州を合わせたくらいの大きさである。問題は経済的に成功できるチャンスが全体的に減っていく一方、ユダヤ人は貧窮化と悲惨な暮しの中で、危機的にも、人口が爆発的に増加していったことにある。ポーランドとウクライナのユダヤ人の人口は一七〇〇年には二〇万だったのが、一七五〇年には五〇万になっていた。一八〇〇年には一〇〇万近くになり、次の五〇年間にその二倍以上になった。しかもその間経済的情況は少しも改善をみていなかったのである。

ユダヤ人たちは自らを貧しい境遇に追いこんでいった。というのは、ユダヤ人——ほとんどは東ヨーロッパに在住していたが——の人口が、西暦二〇〇〇年以降初めての劇的増加を示し始めたからである。ラビは正統派のラビも、ハスィディズムのラビも、どんなかたちの育児制限にも反対した。産めよ増やせよというタルムードの指令、リビドー(性衝動)のストレスを緩和するため若くして結婚する傾向、育児を重んじるしきたり、一般に広まった節酒の習慣、これらすべてが人口の急増をうながす助けをした。一方、経済情況は悪く、そんな情況に一向に応えられなかった。その結果、軽犯罪の増加と苦々しい階級分極化という社会的病理現象を伴う一層の経済的破綻が生じた。過去を振り返りそんな情況を作り出した咎をロシア政府に負わせるのは簡単である。実際、帝政ロシア政府に責任の一端はある。歴史家たちは今では、ロシア政府のユダヤ政策を決定したものは、無能さ、経験のなさ、混乱ぶり、そして人種差別的・宗教的憎悪に、多く原因するとしている。

とはいえユダヤ人の共同体の指導者たちも責められるべきである。なぜなら事態を改善する二つの方策のいずれも、彼らは考慮しなかったからだ。家族計画と育児制限および住む人のいない南北アメリカの広大な地域への集団移民である。聖地へ学びにいき、そこで亡くなる敬虔なユダヤ人も時おり少数現れた。だが近東の経済的衰退と相当数のユダヤ人が移民としてやってくることへのトルコ人の敵意を考慮すれば、原初シオニストたちの決意など問題外であったことが分かる。

ハスィディズムが東ヨーロッパに急速に広まったのは、経済や社会がこうした破局的な情況にあったさなかであった。マーラーはマルキスト的傾きがある解釈をするにもかかわらず、ハスィディズムが階級革命であると立証することはできなかった。ツァーディクの指導に従った人々の大多数は小市民であるが、そもそもユダヤ人の大多数が小市民であった。裕福な人々もいくらかは——通常彼らは高い地位につくことを求めたが——ハスィディズムの共同体に参加した。ハスィディズムは階級のイデオロギーをもたぬから階級革命ではない。現代の英国のメソジスト派と同様に、下積みの人々が日々の生活のつつましい楽しみの内に満足を見いだすことを教えて、階級闘争を和らげたのである。

ハスィディズムは一八世紀後期、および一九世紀の東ヨーロッパの惨めな経済情況に対応する一つの手だてとして捉えることができる。痛ましいユダヤ人の村々や、単調で不健康な都市の民族集団の中で、ますます貧困化し途方にくれて暮す人々に、ハスィディズムは希望と喜びと慰めをもたらしたのだから。

以上は、ハスィディズムが事実上、聖者を中心とする宗教になった理由、代々のツァーディクが支配する体制に応じた宗教になった理由を説明してくれる。ユダヤ人の組織化された生活の実体はきわめて意気阻喪するようなものだったから、普通の人々は、神聖な指導者で魔術師でもあるシャーマンの驚異を創りだす技量に慰めを見いだすほかなかった。ユダヤの文化の下層部に何世紀間も流布していたあらゆる魔術、鬼神学、迷信の中の一部が正統性を認められてカバラの内に表現され、それらに、カトリック教徒やギリシア正教徒の小作農の間で民間崇拝の対象になっていたものから拾いあげられたものが混ざり、それらが、ハスィディズムのツァーディクによってまとまって表現されたのである。

ユダヤの現世主義者や社会主義者、および一九世紀末および一九三〇年代までの急進的なシオニストたちが明言したように、ハスィディズムはユダヤ人の生活における一つの災難であり、そして一八五〇年までに正統派のラビたちがそれと闘うのをやめ、いく分同調するようになると、一段とひどい災難になったとする論も成り立つのである。

彼らの非難は、毎日の極貧生活の中の些事に神の光明を見つけるというデブクートの主義は、ユダヤの一般大衆が等しくおかれている希望のない情況に現実的にとりくむ意識を妨げる麻薬のようなものだというものである。沈滞した経済の建てなおしも、組織的な移民も、おそらく効果的な政治的抗議をするにも、共同体としての強力な努力と合理的思考が必要とされただろう。いうまでもなくこうした改善をめざす努力は一八四〇年より、一九一〇年の方がはるかに実行可能にみえた。

ハスィディズムに対するもう一つの非難——より抗弁しにくい非難——は、ユダヤの文化を堕しめ、無知と迷信を美化したために、一般大衆は反省も遺憾の念もなく文化的、物質的に希望のないヘドロのような退行的暮しに身をまかせるにいたり、一方では、支配者ツァーディクたちは、正統派のラビや一握りの金持ちの商人と共に裕福で利己的な暮しをむさぼったというものである。

生きのびていた東ヨーロッパの何千というハスィディズム派の共同体をホロコーストがこの上なく乱暴なやり方で唐突にこの世から抹消すると、ハスィディズム派の生活に対する非難はあまり聞かれなくなった。ドイツの哲学者で神秘家のマルチン・ブーバーが一九二〇年代に始めたことが、一九七〇年には流行になった。彼は、一九世紀のハスィディズム派の人々の世界を、感傷的に捉えて肯定的側面だけを強調し、ユダヤ人の運命におよぼした有害な結果にはほとんど触れなかったのである。

一九二〇年代初めにショーレム・ラビノウィッツというペンネームのユダヤ人のジャーナリストが、ブロンクスにある自分の家から新聞のコラムにユーモラスな連載ものの話を書き送っていた。彼は経済的、科学技術的変化により変容しつつあるシュテトル——東ヨーロッパのユダヤ人の小さな村ないし町——の世界を、想像力を働かせて描いていた。私たちの知る名でよべば、ショーレム・アレイヘムは、すでに姿を消しつつある世界を象徴する人物である乳搾りのテヴィを創造することで読者を楽しませた。

一九六〇年代と七〇年代世界各地に暮すユダヤ人たちは、テヴィを主人公とするショーレム・アレイヘムの物語を演劇化したミュージカル・コメディを楽しんだ。元の物語の中で純粋にロマンチック化されていたものが、『屋根の上のバイオリン弾き』ではアメリカのミュージカルコメディという媒体を通し一層感傷的で単純化されたものになっていた。

このミュージカルコメディはシュテトルの世界の絶望感と貧困をいく分か観客に伝えている。小作人たちと、彼らに対し苛酷で特異な処遇をする帝政ロシア政府との緊張した関係もまた伝わってくる。ニューヨーク、テルアビブ、トロント、ロンドンで観客たちが目にする型にはまった映像の中で際立っているものは、東ヨーロッパの貧しいユダヤ人たちのもつ品位と勇気とユーモアであり、彼らの家族生活にみられる暖かみと美しさである。

実際にそれらはすべて存在した。だが、描かれてないものもある。シュテトルに暮す一般大衆の無知と迷信、経済的にぎりぎりの希望のない生活、暮しに影響を及ぼす病や犯罪、そして人々を支配したラビやツァーディクや伝統的宗教による圧政である。ラビやツァーディクは自分の利益と家族の快適性のためにそんな文化を維持し奨励したのであった。

『屋根の上のバイオリン弾き』の観客は、一九世紀に特別強制居住地域に暮すユダヤ人の生活に影響を及ぼした、ユダヤ教の宗教改革の否定的側面には少しも思い至らない。

慰めとなるトーラーがあったが、ヘブライ語を学ぶ女性は稀だったから、女性はたいてい読めなかった。導きとなるタルムードがあったが、タルムードを学べる特権的地位は少数の男性だけに与えられていた。女性もラビやツァーディクに個人的相談をし励ましや助言をうることはできたが、指導者たちはしばしば普通の人々の惨めな情況には関心が薄く、自分の信奉者の物質的・道徳的欲求より、自分の権力や富に、より多く関心を払っていた。ショーレム・アレイヘムの物語からは知りようがないのは、迷信や無知、残酷と欠乏がもたらす雰囲気であり、そして宿命論や魔術、シュテトルの文化を特徴づけるよどんだ汚《きたな》らしい空気である。

歴史的展望にたって判断すれば、一九世紀半ばまでにユダヤ教の宗教改革は、ユダヤ人の一般大衆の物質的・道徳的条件をどんな面でも改善する力を失っていた。

カバラ、救世主運動、ハスィディズム派の運動は硬直して、現代世界の科学技術と知力による発展の展望をユダヤ人に対し閉ざす、人を窒息させる保守的な残骸と化していた。宗教は、東ヨーロッパのユダヤ人がおかれている困難な情況に挑戦する可能性にマイナスの働きをした。人々はどうにかして抑圧的なシュテトルの生活から抜けだせなければ、死ぬほかなかった。だが、ツァーディクやラビにとっては人々を現状の暮しに留め、変化と進歩をうながす方途から遠ざけておくのが利益にかなっていた。

同じことがキリスト教の宗教改革の遺産が一九世紀に及ぼした影響についてもいえる。プロテスタントの共同体であれ、カトリックのそれであれ、西暦一五〇〇年から一八〇〇年の間に起った諸々の宗教改革運動は、一九世紀までに普通の人々が生活を改善させる上で、手助けというより障害になった。

二〇世紀初期の偉大な劇作家ヘンリク・イプセンはキリスト教の宗教改革のもつ欠点を数々の戯曲の中心的主題にした。イディッシュ語で記した一九世紀後期の作家メンデル・モチャー・スフォリム（ショレム・アブラモビッチ）も、ユダヤ教の宗教改革の否定的側面を小説に描いている。シュテトルでの暮しを描写したメンデルの暗い作品のどれかをとって、ミュージカルに仕立てる試みは未だなされていない。

ユダヤ教の宗教改革の遺産がその文化や行動様式に多大の影響を及ぼしていたシュテトルの世界は、ノーベル賞受賞作家アイザック・バシェヴィス・シンガーのいくつかの作品、とくに『父の家』の中で、きわめて好意的な目で描かれている。ラビやツァーディクが支配する今世紀初めの東ヨーロッパの村や町の世界は、感傷的な紗幕《しゃまく》を通して描かれ、その世界は、きわめてリアリスチックに、心理的洞察力をまじえてメンデルが描写したニューヨークの移民たちの生活とは大きく異なる。おそらくシンガーは、ホロコースト以前のシュテトルの世界に人々の関心が集中したとき、人々がその世界をどういう風に見たがっているか知っていたのだろう。一九世紀に作家活動をしていたメンデルのように厳しく批判的に描写するのは、その世界およびそこに暮していた痛ましい人々がナチの強制収容所に飲みこまれた後では、苦痛にすぎたのであろう。

一九五〇年代、六〇年代にニューヨークのユダヤ神学校で人々に敬われていた宗教的指導者、ラビ・アブラハム・ジョシュア・ヘシェルは、ハスィディズムとカバラの影響下にあった東ヨーロッパのアシュケナジの宗教的文化を熱烈に弁護した。ヘシェル自身ハスィディズム派の著名な家系の出であった。

ヘシェルの思想に関する最も優れた研究書を、イエズス会の司祭ドナルド・J・ムーアが一九八九年に著したが、その中でアシュケナジの文化に対するヘシェルの見解をこう要約する

イベリア半島のセファルディのユダヤ人は自分たちの文化を隣国の人々の文化とブレンドしたが、アシュケナジのユダヤ人はまわりの国々から孤立して暮し、自分たちのルーツと伝統をはるかに重視する傾きがあった。セファルディが慎重さと実際性を理想的規範としたのと対照的に……アシュケナジの手法は、ずっと熱烈で、個人的で、「限りもなく祈禱をし、学習する」ものである。カバラの神秘的な訓えに影響をうけたアシュケナジは、行為で包んだ信仰の力により構築される精神の世界である「隠れた世界」への執着を重んじる。

ユダヤ人の間に幅広い賛同をえたヘシェルの見解では、ユダヤ教の宗教改革の結果、東ヨーロッパでは称賛に大いに値する独特の文化が創造された。非ユダヤ人の隣国と隔絶して暮し、ユダヤ社会の富、学問や教養をつむ能力、精力を、際限のない祈禱や宗教の学習と研究に注ぎこみ、最も優れた宗教的知力は隠れた内面の世界に対する絶えざる探求に向けられた。ヘシェルの見解では、こうした特質は罪がないというより、立派なものであり、郷愁と称賛の念で想起されるべきものなのであった。

とはいえ、ヘシェルはユダヤ教の宗教改革がもたらした社会の核の部分について述べていて、地方のどこかの宗派とか分離独立した共同体のことを述べているのではない。そこが問題なのだ。数百万もの人間を抱える社会が、アシュケナジのユダヤ人たちが暮す世界の政治や科学技術や経済を無視して、そうした超俗性、信心にそんなに没頭してやっていけるものだろうか。短期的には悲惨と窮乏を、長期的には情け容赦ない災難を招く危険をおかすことになりはしなかったか。

平信徒のユダヤ系アメリカ人のもつ新ロマンチシズム的郷愁の念に、キリスト教スラブ世界への偏見が重なって、カバラとハスィディズムにより形成されたアシュケナジの文化に対するヘシェルの見解を、痛切に心に訴え、説得性をもつものたらしめたのではなかったか。だがもっと幅広い歴史的、社会的視座からみれば、それは批判的な目に耐えられる見解ではない。

ユダヤ教の宗教改革が大きな影響を及ぼしたアシュケナジの社会に関する省察では、二つの省察が考慮に値する。第一は、教養ある知性の途方もない浪費に関する考察である。一九世紀、二〇世紀初期にはこの社会の成人男子の三パーセントほどが、タルムードとカバラとそれらに関連する著作の研究をする他に何もしなかった。彼らの暮しは、店を経営し家族すべての生活の面倒をみる妻によって支えられていた。最近の新しい風潮は、重荷を背負うこうしたロシアの婦人を最初の男女同権論者とみなし祭り上げている。さもなくば、タルムードを学習する者の生活費を金持ちの義理の父が出し、一門の中の学識ある人間として敬意を払っていた。

こうした成人男子の中にはラビ、共同体の指導者となり、諸々の儀式をとり行ない、説教をし、相談ごとにのり、判断や審判を下す者もいた。だがほとんどは、何一つ社会的役割を果さず、二〇〇〇年に及ぶ宗教的伝統が生んだ書物に埋もれて暮していた。ふり返れば、磨きあげた彼らの知力を町や村の貧困や社会の不健康な相の改善に役立てていたら、家族や共同体や自分自身にもよかったであろう。それは能力、才能の悲しい浪費、学問で磨いた知性の誤用であった。人類の中の卓越した血筋、えり抜きの血統がきわめてつつましい社会的目的にしか使われなかったのである。

ユダヤ教の宗教改革がもたらした世界を明らかにするのに役立つもう一つの考察は、一八八〇年から一九二〇年にかけてアメリカに移住した三〇〇万の人々に何が起ったかをみることである。大集団の移民の際いつでもそうだが、いろんなことがあったが、一つの事実が際だつ。一九二〇年までにたいていの者が定住したマンハッタンのロワー・イーストサイドやブルックリンやブロンクスという新しい環境では、ラビやツァーディクによる指導体制は総体的に崩れたのである。

共同体に対する彼らの支配権、学識ないし尊厳性あるいはその双方で知られた宗教的指導者への先祖代々の忠誠心は、大西洋を航海する途上で失われた。通常はみすぼらしい新しい住まいに人々が住み着き、多大の努力を要求する環境の中で生計をたて家族を養う苦闘を始めたとき、こうした精神的指導者たちの知力や知識による支配、宗教的カリスマ性はつまらぬものになった。

ほとんどの場合、移住者は己が道をいく生き方をし、子供、孫たちは宗教的指導者には、ほとんどないしまったく顧慮を払わず自分の運命を切り開いていった。

このことは、シュテトルの人々に対する支配は、指導に値するカリスマ性というより貧困が生み出す文化の問題であったことが分かる。旧世界で育った人々の生活の中で宗教的指導者が重要な役割を果したのは、貧しく閉ざされた地域ではそうした権威を受けいれる他に選択肢がなかったからである。一度アメリカに着くと、経済的により安定し、空間的にも社会的地位の点でも大きな移動が可能になると、ラビやツァーディクが人々の生活に果す役割は小さくなった。一九二〇年代、ユダヤ系の移民の家族の二代目、三代目の世代の時代になると、ラビやツァーディクは稀に訪れる正式の形式を踏む必要がある折を除き、通常はなんの役割も果さなくなった。

一九二〇年代の終りには、正統派つまり掟を完全に遵守するユダヤ教徒のアメリカ人のうち一〇パーセントの人々が、深い学識をもつ人々への尊敬心を依然としてもっていて、時に伝統的なラビが相当な威信と影響力を発揮することもあった。また、改革派の自由主義的会衆の間でカリスマ性をもつ説教師が意義深い道徳的影響力を示す折もあった。

しかしそんなことは、実際にシナゴーグに定期的に通う人々の間ですらきわめて稀であった。大祭日だけシナゴーグに出席する、あるいは年間を通して一度も出席しないユダヤ系アメリカ人の三分の二、ないしそれ以上の人々には、このわずかに残る影響力すら一九三〇年にはまったく見られなくなっていた。二、三の超正統派の共同体とハスィディズム派の共同体にだけ（この中には、ブルックリンのルバビッチ派のラビの信奉者たちのように、一九四五年以降になりようやくアメリカに合体したものもある）昔からのラビの権力を持ち続けている者がいた。

ユダヤ教の宗教改革は、その刻印は一九世紀後期東ヨーロッパの社会的、経済的変化により浸食されたが、西へ移住していく間に大きく衰退した。文化的、制度的に自らに引きこもり、ユダヤ教の宗教改革の結果登場した宗教上の指導者たちは硬直化し保守的になり、大きなそして急速な変化に適応できなくなっていた。

一九世紀のユダヤ史でこのこと以上に本質的な事実はないのに、ラビやラビを賛美する人々によって記された標準的な歴史書では充分に強調されていない。

世紀の変わり目にはユダヤ教の宗教改革の鋳型は、オデッサ、キエフ、ワルシャワのような東ヨーロッパの大都市では明らかにゆるんでいた。企業家や知的な文筆家の多くは、ラビやツァーディクの影響の埒外で活動していた。労働組合の指導者や社会主義者や活動的なシオニストたちは、新しい世俗的な社会を創造することに努めていた。パリサイ人とタルムードに準拠する、パリサイ人の後継者たちの時代以来、最も根本的な変容がユダヤ人の生活において進行していたのである。

第8章

モダニティとユダヤ人の解放

一九世紀後期の民主主義的、産業的、人口統計学的革命の時代から第一次大戦にいたる間、西欧の歴史が、そして結局は世界の歴史が展開してきた中心軸を、二つの概念、モダニティとモダニズムによって表現することができる。この二つの言葉は、中世的世界を究極的に終結させ、私たちが今日ほとんどの地域で経験している社会や経済や意識のあり方を創造した原動力を表現している。

モダニティは、旧い体制と社会が二〇世紀の体制と社会へ移り変わる過程をさす。それは古代以来の社会の枠組みである、領主、司祭、小作農が形づくる世界から、人口稠密で高度に消費的な、民主主義と先端技術の都市中心の大衆社会への推移である。

現代世界は旧体制とほとんど変わらぬくらい階級が幅をきかせる社会であるが、経済的成功を追求する個人は以前よりはるかに大きな社会的地位・身分の流動性が許容されている。旧社会で永続していた制度は壊された。人類は依然として、特権をもつ人々・裕福な人々対貧しい人々・恵まれぬ人々、という風に分けられているが、それは過去から未来へ受け継がれていく——それが前近代社会の特徴なのだが——わけではない。

現代世界にも暴力と闘争が存在するが、それらは特定の地域に限定されることがはるかに少なく特異性も小さい、そして集団的で組織的で意図的である。一九一四年以前には、多くの人が全体的に平和が保たれている状態がモダニティの基本的要素であると思っていたが、まもなくその平和は前例のない大量殺戮により破られることになるのを知った。

モダニティの顕著な特徴は、ところかまわぬ人口の急増と広範囲にわたる急速な都市化であり、旧世界なら最も裕福な最高権力者でも思いもよらぬ迅速な伝達と輸送であった。

輸送と報道・通信のネットワークにみられるこの変化は社会的に大きな意義をもっていた。それは地球の広大な地域を一つの経済的流通機構に組みこむのを可能にし、数百万の人間のす早い移住や植民を可能にした。それは容易に世俗的な文化を大都市の中心部から国の奥地へ、さらには大陸の奥地へ普及し、私たちの時代になると、情報のネットワークにのせて全世界への普及を容易にした。

偏狭性は時代遅れの烙印を押される危険性をもつに到った。宗教的集団はすべて世俗的大衆文化の大きな挑戦に直面した。思想や観念ははるかに早く広まるようになった。一九世紀後期にヨーロッパやアメリカで一般的初等教育が普通になると、とくにそうなった。原典を重んじカリスマ性をもつ宗教的共同体の殻は、現代のこうした情況にあっては、浸食や分裂・崩壊を免れがたくなった。

モダニズムは一九世紀末に生じた一つの文化的運動で、その勢いは一九四〇年には最盛期をすぎていた。だが私たちの文化への影響は、とくに学術や科学や美術や文学の面——選良がかかわる面——に遺した影響は、私たちの生活や感性に大きな力を揮っている。

モダニズムは精神や道徳観念や現実を認識する仕方に圧倒的な影響を及ぼしたので、私たちは今なお、どのくらい完全に、どんな風に、文化的に新しい時代に入ったのか、しかとは分からずにいる。だから今の情況をポストモダニズムとよぶことができよう。

それは、社会的、経済的モダニティの諸々の結果と知的折り合いをつけようとする努力、文化に対する知覚・認識力を発展させる努力、それと同時にそれを正当化（ないし、非難）するイデオロギーを発展させる努力——それらの努力は多くの点で成功したが——であったという点で、モダニズムはモダニティと関わっている。モダニズムは社会的、科学技術的モダニティに関連するものにかかわる科学、文学、芸術に判断を下し、その枠組みの中で新しい思考方法、感性のあり様を提唱する。モダニズムは大きなもの、概括的なもの、単純化したものを一九世紀的に重視することを本質的に拒否し、小さなもの、特殊なもの、難しいものに二〇世紀的に関心の焦点を合わせることに好意をよせる。

モダニズムはビクトリア朝的な、説教や民主化の傾向、そして知性と芸術を統合する傾向を、少数の限られた専門家からなるエリート集団による、文化の特定の面に対する綿密な専門的分析でもって、とってかえた。

長い目でみると、モダニズムは現在も私たちが自分自身と宇宙を捉える捉え方を明確化したが、私たちはもはやモダニストの文化とその腐食性のイデオロギーにすっかり満足しているわけではない。とはいえ私たちは、それらにとって代わるべきポストモダニズムの文化やイデオロギー——多くの場合それらは、少なくとも表面的には、反動的なプレモダニズムの面を含む文化的寄せ集めのように見えるのだが——の輪郭を、半端で断片的なかたちでしか知らない。

一八世紀後期以降の、とくに一七八〇年から一九一〇年にかけての変容の時代の、ユダヤ史を理解する唯一の方法は、このモダニティとモダニズムという歴史的模型の観点からみることなのである。もしもモダニティとモダニズムという模型のうちにユダヤ史を据えないなら、たいていのユダヤ史の概観書のように、ほとんど意味も分からずに、あれこれのデータを与えるだけのものになるだろう、個々の章があって、全体を通しての理解はないことになろう。

私たちは一七八〇年以降のユダヤ史を、地方地方の年代記、感傷的な描写がらみの物語、お涙ちょうだいの小唄、勇壮なお話、あるいは面白いミュージカルコメディにすら仕立てることができる。いっぱしの大学の図書館ならそうした類の書物が沢山ある。時と場合によっては、あるいは特殊な目的のためには、それらは有用で立派ですらある。

しかし、一八世紀後期から二〇世紀初期にかけて、さらにはそれ以降、ユダヤ人に起ったことを理解するには、ユダヤ史はモダニティとモダニズムの枠組みの中で理解されねばならない。さもないと私たちは、情報の断片をうるだけで、集団的な決意と私的な理解を提供する過去に対し自信をもって包括的な把握をすることはできないことになろう。

一九一〇年といえば私たちの祖父母、曾祖父母の時代である。ある年齢以上の年配の人なら、一九一〇年当時、子供ないし若い成人であったユダヤ人たちの顔を記憶に留めているだろう。彼らの表情の背後にある諸々の事柄を理解するには、モダニティとモダニズムという枠組みの中でユダヤ史を理解しなければならない。

一七八〇年から一九一〇年の間におそらくローマ帝国の没落以来最も大きな変化がユダヤ人の暮しに起った。一七八〇年にはユダヤ人の総人口は二五〇万であった。一九一〇年には一一〇〇万になり、なお増加しつつあった。一七八〇年にはユダヤ人の大部分は東ヨーロッパ（たいていはロシア）に住んでいて、オーストリア・ハンガリー帝国にも大きなユダヤ人共同体があった。その次に大きなのはトルコのオスマン帝国領の地中海沿岸地域にあった。西欧で最も大きな共同体はドイツにあった。

一九一〇年以前に新たなディアスポラ（国外離散）が起こり、数百万のユダヤ人がロシア帝国から西方へ逃亡し、相当数の者がオーストリアから逃亡した。ドイツのユダヤ人共同体は以前よりずっと大きくなり、フランスとイギリスにも大勢のユダヤ人が住み着いた。だが刮目すべきは東ヨーロッパ在住のユダヤ人のうち三〇〇万の人々がアメリカへ移住したことである。ユダヤ人の世界史の中でアメリカ大陸の存在が日の目をみると、カナダとアルゼンチンにもユダヤ人が移住していった。パレスチナには従来からいた少数の年金受給者であるラビと神秘主義者の聖人たちに、一九一〇年、新しく民主的な現世のシオン（ユートピア）建設に熱意を傾ける若い社会主義者の一団が仲間入りした。彼らはきわめて少数だったが、世界中のユダヤ人には次第に大きな知的、道徳的影響を及ぼしていった。

この大変動とユダヤ人の西方への移住（東ヨーロッパにはまだ五〇〇万のユダヤ人が残っていたが）と平行して、仕事と福利の面で二つの大きな変化があった。アメリカと西ヨーロッパのユダヤ人は、小市民階級としてだけでなく産業労働者、企業の経営者としても市場資本主義に関連した部門にこれまでより自由に参画できるようになった。数百万のユダヤ人が西ヨーロッパに移住したとき、彼らは東ヨーロッパでの貧窮ぶりをそのまま持ちこんだが、その教養、持って生れた知力、宗教に由来する道徳的規律、優れた遺伝的素質が、社会的・経済的に上昇する気運の中で彼らをすぐれて前途有望な人々たらしめた。

ユダヤ人の社会的地位が急速に上昇する傾向は目だつものがあったから、小市民階級や労働者階級のキリスト教徒はユダヤ人に恐れと憎しみを抱いた。同時にあらゆる種類の障害と、工夫をこらした別け隔てにもかかわらず、ユダヤ人は知的職業、執筆業、娯楽産業に、ほぼ一〇〇〇年前の地中海沿岸のアラブの国々でのルネッサンス時代以来なかったほど、大勢ついていった。西欧のキリスト教徒の選良の領域にユダヤ人が仲間入りしたことは、西欧の中流上層の人々も、その他の階層と同様に、ユダヤ人への恐れと憎しみを抱くようになった。

こうした社会情況の革命的な変化——とくに東ヨーロッパの惨めな暮しから逃れ出てきたユダヤ人にみられる変化——は、一八八〇年頃から第一次大戦が始まる頃までにユダヤ人が、現代的世界——社会的地位の可動性や個人のチャンスが大きくなり、知的職業中心のきわめて世俗性の強い大衆消費の世界——に急速に適応していったことを意味する。

もしユダヤ人すべてが移住しないでいたら、東ヨーロッパの経済的、政治的変化のために、こうした変容は見た目にもそれと分かる規模で生じたであろう。大勢のユダヤ人——とくにロシア、オーストリア・ハンガリー帝国、そして、(数は少ないが)ポーランドのユダヤ人は、とくに一九〇〇年以降、モダニティに適応していった。一八八〇年以降西ヨーロッパやアメリカに移住したユダヤ人の生活様式やものの見方は急速に変わっていった。ユダヤ史上例をみず、他の民族の歴史でも稀なほどの人口学的規模で、急速にこの変化は起きた。ラビたちはこの大変動に一度も真に適応したことはなく、共同体の指導権をほとんど喪失していった。

彼らは神学用語や礼拝の儀式や倫理的講話を、現代の科学や科学技術、純粋芸術や大衆文化と両立できるように基本的に整理しなおす必要があったといえよう。歴史的にあまり意味はないわずかな例外的事例はあるが、ラビたちはそうした努力をせず、現代ユダヤ社会で高度のリーダーシップを保持する方途をなくしていった。

現代社会への適合という挑戦に応じるだけでもマイモニデス級の知力を備えた数十人もの人間たちが結束してとりくむ必要があったであろう。正統派のユダヤ教徒の中には手本となるマイモニデスのような人はいなかった。旧約聖書の詩篇の作者の言葉を借りれば、イスラエルにはもはや預言者は出なかったのだ。

自由主義的な改革派の信徒たちの努力で、ユダヤ教をモダニティに適合させようとする素振りをみせるラビも時おり現れたが、それも弱々しい意味のないものだった。

歴史的に判断を下すなら、ラビの階層をあまり厳しく咎めだてできない。キリスト教会、とくにプロテスタント教会の場合も、一九世紀後期、二〇世紀初期にモダニティの影響のもとに、ラビと同様に弱体化し社会的指導力を喪失していった。だが長い目で一八六〇年以後の一世紀間をみれば、世俗化、物質主義化、民主化を進行させるモダニティの中で、ユダヤ教徒に起ったような、忠実な信奉者からなる共同体の中での伝統的な指導力の急激な衰微に匹敵する事例は、ただ英国国教会と監督教会にみられるだけであろう。

大まかないい方をすれば、過去二世紀間における、ユダヤ人のモダニティへのダイナミックな適応・推移は、それと共に、市場資本主義のネットワークと知的職業への大規模な進出は、ユダヤ人が暮していた所はどこでも大きく変化した行政と経済によって促されるところが大きかった。こうしてユダヤ人は中世的世界からの遺物が壊れていくなか、創造的な職業・仕事へ進出していった。

とはいえユダヤ人は、モダニティの科学技術、現世主義、消費主義、そして民主主義という変化を促すメカニズムの中にあって、ただ受け身でいたわけではない。ユダヤ人は現代化の風潮が大きく動きだす前の一八世紀後期に、自己改革のイデオロギー、改革と世俗化を促すヨーロッパの啓蒙思潮を利用しながら、自分自身の社会で内側からの進化・発展をとげていっていたのである。

ユダヤ人の啓蒙運動であるハスカラは、それと分かるユダヤ人の内発的自己解放運動で、ドイツで格別の意義をもった。それは東ヨーロッパの周囲から孤立した地域、およびアメリカのユダヤ人社会に影響を及ぼしたが、ユダヤ史の中でこれほど低い評価をされてきた知的運動はあるまい。

一九世紀後期、西欧の自由主義的資本主義の構造の中でユダヤ人がめざましい成功をかちえたので、市場社会の政治学と文化に対するイデオロギー面での傾倒が確固としたものになり、この姿勢がドイツとフランスの啓蒙運動の文化遺産と合わさって、以前とは画然と異なる新しい自由主義的ユダヤ教を創る推進力となった。

一九世紀後期に、ロシアからアメリカ合衆国にいたる各地で起った社会主義運動と労働組合運動では、ユダヤ人は目立つ存在であった。それがユダヤ人の社会との関わり方の主要なあり方であっただけでなく、ユダヤ人の生活を変えるためのイデオロギーの一部にもなった。

一八〇〇年から一九一〇年の間にイディッシュ語の文化——ほとんどは世俗的な指向性をもつ文化——が、オデッサ、ワルシャワ、そして東ヨーロッパのその他の中心的都市、およびニューヨークシティーで誕生した。しかしながら、ユダヤ系アメリカ人が英語を、そしてパレスチナ在住のユダヤ人がヘブライ語を、もっぱら使用するようになって、一九二〇年にはイディッシュ語とその文学はわきへ追いやられていた。

一九世紀後期、二〇世紀初期にそれぞれ異なるイデオロギーをもつ、三ないし四種類のシオニズムが世に現れ、ユダヤ社会内部での最も重要な文化的イデオロギーとなった。それは一八世紀に勃興したハスィディズム以来の、ユダヤ社会の直接的改革と再建を意図したものであった。

一九世紀末にユダヤ人は幅広い分野で積極的に文化の創造に関わっていった。歴史的にみて、それに匹敵する例をとると、一一、一二世紀イスラム教スペインの地中海沿岸地域におけるルネッサンス、及び、一五〇〇年頃のイベリア半島におけるヒューマニズムの復活に、改宗したユダヤ人が関わったこと、そして、その副産物として一七世紀アムステルダムでマラーノの文化の誕生に関わったこと、が挙げられるのみである。

ユダヤ人は個人として、そしてこれは議論の余地があるが、文化的、民族的集団として、一九一〇年まではモダニティに集中的にとり組み、モダニティに応えてユダヤ民族のもつ価値あるものの解釈・説明から始めて、自然科学、行動科学、人文科学、モダニズムと呼ばれる圧倒的な文化の革命に関連する諸々の芸術の分野で、指導的役割を果していった。ユダヤ人は、ビクトリア朝時代のキリスト教、帝国主義、歴史重視主義、非ユダヤ人の人種差別主義に対して非ユダヤ人の子孫たちがもっている義務感をもたず、二〇世紀初めの三、四〇年間に、人間意識を永久的に変えた、複雑でこの上なく創造的な革命である文化的モダニズム――政治的、社会的そして科学技術のモダニティの非構成主義の波は、行動と福利を変えたのだが――の最先端に立っていた。

ヨーロッパとアメリカのユダヤ人社会がモダニティの衝撃を経験していた、大まかにいって一七八〇年から一九一〇年に到る時代のユダヤ史の詳細は、充分に明瞭である。特定の時代の特定の国々におけるユダヤ人の運命についての知識はふんだんにある。主だったユダヤ人たちの優れた伝記もあるし、重要な出来事や制度を分析した専門書もある。

歴史研究上問題となるのは次の点である。モダニティという文脈でユダヤ人の運命のパターンを捉えるには、こうしたすべての情報をどのように組織だててまとめればよいのか。これまでのユダヤ史を概観的に記述したものはこの点をうまく処理してはいない。本書で用いた方法は構造文化論的分析の手法、ないし歴史社会学的手法である。一八世紀後期から二〇世紀初期までのユダヤ人に関する社会学は、近東そして地中海沿岸沿いのアラブ諸国に住むユダヤ人の総人口の一〇パーセントに当たるユダヤ人に言及していないのは、強調されねばならない。イスラム教のアラブ世界自体この時期モダニティの影響をほとんど受けていないため、その地のユダヤ人の共同体は外からの刺激に欠け、進歩からとりのこされ、ダイナミックなモダニティが関わるものにコミットすることなく、またモダニズムにも少しも影響をうけずにいた。彼らは二〇世紀中葉まで社会的、知的に中世的な平穏な情況の中で暮してきたが、二〇世紀中葉になって突然の追いたてをくい、おおかたはイスラエルに向かったが、フランスとアメリカに向かった人々もいた。だがこの社会学的に捉えたモデルは、東アジアとブラックアフリカ（サハラ以南のアフリカ）在住の少数の特異なユダヤ人たちには当てはまらない。

今用いている歴史社会学的視点からするパターンは、一九〇〇年にはモスクワからサンフランシスコまで世界各地に住むユダヤ人全体の九〇パーセントに適用できる。

中世的なゲットーへの閉じこめからの解放、法律上・政治上の不利な条件からの解放、アメリカ合衆国での完全な市民権の獲得、これらはしばしば伝播《でんぱ》の過程とみなされている。ほとんどは一七九〇年代の進歩的な革命期のフランスから始まって、ユダヤ人の解放および他民族との平等性の観念がヨーロッパ全土に広まり、フランス革命をうけ継いだ独裁者ナポレオンの軍隊によって、一七九六年から一八一五年にかけて各地に運ばれていった。現代のユダヤ史の概説書ではしばしばその巻頭に、一七九〇年代半ばのある日の、さんさんと陽のあたるフランス国民会議のシーンが登場する。そこではひざ丈のズボンを着用した弁士たちが、約五万人のユダヤ系フランス人たち――そのほとんどはドイツ国境沿いのアルザスに中世以来存続する周囲から孤立した地域（エンクレイブ）に暮していたが――の運命を熱弁を揮って討議しているのである。

フランス革命政府と議会はユダヤ人に一種ファウスト風の取引を――ゲーテの『ファウスト』に出てくるが、当時の文学で人気のある一つのモチーフである両面的な契約を――申し出る。ファウストは智恵と知識を受けとるが自己の魂を悪魔に売り渡さなければならぬように、ユダヤ人も個人として完全な市民権をうるが、中世的な行動様式、思考様式を、とくにその共同体の分離主義、同族中心主義、古めかしい話し方と服装を捨てねばならなかった。以後は見た目も行動も、中流階級のフランス人のようであらねばならず、フランスの中産階級に同化しなければならなかった。

解放はフランスの自由主義的文化への同化、フランス革命のイデオロギーを唱道することを意味した。ユダヤ人はその独自の宗教を保持することはできたが、内密に保持できたにすぎなかった。政治的にも文化的にも法律上も振舞い・行動の点でも、まったきフランス人でなければならなかった。

次の一世紀間にユダヤ系フランス人の身にふりかかったことは、ほぼそういうことであった。最初はドイツから、一八八〇年以降はポーランドからの何千人という移民が仲間に入り、三〇万を数えるユダヤ系フランス人からなる共同体が形成されたが、彼らは繁栄し、学歴も身につけ、一九〇〇年にはほとんどすべての者がフランスの国民文化に完全に同化していた。

一七九〇年代にユダヤ人問題についてパリ市民がかわした議論と、その後のユダヤ系フランス人の歴史のなりゆきは、ユダヤ人の解放の過程および性格の予示、ならびに原型であり、あるいは抽象的範例としてみることができる。一八七〇年までにはロシア帝国の西の地域のいたるところでユダヤ人の解放が実現していた。

ユダヤ人は欲する所どこでも住める完全な権利をもち、一国に留まるだけでなく、その当時広く開かれていた国境を越えて移住する権利ももっていた。自分が望む職業、仕事に自由につくことができ、割り当て数の制限、その他色々な障害を設けられたにもかかわらず、知的職業につく者の数はしだいに増えていった。国から資金がでる教育施設（その種の学校はしだいに数をましていったが）を自由に利用でき、ポーランドから西では圧倒的にそんなユダヤ人の数はふえた。財産保有の権利、訴訟を起す権利、陪審制度があるところでは陪審員を務める権利等、ユダヤ人は法律上平等な権利をすでに獲得していた。

抵抗を試みるいくつかの集団はあったが、ユダヤ人の参政権は投票行為だけでなく立法府の議員に立候補する権利も含まれていた。政界の要職につくのは稀であったが、ないわけではなかった。一八六〇年代、七〇年代の英国の首相はキリスト教に改宗したユダヤ人で、自分がユダヤ民族の出であることを誇示していた。アメリカ南北戦争の際の南部連邦政府の大蔵大臣はユダヤ人であった。

一七九〇年代フランスの革命評議会でユダヤ人の未来に関して白熱した議論がたたかわされてから一八七〇年までに、ヨーロッパおよびロシア以西の大西洋沿岸の国々はそれぞれまちまちの政策をとったが、ユダヤ人の市民権、政治的権利を完全なかたちで承認する方向に一貫して向かった。

とはいえユダヤ人の解放の過程を、自由と民主主義を謳ったフランス革命の理想がパリを基点として四方に広まっていく過程と捉えるのは、きわめて一方的な見方であろう。そういう要素も確かにあった、とくに一八一五年までは。ユダヤ人の解放はイデオロギーより機能性を考慮しての事柄、道義的熱情より政治的配慮に基づくものであった。一九世紀の国家の長期的なイデオロギーの輪郭が、自由主義的民主主義と保守的な寡頭制の間のどの辺りにおかれていたにせよ、ユダヤ人の解放は、政治的理論の影響というより一九世紀国家の作戦上の必要性・目的に、より大きく起因していた。

一七九三年から一八一五年にかけてナポレオン率いる革命国家フランスの偉いなる敵対国で、究極的にフランスに勝利する英国に在住したユダヤ人の共同体――その構成員のほとんどはイタリアおよびその他の地中海世界各地からやってきたセファルディで、一八〇〇年には約三万を数えた――は、一七五〇年には議員に立候補する権利を除いてあらゆる市民権、法律上の権利を獲得していた。議員に立候補するにはキリスト教徒になる誓いをしなければならなかった。この障害も、銀行業を営むロスチャイルド家の一員がロンドンの選挙区で数回選出されたあと（彼は古めかしい誓いをたてずともよかった）、一八五〇年代に下院議員に選ばれ、とり除かれた。

一八世紀、フランス革命が始まるかなり前に、英国でユダヤ人がほとんど完全に近い解放をかちとったのには、多くの理由がある。一つはカルヴァン主義者がとった親ユダヤ政策の精神的遺産である。もう一つは英国の貴族たちが、イタリアの古典的な記念物や遺跡を観ようと大陸巡遊旅行をした際にであった喜ばしいイタリア人たちを想起させるエキゾチックな民族と、セファルディのユダヤ人たちをみなし、彼らに敬意を払ったことである。

おそらくもっと重要なのは、特権を与えるとかハンディキャップを負わせるといった、あらゆる司法権の特殊な行使を組織的に排除することに努め、訴訟に関し国民すべてを平等の立場で王室の法廷にたたせることで、イギリスらしい特色をもたせようとする英国のコモンローの法体系であった。一八二九年にはこうして、一七世紀後期以来差別扱いされてきたローマカトリック教徒は市民権と政治的権利を完全なかたちでとり戻すに到る。ユダヤ人の解放はもっと早い時期に実現した。コモンローの法廷でユダヤ人に不平等な扱いをしてきたのは中世からの悪しき遺産で、機能不全をもたらす困ったやり方であった。英国では法律に関する思想と慣行が政治的成果に結びつく傾きがあった。一八世紀にユダヤ人は司法上平等に扱われたが、一九世紀に入ると諸々の政治上の権利すべてを獲得した。

英国――一二九〇年代から一六五〇年代までユダヤ人は公けには法律の保護を剥奪されていた――におけるユダヤ人の解放の、究極のそしておそらく最も重要な原因は、大英帝国の機能上そうする必要があったことである。一七九〇年代から一八一五年にかけて英国はフランスと世界の覇権を競うため――フランスは人口は三倍、国内総生産はおそらく二倍勝っていたが、英国は勝利を収めるのだが——財政的資源、人間的資源の準備を整えねばならず、英国の政治を牛耳る大土地所有の貴族、百万長者の商人は、資源を最大限活用する必要があった。そんな情況下では少数で害を及ぼす恐れのないユダヤ人の聡明な知力、図抜けた財政的才腕をフルに活用しない手はなかった。

一八一五年以前だったらそんな方策はあまり役立たなかったであろう。というのは、英国のセファルディのユダヤ人たちは皆平民にすぎなかったからだ。一九世紀の英帝国主義が次の段階に入るとユダヤ人を平等に扱う方策は、帝国の支配層にとって予期した成果をあげた。フランスとドイツからきた新しいユダヤ人の移民は、ロスチャイルド家のように、資本および国際的に経営・取引をする銀行業をもたらし、それらは流動資本と国際的に財政を運営する上で益するところ大で、英帝国は即座に最大限に活用したのである。

共和主義や普遍的に人がもつ権利というフランス生れの教義が、一七七六年のアメリカ革命の思想や一七八七年の憲法や一七九一年の権利宣言（アメリカ合衆国憲法の最初の連邦憲法第一—一〇修正）が形成されるのに重要な役割を果したか否か、アメリカの政治的文化がイギリスの法律と政治学から直接派生したのか否かに関しては、歴史家たちの見解は一致をみない。由来はどうあれ、アメリカの思想は「新しき世界の秩序」という思想であり、ヨーロッパの特権や差別や偏見は、人類の歴史における新しい自由の時代にとって代わられねばならぬ——一七七六年のアメリカ独立革命はそう謳っている——とされた。これは英国のコモンローが、フランスの熱情的なイデオロギーというプリズムにより濾過されて、できあがった響きをもっている。

一七九〇年当時アメリカにいた少数のユダヤ人——たいていはマラーノか、アメリカにおける最も古いシナゴーグであるニューポートやロードアイランドのセファルディのシナゴーグが象徴するようにセファルディの流れをくむユダヤ人であるが――にとって大切であったことは、欠けるところのない公民権と政治的権利を最初から与えてくれた政治と司法の制度であった。これらの権利は、議会が「宗教の確定」(すなわち、国教の確定)をすることを禁じた根本的な改革である憲法修正第一条の可決によって限りなく確りと強化された(とはいえ、この禁止令は連邦政府にだけ適用され、一九二五年になり初めて最高裁判所は州政府および市政にも適用されることを決定し始めた。だが広く履行されるようになるのは一九六〇年代になってからで、その結果、クリスマスの飾りつけの際は、均衡をとって常にハヌカー祭の飾りつけも行なわれるようになった)。

アメリカ合衆国政府はこうして、いかなる宗教であれ、国が宗教を支持することをきっぱり廃止した世界史上初めての政府となった、これはまだイスラエルもとっていない施策である。

だが、こうした知的情況、司法のあり方は、合衆国におけるユダヤ人の情況を決定する上で、アメリカの歴史における基本的な物理的事実――鉱物資源、農業資源にとてつもなく豊かな広大な大陸(原住民は殺されるか、追っ払われていた)、網の目状の河が資源利用にすばらしく役立ち、一八二五年以降運河が造られ、一八五〇年代になって鉄道網が造られ始める――といった事実以上に重要なものではない。掠奪された土地として史上最大の国土は開発されるのを待ちうけていた。

必要なのは精力、知力、勇気、そしてこの破天荒なチャンスを利用する資本をもつ人々であった。少数のおとなしいユダヤ系アメリカ人はこれといった貢献もできずにいたが、一八四〇年代、五〇年代にドイツから新しくユダヤ人たちが移住してくると、がらりと事情が変った。

宗教的、文化的中心地としての、そして出発地点としてのシンシナティから、ユダヤ人の行商人、従軍商人、貿易業者、そして最後に大物の企業家が、伸び広がる広大なアメリカ大陸を、オハイオ河の支流沿いにケンタッキーやテネシーの南奥地へ、さらにそこから南と西へ、扇型に散らばっていった。一八六〇年頃になると彼らの関心は、ミシシッピーの渓谷地域に、そしてセント・ポールからセント・ルイス、ニュー・オルリンズに向けられた。さらに一八四八年のゴールドラッシュに際しては、カリフォルニアの開拓に加わり、なかでもリーバイ・ストラウスのブルージーンズに始まって、サンフランシスコから広まっていったアメリカ西部のさまざまな文化に貢献した。

今日私たちは、ハリウッド映画のウエスタンものは（そのほとんどはユダヤ人が支配する会社の製作になるが）、少数派としては大きな比率を占めていた黒人のカウボーイの存在を明るみにださず、本当の西部を描いていないという歴史家たちの苦情をしばしば耳にする。そんなことをいえばトム・ミックスからゲーリー・クーパー、クリント・イーストウッドに到る古典的なウエスタン映画は、アメリカの西部および南部の北部地域の開拓にユダヤ人の商人が大きく貢献したことも隠されているのである。ヒーローが買物をしに西部の町の雑貨屋に馬で乗りつけるときは、正確な歴史的事実に基づけば、店の経営者の少なくとも半数は、それと分かるユダヤ人の名前がついていなければならないのである。

一八六〇年の時点でユダヤ人にとりアメリカは居心地のよい場所になっていた。それは合衆国憲法と憲法修正第一条のためだけではなく、いくつかの重要な鉱山の開発もそうだが、大陸における商業活動の発展にユダヤ人が不可欠な役割を果したからである。一八六四年に北軍の総司令官ユリシーズ・S・グラントが、道義心を欠くユダヤ人が兵士と一般市民を搾取しているという理由で、南部の占領地域からユダヤ人の商人を立退かせようとしたとき、アブラハム・リンカーン大統領は、このお気にいりの将軍の指令を直ちにとり消させた。

以前鉄道会社の弁護士をしていたイリノイ出身のリンカーンは、アメリカ奥地の開拓にユダヤ人がいかに貢献してきたかを直接知っており、また、一度戦争が終り大陸横断鉄道の建設が再開されたら訪れるであろう、とてつもないにわか景気——一九世紀後期の東ヨーロッパで貧しい暮しを送る数百万のユダヤ人を巨大なクリーナーのように吸い集めるであろうにわか景気——を、共和党が管理・統括する準備をしていたのだが、その際、ユダヤ人の商業と財政的才腕がどのくらい必要とされるかを知っていたのだ。

中央ヨーロッパの諸国——イタリア、ドイツ連邦帝国（共に一八七〇年から七一年の間に誕生した）そしてハプスブルグ家の南ハンガリー帝国——では、ユダヤ人が政府および経済活動に提供できる能力や奉仕のほうが、ユダヤ人解放のイデオロギーよりずっと大きな意義をもっていた。そしてファウスト的な契約が厳しく明文化された。ユダヤ人は諸々の公民権と政治的権利を与えられるのとひき替えに、一般的な文化的行動様式に同化すること、国家とキリスト教社会にだれの目にも明らかに忠誠をつくすこと、と。このユダヤ人にさし出された社会的契約を、ユダヤ人は双方の利益のために熱烈にうけ入れた。

一七九八年、ナポレオンの軍隊の進出と共にフランスの平等主義と世俗主義がイタリアの人々に知られると、一六世紀以来ユダヤ人の共同体が強制居住地域にひっそり存在してきたベニスからローマに到る北イタリアの、教皇制が支配し、隅々までカトリック教が浸透した旧式の政治的文化は、大きく揺さぶられた。一八一五年のナポレオンの敗北のあとカトリック教の反動が起るが、イタリアはナショナリズムと中産階級の自由主義の勃興に影響を受けており、次の六〇年間は諸々の政治思想をめぐる複雑な闘争の時代となった。

論争はいく分ロマンチックで素朴な性格のものであった。というのは、イタリア半島の諸国家にとり最も必要なことは、一六世紀に海外貿易が大西洋の枢軸国の手に移って以来陥っている慢性的な経済的不況から、イタリア半島を抜け出させるために産業化を進めることであったのだから。民族主義的、自由主義的国家を後押しする議論の多くは芝居がかっていた。とはいえ、この混乱状態の中からイタリアの最北部に力量ある宰相を頭にいただくサボイ王家が誕生し、一八七〇年に統一イタリア王国をつくり、フランスとドイツはそれを黙認した。

北部の諸都市に住むユダヤ系イタリア人にとってそれは、遅ればせながら市民権を認められることであり、大いなる期待の春の訪れであった。新しいイタリアは、一八七〇年以後貧困に悩むがたがたの国家であったが、教皇制とは一定の距離をおき、これまでイタリアの中心を支配してきた教皇領を、バチカン宮殿の四方二、三平方マイルに縮小した。過去三世紀間ユダヤ人は、身の安全は保たれるが強制居住地に住まわせられるという、どっちつかずの中世的情況に置かれてきたが、今やどこにでも移り住むことができるようになり、その知力、実務的才幹、合理性を力一杯発揮できることになった。

サボイ王家とカブールはこれまでもユダヤ人の後援と助力をいつでも自由に受けいれてきたが、ユダヤ系の諸々の立派なイタリア旧家——その多くはマラーノの家系で、なかにはカエサルの時代まで遡れる家系もある——出身の人々の中から、二世代にわたる企業家たち、弁護士、医師、大学教授、政府の役人そして将軍等が輩出した。こうした裕福な家族出の人々は都市の中産階級の生活様式に完全に同化して、都市の私邸や田舎の別荘に集中的に暮し、一九三〇年代後期までゆったりとくつろいだ生活を送っていた。二〇世紀初め頃のユダヤ系イタリア貴族の家族の生活を情愛をこめて追想した、ヴィットリオ・デ・シーカの記念碑的な映画「フィンツィ・コンティーニ家の庭園」〔邦題は「悲しみの青春」〕の中に、こうした人々の暮しが美しく描きだされている。

ドイツにおけるユダヤ人の人口は、一九世紀には着実に増えていきポーランドとボヘミア（チェコスロバキア）からの移民も加わって、五〇万になった。一九世紀半ばにはユダヤ人とドイツの社会との共生関係、とくにドイツ連邦帝国との共生関係、そして一八七〇年代・八〇年代のオットー・フォン・ビスマルクを宰相とする保守的なホーエンツォレルンとの共生関係が発展していった。一八世紀後期と一九世紀初期における文化的啓蒙運動ハスカラ〔ユダヤ教の啓蒙運動〕の影響をうけたユダヤ人の指導者たち――その中にはラビもいたが、趣味が高じて学者になる者やその道の専門家の方が多かった――は、ユダヤ人が自ら進んで徹底してドイツの文化に同化することを明確に表明した。

国が財政的支援をする優れたドイツの学校（ギムナジウム）や公立大学は、ユダヤ人にドイツ語、文学、哲学、そして科学を深く集中的に学ぶ機会を提供した。いうまでもなく緊張を強いられることもあった、とくにたいていの友愛会から締めだされる大学ではそうであった。だがそれは社交上の小さな問題にすぎず、もっと大きな障害は高等教育機関への入学や学術的な職・地位の就職にユダヤ人に不利な割り当て制が採られたことだった。

だが、ユダヤ人は辛抱し、教養を要する文化を完全に消化した。深みのある学問と厳格な学術的訓練・修養はユダヤ人の心性に訴えた。それは習得することができる客観的な知識の集積であるから、ユダヤ人が医者、弁護士、大学教授、公務員、応用科学者、詩人になる素質をもつことを明示することができた。それは、組織的で合理的で乾いたタルムードを思い起させた。ユダヤ系ドイツ人は宗教的熱情をタルムードの学習の代わりにドイツの世俗的学問の習得にむけたのである。

従来通りユダヤ教を信奉する者もいたが、修正し手をいれて、自分たちの学問や中産階級の市民の生活様式と一体となれる、時代にあうユダヤ教の創造に努める者もいた。また、完全にドイツの社会に同化しすべての民族的、宗教的過去とのつながりを捨てる者もいた。また、ユダヤ人の地位に障害や欠けるところがあるのを知り正式に改宗する——通常はルター派に——者もいた。改宗しても個人的にあれこれ要求されることはなかった。

一九世紀前半におけるドイツ最高の抒情詩人であるハイネのケースがこの面でのお定まりのパターンとなった。教養がありフランスびいきで聖職者臭のないロマンチックな知識人のハイネは、改宗して完全にドイツの文壇仲間の一員になることで改宗の目的を達成した。彼は改宗のもつ意味を気にかけ、少しばかり悩んだ。半世紀後には、彼のような教養と文学的野心をもつ者は、改宗を当然のこととみなし、ほとんどの場合真剣に頭を悩ますことはなくなった。

一九〇〇年にはユダヤ系ドイツ人の異民族との結婚の比率、改宗の比率は五〇パーセント近くもあった。もしヒットラーが登場しなかったら、ドイツにおけるユダヤ人の血統の純粋性は、二〇世紀半ばには大いに低下していたことだろう。

一九世紀初頭から七〇年間、フランスとイギリスの影響を蒙った自由主義者と、貴族を指導者とする保守主義者との熾烈な政治的闘争がドイツ国内で闘わされ、そこでは民主主義の問題——ドイツのみならず人類にとり究極の不幸となったが——が、一度も明快な決着をみなかった。普仏戦争でドイツ軍がフランスを蹂躙し、一時的にパリを占領した一八七一年、ベルサイユ宮殿のフレンチ・ロイヤル・パレスでドイツ連邦帝国が誕生を宣言した。その議会は自由主義者たちにより支配され、一九〇〇年までに社会主義者たち（ユダヤ人の指導者たちが格別目についたが）によって支配されるようになった。一方議会に対し責任を負わぬ帝国の幹部たちは、反動的な軍国主義者の皇帝によって任命され、プロイセン（ドイツ東北部）の伝統派の地主と保守的なその部下たちにより占められていた。

一八九〇年にはドイツは英国をしのぐヨーロッパ第一の先進産業立国になり、競争相手はアメリカあるのみであった。だが、ドイツ帝国の欠点は、現代的な民主主義国家に自らを変容できない点にあった。帝国政府は、一八世紀の独裁制と寡頭政治の遺物のようなもので、議会では多数派の自由主義者や社会主義者たちとしばしば対立した。

ユダヤ人の資本家たちは、オットー・フォン・ビスマルク首相および保守的な彼の後継者たちの支配下で、大変上手にやっていった。ビスマルクの気に入りの銀行家はユダヤ人であった。ラインラントで身を興し、パリとロンドンに銀行業のネットワークを広げていったロスチャイルド家。ハンブルク出身で大物の財務家たちを輩出した新興の百万長者の一族、ヴァルブルク家。その他のユダヤの財政家たちが、一九世紀後期にドイツの熱狂的に発展・拡大する産業に必要とされた投資の資金を提供する上で中心的役割を果した。ユダヤ人たちは海運業、化学製品の製造業、通信や交通機関、百貨店経営で目立つ存在であり、出版と新聞事業を支配していた。

中央ヨーロッパでは一九〇〇年までに、二つのタイプのユダヤ系ドイツ人が大きな存在になっていて、集団としてのユダヤ系ドイツ人がヨーロッパのどの社会にも最も完全に融合しうることを示した。一つのタイプは実業家兼財政家で、ベルリンあるいはハンブルクのしゃれた通りに銀行をもつか、景気のよい出版社とか煙を威勢よく吐く鉄鋼工場のオーナーであって、町中に堂々たる町屋敷を、田舎に広壮な別荘つきの地所を所有していた。これらの家族は正式の意味あいで、ユダヤ教徒と呼べるであろうか。生活様式から判断するのは不可能である。しばしば家族のある者は名義上ユダヤ教徒で、ある者はルター派に改宗していた。後者の場合、どんな意味でも子供はキリスト教徒として育てられることを意味した。ロスチャイルド家やヴァルブルク家の子供たちは、ユダヤ教徒もいればキリスト教徒もいた。そして相互間の結婚は普通であった。

一九〇〇年の時点でのユダヤ系ドイツ人のもう一つの代表的タイプは大学教師、学者、科学者で、古典に関する原稿を編集したり、中世の修道院についての論文を著したり、ローマ法の解説書を著したり、顕著にドイツ的な伝統をくむ哲学を発展・展開させたり、調査・研究の対象としてイスラム教の歴史学を創始するといった仕事をしていた。一九世紀前半にユダヤ系ドイツ人の学者たちは、ユダヤ史の体系的研究を開始し、一九二〇年代に若いユダヤ系の大学教師の中にユダヤ教の研究にとり組む人々もでてきたが、一八七〇年から一九二〇年の間にユダヤ系の学者たちの関心はもっと生産的な別の分野にむかった。

ベルリン大学ではテニュア（終身在職権）を獲得できるユダヤ人の教授は、その学部の全教授の五パーセントという厳しい割り当て人数制限にもかかわらず、ユダヤ人の学者は秀でた業績を生み出していった。地方の大学では、とくに物理学、数学、哲学の分野でユダヤ人の学者の比率はさらに高かった。銀行業を営むヴァルブルク家から独りで美術史の学問分野を創設する者がでて、大学とは別に家族が研究機関に資金を提供した。

ユダヤ人のドイツ最盛期における学術界への貢献は、中世アラブ世界の優れた文化にユダヤ人が果した広く知られている役割をはるかにしのぐものがあり、前例のない貢献であった。学術界でのユダヤ人の卓越性、ユダヤ人の学者や科学者の大学文化への完全な適合ぶりに匹敵する例は一九七〇年代、八〇年代のアメリカにしか見当らない。

ユダヤ系ドイツ人の解放という表現では、彼らの業績を過小評価したことになる。解放ではなく経済的、知的功績といえばはるかに正確な言い方になろう。

一九一〇年におけるドイツのユダヤ人に関して明るい者なら、三点だけ否定的な慎重な見解を述べるであろう。一つは、ユダヤ人はドイツ南部のカトリックの文化より北方のプロテスタントの世界で暮す方がずっと親近感を覚えたであろう、ということである。プロイセンのベルリンはユダヤ人の都市であった。ドイツ第二の都市、バイエルンのミュンヘンはカトリックが支配し、亡霊のように中世期の思い出がまとわりつく、ユダヤ人の都市ではまったくない都市であった。第二に、ユダヤ人は富豪階級とはくつろいだ間柄で、労働者階級はいまだユダヤ人に憤りの念を抱いていなかったことである。だが小市民階級——地位の低い公務員、小商人、小・中学校の教師、重工業の熟練労働者——は、ユダヤ人の輝かしい成功に憤り、ユダヤ人との競争にストレスを覚えていた。

第三に、一八八〇年以後のポーランドからのユダヤ人の移住は、小市民階級の憤りに火をつけただけでなく、労働者階級にもいく分敵意を抱かせた。だがそれ以上に、地域社会と同化して暮すユダヤ人というイメージを傷つけたことが大きな意味をもった。一九〇〇年までにポーランドから移住してきた人々は、見た目もドイツ人とは異質で、いつまでもユダヤ教徒の伝統的しるしを身につけていて、ドイツ人だけでなく地域社会に同化して暮すユダヤ人にも懸念を抱かせた。彼らは生き方を変えるのにどのくらい時間がかかるのだろう。彼らの子供たちが実業の世界や知的職業で成功すれば、ドイツのプロテスタント文化を真に消化していくのだろうか。それとも口先だけ合わせ、個人的利益を追求していくのだろうか。比較的うまくいっていない地域では、こうした問題は厄介な問題になる可能性があった。

とはいえ一九一〇年には、二〇世紀は確実にドイツの世紀になろう、新来のユダヤ人もドイツ文化のダイナミックな影響のもとにドイツ社会に同化・吸収されるだろうと思われた。

ユダヤ人の解放が自由主義的イデオロギーより、一九世紀国家の直接的なニーズと計算された政治的決断に由来したことが最もはっきりする例は、オーストリアとハンガリーにまたがるハプスブルク王国の場合である。この古い歴史をもつカトリックの王家とその閣僚たちは、政治的に極度に保守的で自由主義的思想に敵意をもっていた。この王家の一八世紀の最も偉大な王で、啓蒙的な専制君主として世に知られるヨセフ二世は、多民族国家の中の異質な少数民族を強く意識していた。ポーランドが分割されたあと、多数のユダヤ人が住まうポーランド南東部の州ガリシアがハプスブルク王家の支配下に入った。

ユダヤ人の退嬰性《たいえいせい》と分離主義にヨセフ二世は悩み、彼らに公立学校での教育を強制して、世に風靡するドイツ文化にもっと順応させようとした。ラビたちは激しく抵抗した。というのは、ハラカーに準拠するハスィディズムの文化から逸脱すると、共同体におけるラビの指導力が崩れるからである。だがヨセフ二世はユダヤ人に一般に広まっている文化と社会に同化する道を指し示した。

一八六〇年代に入るまでは、オーストリアのエリートたちは一貫して反動的であった。カトリックのハプスブルク王家の王たちは革命的なナポレオンのフランスと必死に戦った（通常は敗北を喫した）。一八四八年皇帝は自由主義的改革に抵抗し、武力で自由主義運動を押さえこむ助けを求めてロシアの軍隊を呼びこんだ。ハプスブルク王家の政策上の大転換は、一八六六年プロイセンの積極的関与で敗北を喫したときに生じた。それは旧体制の帝国にとり一大ショックであり、皇帝とその閣僚たちに、大きくて不安定な多民族国家に安定と繁栄と少しばかりのモダニティをもちこむ方策を再考させた。そして、ハンガリー人のような非オーストリア人たちの自律や自治を求める要求に寛大に対処するようになり、総じて少数民族の権利の拡大の要求に大幅に応じるようになった。

一九世紀の終りの数十年間ブダペストやプラハの外国人居住地に暮らし、文化的にオーストリア人と一体感をもちドイツ語を話す中産階級の人々の集団としてのユダヤ人たちは、この二つの都市で実業・商売に従事する者も知的職業人も繁栄した暮しをしていた。一九二〇年にはブダペストの弁護士の半数はユダヤ人で、化学や文学や芸術の分野でも目につく存在になっていた。一九世紀後期には、ベルリンのユダヤ人のように、知的職業、優れて専門的職業、あるいは学術にたずさわる職業で活躍しようと、主にポーランド人やルーマニア人の住む辺鄙な地域から大挙してユダヤ人がウィーンに上ってきた。

ウィーンはベルリンではなかった。民族集団が互いに競いあう緊張にみちたカトリック教社会では、ユダヤ人の進出に、ベルリンにおけるよりはるかに表立って反対の声があがった。人種間の競いあいで緊張した雰囲気の中で、ウィーンの労働者階級は一貫して反ユダヤ主義に立ち、ユダヤ人の各種の仕事への進出に抵抗した。ナチスの主な繁殖場所の一つが存在した世紀の変わりめ頃のウィーンを「世界破壊の準備場所」と呼んでも真実から外れはしまい。一九〇〇年、ウィーンの著名な市長は反ユダヤ主義の綱領をかかげて選挙に勝利する。にもかかわらず皇帝とその閣僚たちは、教養ある中流階級のユダヤ人に好意的であった。ユダヤ人は創造的で、ドイツよりモダニティの影響がいまだはるかに小さい自国の経済の発展に、ユダヤ人は貢献すると考えていたからである。

知的にも芸術的にも活気あるウィーンで、ユダヤ人は大きな役割を果していて、オーストリアでは産業界でも商業の世界でもユダヤ人の大物がいた。オーストリア最大の鉄鋼企業は改宗したユダヤ人一族が経営していた。オーストリアの労働組合の指導者層の中で、ユダヤ人は目立つ存在であった。当時のドイツでもそうであったように。

こうしてロシアは別にして、ユダヤ人が社会的に高い地位につけるようになった理由は、自由主義の国家が自由主義的教義の視点からでなく、自国の利益の視点からユダヤ人の解放を許容しただけでなく歓迎したからといえよう。指導者集団がモダニティの挑戦にうまく応じるには、国内の人間的資源を——カトリック信者もプロテスタントも宗派にとらわれぬ世俗主義者も——整理して組織だてる必要があった。

そんなわけで西欧キリスト教社会におけるユダヤ人の地位は実質的な改善をみたのである。ユダヤ人は忠誠心をもち、それを保持する必要があった。カトリック教徒、英国国教徒、ルター派信者がユダヤ人にどんな偏見を持っていようと、ユダヤ人の合理的思考力、財政に関する豊かな経験、投資資金を最大限に活用する必要があった。ユダヤ人は非凡な経済的能力（おそらく奇想天外に誇張された能力）をもつと思われていた。これこそ一九世紀国家が自身の目的のために望んだことであった。

こうして、理性的な政策を採るならユダヤ人の解放を指令し、彼らを地方から国の中心的な社交の場で活躍できるようにする方針を選んだ。一九世紀、ただ宗教的狂信者と過激な人種差別主義者が統治する国家だけが、ちがう方策を望んだ。モダニティの挑戦、そして経済および科学技術の変化の始まりに対し、政治的に適応する必要性が、時代遅れの偏見に固執する態度にとって逆風になったのである。

ユダヤ人も周囲から孤立したり距離をおいたり、中世風の服をきたり振舞い方をするのをやめ、西欧の社会・文化一般に完全に同化する必要があった。ポーランドより西では、大多数のユダヤ人は進んでそうした要望に応じ、髭をそり、時代の先端をいく服装をし、息子や通常は娘にも世俗的教育をうけさせ、政府や社会に直接役立つ仕事につけさせた。このファウスト風の取引・社会契約は、ベルリンからサンフランシスコに至るまですべてのユダヤ人の心に訴えた。世に風靡する文化に同化しつつも完璧にユダヤ教徒として暮す者もいた。ユダヤ人としての信心やしきたりを大雑把に遵守しつつ、服装、振舞い、話し方を社会の文化に合わせる者もいた。地位や身分の向上の野心から、または異なる宗教の相手との結婚のため、あるいはモダニティにすっかり浸《ひた》されて、ユダヤ教の伝統に興味を失い、正式にキリスト教に改宗する者もいた。

いうまでもなく、ユダヤ人がより多く改宗すればするほどユダヤ人は同化し、寛大なユダヤ人政策をとる政府は喜ばしく思った。短期的には国の目的にかなってユダヤ人の能力を生かせるだけでなく、長期的には目につく少数者としてのユダヤ人が姿を消すように思われた。もし反ユダヤ主義の反動が起らず、ヒットラーが登場しなかったら、二〇世紀中葉にはそうなっていたのかもしれない。

いずれにせよ文化の面でのユダヤ人の消滅という幸運な大詰めを迎えるには恐るべき障害があった。ドイツの西方の地には、西方へ移住するといって脅かす、地域社会への同化の度合いの低い大変な数のユダヤ人がいた。他の国に比べ断然多くのユダヤ人の住むロシア帝国は、一貫性ある解放政策をうまく発展させるのに失敗した。原因の一部は長期間にわる政府の優柔不断と無能さのためであり、一部は東ヨーロッパでは文化的、人口学的障害が大きく立ちはだかっていたからである。

ユダヤ史では帝政ロシア政府を反動と偏見の化物のように非難をこめて記すのが通例である。軽蔑すべき役人も実際にいた。だが研究が進むにつれ分かったことだが、帝政ロシア政府へのイデオロギー上の敵意を控えるなら、東ヨーロッパで起ったことは、不幸なことだが理解できぬこともない社会的な指導上の失敗に起因するように思われる。それはガーナー・ミュルダールが、一九六〇年代以前、ないし現在も含めてのアメリカの黒人の「ジレンマ」と呼んだものに比べることができよう。

帝政ロシア政府の下のユダヤ人の歴史を著した書物は通常次のように記す。一七九一年に締結されたポーランドの分割により獲得した領土の内の、西の領域に住む数百万のユダヤ人の問題に直面したサンクト＝ペテルブルクの政府にとり唯一の良い政策は、ラビを中心とするハスィディズム的文化に沿う暮しを町や村でユダヤ人が送れるよう、あらゆる手をうつことであった。ロシア政府は広大なポーランドの領土を奪いとったとき、直面しようとしている事態を自覚すべきであったのであり、自由主義的政策をとり、ユダヤ人に干渉しないでいるべきであった。ないし、彼らの暮しは下降線をたどり貧窮化していたので、経済的基盤を改善してやるべきだったのであると。

一九世紀の東ヨーロッパの情況を理解するのに、今日の福祉を重んじる自由主義的多文化国家の考え方を当てはめるのはあまり役に立たない。一九世紀の国家はいずれも、少数民族とはいえ、分離主義者からなる大勢の人々に対し寛大ではなかった。そうした集団は、政治的・文化的に中央集権化を進める国策の前提をゆるがし、モダニティの数々の挑戦に応じるべく人的資源を組織づけ最大限に活用しようとする方針の妨げとなった。

一九世紀の帝政ロシア政府の政策の失敗は、この地域への政治的方針の点からみると、伝統的なユダヤの文化や、ラビが統制するユダヤ社会に対する思いやりの欠如にあったのではない。事態を悪くする中世的世界からユダヤ人を抜けださせ、主流であるロシア文化に同化させる政策を明確に示さなかった点にあった。国の利益の点でも、同化を受けいれたユダヤ人一人一人の観点からも、他の地域では大変うまくいった(よし、今日のユダヤ人の歴史家たちの党派心の混じる期待からすれば不満足であったにせよ)ファウスト的取引、社会契約を明確にうちだしそれを実行できなかった点に原因した。

一九世紀のロシア政府のユダヤ人への政策を理解するには、全盛時代のツァーリ(帝政ロシア皇帝)もその閣僚たちも、ユダヤ教とラビ中心のハスィディズム的文化に少しの鷹揚さももたなかったのを当然のことと思わねばならない。一八二〇年代から六〇年代にかけて、帝政ロシア政府の役人はユダヤ人の九五パーセントをポーランド、ウクライナ、ベラルース、リトアニアの強制居住地域に一貫して住まわせ続けた。村や町や都市の一定区域に人口過密状態で暮すユダヤ人の分離主義を、ツァーリの官吏は情け容赦なく骨抜きにしようとし、また、ユダヤ人が繁栄を誇った時代である一六世紀から受けつぎ、極度に不振な経済状態にもめげずに堅持するユダヤ教の文化や振舞いを捨てさせようとした。

ユダヤ人に生き方を変えることを強制しようとしたといってツァーリの官吏を咎める前に、私たちは二つのことを記憶に留めおくべきである。一つはロシア政府の政策の目的は、あの時代の他の諸々の政府の目的――国家と社会のためにユダヤ人を最大限に活用すること――となんら変らぬということを。二つめは、ツァーリの方策は厳しかったが、事の真相の裏面に目をむけて、ラビとハスィディズムの指導者たちは、事態が悪化する居住地から人々を抜け出させ、物事を組織的に改善すべく一体何をしたかを考慮するなら、何一つしなかった（慈善を施した外は）というのが答えであるということを。

一八二〇年代から六〇年代にかけてロシア帝国政府はユダヤ人の同化を促して二つの方策をとった。一つは、国の出資になるある程度の普通教育を授ける学校にユダヤ人の児童を強制的に通わせようとしたこと。これは一八世紀後期にオーストリアのヨセフ二世が採った手法の模倣である。ラビが激しく反対し際限もない論争がまき起ったが、この政綱は実地に移され、条件つきだが成功を収める。一八七〇年代までに国が出資する学校で普通教育をうけた新しい世代のユダヤ人の若者たちは、大学に進学し知的職業につく訓練・教育をうけることを求めるようになっていた。一八八〇年代のユダヤ人の多くの作家はそうした学校で教育をうけた人々である。それは限界はあるが意義深い政策であり、一九世紀後半に輩出した新しい型の知性をもつユダヤ系ロシア人を育てる礎《いしずえ》となったのである。

二つめは、帝政ロシア政府は一八二五年から二五年間、ユダヤ人の共同体に一定の割当て数で新兵を募集した。ユダヤ人はもはや徴兵制を免除される存在ではなかった。指定の人数をみたすために、それぞれのカヒラ〔慈善・社会事業を管理するためのユダヤ人の共同体〕は警官を送って思春期の若者を誘拐し、長期の軍務に服させた。

ラビや中流上層の子弟はロシアの軍務に服さなかった。徴集兵を出す層は常に貧民たちであった。この慣行は次の世代に対するラビの統制力を切り崩した。力ずくでロシア軍に入れられた徴集兵は、しばしば自分の所属する民族や宗教の意識を喪失し、改宗した。改宗しなかった者も暮しが一変し、元に戻るには時間がかかり、かつ困難でもあった。

警官を使って徴集制に応じる慣行は、ユダヤ社会の富める者と貧しい者、相互に敵意を燃えあがらせ、共同体の団結心を切り崩す効果をもった。ロシア当局にはおそらくそういう意図があったのだろう。

一八五〇年代になるとユダヤ人の新兵募集はとりやめになる。一八六〇年代、七〇年代、自由主義的なツァーリのもと、ロシアの官僚はユダヤ人に寛大な姿勢を示すようになるが、それは、人口が急速にふえ続け、貧しさと惨めさを一段とましていく強制居住地の人々の経済問題・人口問題の解決にはならなかった。とはいえ非常に多くのユダヤ人がどうにか東のサンクト＝ペテルブルクやモスクワへ移住していった。一八八〇年までにおそらく一〇パーセントの人々が――ほとんどは裕福な実業家と知的職業人たちであった――ロシアの内陸部へ移住していった。

だが、改革政策をとるロシア帝政政府の一八六一年の農奴解放は、ユダヤ人にとり新しい大問題となった。村の小作農に必需品を供給してなんとか生計をたてるという長年の経済的営みが成りたたなくなったからである。小作農が自由の身になり、地位・身分の固定性がくずれると、ユダヤ人の小商人からものを買う必要性は減り、ユダヤ人の雇用率はさらに悪化し、貧窮の度がました。

一八八〇年にはロシアは明確に産業化の初期の段階に入り、工場での製品生産はワルシャワその他の都市で雇用の機会を増大させた。通常ユダヤ人の企業家が所有するこれらの工場は、産業革命の初期の段階ではどこでもそうだが、きわめて搾取的で不健康な働き場所であった。一九世紀後期にはユダヤ人の産業プロレタリアートが世に現れる。ユダヤ人の社会主義者や革命家は、すでに小作農との団結を説いていたが、今やユダヤ人の産業労働者の組織をつくる試みができるようになった。

一八八一年に無政府主義者たち――ひとりはユダヤ人の女性――の手で、自由主義者の帝政ロシア皇帝が暗殺されると、保守的な政権があとを継ぐ。それは、ユダヤ人に敵意を燃やす新たなロシア帝政の長い時代（一九一七年のロシア革命まで）の始まりを意味した。ユダヤ人共同体のどういう点をとっても、役人がユダヤ人に否定的で批判的見解をもつのは無理なかった。数百万の人々が依然としてラビを指導者とする異質な文化のうちに貧しく迷信に捉われ暮していた。普通教育をうけた中流階級のユダヤ人は、大学への進学や知的職業につくことを強く求め、緊張した空気を醸《かも》し出した。そして青年層には相当多くの社会主義者や革命論者がいた。

ロシア帝国のユダヤ人たちは、「抑圧に対し反撃にうってでた……ロシアにいるユダヤ人のテロリストたちは、第一次大戦が起るまでの数十年間に、数多くのツァーリの官吏を殺害した」（アルバート・S・リンデマン）。

こうした不安定でむずかしい情況の中で帝政政府は事態の改善に役立つユダヤ人対策を明確にうちだす能力（元々あまりなかった）を完全に失ない、もっぱらユダヤ人への怒りと敵意を燃やすだけになる。一八八〇年代初めにオデッサその他いくつかの都市で冷血な組織的虐殺が発生し、一九〇三年にはルーマニア内のロシアの属州キシニョフで発生した。当時はロシア国内、国外のユダヤ人たちは、それらはロシア秘密警察が引き起こしたと信じていたが、最近の研究の結果では、ユダヤ人の学者の手になる伝承集の中に根深く主張されているそうした説はまちがった説のように思われる。とはいえ、所によっては役人がからむケースもあったであろう。また、役人たちは市民の不服従運動が広がる恐れがでて初めて、組織的虐殺を本気で阻止しようとするだけであった。また、首謀者を特定し懲罰を加えることもしなかった。

帝政政府が侮蔑感を抱いて何もせずにむっつりとユダヤ人虐殺を見守っている間に、何百万ものユダヤ人が西へ逃れ出ていった。ぜひとも開拓移民の手が必要な果てしなく広がる辺境地域をもつ国におけるこうした人的労働力の喪失は、ユダヤ人に関して有効な少数民族対策をたてる能力を政府がまったく欠いていたこと、そして挫折感をぶちまけて自己弁護していたことを、示している。

ユダヤ人の大挙しての移住もロシアにおけるユダヤ人問題の解決にはならなかった。数百万人がポーランドやロシア西部地域に残り、迷信に捉われ無知と貧窮のうちに沈淪《ちんりん》し、病にかかったり、軽犯罪を犯しやすい暮しをしていた。帝政ロシアの役人たち、なかでも比較的精力的で啓蒙的な人たちですら、ユダヤ人を退嬰的で反社会的な連中、過去と非進歩的な指導者たちとの絆に束縛され、モダニティの風潮に頑なに逆らう連中といって非難した。この予言的な非難の言葉は、最初はツァーリの地位にとり、次に東ヨーロッパのユダヤ人にとり、言葉どおり成就することになる。それは英雄がいなくて、悪者と愚者だけが登場する悲劇であった。

一九世紀の国家とユダヤ人との間にファウスト風の取引が成立しなかったのが、根本的改善を促す社会的契約が最も必要な地域であったのは、痛烈な皮肉である。

ユダヤ人の歴史を記したものは異口同音に帝政ロシアの皇帝たちを非難し、ユダヤ人に感傷的な筆を揮ってきた。だが、非難の矛先はいろいろな方面に向けることができるのである。

第9章
モダニティとモダニズムに対する反応

解放されたユダヤ人がその下に暮し、根気強くその洗練に努めた一九世紀のモダニティの情況は、ユダヤ人の知識人と学者に理論と表現を通して、そうした根本的変化に応えねばならぬ挑戦としてうけとられた。きわめて不完全な解放でしかなかったロシア帝国でも、オデッサやワルシャワやその他の中心的都市では、モダニティの影響・刻印は充分に感じとられ、モダニティに対し反応を起すよう人々を刺激した。

創造的で刺激的で力強い世俗的文化とユダヤ人の相互作用は、すでに注目すべき前例がある——西暦一世紀のヘレニズム時代のアレクサンドリア、一一世紀のアラブ人支配下のスペイン、一七世紀のカルヴァン主義者支配下のアムステルダムである。解放のもつ諸々の意義と合わさってモダニティがユダヤ人に与えた文化的、知的影響がもたらしたものは、そうした過去の時代におけるユダヤ人の世俗的文化に対する反応がもたらした成果をはるかにしのぐものがある。モダニティは、一般の知的エリートや文化施設や機関が、ユダヤ人と相互作用をしあい、ユダヤ人が明瞭なかたちで応えるのを容易にした。モダニティは環境と行動様式との包括的な改変・変更を意味した。それゆえユダヤ人が文化の先端をゆく思想を創造した過去のいくつかの時代より、その影響は幅広く深く及んだのである。

モダニティは物の考え方と道徳への関わり方の根本的再考を要求した。ユダヤ人の知識人はこんなに根本的な変容が可能な環境に身をおいたことはかつてなかった。

もちろん新しい文化と社会をはねつけた人々もいる。東ヨーロッパでは、新しい文化の拒絶を主義とする何百万ものユダヤ人が、依然としてラビとハスィディズムの伝統に忠誠を尽くして暮していた。ポーランドより西の地域では、昔からの既定概念を考え直したり、新しい知的世界にもろに入っていくのを好むユダヤ人に比べ、知的に保守的な人々の数は少なかった。前者に属する人々がモダニティに応える仕方は、ユダヤ人らしさのあり様の点でも、ユダヤ教を速やかに濾過したり締めだしたりする新しい知的展望への姿勢の点でも、まことに種々様々であった。

二〇〇〇年の間指導し支配したあとで、ラビ中心のハラカーに依拠する文化が、多くの訓えが共存する世界でその一員として生きていくのに失敗したことは、一九世紀になって伝統的なラビの精神構造が、理論のレベルで、適切に、ないし創造的に、活力あるモダニティに応えられなかったことをはっきり示している。

一二世紀にマイモニデスがラビたちに伝えようとしたことは、比較的開放的な社会にあっては、ハラカーに依拠する権威者はユダヤの聖書とタルムードに関する学問を、時代の先端をゆく科学と哲学に相関づける必要があるということであった。もし科学と信仰を包容して統一性を保つ文化を創造できないなら、少なくとも、両者のくい違いから生じる人を困惑させる問題に率直に対決しなければならない。マイモニデスの同僚であるラビたちは、彼が指示した方法を拒絶し、代わりに、さまざまな非合理的な儀式によって補足された厳密な律法尊重主義に頼った。

概していって、彼らはべつに咎められることなくこの排他的なやり方を選択できた。もっともその結果、どれだけ多くの聡明なユダヤ人の若者がその後の数世紀間にキリスト教に改宗していったか分からない。マイモニデスを高く評価したスピノザは、一七世紀のアムステルダムのシナゴーグ共同体の一員であったとき、哲学的論説を執筆していて、除名処分をうけた。

一九世紀になってユダヤ人にも解放の時代が訪れ、自由に世俗的思想に接することができるようになり、モダニティに洗われる西欧世界にすっかりはまりこんだ人々は、宗教的・道徳的論説の文脈を自分にあうように変えてしまった。伝統的な正統派のラビは必要とされる根本的調整をマイモニデス風に行なうことをせず、モダニティに応える機会を活かすことを怠った。結局それはほかの人々の手に委ねられたのである。

ラビたちは二〇世紀になって過去の失敗を大きくとり戻したというむきもあろう。努力はした、しかし大きな意義をもつ努力ではなかった。過去二世紀間のユダヤ民族の内面の歴史において最も重い意味をもったことは、伝統的ラビたちがマイモニデスの方針に沿ってモダニティの挑戦に知的に応えることに失敗したこと、および、知識人たちが世俗的思想とであったことである。ラビたちが理論の面でモダニティに応えるのに失敗した結果、ユダヤ人の驚くほど多様な反応が生れ、西欧文化を大いに豊かになしえたのである。

モダニティに対する反応のいくつかは東ヨーロッパのユダヤ人の内にみられる。ラビのユダヤ教、ハスィディズムのユダヤ教はモダニティに反応するというより拒絶したが、東ヨーロッパには違った声・違った反応があり、イディッシュ語を使うユダヤ人の文化と社会の中で、そうした反応は相互作用をした。

モダニティに反応を示した西欧のユダヤ人たちの中には、伝統的ユダヤ教を偏狭で派閥的とみなし、文化の売りこみ市場に考慮してもらうべく、ユダヤ人の思想と慣行のほかのモデルを提供する人々もいた。

ユダヤ人の中には自分たちの成熟した思想を以前の青臭い文化と関連づけずに、新しい一連の概念と想定をつくりだし、少なくとも字面《じづら》上は特別ユダヤ的な内容がない知的体系をつくりあげた人々もいる。とはいえ、ユダヤ人として生れた彼らが考案した体系は、無意識の中に子供の頃に定着したユダヤ的なものに構造的にとって代るものであるから、新しい体系は、モダニティが提起した問題に関するユダヤ教との問答のかたちをとっている。

ユダヤ人の知識人たちのモダニティに対する反応がいかに世俗的なものにみえようとも、彼らの言葉の表面の背後には、彼らの育ちの一部になっていて、ジャック・ラカンの言葉を借りるなら、「父のように」諭したり請けあったりしてきたユダヤ教の神学や倫理と対になるもの、ないし、対照的なものが、どこかに潜んでいた。

一八世紀後期にドイツに興り、一九世紀前半にロシアの強制居住区域で大きな影響（とはいえ、しばしば過小評価されてきた影響）を及ぼしたユダヤ人の啓蒙運動ハスカラは、高い学識を備えた男たちとベルリンのサロンに所属する数名の女性たちとの、ドイツで主流であったイマニュエル・カントが創った哲学や学術と、ユダヤ教を統合しようとする途方もなく大きな試みであった。

カントの文化は二つのもの、すなわち個人間および集団間の平和、公正、友愛を求めるユニバーサリスト（普遍救済論者）の道義的要請と、学術的な場における深い学識と理性的探求を代表した。一七九〇年頃にイマニュエル・カントが提起したこの種の世界観はドイツのマスキール（ハスカラ運動の提唱者と支持者はそう呼ばれた）の心に訴えただけでなく、一七七〇年代のモーゼス・メンデルスゾーンから一九世紀のアブラハム・ガイガー、レオポルド・ツンツ、そしてメンデルスゾーンから一世紀後のハインリッヒ・グラエッツといった人々にも強く訴えた。それは一九世紀後期のオデッサ、ワルシャワ、ビリニュスの多くの作家や歴史家たちの心にも強く訴えたものの見方であった。言語と文体に必要な改変がなされ、合衆国では一九五〇年代から今日までに大変な数のユダヤ人の大学人の間でハスカラの精神はもちこたえてきたのである。

ハスカラの伝統の多産性と耐久性は聖書とタルムードの訓えを、平和、公正、協調、そして科学的学問という世の礎になるものに転換しただけでなく、知識に関するカントの理論の本質部分のおかげも蒙っている。カントはいう、私たちは現象の世界のみ知りうる。すなわち、私たちの経験と収集可能なデータから探求し、合理的に説明することができる。だが、神の究極的実体、自由、不滅性は合理的に証すことはできない。私たちの知能の弁別する能力はそういう性質のものであるから、感覚の与えるデータないし知識の情報網から、高度の一貫性をもつ安定した宇宙を私たち自身のために創りあげることができると言えるだけであると。

ユダヤ教のハスカラの精神は、キリスト教におけるカントの精神や二〇世紀後半のユダヤ系アメリカ人の学究的精神にも似て、神秘的なもの、不合理なもの、粗野なもの、暴力的なもの（人間生活の小さからぬ部分を占めている！）を締め出し、合理性、公正、学問を説く自筆の文書を提起した。それが科学的で理性的な特性をもつことを主張し、努力することで人はこの美しく構築された世界に入り、住まうことができると主張した。

驚くにあたいしないが、二〇世紀初めの三〇年間カントの文化が人の心の情念や街角の暴力沙汰により脅かされれば脅かされるほど強く、ドイツのユダヤ人たちは、新カント派の理論家、ハーマン・コーヘン、フランツ・ローゼンツワイクを通して、カントの文化をユダヤ教の哲学の本質であるといって奨励し宣伝した。

コーヘンはユダヤ教を洗練して、普遍的で合理的な道徳に関するカントの原理と同一の崇高な原理をとりだそうとした。ユダヤ教のほかの一切、歴史的伝統や法律上の伝統は、この倫理的な核のらち外にあり、現代世界では捨てさり、道徳的本質に集中すべきである。カントは、理性により認識できる生物界と個々人の意志を超越した普遍的道徳的原則を仮定する。コーヘンは、ユダヤ教を同じ考え方に到達しようとするものであるとした。

ローゼンツワイクの新カント主義はもっと野心的で人類学的(ないし実存主義的)特質をもつ。ただユダヤ教の理性的に支持できる倫理的原則だけが保存されるべきではなく、自由主義的なユダヤ教の教育制度——日曜学校や成人教育のための機関や設備——を通して、ユダヤ教の掟の相当な部分、歴史的記憶、ユダヤの文化として具現化した伝統も、可能なかぎり保存されるべきである、と考えた。

コーヘンもローゼンツワイクも一九二〇年代からユダヤ系アメリカ人の間に支持者を獲得していった。コーヘンの哲学的ユダヤ教は、ユダヤ教をクエーカー教徒のもつそれのような道徳的原理に還元する倫理運動の内に、不朽のものとなって残った。ユダヤ教の倫理観が、ユダヤ教の法律、歴史、伝統のいく分かを実質上保存する文化のプリズムを通して輝いている、ローゼンツワイクの人類学的ないし実存的カント哲学は、モルデカイ・カプランのユダヤ教再建主義運動の内にその反響を残した。

倫理運動とユダヤ教再建主義(それらの大本を、ハーマン・コーヘンとフランツ・ローゼンツワイクの哲学に明文化されているドイツのハスカラおよび新カント哲学に辿ることができる)は、今も生きている。高等教育をうけた中流上層階級のユダヤ人たちにとって(一九二〇年代のユダヤ系ドイツ人の場合のように)、これらの後期啓蒙主義運動は社会的モダニティと影響を及ぼしあって、個人的に意義深いものとなった。

とはいえ、二〇世紀初期のユダヤ系ドイツ人の哲学者たちの中でも偉きな二人の知識人、エドマンド・

フッサールとウィーンの指導者ルートトヴィヒ・ウィトゲンシュタインは、ヒットラーがビヤホールで騒がしい演説をするただの不快な兵士であった頃に、これらの運動の意図は実らぬと分かっていた。

フッサールは、現象界の経験から構築される世界が、理性的であるとする説を疑問視した。ウィトゲンシュタインはカント哲学のプログラムを考察の対象にしなかった。倫理や芸術といったきわめて大切なものについては、御しにくい言語の構造から私たちが「語ることを許容しない」のであり、人の意識はフッサールにとり、相克する情熱と欺かれやすい感性にはめこまれているのであった。ウィトゲンシュタインは理性的哲学の扱う分野を言語学の研究にしぼった。

フッサールとウィトゲンシュタインがなしたことは、学術的な哲学の内側からカント哲学の万人救済論の合理主義を壊して、非合理主義こそ正統性と信憑性《しんぴょうせい》をもつという主張や攻撃にもちこたえるカント哲学の伝統的な能力を、崩したことである。

普遍性をもつ理性が否定され、個人的な感情と集団の力に由来する真実があると主張する提言に道を拓いたのである。これは一八七〇年代に執筆活動をしていたフリードリヒ・ニーチェがいわんとしたことの本質であった。彼の教義は一九〇〇年頃人々の注目をあび始めた。ニーチェは友人の作曲家リヒアルト・ワーグナーの露骨な反ユダヤ主義を退けたが、同時に、人の気力を萎えさせるとされる予言的なユダヤの倫理学の、社会や個人に関する結論を酷評し、同時代のユダヤ人たちを人を欺く愚かな連中として記している。

一九二〇年代にニーチェの不条理の信仰は、貧困と相克が広がるドイツで、知識人と民衆の間に人気を獲得していった。コーヘンとローゼンツワイクは、啓蒙運動が廃れたあとの文化のもつ恐ろしい意味あいを感じとり、できるかぎりカント哲学の伝統を保持し続けた。だがこのふたりより大きな影響力をもつユダヤ人の哲学者フッサールとウィトゲンシュタインは知的な論争をあきらめた。その結果は実際恐ろしいものになった。

コーヘンとローゼンツワイクの目にユダヤ教とつながるところがあるカント哲学の万人救済論の合理的倫理から、フッサールは合理性をとり除き、ウィトゲンシュタインは合理的な論理からなる哲学の領域から、倫理的提言をとり払った。こうして一八〇〇年以来ベルリンで脈打ってきたドイツ文化の中のカント哲学の伝統は、速やかに崩壊した。

ユダヤ系ドイツ人の文化の中のカント哲学を信奉するハスカラの流れは、一九二〇年代に購買力を喪失した。知的能力の点で後任者になれる能力のある二人、マルチン・ブーバーとゲルショム・ショーレムは、ハーマン・コーヘンとフランツ・ローゼンツワイクからうけ継いだ合理性の衣鉢を否定した。ブーバーもショーレムもユダヤ教を、合理性とではなくユダヤ教の非合理的遺産であるハスィディズムとユートピア的理想主義と、しっかり統合させようとした。さらにふたりは、賢明にもホロコーストが身に降りかかる前にパレスチナに移住した。

今日ハスカラ・カント哲学の伝統が、その後継者である多文化時代の保身的なユダヤ人の教授たちに比べ陳腐でくたびれているように見えるとしても、一九世紀の世にあってはそうではなかった。ハスカラ・カント哲学の伝統は一種熱気をおびて活躍していた。一九世紀にはハスカラ運動の唱道者たちの著作から直接的に四つの意義深い遺産が生れた。第一は、いわゆるユダヤ教学（サイエンス・オブ・ジュダイズム）で、ドイツの古典学および歴史学の手法をユダヤ教の歴史に応用したものである。グラエッツの記念碑的なユダヤ人の歴史書（一八五〇―七五）は、こうした研究を総括したものである。パレスチナへのユダヤ系ドイツ人の移住者――ショーレム、ブーバー、イトシャク・ベーア――が、一九二〇年代、三〇年代に著作を出すまでは、ユダヤ人の学者で彼の歴史書を超えるものは余りなかった。

八巻からなるグラエツの著作はハスカラ・カント哲学の合理主義を反映している。それゆえ、スペインにおける黄金時代は過大評価のきらいがあり、ユダヤ教の改革運動、とくに一七世紀の救世主運動は過小評価されているといえる。

グラエツは英雄たちに関しては詳細に、社会分析は手短に記述している。グラエツはユダヤ人教育施設でしか教鞭をとっていなかった。非ユダヤ人の聴衆を相手のやりとりも、キリスト教徒との個人的討論も経験していなかった。非ユダヤ人との接触のなさは、キリスト教徒へのあくなき敵意、過去二〇〇〇年間ユダヤ人が味わわさせられたあらゆる虐待・悲惨への、キリスト教徒に対する執拗な咎めだてに反映されている。彼はキリスト教徒の側からみた事の反面を思いやるのに鈍であった。そんな欠点にもかかわらず、ハスカラの学問にとり記念碑的な彼の著作は、ユダヤ人の記した史書の中で、単独で最高の業績であり、感銘深い一九世紀ヨーロッパの数多くの民族主義的歴史家の中で、彼をして一級の歴史家たらしめている。

ハスカラ運動が遺した第二の遺産は次のようなものだ。帝政ロシア政府は一八三〇年代、四〇年代にユダヤ人の若い世代がハスィディズムに依拠するラビ中心の伝統だけをうけ継ぐことがないように、国から財政援助がでる宗教色のない学校を創設したが、その第一世代の教師たちのほとんどは、ハスカラ運動で育った人々であった。もちろん強制居住地のラビとツァーディクたちはユダヤの若者を指導するこれらの新しい教師に憎しみを抱いた。彼らは東ヨーロッパの人々の心を支配する迷信、狂信、無知を突き崩す新しいカリキュラムを提供したからだ。こうしてハスカラ運動の支持者たちを、反逆者で同化を扇動する者どもとして非難した。今日にいたるまでハスカラ運動がユダヤの史書で疑惑の目で扱われているのは、おそらくこの相克のためであろう。

ハスカラ運動の第三の遺産は現代ヘブライ語である。ヘブライ語がイスラエル人にとり中心的言語になり、シオニストをしてイスラエル以外の地域にかかわらせるようにしたのである。ハスカラ運動の唱道者に関する著作を読むと、彼らの関心はイディッシュ語を話す人々に純粋なドイツ語を押しつけることだけにあったように思えるが、そうではない。もっとも、もし私たちが一三八一年のワット・タイラーの乱に居あわせたら、小作人の使う英語を耳にして感じたであろうように、ゲーテの作品に親しんだドイツのハスカラ運動支持者たちの耳には、イディッシュ語が耳障りに聞こえたであろうが。モーゼス・メンデルスゾーン以降、ハスカラ運動支持者は、最初はドイツで次にロシアで、イディッシュ語に代るもので、かつ生きた言語としてヘブライ語を研究し唱道した。そして扱いにくい古語である聖書のヘブライ語を現代化し、書き言葉のヘブライ語を新しくすることに努めた。

ハスカラ運動唱道者たちは、一九世紀後期のヘブライ語のルネッサンス運動に東欧のユダヤ人たちを加わらせることに成功した。そのおかげで、二〇世紀初期にロシアからパレスチナに移住したユダヤ人たちが、現代ヘブライ語をイスラエルで一般に使われる言葉とするのに献身的に尽くすことになったのである。一八九〇年にオデッサで、ついで一九二〇年にエルサレムで大いに活躍した現代ヘブライ語の文芸誌の中身と形式の先駆を、一八四〇年代のドイツのハスカラ運動支持者たちが発行したものに認めることができる。

モーゼス・メンデルスゾーンの孫の交響曲の作曲家フェリックス・メンデルスゾーンがキリスト教徒になっていたことから、ハスカラ運動が同化へ、次に改宗へとつながったことを指摘するのは容易である。むしろモダニティが同化へ、そして改宗へつながっていったのだ。ハスカラ運動がつながっていったのは、現代のユダヤの修史、ロシアの村や町における宗教色のない学問の普及、現代ヘブライ語の創造、そして現代のシオニズム運動との一体化、なのである。

ハスカラ運動の第四の成果は、今日社会各層に最も広く行き渡り身近なものとなっている改革派ユダヤ教である。過去のユダヤ教への歴史的理解から、自信をもって伝統的ユダヤ教を精選・淘汰し、一九世紀半ばのドイツに改革派ないし自由主義的ユダヤ教が勃興した。中産階級のユダヤ系ドイツ人にとって、ドイツのプロテスタンティズムおよびカント哲学とはっきりあい通じる宗教を信奉する必要性があったのである。それは、波のように押し寄せるドイツ人移住者たちによってアメリカに運ばれ、アメリカ中西部におけるユダヤ系ドイツ人たちの中心地シンシナティのヘブライ・ユニオン大学（アメリカの改革派のラビの育成および学術教育の中心的機関）でねりあげられた。一八七五年にラビ・イサーク・マイヤー・ワイズが創設したこの大学は今日にいたるまで改革派ユダヤ教の中心的機関としての役割を果していて、ニューヨークシティにもキャンパスを保有している。

一九世紀、中産階級のユダヤ系ドイツ人はときおり日曜に――土曜の仕事の邪魔にならぬよう金曜の夕べが一層好ましいのだが――シナゴーグに出席するのは、ルター派またはカルヴァン派の教会に出るのと宗教的経験および礼拝の形式として、本質的に変わりないと思いたがったのである。彼らは信心深く教養があり企業心にとむ成熟したドイツの市民であったが、キリストの訓えよりむしろモーセの律法を信じていた。

このことが実際に意味したことは――安息日とカシュルート（食事戒律）の遵守が崩れたこと（家族および個人の選択にまかされた）以上に――正統派ユダヤ教から大きく逸脱したことは、安息日の祈禱書（スィドゥール）と新年祭の大祭日および贖いの日（ヨーム・キップール）の祈禱書（マークゾー）の校訂・縮小である。礼拝式の長さは半分になった。正統派の典礼での同一文句の苦痛なまでの繰り返し――暖かいシナゴーグでペンテコステ派のラビの手で礼拝式がとり行なわれていた時代には、それはむしろ快適で歓迎されたのだが——は、多忙で啓けた人々にとり不便で退屈なだけになり、カットされた。啓けたカント哲学と不調和な特異性が強く激しい性格の中世的祈禱はとり除かれた。重要な祈禱の文句は依然としてヘブライ語で唱えられたが、すべて現地語（ドイツ語、英語）に翻訳され、会衆がそれを唱えた。女性はラビに叙任されることはないが、シナゴーグの座席の配置に関しては性の差別はとり払われた。祈禱や朗読の文句は一般の文学からとったものや、プロテスタントの宗派の礼拝の儀式の言葉を音訳したものであった。

祈禱書を校訂したり縮小した結果、（ヘブライ語やイディッシュ語よりむしろ）現地語でなされるラビの説教は、これまでより礼拝式にとり中心的なものになった。説教は聖書からとった空虚で虚飾的な字句が混じらなくなり、道徳的ないし精神的なテーマを扱う大学の講義に近いものになった。改革派ユダヤ教の会衆がラビを選択する基準は、個人的尊厳性より説教の技術を重んじるものとなった。

そして裕福で高い教育をうけたユダヤ人はラビの世話になる必要は稀になり、金曜の夕べないし大祭日の説教を聞く時が、ラビと会う主な機会となった。ハスィディズム派のツァーディクは家族や個人の生活の上で中心的存在として、経験や思想を形成する上で親や配偶者より信仰の面から大きな影響を与えたのだが、ツァーディクとの接触が間遠になったのと同じくらいラビとの接触も間遠になった。

一九世紀初期のハスカラ運動から生れ、ドイツ系移民たちと共にアメリカに渡った改革派ユダヤ教がもつ意味は、シナゴーグでの典礼の根本的改革だけでなく、共同体の絆の弱体化や、ゆるやかな掟の改革派のシナゴーグ共同体におけるユダヤ教徒的な体験の希薄化であった。シナゴーグは、地域に半ば同化して暮すヨーロッパやアメリカのユダヤ人の生活の中心で均質化を促す原動力的存在というより、利用するしないは個人の選択次第の、格別上等な菓子店のような、サービス・センターのような存在になった。

高等教育をうけた裕福な人々の中にも依然として正統派ユダヤ教の信奉者がいた。とはいえ、一九〇〇年の時点で、中世からひき継いできた東ヨーロッパの保守的な慣行を遵守する時間も忍耐力も気持ちもないが、開放的なユダヤ教の文化の享受と、その世俗化を望む数百万の中産階級のユダヤ人がいて、彼らには、改革派ユダヤ教が正統派ユダヤ教にとってかわれる魅力ある存在であった。

主流派ユダヤ教の、聖書にその淵源をもつ神を超絶的存在とみなす見方は、ハスカラ（ユダヤ啓蒙運動）から生れた改革派ユダヤ教のカント哲学流の表現方法によって新しい形と重みを与えられた。神は、カント風の用語を使えば、測りがたい本体——創造主で第一原因——であるが、人間の理性と知見のはるか彼方の存在であった。人間に解せるのは神の現象面だけで、神の属性は捉われない知力によりその活動を見いだし調査できる、自然と歴史の内にだけ現れる、のであった。

この理性的で特異性が薄まったユダヤ教の先験論の問題点は、神が非常に高尚な存在、カント哲学の測りがたく近づきがたい本体であるなら、そんなに超越的で自己準拠的存在に祈禱する目的がよく分からないことである。ハスカラ・カント哲学から生れた改革派ユダヤ教にあっては、祈禱は神に近づく手段、とりなしをする神と個人的に意志疎通する手段ではなく、一種の文化的主張、モーセの信条を信じるドイツ人、のちにアメリカ人、たる自分を確認する一つの象徴なのであった。一九世紀に（英国のシナゴーグでは今もそうだが）祈禱式——教育のある裕福な人々が、ユダヤ教の団体（その委員会の長はほかの都市ないし遠い国に住む遠い人であるヤハウェ）に自分が所属しているのを確認する集会——に出かける際好んで着用するシルクハットと同じ機能を、祈禱は果したのである。

その知的な限界がなんであれ、ハスカラ運動とそこから派生した改革派ユダヤ教は、個人のレベルでも共同体のレベルでも、ほぼ一世紀の間ユダヤ人の生活に多大の善をなした。それはユダヤ教とモダニティとの対決を充分に表現しえたであろう神学と典礼の根本的改革をするまでには至らなかったが、その方向への意思表示を示し、そうでなかったらユダヤ人である自覚を完全に捨てたであろう、高い教養を身につけた数百万のユダヤ人（とくにドイツとアメリカに住むユダヤ人）をユダヤ教的環境の内に引き留めたのである。

ハスカラ運動と改革派ユダヤ教がもつ悲劇的要素は、一九二〇年以降中央ヨーロッパに勃興した新しい野蛮行為と民族浄化に対処する術をなんらもたなかったことである。ユダヤ人の血が流され、国家によるテロ行為により虐殺が行なわれている間、それはただ手をこまねいて苦しんでいるだけであった。

挫折の最初の兆しは一九二〇年代に記されたフランツ・カフカの小説に生き生きと予言的に描き出されている。カフカはプラハの生命保険会社の幹部社員であった。一九六〇年代以降に世にでたイスラエル人の作家アーロン・アペルフェルドの小説でも同じテーマが中心的関心事となっている。中央ヨーロッパにおける国家のテロリズムを、カフカは先を越して描き、アペルフェルドは回想して描いている。説得力ある虚構の作品で、二人はカントの世界の名残りが二〇世紀の非道な単細胞人間により踏みにじられる際、中央ヨーロッパで啓蒙運動に携わる中流上層のユダヤ人が示した絶望の意識と無力感、口にだせぬ不安と致命的な諦念を活写してみせた。

一九世紀におけるモダニティと身分・束縛からの解放へのユダヤ人の賛同を先頭きって示したものは、市場経済と自由主義の資本主義の理論に対してユダヤ人の企業家や知的職業人たちが理論的、道徳的に親近感をもったことである。それは彼らの個人的活動と社会的成功の一つの反映であった。市場経済の理論はカント哲学がきっかけで誕生した改革派ユダヤ教とみごとに適合した。神は人間世界とは遠く離れた近よりがたい創造主で、神が創造し活動を開始させ、そして決して干渉しないように思われる現象世界は、人間の行動の場である。この現象世界は理性的理解力のみが近づきうる。そのほとんどの部分は、自然と歴史の法則にしたがって活動する道徳的に擁護できる世界であった。

　解放され高い教育をうけたユダヤ人にとって市場経済は、最も速やかに賛同できるもの、神が創造した合理的に説明可能な自分たちが経験している現象世界の中の、目下形成されつつある構造の一部をなすものであった。

　一九世紀の市場経済の最も重要な理論家で、その経済理論は今もほとんどの経済学の部門、およびすべてのビジネススクールで、規範となっているデイビッド・リカードは、一八二〇年代にロンドンで執筆活動に従事したセファルディ〔スペイン・ポルトガル系のユダヤ人〕の英国人で銀行家であった。一九八〇年代に活躍したシカゴのユダヤ系の市場理論家で、アメリカのレーガン支持者や英国のサッチャー支持者の導師であったミルトン・フリードマンは、リカードの直系の学者である。

　リカードの理論は現在も生きている。いうまでもなく彼は、一七七〇年代に執筆活動に従事していたグラスゴーの聡明な倫理学者アダム・スミスに多くを負っている。とはいえ、一九世紀、二〇世紀に非常に多くのユダヤ人が財産をこしらえたり、名声をかちえたり、あるいは少なくとも満足のいく私的家族生活を送れる資産を造ることができた市場資本主義の理論的礎となり、今もそうであるものは、リカードの経済理論であった。ユダヤの資本主義にとってリカードは、いわば、選ばれた民および感嘆の眼差しをむける異邦人に真実を刻した銘板を持ちきたって掲げて見せた、モーセのような存在であった。

　リカードの経済学の主眼点は改革派ユダヤ教のハスカラ・カント哲学の神学の主眼点と同一である。後者にとって神は人間には近づきがたい威厳を備える創造主であるように、市場は、人間の意志や感傷により——たとえば、市場が機能する最低限以上の給料を支払うとか、景気循環あるいは資本蓄積に国が干渉するといったことで——変えることができない、普遍的で合理的な構造をもつものであった。神とか市場は放っておいて、自分自身の動産、家族、共同体の生活、仕事の利益に気を使っていればよいのであった。

現象界に関するカントの説は、市場経済は富を最大限に増やし分配するために倫理学の観点からも政治学の観点からも干渉してはならぬというリカードの論証と平行する。神との直接的ふれあいを求めるのはハスィディズムの異様な慣行と迷信につながり、ゲットー暮しに戻る恐れが生じる。政府が口出しすることで市場の富と貧困との分配に干渉すれば、社会的矛盾を引き起こすだけでなく、経済の発達を大いに阻害し、自由主義的資本主義が割り当てるやむをえぬ最小限の貧困の量よりずっと多くの貧困を生み出すことになる。

リカードの経済学と改革派ユダヤ教は、企業家や知的職業人にとっては党派性の伴う自己奨励であるとみなすことができる。彼らの富、安楽、学問、権力は、宇宙論でいう神慮による、社会学でいう科学的な、真理の啓示というより、特典と能力の結果であるとされた。互いに影響をおよぼしあう改革派ユダヤ教のハスカラ・カント哲学の神学とリカードの経済学には、多少自己正当化するところがあるのは避けがたいところであった。

とはいえ、そこには中世以後のユダヤ人の質素、厳しさ、社会的抱負もあり、ユダヤ人はモダニティの文化的・財政的側面に安定性、慰安、理性を見いだして、歴史というユダヤ人の巡礼の旅においてこうした休息所以上のものを求める欲望や動機はなく、これを永遠の家とすることを望んだ。

改革派ユダヤ教と自由主義的資本主義は、その教義にどのような知的限界があるにせよ、また、精神的昂揚感を断ち切り、社会革命を妨げるどのような傾向をもつにせよ、ユダヤ人にとっては、ようやくキリスト教国で異邦人の隣人たちと平和に暮し、気持ち良く預金口座から金を引き出し、快適な施設・設備や快適な振舞いの様式に磨きをかけることができる平穏な安息所を意味した。それは乾いた静かな幸福感を味わえる世界、ブルジョア階級の学問、智恵、安全な暮しの世界であった。それ以上のものを求める必要はなかった。ここに世界の歴史とユダヤの歴史は終焉を迎えたとされた。

だが歴史をそんな風に見ないユダヤ人もいた。彼らは預言者たちの烈しい怒りを呼び覚ましてブルジョアたちの秩序を不正なものと糾弾し、改革派ユダヤ教とリカードの経済学の平穏で安全で裕福な世界に社会主義者の時代がとって代ることを求めた。社会主義と労働運動は、ハスカラ・カント哲学から生れた改革派ユダヤ教と市場資本主義の共生的な連合——それは今日、ロサンゼルスやスカーズデールからトロント、ロンドン、そのほか市場経済と自由主義的啓蒙運動がみられるすべての好ましく健康的な地域で、うまく機能してきた——に対置されるべきもの、とって代る選択肢として主張・提唱されたものであって、決定的にとって代れるものではないことは強調されねばならない。

『赤と黒』はナポレオン一世時代以降のフランスを舞台とした偉大な政治小説である。赤は革命とナポレオンの政策支持者の伝統を表わし、黒は新カトリック派の保守主義者の反動を表わす。一九世紀、二〇世紀のユダヤ人社会を舞台に優れた小説が誕生するとしたら、さしずめそのタイトルは『黒と赤と白』となるだろう。黒はハラカーとラビのユダヤ教の不朽性を意味する。黒いカポーテ（丈の長いモーニングコート）そして正統派の大きな丸いフェルトの帽子は、東ヨーロッパおよびその他の地域に存するハスィディズムを信奉するラビ中心の世界の存続を意味する。彼らが一七世紀に流行ったスタイルの服装をいつまでも愛用するのは、カトリックの修道女が一七世紀のフランスで未亡人が着用した婦人服を愛用しているのに似ている。

赤は、三世代にわたるユダヤ人の社会主義者、共産主義者、そしてサンクト＝ペテルブルクからワルシャワ、ラインラント、英国、はてはニューヨークシティの労働搾取工場、ペンシルバニアの鉱山地帯と世界各地にいる急進的ユダヤ人の労働運動指導者を表わす。白は、ゲットーやシュテトル〔東欧、ロシアに存したユダヤ人の小さな町や村〕暮しの祖先の臭いを洗い流し、糊のきいた真っ白なカラーとパリパリの絹の衣服を着こなした異邦人の清潔な世界にとけこんだ、ハスカラ運動と市場資本主義を信奉する人々を表わす。

正統派の黒の伝統は近年になってイスラエルとアメリカにその代弁者——ディビッド・ハートマン、ジョセフ・ソロベイチク、ノーマン・ラム、アービング・グリーンバーグ、そしてけばけばしく傍流的流儀ではあるが、アイザック・バシェヴィス・シンガー——が現れ、彼らはみな正統派のラビの伝統に生命を与え、説得性のある精神性をそこに見いだそうとした。社会主義者を称賛する人々は多くいる。というのは彼らは急進的左翼の伝統に合流したため、今日ユダヤ人、非ユダヤ人を問わず、大学で教鞭をとる歴史学者たちによって哀悼の辞を述べられ、美化されているからである。

ハスカラ信奉者の資本家たちの多様で豊かな遺産はほとんど磨きをかけられることなく、ユダヤ人の遺産として総体的に特定すらされていない。だが、改革派ユダヤ教を創始し霊感を与えただけでなく、一九世紀後期中央ヨーロッパから西方コロラドの鉱業地域にいたるユダヤの実業家たちの成功物語にも、さらに、諸々の創造的な面にも、それは存在し、非常に活力に満ちていた。ハスカラ運動と市場資本主義を信奉する人々は、一九世紀に入って他の流れもとりこみ、自由主義的資本主義の枠内でそれらに磨きをかけた。

ハスカラを信奉するユダヤ人の資本主義者の伝統のさまざまな表れの中で第一のものは、ベンジャミン・ディズレーリが体現し、その意味を明確にした帝国主義である。一八六〇年代、七〇年代にイギリスの首相を務めた彼はユダヤ人で、自らユダヤ人であることを意識していた。彼の父親アイザック・ディズレーリは、一八世紀にイタリアから家族と共に移住してきたセファルディの中流階級のロンドン子であった。いっぱし名の知られた文芸評論家である彼は、シナゴーグの長老たちと一悶着あったあと、家族全員で英国国教会に改宗した。そんな事情で幼いベンはキリスト教徒として育てられた。彼は終生キリスト教徒であり、初めは信心深い英国国教会の一員で、裕福な非ユダヤ人の未亡人と結婚した。

だが自分がユダヤ人であるという彼の意識は根深いものがあった。彼は、浅黒い肌の謎めいたユダヤ人の百万長者が、美貌のキリスト教徒で金髪のヒーローとヒロインのカップルを救けるという筋の数冊のロマンチックな小説を著して世に出た。オリーブ色の顔色をし、地中海風の巻き毛の髪の、しゃれた衣服と宝石を身につけたディズレーリは、驚くべき仕事をやってのけるユダヤ人として幻想的作品でみごとな成功を収めると、次に彼は英帝国を建設し、ビクトリア女王をインドの女帝にする仕事に専念し始めた。

一九世紀の中流上層階級のユダヤ人は帝国主義を好んだ。それは民族的孤立感をあまり感じないですむ多民族からなる世界の建設に役立ったからである。全体を統べる民族――アングロサクソンであれなんであれ――の他に、あらゆる種類の人種から世界帝国は構成され、ユダヤ人は自分が本来外国人であることや、エキゾチックないし傍流的存在である弁解をしないですんだからである。

さらに、征服されたり貧窮に陥ったりした諸々の民族――アメリカや南アフリカの黒人とか、カナダ西部地方のインディアン等――に大きな顔ができ、本国からきて支配するエリート民族との連帯性を強化することができた。世紀の変わり目の帝国主義者セシル・ローズは仕事上ユダヤ人のパートナーをもっていた。南アフリカのユダヤ人たちはダイヤの採掘事業を牛耳るようになり、現地の黒人を容赦なくこき使った。

一九〇〇年頃人口密度の疎らな広大な地域の開発のためにカナダの鉄道会社に招かれて、ユダヤ人が大挙してカナダ西部地方に入植した。ユダヤ人は、小さな町の店主や畜牛販売業者として、土着のカナダ人や混血児（フランス人とインディアンとの混血児）やウクライナからきた農民たちに対し、ときに同情の気持ちを、ときに侮蔑の気持ちを抱いて、横柄に振舞った。彼らは財産をこしらえた。息子たちはローズ奨学金受給生になり、食堂ではイギリス本国の貴族や軍の将校の子息と席を並べて会食するオックスフォードで教育を受けたあと、選ばれて英帝国を支配する訓練を受ける人々の仲間入りした。

アルゼンチンではユダヤ人は英国人による鉄道建設の仲間の一員となり、ブエノスアイレスではドイツやイタリアからの移民たちと一緒になって内陸に住むスペイン系の農民やカーボイたちと対抗した。

ボストンでは一九一〇年にハーバード大学に入学できる権利を要求し、名門出の人々との仲間意識を固め、アイルランド出身のプロレタリアの移民たちと対抗した。ニューヨークシティーではハーレム区域の店舗や共同住宅を所有し、南部からきた金のない黒人たちに家具や衣服や貸家を高額で買わせた。

帝国主義はユダヤ人にとって好ましいものだった。それは、支配者の側につくのを望むユダヤ人の民族意識——支配者の役に立つことができるために、過去数世紀間と同様、しばしば支配者に仕えたのだが——とあいまって、積極果敢な市場資本主義に伴う蓄財可能な流動性を提供し、ハスカラと市場資本主義の信奉者の合理性と行動様式を発揮できたからである。

帝国主義の最盛期であった一八八〇年代までにユダヤ人の弁護士や歴史家は、帝国主義の覇権に伴う華やかでものものしい行列や儀式の中から、永続性を備えた自由主義的なイギリスのコモンローを——正当な手続きを重視し、法廷という場で万人を等しなみに扱う傾向をもつコモンロー、反ユダヤ主義の差別の名残や、質《たち》の悪いイデオロギーの復活に対する防波堤となりうるコモンロー——を引き出すのに熟達するようになった。

ユダヤ系の裕福なドイツの家族出の歴史家フェリックス・リーベルマンは、英国に渡り、中世研究の輝かしい偉業の一つである著作において、中世および現代の憲法の礎となったと思われる英国の最も初期の法律の総体を、かび臭い文書の中から明るみにだした。

ケンタッキーの商いを生業《なりわい》とするユダヤ系家族の出の早熟の若者ルイス・D・ブランダイスは、出身校ハーバードのロースクール（法科大学院）にとっても名誉な、コモンローに関する最も秀でた学者になった。教授の給料で生活するには貧しすぎ、卒業後はボストンの名門出のクラスメイトと一緒に法曹界に入り、弁護士業を共同で開業し一財産をこしらえた。だが彼は、その経歴と生活全体を特徴づける説明しがたい二面性をみせ、草創期の労働組合の有能な代表者になって、裕福な人々や政治家たちの怒りをかった。彼は、バージニア州の長老派教会の牧師の息子で謎めいた面をもつウッドロー・ウィルソン――のちに出世してプリンストン大学の学長になり、その後、策を弄しまた運にも恵まれ一九一二年に大統領になるウィルソン――の友人で顧問になった。

ブランダイスはウィルソンに市場資本主義に法人組織を与える仕方を教え、そうすることで長期的には管理・統制する国家のネットワークにより保護する仕方を示した。一九一六年ウィルソンがブランダイスを合衆国の最高裁判事に任命したとき――彼は最高裁判事になった最初のユダヤ人である――偏見をもつ右翼と熱烈なユダヤ人排斥主義者たちは、米国法律家協会に加勢されて、ブランダイスの最高裁判事への就任を上院が承認するのに反対した。

だがウィルソンは、イギリスのピューリタンであった彼の祖先たちが一七世紀半ばにユダヤ人がロンドンに再び暮すのを認めたときのように、自分の意志を曲げなかったので、ブランダイスは二〇年間最高裁の判事を務めあげた。その間彼は判事としてはほとんど何もしなかったが、自分の時間と情熱をシオニズムに、また、ユダヤ人でハーバード出身のフェリックス・フランクファーターを自分の後継者にするのに、注いだ。

内にこもり、よそよそしく、内面の感情と究極の動機を表に出さぬブランダイスは、ユダヤ系アメリカ人のサブカルチュア（副次文化）の創設者となった。彼は市場資本主義と世俗化した国家主義的ユダヤ教をコモンローの昔の原文尊重主義の内にひきこみ、つまらぬ要素をなくして、活性化し、法律をして富を求める競争を法典化したものとし、資本の蓄積の合法性を強めた。判事ブランダイスには、古来からの伝統的タルムードとの類似性――富と権力を求める手段としての法律、同時に、成文化された倫理により抑制される法律――が意識されていた。

ユダヤ人の世界でハスカラ運動と市場資本主義支持の流れをくむ人々が新しい創造的な活動を示した一つの究極的実例は、ハンブルクで銀行業を営む家族の出であるアビィ・ヴァルブルクが一九〇〇年頃に、新しいアカデミックな分野、美術史を確立したことである。ハンブルクにある彼の「書庫」は、実際は家族が資金を提供していた研究所で、古典ギリシア・ローマ、中世、ルネッサンス時代、そしてバロックの美術の研究を、ずさんで悪影響を及ぼす恐れのある個人的鑑定業（権威者は祖国を離れボストンに暮すユダヤ人、バーナード・ベレンソンである）の対象ではなく、独自の方法論――絵画をテキストに関連づける手法――を備え、独自の専門用語と表現形式を備えるアカデミックな学問・研究の対象となした。

世界のあらゆる美術史の部門は、アビィ・ヴァルブルクの研究所（一九三二年にナチスから逃れてロンドンに移された）とアビィの弟子の中で最も優れたユダヤ人のアーウィン・パノフスキーの直系の後裔とみなすことができる。ユダヤの伝統を探ってもほとんど見当らぬ美術研究の分野で、一人のユダヤ人がかくも創造的な仕事をしたのは異例といえまいか。ハスカラ運動と市場資本主義の信奉者の流れをくむ自由主義的ユダヤ人が美術史を追求したのだから一層その感がしよう。だが、ヴァルブルクの美術史の批評の手法には、ユダヤ的傾向が認められる。絵画はテキストの一節を具象的に示す観念を盛ったものとする「図像解釈学」が存したために、研究の対象となった。それゆえ美術は聖書解釈学の手法で研究されていて、審美的内容の検討というより、タルムードの評釈を想起させる。

とはいえ、ヴァルブルクの美術史の創造のもつ最も意義深い点は、市場資本主義は純粋な文化的活動、学術的活動を受け入れ、資金をそこに供給することができることを明示した点である。資本の顕著な特徴はその物質主義にではなく、その流動性に、資本は芸術品や人道主義的文学も含めてどんなものにも変わる流動性にあり、それは社会における力動的な力を表わしていた。

アビィ・ヴァルブルクが美術史に精通し、批評能力に熟達したことは、彼の兄弟たちが国際的銀行業やその潜在的投資能力に精通したことと構造上同じであった。美術と資本が互いに変容させあう作用は、市場経済の本質的性格なのである。

市場資本主義と改革派ユダヤ教との両立性は、資本主義がその社会的ネットワークの内に、ブランダイスが既知の事実から推理力を働かせコモンローを再構築した仕事や、ヴァルブルクの美術史の創設のような知的業績を包み込む能力と平行する。このことはハスカラ運動・カント哲学の伝統の理想と一致し、長期的展望から観れば、ハラカーのユダヤ教と商業資本主義の中世的共生が、モダニティの時代に存続したことを意味する。

ルイス・ブランダイスといえばユダヤ系アメリカ人の間で敬われている名前である。アメリカのユダヤ系の大学二校（一つは正統派ユダヤ教徒が後援するイェシバ大学）のうちの一つ、ブランダイス大学が一九四八年にボストン郊外に創設された。その他種々の学校や病院がブランダイスの名を冠している。彼の名が敬われているのは彼が最高裁判事になった最初のユダヤ人であるためだけでなく（一九九三年までに同じポストに就任したユダヤ人は他に四人いるのみで、その内の一人は恥辱にまみれて辞職に追いやられた）、一九二〇年頃アメリカで最も目立つシオニストの指導者であったためである。また、ブランダイスは、弁護士や判事になった数千の人々およびその家族たちや、そうした職業を崇める人々にすばらしい二重性を許容するモダニティに応える生き方をアメリカに住むユダヤ人に提供したからである。

彼らは市場資本主義に完全に身を委ね、しかもその枠組みの中で仕事をしつつ、正当な手続きと合憲性を重んずるコモンローの伝統を応用し、磨き上げることを通して、聖書、とくに預言者たちが要求する正義を最大限に実行している満足感を覚えることができた。

もし市場資本主義のシステムの中に、社会正義――それは改革派ユダヤ教が提唱したカント哲学の万人救済論の倫理が格別重視した精神である――を求めるイザヤ、アモス、エレミヤの弁論に反する不公正な点があれば、そうした不完全な点は、ブランダイスの教義によれば、英国系アメリカ人の司法の伝統が提供する市民権に基づく訴訟と立法措置を適用することでやがて解決されるであろう。

一九〇〇年以降アメリカの労働組合で目立つ存在になったユダヤ人たちは、ブランダイスの法律尊重主義と同じ二重性を追求していたとみなすことができる。市場資本主義の枠組みは承認し、それに異議をとなえることなしに、団体交渉を通し努力をつみ重ねることで、産業労働者の生活条件を、給料、各種の手当て、労働条件の面で改善していけよう。これが初めての全国的規模の、そして成功した労働組合である米国労働総同盟を創設したサミュエル・ゴンパーズが一九一〇年頃に採用した方針であった。ゴンパーズの出自はセファルディ系のアメリカ人の家族であった。彼はアメリカの労働運動の指導者になり、団体交渉を通して熟練労働者の生活条件の改善に懸命に努めたが、総体的には大企業の意向と制度を受け入れた。ブランダイスと同様にゴムパーズはウッドロー・ウィルソンを熱烈に支持し、ウィルソン流の自由主義的革新主義を支持した。

一九三〇年代、四〇年代にアメリカの労働組合の指導者たちの中で目につく二人のユダヤ人デイビッド・ダビンスキーとシドニー・ヒルマンは、政治的にはゴムパーズより活動的で、労働者の利益をさらに幅広く要求したが、本質的にはゴムパーズと同じ立場にたっていた。すなわち、団体交渉を通しての熟練労働者の生活条件の改善、ウィルソンが結成し、フランクリン・デラノ・ルーズベルトが率いたリベラルな民主党、そしてそのニューディール政策への確固たる支持である。

ルイス・ブランダイス自身かつては労働組合の確固たる支持者で、法曹協会によってまだきわめて急進的とみなされていた時期に、明確に労働組合の支持を打ち出し、その代表を務めていた。だからアメリカの労働運動におけるゴムパーズ、ダビンスキー、ヒルマンのキャリアは、市場資本主義と世俗的改革派ユダヤ教を統合するブランダイスの伝統の中に収まるのである。

とはいえ、二〇世紀前半の労働運動におけるユダヤ系アメリカ人の大きな指導者たちは別の視点からも捉えられる。彼らは市場資本主義に反対するユダヤ人の若者たちの反抗を反映するもの——国際的社会主義運動と労働運動——の範囲内に収まりはするが、その最も保守的な極に位置する人々である。カール・マルクス(一八八四年、死亡)、ローザ・ルクセンブルク(一九一九年、死亡)、レオン・トロツキー(一九四〇年、死亡)はユダヤ人がかかわる社会主義と労働運動の最左翼に位置する偉きな人々であった。大まかにいって、中心部を占めるのは、一八八〇年代の穏健なアメリカの社会民主主義者たち——セファルディ系のユダヤ人ダニエル・デ・レオン、二〇世紀初めの二〇年間に東ヨーロッパからきた移民たちの一人であるモリス・ヒルクィット、四〇年間イギリス労働党第一の知的指導者であったハロルド・ラスキ、一九二〇年代、三〇年代フランス社会党の指導者であったレオン・ブルム、半世紀間カナダ社会党の指導者であったデイビッド・ルイス――であった。オーストリアで社会主義運動および戦闘的な労働組合において大きな役割を果したビクター・アドラーのようなユダヤ人もいた。

一九世紀後期、二〇世紀前半の社会主義運動、労働運動は、さまざまな目的と手法のごたまぜで、個人的動機とそれぞれの国の特殊な情況によってそうなったため、概括化するのは難しい。とはいえ、ユダヤ史におけるモダニティに対する反応という文脈で捉えるなら、一八四〇年代から一九六〇年代ないしそれ以降にかけて、たいていのユダヤ人は市場資本主義の熱烈な、又は消極的な支持者として、かかわりあったが、資本主義に身を投じもせず、承認もしないユダヤ人も明らかに存在した。

彼らは全体として市場経済をうけ入れつつも、労働者階級に富をもっと多く配分することを求めた（ゴムパーズ、ダビンスキー、ヒルマン）。あるいは、反リカード主義の方針にたち、国が経済に大きく介入して資本家の活動を構造的に修正し、政治と社会の仕組みを再編成することで、労働者階級に大きく改善された生活を確保することを望んだ（ヒルクィット、ラスキ、ブルム、ルイス）。あるいは資本主義制度を完全に打倒して、労働者階級のための共産党の独裁支配がとって代るのを望んだ（マルクス、ルクセンブルク、トロツキー）。

ユダヤ人の中には、法律尊重主義と立憲政治により調節することで、預言者の唱える社会正義の理想と完全に両立させうるとして市場資本主義を完全に受け入れるブランダイスの考え方に不満を覚える重要なグループがいた。彼らは強力な団体交渉による労働者の生活条件の改善を望んだが、この見解のいく分かはブランダイスも是認したであろう。あるいは、ブランダイスの提案のような商業の公的な統制だけでなく、社会を再構築し市場資本主義を緩和するために議会制度を利用することを望む者もいた。これはブランダイスより左よりだが、両立しえぬ立場ではない。あるいは、組織的暴力とテロを含めて可能なあらゆる手段を使ってソビエト社会を実現させようとする、共産主義の革命論者、完全な急進的左派の人々もいた。

この最後の立場は、一九一七年一〇月のロシア革命の結果ボルシェビキが権力の座についたあと、ロシアから世界各地に広がった扇動的な見解である。一九二〇年のソビエト・ロシアの最高機関であった政治局を構成する六名のメンバーのうち半数はユダヤ人であった。そしてソビエト秘密警察の最初の長官はユダヤ人であった。ドイツ、ハンガリー、オーストリアの共産党の指導層の中でユダヤ人は目に立つ存在であった。一九二〇年代党員数も少なく政治的にも微力であったアメリカの共産党のメンバーの半数近くは、ユダヤ人であった。

したがって、市場資本主義のみならず一九世紀後期および二〇世紀初期の共産主義とユダヤ人の間にも密接なつながりがあったのである。ユダヤ人は資本家であり共産主義者であるという一九二〇年代、三〇年代のフランスとドイツの反ユダヤ主義者の主張を、現実のデータは支持していて、こうして、反動的な人種差別主義者とユダヤ人を病的に嫌悪するファシズムにつながる宗教運動家双方に、ユダヤ人は忌み嫌われる存在となった。

一九二〇年代のドイツの時事風刺漫画家はユダヤ人を、ヨーロッパ文明を飲みこみつつある太った資本家として、また、西欧文明の破滅を目論む極悪なテロリストとして描いているが、それを根も葉もない空想とはいえない。当時努めてユダヤ人の弁護をした人々や今日の歴史家は好んでそう主張し、事柄の全体に関しては忘却しようとしているが。

とはいえ、私たちは忘れることはできない。モダニティへの反応の仕方においてユダヤ人は三つのグループに分けることができた。黒で象徴できる人々（正統派のラビ）は、モダニティを拒絶したか、少なくともモダニティの挑戦に応じる明確な政策を示さなかった人々である。白で象徴される人々は市場資本主義に完全に平等の条件でうけ入れられ、そのことを歓迎した人々である。赤で象徴される人々は市場資本主義に正面から反対し、共産主義の体制がとって代るのを望んだ人々である。

灰色がかった白の保守の極からピンク色の中心部、そして深紅の左の極にいたるユダヤ人の社会主義と労働運動に対するかかわり様の多様さをみると、市場資本主義への賛同を拒ませるどんな要素があったのか。それは二つあった。一つは、ユダヤ人の家庭で育って聖書で提起されている社会正義に関する記憶を多少とももっている者なら、だれしも抱きがちな社会正義への強い関心である。

この指摘に対しては、なぜユダヤ人だけなのか、キリスト教徒も家庭でヘブライの預言者たちの言葉に親しんできたではないかというコメントが返ってこよう。キリスト教の大きな宗派――カトリック教、ルター派、カルヴァン派――には、人間性に関する見解の中心に平等主義的行動主義に逆らう悲観論がある。人間は堕落し罪深い存在だから、社会の改革は人間の惨めさをなくすのにほとんど役立たぬ、人間の悲惨さは欠陥の多い制度と階級の分化・対立より、人間の堕落とエデンの園からの追放に由来するのだからという見解である。だが実際の話、罪の意識が陰に働いているメソジスト派のような福音主義の信徒には、現代のユダヤ史の主流派によく似た、社会主義的行動主義や労働運動への傾きがみられるのである。一九三〇年代、四〇年代のカナダの社会党の指導者層はメソジスト派の人々とユダヤ人で構成されていた。

だから自信をもってこういえよう。左翼および左翼よりの思想、現代のユダヤ人にみられる社会主義的行動主義や労働組合指導権掌握への衝動は、家庭での訓えやシナゴーグでの祈禱書やラビの説教や聖書などを通し、社会正義に関する聖書の預言者の言葉が記憶の片隅にあったことに、少なくともいく分かは由来していると。すっかりキリスト教に同化した家族でも、預言者の社会正義を求める警鐘は幼年時代に何かのかたちでしみ込んだのである、たとえ成人してユダヤ人の共同体と宗教から完全に切り離されたとしても。

社会正義を求める預言者の叫びに関する記憶は、成人してユダヤ教やすべての啓示宗教を、大衆にとっての阿片、支配階級が労働者をして個人的惨めさと階級意識を忘れさせるために用いる麻薬となす、自分を無神論者で共産主義者であると公言する人々であっても、意識の縁ないし意識下に残っていた。左翼の、そして左翼よりのユダヤ人のものの見方に心理的に作用したのは、たんに預言者の指令をおうむ返しに述べる言葉、貧しく虐げられた人々を救うべくヒンズー教のマントラよろしく人の心に影響を与える言葉ではない。ユダヤの左翼主義に微妙に貢献したものは、神性を超越的な位置にすえて、社会の重荷を人類自体に背負わせるユダヤ教の本質にある合理性であった。

キリスト教の主流派は、人間の姿をして、親しく人々に混じって歩き働く神を想定することで、人間に課せられた貧しい人々の悲惨さをなくす仕事の重荷をいく分軽減した。ユダヤ教は社会正義を人間、とくに諸国民の光明として選ばれたユダヤ人に任せたのである。このメッセージはユダヤ人の家庭で、また幼年期の教育機関を通して伝えられた。それは無意識の内に定着し、エディプスコンプレックスを解消していない人ならだれでも、高度の動機づけとして存在しつづけた。この理論に従えば、左翼のユダヤ人はエディプスコンプレックスを人並み以上に解消していない人々ということになろう。

彼らは成人して無意識裡に同性の親と深く相克関係になり、それを外部に投映し、社会で権威をもつ家父長制度に、家母長制度に反抗し、それを罰し打倒しようと試みることになる。労働者階級は仲間の犠牲者として感傷化して捉えられ、できれば思春期後の謀反を共に秘かに闘いたいということになる。これが左翼のユダヤ人の間に広まった現象に対する心理的説明であるが、社会学的説明も可能である。

ユダヤ人が左翼の運動にのめりこみ、共産主義運動の核になる人々が現れるのに助太刀した第二の要素は、若くて聡明で活動的なユダヤ人が自分にふさわしい役割を世俗的社会の内に求めてもモダニティとその制度がそれを受け入れることができなかった。ユダヤ民族は男女をとわず生来の素質から非常に多くの聡明で野心的な若者を世に送り出すため、活気にみちた柔軟な現代の市場の経済と社会も多くのそうした若者たちの気持ちを満たしえなかった。一度《ひとたび》ユダヤ人が解放されると、卓越した能力をもつあまりに多くの若者たちが、才能を発揮するのに適した場所を社会や経済の内に見いだせなかったのである。

ユダヤ人は一度《ひとたび》解放され社会的流動性を利用する機会を与えられると、遺伝子の面できわめて優秀なため、市場資本主義はこの優れた人種出の者すべてをそれにふさわしく受け入れることができず、ある人々は自己の挫折に対し白でなく赤になるかたちで反応したのである。

この理論によれば、ユダヤ人の解放が充分でない社会――一八四〇年代のドイツや一八九〇年代のロシア――そして、法律上は解放されたが、経済上の機会は制限された社会――一九一〇年前後のウィーンやブダペスト、一八九〇年から一九四〇年にかけての移民時代の合衆国――では、左翼に走るユダヤ人が格別多かったことになるが、実際その通りであった。

左翼に走ったユダヤ人の層に関する社会学的考察を経験的にすすめるのに恰好の例は、一九六〇年代アメリカで起ったことである。一八九〇年から一九四〇年にかけて、大学生の世代で共産主義や社会主義のような新左翼運動の代表者に選ばれるユダヤ人があまりに多すぎた。一九六〇年代にユダヤ人の若者たちの間に左翼に走る者が急増した主な原因は、一九五〇年代のアメリカの郊外地域が、そこに育ちすべてに最上のものを期待する高等教育をうけた世代のユダヤ人たちに充分に興味深く、能力に報いる仕事を提供できなかったことにあった。そのため彼らは市場資本主義自体を攻撃し始めた。その際、似たように柔軟性に欠けるモダニティの情況がみられた一八四〇年代のドイツや、一九〇〇年頃ロシアで大学教育をうけたユダヤ人の若者たちがしたのと同じように、ベトナム戦争を反乱の盾として用いたのである。

以上のことから得るメッセージは簡単なものである。解放されたユダヤ人は教育を受ける権利のさらなる改善、さらに大きな社会的流動性の機会を一貫して求めた。もし社会制度が、教養のある野心的なユダヤ人の若者すべてに、よい仕事を開放する柔軟性を欠くなら、彼らの相当多数の者が白ではなく赤に――デイビッド・リカード、ルイス・ブランダイス、アビィ・ヴァルブルクの代わりに、カール・マルクス、ローザ・ルクセンブルク、レオン・トロツキーに――なっていくであろう。

一八〇〇年以降の一世紀半、ユダヤ人のリカードやブランダイスやヴァルブルク以上の市場資本主義に関する知的権威はいない。一九一七年のロシア革命以前も共産主義の四人の巨人のうち、マルクスはユダヤ系ドイツ人、ルクセンブルクはユダヤ系ポーランド人（のちにドイツ人）、トロツキーはユダヤ系ロシア人であった。四人めのV・I・レーニンについても、彼にはユダヤ系の祖父がいて、一九二〇年代半ば以降反ユダヤ主義のソビエト政府はそれをひた隠しにしてきたのでは、と疑っている人々もいる。

マルクスはラインラントの弁護士の息子であった。カント没後のドイツ哲学の第一人者G・W・ヘーゲルのもとで哲学を学び、ヘーゲル派哲学の左翼の人々の知的指導者となった（ヘーゲル自身の政治学は右翼であった）。革命支持者として彼は、一八四八年に激動する時代の渦巻きにまきこまれ、同僚や友人、何度も共同執筆したフリードリッヒ・エンゲルスらと共に英国に亡命した。一九世紀あらゆる種類の政治亡命者にとってロンドンは避難所であった。

マルクスは下級貴族の家柄の非ユダヤ人の女性と結婚した。二人とも貧しく、彼はニューヨークの一新聞のヨーロッパ通信員となって家計を助けたが、エンゲルスから支援金を頻繁に送ってもらった。エンゲルスの実家は織物業を生業とする裕福な家で、急進的思想をもつ息子を産業革命の中心地マンチェスターに一家の生業の代表者として送り出した。

マルクスは表面は上流気どりの惨めな貧乏暮しをし、毎日ブリティッシュ・ミュージアムの読書室で資本主義の経済学と歴史に関する長大な論文、完成することのない論文にとりくんでいた。妻はがみがみ女で、聡明な娘は不幸せな結婚をし、自殺してしまう。

マルクスの苦痛な思いを慰めてくれるものは、通常はパリで開かれた社会主義の国際的協会の会合だけであった。マルクスは自分を「科学的な」社会主義者と宣伝して、一九世紀初期の空想主義的でロマンチックな思想家たちに嘲笑を浴びせたが、リカードが発展させた経済理論を、自分が抱く千年至福のビジョンの支えとなすべく綿密に適用した点でのみ科学的であったにすぎず、彼のビジョンはヘブライ神秘哲学カバラのメシアないしはツァーディクが思い描いた、いずれのビジョンにもひけをとらぬほど感傷的なものであった。

資本主義が内にかかえる矛盾（つまり、永久に拡大を続ける市場を見いだすことの不可能性）と極度の階級分化とは、いずれは大災害をもたらし、そのとき共産党に率いられる労働者たちはブルジョアたちを打倒し階級なき社会を創るであろう、というのが彼の千年至福のビジョンであった。彼はこの地上の天国がどのように機能するかは決して説明しようとしなかった。それはビジョンであり、キリスト教とイスラム教より後に登場した、どの宗教より世界中の人々に強く訴えるものをもっていた。

ローザ・ルクセンブルクは高等教育をうけた中産階級のユダヤ人女性で、一九世紀後期に西方ドイツに移住したユダヤ系ポーランド人の一人であった。彼女の話すドイツ語にはポーランド系のイディッシュ語のなまりがあった。彼女は労働運動の熱烈な指導者でフェミニズム運動の先駆者であり、ドイツが降伏し第一次世界大戦が終決した後の混乱と不安に乗じ、最終的には一九一九年ベルリンで共産革命を遂行しようとした二人の共産党指導者の一人となった。ナチの原型である右翼の将校たちの一団「フリー・コール」（その一員に、のちに著名な中世研究家となるユダヤ人のエルンスト・カントロウィッツがいた）による反クーデターがルクセンブルクの共産革命を突然に終決させた。彼女は三、四名の海軍将校たちの手でタクシーの中で殺害され、運河に放りこまれ、亡骸《なきがら》が発見されたのは数ヵ月たってからであった。

マルクスとちがいルクセンブルクはソビエト国家がどんなものになるかを知っていた。それは独裁主義的で恐怖政治的なものになるだろうと。とはいえ、モスクワのレーニンが思い描き実際に創りあげた執念深く暴力的なものになるとは予想しなかったであろう。ルクセンブルクは長い間忘却されていたが、一九六〇年代になって新左翼の偶像的存在となった。ユダヤ人としてのバックグラウンドに言及されるのは稀であったが。

レオン・トロツキー（ブロンスタイン）は一九一七年の一〇月革命でロシアの政権を掌握したボルシェビキの指導者ではなく、共産主義者としてボルシェビキとライバル関係のグループ、メンシェビキの指導者であった。共産主義のこの分裂は主として二人の人柄の相違に起因するが、メンシェビキはレーニンのボルシェビキより独裁色がやや薄かったといえるかもしれない。長いこと帝政ロシアの体制に対する公然たる敵であったトロツキーは、革命が勃発した当初ニューヨークシティに追放の身で暮していて、同じく亡命生活をしていたユダヤ系ロシア人ショーレム・アレイヘムと一緒になる。ロワー・イーストサイドのラトナーの乳製品専門のレストランでユダヤ料理ブリンツァ（薄いパンケーキでチーズ、ジャムなどをくるんで焼いた料理）を食しながら、彼はアレイヘムが際限もなく語る東ヨーロッパにおけるほろ苦いユダヤ人の生活に耳傾けながら、寄食生活者の極ともいうべきプチブルジョアたちに限りない侮蔑感を示した。

一九一七年トロツキーは、革命が成就したロシアに向けて出航する最初の船に乗って帰ると、レーニンと和解した。彼は一見不可能とも思える仕事——白色ウクライナの反動的な組織的虐殺者および反ボルシェビキの同盟軍相手に戦う赤軍の組織——を託された。一九一八年から二一年にかけて白色軍の統制のもとに行なわれたウクライナにおけるユダヤ人への無差別虐殺は、一九四一年から四二年にかけてドイツの支配下、ウクライナ人の大きな支援のもとでの高度に組織された最初のホロコーストのリハーサルとなった。それまで銃の扱い方も知らなかったトロツキーは、赤軍の最初の司令官としてみごとに仕事をなしとげ、ボルシェビキ体制を救い、その結果、ロシアの内戦でおそらくは失われたであろう数百万のユダヤ人の命を救ったといってよい。

ニューヨークの安カフェテリアでイデオロギーに関する重箱の隅をつつくような議論にふけったり、ブリンツァやすっぱいクリームを食しながら、アレイヘムが語る昔の東ヨーロッパでのユダヤ人の暮しぶりに関する幻想的な話に耳傾けていたユダヤの赤い知識人が、わずか三年後に、一七世紀のポーランドでユダヤ人を殺しまくったあのウクライナの組織的虐殺者たちの子孫を壊滅させる軍隊を組織しようとは、だれが思ったであろう。ウクライナ人もその他の反革命主義者たちも夢想だにしなかった。

トロツキーは彼らにとって最悪の悪夢であった。レーニンやのちのスターリンと同様にトロツキーも、政治的指導者として実行する勇気をもつ場合、モダニティが国家に許容する恐るべき力を行使する、そういうタイプのユダヤ人であった。一九四八年から六七年にかけて、自分たちよりはるかに数の多いイスラエル人を一掃することを試みたパレスチナ人やその他のアラブ人たちは、もしトロツキーの伝記を丹念に読んでいたら、ユダヤ人が、古代世界における同様に戦術にたけた獰猛な戦士になる可能性をもっていることを読みとって、もっと用心深い戦術をとったことであろう。

トロツキーは名文家で、党派的偏向はあっても説得力のある彼のロシア革命の経緯と回想を記した書は、古典的な価値をもつ。彼は（マルクスのように）国際主義者で、ソビエトロシアが、世界革命を起こそうと努力する人々のための脈打つセンター、宗教色のないシオンになるのを望んだ。そして、世界各地の共産主義者が利用できるあらゆる手段を使って資本主義とブルジョアジーを打倒するための救けと導きを与えた。トロツキーは黙示録的、カバラ主義的神秘家の精神の持ち主だが、モダニティの影響をうけ完全に世俗的で物質主義的な至福千年を夢見る預言者になったとみることができる。

しかしソビエトロシアは、第一次大戦に引き続く四年間の内戦で経済的に疲弊した。ただでさえ逼迫しているソビエトの資金を、世界革命を起すのにあてるのを優先させるトロツキーの政策は、ヨシフ・スターリンが唱えた一見用心深く合理的な政策――「一国における社会主義」政策（もちろん政権を掌握した一九三〇年代、そして第二次大戦後の一九四〇年代のスターリンは、トロツキーの世界革命政策をそのまま採用したのだが）――と比較して、過激で危険に思われた。スターリンは、当時、つまり一九二〇年代の半ば、ソビエト国家の指導者であったレーニンの後継者たらんとトロツキーとライバル関係にあった。勝利を手にしたスターリンは、ソビエトの行政を担当するユダヤ人たちのおおかたを味方につけ、政治活動に不向きなトロツキーを孤立させると、一九二九年に彼をソビエト同盟から追放した。

トロツキーは最初にパリに行くが、そこで左翼の知識人たちから名士あつかいされた。またニューヨークの左翼ならびに左翼ぎみの知識人のユダヤ人たちの間に熱烈な信奉者の一団もできた。彼らの大半は一般庶民対象の授業料無料のシティーカレッジを出たブルックリンの卒業生たちであった。彼らは月刊の

『パーティザン・レビュー』誌を発行していた。これは（初期の頃は）政治と芸術関係の記事をのせたトロツキズム信奉一色の雑誌であった。トロツキーは次第に孤立を深めていき、最後はニューメキシコに身を隠すが、一九四〇年スターリンの放ったスパイが、アイスピックをふるって殺害した。

二〇世紀の前半マルクス・レーニンの唱えた共産主義はモスクワから西ヨーロッパ、アメリカ合衆国、カナダに至るまで、ユダヤ人の社会を稲妻のように駆けめぐり、聡明なユダヤ人の男や女の中には終生熱烈に信奉する人々もいた。一七世紀後期および一八世紀のシャブタイ派の救世主運動の動機、およびその及ぼした結果がいく分似ているところがある。今ふりかえってみるとユダヤ人の共産主義運動は奇妙で無意味なものにみえるが、当時は共産主義に傾倒した何万もの精力的なユダヤ人が、やむにやまれぬ気持ちから自分の命も、安寧《あんねい》も、そればかりか家族の幸せすら犠牲にしたのは疑いの余地がない。

一九三〇年代にアジアの怪物スターリンは、ユダヤ人の熱烈な共産主義者たちをソビエト同盟のみならず中央ヨーロッパ、西ヨーロッパの各地からモスクワに集め、さらにはアメリカからも少数よび寄せた。無慈悲にも彼らを蠅をビンにとじこめるようにとじこめ、家族ともども、数十人単位で粛清し、銃殺し、投獄し、拷問にかけた。一九四〇年代後半、ポーランドとチェコスロバキアは、ソビエト国家と同様にユダヤ人を一時のあいだ権力の座につかせる手口をとり、その後ユダヤ人の共産主義指導者たちをスターリンの手先の警察と軍人の手で壊滅させた。

驚くべきことに一九八〇年代のアメリカに特異な文学が現れた。「赤いおしめをした赤ん坊たち」の回想記で、両親が共産主義に熱烈に傾倒して活動していた古き良き時代を郷愁をこめて記したものである。そうした活動の中には、ブルックリンの痛ましい共産主義者の夫妻ジュリアスおよびエセル・ローゼンバーグの処刑に反対する活動も含まれていた。ふたりは冷戦のさなか蚊のように押しつぶされ、一九五三年に原子力に関するスパイ容疑で処刑されたのである。

二〇世紀の前半世界各地でルクセンブルクやトロツキーと同じようなパターンを辿った人々は数多くいた。なんとかして歴史をひっくり返すか、終わらせるか、勝利するかするであろう共産革命という千年至福の夢を追って、自分ばかりか配偶者や子供たちの身の安全、命を危険にさらした共産主義者のユダヤ人はたくさんいた。そしてルクセンブルクやトロツキーと同じように、こうした共産主義者のユダヤ人の多くが不幸にも暴力によって命をたたれるか、理想主義に捧げた生涯にとって救いになる具体的成果は何一つなく、いつのまにか老齢を迎えたのである。それは、中世のシャブタイ派の経験の、モダニティという文脈における繰り返しであった。

結局は実りなき共産主義をはかなくも信奉したユダヤ人たちのドラマと平行して、一八八〇年代から一九三〇年代にかけて、かわり映えしないが穏健で建設的な協会（ブント）――左翼系だが共産主義ではないイディッシュ語を話すユダヤ人社会民主主義労働者協会――が存した。ロシア革命以前はこの協会はロシア帝国で最大の労働組合で、その活動は合法的なものと認められていた。

協会はロシア西部とポーランドの大都市に住む労働者階級のユダヤ人の日々の生活に有益な影響を強く及ぼした。それは学校、診療所、図書館、埋葬保険組合、新聞、劇場、もろもろの成人教育機関を経営し、自由主義的で、人文主義的で、民主的で、平和的な性格のもので、産業革命後の東ヨーロッパのユダヤ人の暮しの改善に大いに役立った。

この協会は永久的にイディッシュ語を話す世俗的社会――モダニティの文脈において東ヨーロッパに住まうユダヤ人の文化的祖国とも呼ぶべきもの――を創る、大胆で一時は成功をおさめた運動の中心的存在であった。協会は最も有益で進歩的で人文主義的な労働組合主義を実践するものであった。

だが協会が効果的に活動できた期間は比較的短く、一九〇〇年前後の二〇年間であった。ロシア革命の達成は協会にとって急速な衰退の始まりを意味した。ソビエト政府は協会を抑圧し、指導者の多くを銃殺したり投獄したりした。ボルシェビキのユダヤ人たちは労働組合を指導するユダヤ人を排斥したのである。一九二〇年代、三〇年代、右翼のカトリック信者が支配する独立したばかりのポーランドと、協会は苦労して政治的に同盟を結んだ。だが、一九三九年にナチとソビエトの軍隊はポーランドを飲みこんでしまい、最大のそして最も効果的に機能していたユダヤの労働組合である協会は、姿を消した。

協会は、一八八〇年代から一九二〇年代初期まで、東ヨーロッパのみならずニューヨークシティその他二、三のアメリカやカナダの都市でも、ユダヤ人の生活にとり文化運動と社会形成の中心をなす存在であった。その名はイディッシュカイト（ユダヤ人の伝統・特質）というスローガンからとったもので、このスローガンが意味するものはイディッシュ語を話す少数民族の明確な文化、独自の、文学・娯楽・学校・出版物、そしてディアスポラに暮すユダヤ人の発展してゆく非宗教面での生活様式を、計画性をもって唱道することにあった。

イディッシュカイトはユダヤ人社会民主主義労働者協会の一部として、協会とほぼ同じ歴史的軌道を辿った。二〇世紀初め頃にピークに達し、一九二〇年代に入る前に、ソビエト当局に操作されたり抑圧されたりし、また、パレスチナのヘブライ語を話す共同体には受け入れてもらえず、かつ又、アメリカとカナダ在住のユダヤ人は英語を話す文化に急速に同化していったりで、急速に衰退と崩壊の路を辿った。わずかに残ったイディッシュカイトの唱道者たちは、ナチの死の収容所で露と消えた。

イディッシュカイトは今では博物館で覚える郷愁のうちに、そして高等教育機関を通しての人為的記憶のうちに存するにすぎない。だがそれは、ほとんど半世紀の間、東ヨーロッパとアメリカに住む数百万のユダヤ人にとり、活気ある言語圏、文化運動、社会的力であり、テルアビブとマイアミで年金暮しをする人々にとって、今なお生き生きと回想されるものなのである。

一九一〇年にはイディッシュカイトは充分な耐久性を備える活気ある文化と思われた。オデッサ、ヴィリニュス、キエフ、ワルシャワ、ニューヨークではその運動を支える基盤となる制度や機関は、学校、新聞、出版社、劇場、成人教育推進団体、公演旅行を通して磐石《ばんじゃく》であった。詩歌、小説、短篇物語、演劇や歴史物などはっきり特色のある文学を自信をもって創造していた。哲学や行動科学から前衛的思想を効果的にとり入れ、それを通俗的な形式にして、東ヨーロッパ、アメリカ、カナダに暮すイディッシュ語を話す数百万ものユダヤ人に伝えた。

イディッシュカイトは、街中で使われる話し言葉で重要性の薄い方言としてのイディッシュ語を――これまでは文芸の言葉としては主に女性むけの宗教関係の入門書に使われていたイディッシュ語を――どんな主題でも扱える、表現力に富む柔軟で活気ある言語に変えた。次第に文芸作品で用いられる言葉になるにつれ、文法構造が現代ドイツ語に似通ったものになったが、巧みにあやつる人の手にかかると、ゲットーの街の会話から、ラビ養成のタルムード学院での聖書解釈学から解放されてモダニティを受け入れ適応する人々の会話にいたるまで、自在に表現できる卓越した手段となった。

一八八〇年から一九二〇年まではイディッシュカイトの指向性はほとんど世俗的であったが、ユダヤ人の過去、とくにアブラハム等のイスラエル民族の祖先たちや預言者たちや英雄たちへの民族主義的、感傷的愛着があった。ツァーディク〔ハスィディズム派の指導者〕がユダヤ社会の権力をもたぬ滅びゆく指導者であるかぎり、ツァーディクに対して甘かった。また、それはディアスポラの住まう物質的環境を愛した――ロシアやカナダの凍てつく冬、日に日に緑を濃くしていくポーランドの春、ケンタッキーやテネシー州のうす靄《もや》のかかる秋、渋滞するほど手押し車の行き交うマンハッタンのロアー・イーストサイドやブルックリンの色彩豊かな街——を愛した。

イディッシュカイトは完全に左翼ではあっても共産主義ではなかった。それは（しばしばナイーブなまでに）人文主義的で、自由主義的で、民主主義的であった。それは、ロシアの強制集住地域やニューヨークのゲットーにおいて、イディッシュ語の文化の自律的世界——モダニティやモダニズムが生みだした最上のものと、ユダヤ教の遺産（ハラカーの厳しい要素はほとんど濾過されてとり除かれ、下層の感傷的で理想主義的なものが残った、そういう遺産）が結びついた世界——を創造できるだろうと思われた。

イディッシュカイトの主要な情報のルートは日刊の新聞、週刊および月刊の文芸誌であった。経営の手法は大かたは大衆ジャーナリズムのそれで、劇場、ボードビル、そしてその活動の末期には映画が助太刀をした。その精神は、往時への郷愁を芸術味豊かな趣向をこらして喚起する、アイザック・バシェビス・シンガーの作品のうちにうかがうことができる。だが、この消え失せた文化をおそらくもっと偽りなく想起させるものは、一九三〇年代ポーランドで制作され、等しく生気にみちた、モリー・ピコンの映画である。

イディッシュカイトはなかでも文芸方面——詩歌、演劇、小説、実録——にきわめて多産であった。その最大の詩人ハイム・ナクマン・ビアーリクは、初期の作品をイディッシュ語で記したが、中期以降はシオニストとしてほとんどすべてをヘブライ語で記したため、円熟期のものはヘブライ語で記されている。大変な量のイディッシュ語の演劇は、商業を生業にする観客を満足させる感傷性と、凝りすぎのプロットを特色としている。イディッシュカイトが生み出し今も上演されている劇はS・アンスキーの『悪霊』で、前近代の迷信と鬼神論のハスィディズムの世界を描いている。イディッシュカイトの劇作家たちはヘンリク・イプセンのリアリズムを意識して模倣したが、自分たちの社会を説得力をもって描写する劇を創るのには失敗した。

イディッシュカイトが生み出した五人の意義深い小説家がいる。だが当時大変人気のあったニューヨークの新聞『ジューイッシュ・デイリー・フォーワード』の編集長アブラハム・カーハンは『デイビッド・レビンスキーの出世』を著した。これは階級・職業の流動するニューヨークの移民社会を英語で冷たく客観的に描いたものである。イディッシュカイトの世界が育んだ最大の作家は、イサーク・バーベリで一九二〇年頃ロシア語で執筆した。彼の『赤いゴルゴタの丘』は、体験に基づいて、ロシア内戦時代の一九二〇年頃のコサック兵とユダヤ人の風変わりな遭遇を扱ったもので、東ヨーロッパのユダヤ人の文化が生み出した最高傑作である。

イディッシュカイトの文化によって育まれ、イディッシュ語の祖語ママ・ルシェンで記した作家を三人挙げるとすれば、イツハーク・レイブシュ・ペレッツ、メンデル・モチャー・スフォリム、「本屋のメンデル」（ショレム・アブラモビッチ）、そして今なお広く名を知られているショーレム・アレイヘム（ショレム・ラビノウィッツ）である。

イディッシュ語、学校教育、自律的なディアスポラの文化をイデオロギーの面で唱道して非常な影響力をおよぼしたペレッツは、ハスィディズムの物語をやや感傷的だが、効果的に語っている。

メンデルは今日のハード・リーディングに貢献している。手のこんだプロットをもつ彼の小説は一八七〇年代、八〇年代モダニティを迎える直前の東ヨーロッパのユダヤ人の小村シュテトルと小さな都市を舞台にした物語である。そこにはラビ主導の衰退の一途を辿るハスィディズムの世界での、無知、貧困、迷信のもたらす結果が生き生きと辛辣に描写されている。そうした文章を読むと彼はイディッシュ語のゾラになれる能力の持ち主であったことが分かるが、ロマンチックな物語を展開して読者を獲得せねばならぬ必要性のために、社会批判の刺を和らげざるをえなかったのである。

ショーレム・アレイヘムの数多い作品の少なくとも半分は、工夫してノスタルジーをつくりあげた世界であった。自身はニューヨークのブロンクスに生活しながら、昔暮していた国を舞台にした、共感とペーソスを織りこむユーモラスな話を、ニューヨークのユダヤ系の人々が読む新聞に載せた。貧しい村民たち、その仲間の牛乳配達人テヴィの時代と彼の人生についてのアレイヘムの感傷的な物語は、一九六〇年代にミュージカル・コメディ『屋根の上のバイオリン弾き』に翻案されると、更に感傷的になった。

ユダヤ教会堂の朗詠者の息子モタテル・パイセについてのアレイヘムの一連の物語――小さな町での生い立ち、個人的な苦悩、社会的脱線行為――には、もっと明敏な感覚・知覚がよみとれる。そこには郷愁まじりのユーモアと同時に、心理的洞察力がみられ、彼はイディッシュ語でのブース・ターキントンといってよい。

イディッシュ語で記した以上の三人の卓越した作家のどの作品もイサーク・バーベリの域には達していない

『赤いゴルゴタの丘』の中の一連の物語では、コサック兵の活力と、ユダヤ人の超俗性、知性、弱さが対置されている。生命力の充溢はコサック兵と、死の気配やにおいはユダヤ人と連想されている。コサックは傷つけられると、復讐する。ユダヤ人は傷つけられると、口で言い返すだけである……ハスィディズムの世界は……滅びつつある……二〇世紀ロシア最大の散文作家の一人バーベリは、最もユダヤ的特性をもつ作家でもあった（アリス・ストーン・ナキモフスキー）。

バーベリは一九三九年にスターリンによって消された。イディッシュカイトによって育った作家だが、明らかにそれを超えていた彼は、イディッシュカイトの世界がめざすゴールでもあった。とはいえショーレム・アレイヘムといえば、中産階級のユダヤ系アメリカ人だれもが知る名だが、バーベリは一般のユダヤ人にはほとんど知られていない。

イディッシュカイトの著名な歴史家シモン・ダブナウの大部の歴史書には、イディッシュ語で記した主な小説家たちにみられるのとよく似た欠点がみられる。ダブナウはジャーナリストが本業だが、オデッサ、ワルシャワ、最後はラトビアのリガで仕事をし、一九四一年高齢の彼は、ナチの手で殺害された。彼の重要な歴史書は二〇世紀初めの二五年間に記された。歴史家としての教育を受けていないため残念ながら厳密な研究と批評精神に欠けるうらみがあるが、ポーランドのユダヤ人に関する最初の歴史書を記し、その歴史を多少なりとも正しいものにした。後に野心的な大部の『ユダヤ民族の世界史』にとりくんだ。この本は広く知られるところとなり、やがてイディッシュ語から英語に訳された。

ダブナウの史書はどの箇所も相当な知識に基づいて記されているが、資料を深く渉猟しなかったのが分かる。また社会学的洞察力に欠けていた。彼は典型的なディアスポラの民族主義者であり、キリスト教徒に対し一歩たりとも譲ろうとしない。文章は、よし単調のきらいはあっても、むらのないなめらかな散文で記されている。

ユダヤ人の歴史書編纂に対する彼の最大の貢献は、イディッシュ語を使う彼の時代の読者にとっていかに教育的価値があったにせよ、多くを語ったことにあるのでなく、東ヨーロッパのユダヤ人の公文書保管所の資料の豊穣性、一六世紀のポーランドにまで遡れる豊穣性を明らかにした点にある。こうした資料を集め保存するユダヤ科学協会（ＹＩＶＯ）が設立されたのも、彼の仕事があってこそである。ナチの手で膨大な文書が失われ、多くの文書を今なおロシアの官庁が所有しているが、ニューヨークにあるＹＩＶＯのみごとな公文書保管所は、ダブナウを記念する存在といえる。いずれはそこに保存された有り余る文書をもとにイディッシュカイトの歴史書を記されることになるだろう。

ポーランドに住むユダヤ人は、一六世紀にドイツから移住してきた時からイディッシュ語を話してきた。とはいえイディッシュカイトは基本語としてイディッシュ語を使用したこと以上の大きな意義をもっている。それは、イディッシュ語をさらに文芸に適した言語にしただけでなく、モダニティに応えうる特色ある不朽のディアスポラの文化の礎となる言語にすることを求めたのである。

イディッシュカイトは二世代のあいだ知的、芸術的な可能性を発揮しただけで、一九二〇年代に入ると、ソビエトが敵対政策をとりはじめたことや、シオン主義者のヘブライズムや、高度に同化を促すアメリカの文化の中でユダヤ人が英語をベースに使うようになったこと等で、急速にしぼんでいった。バーベリのみごとな作品は、イディッシュカイトがあと二、三世代発展と成熟の路を辿ることができたら、知的にも哲学的にもどんな高みに達しえたであろうかを示唆してくれる。

イディッシュカイトの大きな可能性を教えてくれるのは、今世紀の最初の三〇年間、ヤコブ・ベンアミ、モーリス・シュワルツ、ヤコブ・アドラーといった優れた監督が指導したニューヨークシティのロワー・セカンドアベニューのユダヤ・アートシアターである。一九三〇年代に入る頃には観客も減少し、ポール・ムニ、ジョン・ガーフィールド、エドワード・G・ロビンソンといった若い世代のイディッシュ語を話す役者は、あまり教育のない古い世代のユダヤ人の映画製作者たちが経営するハリウッドのスタジオでめざましい活躍ぶりを示していた。一九八〇年代、ハリウッドでの経歴は短かいが敬うべきステラ・アドラーは（彼女の父親は衰退しつつも輝かしかった、一九三〇年代のあのユダヤ・アートシアターを代表する存在であった）ニューヨーク大学の演劇専攻の学生たちにロワー・イーストサイドの戯曲演出法を教えていた。一九二〇年ニューヨークシティに非凡な作風の詩をイディッシュ語で盛んに発表していた二人の詩人がいた、マニ・レイブとモシュ・レイブ・ハルパンである。一九五〇年の時点ではふたりはほとんど無名であった。英語で記していたら二〇世紀の卓越したアメリカの詩人たちの仲間入りをしたであろうふたりの作品を読める者はほとんどいなかったのである。一九八八年に出版されたルー・ウィッセの興味深い本は、ふたりの人生と芸術を世に紹介したが、文芸批評というより考古学的な性格の研究書である。

コロンビア、ハーバード、その他二、三の大学は今日もイディッシュ語を教えているが、六〇歳以下のユダヤ系アメリカ人にとってイディッシュ語は習得するのに大変な努力を要する難解な外国語でしかない。イディッシュ語は主としてドイツ語から派生した言語だが、英語を使う人にとっては、小説や詩に使われているイディッシュ語は口語表現が多用されて文法構造も目が粗いため、ドイツ語より習得しにくい。マニ・レイブ、モシュ・レイブ・ハルパンの詩歌はウッドロー・ウィルソンが大統領の頃はニューヨーク在住のユダヤ人にとって大変親しまれていたが、ウィッセ教授のような少数のイディッシュ語の学者たちを除いてすべての人にとり、今や中世の詩人のソロモン・イブンガビロールと変わらないくらい縁遠い存在である。人気のある著名な作家でそんなに速やかに一般の人々の視界から消えていった例は世界の文学史上でも珍しい。

私は一九四〇年代に、当時すでに古風なものになっていたイディッシュカイトの前哨地点、カナダのウイニペッグで育ったが、時おり亡霊のように姿を現す、旅まわりの、イディッシュ語とその文学の使者たちをみかけると、独特の哀切感を覚えたものであった。彼らはイディッシュ語の美しさと柔軟性を説いてきかせようと、少数だが熱心な聴衆相手にペレッツの作品の一節を朗読してきかせていた。一九四五年当時のカナダでは、イディッシュカイトは、その最後の名残もナチのホロコーストで姿を消していて、今はない世界を甦らせようとする哀切な時間歪曲〔SFに登場する空想上の現象〕でしかなかった。

一九八八年テルアビブ大学に在職していたとき、土曜の暖かな夕暮どき私はテルアビブの中心にあるディゼンゴフ広場におもむくと、還暦をすぎていると思われる人によくイディッシュ語で話しかけてみた。相手はしばしば嬉しそうに受け答えしてくれた。そこで私たちはプラスチックのベンチに腰かけ、おいしいとはいいえぬイスラエルのアイスクリームを食しつつ、懐かしい昔のカナダとその流儀についていつまでも語りあった。

ブント（ユダヤ社会民主主義労働者協会）に支援されたイディッシュカイトは、ディアスポラのユダヤ人にとって永久に祖国と呼べる国と文化を創造する意図をもっていた。一八八〇年代、とくにイディッシュカイトの中心地域で、少数の知識人と活動家がディアスポラに留まるのが望ましいか否か、また留まれる可能性を問いかけ続け、そしてパレスチナにある祖先の地への帰還に注意を向けることを始めた。

モダニティに対するユダヤ人の反応はすべて、一九世紀後期に現代のシオニズムが勃興するのに貢献した。イディッシュカイトは民族意識の高まりと文化的ルネッサンスを興す意欲を高めた。ハスカラは生きた言語としてヘブライ語を復活させる運動を興し、ヘブライ主義者の文学的傾向はパレスチナに文化的中心を据える思いを一層強めた。市場資本主義のおかげで億万長者の家長、羽振りのよい貴族のようなパトロンが誕生し、かつての祖国に農業を生業とする居留地を新しく建設するための資金を喜んで提供してくれるようになった。社会主義と労働運動は新しいユダヤ人のビジョンを喚起し、ディアスポラのユダヤ人の仕事や暮しにつきまとうブルジョア的性格・特徴からユダヤ人を抜け出さしめ、ユダヤ人の振舞い・行動と心性を向上させる療法として聖地に帰還して仕事をするようになった。

こうした事柄は皆シオニズムの台頭に貢献したが、同時に、モダニティはユダヤ人にとって結局よいものか否かという疑問が問われ始めるようになった。ユダヤ人は近代以降の産業社会に本当に同化しとけこんでいけるのか。それとも今なおキリスト教徒の内に残存する反ユダヤ主義が、モダニティに伴う社会的不安と階級闘争により、さらに一九世紀後期の人種差別の高まりにより、勢いをまし、ユダヤ人解放の流れをストップないし逆流させ、ユダヤ人から諸々の権利を剝脱し迫害の波が襲ってくるのだろうか。ヨーロッパの文化はもはや体系的な啓蒙化をへたのだろうか。それとも、醜い盲目的愛国主義に染まり始め、またもやユダヤ人を無視し抑圧し始めるのだろうか。

こうした問いかけをマルクスの社会主義者仲間であったモーゼス・ヘスは、一八六〇年代という早い時期に問い始めている。マルクスはユダヤ人問題はブルジョア社会が生み出したものと確信していた。将来、階級なき社会になれば、ユダヤ人排斥主義やポグロム（組織的虐殺）はなくなると彼は主張した。モーゼス・ヘスは疑問を呈し、文化に信をおかぬ見解——カトリック教のユダヤ人排斥主義や人種差別は経済の次元とは別次元の問題であり、本質的にマルクス主義の理論になじまぬ——を主張した。

一八八〇年代初期にオデッサおよび南ロシアのいくつかの場所で組織的虐殺が起きると、シオニストたちの活動のテンポが早まった。ユダヤ人の物理学者レオン・ピンスカーは『自力解放』を著し、ヨーロッパにおいてユダヤ人は解放されたというのは幻想にすぎぬ。西欧文明はユダヤ人嫌いに浸透され尽くしていて、再びその感情が暴れ始めた。ユダヤ人の身の安全を守る唯一の路は、自由の地イスラエルに帰還することだと主張した。

一八八〇年代のパレスチナは、マラリアが蔓延《まんえん》する、沈滞しきって朽ちつつあるオスマン帝国の一部であった。二、三千人のユダヤ人がいたが、ほとんどは宗教上の理由で住んでいて、本国からの援助に頼っていた。イスタンブールのサルタンは相当な数のユダヤ人のパレスチナへの移住を少しも歓迎しなかった。面倒ごとを起しがちな若者たちの移住はましていわんやであった。そして、ユダヤ人が抱く故国としてのパレスチナというビジョンにはなんの共感も示さなかった。アラブ系住民はパレスチナのブドウ園、果樹園、牧羊場で働くことに満足していた。彼らは熱心に祈禱する少数のユダヤ人の存在は大目にみたが、若い人々の移住により土地や水資源を脅かされるのは望まなかった。こうしてシオニズムは大きな障害に直面した。

にもかかわらず、「シオンを愛する者」と名のる少数者からなるいくつかの集団が一八八〇年代にロシアで大きくなっていった。彼らは自分たちを主として歴史とヘブライ語を学ぶ集団とみなしていたが、ときおり一握りのメンバーが住まいを引き払い家族を連れ聖地パレスチナに移住していった。だがパレスチナでは職がなく、西欧からの義援金に頼って生活していた。

ときおりウクライナ人による組織的虐殺が起ったが、ユダヤ人が愛したきらびやかな港町オデッサに、一八九〇年代に「シオンを愛する者」の中から一人の名士が出た。アハド・ハ・アム(「人民の一人」)のペンネームで知られるアシャー・ギンズバーグである。妻と共に彼はハスィディズムを信奉してきた裕福で著名な一族の出で、ハスィディズムの比較的従順な遵奉者であった。並々ならぬ文筆の才がうかがえるイディッシュ語とヘブライ語で記された著作の中で彼は、複数の「シオンを愛する者」の集団が一緒になってパレスチナに農業を営なむ相当な規模の共同社会を造り、それがやがて世界各地に暮すユダヤ人のためのヘブライ語を話す文化センターの土台になるというビジョンを述べている。

彼の見解では政治は重要ではなかった。パレスチナをだれが支配するか、農業を経営する入植地が、市場資本主義を指向しようと社会主義を指向しようとかまわなかった。大切なのは若者がパレスチナにおもむき、のちのち移民する人々のためのヘブライ語を話す本拠地を設立する手助けをすること、またそれが世界中のユダヤ人に道徳的権威として役立つことなのであった。億万長者の族長たちが、この移民計画が実行に移され始める支援をし、シオニストの移民者たちが必要とする支援機関へ基金を提供するであろう。ロスチャイルド家、フランスの男爵モーリス・デ・ヒルシュ、アメリカのレーブ家やシフ家のような億万長者の一族の族長たちがパレスチナでのユダヤ人の活動を助成し始めた。

この時点で救世主タイプではあるが完全に世俗的な指導者テオドール・ヘルツルが世に現れシオニズムの一切が変わった。彼はある著名なユダヤ人が所有するウィーンの新聞のパリ通信員で、まったくの中産階級の出であった。法律の学位もとったが、実際の業務はすぐにやめてしまった。というのは、裕福な家の娘と結婚し、休暇をとってジャーナリズムの仕事を中断し、シオニズムの扇動を目的とする活動をするだけの経済的ゆとりができたからである。一八九〇年代初期には、一九〇四年に四四歳という若さで死ぬことになる性病の症状にすでに悩まされていたと思われる。

ヘルツルはハンサムで背が高く上品な髭をはやし非のうちどころのない身なりをしていて、ユダヤ人の一般大衆はその外見で強い感銘をうけた。ユダヤ人としての教育はほんの初歩的なものを受けただけで、ユダヤの歴史に関しては驚くほど無知であったが、のちに仕事をしながら学んだ。彼は新しいタイプの指導者で、周りの環境に完全に同化していたが、伝統的な素養には欠けていた。

彼はウィーンの演劇界でたわいもない喜劇を書く作家として、また、今日ならさしずめ扇情的と形容されるようなきわめて個性的な文体のジャーナリストとして、ささやかな成功をおさめた。彼は通信員としてパリでのアルフレッド・ドレフュース大尉のセンセーショナルな裁判に関する記事を新聞にのせた。ドレフュースはユダヤ系の士官でアルザスの著名な一門の出であったが、軍の機密をドイツ人に売ったかどで、ラテンアメリカの沖合に浮かぶフランスの恐怖の流刑地、悪魔島での終身刑を言い渡されていた。

知的エリートのすべて、そしてパリの一般の人々の多くは、ドレフュースに対する判決に賛成か反対かの論争に加わった。左翼の自由主義者と右翼のカトリック教徒との分裂・対立は一九四五年まで続いた。なかでも、急進的ジャーナリストおよび小説家として著名なエミール・ゾラ、自由主義の政治家でのちに首相も務めるジョージ・クレマンソー、ユダヤ人の小説家マルセル・プルーストは、偽証に基づく判決を覆すのに力を尽くした。裁判はやり直しになり、ドレフュースは無罪となり、軍の士官たちの中で告発人として中心的役割を果した一人は自害し、一人は国外へ逃亡した。

ヘルツルはドレフュースをめぐる公開討論に深く心を動かされた。当時もてはやされた社会的ダーウィニズム――ユダヤ人を低く位置づける人種の階層を設定する擬似社会学――からとってきた人種差別主義者に加勢されて、ユダヤ人排斥主義を謳うフランスの右翼のカトリック教徒が復活したことに注目した。モダニティにうまく適応し、自分が生活する社会に充分同化していると思っていたユダヤ人の多くの者にとり、ドレフュース事件は後味の悪いものとなった。ヘルツルはこうしたブルジョアのユダヤ人の思いに対応したのである。彼は、市長がユダヤ人排斥を扇動する演説で選ばれたウィーンにおける反ユダヤ主義の台頭を痛切に意識していた。

とはいえヘルツルに関する最上の伝記を著したアーンスト・パウェルが記しているように、彼が唐突にシオニズムを信奉するようになったのは、単なるドレフュース事件と反ユダヤ主義の台頭に対する彼の一つの反応とみなすべきではない。ドレフュース事件はユダヤ人の孤立性を明らかにしたといえるにせよ、正反対の意味ももちうる――ドレフュースの支援に駆けつけ判決を逆転させたゾラやクレマンソーのような多くの著名なフランス人たちの存在も重要な意味をもつからである。この事件はフランスの司法制度は、陰謀にはまったユダヤ人の場合でも有効に機能すること、そして自由主義のジェンタイル（非ユダヤ人）の社会ではユダヤ人は多くの支援をえられることを示した。ヘルツルはドレフュース事件によって、キリスト教のヨーロッパに暮すユダヤ人は一種の宿命の下にあり、故国に避難しなければならぬという確信をえたためというより、その心理的過程は定かでないが、自分をユダヤ人たちを父祖の地につれ戻す定めを担う、モーセに似た存在とみなすようになったためとみなすのが当っていよう。

ヘルツルの戯曲はセンチメンタルなシーンや運命の転変にみちていて、自身の人生の方針もロマンチックなものであった。彼は両親に甘やかされて育てられたが、今やシオニズムの扇動家として力一杯活動することを許され、ヨーロッパ各地のユダヤ人の集団に演説しただけでなく、ユダヤ人の祖国としてパレスチナを獲得するのを支援してもらうべく、ドイツの皇帝やトルコのサルタンに謁見を求めた。政界の大物たちとの謁見はこれといった成果ももたらさなかったが、ユダヤの一般大衆に強い感銘を与え、西ヨーロッパでも東ヨーロッパでも彼の名声はうなぎ昇りに上がり、勇気づけられた彼は一八九六年にスイスのバーゼルで第一回世界シオニスト会議を開催するに至った。

これまでは静かだったシオニストたちの小さな世界では、彼のそんな率先ぶりは必ずしも歓迎されはしなかった。東ヨーロッパの指導的なシオニズムの思想家アハド・ハ・アムはヘルツルが自分たちの世界に入りこんできたことを深く憤り、その政治的方針に根本的に反対した。アハド・ハ・アムはパレスチナを究極の集団移住の地としてではなく、世界各地のユダヤ人にとって、選良からなる文化センターにしようと考えていたのである。

にもかかわらず、ドイツ語を公用語として討論がたたかわされる第一回シオニスト会議への招待を断ることはできなかった。ヘルツルを指導者とする世界シオニスト協会の執行委員会のメンバーが選ばれ、資金は一般の博愛家たちから提供された。夢想家にもみえるこのウィーン生まれのヘルツルは、僅々一〇年間のうちに過去一五〇〇年間のだれよりも多大な貢献をシオニズムのために成しとげたのである。

彼が早すぎる死をとげる少し前、アフリカのウガンダ（当時ひどく乾燥していたパレスチナより農業経営にはるかに向いていた）にユダヤ人を再入植させるという、イギリスの申し出にヘルツルは賛意を示し、危うくシオニズム運動を分裂させるところであった。ユダヤ人としてのバックグラウンドを欠いていたため彼は、最初はユダヤ人の意識にパレスチナが特別な意味をもつことを認識していなかった。だが、政治家として明敏な彼は、意見を変え、彼の死後もシオニズムは政治的に順調に発展していくことができた。

一九一〇年には、今度はパレスチナのシオニストが活躍している舞台に、新たにカリスマ性をもつ人物が現れていた。若いダビッド・ベン＝グリオンである。彼はパレスチナへの第二の集団移住でやってきた若くて献身的な社会主義的シオニストたちの指導者の一人であった。彼らは集団農場を建設し、この国をユダヤ人のためにとり戻すだけでなく、ブルジョア化しすぎたといわれているユダヤ人の気質を変えることもめざした。レオ・トルストイの弟子でユダヤ系ロシア人の哲学者A・D・ゴードンの影響の下、社会主義的シオニストたちは集団農場で自ら労働することで、数世紀間のゲットー暮しでしみついた頑固なぎこちなさを洗いおとし、「新しいユダヤ人」として生まれ変わることができると信じていた。

集団農場で汗水たらして働くことは、旧来のシャイロックの人間像にとって代って、道徳的に清廉潔白な褐色のユダヤ人になるのを保障してくれるとゴードンは主張した。若々しい直接的行動が人間に積極的影響力を及ぼすという信念は、当時のヨーロッパで広く信じられていた。この考え方はベン＝グリオンの社会主義的シオニズムだけでなくヒットラー・ユーゲントにも直接つながっていった。

いくつかの当時創設された集団農場では、アラブ人を働かせることは禁じられ、やわらかい手の中流階級の若者たちは進歩的であろうと努め、たくましい農夫たちは苦しい情況におかれ、農場の成功度は不可避的にまちまちであった。ある意味では、集団農場の創設が成したすべては、大様で忍耐強い博愛家たちへより多額の支援を要求するようになっただけのことで、博愛家たちは今や聖地のハスィディズムの老いたメンバーのみならず若い社会主義者たちへの助成金の支給を依頼されるようになった。第二次の集団移住でできた集団農場の中の一つで、ガリラヤ湖の沿岸沿いのデガーニャは繁栄し、今でも観光客の訪れる観光地になっている。その地に手厚く保存されたパレスチナの動物と植物に関するゴードンのささやかなコレクションは、どこかの高校のお粗末な理科の実験室のような観がある。

ベン＝グリオンはポーランドの中流の家族の息子として生まれ、思春期にシオニズム運動に加わり、それ以外の生活は知らず、また知ろうともしなかった。正規の教育はほとんど受けてないが貪欲な読書家で、独学で諸々の学問を習得した。キブツ（農業集団農場）の英雄としての評判にもかかわらず、集団農場で暮した期間は短かった。一九一四年には法律家になる決意を固め（彼の政治的野心にかなっていた）イスタンブールの法律学校を志願した。トルコ当局が彼にポーランドの高校の卒業証書をみせるよう要求すると、厚顔にも偽造したものをみせて、入学を許可された。

ベン＝グリオンの主たる関心事は人生のスタートの時点から政治にあり、パレスチナのイシャブ（ユダヤの共同体）で最高権力を掌握することにあった。彼は疑いもなく教条主義的社会主義者で、パレスチナにおけるユダヤ国家にとってキブツこそ最上の礎になるものと考えていた。ヒスタドルート（イスラエル労働連盟）の指導を通して一九二〇年代に入る頃にはイシャブの経済の動向を左右するだけの権力を握っていた。

彼はキブツあるいはヒスタドルートで働く人々にまる三時間も観念的な演説をすることもできたが、本質的には実際家で、権力を獲得し保つためならたいていのことは喜んでやったといってよい。ちょっとした汚職や公金の私腹を恥と思わなかった。社会主義的イデオロギーをもちながらなんのためらいも気の咎めもなく市場資本家と取引し、億万長者の族長から援助を受けた。ヒスタドルートおよび社会主義をかかげる企業の陣頭指揮をとる理事であったベリル・カツェネルソンのような明敏で慎重な人間を同僚にもつという幸運にも恵まれた。そのため政治家の仕事に専念し、ひんぱんにヨーロッパやアメリカに行き、諸々の取引をすることができたのである。

一九一五年の時点では彼はまだトルコびいきで、パレスチナを統治する政府と友好関係を保つ努力をした。第一次大戦でトルコがドイツ側について参戦したとき、ベン＝グリオンはユダヤ人の大部隊を編成してトルコ側について戦おうとした。

この提案は、英国でシオニズムの指導者として急速に台頭してきたもう一人のユダヤ系ポーランド人、ハイム・ヴァイツマンに受け入れられなかった。彼は中流のポーランドの家族の出で、ドイツで教育をうけ、化学で博士号の学位をとると、当時評判を上げていた英国のマンチェスター大学のポストを確保した。マンチェスターは地理的にも彼にとって幸運であった、というのは、シオニズムに対し好意的であるばかりか、彼に著名な政治家や政府高官たちとのコネを作ってくれた一団の裕福な実業家たちが、この都市の主なユダヤ人の指導者であったからである。

ヴァイツマン自身もなかなかのやり手だった。完璧な英語をあやつり、身だしなみにも気を配った。洗練された妻と共に大変な社交家で、やがて貴顕の人々のサークルに仲間入りするようになった。彼は大の英国びいきで、正しい先の見通しをもっていて、この大戦はいずれ衰えつつあるトルコ帝国を分割する機会を英国に提供し、なかんずく、パレスチナは大英帝国の支配下におかれることになろうと読んでいた。

一九一六年にはベン＝グリオンもはっきり同じ見通しをもっていた。彼は、サルタンが一向に熱意ある関心を示さぬトルコ軍のためにユダヤ人部隊を編成する計画をやめにして、代わりに英国側について戦う部隊を編成する資金と志願兵をつのるためにアメリカに旅立った。いかにも彼らしい無頓着さで、アレクサンドリアからニューヨークに向かう船上で一冊の本で英語を習得しようとした。当り前の話だが、たいして成果はあがらず、アメリカのいくつかの都市での講演旅行は、イディッシュ語による講演の時でもあまり受けなかった。ミルウォーキーのシオニスト協会の会長ゴルディ・マイヤソン（何年もあと、ゴルダ・メイアという名でベン＝グリオンの親しい政治的同志になり、その後イスラエル首相として彼の究極の後継者となる）は、自分の都市で講演する許可を与えなかったくらいだった。

シオニストの運動は、初めはささやかなものであったが、ヴァイツマンや（やや後に）ベン＝グリオンが予期したように、一九一七年にパレスチナがトルコから英国の管轄下に移ると、大きなものになっていった。救世主的なヘルツルがユダヤ人の世界の水平線の彼方に彗星のように姿を消すと、シオニズムの未来は東ヨーロッパのこれら三人のユダヤ人――アハド・ハ・アム、ベン＝グリオン、ヴァイツマン――の手にゆだねられた。三者それぞれパレスチナの未来に関する明確なビジョンをもっていた。アハド・ハ・アムは比較的少数の選ばれたユダヤ人たちが世界各地のユダヤ人のための文化センターの礎になるのを望んだ。ベン＝グリオンは大規模の集団移住を望み、そして集団農場と強力な全国的労働組合に基礎をおく社会主義国家を創ることを望んだ。

イデオロギー的指向性が一番ないのがヴァイツマンで、彼は文化センターとしてのエルサレムというビジョンは好んだが、伝統的ないし人文主義的学問の場であると同時に、諸科学の研究の場としても考えていた。彼は社会主義に寛容な態度で接することもできたが、自身は政治的に穏健主義者でパレスチナに市場資本主義をもちこめば利益がえられることを理解していた。彼はさし迫った将来に、いにしえの聖地にユダヤ人の祖国を創るという根本方針に英国政府の支持を必要とすることに関心の中心をおいていた。

三人のうちベン＝グリオンだけが一時アラブ問題に考慮を払ったが、さしあたって解決策もみつからず、棚上げした。

シオニズムのこの三人の巨頭の中でヘルツルに最も似ていたのはヴァイツマンで、事実上の後継者となった。両者とも最上級のサークルに仲間入りして社交を楽しんだ。ふたり共大英帝国の権力に対し鷹揚であっただけでなく、それを賛嘆した。両者とも市場資本主義に対し角張った態度をとらなかった。ふたり共優れて洗練されたヨーロッパ人であった。

ベン＝グリオンは政治的闘士で、大衆の指導者であった。金持ちや権力者との交渉は不得意だったが、そんな彼の短所は並はずれた勇気と忍耐力によって補われていた。アハド・ハ・アムは学識と鑑識眼をそなえた世俗的なツァーディクのような人で、風格あるヘブライ語で終生エッセイを書き続けた。彼は一九二七年にパレスチナで亡くなったためシオニストとしての評価はヴァイツマンやベン＝グリオンほど大きくないが、存命中は大きな影響力をもつ人であった。

ヴァイツマンは世界的政治家、ベン＝グリオンは人望ある指導者で社会主義者を組織化した人、アハド・ハ・アムは導師（グル）であった。彼らは畏敬すべきトリオで、お互いに個人的友情を抱くことはほとんどなく、ときに反目しあったが、シオニズムが勝利しユダヤ人の国が誕生する礎をすえるのに成功した。

彼らの大きな欠点はパレスチナに住むアラブ人の気持ちを察することができず、イスラムの文化を好まず、理解せず、さらには、パレスチナの外のアラブ諸国に住む一〇〇万ものユダヤ人に余り関心がなかったことである。一九一四年までにシオニストが達成したことはささやかなもので、それも容易に崩れる可能性があった。一九一四年パレスチナに住むユダヤ人の数はわずか二〇万で、その五倍ものアラブ人が住んでいた。大規模にユダヤ人が入植するのをトルコの支配者たちが快く思わぬという政治的問題があり、たとえこの時点までに近東に対する英国の帝国主義的野心にサルタンが屈してパレスチナを手放すことがあったとしても、乾燥した貧しい土地で大勢の移民の生活を支えうる現代的経済体制をつくりあげねばならぬという大変な問題があった。

ベン＝グリオンとヴァイツマンという有能で堅い決意をもつ指導者に率いられつつも、現代的な国家・社会であり、ユダヤ人の祖国となる国を困難な状況下で建設する見通しはなかなかたたなかった。古の聖地に世界中のユダヤ人にとっての文化センターをつくるというアハド・ハ・アムが思い描いたビジョンの方が、実現の可能性が大きかったが、これとて多大の資金と、ヨーロッパやアメリカから著名な学者たちをパレスチナに移住させる必要があり、それは実現させるのに大きな障害であった。

以降四〇年間パレスチナを将来ユダヤ人の社会、国にする計画は、英国の帝国主義政策が一時ユダヤ人に友好的であったために、そして、一九三〇年代、四〇年代ヨーロッパに住むユダヤ人にとって情況が悪化し、ユダヤ人の移民が難を逃れてパレスチナに何度も押し寄せたために、大きな進展をみた。

だがのちにシオニズムが勝利するに至る第三の要因は、一九一四年の時点で用意されていた。長い目でみれば、この要因はシオニストが目的を成就するのにほかの二つの要因と同じくらい重要であった。その要因とは、一九世紀後期以降、世界各地の億万長者の族長たちが率いる新しいユダヤ人の団体から受けとっていた支援金である。

一一世紀以来、つまり、実にタルムードの時代以来、ユダヤ人は各地の強力な共同体組織から恩恵を受けてきた。そうした組織は宗教上のつながりで結束を保ち、しばしばラビの家族と婚姻関係にある商業や銀行業を営む資本家たちとラビを指導者に戴いていた。現代に入るまでのユダヤ人の共同体の歴史を著したサロ・W・バロンは、若い頃ドイツの法律尊重主義の学校で学んだ、制度の歴史の研究方法に忠実であるため、彼の歴史の解釈はおそらく形式主義的にすぎた。彼はときに、指導者たちの揮う権力を過大視し、共同体の組織とラビで資本家の幹部たちの社会的統制力を、過大視したといえよう。というのは、公式の文書はそれらの権威を規定しているが、そうした規定のもつ実際の実効力を検討するのは困難だからだ。だが、一一世紀のイスラム教のスペインから一八世紀のカトリック教のポーランドに至るまで、ユダヤ人の共同体における実際の情況は、総じて規定の通りではなかった。

モダニティが一九世紀のユダヤ人社会に及ぼした大きな脱構築的影響の一つは、共同体の組織およびその指導者層の構造と人事を変えたことである。ユダヤ人は解放され、社会的可動性が増し、周囲への同化と世俗化が進み、一九世紀後期のラビたちは従来の権威を失った。カリスマ性をもつツァーディクを中心とする、孤立したハスィディズム信奉の共同体を除いて、ラビは宗教上の務めを果すのに雇われる人にすぎなくなった。今やシナゴーグの裕福な長老たちに雇われたり、解職されたりする、とり替えのきく人になっていた。いつでも人柄や学識のために強力な指導力を発揮する臨時雇いのラビがあちこちにいたが、概していって、一九世紀後期にはラビはユダヤ人社会で権威をもつ力は失っていた。

一方、資本家たちは共同体でさらに大きな権力を把握していった。ヨーロッパのロスチャイルドやヴァールブルク、アメリカのクーンやローブやシフのような巨万の富をもつ投資銀行は、モーリス・デ・ヒルシュのような際立って目につく法人資本家たちと合同し、ユダヤ人の共同体の組織のいたる所で支配的な立場・地位についていった。それはいく分かは政治的、社会的コネのため、目立つ存在であったためであり、いく分かは義援金の拠出や芸術家や文学者の支援のためであった。

二〇世紀初期には、ユダヤ人の共同体で億万長者の族長たちと並び、ほとんどは地位が低下したラビたちにとって代り、指導層に新しく仲間入りした集団があった。知的職業の人々、通常は著名な弁護士や医師たち、政界で出世した人や政府の高官たちである。

もう一つの事情がユダヤ人の共同体の指導者層の変容を助けた。新しい科学技術のおかげで現代に入ると通信手段や乗り物・輸送機関が発達し、空間と時間が縮まり、ユダヤ人の生活の重要な面を管理する国家的ないし国際的委員会をつくるのがはるかに容易になったのである。そうした委員会の例として、フランスの「ユダヤ同盟」、「全米ユダヤ人委員会」（構成員のほとんどはユダヤ系ドイツ人）、「全米ユダヤ人会議」（東欧からの移住者を幅広く受けいれた）をあげることができる。一九二〇年代までに、あらゆる国々に似たような団体・組織ができ、そこには相当数のユダヤ人が加わっていた。「世界ユダヤ人会議」が、個々の国のユダヤ人の組織を統括する役割を果していた。

各地域のそして国際的なユダヤ人の組織で、億万長者の族長が次第に大きな存在になっていったのは、会議に出席するのに時間と暇を必要としたためでもあり、また、富と権力でその名前が人々に強く印象づけられたためでもある。彼らは通常自分たちの団体を管理・運営する人々を雇った。そのためこうしたユダヤ人の組織では、新しいタイプの人間――資金集めと管理・運営を専門とする人間――が、著名人として現れ出るようになった。こうした管理者たちは高度の自立性をもつようにみえたが、その意思決定はいつでも、団体の会議を支配する億万長者の族長の政策の成就に役立つかたちでなされた。専門家が運営する、とくに効率的な国際的ユダヤ人の組織は「共同分配委員会」で、これは戦時下の地域や難民キャンプに緊急の援助を行なうものであった。

現代のシオニズムが一九一七年以前の苦闘を強いられた草創期を生きのびた大きな理由は、一八八〇年代のシオニズム運動の出発時から、沢山の億万長者の族長たちやその慈善団体から承認され支援を受けたことにある。ユダヤ人の住まうパレスチナはそうした明敏な組織の指導者たちにとって恰好の投資の対象であった。というのは、開発の遅れたこの地域は力のないイスラム教のサルタンによって統治され、住民は貧しいアラブ人の小作農と、御しやすい一握りの地主と商人だったからである。

一八八〇年から一九一七年の間に二～三〇〇〇万ドルの投資金で土地を購入したユダヤ人たちは、この開発の遅れた地域をしてシオニズム運動を始めるに足る重要な足場となすことができた。土地は通常アラブ人の不在地主から買いあげられた。

ベン゠グリオンのあらゆる社会主義的理論にもかかわらず、シオニズムと現代イスラエル国家とは、近東の政治的、経済的市場に地歩を築くことを望んだ一団の億万長者の族長たちの実務的視点からする明敏な決断の賜物である。長期的展望からみて実質的意味をもったのは、後者であって、感傷的に、鋤でたがやしたり牛の乳絞りをしたり、どう扱ってよいのかろくに分からぬオレンジを育てたりしている、オデッサやワルシャワにおける知的産物ではない。

シオニズムは、ユダヤ人の解放およびモダニティに（ポーランド以西では全面的、東欧では部分的に）浸されたことに対する反応として、消極的な反応なのか、それとも積極的な反応なのか。答えは両方である。モダニティ、この大いなる歴史的実験は、その繁栄ぶりにもかかわらず欠陥がありうまくいかぬかもしれぬという、早い時期にでた警告にシオニズムは応じたものであった。モダニティによって新生面を開いた社会と文化は、ほんの一時ユダヤ人に完全なる活用を許容したが、方向転換をし始めた。一八八〇年代のロシアの組織的虐殺、一九〇三年のフランスのドレフュース事件、その他の地域の常軌を逸して非道な諸々の事件が、そういう警告を発した。そして、以前にもましてひどいユダヤ人排斥主義に基づいて、ユダヤ人を理不尽に拒否・排斥することもありうるのだと。

そうシオニストたちは主張し、唯一の解決策として祖先の聖地に母国を用意してくれることを要求した。もしモダニティの科学技術と心性にユダヤ人排斥主義が生じたら、その悪意にみちた蛮行と世界中にいき渡る新しい科学技術は、パレスチナのユダヤ人だけをほっておくなんてことがあるだろうかという疑問はシオニストたちの念頭になかった。

彼らは迫害される少数者が、国際社会から引っ込んで暮せる世界をもつ権利――試合場から退き自分たちの居住地にひっこみ、ほっといてもらう権利――を要求した。ユダヤ人が聖地で生きのびていくのは、アメリカの政策および、国際経済と政治の活動しだいであること、また、孤立することは不可能であることをイスラエルの行動が明示しているときでも、シオニストは同じような主張を依然としてしている。ヘルツルの時代には事柄は単純にみえた、ないし、魔術師のようなヘルツルは単純であるふりをした。

ある意味でシオニズムはモダニティに対する消極的な反応であるが、ある意味では大変積極的な反応であった。というのは、それはモダニティに対する他の諸々の積極的な反応――ハスカラ、市場資本主義、社会主義、イディッシュカイトのロマンチックな民族意識、文化的な連帯意識――を引き起こさせ、その特色と人心に訴える力を発展させたからだ。したがってシオニズムは、モダニティはユダヤ人を裏切ることになろうという初期の警告に対する反応というより、モダニティはユダヤ人の歴史を大きく変容させたので、言葉で表現しようもない、古来からの聖地への帰還の願望はついに日の目をみることができるという確信の気持ちとして捉えることができよう。

だが多くのユダヤ人の科学者、哲学者、作家にとって、モダニティの基本線は以上検討してきた反応よりもっと重大なものであった。モダニズムの文化革命を引き起こしたユダヤ人の指導者たちは、モダニティが人間の安寧や行動や環境を変容させたことに満足せず、さらに押し進めて新しい自然観と人間観をうち開こうとしたのである。

ほとんどあらゆる知的、芸術的分野の最前線にユダヤ人のモダニストの名前がみうけられる、おそらく視覚芸術の分野は例外として（とはいえ、パリのハイム・スーティン、初めはロシアで後にパリで活動したマルク・シャガール、イタリアの彫刻家で画家のアメデオ・モジリアーニといった画家たちは、創造的芸術家として少なくとも超一流の次のランクに位しよう）。

一九〇〇年から一九三〇年にかけてモダニズムの革命が進展したその他の文化的、知的分野において、最も将来性に富み決定的に重要なリーダーシップはユダヤ人がとっていた。モダニストの小説ではパリのマルセル・プルースト（父親はユダヤ人ではないが、母親は著名なユダヤ系フランス人の家系の一つであるウェイル家の出である）や、プラハのフランツ・カフカほどに重要な名前はない。修史論においてロンドンのルイス・B・ネーミア、パリのマルク・ブロッホはプルーストやカフカに匹敵する卓越した仕事をした。交響曲ではウィーンのグスタフ・マーラーやアーノルド・シェーンベルクが抜きんでている。ジャズに由来するポピュラーミュージックでは、ニューヨークのジョージ・ガーシュインが卓越した存在である。

「批判理論」のフランクフルト学派（ネオマルキスト社会学）は、一九二〇年代後期にマックス・ホルクハイマーによって結成され、二〇世紀における二人の文化に関する最も影響力の強い理論家を誕生させた――ヴァルター・ベンヤミン（ゲルショム・ショーレムの親友）とテオドール・アドルノ（父親はユダヤ人だが、ナチの弾圧を逃れるためにカトリック教徒でイタリア人の母親の方の姓を名のったが、徒労であった）である。フランクフルト学派の著作にみられる二つのメインテーマには著者のユダヤ人としてのバックグラウンドが反映されている。第一に上部構造の文化の形成は物質的基盤によって決定されるが、終局的には文学、音楽、諸々の芸術は物質的脈絡からの高度の自立性を獲得する。知性に特権を認めるこの考え方は、ラビの世界に元を辿れるユダヤ教の主流をなすエリート的思考法をついだものである。

第二に、左翼の社会主義に組しながらもベンヤミンは、「機械的再生産の時代」になり大衆文化の興隆時代を迎えることがもつ意味を格別に恐れた。自己矛盾のようだが、これら左翼の理論家の著作には、普通の人間(コモンマン)が示す無知と野卑に対してユダヤ教のラビが抱いた恐れに似たものがみられる。ベンヤミンとアドルノは一九六〇年代以降の新左翼にとり、知的な神のような存在であった。新左翼のユダヤ人の学者たちは、フランクフルト学派の大衆社会への両義的(アンビギュアス)な姿勢をうけついだ。

大衆の心性に対するフランクフルト学派の関心と中央ヨーロッパ在住の二人のユダヤ人フランツ・カフカとアーロン・アペルフェルドの小説のメインテーマ――洗練されたリベラルな文化が蛮行と恐怖に蹂躙される――との間には平行性がみられる。ふりかえってみるとベンヤミンとアドルノは、一九二五年から五〇年にかけて中央ヨーロッパに暮していたユダヤ人の典型的な知識人であったと思われる。彼らの理論の中核には両義性と曖昧性がある。文学と諸々の芸術とは物質的、社会的基礎の上につくられるが、構造上高度の自立性を保有する。大衆はイデオロギー上は崇められるが、恐れられる存在でもある。ベンヤミンとアドルノの思想にみられる両義性と曖昧性は、中央ヨーロッパでユダヤ人が置かれていた複雑な情況および、ユダヤ人が繁栄していたドイツとオーストリア帝国崩壊後のユダヤ人の未来に関する漠とした不安を反映したものである。

フランクフルト学派の文化に関する理論は、モダニズム運動における新しい思想とマルキシズムとの橋渡しの役割をした。こうしてフランクフルト学派は政治的には急進的であったが、一九世紀的心性からさらに決定的な決別をすることを眼目とするモダニズム運動を押し進める点では、微温的に革新的であるにすぎなかった。一九一〇年から三五年にかけて自然科学および人文科学の分野で、高度のモダニズムへの道の先導役を果したのはやはりユダヤ人であった。

五人のユダヤ人それぞれが、ほとんど単独で基本的な学問分野を変容させ、西欧の思想一般に深甚な意味を及ぼすことになった。その五人とは、チューリッヒとベルリンを活動の場とする物理学のアルベルト・アインシュタイン、パリを活動の場とする社会学のエミール・デュルケーム、ニューヨークで活躍する人類学のフランツ・ボアズ、ウィーンとケンブリッジ大学を活動の場とする哲学のルートヴィヒ・ウィトゲンシュタインである。

半世紀以上経過して、二〇世紀最後の一〇年が訪れても、これらの学問分野の主要な仮説と目的とは、一九〇〇年から三五年にかけてこの五人の思想家が定めた方向に沿ったものであることに変わりない。彼らがうちたてた理論がそうした学問の構造に及ぼした影響をとりさったら、私たちが知る学術界全体が内破してしまうだろう。

マイモニデスはトマス・アクィナスとキリスト教のスコラ哲学への先導役を果した。スピノザは一八世紀の啓蒙運動の合理主義のさきがけとなった。とはいえ、一団のユダヤ人によって提示された観念が文化全体にかくも甚大な影響を及ぼした例は過去にはただ一度あるにすぎない。それは紀元前三〇〇年から西暦一〇〇年にかけての時代——バビロン捕囚後の、パウロのキリスト教の、そしてクムランとフィロの時代——である。

二〇世紀の思想史を記す歴史家たちは、大きな影響を将来におよぼしたこれらの思想家すべてがユダヤ人であることに目をとめるであろう。さらに又、これら五人は、ユダヤ人が解放され学術界に初めて自由に参加し活躍することができるようになった、最初の世代に属するユダヤ人たちであることに注目し、そして又、これまではおおかたの分野で締め出されていた少数者集団が、隆盛を誇る学術文化に無条件に参入したときに始まった彼らの爆発的な活躍ぶりにも注目するであろうが、それ以上の意味を汲みとることはしまい。

モダニズムの革命においてユダヤ人が果した役割のうちには、不当な扱いをうけなくなったという社会学的現象以上のもっと深い、構造的なものが関わっている。イデオロギーの上で、人をつき動かすものがあったのだ。モダニズムは、疲弊したビクトリアニズムを退け、科学と芸術のあらゆる分野でビクトリアニズムとは反対のものを要求する文化全般におよぶ革命であった。

モダニズムは、大きなもの、完成したもの、一般的なものに反対して、小さなもの、未完成・断片的なもの、特殊・個別的なものを唱道し尊重した。延長参照性（物事はそれとは別のものを参照してのみ解されうる）に反対し、自己参照性（物事はそれ自体を参照して――絵画ならその絵画の枠組みの中で、テクストならそのテクストに使われている言葉自体によって――解されうる）が尊重された。単純なもの、ポピュラーなもの、粗野なものに反対して、難解なもの、アカデミックで選良が解するもの、が尊重された。総じていうと、ビクトリアニズムが最も広い、最も普遍的なものに真実を見いだしていた、帝国主義、産業の発展、家長制の時代に、ビクトリアニズムが反映していた大宇宙（マクロコスモス）の局面に相対する小宇宙（ミクロコスモス）の局面を唱道し、尊重した。

モダニズムは、真実を追求するのに、調査・考察の目的で定義され、統御されうる可能なかぎり小さな単位に努力を集中させた。原子、エネルギーの粒子、文章（センテンス）、テキスト、絵画に使われる素材、音楽における半音階、歴史の特定の瞬間、心理学におけるトラウマを残す経験や夢、社会学における量化可能なデータ、人類学における血縁関係やギフトギビングなどに。

ビクトリアニズムは過去の遺産の上に建設するのを好んだ。モダニズムは遺産をひき継ぐが、わきに置き、実験室で、研究室で、精神科の患者の自由な連想や性に関連する記憶に、キャンバスに塗られる絵の具に、言葉や文章に、量化可能な社会的流行に、人類学のフィールドワークの体験のうちに新たに何が見つかるかに一意専心した。

ビクトリア朝人は言った、過去の業績・事例にそってやっていこう、現在も未来もそれらを発展させてやっていこうと。モダニストは、全面的に新たな出発をしよう、最も基本の単位に戻り、すべてを考えなおし、観察しうる最小の単位から始めようと言った。モダニズムはゼロを基にする思考であり、文化の形成の再出発であった。

モダニストたちの業績はあらゆる分野に大きな衝撃を与えたが、モダニストの思考法にみられる問題点もそれと同じくらい大きく明瞭である。ゼロを基にする思考が実際に可能なのか否か、いくつかの仮定を過去からひき移すこともせず、すべて新しく出発することができるのか否か、データを統御し作成する基になる仮定なしに研究をすすめることが可能か否か、そうした仮定の由来する大本を理解しうるか否か、そうした問題はモダニストが計画をおし進めるに当たって知的難題となった。

道徳的難題もあった、新たな出発をするに当たり今まで受容されてきた価値観は脇におかれ、極端な相対主義ないし道徳的不可知論が興り、暴力やテロに対し一般に容認されてきた制裁処置が存在しなくなった。超合理主義を流儀とするモダニズムは、悪夢のような非合理主義を招来し、長い時間かけてつくられた制度や価値観による統御や条件づけを喪失した世界が招来された。もしモダニズムのおかげで自然科学と行動科学がこの上ない発展をとげ、諸々の芸術が過去にほとんど例をみぬ豊穣な開花期を迎えたにしても、人類史上例のないテロと大量殺戮（ジェノサイド）が発生する情況を整えもしたのである。

一九三五年から六〇年にかけて、ビクトリアニズム――歴史を重視し、説法を好み、一般化を好む思考様式――への退行がみられたのは不思議ではない。すると三人のユダヤ人――クロード・レヴィ＝ストロース、ジャック・デリダ、ハロルド・ブルーム――が指導的役割を果すポストモダニズムの知的運動が、モダニズム運動を再出発させた。今度はその腐食性、角ばったところ、道徳的不可知論に対し安全装置を施そうと努めながら。

二〇世紀初期のモダニズムは、解放され、モダニティにすっかり浸されたことに対するユダヤ人の反応であった。それはハスカラ、改革派ユダヤ教、市場資本主義、社会主義、イディッシュカイト、シオニズムがそうであったのと同様である。それは、一九世紀末に成人になった世代のユダヤ人、ヨーロッパの学術と芸術の門戸が自分たちに完全に開放された最初の世代のユダヤ人、つまり、文化的、知的に完全なる解放を迎えた最初の世代のユダヤ人たちの反応であった。

彼らの反応は一九世紀に存したヨーロッパの思想の前提を根本から再吟味するかたちをとった。新来の人々、日の浅いアウトサイダーとしてユダヤ人は、ビクトリアニズムに個人的利害関係ないし家族的関わりがなく、また職業上の責任ももっていなかった。それまで関わりあいがなかったゆえに、物理学、心理学、社会学、哲学、人類学そして諸々の芸術を何の拘束もうけずにゼロから再考する試みをなしえたのである。

ビクトリアニズムと同様にユダヤ教も彼らの吟味・再考の対象になった。彼らの理論は、ビクトリア朝の文化と同じくらいユダヤ教に対してもあらゆる分野で打撃を与えた。その理由の一部は、ユダヤ人はビクトリアニズムに積極的に反応した際に、ビクトリア朝の文化の構成要素――その自由主義、市場理論、社会主義の教義、文化的・政治的ナショナリズム――を吸収し、それが解放された中産階級のユダヤ人のものの考え方の中核に存したためである。

だがモダニズムはビクトリア朝の様式や形態を攻撃し、ユダヤ教の思想の表面を攻撃するだけに止まらなかった。歴史的伝統にたつユダヤ教の構造も攻撃の対象にした。アインシュタインの物理学は物質とエネルギーの同一性と互換性を明らかにして、物質界に力を及ぼす超越的な霊的神というユダヤ教の神の概念をしりぞけ、スピノザの説――ユダヤ教の唱える超越性に反対し内在性を主張する説――に科学の面から助太刀した。

フロイトにより潜在意識の力、抑圧されたリビドーが人の行動に及ぼす役割が明らかにされ、倫理の分野にまったく新しい次元がもちこまれ、イド（本能的衝動の源泉）の観念抜きの超自我（自我を監視する無意識的良心）は、道徳に関する理論の基盤となすには脆弱で不適切であることが分かり、ユダヤ教の倫理学は時代遅れで偏ったものとなった。さらにフロイトは、ユダヤ教の家父長制への傾倒は、エディプスコンプレックスをどう解消するかという問題や、完全な人格の発達に齟齬をきたす恐れがあることを明示した。

デュルケームは宗教を数ある社会的機能を果すものの中の一つに還元し、その独自性を認めず、社会的有用性の点を除きその権威を否定し、純粋に手段的なものとして捉えた。

ボアズは一つの文化の他の文化に対する卓越性の主張を却ける文化の多元論を構築した。彼の説は、ユダヤ教を劣等な宗教とするキリスト教徒やユダヤ人排斥主義者の主張からユダヤ人を守ったが、同時に、他の宗教や文化に対するユダヤ教および伝統的なユダヤの文化の卓越性を否定し、選民の概念やそれに伴う諸々の形式や制度も、人類学的見地からみて社会的権威を欠くユダヤ人の慣行にすぎぬものとした。

ウィトゲンシュタインは哲学的探求の対象を話し言葉だけにとどめ、哲学的論考から形而上学的概念や倫理的主張すらも排除し、聖書の中の主な思想すべては哲学的ないし論理的根拠づけのない修辞的主張にすぎないとした。

　こうしたモダニストたちの攻撃が動機となり、一九二〇年代初め頃にベルリンに暮していた二人の学究的で聡明な若いユダヤ人は、神秘主義のうちに慰めを見いだすようになった。マルチン・ブーバーはハスィディズムから、一人一人の人間の存在の真実性を確証する思想を引き出した。彼は、対話を――交流、愛、共同体の一員としての活動を――通して、私と汝の間の「狭い尾根」で、私たちの道徳的な本性を意識できるという思想をひき出した。そして、この実存的対話から、やがて神とのつながりを見いだしうると説いた。互いに手をとりあい、安心感と幸福感を覚えながら、トーラーの巻き物を手にし輪になって踊るハスィディズム、充分に長く踊り続ければ神を経験できる。これがブーバーのメッセージである。手をつなぎあおう、そうすれば生命の力が君と共にあるだろう。

　ブーバーの神秘的哲学はもう一人のユダヤ人、アンリ・ベルグソンが一九二〇年代初めにパリで提起した生の力（エランヴィタル）に似ている。ベルグソンも現代の科学技術がもつ人を凍りつかせるような効果・影響から逃れでることを意図した。ブーバーの生の真実性を見いだすとするハスィディズムに似た対話は、ベルグソンの「自己による自己の創造」の思想と相似している。

　あい似た心的姿勢がアメリカ南部の福音主義のキリスト教およびアメリカ西海岸のニューエイジ神知学では広くみられる。これらは皆すべてモダニズムの中核に漂う、うすら寒い意味あいや、学究的で難解な見解をさけようとする努力なのである。

　ゲルショム・ショーレムはヘブライ大学の創設の手助けをするために早い時期にドイツを離れた。そして、モダニズムに反対し、ユダヤのグノーシス主義の歴史、カバラ、メシア信仰を研究し明らかにすることにその生涯をかけた。モダニズムがユダヤ教の知的な基盤を超合理主義の視点から破壊するのに反対して、ブーバーは個人的な対話の経験を、ショーレムは歴史上の経験を、提示した。

一九三〇年代になると恐怖政治、混沌、大災害がユダヤ人に襲いかかり始めるが、そのさなか、ブーバーの実存的な新ハスィディズムの神秘主義、およびショーレムがユダヤ人のグノーシス主義とメシア信仰との源泉を復活させ時代に適応させたことは、何ほどかの希望と慰めを人々に提供した。

二〇世紀初期における最も偉大な精神をもつユダヤ人たち——アインシュタイン、フロイト、デュルケーム、ボアズ、ウィトゲンシュタイン——の視点からすると、一九四〇年代のモルデカイ・カプランのユダヤ教再建主義運動というとるに足りぬ例外的事例を除けば、ユダヤ教の基盤を再考しようと一貫して真面目な努力を払った例は一つもなかった。一切はヨーロッパを襲った破壊の嵐のうちに吹き飛ばされた。嵐を生きのび、血を流し、よろめきながら廃墟の中に暮す人々の心に受け入れられた生き方と思考方式は、シオニズムと社会主義そして市場資本主義しかなかった。モダニズムの知的指導者たちのほとんどは、あの一九〇〇年の世代のユダヤ人であったにもかかわらず、モダニティに対するモダニストの反応が、ユダヤ教に適応されたことはなかった。

この事実は、ナチによるホロコーストおよびイスラエル国家の誕生とともに、二〇世紀のユダヤ史における最も驚くべき側面である。このことをユダヤ人の歴史家たちは無視するか、さもなくば、歴史の論考から意識的に排除してきた。なぜなら、それと面と向かうことはユダヤ人の将来にとって革命的な意味あいをもつからなのである。

第10章 憎しみの壁

一九三七年にパレスチナで亡くなったユダヤ系ロシア人ハイム・ナフマン・ビアーリクは、一二世紀のソロモン・イブンガビロール以来のヘブライ最高の詩人であった。アハド・ハ・アムの親しい友人であった彼は、オデッサにおける一九〇〇年前後のヘブライ文学のルネッサンスが生み出した詩人であった。彼が、円熟した自分の詩歌を、みごとに使いこなせたイディッシュ語ではなく、ヘブライ語で記すことにしたのは、イディッシュカイトにとり大きな打撃であったが、同時に新しいシオンの地ではイディッシュ語でなくヘブライ語が母国語になることの重要な徴となった。ユダヤ人の伝統に深く通じ、同時代の発達したヨーロッパ文化も充分に吸収していたビアーリクは、二〇世紀のユダヤ人の作家や詩人の中で第一級に位する。

彼は一九〇三年のベッサラビア（ロシア支配下のルーマニア領）のキシニョフの大虐殺（そのなりゆきをユダヤ系の役人から知らされた）に深く心を動かされた。一九〇四年のヘルツルの死はさらに彼の気持ちをめげさせた。そんな暗い情況の中から、怒りと運命をうたった詩「ダヴァー（言葉）」が誕生した。その中で彼は、新しい世紀はユダヤ人にとり一九世紀のように解放と進歩の世紀ではなく、厳しい苦難と悲惨な孤立のそれになろうと予言した。

見なさい、いかに混沌が私たちを包んでいるかを。
私たちは暗やみに打ち砕かれ、盲人のように手探りする。
何かをまちがえたのだ、なんなのかだれにも分からぬが。
陽は昇ったのか沈んだのか、それとも永久に沈んでしまったのか、だれにも分からぬ。
周りぐるりを混沌が、恐ろしい混沌がとり巻いている。
逃げ路はない。

聖書に登場するいかなる預言者も、ユダヤ人への恐怖と破局の到来を予言してこの詩に及ぶものを記した人はいない。

一九一四年から一八年にかけての第一次世界大戦は、正確に旧ロシアのユダヤ人強制集住地域である東部前線で戦闘が行なわれ、ユダヤ人居住地に甚大な破壊をもたらし、数十万のユダヤ人が死亡した。この時までにユダヤ人排斥の風潮は高まっていて、大戦後の病の蔓延でその風潮は一層勢いづいた。合衆国とカナダで繁栄し発展し続けるユダヤ人共同体は、一九二〇年代、三〇年代にユダヤ人排斥の風潮からくる差別と機会、とくに知的職業につく機会が閉ざされたため急に頓挫をきたした。スターリン主義のロシアでは、一九三〇年代ユダヤ人は大規模な粛清の矢面にたたされた。パレスチナ定住のユダヤ人は繰り返し突発するアラブ人の暴動を経験し、かつ大英帝国の支援を失った。

こうした悲惨事一切は二〇〇〇年におよぶ離散ユダヤ人の歴史上最悪の破局へつながっていった。一九一四年には一一〇〇万であったのが一九三九年には一七〇〇〇万に増加していた世界のユダヤ人人口は、一九四五年には再び一一〇〇〇万人に逆戻りしていた。ポーランドとドイツのユダヤ人共同体は消滅し、ロシア、フランス、ギリシア、イタリア、オランダ、オーストリア、チェコスロバキア、そしてハンガリーのユダヤ人の共同体は手酷い損害を蒙っていた。一九四〇年代後期と五〇年代には、アラブの国々に数世紀間存在してきたユダヤ人の共同体はいずれも追い払われ、居住していたユダヤ人のおおかたは、貧窮と惨めな無秩序状態のうちにイスラエルに移住した。

「何かをまちがえたのだ、なんなのかだれにも分からぬが」一九〇五年にビアーリクはそう嘆いた。ふりかえれば、数百万ものユダヤ人の死を招来しただけでなく、それ以上の数のユダヤ人に離散や迫害や剝脱をもたらした「まちがい」のいくつかを、私たちは経験と観察に基づいてそれと特定することができよう。

とはいえ経験や観察に基づく説明は、歴史学や社会学の用語をいかに賢明に使おうとも、一九一四年から五〇年にかけて起ったことを完全に説明することなど所詮できっこない。神が己れの影を世界から引っ込め、悪魔の一時的勝利を許し、器の破壊、宇宙の騒乱状態を許したというユダヤ教神秘思想カバラの暗いビジョンを抱くことしかできない。

二〇世紀初頭から半ばにかけて、ユダヤ人は剝脱された悲惨・困窮を味わわされたばかりか、猛烈な攻撃、生存それ自体がおびやかされた。それは所かまわずみられ、際限ない現象であったから、理の通る分析などできず、神秘的・神学的説明に頼るほかない。とはいえ、この三〇年間に二〇世紀のユダヤ人排斥運動とホロコーストに関する非常に多くの研究や著作が著され、歴史的調査・研究からいくつかのパターンと全体的な原因が急速に浮かび上がってきている。

二〇世紀前半におけるユダヤ人の受難と破局の全体的原因は、社会的なものとイデオロギー的なものとの二種類に分けられる。この二種類は、非個人的なものと意図的なものという風に分けることもできる。社会的、非個人的な原因というのは、西欧および世界の社会と経済にみられた幅広い組織的な構造上の変化、環境や情況の変化である。当時はユダヤ人の指導者も、ユダヤ人に好意的な非ユダヤ人も、明晰には認識していなかったが、その変化が事態を困難にし、おそらくはユダヤ人に災害をもたらしたのであった。

二つ目の原因、イデオロギー的、意図的原因は、いくつかの地域の住民のユダヤ人に対する意識的憎しみ、ユダヤ人に危害を加えんとする燃えるような決意であり、このユダヤ人恐怖症は道義的配慮に基づき、理性的・科学的必然性をもつとする考え方であった。

波のように襲う反ユダヤ主義、掠奪、差別、暴力、そして最後には計画的集団虐殺に至る社会的・非個人的な究極的原因を論ずる際、強調されなければならぬのは、一九世紀の西欧とアメリカにおけるユダヤ人の解放は、自由主義的教義より国家のニーズに原因したことである。ユダヤ人の解放と地位の向上をもたらした原因の一部は、人権と政治的平等に関する自由主義的思想にあったが、主な原因は一九世紀の国家が利用できる人的資源を最大限活用する必要性があったことにある。少数民族ユダヤ人は、国家に通商、産業、学問において貢献できたがゆえに、好意的で公平なとり扱いをうけたのである。

親ユダヤの感情すら混じるユダヤ人への肯定的姿勢や、ユダヤ人が社会的地位の階段を昇るのを許容した自由な空気は、二五年間にわたってヨーロッパの平和、繁栄、そして教育を受ける機会の改善、中産階級の拡大の趨勢が、西欧の文化と社会にくつろいだ進歩的姿勢を醸成したその直後の一八七〇年代にピークに達した。帝政ロシアですら一八六〇年代と七〇年代は意義深い自由主義化、経済の進歩、中産階級の市民への学問の普及によって特徴づけられた時代で、ロシアはモダニティの瀬戸際までできていた。

一八八〇年代までに運命の逆転が進行し始めていた。社会的に張りつめた空気、人を圧迫する好戦的な雰囲気、怒りと絶望感がいたる所で大勢の人々の間にゆっくり醸成されていった。一八九〇年代になると国際的な軍拡競争と強国間の領土拡張競争とで、長期間続いた平和は終焉の危機に周期的にみ舞われるようになり、一九一四年の八月にはついにそれが現実のものになった。

第一の、おそらく最も基本的な問題は、一九世紀初め頃に始まり、一八四〇年代後期が最盛期であった大資本家が拡張・発展をとげる時代が、終わったことである。市場経済は新しいもっと困難な時代に入っていた。この資本主義の成熟期、一七九〇年頃の産業革命と共に始まり、一八四八年から一八七〇年代初期にかけて中産階級の消費者の増大という新しい追い風に乗り、市場は着実に伸びていったが、もはや限界に達していた。世界の資本主義は新しい市場を利用することができなくなって息がつまりつつあった。帝国主義がアフリカと東アジアに軍隊を使って新しい市場を開くという、金もかかり論争の的になるやり方は別にして、市場をみつけるのは困難になった。

その結果、一八七三年から九六年にかけて、西ヨーロッパとアメリカに身も心も萎えるような長い不況がつづいた。一九一〇年以降再び不景気が訪れた。雇用者は不景気のもたらす厳しい情況のつけを、労働者の給料カットや一時的解雇で切り抜けようとし、一九一〇年から第一次大戦にいたるまで、暴力に訴えることも辞さぬ大規模なストライキや、世の中全体に激しい労働紛争の雰囲気をひきおこした。

爆発の危険をはらむとげとげしい情況、ロシアでは新極右の無能な政体の無分別な政策により事態は一層悪化し、ユダヤ人はあらゆる国々、あらゆる社会の層で、自由主義的で進歩的で温容ないし歓迎すら示す雰囲気とは正反対の空気の中で暮し仕事せざるをえなくなっていた。一九二九年以降の一〇年間世界経済が大不況に陥ったことは、世界中いたる所で凶暴なユダヤ人排斥運動に火をつけることになった。

一九世紀後期と二〇世紀初期の、成熟し、時として危険に満ちた資本主義の困難な時代になると、ユダヤ人が国家に提供する人的資源は以前ほど珍重されなくなり、ユダヤ人への憤りと憎しみは増大せざるをえず、帝国主義者や国際的な圧力や紛争に敏感で、経済的関心にも敏感であった諸国の政府は、いずれの地でもかつてのように自国の少数民族ユダヤ人に保護や助けの手をさしのべなくなった。

それればかりか、ユダヤ人を憎しみと不安の感情のはけ口にすることで、不況と失業に対する政府の無策から人々の注意をそらさせたい誘惑にかられた。

二〇世紀におけるユダヤ人の運命と、一二世紀、一三世紀におけるアシュケナジの情況とには、悲しい類似性が見られる。この両方の時代、ユダヤ人は、社会で非凡な才能と力量を発揮する人々としてみられず、経済的・政治的変化により引き起こされた激情と敵意の矢面に立たされたのである。

一八八〇年から一九一四年にかけてますますひどく、一九二〇年代と三〇年代にはほとんど歴史上例をみぬほど烈しく、ユダヤ人は財政、通商、産業の部門の上層部の腐敗し、ひねくれた反社会的策謀家たちによって悪口を浴びせられた。一九三〇年代、国の体制を問わず、英国、フランス、アメリカのような自由主義的資本主義であれ、ドイツのようなファシズムであれ、ソビエトロシアのような共産主義体制であれ、ユダヤ人は詐欺、いんちき会計、社会への寄生的存在の罪を着せられた。裕福なユダヤ人は株の狡猾な取引といった金銭上のスキャンダルだけでなく、発展を続け社会的に重要度を増しつつある新聞、出版業、映画会社、ラジオの放送網のような情報産業を不当なほど独占しているといって非難された。

遠い昔からのユダヤ人排斥思想の名残は薄れてとるに足りぬもののようにみえたが、自由主義的で幸福な時代にも文化、宗教、社会から消失した訳ではなく、今やエリートの実業家や財政家そして中流と労働者階級のユダヤ人に燃え盛る火のように襲いかかってきた。シャイロックのイメージが再び大きく膨らみ、これまで洗練された上流社会の雰囲気の中で暮してきたユダヤ人の億万長者をも苦しめ悩ますものになった。不快な念を抱く族長たちは、ユダヤ人排斥運動がつつましい暮し向きのユダヤ人だけに影響を与える場合よりもっと、地獄のような運動を相手に戦うことに用心深い姿勢をとるようになった。

中流階級のユダヤ人も、モスクワからブダペスト、ロンドン、ニューヨーク、そしてそれ以西にも、大学や専門学校や、法律、医学、学術界のような知的職業に人口の割にショックを覚えるほど数多く、しかも年々ますます多く入りこんでいるブルジョアの貪欲な連中とみなされ、広く一般の人々の怒りをかっていった。

労働者階級のユダヤ人たちに対する憤りと敵意は、東欧からのユダヤ人の移民たち——アメリカ、カナダ、西ヨーロッパ、ラテンアメリカへ五〇〇万人が移住し職を求めた——によって引き起こされた。もともとはイディッシュ語を話し、しばしば信心深いこれら下層階級のユダヤ人たちは、文化的、宗教的に周囲とは異質で、政治的には急進的、市民としては危険な存在とみられただけでなく、仕事につける保障や機会に対する、また非ユダヤ人の労働者階級、プチブル階級の幸福に対する直接的脅威とみなされた。

これまでのユダヤ人の歴史書では以下のことは滅多に認められていないのだが、こうしたユダヤ人に対する憤りや非難・告発は根も葉もない中傷であるとか、質《たち》の悪いユダヤ人排斥運動ならなんでもありの近代以前の歴史の中から、偏執的な憎しみをもつ商人たちが採ってきて各地で甦らせ活性化させたきまり文句にすぎぬとするのは、全面的に正しいとはいえない。過度に一般化され膨らまされたこうした否定的なユダヤ人のイメージに、説得性を与えるにたる経験的な事実があったのだ。

社会各層でのユダヤ人の行動・振舞いに対する非難は資本主義の成熟期にあっては、いつでも情況の面——好機が訪れる見こみのなさ、一八七五年から一九三〇年代にかけての財政的危機や繰り返し襲う不況

——から理解されねばならない。非ユダヤ人の、実業家たちや知的職業志望の人々や産業労働者たちは、狭き門の就職の機会、大学教育を受けたり知的職業につく機会の狭小化、柔軟性をなくした経済活動、その他の挫折や不安の種にでくわして、自分が生きてる時代やシステムないし情況に応じる能力のなさを咎めずに、矛先をユダヤ人に向けた。

個人や家族に深刻な影響を及ぼす社会的情況に対し、ユダヤ人を非難する声が非常に高まっていった。そうした社会的力である非難の声を明確に見定めるのは困難であり、少なくとも一九四五年以前はそれらを和らげることはほとんど不可能に近かった。だからユダヤ人はシステムそのものに由来する弊害の恰好のスケープゴートにされたと論ずることもできよう。たしかにそれも真実だが、ユダヤ人はまったくいわれなく犠牲になった訳ではなく、ユダヤ人への非難はなんの根拠もないとはいえないのだ。

ユダヤ人の資本家たちは、英国では二〇世紀初めの一〇年間に、フランスでは一八八〇年代と一九二〇年代に、一連の汚らしいスキャンダルに巻きこまれた。ユダヤ人の企業家は情報産業において——ベルリンとウィーンでは新聞や出版業で、一九三〇年代のニューヨークでは出版業とラジオの放送網で——次第に大きな存在になっていった。一九一〇年以後の三〇年間に急成長したハリウッドの映画撮影所の所長のほとんどすべてはユダヤ人で、たいていは移民家族の出であった。保守的で愛国的で月並みに道徳的で、家族指向の彼らの人生観は、制作する映画を通して世界の数十億の人々に伝えられていった。

いうまでもなく、ユダヤ人の大物実業家たちの質の悪い活動の代表例とされるこうした仕事に対する反応は、一握りのユダヤ人と共に大変な数の非ユダヤ人が金銭のスキャンダルに巻きこまれるかたちで表れ、ユダヤ人たちは出版業や娯楽産業に移っていった。というのは、これらの分野は資本もそう多く必要とせず、創意工夫と勤勉さで速やかに成功できる、近づきやすい分野であったからだ。しかしそれも、資金調達で汚いことをし、情報の普及の点で有利な位置を占めているという非難がユダヤ人に集中するのを妨げはせず、ユダヤ人の実業活動を槍玉にあげるのに好都合な点では同じであった。

二〇世紀に入って数十年間、とくに西ヨーロッパと中央ヨーロッパで、ユダヤ人の大学生・法律家・医者の数が人口の割に非常に多かった。また、一九三〇年までに学術界、とくに自然科学、行動科学の分野でもそうであった。ユダヤ人の高等教育を受けられる人数、知的職業につける人数を制限するために割り当て人数制が採用され、それも次第に厳しくなっていったにもかかわらず、そうであった。

聡明で高度の読み書き能力をもつユダヤ人は、大学教育を受け知的職業につくのを求めがちであったこと、また、学業の成績も優秀で知的職業での業績も優れ、社会に積極的な貢献を果したということもできる。自由主義的な非ユダヤ人の多くはこの見解に同意した。だが大学に入ることや知的職業につくことを熱心に望んでいる人々の大勢が願いをかなえられぬ、経済が停滞ないし不況の時代には、ユダヤ人の成功は中産階級の人々の憤りを招来せざるをえなかった。

シャイロックのイメージが再び利用された。頭はいいが「品性」に欠け、学問や知的専門職に欠かせぬ堅固な道徳性がない。成功するためならどんなことでも習得し、どんなことでも口にする連中、そういわれた。

こうした論に対する賛否はどうあれ(一九五〇年代のアメリカとカナダではこの種の議論が激しく戦わされたのだが)、二つの事実が明らかである。高等教育をうけ知的職業につけるユダヤ人の数を制限するための割り当て人数が課せられたこと。二つめはそれにもかかわらず人口の割にユダヤ人の数は際だって多かったことである。一九一〇年には、割り当て人数がさらに厳しくなるまでは、ハーバードの学生の二〇パーセントがユダヤ人であった。一九三〇年には人数制限のなかったニューヨークシティ・カレッジの学生の半分以上がユダヤ人であった。一九三〇年にはブダペストの法律家とウィーンの精神科医の半数はユダヤ人であった。同じ年ベルリン大学の終身在職権のない下級学部教授たちの半数はユダヤ人であったが、厳しい割り当て人数制のため、終身在職権をもつ上級学部教授の中にユダヤ人が占める割合は一〇パーセント以下であった。高等教育と知的職業にユダヤ人が多くついていることは、社会主義者のシオニストたちの間でイデオロギー上の嘲笑を呼び覚まし、西ヨーロッパ、中央ヨーロッパ、アメリカ、カナダの中流の非ユダヤ人の憤りをかった。

仕事上のユダヤ人の慣行や、大学や知的職業でユダヤ人が果している役割によってどんな不安や苦情がうみだされたにせよ、もし一八八〇年から一九二〇年にかけてポーランド、ロシア、ウクライナ各地から五〇〇万ものユダヤ人が大挙して西欧世界に移住し、人々に大きな恐怖感を抱かせるということがなかったら、それらは大したことにはならなかったであろう。こうした移民たちは、安い賃金で、他になんの手当てもいらず、しかも非衛生的な労働環境（労働搾取工場）で働く覚悟ができていたから、一時解雇が繰り返される不況の時には非ユダヤ人たちから職を奪う恐れがあった。少なくとも当座の間はユダヤ人と職を争う必要のない中流の裕福な非ユダヤ人も、新来のユダヤ人の見た目や振舞い・行動様式には嫌悪感を抱いた。

彼らが話すイディッシュ語、清潔好きでないこと、軽犯罪を犯しがちなこと、非ユダヤ人のみならず古くから定住するユダヤ人たちの中に入っても概して異様に見える彼らの風体、そうしたものへの反発心があった。新来のユダヤ人に鼻をつまむ、古くからいるエリートのユダヤ人たち、セファルディやドイツのユダヤ人たちは、ベルリンでもロンドンでもパリでもニューヨークでも、東ヨーロッパからきたユダヤ人たちへの周囲の人々の間での悪い評判、恐怖の混じる憤りを強く意識した。

億万長者の族長たち――ロスチャイルド家やシフ家――その他の裕福なユダヤ人たちは、新来のユダヤ人に対する人々の敵意に対抗してとりうるあらゆる手段を――名誉毀損対抗同盟の設立、社会福祉事業団（草分け的な社会事業機関）への基金の供与、ヘルス・クリニックや職業訓練校やファミリー・カウンセリング・クリニックの設立、ニューヨークではユダヤ系の暴力団調査への個人的融資すらも――講じた。

由緒あるユダヤのエリートたちがもっと多額の金を出してさらに大きな努力を払っていたら、東ヨーロッパからの移民が人々の内に惹起した恐怖心やその他諸々の感情を鎮めることができたとするのは、議論の余地がある。彼らは大いに努力した。とはいえ、意志さえあればもっと大きな資金を提供できた、その程度の努力であった。移民たちのための社会福祉事業団とかヘルス・クリニックを設立して、自分自身ないし自分の家族を貧乏に陥れた億万長者の族長とか裕福なユダヤ人など、一人もいなかったからだ。

問題はこうである。規模の大きい、混乱した移民の波が余りに早い速度で押しよせ、かつ又、東ヨーロッパにおいてすでに衰えをみせていたラビの指導力は、西ヨーロッパやアメリカに移住後さらに影の薄いものになっていたので、移民が引き起した敵意を和らげようとする由緒あるエリートたちの努力は一時しのぎでとるに足りぬ効果しかなかった。

移住者たちの中の若い世代の人々が国から支援金がでる学校を出たり、その国の世俗的文化にすっかり染まったり、モダニティの一般的影響を受けたことは、一世代ないし二世代の間には周囲の敵意を和らげる効果があった。とはいえ人々の不平・不満は続いた。今度は、ユダヤ人に関して問題なのは、見ためや振舞いが異星人のようだという点ではなく、余りにも適応しすぎる、つまり、非ユダヤ人の風習や服装を冷笑しつつも狡猾にまねする点にあった。市場経済が沈滞したり縮小したり、危機的情況で苦しんでいたりするかぎり、また、就職の機会が狭き門であるかぎり、大量のユダヤ人の労働力が東から西に移るのは、ユダヤ人の素早い文化適応とは無関係に、猛烈な反ユダヤ感情をうみださざるをえなかった。

ここで次の論がもちあがろう。ユダヤ人の従事する活動が非ユダヤ人にとってどんな問題を引き起そうとも——金銭の取引でのごまかしとか情報や娯楽産業の支配とか、大学や知的職業での際だった活躍ぶりとか労働搾取工場で安い賃金で働くとか——ユダヤ人は個人として考慮されるべきであり、二〇世紀前半にユダヤ人嫌いの危険な風潮が勃興する社会的情況をつくり出したなりゆきに対し、集団としての責任、咎、あるいは考慮を払うのは至当ではないという論である。

自由主義的ユダヤ人、市民的自由の擁護者、そして名誉毀損防止委員たちの中には、反ユダヤ主義に火をつけた要因としてこうした事柄を論ずるのを拒否する人々がいる。個々の人間の行為があっただけだと彼らはいう。この名目論〔普遍的、抽象的名辞はそれに対応する実在をもたず、実在するものは個物だけとする論〕をおし進めるなら、ユダヤ史はラビの歴史となる。また、そうした類の書物があちこちにみられもする。

私としてはこういいたい。第一にそうした個人主義はアメリカ人固有の心的姿勢であり、それは一七八七年の合衆国憲法、一七九一年の権利の章典、一八六八年の憲法修正第一四条、そしてそれが最高裁の決定により合衆国およびすべての市民に適応されることになったこと、に根ざしているのであると。

ヨーロッパ、そしてアメリカの立憲主義を大いに参考にしたコモンローの伝統をもつ英国ですら、集団思考をしっかり重視する姿勢、集団としての社会的行動への感性を保持しており、ユダヤ人は解放され個人としての市民権、政治的権利を享受するようになったとはいえ、ユダヤ人を明確な特徴をもつ少数民族集団と捉える見方を失ってはいない。イギリス人の中には反ユダヤ主義者もいる。そうではない英国人ですら、ユダヤ人をそれと認識できる特徴を備えた行動様式をもつ、ほかと区別のつく集団であるとはっきり意識している。従って英国のユダヤ人たち自身、強い集団的感情をもつ同族中心主義の排他的集団であり、イギリスの社会と文化の中で、それと認識できる少数民族集団を形成している。カナダの非ユダヤ人たちは個々のユダヤ人を集団的な範疇に据えて捉え、ユダヤ人たちは英国におけるほど同族中心主義ではないが、非常に強い集団思考の意識をもっている。

二〇世紀前半に、ユダヤ人の共同体の組織や団体、名誉毀損防止機関等の努力にもかかわらず、ユダヤ人の立場・境遇が悪化した第一の、最も重要な社会的・非個人的原因は、成熟した資本主義の経済的不況であった。ユダヤ人の企業家としての知力と合理性が国家にとってもつ利点は、一九世紀初期におけるより減じてしまった。卓越した能力を国益に役立てるには不向きな情況が存在したからである。

ユダヤ人の企業活動、抱負、新機軸の試みは、あらゆる非ユダヤ人の社会集団の憤りを喚起し、憎悪の念に火をつけた。なぜなら、ユダヤ人は沈滞した構造の成熟期の資本主義社会というゼロ和《サム》ゲーム〔損失はマイナスの利得として計算され、競技者間の利得の合計が零であるゲーム〕にあっては、手強い競争相手であったから。これこそユダヤ人の苦況の基本的原因であり、二〇世紀前半に反ユダヤ主義に火をつけた最も重要な原因であった。それらを鎮めえたのは、ただ第二次大戦後のにわか景気、再び始まった経済活動の拡大、社会に貢献するユダヤ人の才能と精力に対する新たな要求と正しい評価だけであった。

二〇世紀後半資本主義の国々に比べてソビエト同盟がユダヤ人に狭量であったのは、ロシアの経済活動の拡大ぶりがはるかに小規模であったからである。その結果、ユダヤ人への嫉妬、ユダヤ人が才能を発揮するのを抑えたい欲求がいつまでも存した。一方、西欧の国々では一九四〇年代後期から一九八〇年代半ばにかけてユダヤ人を歓待する情況が存続した。

二〇世紀前半ユダヤ人に不幸な結果をもたらした社会的、非個人的要因は、ほかに二つある。一つは第一次大戦中前例のない規模で人命が失われたことである。その数は一〇〇〇万に及んだ。その中には、ドイツ軍とロシア軍のとてつもない規模の戦闘が繰り広げられた戦場になった東部ユダヤ人集住地域に暮していた数千人のユダヤ人も含め、一〇〇万人の民間人が含まれる。大量死によって人命に対する価値観が低下し、一般の人々は残虐行為に慣れてしまった。このことは、平和であった一八七五年のヨーロッパでなら、考えられなかったやり方で暴力が揮われるようになる下地をつくったのである。

集団殺戮のような行為でもただちに有罪の判決をうけることのないヨーロッパでは、ユダヤ人が迫害されるとなると、いともたやすく死をもたらすかたちをとりがちになった。第一次大戦は一般人の道徳観念を低下させ、集団殺戮という本来恐怖そのものである事態にヨーロッパの人々を慣らした。第二次大戦は人の命の価値をほとんど零にまで下げたが、ユダヤ人のような中傷の対象になりやすい憎まれ役の少数集団にとり、大変な脅威となった運命の大きな逆転が訪れたのは、一九一四年から一八年にかけてであった。

ユダヤ人の立場・情況にマイナスの影響を及ぼしたもう一つの社会的・非個人的原因は、マスメディア――大衆にも手の届く安価な新聞、映画、ラジオ――の大変な普及である。ユダヤ人自身この通信革命では大きな役割を果したにもかかわらず、結果は、集団としてのユダヤ人に不利なものであった。国の主導になる読み書きの義務教育制度とあいまって、二〇世紀初期にはこれまで考えられなかったレベルにまでマスメディアが届くようになり、新しい技術で生れた通信手段が国家のプロパガンダの普及を大いに助けた。それはまた軍人の集団が、ユダヤ人排斥主義の思想を、字の読める大衆消費者に広める能力を高めさせ、ユダヤ人への敵意に満ちた申し立てが真実であると説得させた。

それらに対抗するユダヤ人側のプロパガンダの技量がどうあったにせよ、マスメディアを通してのユダヤ人憎しのキャンペーンを阻止するのは困難でもあれば費用もかかった。卑賤な偏執狂的ユダヤ人迫害主義者が、難なく貧しい境遇から身を興し、大衆相手の出版物やラジオを通して数百万の人々に語りかけた。

ラジオ放送によるユダヤ人排斥主義の声は、個人個人に語りかけるようで迫力も一段とました。大衆の心に及ぼす扇動家の影響はユダヤの名誉毀損防止機関が対抗するにはきわめて困難なものであった。

社会的に影響を及ぼすこれら三つのもの——市場資本主義の悪化、結果として生じた競争の激化に由来する圧迫、人命の価値の低下、ユダヤ人憎悪のキャンペーンの普及を助けるマスメディアの大変な力——と並んで、二〇世紀前半にはイデオロギー上ユダヤ人の受難を招来する原因になるものがあった。それは、ある個人ないしある集団によるユダヤ人を害する意図をもつ中傷・誹謗である。私たちはそれらを意図的な要因と呼ぶ。通常歴史家たちは二〇世紀のユダヤ人排斥主義の勃興に対し、最初にこうしたイデオロギー的な故意の要因をとりあげるが、社会的、非個人的な原因というもっと広い文脈なくしてはイデオロギーは大きな影響力や、あのような恐るべき結果をうみだす力をもちはしない。

ユダヤ人は世界で最も大きな二つの宗教団体であるイスラム教徒とローマカトリック教徒の憎しみをかった。ふりかえれば、この両団体がユダヤ人に対しイデオロギー上対立していた事実は途方もない重要性をもっていたと思われる。一九二〇年代の終わり（それ以前ではないにせよ）には、この対立ははっきりしていたのに、ユダヤ人の指導者や世論形成者たちは明確に認識してはいなかった。このことがもつ意味をいまだにユダヤ人はちゃんと考慮しようとしていない。ユダヤ人の手になる歴史書は、二〇世紀初期にユダヤ人は、合同すると会員数二〇億近くなる二つの宗教団体のいやしがたい憎しみをかっていたという、人を呆然たらしめる事実を記すことをしていない。

そんな情況にあってユダヤ人は致命的な破局を迎えることなしに、二〇世紀を生きのびていくことができたであろうか。実際にヨーロッパにおいて一九四〇年代に破局を迎え、一九四八年から七三年にかけて再度破局を迎えようとした。

ローマカトリック教徒のイデオロギー上の対立のほとんどは一九六五年に解消した。この年開催された第二次バチカン会議が、キリスト教会の自由主義化を追求して、キリスト在世時にディアスポラに暮していたユダヤ人、そして、その後ほぼ二〇〇〇年間ディアスポラに暮したいく世代ものユダヤ人から、神を殺した人々という汚名をとり除いたからである。ユダヤ人はもはやイエスの死に対し民族として責任をおうことはなくなったが、バチカン会議は、新約聖書の福音書の中のイエス在世時にエルサレムにいたユダヤ人たちに罪を着せた記述をはっきりと否定しはしなかった。西暦一世紀以降のユダヤ人とキリスト教徒との関わりで最も重要な意味をもつ、ローマカトリック教徒のこのイデオロギー上の転換は、一九九四年にバチカンの教皇庁がイスラエル国家を完全に承認し、ローマとテルアビブで大使の相互派遣をとり決めたことで追認された。

一九九四年イスラム教国のイスラエル国家との対立、イスラム教の指導者たちのユダヤ人へのいやしがたい憎しみは存続している。イスラエル人とパレスチナ人との間に政治的和解が達成されうるなら、憎しみの念は軽減される希望は残されたが。

二〇世紀初期におけるローマカトリック教徒とユダヤ人の対立は、それまで二〇〇〇年間近く互いに憎みあい対立してきた関係のもち越しであったが、一九〇〇年以後現代の政治的・文化的情況から生じた相克によって、対立は一段と悪化した。教会の訓え、そして教会の階層制度のうちにカトリック教が伝統的に保持してきたユダヤ人恐怖症が存続されたことに加え、カトリック教徒とユダヤ人との衝突を招来する三つの火種が出現した。

第一は、西欧諸国においてユダヤ人が、カトリック教徒の市民に対するカトリック教会の教育面での統制・支配をやめさせ、また、キリスト教会が国から支援をえて教育に働きかける権利をとりあげようと、政治的に執拗に努力したことである。ドイツでもフランスでも一九世紀末にこの問題が突発した。自由主義の庇護のもとユダヤ人は、どの特定の宗派とも関わらぬ市民社会に自らを託して、教育に対する教会の古くからの支配をやめさせ、国の支援というカトリック系の学校がもつ特典をとりあげようとする政治的政策を強く支援した。

名目上は住民の大多数がカトリック教徒であり、一九世紀後期には聖職者やカトリック系の知識人からなる格別に好戦的な集団が存したフランスでは、カトリック教徒の教育問題は格別危険でこじれやすい難題であった。国からの支援金がでるフランスの学校制度を完全に民間の管理・運営にまかせるかたちに改めようとするフランスの自由主義的左翼の政治家たちをユダヤ人は強く支援した。そしてこの方針は全体としては勝利を収めた。論争的な著述をものするジャーナリストたちも加勢に加わり、新中世主義を信奉する聖職者たちは、フランスにおける教育と宗教分離論の自由主義の勝利に対し執拗に頑固に抵抗し、不倶戴天の敵としてユダヤ人を槍玉にあげた。

一八九〇年代にドレフュース事件が世間を賑わしているとき、フランスのカトリック教徒の間に毒々しい悪意をもつユダヤ人排斥主義が起り、ユダヤ人一人一人が教育に関してもつ意見を無視し、おしなべてユダヤ人は反カトリック主義者であるとみなした。これは、ユダヤ人を社会の中の他者、信仰の敵、誤った思想と道徳的破産の先触れとなる者共とみなす中世のカトリック教会のユダヤ人観の現代版である。カトリックの見解ではユダヤ人は、キリスト教の文化の敵、歴史的伝統の破壊者、真理を歪める者、キリストを拒否したばかりでなく、フランス文明の中でキリスト教会が伝統に則って正当に占める地位を教会から剥脱しようとする宗教的集団を、信奉している連中なのであった。

最も行動的な聖職者たちの多く、そして知識人たちの大御所を含むこうした好戦的なカトリック教徒の見解では、ユダヤ人はキリスト教会に宣戦布告し、教会を傷つけたのであり、政治的・文化的指導力およびフランスにおける公的生活において自分たちが占めるに至った強力な立場を奪われたり弱められるのを最小限にとどめることで、罰してやらねばならないのであった。

熱狂的なユダヤ人排斥運動を展開したカトリックの集団はいくつかあり、アクション・フランセーズという名の準軍事的な団体は、その中で最も声高であったにすぎない。フランスのカトリックの右翼はユダヤ人を抑圧・排斥するイデオロギー上の論争を一貫して展開し、この運動は一九四〇年から四四年までの間、ドイツ軍の占領下にあるフランスの指導者たちとビシー傀儡政府に甚大な影響を及ぼし、フランス在住のユダヤ人数千人が命をおとし、それ以上の数のユダヤ人が悲惨な目にあう羽目に陥った。

フランス語を母国語とするカナダのケベック州のカトリック教会は、フランスの右翼の好戦的なカトリック教徒の影響を強くうけていたため、当時のパリの情況から生まれでたユダヤ人への煮詰まった敵対心がモントリオールに伝わり、一九二〇年代、三〇年代ユダヤ人排斥運動がケベックで猛烈にあおられることになった。カナダ連邦政府のポストの相当数がケベック州のカトリック教徒に割り当てられていた（人口過疎のカナダの四〇パーセントの人々がカトリック教徒であった）ので、一九三〇年代、四〇年代にカナダの政府関係者に蔓延した激しい反ユダヤ主義の少なくとも一部は、フランスのカトリック教徒のイデオロギー上の攻撃がモントリオールに伝わり、火がついたとみなさねばならない。

カナダ政府の高官であるケベック人たちへのフランスのカトリック教徒の影響は、現実の政策にも表れた。人口過疎のカナダは移民を求めていて、第一次世界大戦勃発以前は東ヨーロッパのユダヤ人の移民を歓迎して受け入れたが、一九三〇年代と四〇年代初期にヒットラー主義の猛威からカナダに逃亡してくるのは認めなかった。カナダの入国管理局のある高官は、ユダヤ人の移民の割り当て数について「零でちょうどよい」といった。

カナダへの移住が許されていたら救われたであろう数十万人ものヨーロッパ在住のユダヤ人が、こうして入国を拒否された。彼らは、フランスの好戦的なカトリック教徒のユダヤ人に対するイデオロギー上の攻撃がケベック州に広がり、そこから、カナダ政府に広まったその犠牲者にほかならない。教育と宗教の分離論を唱えるフランス左翼の自由主義者に対するユダヤ人の支援が、カナダでこうした災難を生み出したのである。

起源を何世紀も昔に遡るユダヤ人への憎悪が中央ヨーロッパのカトリック教の一つの特徴であるが、第二次世界大戦中ドイツ軍が数百万のユダヤ人を殺害するのをポーランド人やクロアチア人が助太刀したのも根はそこにある。とはいえ、ユダヤ人を憎むフランスのカトリックの知識人たちのイデオロギー上の論戦が、それを加勢したのも事実である。

一九世紀初期からポーランドの文化はパリの影響を強くうけてきた。ポーランドのカトリックの知識人の第一外国語はフランス語であった。一九二〇年代、三〇年代フランスの好戦的なキリスト教徒の知識人たちが、ユダヤ人に対して新たに憎しみを燃やしたことが、ワルシャワとクラクフに強い影響を及ぼした。クロアチアのカトリックのエリートたちは、ポーランドとフランスに指針を仰いでいたからだ。そんな事情で、フランスの自由主義的左翼で政教分離論の政治家たちが、世紀の変わり目にカトリックの聖職者に勝利を収めたことは、四〇年後のユダヤ人の大量死という悲惨な結果につながっていった。

カトリック教徒のユダヤ人に対するイデオロギー上の対立を激化させる第二の因となる事態がアメリカで起った。アメリカにおけるユダヤ人の組織、とくに全米ユダヤ人会議の指導層は、米国憲法修正第一条はキリスト教会と国との間に絶対的な壁を設けたと解釈すべきであるとする、政教分離を唱える自由論者の味方をした。

一七九一年の米国憲法修正第一条は連邦政府に対し「国教を定めること」を禁じた。一九二〇年代以前には、この第一条は英国にみられるような国教会〔国の公式の教会としてしばしば財政的にも支えられている教会〕の設立を禁じたものと捉えるのが穏健な解釈とされていた。だが自由論者たちは、全米ユダヤ人会議、その他諸々のユダヤ共同体の指導者たちの大多数の支持をえて、はるかに急進的な解釈――宗教が関わる集団（例えば教区学校〔カトリックなどの教会・宗教団体が経営している〕）の活動にはどんな類の資金の提供も禁じたもの――と解釈すべきであると主張した。さらに、公立学校での祈禱すら禁じていると主張した。

さらには、初回から一〇回目に至る憲法修正条項は、国および州連邦政府に適用されることを意味すると解して、一八六八年の合衆国憲法修正第一四条が行使された司法の傾向にかんがみて、カトリック教徒の住民を多く抱えるメリーランド、ニューヨーク、ルイジアナのような各州の政府は、教会と国との絶対的な分離を迫られた。

米国憲法修正第一条に対する急進的な政教分離論者のこうした新しい見解は、一九三〇年代以降アメリカカトリック教会の指導者たちと平信徒双方を困惑させた。アメリカのカトリック教会は金のかかる大規模な教区学校制度を抱えていて、州からの補助金を求めた。カトリック教徒の納税者は子供を教区の学校に通わせつつ、払った税金のいくらかはカトリック系の学校に還元されるものと思って、公立の学校を支援していた。それが全米ユダヤ協会やその他の多数決主義のユダヤ人の団体の支援をうけて、自由論者たちが異議をさし挟んできたのである。費用がかさむこの問題の訴訟を先頭きって闘ったのは、全米ユダヤ協会所属の敏腕な法律家たちであった。数百万のカトリック教徒の利益とは正面から対立する判決を連邦最高裁判所が下すことを求めて、ユダヤ人の資金が使われた。

この判決はある意味ではユダヤ人の利益にも反した。カトリックの教区学校に国からの支援金がおりるのなら、ユダヤのシナゴーグ学校や成人教育にもおりることになろう。東ヨーロッパからの移民の子供や孫たちが、いつのまにかアメリカ文化にとけこみ、ユダヤ人共同社会の生活から離れていった理由、さらにユダヤ人としての帰属意識を棄てて非ユダヤ人と結婚したり、集団として文化変容を蒙るようになっていった大きな理由は、ユダヤ人の子供の教育も成人教育も共にレベルが低かったことにある。シナゴーグは一流の教区の学校制度をつくる手だてをもたず、成人教育の面でも何もしなかった。正統派のユダヤ教徒は子供をユダヤの教区学校に通わせるのを強く望んだので、この問題には非常に敏感であった。全米ユダヤ協会と多数決主義の諸々のユダヤの団体は、米国憲法修正第一条に対しそうした見解を採ることで、ローマカトリック教徒のみならず少数派のユダヤ教の正統派の人々の利害を害なうことを押し進めたのである。

一九六〇年から八五年にかけて連邦最高裁判所は、最終的に国と教会の間に高い障壁を設けるのを是とする判決を下し、全米ユダヤ協会の有能な法律家たちが一九三〇年代後期以降主張してきた論を支持したかたちになった。

ユダヤ人の多数派が、アメリカのカトリック教徒の（そして、少数派の正統派のユダヤ教徒の）利益に反する判決が下るよう先頭きって努力したことは、カトリックの聖職者と平信徒たちの苦々しい憤りをかい、ユダヤ人とカトリック教徒の関係を長期にわたり険悪なものにした。皮肉なことに一九九〇年代に教会と国との間の高い障壁を破ろうと熱心に努め、国の支援金を自分たちの学校に獲得する路を開いたのは、ニューヨーク市とその郊外の超正統派でハスィディズム派のいくつかの共同体であった。この時までにカトリック教徒たちは闘うのを諦めていた、とはいえそれは、彼らの教区学校制度を相当縮小するという代償を支払ってであった。

ローマカトリック教徒たちの熱烈で多弁な反対の声を押し切って、教会と国との間に絶対的な障壁を設けるいくつかの判決を連邦最高裁が下したのは、一九六〇年から八〇年代初期にかけてであるが、闘争の始まりは一九三〇年代であった。ユダヤ人共同体の指導者たちが、アメリカのカトリック教と袂を分かち、反カトリックを標榜しその主義・主張を声高に表明するプロテスタントの側につく方針をうちだしたのは三〇年代であった。

それは確かに避けられね選択ではなかった。それに代る道は、教区学校に対する国の支援に賛成のカトリック教徒と連帯する道であったであろう。アメリカ東部のカトリック教徒には、労働者階級や中流下層階級に属するアイルランドやイタリアからの移民が沢山いた。プロテスタントが支配的地位を占めるのに抗して、ユダヤ人とカトリック教徒が連帯する共通の基盤となりうるものが一九三〇年代と四〇年代にはあった。社会学的にみると、カトリック教徒の中で大きな割合を占める社会的階層は、ニューヨーク在住のユダヤ人の社会的階層に似ていた。ユダヤ人とカトリック教徒の確かな提携の拠り所になりえたのは、ユダヤ教区立学校とカトリック教区立学校への国の支援をうちだすことであっただろう。実際にユダヤ人たちは一九三〇年代、四〇年代フランクリン・D・ルーズベルトを党首とする民主党支持のカトリック教徒の大多数と手をくんだ。だがユダヤ人の指導者たちは、教会と国の間に高い障壁を設けぬカトリックに反対する英国系プロテスタントと組むことに決めた。これは長期的には国からの援助があってはじめてやっていける、大変な規模の資金不足の教区の制度を抱えるカトリック教徒にとり、きわめて重大な決断であった。

全米ユダヤ人会議やその他のユダヤの共同体の団体はなぜそんな過激な方針を選択したのか。三つの要因があった。一つは、教会と国との絶対的分離が基本的要素となっているアメリカの憲法に対する自由主義的左翼の見解にイデオロギー上組したこと。アイヴィーリーグのロースクール出のユダヤ人の法律家たちは、憲法修正第一条に対する刷新的な解釈を在学中に身につけてしまっていたのである。

もう一つの要因は歴史に関する重苦しい記憶であった。一九三〇年代、四〇年代にユダヤ人のディアスポラの歴史に関して広く知られた一事があったとすれば、それはカトリック教徒のユダヤ人への迫害であった。歴史上の出来事を実際よりさらに陰気くさく苦痛に満ちたものに見せる紗幕を通しての、悪名高きスペインでの宗教審問、一四九二年のスペインでのユダヤ人の国外追放、過去の歴史のそんな重苦しい記憶が、ユダヤ人の指導者たちをしてカトリック教徒と同盟するのを禁じさせ、きわめて頑固にカトリックと敵対するプロテスタントと組する方を選ばせたのである。

第三の要因は一九三〇年代と四〇年代には、アメリカ社会の権力の中心に、現在も将来も英国系プロテスタントが非のうち所なく居座り続けていくと思われたことである。ユダヤ人の指導者たちはプロテスタントのお偉方たちの機嫌をとっていく方がよいと考えた。カトリック教徒は数も多く発言権も強いが、その多くは都市の下層階級に支持基盤を置いていた。少なくともそうした人々の一人で、ラジオ放送で名を売ったボストンのチャールズ・コーグリン神父は過激なユダヤ人攻撃で知られていた。

学校の問題にユダヤ人の指導層は次第に深く関わっていき、一九五〇年には連邦裁判所における訴訟費用のおおかたはユダヤ人の懐からでていて、カトリックと対立する陣営の代表交渉人は、ユダヤ人の人権運動家として著名なレオ・プフェッファーであった（彼は逆説的なことに、正統派のユダヤ教徒でありながら、国の教区の学校への支援をやめさせるよう司法に働きかけることで仲間の信徒の利益に反する行動をとった）。

一九四〇年代初期にはアメリカのカトリックの学術関係者やインテリ層の間でユダヤ人に対する燃える

ような憤りが表面化してきた。一九六〇年になるとイエズス会の機関誌『アメリカ』にその敵意が公表されるに至った。その結果は、ナオミ・W・コーヘンがはっきり述べているように、アメリカのユダヤ人にとって複雑な意味をもつものとなった。ユダヤ人がカトリック教徒と連帯する方策を採っていたら、戦術的にずっと有利であったであろう。少なくとも一九三〇年代、四〇年代アメリカのカトリック教徒の間に表面化した燃えるような敵意を和らげることはできたであろう。正しい路であると容易に弁護できた方策が、あんなにも悲劇的な結果を生み出したためしはない。一九四〇年代初期、ナチス占領下のヨーロッパに居残っていたユダヤ人たちの命を救うために連邦政府に圧力をかけるには、カトリック教徒の支援が絶対的に必要であったが、少しもえられなかった。ユダヤ人がカトリック教徒側についていたなら数百万のユダヤ人の命を救いえたであろう。アメリカのユダヤ人指導層の人々は、一九三〇年代から八〇年代にかけてこうして、独善的で近視眼的で教条的な姿勢——きわめて疑問の多い根本的に浅はかな姿勢——を表明してきたのであった。

ユダヤ人に対するカトリック教徒のイデオロギー上の敵対心を激化させた第三の要因は、モダニズムに関する、微妙で複雑なものがからむ議論であった。

行動科学の分野のモダニズムの指導者であるユダヤ人たちの、とくにウィーンのシグムント・フロイトとパリのエミール・デュルケームの著作には、明らかな道徳的相対主義だけでなくカトリックの教義に対する特別な敵意が示されている。カトリックの知識人は概してモダニストの運動に敵対的だが、カトリックのモダニズムの一派は、ユダヤ人はモダニズムを宙に迷う方向に導いて、反キリスト教的な教育と宗教の分離主義、相対主義へと転化させたと信じて、ユダヤ人に烈しい敵対心を示した。

アメリカの国籍を離脱してロンドンに居を移したT・S・エリオットの見解もそういうものであった。

彼はイギリスの著名な詩人、劇作家、批評家、そして英語圏における文学の世界のモダニズムの知的指導者となった。

彼はローマカトリックではなくアングロカトリック派の信者で、英国高教会派に属し、その著作はカトリックの文芸の基本的要求と全面的に合致していた。ミズーリ州セント・ルイスの名門の御曹子《おんぞうし》で、ハーバード大学で哲学博士の称号を授与され、ロンドンの出版界では編集長として大きな影響力をもっていた。若い頃のエリオットは大っぴらにユダヤ人嫌いを広言していた。初期のいくつかの詩にも、バージニア大学での一九三一年の公開講演にも、それは明らかである。フランスの好戦的カトリック教徒たちが、ユダヤ人は、ラテン語の古典作品とキリスト教に礎を置く西欧文明の崩壊をもくろむ裏切り者であるというテーマで論戦を張ったとき、彼はまったく同意見であった。後期の著作では職業上の理由でユダヤ人に関して慎重な発言をしていて、彼の未亡人は彼の伝記を記す人々に彼の私記を公開していない。というのは、それがユダヤ人排斥の言葉に満ちているからなのだ。

英国文芸のモダニズム運動においてエリオットの一番の仲間で、大きな影響力をもつ二人の文人も、手心を加えずにユダヤ人排斥の言論活動をした。その一人はエリオットと同様にアメリカの国籍を離脱したエズラ・パウンドで、今ではおそらく二〇世紀最大の英国の詩人とみなされているといえる。彼は第二次大戦中ファシスト党の支配するローマからユダヤ人排斥の放送をしていたが、ワシントンDCの精神病院で終身監禁の身になり、生涯をおえた。もう一人は実験的な小説家で批評家のウィンダム・ルイスである。彼は一途にユダヤ人嫌いで、ヒットラー礼賛の小冊子を出した。そのため英国で不評をかい、数年の間カナダのあるカトリック系の大学に身を隠して過ごさざるをえなかった。

モダニズムと反ユダヤ主義との複雑な関係に関していうと、ユダヤ人は二重の苦況にたたされた。第一にユダヤ人はモダニズムでは目につく重要な役割を果した。先頭にたって指導したのである、もっともユダヤ人だけが先頭にたったわけではないが。急進的な世俗的モダニズムは伝統的文化とキリスト教を侵食しつつある（いうなれば、破壊しつつある）、モダニズムの国際主義的傾向と道徳的相対主義は、自国の文化と伝統への脅威になりつつあると感じた伝統主義者は、自分たちが感じとる害悪はすべてユダヤ人のせいにし、ユダヤ人はモダニズムという手段を通して西欧文化に質の悪い仕打ちをしているとした。

この見解にしたがえば、ユダヤ人はキリスト教徒の、歴史的・国民的な伝統文化を攻撃していて、世俗主義的国際主義のモダニズムがその武器なのであった。伝統主義者たち、とくにローマカトリック教徒たちは、自分たちの反モダニズムをユダヤ人への烈しい憎しみに転化した。熱烈な国家主義者はユダヤ人の知識人をしばしば、愛国主義を非合法化するためにモダニズムの観念を利用するシニカルな世界主義者とみなした。

エリオットやパウンドやウィンダム・ルイスの仲間たちの運動のようなモダニズム運動には、どうして反ユダヤ主義の流れがみられるのか。これは難問だが回答不可能というのではない。ユダヤ人は、モダニズムが反旗を翻している対象たる一九世紀の文化を代表する最たる存在、そして歴史や宗教に強い関心をもつ人々とみなされていた。とくに一九〇〇年以降東ヨーロッパから大挙して西ヨーロッパに移住したユダヤ人たちは、そういう目でみられた。ほとんどがポーランドからきたユダヤ人たちは、宗教的慣行において伝統主義者で、将来もずっとそういう存在であろうと思われていた。

ユダヤ人は確かに歴史の流れを意識する民族である。自己のアイデンティティの意識は共同性を帯び、民族の歴史を意識すること——この傾向こそモダニズムが謀反を起した対象にほかならない——を通して表現された。さらに、ユダヤ人は目に見えて一九世紀自由主義の恩恵を蒙っていた。一九世紀のリベラルな歴史的相対主義と世俗的普遍救済説は、ユダヤ人の解放を支持し、ユダヤ人を保護し市民権を与え、ヨーロッパ社会の完全な一員となる権利を認めるのに賛成の論を展開した。

それゆえユダヤ人は二重の苦況に陥ったのである。彼らはモダニズムという悪魔の親玉であり、ヨーロッパのキリスト教徒の伝統的・民族的文化を腐食させていながら、急進的なモダニストの目には、一九世紀の文化にとって代るすべてのものから利益をえている最たる存在と映った。モダニズムの発展の仕方が、一九〇〇年から四〇年にかけて勃興した反ユダヤ主義に、そして一九二〇年から五〇年にかけてアカデミックな文学部門にみられた異常に烈しいユダヤ人排斥主義に、大きく貢献したのである。

エリオットとパウンドの文芸上のモダニズムは、一九二〇年代後期および一九三〇年代、四〇年代にアメリカの一流大学で大いにもてはやされた。それと共に、ユダヤ人は西欧文明で最も重要なキリスト教の伝統に対する感性を欠落しているから、人文学部への採用は控えるべきであるとする反ユダヤ主義を一層強める考え方が起った。

一九二〇年代、三〇年代、四〇年代初期にはハーバードとイェール両大学の英語学科で教鞭をとるユダヤ人は一人もいなかった。ユダヤ人であるばかりか若い頃ユダヤ人の知識人仲間の間で活躍したライオネル・トリリングは、コロンビア大学の学長ニコラス・マレー・バトラーの直接のとりなしでようやくコロンビアの英語学科の終身在職権を獲得した。コロンビア大学で教職の座につくのを希望した若いユダヤ人の文芸批評家クリフトン・ファディマンにコロンビア大学の英語学科長は、ユダヤ人に割り当てられた人数は一人で、すでに埋まっていると話した。ファディマンは、愛書家クラブの主筆、そしてクイズ番組のパネリストという仕事で満足するほかなかった。

T・S・エリオットが創った文芸上のモダニズムの伝統を護るもう一つの砦であるプリンストン大学の

英語学科は、一九五〇年代初期になっても、ユダヤ人の大学院卒業生を採ることすら拒否しようとし、英国風の名前をもつユダヤ人がまぎれて採用された際には、強制的に辞職させた。

ローマ教皇ピウス一二世が、第二次世界大戦時のユダヤ人へのナチスの政策とそれに基づくホロコーストを、明瞭な言葉づかいで非難することを拒んだ理由には、フランス、アメリカ、英国のカトリック教徒とユダヤ人の間のイデオロギー上の論戦も与っていたのであろうか。戦争と蛮行に対する哀悼の辞の中で、ピウス一二世は「ユダヤ人」という言葉を一度も口にしようとしなかった。

ローマ法王庁は公文書保管所に収められた大戦時のピウス一二世に関する記録を研究者に一度も開示していないために、フランス、アメリカ、英国におけるカトリック教徒とユダヤ人との相克が、彼が沈黙を守ったことにどのくらい関わりがあるのか確かめようがない。教皇を弁護する人は、一九四〇年代初期に教皇がローマ在住のいく人かのユダヤ人をバチカン宮殿に避難させた事実をきまって指摘するが、特別扱いを受けたこれらの人々は改宗を迫られたこと、彼らのうち少なくとも三人の著名人、ローマの高位のラビと二人のユダヤ系ドイツ人の中世研究家（二人はのちにアメリカのカトリック系の大学で教鞭をとるのだが）が、キリスト教に改宗したことには通常ふれようとしない。

ホロコーストに関するピウス一二世の沈黙を説明する一般的な説は、ナチスとの公の対決はドイツとイタリアのカトリック教徒に害を及ぼす恐れがあったというものだ。この解釈によれば彼はなかなかの外交的手腕の持ち主ではあっても、キリスト教の真実性を確固として証す人ではあまりないことになる。もう一つの解釈は、二つの大戦の間ローマ法王の特使としてドイツに赴任していた彼は、ドイツびいきになり、ドイツ民族の善き本能がやがては立ち勝り、そのうち、ナチス政府の政策を穏健なものに変えるだろうという見解（英国の多くの保守主義者の間でも一時盛んだった見解）をもっていたというものである。

好戦的なパリの聖職者から、ユダヤ人への憤りを抱くアメリカの司教やユダヤ人を侮蔑する英国の文芸上のモダニストに至るまで、当時のカトリック教の文化にはユダヤ人排斥の姿勢が広く支配的であった情況の中で、ピウス一二世に対しほかにどんな要因が働きかけたにせよ、教皇がユダヤ人の救済をあと回しにする政策をとったことは理解できぬことではない。それらの情況は言い訳にはならぬが、教皇庁の政策の説明にはなる。

振り返ってみれば、両大戦の間の歳月、ユダヤ人の指導者がカトリック教徒とユダヤ人の両世界の緊張状態のもつ意味をいかに軽んじていたか驚くべきものがある。ユダヤ人の指導者たちは、西欧社会における保守的なキリスト教徒の重みは、リベラルな政教分離論を唱道する新しい時代の到来によって軽くなったと自らを納得させていたように思われる。この楽観論が致命的な誤りであることが証明されることになった。

一九二〇年代、三〇年代、ユダヤ人はカトリック教世界と論争しただけではない。シオニストの直接行動主義、およびパレスチナにおけるユダヤ人の入植地が増加したことも、もう一つの世界宗教であるイスラム教の信徒たちの怒りをかったのであった。

ほとんど五〇〇年間、地中海沿岸および近東の諸国に住むユダヤ人たち——一九二〇年には約一〇〇万人いた——は、イスタンブールのオスマントルコ政府（一四五三年にビザンチン帝国のギリシア人からイスタンブールを奪いとった）の支配下で穏やかな暮しを送ってきた。一四九二年以降トルコのサルタンはその広大な領土へのセファルディのユダヤ人の入植を歓迎し、ユダヤ人の人口は増加していった。一六世紀と一七世紀にはユダヤ人はトルコ帝国の通商業で栄え、いくつか地位の低い政府のポストを占めるようになった。

「東洋の」ユダヤ人（一九五〇年頃にイスラエルに強制的に移住させられたユダヤ人たちはイスラエルでそう呼ばれた）の運命は、一八世紀以降徐々に傾き貧困化していった。原因の一部は彼らが暮すアラブ世界の経済の衰退にあり、一部はトルコ政府が、アルメニア人やコプト教会のキリスト教徒が中産階級の商人として仕事したり、行政官として働いてくれるのを好むようになったことにある。二〇世紀初期には、トルコ帝国――とくにイランとシリア――に暮すユダヤ人は、少数の例外を除けば、貧しいが全体としては安定した暮しを細々と営む身分の低い職人や小売店主であった。一九世紀後期になると彼らは西欧の慈善心にとむ億万長者の族長たちからの支援を受けるようになった。

パレスチナのシオニストの共同体イシューブおよび、東洋のユダヤ人にとって不幸なことに、シオニストがパレスチナに投機的事業にのりだした時期は、イスラム教徒の精神的再生、アラビア語が母国語の諸国におけるナショナリズムの高まり、そして長期間冬眠状態にあったアラブ世界が全般的に活性期に入った時期と同じであった。

パレスチナの情況がアラブ人の感情、イスラム教徒の意識に強い刺激を与えたのは疑いない。だが、東地中海沿岸地域では他にいろいろな要因――二〇世紀初期トルコにおける現代化を目指す政治的大改革、トルコ帝国の崩壊、一九二〇年代に英国とフランスの帝国主義的政策の下でアラブ諸国が独立を達成したこと――が、あった。

アラブ諸国の復活には文化も政治と同じくらい重要な役割を果した。汎アラブナショナリズムのイデオロギーが、しばしばレバノン人やパレスチナ人のキリスト教徒たち――たとえばベイルート生れの歴史家フィリップ・ヒッティ、東エルサレム出身で後に文芸批評家になったエドワード・サイード――によって、培われていった。アラブナショナリズムとユダヤ人への敵愾心の勃興に、アラブ人のキリスト教徒が顕著な働きをしたのは重要なことである。イスラムの文化にキリスト教に伝統的に流れる反ユダヤ主義をもちこみ、さらにそこに新しい面を植えつけたのは彼らであった。

イスラム教国の復活のもう一つの源は、イギリスのアラブ研究家たちが及ぼした影響である。アラブの言語と文化への愛好心とイスラム教への尊敬の念を強く抱くようになっていた彼らは、ジャーナリズムと書物を通して広く自分たちの心的姿勢を伝えようと努めた。こうしたアラブ研究家の中には、しばらくの間英国の役人としてサウジアラビアに滞在していた時、アラブのナショナリズムを活気づける運動をしたT・E・ロレンスのような政治的活動家や、オックスフォードとハーバードで数十年間教鞭をとったハミルトン・ギブのように学究的な学者もいた。彼らの動機づけになったものは、アラブ人およびイスラム教徒の生活様式への傾倒、そしてビクトリア時代の帝国主義に関する理想主義的思想の比較的温和な要素の名残、この二つであった。

こうしたアラブ研究家はアラブ人の肩をもちシオニストおよびユダヤ人一般を非難するのに、キリスト教の反ユダヤ主義の伝統と好戦的な帝国主義を利用した。彼らはアラブ人を、頽廃し腐ったユダヤ人と対照的に、腐敗していない純粋で理想主義的な人々であるとみなした。英国のアラブ研究家たちの声は、一九三〇年代、四〇年代ロンドン大学の教授であったアーノルド・トインビーの、当時驚くほど人気があった歴史哲学（ユダヤ教は「形骸化した宗教」で片づけられている）のうちに聞きとることができる。

英国におけるアラブ愛好の風潮は大西洋を渡り、一九四〇年代にはアメリカ国務省、国防総省の高官たちに影響を与えた。彼らは反シオニストへの肩入れを戦略的見地から自己弁護したが、そんな姿勢には、キリスト教の反ユダヤ主義により加勢された、英国のアラビア愛好熱の影響が反映されていた。

パレスチナのシオニストの共同体イシューブの指導者と諸々の国のシオニストの指導者たちが、アラブのイスラム教徒がライバルとしてもつ重みを自覚したのは遅きに失した。また、シオニズムが成功するにつれ、パレスチナ人その他多くのアラブ人たちが、イデオロギー上の対立を深める傾きがあることに長いこと気づかずにいた。皮肉な話だが、英国のアラブ研究家は、世紀の変わり目に活躍したドイツやウィーンのユダヤ人の学者たちの仕事に大いに恩恵を蒙っていた。イスラム教徒の歴史とアラブの言語の科学的研究を創始したのは彼らだからである。イスラエルの諸々の大学にアラブの世界、イスラム教の世界を研究する学科が創設されたのは一九五〇年代である。以降アラブ人の精神とイスラム教の文化に対する理解を深めていったが、遅きに失した。

アラブ人の敵対的姿勢を二〇年以上無視したあとシオニストたちは、一九二〇年と二九年のアラブ人のテロの勃発、一九三六年の広汎な地域に及ぶ組織的反乱、そしてそうした脅威に対抗するパレスチナのイギリス軍の行動の鈍さによって、アラブ問題の深刻さを初めて自覚した。そうした脅威に対するシオニストの反応は、一九三七年イギリス政府が提案したパレスチナ分割案への同意、そして一九四七年にアメリカに後押しされた国際委員会の提案になる再度の分割案への同意であった。アラブ人はこれらの妥協案を二つとも蹴り、パレスチナの将来は戦争にゆだねられることになった。

事実起ったことと違う想定を後になってするのはいつでも困難なものである。とはいえ、二〇世紀初めの三五年間、シオニストがパレスチナ人に、そしてイスラム教徒のアラブの世界一般に、もっと寛大で思いやりある共存的姿勢をとっていたら、シオニズムおよびユダヤ人一般へのアラブ世界のイスラム教徒のイデオロギー上の憎しみは、完全には防げぬにせよ、大いに緩和されたであろうと推測するのは理にかなっている。一九〇〇年頃、ユダヤ人はアラブ諸国で繁栄してはいないにせよ平和な暮しをし、シオニストの問題を除きユダヤ人とアラブ人の間でもめ事になることは何一つなかった。歳古りた文化をもつ誇り高い民族であるアラブ人に、少しは甘心をかうようなレトリックを使って語りかけることも役立ったであろう。

それとは反対にユダヤ人の姿勢は、一九世紀の帝国主義者のもつ盲目的愛国主義と反動的な人種差別主義が色濃く出たものであった。ユダヤ人は、アラブのイスラム教徒が過去の栄光をいかに意識し、自分たちの権利をいかに執拗に要求するようになるかを、また、一見発達の遅れた人々でもヨーロッパ流の戦法を習得できることを、大きな代償を払って学ばねばならなかった。

アラブのナショナリストたち、イスラム教の活動家たち、英国のアラブ研究家たちは、カトリック教の活動家たちがそうしたように、二〇世紀前半にユダヤ人に対する憎しみに満ちたイデオロギー上のイメージをつくりあげた。ユダヤ人は冷酷な俗人、歴史の古い近東社会の破壊者、帝国主義者、反動的な盲目的愛国主義者なのであった。カトリック教徒のつくったイメージとアラブ人のつくったそれが重なり凝り固まって、ユダヤ人への毒々しい憎悪にみちた雰囲気が生れた。

一九三〇年代にはユダヤ人に対するカトリック教徒の、そしてアラブのイスラム教徒の憎しみに加え、ソビエト連邦から二つの構成要素からなる憎しみが生れた。ボルシェビキのロシア政府の樹立にはユダヤ人の共産主義者が大きな役割を果した。ソビエトのユダヤ人への憎しみの源は二つあり、組織的虐殺の伝統をもつウクライナからきていた。ウクライナの小作農民とスターリン支配下の政府とは不倶戴天の敵同士であったが、ユダヤ人への憎しみはモスクワのクレムリン自体、スターリン自体が抱いていた。この不倶戴天の敵同士の両者が一致するのは反ユダヤ主義の一点だけであった。

こうして東ヨーロッパではユダヤ人に対する憎しみの戦線が強化されていったが、その構成要素はいくつかあった。ポーランド人とクロアチア人に影響を及ぼした好戦的なカトリック教、新しい装いをこらした組織的虐殺の思想、そしてソビエト政権の中心にある反ユダヤ主義である。これら三つは他のことなら一致することは決してないにせよ、ユダヤ人を憎み殺害する点では一致した。災難が起るのは時間の問題であった。

ギリシア正教会の遺産、そして一六世紀、一七世紀に自分たちを搾取し抑圧し続けたポーランドの地主の代理人を務めていたユダヤ人への長い間培われた烈しい怒りという遺産を受けついだウクライナ人は、深い井戸にも似たユダヤ人嫌いを利用した。二〇世紀に相当な数のウクライナ人がカナダのマニトバに移住した際も、ユダヤ人への憎しみを移住先に持ちこみ、一九四〇年代初期にウクライナ系のギャング団がウィニペグの街路上でユダヤ人の学童を殴打する事件をひきおこした。

ウクライナの肥沃な穀倉地帯のナショナリストの指導者たちは、ボルシェビキ政府を認めず、一九一八年から二一年にかけて熾烈な内戦が戦われ、赤軍の勝利に終わった。ウクライナのナショナリストにとり、自分が味方したロシア帝政の将軍たちがユダヤ人の共産主義者レオン・トロツキーに率いられた赤軍に破れたのは、さらなる苦痛の種になった。

こうした暴力が横行する情勢の中から『シオンの長老たちの計画』が世に現われた。この小冊子は、あらゆる社会の政治的、経済的乗っとりを企むユダヤ民族の指導者について詳らかにすると称していた。当時は第一次大戦開始直前そしてその直後で、億万長者の族長たちが資金を出し、主にアメリカ人の専門家たちをスタッフにそろえたジョイント・ディストリビューション・コミッティのようなユダヤの国際的な社会福祉団体が、キエフで飢餓に苦しむユダヤ人や、ウクライナやポーランドの主要な地域に援助物資を送っていた。でっちあげの中身のこの小冊子の著作者たちは、おそらく二〇世紀初期の頃の帝政ロシアの秘密警察のメンバーであろうが、彼らは活躍するユダヤ人の資金、そして福祉事業を運営するユダヤ人の技量に明らかに感銘を受けたのである。こうした洞察的理解にギリシア正教に古くから流れるユダヤ人への憎しみと、ボルシェビキに多数のユダヤ人が――最初は革命運動に、後にはモスクワで高官として――加わった事実が重なり、一〇月革命の後でこの小冊子を読んだ人々は、ユダヤ人に、世界の乗っとりを企む二心ある人間というイメージを抱いた。

一九二〇年代この小冊子は世界的なベストセラーになった。アメリカの自動車業界の反ユダヤ主義の大物ヘンリー・フォードは、合衆国に広く販売されるよう資金援助をした。アラブ世界では今なお、新聞を売っているどんなキオスクでも手に入る。

ウクライナが反革命派の勢力の支配下にあったとき、白衛軍〔皇帝派・反革命派の軍隊〕はユダヤ人に対し苛烈な組織的虐殺を遂行した。これは予期できたことであった。予期されず、一九三〇年代左翼のユダヤ人の仲間内で議論になったのは、ユダヤ系ロシア人からなる二つの著名なグループに対するスターリン派の攻撃であった。最初の犠牲者たちはいわゆる旧ボルシェビキ――政府の高官を務めていた主にユダヤ人からなるレーニンの同僚たちと彼らの僚友、しばしばユダヤ人――であった。二つめのグループは、著名なユダヤ人の作家や演劇のプロデューサーたちからなるグループで、一九一七年にボルシェビキに仲間入りしたイサーク・バーベリのような知識人たちであった。

これら二つのグループに所属していた者は抹殺され、彼らの家族は銃殺されるかシベリアの強制労働収容所に送られた。ソビエト連邦に暮していたユダヤ人の政治的・文学的エリートたちの最も優れた人々およびその家族や友人たち――ロシア革命以降次第に大きな存在になってきていた――が、唐突に消されたのである。

ロシアのグルジア共和国出身のアジア人スターリンは、トロツキーとの政治的闘争の後一九二〇年代後期にソビエト共産党と政府を掌握した。高い役職についていたユダヤ人は、トロツキーの敗北と追放を、自分たちへの警告と受けとることもできたのに、ふたりの闘争を民族の闘争でなく、ボルシェビキに属する二人の巨人の政治およびイデオロギー上の闘争と捉え、スターリンを支持した。ソビエト国家及びその巨大な秘密警察組織を掌握したスターリンは、まず自分と見解を異にするウクライナ人を、ヨーロッパで最も肥沃なこの土地に作為的に飢饉をつくりだして圧しつぶし、二〇〇〇万の小作農を餓死せしめた。

次にスターリンは一九三六年から三九年にかけてユダヤ人に襲いかかった。まず旧ボルシェビキが謀反の咎――得意の手口は追放の身のトロツキーと陰謀を企んだという口実――で、まやかしの公開裁判にかけて、銃殺刑に処した。その家族たちは銃殺されるか、シベリアの強制労働収容所にひき渡された。ソビエトの行政機関すべてからユダヤ人は追放された。銃殺されるか凍てつく囚人収容所で命をおとしたユダヤ人の数はおそらく二〇万を下らないであろう。

一九三八年から三九年にかけてスターリンは著名なユダヤ人の小説家や劇作家に対する最後の攻撃をしかけ、彼らを粛清に処した。一流の作家の場合、バーベリのように、まやかしの裁判にすらかけられずに消される者もいた。一握りのユダヤ人の作家たちと共産党の高官たちが、ソビエトの後援の下で不朽のものにしようと努めてきたイディッシュカイトの夢の最後の痕跡すら、こうして彼らと共に地上から消えうせたのである。イディッシュカイトを護り育てようとした悲しくも感動的なこうした共産主義者たちは、アジアのビロビジャン（シベリア東部のユダヤ人自治州）の荒地に自治権をもつユダヤ人の共和国を創る許可をソビエトから獲得した。西欧の共産主義のプロパガンダは、この不毛の入植地を輝かしくもソビエトにおける帝国主義的シオニズムにとって代るものと褒めそやした。今ではビロビジャンについてそんな幻想を口にする者はだれもいない。

スターリンは他の国の指導的立場にいるユダヤ人の共産主義者に対しても画策を弄した。その手口はモスクワで催される会議に招待するか、サバティカルの休暇をとりロシアのプロパガンダの研究所で過ごさないかと誘い、当人がモスクワに姿を現すと、資本主義者で帝国主義者でトロツキー信奉者という咎で告発し、裁判にかけ銃殺するか、深夜秘密警察の手で抹殺するというものであった。

共産主義者のユダヤ人に対するスターリンのこうした狂気じみた粛清には、一つの理論的根拠があったとする歴史家たちもいる。一九三六年という早い時期にスターリンはいずれヒットラーと調停を結ぶことを考えていて、それが一九三九年のヒットラーとスターリンの協定となり、そしてポーランドをドイツとソビエト連邦とで分割することにつながっていったというのだ。イデオロギー上、外交上のそんな逆転を狙う準備としてスターリンはロシア国内のユダヤ人を、大きな影響力をもつ権力の座から排除し、他の国の共産主義者の仲間からもできるかぎり排除しようとした。というのは、ユダヤ人の共産主義者は彼が計画する破廉恥な政策に決してついてこないと考えたからというのである。

もし、彼の生れもったユダヤ人嫌いや異常な猜疑心につけ加え、そんな将来への見通しがユダヤ人攻撃の動機であったのなら、モスクワの党の方針の変化に応じて自己の幻想を修正する共産主義者のユダヤ人の能力をおそらく小さく見積もったことになる。一九三〇年代後期のスターリンがユダヤ人粛清を実行している情況証拠はふんだんにあったのに、パリやニューヨークの大抵のユダヤ人は、それを事実と思わずスターリン信奉者であり続けた。彼らの気持ちが最もかき乱されたのは、旧いボルシェビキのユダヤ人の粛清ではなく、イサーク・バーベリのような一流のユダヤ人作家数名が姿を消したことであった。それでも彼らは信奉する気持ちを失わずにいた。

アメリカやカナダに暮すスターリン主義者のユダヤ人の気持ちが動揺するような折には、スターリンはモスクワから二流のユダヤ人のジャーナリストを（そんな折に備えてかくまっていた）送り出し、依然としてソビエト連邦ではユダヤ人にとって素晴らしく事が運んでいると、イディッシュ語ないし下手な英語で左翼のユダヤ人たちに語りかけさせた。

ソビエトロシアの政界や文化人仲間の間で、ユダヤ人は――スターリンの手でそのおおかたが消されるまでは――秀でた存在であり、両大戦の間ベルリンからニューヨークにいたる西欧世界で、ユダヤ人の共産主義者が目につく役割を果したことは、確かに一般に広まったユダヤ人への憎しみの壁を堅固なものにする働きをした。

ボルシェビキに関するハーバードの歴史学者リチャード・パイプスは、モスクワからの革命の輸出が「外国人、とくにユダヤ人の果す役割を強調して、人々の外国人嫌いの感情を刺激し、国内の不安をつのらせる過激な国家主義者の影響力」を強める効果をもたらしたことを指摘している。不幸なことに、一九三〇年頃に一般に広まったユダヤ人像――ずる賢い企業家で、かつ陰謀を企む二心ある共産主義者――を証拠だてるような情況、逸話、さらには統計すらもいくつかあったのである。いうまでもないことだが、今日ユダヤ社会で指導的立場にいる人々の間では、両大戦間にユダヤ人が二心を秘めて活動したとするのは政治的視点からみても正しくないとされている。

パリからニューヨーク、ロンドン、そしてベイルート、ローマ、モスクワへ、一九二〇年代そして三〇年代初期にユダヤ人を包みこんでいった燃え上がる憎しみの壁は、一種の民族論のかたちをとって、反ユダヤ主義の舌鋒《ぜっぽう》をユダヤ人に突きつけていった。

ホロコーストに関する記述を読むと、一九四〇年代初期の災難の背景に関して、通常は一九世紀後期の人種差別を指摘することから始めている。これは全面的なまちがいとはいえぬが、ナチスの指令によるホロコーストの思想的源泉に関し誤った見解を与える。ホロコーストにつながる悪意に満ちた反ユダヤ主義を生んだものは、人種差別主義ではない。むしろこれまで記したような、さまざまなイデオロギーに基づくユダヤ人への憎しみ、カトリック教やイスラム教やスターリン主義の憎しみが、ユダヤ人にとって致命的なやり方で、一九世紀の人種理論をつくり出し、それを採用したのであった。

一九四五年以降、とくに一九六〇年代以降は、あらゆる種類の人種差別主義的思考は、理性的で啓けた論議から締めだされている。とくにリベラルな市民的自由主義者が、人種差別的教義は本質的にまちがっていて、邪で、論じるにたりぬとしているアメリカではそうである。三〇年にわたりコロンビア大学の人類学科の科長を務めたユダヤ系ドイツ人の国籍離脱者、フランツ・ボアズが定義した現代の人類学によれば、一九世紀の人種理論には科学的基礎づけが欠落していた。

だが、この行動に関する平等主義と普遍性はそれ自体一つのイデオロギーである。人類は生物学的に明示できるいくつかの人種に分類できるのか否かは、未だに肯定も否定も、どちらも立証されておらず、ナチスやその他の憎しみをあおる集団が人種の観念を利用していろんなことをやらかしたために民間の論議から締め出されているにすぎない。

さらに、人種差別主義自体がユダヤ教およびユダヤの文化史における中心的教義なのである。旧約聖書は、アブラハムの子孫（ヘブライ人）の話、選民の話、他のすべての国民の光明としてのユダヤ人の話、こうしたすべては露骨なまでに人種差別主義に則ったものである。正統派のユダヤ教徒は今日なお朝の祈禱で、ユダヤ人が「地上のほかの民族と異なる」ようにつくられたことを神に感謝している。これは人種差別主義そのものといえる。いたく崇められている中世の書、ユダ・ハレビの『クザリ』の内容は、あからさまに人種差別主義的である。ハレビは改宗してユダヤ教徒になった者は生れつきのユダヤ教徒とは対等でないとすら言っている。

称賛の声が高い神学者で神秘家のマルチン・ブーバーは一九二〇年代初期に、ユダヤ人の「血」の独自性について語っている。初期のシオニズムは人種差別主義に対する肯定的見解に大きな影響をうけていた。ヘルツルにもそうした傾向がみられた。彼の盟友でヨーロッパにおいて二〇年間シオニストたちの著名な指導者であったマックス・ノルダウは、古典的な人種差別主義の理論の書、『退化』を著した。

一八三〇年頃から一九〇〇年までは、西ヨーロッパのユダヤ人は人種差別主義によって受難を蒙るよりむしろ恩恵に与っていた。その出自がセファルディのユダヤ人は、もし裕福なら、上流社会の仲間内では優秀な血筋を継いだ選良とみなされていた。キリスト教に改宗したユダヤ人との縁組は、社会的・政治的に最上の仲間内ではまったく問題なかった。抜け目のない政治家であったイギリスの首相ベンジャミン・ディズレーリの振舞い・行動には、そんな姿勢がよく現れ出ている。彼はユダヤ人としての民族性を軽視するどころか、地中海沿岸地域の典型的ユダヤ人によく似合う髪型と服装で会議場に姿を現すことで、それを強調してみせた。

二〇世紀の最初の二〇年間、ユダヤ人を槍玉にした論争を展開する人種論が徐々に盛んになり、それがユダヤ人に危害を加えることを望む反ユダヤ主義の人々により利用されだして、初めて、人種差別主義の理論はユダヤ人の間で評判が悪くなったのである。

ユダヤ人に傷害を及ぼしたのは、ユダヤ人への憎悪を明瞭にし正当化するためにナチスが採用し利用した特殊な人種論であって、人種論それ自体ではない。好戦的なカトリック教も結果的には、西欧文明からのユダヤ人の排除を唱道し、ナチスとそう変わりなかったが、ナチスは多くの信者をもつ宗教に頼ることを欲しなかった。とはいえ、ナチスはキリスト教会および意志が弱く言いなりになる教皇としばしば政治的に協力したのであった。

ユダヤ人にとって致命的な災いをもたらした人種主義は、一八八〇年から一九二〇年にかけて社会学として正式に認められ、広く受け入れられるようになった階層制の社会ダーウィン主義の中のある部分であった。ダーウィンの団体生物学は一九世紀末に科学的に立証できるものとされていた（今日なお議論をたたかわす人々もいる）。

環境への適応力の弱い種は「自然淘汰」により絶滅していく一方、そうでない種は進化していくというダーウィンの、自然界にみられる動物の種の生存競争のモデル（彼は市場経済に対するリカードの見解からこの発想をえた）は、社会ダーウィン主義者によって人種に当てはめられた。より「適合」した人種は、肉体的にも精神的にも強く、そうした優れた者たちが人間界の支配者になっていく。ほかの人種は「原始的」で「頽廃的」であるため、優れた人種により征服されていくことになる。

社会ダーウィニズムは、ときに進歩的な物の見方を支援するために利用されるが、普通は、右翼とくに超保守的な帝国主義者が武力を正当化するための知的道具として役立っている。英国では、諸々の有色人種を支配する面倒な特典を白人は担っているという神話を支援するものとして評判がよかった。

一八九〇年代に、いく人かの大学教師も含めて社会ダーウィン主義者たちは、人種の階層の表を発表した。そこではユダヤ人の人種的ランクづけは、下には黒人しかいないほぼ一番下に位置づけられていた。もし社会ダーウィニズムより万人救済派の多文化主義者の唱える平等が当世風の思想であったなら、もちろん、ユダヤ人を目の敵にする疑似科学的な論争は起こりえなかっただろう。それでもなお、ユダヤ人にとって破壊的だったのは社会ダーウィニズムそれ自体ではなく、あらゆる方面からのしかかる憎悪の壁であった。それが、ユダヤ人を排斥し迫害するイデオロギー上の手段として、社会ダーウィニズムを利用したのである。

一九二〇年代、三〇年代に世に現れたファシズムの諸々の運動と政府は、コロンビア大学のフランツ・ボアズを指導者とするアカデミックな社会科学によって攻撃を受けたとき、この反ユダヤ主義の論戦を展開し人種を階層分けする社会ダーウィニズムを奉じるようになったとするのが、ホロコーストの歴史的背景を記す際の流儀になっている。ファシズムとユダヤ人排斥主義の人種差別主義を通常こういう風に同一視しているが、それは経験に基づくデータによる論駁に対抗できはしない。

「ファシズム」という言葉は、一九二〇年代初期のベニト・ムッソリーニ（運動を始める前は、主筆を務める社会主義者であった）が率いるイタリアの右翼の運動に、ムッソリーニが名づけたものである。古代ローマの儀式用の斧ファスケス（束桿斧）を、運動のシンボルとして採用したことからきた名称である。歴史家の中にはこの言葉をムッソリーニが率いた集団以外の右翼の集団に用いるのを好まぬ人がいる。だが、ファシズムが総称的な意味の言葉なら、民主的な自由主義に敵対し、共産主義やマルキシズムに、もの狂おしいまでに敵対する、軍事的独裁政権を指すことになる。

一九二〇年から四五年にかけてファシズムの活動が四つあった。イタリアにおけるムッソリーニのそれ、ヒットラーのナチズム（彼自身は自分をファシストと呼ばなかった）、アクションフランセーズのような好戦的なカトリック教徒の運動（一九四〇年から四四年にかけてドイツ軍占領下のフランスで敵に協力したビシー政府にとりこまれた）、そして一九三六年から三九年にかけてのスペイン内乱で共和政治を打倒したフランコ将軍率いる党および政府である。

ファシズムの社会学的研究で最も洞察に富む仕事をしたのは、ドイツの右翼の歴史家エルンスト・ノルテである。彼の見解では、イタリア、ドイツ、フランス（スペインは除かれる）のファシズムに共通するものは、モダニティの抽象的リベラリズムに対する反革命と、中産階級の家族と共同体の絆を粉々にするモダニティの破壊力に対する反革命であった。ファシズムはモダニティが提供する科学技術を利用しつつ、中産階級の共同体の回復を志向したのである（ノルテの社会学的用語を使えば、モダニティそして自由主義的民主主義に対するファシストの反乱は、それゆえ「反超越」を表現した）。

従来ファシズムと呼ばれてきた運動や政体に共通する社会学的パターンの有効性がどうであれ、実際はこれらのファシズムの活動の二つだけ——ドイツとフランスのそれ——がユダヤ人排斥主義的であった。ムッソリーニは個人的には反ユダヤ主義信奉者ではない。一九二〇年代初期に政権をひき継いだファシズムの運動家たちは、裕福なユダヤ人たちからの多大の支援を享受していて、ムッソリーニが組閣した政府には、ユダヤ人も参加していた。ファシズムが起ってても古くからあるイタリアのユダヤ人共同体は、ほとんど影響を受けなかった。のちに災いをもたらす鉄鋼同盟を一九三八年にヒットラーと結んで以来、ムッソリーニはナチのユダヤ人排斥主義の法律をイタリアにも施行するよう圧力をうけるようになる。それでも彼はぐずぐずしていたので、一九四〇年には好戦的なカトリック教徒で利敵協力者でもあるビシー政府のもとから、暮し易さを求め国境をこえて逃亡してくるユダヤ人もいた。一九四一年ムッソリーニが完全にヒットラーおよびナチのドイツ軍に依存するようになったとき初めて、ユダヤ人のとり扱いをドイツのそれに近い方式でするようになった。それでもイタリアではユダヤ人の三分の二は大戦を生きのびたのである。

保守的なフランコのカトリック教の政権はユダヤ人排斥主義を示す記録は残していない。彼が政権を握った時スペインにユダヤ人は実質上ほとんどいなかった。またフランコは、一九七〇年代後期の彼の自由主義的後継者たちとはちがい、一四九二年の出来事に対する弁明をしていない。とはいえ彼は数千人のユダヤ人が、ピレネー山脈を越えスペインに逃亡するのを許した。その中のある者はほかの国々へのビザをもっていて、通過するだけだったが、ある者はスペインに留まるのを許された。

ヒットラーとナチスは一貫した教義をもつ極右の反ユダヤ主義者であったのか、それともユダヤ人への憎しみを含め好きなことをなんでも唱道する犯罪者の集団にすぎなかったのかは、歴史家たちの間で議論をよんでいる。だが、ナチの教義の中でユダヤ人恐怖症くらい一貫していたものはない。ソビエト連邦への憎しみでさえ、一九三九年九月にヒットラー・スターリン協定が結ばれ、一九四一年六月にヒットラーがロシアを侵略するまでの間、中断した時期があるのに、である。

ヒットラーがユダヤ人に対する集団殺戮を一貫してねらうだけの憎しみをもち続けた理由の説明となると、政治的有利さの外に社会的・心理的理由が浮かびあがる。社会的理由は、世紀の変わり目に反ユダヤ感情に満ちた都市ウィーンで――何しろ二〇世紀初期にユダヤ人排斥の演説で市長が選ばれた土地柄である――彼が成長期を過ごしたことである（一九八五年に市長の経歴の歴史的展示が催されたとき、反ユダヤ主義について触れる展示を拒否した点にオーストリア人気質がよく出ている）。心理的理由は、彼が自分の最愛の母がユダヤ人の医者からへまな治療を施されひどい目にあったと信じていたことである。

一九二二年という早い時期に彼はこういっている「ユダヤ人を絶滅することこそ私の最初の、そして主要な仕事である」。この言葉を彼は守り続けたのである。

ユダヤ人に対するナチスの見方は、本質的には、好戦的なフランスのカトリック教徒の、文化の側面からするユダヤ人観を、人種論の視点から焼き直したもので、ユダヤ人は外からきた黴菌で、ヨーロッパ文明からとり除かれるべき存在なのであった。ナチスはフランスのカトリック教徒より、目的達成のための暴力の使用をあけっぴろげに広言し、ユダヤ人の物理的抹殺の実行の点でさらに徹底し、かつその機会にも恵まれたのであった。

ナチズムとカトリック教は理論的には敵同士だが、ナチズムが最初に台頭したのはカトリック教圏の南部ドイツであったのは重要である。一九三二年までにミュンヘンとインスブルックはヒットラーの信条の熱烈な信奉者の集まる中心地となった。一方、プロテスタントのベルリンの人々は、ナチスが政権を掌握する一九三〇年代初期に、ナチ信奉の仲間に強制的に加入させられていった。

一九二〇年代ドイツのカトリック教は、フランスのカトリック教ほど直接行動主義的でも反ユダヤ主義的でもなかった。だが、ドイツのカトリック教徒たちも、一九世紀後期の教育をめぐる「文化闘争」で痛めつけられており、そのためドイツのカトリック教世界の権力者たちや大学教授たちは、ユダヤ人は自由主義的政教分離論者で、かつ「文化闘争」におけるビスマルクとプロテスタントの支持者であった、という根深い憎しみの遺産を受け継いでいた。

ドイツのカトリック教徒にはユダヤ人に対しさらに根深い敵意を抱かせる要素があった。それは一七世紀のカトリック教の反宗教改革、さらにはもっと歴史を遡り、カトリック教が支配する中世への原初的愛に深く根をおろしていた。ドイツのカトリック教は古い学問と典礼に浸されていて、南ドイツおよびカトリック教が支配する南ドイツの大学には、ユダヤ人の古い時代の根深い敵である中世後期のドミニコ修道会の托鉢僧に遡ることができる信仰と学問の伝統があった。ナチスが一九二〇年代と三〇年代初期に南ドイツのビヤホールでその勝利に歓喜し街中をパレードしたとき、ユダヤ人をキリスト教文明の敵とみなすこの複雑なカトリック教の遺産に頼ることができた。ナチスがキリスト教文明への明らかなそして直接的敵であることは、ナチスがドイツのカトリック教社会に広く支持を広げる妨げにならなかった。カトリックの司教たちがナチスへの非難をためらい、ローマの教皇が沈黙していたことは、ナチを信奉する集団がカトリック教徒の支援で権力の座につくのを許すことになった。いうまでもなく、今日このことは口にされないのであるが。

一九三〇年には巧みな民衆扇動家ヒットラーと彼を党首に戴く国家社会党は、ドイツ人の心を捉えていて、ナチスはドイツ三大政党の一つになっていた。ドイツは一二年間にわたる混沌たる財政情況、政治の不安定、軍事的敗北、文化の大変動の年月を我慢してきたのだが、世界的大不況が始まると、再び経済的危機にみまわれた。そんな絶望的情況の中で、ナチスは憤懣やる方ない数百万の小市民階級の人々や熟練工の支持をかちえていった。軍といく人かのやり手の企業経営者たちはヒットラーをも支持して、どちらに転んでもいい心配りをしていた。

とはいえもし自由主義的社会民主党と共産党が手を組めば、ドイツ議会で容易に大多数を占めて、ヒットラーを政権の座から遠ざけておくことはできただろう。だが、スターリンが自由主義的社会党員に対してとった方針から、モスクワからの指令で、共産党員は社会民主党との提携を禁じられていた。

一九三二年に、ナチスはドイツ議会で過半数をしめるに至る。第一次大戦時に将軍であったが、すでに歳老いた大統領はヒットラーを首相に任命し内閣を組閣させた。ナチスは政権を掌握するとすぐに警察の力を使って政治上の競争相手を排除し、労働組合を廃止させ、ユダヤ人弾圧にのりだした。

一九三三年当時は、ドイツでもその他の国でも一般にとりかえしのつかぬことが起ったという気持ちはなかった。知識人たちは犯罪者の一団、狂信的な反ユダヤ主義者の一団が、ヨーロッパで最も科学技術の進歩した国を乗っとったことを認めようとせず、むしろ、猛烈なユダヤ人排斥主義は、権力を掌握するために掲げたプロパガンダで、実際には大したことになるまい、権力を握れば責任感が生じ穏健になるだろう。ヒットラーはつなぎ役を果すだけで、じきに産業主義を奉じるドイツの軍人たちが彼を普通の保守主義者にとって代らせるだろう、そう言っていた。

こうした希望的観測はいずれも実現しなかった。ナチス政府はユダヤ人の市民権、財産、自由を剥奪し、生命を奪うことにのりだした。一九三五年のニュルンベルク法は、ユダヤ人からドイツ市民権をとりあげ公職から追放した。このことは多くのユダヤ人の大学教授や科学者にとって幸運であった。失職した彼らは家族をつれてよその国々、とくにアメリカ合衆国とイギリスへ逃れ、致命的災難がふりかかるのを免れたからだ。

一九三八年の水晶の夜（クリスタルナハト）、ドイツの下級の一外交員がパリで、あるユダヤ人に暗殺されたことを口実に、制服を着たナチスの一団がドイツのもろもろの都市の通りを徘徊して、窓を粉々にし、ユダヤ人の財産を掠奪し、シナゴーグを焼き払った。ナチスのユダヤ人に対する戦いは避けられるかもしれぬという一縷の望みもこうして消えた。一九三八年までにドイツ在住の四五万人のユダヤ人のうち一〇万人が、パレスチナやアメリカに移住していた。残った人々は罠にかけられ、戦争を生きのびた者は二万人にすぎなかった。

祖父母に当たる人が一人でもユダヤ人であれば、その人はユダヤ人と認定された。キリスト教に改宗した者も第一次大戦で勲功をあげた者も例外扱いされず、厳密に体に流れる血の問題とされた。

ドイツで始まったことは一九三八年から四五年にかけて、ドイツ軍に征服され支配下におかれた国ではどこでも始まった。ナチスは数十億ドルのユダヤ人の財産を没収したが、ユダヤ人への攻撃はナチスの戦争遂行にとって不利になった。自分がユダヤ人か、配偶者がユダヤ人のドイツ人の物理学者たち、同じ境遇のデンマーク人、ハンガリー人、イタリア人の物理学者たちはアメリカに集まり、ヒットラーの科学者たちが試みて失敗した原爆の製造に成功したからだ。強制収容所でのユダヤ人の奴隷労働には高度の技能がみられ、一九四二年にはドイツの軍需品工場において決定的に必要な存在になっていた。だがナチスは、数百万のユダヤ人を死の収容所に送り、この貴重な労働の供給源を全滅させ戦争遂行能力を低下させたのである。

ホロコーストによるユダヤ人の死者の数は確かなところは分からない。最も多数の人が推量する数字は五八〇万である。五〇〇万より少なくはなく、七〇〇万かもしれない。こんなに大きな幅があるのは、一九四一年六月にヒットラーの軍勢がロシアに侵略し、一九四四年遅くに駆逐されるまでの期間のユダヤ人の民間人の死者に関する情報を、ソビエト連邦が一度も公表していないためである。

一九三九年にはフランスに三〇万のユダヤ人がいたが、その三分の一がナチの手にかかった。そのすべてではないが、ほとんどはフランスの市民権をもたぬ移住者・難民であった。チェコスロバキア在住の三五万のユダヤ人のうち、大戦を生きのびた者はわずか二万五〇〇〇人である。オーストリアでは一九万人のうち一万五〇〇〇人が生き延びた。一九三九年にはオランダには一四万人のユダヤ人がいた。彼らの多くは一七世紀以来ずっと住みついてきた家族の一員であった。彼らの七五パーセントが、ナチスかファシストの手にかかった。ギリシアは、一六世紀以来多くのユダヤ人が住んできた国だが、七万五〇〇〇のユダヤ人のうち大戦を生きのびた者は、一万人にすぎない。ロシア、リトアニア、そして一九四一年にはロシアの支配下にあったその他のバルト諸国に住むユダヤ人に関しては、少なくとも一五〇万人がドイツ人とその協力者の手で殺されたとみてまちがいない。

一九三九年にポーランドにいた三三〇万人のユダヤ人のうち大戦を生きのびたのは、わずか二〇万人であった。彼らのおおかたは、新に反ユダヤ主義が起った一九五〇年代に、共産主義者の支援をえて国外に出ていった。

ホロコーストで命を落とした六〇〇万近くのユダヤ人の殺害のされ方は次のようなものだ。約一五〇万人は、とくに一九三九年から四一年にかけて、銃殺され、ほぼ同じくらいの数の人々が餓死させられるか、奴隷労働により死においやられた。残りの約三〇〇万の人々は一九四二年から四五年初期にかけて、アウシュビッツやポーランドのビルケナウのような死の収容所でガスを使って組織的に殺害された。

世界史上規模の点でこの集団虐殺に匹敵するものはない。ドイツ人は科学技術の開発においてヨーロッパの最先端をいき、その技術のほどをユダヤ人の殺害方法で見せつけたのである。少なくとも成人ドイツ人の二五パーセントに当たる人々が直接殺害に関わるか、何かのかたちでユダヤ人を誹謗した。少なくとも八〇パーセントのドイツ人はどういうことが進行しているか承知していた。公に抗議したドイツ人の数は二〇〇〇人を越えず、彼らのおおかたはゲシュタポ〔ナチスドイツの秘密警察〕の手で銃殺された。

死者に関する以上の記録だけでユダヤ人がナチのために蒙った悲惨事をとどこおりなく記したことには無論ならない。ユダヤ人は殺される前に、家畜のようにゲットーに駆りたてられ、飢え、人間としての尊厳のかけらすら奪われた。赤ん坊も老人も、子供も大人も、男も女も一切区別はなかった。戦争開始後の最初の二年間に、特別のライフル銃を装備した隊員によって射殺される前に、ユダヤ人は銃殺され、ころがり落ちる穴を掘らされた。家畜用の車両に乗せられ死の収容所に送りこまれるユダヤ人の、送りこまれる順番を決めるのを助けるユダヤ人からなる委員会が各町で作らさせられた。収容所では殺される過程を組織だて、死体を焼却するのを幇助するユダヤ人たちが選びだされた。

ユダヤ人側の抵抗運動はほとんどなかった。彼らはなんの装備も指導者もなく、他の民族から完全に疎外されていると感じていた。正統派のラビとハスィディズム派の指導者は、宿命と思って諦めることを説いた。そんな情況下でどんな抵抗がありえたか。一つだけ大きな反乱が一九四三年四月に、ワルシャワのゲットーで起きた。武器といえるものもなく、数週間ドイツ軍の戦車や大砲を敵にまわして戦い激戦となったが、反乱を起した数千の人々（たいていは若きシオニストである）のほとんどの命と共に、ゲットーは灰燼に帰した。奇跡的にも生きのびたごく少数の人々が、大戦終了後にイスラエルに姿を現した。

とくにロシアの領土において、パルチザン部隊に加わったり、森林地帯で集団を組みゲリラ戦を敢行したユダヤ人もいた。こうしたパルチザンに関し入手できる記録ははなはだ貧寒である。これらの事柄に関してもロシア政府はほとんど情報公開をしていない。ユダヤ人はロシアのパルチザン部隊で歓迎されなかったことと、ゲリラ戦を敢行したユダヤ人の集団にロシア軍はほとんど何も援助しなかったことを物語るいくつかの証拠がある。

ホロコーストに関する文献はふんだんにある。史実の研究では大きなものが三つある。アメリカ人のラオール・ヒルバーグ（この分野のパイオニア的学者）とルーシィ・ダウィドウィッツ、そしてイスラエル人のレニ・ヤヒルの研究書である。その外無数の回想録や小説がある。ホロコーストを主題にした一見の価値がある映画が三作ある、『ショアー〔ヘブライ語でホロコーストの意〕』、『ヨーロッパ、ヨーロッパ』、『シンドラーのリスト』である。

ホロコーストを記録・記念する博物館が、イスラエルとワシントンＤＣにある。両館ともに訪れる人はひきもきらない。

ホロコーストに関する情報や卓見にはこと欠かぬが、いくつかの点に関して今なお議論がなされている。第一は、ドイツ人はいつからその場その場の無差別の虐殺とは類を異にする組織的なユダヤ人の絶滅を計画し始めたのかという問題。第二に、ドイツ人以外にヨーロッパの他の民族はどのくらい深くこの集団虐殺に関わったのか、また最も罪が重いのはどの民族かという問題。第三は、これまで最もなされてきたが、最も苦痛なものである。あのユダヤ人たちは救う手立てをほとんど講じられずに、なぜナチの手で殺害されるにまかされたのかという問題である。私たちは彼らが見捨てられたのをどう説明できるのか、ホロコーストを阻止するか、手加減させるために自由世界のユダヤ人の共同体や連合国側の諸々の政府は、なぜとるにも足りぬ努力しかしなかったのかをどう説明できるのか。この最後の問いは、幸いにもナチの支配を免れた国々に住んでいたユダヤ人に関わるもので、テルアビブでもニューヨークでもロンドンでもトロントでも、ユダヤ人の仲間うちで居たたまれぬ思いを味わわされる問いである。

最初の問いに関しては、ドイツの歴史家アルンスト・ノルテが一九八〇年代半ばに、ナチ政府は最初はユダヤ人の組織的虐殺を計画していなかったと主張して、主としてドイツ国内での論争の火種をつくった。彼の主張によれば、ソビエトの反撃でドイツ軍が甚大な損害を蒙り、ドイツのロシア征服の野望が疑わしくなった一九四二年の末頃に、その計画が練られ始めたのであった（プリンストン大学の歴史家アルノ・メイヤーはこれとよく似た説を唱えている）。この説を難じる人々は、ノルテの主張――ドイツはソビエトロシアを攻撃することでヨーロッパ全体に良いことをしたが、甚大な損害を蒙り始めてその精神的方向づけを失い、その恨みをユダヤ人にぶちまけた――は、ホロコーストに対するドイツ人としての弁明をしようとするものだと主張する。

ユダヤ人の観点からするとノルテの説は意義深い。というのは、一九四二年の前半にユダヤ人の組織的抹殺が決定されていなかったのなら、連合国ないしユダヤ人の代表が、ナチと交渉して数百万のユダヤ人の解放を――彼らを送りこめる場所があっての話だが――かちとることもできたであろうからだ。

ノルテの説の反論は、一九四二年一月にベルリンの田園住宅地でトップクラスの下のクラスのドイツの官僚たちが集まり、ユダヤ人の組織的抹殺（彼らのいう「最終的解決方法」）に関する話を始めた「ワンシー会議」の現存する記録である。早くからユダヤ人の組織的抹殺を計画していた徴としてワンシー会議を捉えるのに問題になる点は、集まった官僚がトップクラスでないことと、議論の内容がやや概括的であった点である。

ホロコーストを始めよとの指令に関するヒットラー個人の文書は存在しない。だが、政府のトップの役人たち、又は大きな団体が、下役の人々にいかがわしい命令を下す際、普通文書を残しはしないと反論する人々はいう。ヒットラーは一九二二年に政治の舞台に初登場したときから、この上なく明瞭な言葉でユダヤ人を絶滅させるとの宣言をしてきた。かつ大戦前も大戦中も、何度もそのことを確言した。ならばなんでホロコーストの計画を実行に移すよう指示する特定の行政上の文書に押された彼のサインを必要としようか。

第二の問いは、ホロコーストの実施と管理・運営に当たり、ドイツ人以外に他の民族集団が共犯者としてどの程度深く関わったかという問題である。その答えは、今なお表にだすのを好まぬ筋もあるが、充分はっきりしている。フランス人、オーストリア人、ウクライナ人、クロアチア人、ボスニア人が共犯者として深く関わったことは議論の余地がない。彼らの手助けなしにはドイツ人は兵たん的にも、六〇〇万ものユダヤ人を、否、おそらくその半数も殺戮できなかったであろう。

ナチ占領下のフランスにおける右翼の対敵協力者であるビシー政府の役割、そしてその行政官や警察官やフランス人一般の果した役割は、ユダヤ人をそれと見分け、一斉検挙し、東方の死地へ送りこむ幇助行為を大々的にしたことである。フランスの役人たちは自ら率先してユダヤ人を検挙し、ドイツの役人に頼まれもしないのに数百人の子供たちを捕え送りだしたのであった。

オーストリア人、ポーランド人、ウクライナ人、クロアチア人は、ユダヤ人を検挙し、監視に当たったのみならず、殺害原野や死の収容所でナチに協力した者が何百人となくいた。こうした密な協力なしには、ドイツ人は、ユダヤ人の集団殺戮に当たり、彼らが設けた高い目標をあそこまで達成するのは不可能だったであろう。

好戦的なフランスのカトリック教会と古来一貫して反ユダヤ主義のウクライナのギリシア正教会は、ユダヤ人に対する憎しみに満ちた姿勢をとっていた（そのため多くの人々はユダヤ人殺害行為に正当性を認めた）ことに対し由々しい責任がある。クロアチアでは国粋主義の軍人の派閥がユーゴから独立する熱い願望をもっていて、ユダヤ人の殺戮は、その願いをかなえる力をもつドイツの支配者たちに連帯性を示す一つの方法とみなした。もっともポーランドの場合と同様、好戦的なカトリック教も一つの要因ではあったが。

二〇世紀初期に表面化した好戦的なカトリック教徒のユダヤ人への憎しみは、オーストリア人とポーランド人にも同じ気持ちを煽りたてて、彼らも集団殺戮に加わった。ビシー政府もあらゆる手を使いユダヤ人を差別扱いし、辱めようとした。なぜなら、カトリックのイデオロギーは、ユダヤ人がキリスト教社会に生きる権利を否定していたからである。

一九世紀社会における自由主義的心情の薄っぺらさは、ドイツの占領下において好戦的なカトリック教および保守的なギリシア正教のユダヤ人に対する敵意が一斉に表面化したその顕れ方によく出ていて、護憲主義や法律という歯止めはおし流され、数千人ものフランス人、オーストリア人、ポーランド人、ウクライナ人、クロアチア人が熱心にホロコーストに参加した。

ユダヤ人は、自由主義とモダニティは、ヨーロッパ文明をして逆戻りすることのない新しい時代——組織的虐殺もなく、ゲットーにユダヤ人を閉じこめることもない時代——へ突入せしめたという誤った判断をしていた。

好戦的なカトリック教徒たちのユダヤ人への憎しみは大変なものであったから、ビシー政府のユダヤ人の一斉検挙と死の収容所送りに彼らは積極的に加わった。カトリック教を弁護して、ユダヤ人はフランスで政教分離主義の自由主義的左翼と同盟関係にあったため、カトリック教の指導者たちと知識人たちの新たな憎しみを招いたといってみても、現に起ったことに対するフランスのカトリック教徒たちの罪を免れさせはしない。カトリック教徒とユダヤ人のいかなる政治的・文化的くい違いも、第二次大戦時にフランスのキリスト教会がユダヤ人に対してなした行為の恐るべき記録を弁護できはしない。

フランスの著名な知識人たちの残した記録も許せるようなものではない。フランスの小説家セリーヌは、大戦の間ヒットラーを支持し、痛烈に反ユダヤ主義の非難・攻撃をしていて、パリが解放されるとしばらくの間デンマークに逃亡し、そのあと何事もなかったかのようにパリに戻った。辛辣なユダヤ人排斥主義に満ちた彼の小説は、アメリカの大学のフランス文学の講座で今も高く評価されている。フランス語を公用語とするベルギーでは、若い文芸批評家ポール・ド・マンは、ナチに協力する新聞に反ユダヤ主義の記事を掲載していた。戦後彼はアメリカに居を移し、イェール大学の人文学部の花形教授として晩年を送った。女流哲学者シモーヌ・ド・ボーヴォワールは、ナチに協力する反ユダヤ主義のパリのラジオ局で快適に仕事をしながら、大戦時を送った。フランスの著名な文化人の大戦時におけるそうした不名誉な記録は、枚挙にいとまがない。カトリック教に依存するところ大きいフランス文化は、核心において反ユダヤ主義の要素を色濃くもち続けている。

同じことはポーランドのカトリック教会にもいえる。何世紀も昔に遡るユダヤ人に対する敵意から、ナチの死の収容所に反対する意味をもつどんな行為に対しても、完璧なまでに心理的抑制が働いたのである。

ポーランドのカトリック教徒たちは何千人となく強制収容所で暗殺者集団に協力して働いた。聖職者たちはそんな協力は断るようにとの諫言を一度たりともしなかった。ポーランドは現代史における比類ない残酷な殺害原野と化したが、聖職者たちは冷ややかに傍観しているだけであった。

今になってポーランド人は、当時ポーランドは苛酷で残忍なドイツの占領下にあったと弁解するが、何百万ものポーランド人がユダヤ人を死の収容所に送りこむ手助けをしたことの弁解には少しもならず、数百人ものポーランド人が死の収容所で積極的に働いたことの弁解にはならない。

以下の事実はポーランド人のユダヤ人に対する姿勢を知る目安になろうが、無事にロンドンに亡命したポーランド政府は、一九二〇年代、三〇年代にポーランドのカトリックの政治家や官僚が口にしていたユダヤ人への憎しみをそのまま引きつぎ、戦争が終わる直前まで、反ユダヤ主義の宣伝をしていた。ロンドンのポーランド政府は、同盟軍から充分な武器を供給されていた本国のレジスタンスの戦士たちが、ユダヤのレジスタンスの戦士たちに救けの手を差し伸べようとするのを思い止まらせていた。

ホロコーストにおいてポーランドのカトリック教徒たちが果した役割を弁護することは、どんなかたちでもできはしない。彼らは、ドイツ人、オーストリア人、ビシー政府のカトリック教徒たち、ウクライナのギリシア正教会の信者で暗殺者集団に仲間入りした連中と共に、糾弾されるべき人々である。

ボスニアのイスラム教徒たちは、クロアチアのカトリック教徒たちと一緒になってユダヤ人を狩り集めた。植民地経営にのりだしていた英国が危険人物とみなすにいたるまでは、パレスチナでアラブ人の反乱を指揮していたグランド・マフティ〔イスラム法の最高権威者〕は、保護を求めてベルリンに逃れると、ドイツの短波放送でユダヤ人を誹謗し続けた。ヒットラーを支援してユダヤ人を抹殺するようにとの彼の呼びかけに応えて、ボスニアのイスラム教徒たちは積極的に行動した。大戦後英国は、エルサレムで著名なフセイン家の出であるグランド・マフティを反逆罪で告訴するのは、賢明でないと判断した。彼が安楽な死を迎える頃、オーストリアの若いカトリック教徒のクルト・ワルトハイム（ドイツ軍の将校として彼はユダヤ系ギリシア人の一斉検挙、そして死の収容所送りを指揮した一人である）はオーストリアの外務大臣になり、やがて国連事務総長になった。

ドイツ支配下の国々で、政府とその国民がユダヤ人救済の組織をつくり救済に努めたのは、ただデンマークあるのみである。ユダヤ人の人口は少なかったが、彼らのおおかたは、船で中立国スウェーデンに無事に運ばれた。ほかにユダヤ人に味方した例は、個人的に身の安全を賭してユダヤ人をかくまい救けた「義しき異邦人」たちがいるだけである。

ユダヤ人は孤立していなかったかのように見せようとして、近年エルサレムのホロコースト博物館では、こうした義《ただ》しき異邦人たちを盛んにとりあげている。果してどれだけそんな異邦人が現実にいたか。ヨーロッパ全体で一万人というのが理にかなった推定であろう。彼らの勇気と人間性は認識されてしかるべきではあっても、統計的に見れば小さな意義しかもたない。ユダヤ人自身、一九四〇年代初期にヨーロッパの憎しみの壁が総体的にのしかかってきたことを、いかに孤立していたかを認めるのを渋っているように思える。含蓄するところが余りに心をかき乱すからである。

ホロコーストに関する第三の問いは、精神的意味あいにおいて最も人を悩ます性質のものである。また、答えるのが最も困難で、しかもその答えは、とくにユダヤ人社会で、最も論争を引き起こしがちである。あのユダヤ人たちはどうして同盟国の政府たちから見捨てられたのか。自由世界の共同体のうちに暮していたユダヤ人たちは、ナチに生命を脅かされていたユダヤ人を救けるのになぜああも無力であったのか。少なくとももどこか一国のユダヤ人の共同体くらい、ホロコーストをやめさせるべく仲裁の役を果す、ないし明確にその努力をすることぐらい、なぜできなかったのだろう。

この問いに対する一般的な答えは、東ヨーロッパのユダヤ人を救えないにしても、せめてホロコーストの規模を縮小させえたかもしれぬユダヤの共同体――主としてアメリカおよびパレスチナのユダヤ人の共同体であるが――は、自分が暮す環境から直接生じる関心事や姿勢に深く捉われ、さらに、自国の政治的・文化的構造に邪魔されて、その国の国民としての限界をつき破る方法が分らず、東ヨーロッパの悲惨な破局を回避できぬまでも、少なくとも緩和すべく効果的に行動する仕方が分からなかった、というものである。

もう一つの答えも似たようなものだが、東ヨーロッパのユダヤ人たちに救いの手をさし伸べるべく仲裁役ができたかもしれぬ自由世界のユダヤ人の共同体は、自分たち自身の環境で経験する憎しみの壁に悩まされ、心理的抑制が働いたことである。アメリカのユダヤ人は、自国における激しい反ユダヤ主義の風潮に極度に過敏であったし、パレスチナ在住のユダヤ人は、アラブ人およびイギリスの帝国主義の政府と反目していた。

とはいえ歴史の下す最終的判断は、現実の大きな障害がいろいろあったにせよ、合衆国とパレスチナで、またカナダでも英国でも、身の危険を伴う不屈の努力をユダヤ人の共同体が払っていたら、この人類史上最悪の集団虐殺ホロコーストで、ドイツ人とその協力者たちの手にかかり亡くなった約六〇〇万の命の、三分の一はおそらく救いえただろうというものにちがいない。

第11章
民族社会

「その国の法律が法律となる」そう、タルムードに準拠してラビはいった。タルムードの訓えは、エルサレムを離れ、ディアスポラ（離散の地）に暮すユダヤ人はその地の王や統治者の定めた掟に従わねばならぬというものであった。人々はそれ以外の選択はないと教えられた。これはある種の受動性の強制であり、さまざまな国においてその国の政治的・社会的枠組みの中で、異邦人と彼らの統治者が、ユダヤ人に定めた運命を受容することを命じたことになる。

自分の暮す王国の掟に服従することを命じたタルムードの方針は、ときとして、暴虐な支配者や憎しみの壁に対し、ユダヤ人が自分を守り、そこから逃れる行動を起すのを思い止まらせる役目を果した。このことは、一九四〇年代のホロコーストにもいく分あてはまる。指導者たちが一九三〇年代初期に（よし、それ以前にではないにせよ）組織的に集団移住をするための可能なかぎりの積極的な行動をとるべきであった時に、ポーランドのユダヤ人たちは麻痺したように何もしないでいたのだから。

自分の暮す国への、タルムードの受動的姿勢は、こうして大災害が起るのを助けることになった。だが、普通の時代なら、それは、ユダヤ人をして自分が住まう国に身を落ち着かさせ、そこの社会的・政治的・

文化的構造の中で可能なかぎり自分を教育し、訓練するという肯定的効果をもたらした。

それがハラカーの適応と順応のプログラムであった。それは、支配者の側で最低限の人間性を備えていること、そして、虐待と差別的待遇にも究極的限界があり、いつかは改善される希望をもてることを前提として成立するものだった。冬の真っ只なかのプリムの祭りで毎年語られた、史実の根拠づけを欠くペルシアのユダヤ人の空想的な話は、ラビがタルムードに準拠して教えたことを、劇のかたちで表現したものである。邪《よこしま》なハーマンがユダヤ人たちに途方もない災難を降らせようとしたとき、ユダヤ人の王妃であるエスタの、異邦人の夫への嘆願によって、ハーマンは立ち去ることになり、結局、苦しむのはハーマンで、ユダヤ人はこうして祝祭を楽しんでいるという内容のものである。

このロマンチックな運命の逆転は、いつの世もユダヤ人の夢となってきた。実際には、そんなことは一九四〇年代初期の東ヨーロッパでは起らなかった。過去をふりかえっても、悲惨な敗北と迫害、虐殺を蒙った一六四八年、一四九二年、一〇九六年、三一二年に、起らなかったのと同様である。だがナチの支配下の東ヨーロッパに起きたことは、過去に例がなく人間の理性と想像をはるかに超え、どんな政策であれ予期できぬことであった。

フランス人のラビの息子で、科学としての社会学の創始者であるエミール・デュルケーム（一九一七年死去）は、ユダヤ人にとって自分の住まう国の法律が掟となるというラビの訓えを補い深めるための、社会的行動と集団行動の理論を提供した。機能主義の理論を提示したのである。社会とは、側面が互いに機能しあう閉じた箱のようなもので、互いに作用しあって安定した文化を形成する。とくに二〇世紀には、中世のセファラドやヒットラー出現以前のドイツに充分な前例がみられるが、ユダヤ人はいずれの地であれ、社会の機能的活動に吸収された。そこで支配的な文化と社会的行動様式に従い行動したのである。その結果二〇世紀には、ユダヤ人は、自分の住む土地に広くいき渡っている、互いに関連性をもつ思想、生活様式、心的姿勢に大きく影響されたのである。

モダニティの力は、国家のユダヤ人への諸々の要求によってバックアップされ、さらに、非ユダヤ人の隣人たちとの相互作用によっても補強され、自分たちをとり巻く社会とは区別される、きわだった特色をもつ少数者として生きようとするユダヤ人の能力や意志を浸食していった。二〇世紀が進むにつれ、それぞれの国のユダヤ人は、物理的にも気質的にも、自分がすっぽり包まれて暮している、その国の文化の特質を身につけるようになっていった。ある種のはっきりしたユダヤ人らしさは根底において存在し続けたが、それも一九五〇年以降は着実に薄まっていった。二〇世紀も最後の一〇年が始まる頃には、ユダヤ人は、自分の住まう民族社会の政策・方針に沿って分かれ、ユダヤ人としての共通性と同程度に互いの相違性もはっきりしたものになっていた。

世界各地のユダヤ人を結びつける絆になったのは、ユダヤ教の名残と、そして、イスラエルおよびイスラエル以外の国のユダヤ人たちの、イスラエル国家への献身の念であった。一九七〇年にはシオニズムという民間の宗教が、古い信仰と同じくらい、ないしそれ以上に、住まう土地に関係なくすべてのユダヤ人に連帯心をもたせた。シオニズムは、諸々の異邦人の文化および住んでいる社会の行動様式のもつ大きな影響力に対抗する機能を果し、脆弱ではあるが古い宗教、およびイスラエル国家への誇りと献身の念により、ユダヤ人の社会をして、それと識別できる民族社会たらしめた。そのイスラエルは一九四八年に誕生し、一九六七年には周囲に勝ち誇る存在となった。

ユダヤ人の諸々の組織や団体は、限られた範囲内においてではあるが、国際的に大いに活動し、大変な成功を収めた。「世界ユダヤ評議会」、「世界シオニスト協会」、「共同分配委員会」、「ユダヤ機関［ユダヤ人のイスラエル移住推進団体」、ヘブライ大学の「後援者の会」が、この面ではきわだった存在である。いずれも経営陣は専門家からなり、資金集めがきわめて上手い。とはいえ、億万長者の族長やプロの管理者や政治的実践主義者はごく少数しかいない。こうした国際的なユダヤ人の組織や団体は、イスラエルおよび義援金の分配を直ちに必要とする地域以外では、ユダヤ人の大多数の人々の意識や行動にほとんど影響を及ぼしていない。教育レベルも高く、比較的裕福な社会的グループに属している人々に対してすら、そうである。

　ユダヤ人の心的姿勢や行動様式は、日々の生活でも、家族に対する期待でも、文化でも、主として自分の住む国の制度や公の講話や生活様式や中心的なメディアによって形成されてきた。ディアスポラに住む正統派ユダヤ教徒のユダヤ人は、しばしばこうした一般的な型が当てはまらぬが、彼らの数は、どのみちディアスポラに住むユダヤ人の人口の一五パーセント以下にすぎない（その点ではイスラエルでも同様である）。

　イスラエルの結束のために催される正餐への参加者の数や、ヘブライ大学、テルアビブ大学へ寄付金を寄せる人々のリストから、文化の型の構成要素、個人的献身、ディアスポラの民族社会におけるユダヤ人の直接的務めや関わりを推定するのは誤りである。シオニズムはユダヤ人を結束させる一種の市民の宗教になったが、ディアスポラに住むユダヤ人の意識の片隅に影響を及ぼしたにすぎなかった。

　このことは、一九四八年に建国して今日にいたるまでにイスラエルに移住した三〇〇万のユダヤ人のうち、真に自ら希望して、ないし、自発的に来た人々は五パーセント以下であるという事実をみればすぐに分かることである。その他の人々すべては、自分が生れた土地における政治的・経済的環境の悪化のため、ないし悪化が予想されるために追われるように移住してきたのである。シオニストの宣伝活動はこの基本的な事実を懸命におし隠そうとしてきたが、イスラエルは土地をもつ難民たちの国であって、熱い情熱に燃えて移住してきた人々の国ではない。

一九四〇年から二〇世紀末までのユダヤ人の歴史を観るのに、二つの型ないし方法論がある。一つは単純な観方で、ユダヤ人にとって快いものである。たとえばポール・ジョンソン（カトリックの英国人で、ときに左翼のジャーナリストとして論陣をはることもあるが、今のところ新保守主義の歴史家として活動している）の、ユダヤ人の歴史を記してベストセラーになった著書の、「シオン」という題の最終章における捉え方は、その典型である。それは、とくに北アメリカとイスラエルで月に何百回となく、講演においても牧師の説教においても、繰り返されている型で、次のようなものだ。

住む場所をとわず、ユダヤ人たる自覚をなにがしかもつ者ならだれしも、二〇世紀の二つの記念碑的出来事に注目し、共感を覚えてきた。一つはホロコーストという大惨事で、もう一つはイスラエルの地における、人を活気づけるさまざまなチャンスを伴うユダヤ人の国の創造である。

ユダヤ人の諸々の民族社会は、ホロコーストに直面したとき効果的な反応を示しそこなったが、イスラエルの誕生に際しては適切な反応を示した。このことは、東ヨーロッパのユダヤ人が絶滅したのに対し、イスラエルは万難を排して生きのび、欠陥はあるがダイナミックで強力な国家となった一つの重要な原因となった。

世界が最悪の闇につつまれ悪が遍満《へんまん》するとき、救世主が姿を現すという中世の人々が抱いていたモチーフは、ある意味で裏づけられた。大惨事のあとに償いが訪れるという古代のパターンが繰り返されたのだから。

古代にあっては、エルサレムの破壊とユダヤの地の住人たちの四散のあと、伝統的なユダヤ教がタルムードの内に統合・強化され、ラビの指導力が堅固なものになった。二〇世紀にあっては、ホロコーストのあとにシオニストの国家が勝利し、独立国イスラエルの青と白の旗がエルサレムの地に翩翻《へんぽん》と翻ることになった。

失敗から勝利へ、惨事から償いへ。ユダヤ人の諸々の民族社会は、分離主義からくる無力性のためにナチの脅威に面した東ヨーロッパのユダヤ人を救出するのに失敗した。だが、その後シオニズムおよびイスラエル国家への献身を核とする世界規模での新しいユダヤ人のアイデンティティの結晶化が実現した――これこそ二〇世紀におけるユダヤ人の共同体の発展を概観する際、最優先のテーマとなるものであり、ジョンソンのユダヤ史でも、モデルとして想定されているといえる。

この見解は、短期間に限れば、そして大雑把なものとしてなら、妥当性をもつことを否定しはしない。しかし、現代のユダヤ史の観方には、未完成で問題点を多々含んではいても、もっと複雑なモデルがある。

ユダヤ人は自分の住む国の環境のもつ文化と行動の様式に実用上、機能上、染まっていった。一方では伝統的な宗教的遺産を完全に忘却したわけでなく、また、イスラエルへの本能的忠誠心を保持しつつも、それぞれの民族社会に住むユダヤ人は、時とともに強まる傾向があるはっきりした特徴の思考と行動の様式を作っていき、徐々にだが、おそらくあと戻りできぬほど互いに離れ離れになっていった。この過程は、平和で市場指向性が強まる中東では、それが経済的発展およびユダヤとアラブの文化的統合の焦点になっていきながら、イスラエル自身にもあてはまる。

現代のユダヤ史における一つの民族社会の範例は、現在と将来のみならず過去を理解する上にも役にたつ。ユダヤ人が自分をとりまく強力な文化にはめこまれていたことは、一九三〇年代、四〇年代に、ナチの脅威や次第に大規模になるホロコーストに直面して、諸々の民族社会に住むユダヤ人がなぜ例外なく無力で、嘆かわしいほど無気力であったかを説明する上で役にたつ。

二〇世紀後期のユダヤ人の四つの民族社会――カナダ、英国、イスラエルそしてアメリカ合衆国のそれ――が重要な存在であり、歴史的に検討してみる価値がある。

一九四〇年にはカナダの総人口一八〇〇万のうち二〇万がユダヤ人であった。今日ではカナダの総人口は約二倍になったが、ユダヤ人の人口は三〇万である。こうして、比率からするとユダヤ人ははっきり減少したが、一方、カナダ在住のユダヤ人の富の増大、および、知的職業と高等教育におけるユダヤ人の地位のめだった向上のために、社会的・文化的影響力は格段に大きくなっている。

一九四〇年にはモントリオールは、カナダで最も多くのユダヤ人（七万五〇〇〇人）が住む都市であった。トロントとウィニペグにも大勢のユダヤ人が住み着いていた。当時はこの凍てつく広大な国土に散在する小さな町々に、ユダヤ人の商店経営者が広く存在していた。彼らのほとんどは東ヨーロッパからの移住者であった。おそらくその半数は、一九世紀末と二〇世紀始め頃に、カナダの貧寒な人口を膨らませ、鉄道を動脈とする通商を活気づかせようとする政府の政策に従って、鉄道で運ばれてきた人々であった。

彼らのほとんどは小市民階級に属し、都市の特別の区域――ほとんどは強制居住地――に暮していた。一九四〇年代にカナダ生れの新しい世代が世に現れるまでは、彼らのほとんどは英語と共にイディッシュ語も流暢に話すことができた。大学に進学するユダヤ人もぼちぼち現れたが、単科大学、総合大学はなべて彼らを歓迎せず、大学で教鞭をとるユダヤ人はいなかった。法曹界と医学界は、医師や弁護士養成の専門教育を施す学校への入学者割り当て人数制、その他の差別的慣行によりユダヤ人の締め出しを懸命に試みた。出版業界はユダヤ人に対し狭量で、カトリック教会や英国国教会系教会やときにプロテスタントの教会の指導のもと、反ユダヤ主義の出版物を世に出していた。

ユダヤ人は商店経営者、仕立屋、家畜業者、そのほか辛うじて採算がとれる似たような職業について、かつかつに生計をたてていた。ユダヤ人社会の指導者は微弱な権力しかもたず、ラビたちは名も知れぬ存在で、慈善団体は資金に乏しく、カナダが手酷い打撃を蒙った一九三〇年代の大恐慌時代には、大勢のユダヤ人の失業者たちの苦痛を緩和する手だてをほとんど何も講じることができなかった。

一九四〇年代になに一つ助けもなく、経済的にぎりぎりの暮しをけなげに送っていた、こうしたカナダ在住のユダヤ人の暮しぶりに関する生き生きした描写を、モーデケイ・リッチラー（モントリオールに暮し、辛辣なユーモアたっぷりの作風の作家）とアデレ・ワイスマン（ウィニペグに暮し、きわめて悲観的な作風の小説家）のうちに見いだすことができる。

一九四〇年代ユダヤ系カナダ人の一族で唯一裕福であったのは、ブロンフマン家で、最初はウィニペグ中心に活動していたが、のちにモントリオールに移った。彼らは禁酒法施行期間（一九二一―三三）に、法にひっかかるのを辛うじて免れながら、アル・カポネらアメリカの密売人たちに国境ごしにアルコール飲料を供給して財をなした。一九四〇年には、ブロンフマン家はまだアルコール飲料の絶対支配権を確立するのに懸命で、一九六〇年代のように、博愛家、共同体の指導者としての活動は始めていなかった。

カナダにおける二つの支配的文化の一つは、ケベック州のフランス系のカトリック教の文化で、これははなはだ反ユダヤ主義的で、しかもフランスの影響で一段とその姿勢を強めていた。もう一つは、数十年間に数百万のプロレタリアを移民としてカナダに送り込んだリバプール、バーミンガム、グラスゴーの偏狭な英国国教とプロテスタントの文化であった。反ユダヤ主義を掲げるフランスのカトリック教徒ほどにはイデオロギーを吹聴しないが、こうした英国系カナダ人たちは、商品や職を求める上でも、仕事ぶりの点でも、手強い競争相手のユダヤ人に対する母国英国での狭量な敵意をうけ継いでいた。一九三〇年代、四〇年代の英国系カナダ人の文化の中心に、ユダヤ人への芯からの敵意と侮蔑の念が存在した。

こうした厳しい時代の空気の中にあって、一九三〇年代にユダヤ人のカナダへの移住が打ち切られたのは（大不況のさなか土着のカナダ人の就職の機会を減らせぬという、さらなる理由づけもあった）、また、多くの面で自由主義的であったカナダ政府が大戦の間、ユダヤ人の難民がヨーロッパからカナダに避難してくるのを断固こばんだのは、少しも異とするにたらない。ユダヤ人の共同体を代表する立場の人々は、公に有効な抗議をするには自意識的でありすぎ、儀礼に捉われすぎていた。

事態をさらに複雑にしたのは英国系カナダ人は徴兵の義務があり、フランス系カナダ人は一九四二年まで徴兵の義務がなかったことである。この方式はケベック州ではうまく機能しなかった。ケベック州の土着の人々は徴兵制を拒否したからである。そんな状況の中で一般大衆の間に広く、カナダの若者たちはユダヤ人を救けるために海外で命を落している――これはユダヤ人の戦争なのだ――という感情があった。徴兵制度に関する騒動で頭を悩ましていたカナダ政府は、ユダヤ人の難民を受け入れることで、民間に広まっているそんな信念に一理あると思わせるのを望まなかった。

カナダのユダヤ人はカナダでは戦争でいい思いをし（軍隊での活躍ぶりはぱっとしなかったが）、なかには一財産を――とくに（たいてい闇市場を利用して）衣料業や卸売業で――こしらえる者もいた。一九五〇年代、六〇年代には概していって、カナダのユダヤ人の社会的地位はどんどん上昇し、ゲットーをでて、町のもっと上等な地域に移り住むようになっていった。ケベック州の住民たちが目に見えて盲目的な愛国主義に染まり、好戦的になってくると、ユダヤ人は大挙してモントリオールを離れ、教育制度、職業上の地位、芸術活動、商業活動の点でユダヤ人の存在がそれと認識できるようになったトロントに移住していった。

一九六〇年代自由党員の総理大臣ピエール・トルドーは、ケベック州のカトリック教徒であったが進歩主義者で、相当数のユダヤ人が公務員になれる路を初めて切り開いた。管理職の人間が多く、高給とりの官僚も多い福祉国家カナダに住むユダヤ人にとって、これは大きな転換点となった。自由主義的で左寄りのトルドーの親ユダヤ主義政策は、ワスプ（アングロサクソン系で新教徒の白人）と、フランスのカトリックの流れをつぐ保守的な反ユダヤ主義の人々が牛耳るマスコミにより、非難中傷の一斉射撃を浴びるに到った。

カナダのいたるところでユダヤ人は医学界、法曹界、金融関係の職業に大挙してついていった。一九七〇年には大学で教鞭をとるユダヤ人が現れ、カナダの最高裁判事につく者もいた。ラジオやテレビでコメンテイターやプロデューサーとして活躍する人々も出てきた。外交面の仕事で最も重要な駐米大使のポストを、ローズ奨学生でオックスフォード大学の特別研究員であったユダヤ人が一〇年以上務めた。

億万長者となった族長ブロンフマンと共に、二、三のユダヤ人の家族が、トロントの地所および建設業を本拠地として、国際的に大きな存在にのしあがった。バルカン半島出身で正統派ユダヤ教徒の移民であるライヒマン家は、景気づいているカナダにアフリカで稼いだ多額の資金をもってやってきて、賢明な投資をした（一九八〇年代に失敗するまでは）。戦後ユダヤ人の移民の数は一貫してほどほどの数を越えることはなかった。東部ではドイツとイタリアからの移民が、ユダヤ人のそれよりずっと多かった。ウィニペグではユダヤ人の人口は、現在では彼らの旧敵ウクライナ人につぐ数になっている。

一九九〇年にはユダヤ系カナダ人は繁栄した快適な暮しを送っていて、社会的にも受け入れられている。だが、若い世代の人々が少なからずロサンジェルスその他のアメリカの都市に移っていくため、急速に老齢化が進む集団となっている。

ユダヤ系カナダ人は熱烈なシオニストである。活気のないシナゴーグの活動より、イスラエルに対する献身の念が一体感を与える宗教になっているといえる。イスラエルに実際に移住した人々の数はわずかなものだが、寄付金は金に糸目をつけずに寄せてきた。一人当たりでみると、ユダヤ系カナダ人はユダヤ系アメリカ人よりイスラエルに多大の財政上の恩恵を施してきた。

一九四〇年代初期のユダヤ系カナダ人の特徴であった、イディッシュ語をベースとして知性を重んじる特性は完全に消え失せ、郊外に住まいを構える中流階級の現代的な文化に完全に適応して暮している。彼らは独自の公開討論の場や公論誌はもたなかったが、カントリークラブのメンバーになったり、ホッケーやサッカーの定期入場券を利用したり、東部と極西地方ではスキーリゾートを利用して生活をエンジョイしている。カナダ全体でラビは、思想家として学者として国際的にある程度名の知られたエミール・ファケンハイムがトロントにただ一人いるだけである。彼は知的にはブーバーに似ている。

一九三〇年代、四〇年代には、ユダヤ人はカナダの政界の左翼で重要な役割を演じるであろうと思われていた。一九三〇年代と四〇年代に東ヨーロッパからうけ継いだ社会主義が、行動主義のユダヤ人たちをして、社会主義政党——当時は協同共和連合と呼ばれ、今は社会民主党と呼ばれている——の創設に際しめだつ働きをさせたからである。この党の創設者たちはメソジスト派かユダヤ人か、いずれかであったといっても過言ではない。

社会民主党は地方のレベルではときおり意義深い勝利を収めることもあったが、中央政府の政治の世界ではこれまで常に力の弱い第三の政党にすぎなかった。それも一因となってユダヤ人は社会主義の政治活動を次第に見限るようになり、一〇年、二〇年とたつにつれ、社会主義の実際行動への参加はきわめて少なくなった。

実際の社会主義の政治行動からユダヤ人が手を引いたもうひとつの理由はイデオロギーに基づくもので

ある。一九六〇年以降登場してきた、イディッシュ語を使わぬ世代のユダヤ人たちは、カナダの資本主義の上層部に入りこむのを望み、労働組合の指導者や急進的な牧師たち――彼らの中には英国系の偏狭な反ユダヤ主義が今にいたるも残存している――と手を組んで、カナダの資本主義と闘うのを望まなかった。

他方、自由党や保守党の上層部に入りこもうとするユダヤ人の法律家たちの努力は時間をかけてもほとんど実らなかった。ユダヤ人は必要でなかったのだ。保守的な両党は総選挙に勝利しようとすれば、ケベック州の選挙民に好感をもたれようと熱心に努めるほかなかった。フランス語を母国語とするカトリック教徒の人々は、ユダヤ人が党の指導部に影響力をもつのを好まなかった。

英語を母国語とするカナダ人は概して用心深く、当たりのやわらかいもの静かな人々で、家族や仕事や職業上の関心事に没頭していて、ほかの類の熱意は（知的な熱意も、政治的な熱意も）欠いていた（スポーツは例外だが）。それは、過去に栄え今は活力の衰えた（とはいえ一段と知的になったのでもない）イギリスの地方育ちの文化であった。ユダヤ人は完全にこの文化に吸収され、波風をたてずに個人的な満足感を覚えて暮していた。

カナダにおけるユダヤ人の非ユダヤ人との婚姻率は、アメリカにおける一九九〇年までのユダヤ人の非ユダヤ人との婚姻率五〇パーセントの約半分であった。もっとも、徐々に増加しつつあるが。このことはユダヤ系カナダ人はそれと認識できる民族集団として存在し続ける可能性があることを意味する。とはいえ、カナダの人口がゆっくり増加する中で、ユダヤ人の人口は全体として一定、ないし減少する傾向があるため、ユダヤ人集団の存在感は弱まっていっている。

一九四〇年当時はモントリオールやウィニペグで人々が享受する生活文化には、今は姿を消したユダヤ的趣があった。三〇〇万の人口のうち一二万五〇〇〇をユダヤ人が占めているトロントだけは、今もユダヤ人の存在感が多少感じられる。とはいえ、ユダヤ的色彩がうかがわれるのは、大企業、学術界、知的職業、そして芸術の分野にユダヤ系の著名人がいるためなのである。

一九八〇年代、ユダヤ人が一団となって闘ったのは、ドイツやスロバキアにおけるホロコーストを、実際はなかったと主張する人々を相手にしたときだけであった。アルバータ州では彼らは、そんな連中を公立学校の教職の座から追放しようと試みた。カナダのユダヤ人は、イスラエルを（その政策がなんであれ）情熱的に弁護する場合を除いて、集団としての共通の協議事項を何ももたなかった。一九九〇年代になるとカナダのユダヤ人たちは、個人的な業績で人目につく風変わりな集団、カナダという国に完全に満足し、郊外に暮し、中流上層の生活様式にすっかり適応した集団のメンバーであり、一九四〇年頃とはあらゆる点で大きく様変わりした状況になっている。

英語を母国語とするカナダ人の文化と社会にみられるほとんどすべての面がそうであるように、カナダ在住のユダヤ人もアメリカで起こることに深い影響を蒙っている。いくつかの点では、カナダのユダヤ人はカナダに住む少数民族の中で最もアメリカナイズされた民族集団である。カナダのユダヤ人にとって裕福である第一の印は、冬の三ヵ月間をカリフォルニア、フロリダ、ないしアリゾナで暮すことである。カナダのユダヤ人の医師や大学教師には、南国は強い魅力をもっているのである。

英国のユダヤ人はカナダのユダヤ人よりもっと島国性がみられる人々だが、彼らには独自の運命と生活様式を切り開いていく傾向がみられる。一九三〇年以降の英国のユダヤ人の歴史を批判的に扱った書物のほとんどすべては、英国のユダヤ人たちの間に、また彼らの新聞紙上で、険悪な論争を引き起こしてきたように思われる。それには二つの理由がある。第一に彼らは都合が悪いことに、まとまりを欠いている。一方にロンドンとマンチェスターの、英国のユダヤ人の中心的地域に暮し、政治的影響力をもつ狭量なエリートの富豪たち、彼らに対するに、英国のユダヤ人の大多数を占める小市民階級の中流の人々。厳格な正統派のユダヤ教徒、に対するに、宗教的にいく分自由主義的な人々。セファルディの流れをくむ少数独裁制をしく人々、に対するに、東欧・中央ヨーロッパからの移民とその子孫たち、と分かれていること。第二に、戦時下にチャーチル政府がホロコーストを阻止すべく有効な手立てを打つとか、それに類する公の努力をしなかったことへのやましさの気持ちが及ぼす影響である。

一九三九年には英国の四六〇〇万人の人口のうちユダヤ人は三〇万人いた（今もほぼ同じ数のユダヤ人がいる）。人口統計学的にはとるに足りぬ存在だが、その三分の二以上はロンドンとマンチェスターの郊外地に暮していいたため、いく分めだつ存在であった。一九三〇年代ないし四〇年代初期にイギリス映画に登場するユダヤ人は、きまってなんとなくいかがわしい質屋か洋服屋であることは、いろいろ示唆するものがある。

英国のユダヤ人がエキゾチックな地中海人種、ないし王族と交際し、貴族と婚姻関係にある上流人士と思われた華やかな時代は遠くすぎさっていた。古くから銀行業を営んできたロスチャイルド家のようないくつかの家族、織物製造業や小売業で億万長者になった二、三の家族は別にして、一九三九年には英国のユダヤ人は一般的な庶民であった。移住者のユダヤ人と競って職を求める下層階級の非ユダヤ人たちに端を発し、支配階級にまでゆっくり広まっていったユダヤ人排斥の風潮は、場所を選ばず過激になっていった。質のいい私立学校やオックスフォード大学とケンブリッジ大学へのユダヤ人の入学者数、また知的職業につける数は厳しく制限された。ユダヤ人は疎外感を覚え、除け者あつかいされていると感じた。

一九三〇年代半ば、ファシストの一団がユダヤ人の住むロンドン北部の区域をのし歩いて喧嘩をふっかける時期があった。一九五〇年代初めですら、オックスフォードで一団の学生が大学の構内に暮すユダヤ人学生の部屋に押し入り、殴打しようとしたことがあった。そんな状況下に暮す英国のユダヤ人は、常にうつむきかげんで寡黙になりがちであった。大学をとわず英国の市民権をもつユダヤ人が教授になるのは稀で、オックスフォード、ケンブリッジではほとんど例がなかった。矛盾しているが、英国の大学は難民のユダヤ人の教授たち、とくに中央ヨーロッパからの自然科学系の教授を鷹揚に受け入れた。彼らがいかに多大の学術的貢献をしてくれるか分かっていたからである。

英国政府はカナダの場合と同様に、徴兵され戦場におもむくキリスト教徒の若者たちが、ユダヤ人のための犠牲者として一般から受けとられるのを深くおもんばかった。そんな事情に加えて、外務省や防衛省の高官たちはあからさまにユダヤ人排斥主義者であった。

そうした状況下の戦時下のイギリス政府が、英国が究極の勝利を収めた暁には、戦争犯罪者に相応の処罰を下すであろうという警告を発するほかに、ホロコーストを手加減させる明確な手だてを打つことは余り期待できなかった。聡明でカリスマ性がありきわめて複雑な人柄のウィンストン・チャーチル首相が鍵を握っていた。大陸の暗い運命のユダヤ人たちのために行動できる人間は彼ひとりだったであろう。だが彼は何もしなかった。彼自身は由緒ある名門の貴族の家柄に生れ、反ユダヤ主義の文化をうけ継いではおらず、個人的にはシオニズムに共感の念をもっていた。もっとも、彼の高揚したロマンチックな心には、シオニズムは近東の大英帝国を支援してくれる一つの手だてのように捉えられていたのだが。一九三〇年代初期に、大切な田舎の邸宅を売り払う危機に面したとき、ある裕福なユダヤ人が進んで救けの手をさし伸べてくれ、救われたことがあった。彼はそれを忘れなかった。だが、ドイツ占領下のユダヤ人のために特別なことをするのは拒んだ。英軍のパイロットはあらゆる危険な任務を負って飛行場を飛び立ったが、死の収容所に通じる鉄道線路を爆破するために飛び立つことはなかった。一九四二年の冬になるとドイツの敗北は明瞭になる。この時点でリスボン、チューリッヒその他の中立国の都市で、ナチのスパイと秘密裏の取引が可能であったが、彼はそれもしなかった。

チャーチルはきわめて聡明で個人的にはユダヤ人びいきの面をもっていた。だが、ホロコーストに直面した絶体絶命のユダヤ人たちのためになんの努力もしなかった。親しい友人で盟友のフランクリン・ルーズベルトと同様に、社会に潜む深い反ユダヤ感情に過敏になっていて、ユダヤ人を救ける努力は「これはユダヤ人の戦争だ」「キリスト教徒の若者は腐ったユダヤ人を救けるために命を落としている」という声を起こさせはしまいかという恐れにつき纏われ、手控えてしまったのである。

あとになって彼は、切迫した軍事的任務を果すのに全精力を傾けねばならなかったと自己弁明した。戦争を早く終結させれば、それだけ多くのユダヤ人を救えたと彼はいった。心からそう信じていたのかもしれぬし、そう自己説得したのかもしれない。

英国のユダヤ人共同体と、臆病で静観してるだけのその指導者たちは、政府に公にプレッシャーを加えることは何もしなかった。大戦中ロンドンの街頭では、何かの大義のための政治的キャンペーンは驚くほど行なわれたが、凶運に見舞われたユダヤ人のための街頭行進はなされず、議会の手摺りに身体をくりつけたり、ダウニング街一〇番地の首相官邸の玄関に身を投じるラビもいなかった。高官たちを交えた二、三回の優雅な私的会議、『ロンドンタイムズ』への抑制のきいた二、三通の投書、それがすべてだった。

過去をふりかえりそんなことに思慮を巡らすと厭な気持ちになる。英国のユダヤ人の選良たちが一九四〇年代の歴史に関する記述に過敏であるのも無理はない。

私たちが最も大きな失望を覚えるのはハイム・ヴァイツマンに対してである。彼は大戦中ほとんどロンドンにいたが、ヨーロッパのユダヤ人を救けるために意味のあることは何一つしなかった。公の舞台に姿を現さぬ彼は、第一次大戦中の行動主義の片鱗すらうかがえなかった。落ちこみ、深い抑鬱状態にあったのである。シオニストの世界の指導権争いの最大のライバル、ダビッド・ベン゠グリオンの策謀で世界シオニスト機関の指導部から追いだされ、事実上引退状態にあった彼は、一九四八年にベン゠グリオンに呼びだされ看板にすぎぬポスト、イスラエルの初代大統領に就任した。一九三〇年代後期にヴァイツマンが権力の座から遠ざかっていたのは、ヨーロッパのユダヤ人には大変不運なことであった。彼なら何ごとかなしえたかもしれなかったのだから。

一九六〇年代後期、英国経済が短期間、大変な好況期にあったとき、英国のユダヤ人の社会的、経済的地位がかなりの改善をみた。ユダヤ人は初めて学術界で著名な存在になったが、先頭をきったのはアイザイア・バーリンとマックス・ベロフである。彼らは法曹界でユダヤ人が果す役割を著しく改善した。銀行業、織物製造業、小売り業に加えて出版（ジョージ・ヴァイデンフェルト）とジャーナリズムの世界でユダヤ人は指導的立場を占めるようになり、ついにはディズレーリの時代以来初めて政界でもそうなった。

一九四五年にチャーチルの保守党を負かし、福祉国家政策を導入したイギリス労働党の中央委員長ハロルド・ラスキは、ロンドン大学教授で、マンチェスターの裕福な家族の御曹司であった。彼は絶えずユダヤ人排斥主義者という中傷を浴びせられ、社会主義の内閣では、どのポストにもつけなかった。

マーガレット・サッチャーの保守党が政権の座についた一九七九年以降、ユダヤ人はサッチャー率いる保守党でめだつ存在になり、福祉国家としての要素を徐々になくし、市場経済を解放することで、眠っている経済を目覚めさせるのに熱意を傾けた。中産階級出身のミセス・サッチャーは、裕福で利口なユダヤ人を好み、彼女の内閣には一時三人のユダヤ人が閣僚になっていた。そのうちの一人は大蔵大臣のナイジェル・ローソンであった。彼は鉄の女サッチャーと仲たがいしたが、彼女の後継者ジョン・メイジャーは再び彼を復職させた。

英国のユダヤ人は少数で静かに暮している重要ならざる存在で、人気のある集団でもないが、一九四五年以降は置かれている状況が大きく改善されてきた。

シオニストの忘恩ぶり（英国の上流階級の間ではそういわれている）への苦々しい思い、戦後パレスチナから英国人を追い出したやり口への怒り、そして今も残る親アラブ主義などで、英国上流階級の姿勢は圧倒的に反イスラエルで、ＰＬＯびいきである。だがそれは反ユダヤ主義につながらなかった。毒気のように反ユダヤ主義は英国の文化に今なお垂れこめているが、一九三〇年代、四〇年代のようには個々のユダヤ人を脅かしていない。

ロンドン在住のユダヤ人で社会派のフィクションライター、フレデリック・ラファエルは、一九六〇年代初期以降の各時代のユダヤ人の若い世代が辿った運命を、シリーズもので小説と戯曲に記録してきた。ラファエルが描いたロンドン北部のユダヤ人は、時の経過とともに、次第に家族への義理に縛られなくなり、又は、関心が薄れていき、次第に大胆に野心的なキャリアを追求するようになった。一九八〇年代には、一九六〇年代におけるより、もっと自分を個人として眺めるようになり、才能が酬われることに、より大きな自信をもち、また、ユダヤ人であるハンディにずっと気遣いしないようになっていた。伝統的なユダヤ教が彼らの生活と意識に何か役割を果すことは稀で、北米に住むユダヤ人の場合と同じように、英国において反ユダヤ主義の雰囲気が薄らいでいけば、ユダヤ人のエリートたちは、自分の住む土地に同化し、異なる人種や宗教の人々との結婚がますます一般的になると思われる。

個人としての機会が改善するにつれ、英国のユダヤ人は、ユダヤ人という自覚が希薄化していっている。英国のユダヤ人で一流の歴史家バーナード・ワッサースタインは一九九四年に、「英国のユダヤ人は徐々にだが、みたところ不可避的に同化へ、そして消滅へ向かっている」と述べた。

英国はラビが共同体の生活の中で今も力をもつ唯一の国であるが、ラビはハラカーに関して相変らず些末な点にも拘泥するため、彼らが能動的な活動をする可能性は小さい。一団の億万長者の実業家と共に、著名なユダヤ人の学者たちが英国のユダヤ人の世界を牛耳るようになってきた。

英国のユダヤ人は重要ならざる存在とはいえ、一九三〇年以降英国人が自分たちの哲学のおおかたを、一人のユダヤ人、ルートヴィヒ・ウィトゲンシュタイン（バートランド・ラッセルの後継者に選ばれ、ケンブリッジの哲学教授になった）から学んだこと、および、歴史学の多くを二人のユダヤ人、ルイス・バーンスタイン・ネーミア卿とジオフリー・エルトン卿から学んだことは注目に価する。それは偶然ではない。三人とも中央ヨーロッパからの移住者であり、大陸からきたユダヤ人は、イギリス生れのユダヤ人に許容されないことができ、哲学的思考法、歴史学的思考法をイギリス人に教授したのである。

ネーミアは一九四〇年代、五〇年代に英国で最も影響力のある歴史家であった。それでもオックスブリッジで教えることはできかった（学部学生としてオックスフォードで学び、思春期後の人生は英国で過ごしたにもかかわらずである）。反ユダヤ主義からくる彼への憎しみはそれほどに強かった。彼が熱烈なシオニストでハイム・ヴァイツマンに協力したことが手酷い傷となったのである。彼はマンチェスターとロンドンで教鞭をとった。

ネーミアは一八世紀のイギリスの政体に関する歴史学者であった。彼は一八世紀に選挙を操り議会を支配していた自由奔放だが腐敗した昔の貴族へのロマンチックな愛着を抱いていて、イデオロギーは、リベラルなものも、ファシズム的なものも、嫌った。

ジオフリー・エルトン卿は、プラハからの難民で、古典学者として著名なビクター・エーレンベルグの息子であった。父親が教授になった都市、ロンドンにきたのは一〇歳のときで、成長期を戦時下の英国の軍隊ですごしたため、話す英語に労働者階級のロンドン子なまりが少しあり、英国産ビールが大好物だった。エルトンはケンブリッジ大学の専門課程の歴史講座を担当した。

彼は一六世紀のイギリスの政体に関する歴史学者であった。ネーミアほどにはロマンチックではないが、彼も保守主義者で地主階級がとり仕切った昔の社会とその制度への称賛の念を抱いていて、自由と権威が比類ないほどみごとに混ざりあった社会と捉えていた。彼は、マーガレット・サッチャーを支持した数少ない英国の学者の一人であった。

ネーミアとエルトンは卓越した研究者、精力的な著述家であり、大学の行政面でも巧みな手腕を揮った。二人は、貴族でラビの家系が生み出した学者でもある。ネーミアは、草創期のハスィディズムに異を唱えた博識なビルナ・ガオンの直系の子孫に当たる。エルトンの母方は、一七世紀初期のプラハで著名なラビでハラカーの卓越した学者（有名な伝説によれば、彼はゴーレム〈生命を与えられた人造人形〉を創った）の血筋をついでいた。

ウィトゲンシュタインの哲学は保守的で反イデオロギー的性格を含みもつので、二〇世紀の卓越したこれら三人の英国のユダヤ人の人文学者は、保守的な愛国主義と英国の厳格な階級社会に適応する路を選んだ。英国の階級社会はユダヤ人がかなりうまく生きてきた社会的、政治的制度であった。これら三者と政治的に反対側にいたのは、生前は手厳しい扱いをうけ、今は忘れられた痛ましい社会主義者ハロルド・ラスキである。

ウィトゲンシュタイン、ネーミア、エルトン、ラスキすべてに共通している一事がある。みな偉《おお》きな教師で、周りに若くて聡明な弟子たち（多くは海外からきた人々）を集めたことである。弟子たちは学問の世界で輝かしい経歴を歩んでいった。四人は英国の学術界におけるラビのような存在であった。

一九四〇年代、五〇年代、英国の大学の研究活動はアメリカとカナダの大学に長期間影響を及ぼしたため、英語を母国語とする北米の人々への四人の影響は、英国における影響とほとんど変わらぬ大きなものであった。一九八〇年代までに英国ではウィトゲンシュタイン、ネーミア、エルトン、ラスキに遠く及ばぬユダヤ人の大学教師しか現れず、その結果多くの英国のユダヤ人の大学教師が、もっと魅力を覚えるキャリアにつこうとアメリカに移住していった。

一九四〇年には英国支配下のパレスチナ在住のユダヤ人の人口は、僅々、六〇万で（アラブ人の人口は一五〇万であった）、カナダあるいは英国のユダヤ人の人口の二倍にすぎなかった。この一事は、イスラエルに関する、そしてその前身としてのパレスチナに関する歴史を、従来のように勝利主義的、目的論的視点から捉えるのは警戒を要することを教えてくれる。第二は、一九四〇年に都市と田舎に等分に人口が別けられたユダヤ人たちは、懸命に苦闘して生計をたててきた。たいていのイシューブ（パレスチナ共同体社会）のユダヤ人はつましい暮しを送ってきたのである。海外の億万長者の族長がふんだんな寄付金を寄せてきたにもかかわらず、常習的に貧しく、失業問題は深刻であった。

キブツ（農業共同体）とモシャブ（自営小農の集まった共同農場）で働く人々と日焼けした子供たちに関する、シオニストがこしらえた輝かしい神話とは反対に、シオニストの試みは半世紀たっても大した成功を収めなかった。

怒りの念を抱き、よく組織されたアラブの人々の気持ちを鎮めようとして、一九三九年に英国政府はかの悪名高き白書で、今後のユダヤ人のパレスチナへの移住をほとんど全面的に禁じた。事実は、イシューブの経済情況がふるわなかったので、海外から多額の援助を受けずには（大恐慌が終息する少し前のこの時期にはそれも望めなかった)、シオニストのパレスチナは、ナチのヨーロッパからの大量の難民を受け入れることはできなかった。そこに暮す人々の面倒をみるだけで苦しい時代であった。

以上がパレスチナのユダヤ人の指導者ダビッド・ベン゠グリオンと彼の社会主義の同僚たちが、大戦の最初の四年間比較的ひっそりしていて、ホロコーストの犠牲者に懸命に救いの手をさしのべる努力をしなかった主な二つの理由の一つである。もう一つの理由は、イデオロギーからきたものである。パレスチナに建設されるユダヤ人の社会主義的祖国は、新しいユダヤ人の創造を基礎として想定されたが、予想される東ヨーロッパからの難民は廃れつつある宗教文化の中で育った古い体質のプチブル階級の人々で、社会主義者のシオニストの目に好ましくない行動を助長する人々に思えたのである。

シオニストの指導下のパレスチナの歴史を記述したものは、ロマンチックな彩りが加えられている。英国人とアラブ人は悪役を振り当てられ、ユダヤ人は英雄や聖人として扱われているが、実際の歴史はもっと複雑でもの悲しいものであった。

一九一七年にイギリス軍がパレスチナをトルコから奪うと、ロンドンのイギリス政府は世に名高いバルフォア宣言を出した。この宣言の起草者である外務大臣A・J・バルフォアは、知識人で、個人的にはユダヤ人に友好的な保守党員であった。戦時中は連立内閣の首相を務め、風変わりな面のあるウェールズ人の自由党員デイビッド・ロイド・ジョージも、バルフォアほどではないがユダヤ人に友好的であった。

アラブ人の権利を曖昧なかたちで守りつつ、ユダヤ人には「祖国となる土地」をパレスチナに保証したバルフォア宣言が、ハイム・ヴァイツマンがイギリスの爆薬の化学に関する仕事を上手く成就したことへの個人的報奨として出されたことは、ユダヤ史上モーセのエジプト脱出の話にも匹敵する神話になっている。ヴァイツマンは自分がした仕事に対し戦後特許を獲得し、そのおかげで一九二四年からイスラエルの大統領に就任する一九四八年まで、シオニストの提携先から給料を引き出しもせず、その特許で生活していけたほど金に不自由しなかった。

ヴァイツマンの研究の成功は主だった政府高官たちとの友好関係を堅固にし、英軍がエルサレムに入ったとき、政府高官へのシオニストの計画遂行のための個人的働きかけを可能にした。

だがバルフォア宣言の作成に当たり、ほかに二つの要因が働いた。第一は、当時イギリスとフランスはドイツ相手の戦いに切羽つまっていて、イギリスはシオニズムへの支持がアメリカ合衆国の英国への支援を強化すると計算したこと（アメリカ政府へのユダヤ人の影響力の過大評価である）。もっと大きな意味をもつ第二の要因は、英国はこの戦争で近東でより大きな勢力を揮えるようになるという予測、そしてパレスチナにおけるシオニストの居住地が、東地中海世界での英帝国の存在をより強固にするのに役立つようにみえたことであった。

シオニストの代表としてヴァイツマンは、近東におけるユダヤ人の居住地が英帝国の本拠地として役立つことを英国に請け合った。もしバルフォアとロイド・ジョージがイシューブで台頭しつつある政治家ダビッド・ベン゠グリオンと話し合いの場をもてたら、それは楽観的にすぎる想定であると分かったであろう。

一九二二年の時点までに英国は、アラブの統治者たちと協調しつつ彼らを支配することを通して近東に英帝国の組織・機構を建設する、という計画に深く傾倒していた。アラブの君主たちは、ユダヤ人の住まうパレスチナに関しいく分曖昧な見解をもっていたが、一九二二年の時点で英国は、一九一七年のバルフォア宣言の際アラブの君主たちが充分な考慮をせずに無理な約束をしたことを知っていた。だがアラブの君主たちは、名誉を重んじる紳士として少なくともかたちの上では、ユダヤ人への務めをお義理で果すことにした。

一九二〇年代のおおかたの期間、ロンドン在住のユダヤ人の弁護士で政治家のハーバート・サミュエルがパレスチナの英国の総督に就いていた。彼は熱烈なシオニストではないが、イシューブの発展を暖かい目でみまもり、かつ次第に敵対心と反抗心を強めるパレスチナのアラブ人のとり扱いに公平な態度を持すことに努めた。彼は立派な行政官であった。あとを継いだ代々の総督で彼ほど立派に仕事をした者、ないしイシューブの社会主義の指導者たちと友好的関係を保った者はいない。

アラブ人の敵対心は一九二〇年と二九年に火がついたように暴動になって表面化した。ユダヤ人の人口が徐々にふえればふえるほど、そして鷹揚に義援金をだす攻撃的な開発のための団体、ユダヤ国民基金がアラブの不在地主から土地を買い上げれば買い上げるほど、バルフォア宣言が履行されることに対するアラブ人の反抗は頑固になっていった。一九三六年から三八年にかけてよく組織された反乱が起ったが、英軍はようやく鎮圧した。

だがパレスチナのユダヤ人にとっては、アラブ人との対立およびイギリスの場当たり主義以外にも問題があった。それらの問題は、社会主義者からなるイシューブの指導部、彼らが傾倒するイデオロギー、極度に中央集権的なユダヤ経済から生じたもので、つづめていえば、ベン＝グリオンの考え・行動から生じたものである。彼は最終的にはシオニスト労働党と呼ばれるようになる社会主義政党連盟の指導者で、国立の共同組合、労働組合、そして共同事業をソビエト流に合体させたヒスタドルート（イスラエル労働連盟）の指導者であり、そしてイギリスがイシューブの半公的代弁者とみなしたユダヤ機関の長であった。

さらに彼はイスラエルの新聞雑誌によく記事を載せる精力的な（多弁のきらいはあるが）弁士であった。優れた行政家ではなく、少々詐欺師的要素もなくはない。彼はヒスタドルートの資金に手をつけ私用に供した。その中にはヨーロッパの温泉地での愛人との密会の費用も含まれていた。だが彼はベリル・カツネルソンという忠実で有能な同僚に恵まれ、日々当面する行政上の仕事を彼に任せ、自身は政策の立案や政治活動、拠ってたつ思想や理論の表明に努めた。彼の小さな汚職はのちのちイスラエルの役人に悪しき手本を提供する意味をもった。

シオニスト労働党は経済のおおかたをも統制する福祉国家をつくりあげた。一九三〇年代は、農業共同体や共同農場の繁栄に将来の夢が託された時代であった。だがこれは危なっかしい政策であった。可能なうちに石や砂の多いパレスチナの土地を肥沃な農土に変える政策は、当時は世界的に農産物が余り、長引く不況も終わらず、海外での農作物の売れ行きは不振で、高い代償を払わされる冒険的事業となったからだ。キブツ（イスラエルの農業共同体）中心主義の政策は、都市労働者の能力・技術を充分に生かせず、上手くいっても安い給料しか払えなかった。

ベン゠グリオンとカツネルソンの社会主義経済は、今に至るもイスラエルの悩みの種である頭でっかちで能率性の低い官僚制度を生み出した。社会主義的統制と規制による市場活動の抑圧は、海外からの資本投資に水をさしてきた。慈善目的の資金は流れこむが、経済を発展させる投資はほとんどなされない。

イシューブに対するベングリオンの経済政策は結局成功を収めなかった。見本となる二、三の農業共同体をつくったが、経済の発展を妨げ、ソビエト流の貧困を生み出し、脆弱な生態環境にダメージを与えた。たとえば一九五〇年代にこの国の北部に広がる広大なフラの湿地帯は多大の費用をかけ、祝福されて排水設備も整えられたが、排水された土地のおおかたは集約農業には不向きなことが判明し、しかも野性生物は生存を脅かされるに至った。

一九四〇年、ベン゠グリオンの指導の下に運営されたイシューブは、基本的目的を果すのに失敗していた。アラブ人は謀反心を秘め非協力的で、イギリス人は幻滅感で嫌気がさし、経済は混乱状態に陥っていた。シオニストの手になる歴史書一般はイシュ―ブのなりゆきに関しそうしたことを記していない。もっとも、権威あるベン゠グリオンの伝記を著したシャブタイ・テベスは、この偉大な人物の人柄に関する欠点についても、政策上の失敗についても率直に記しているが。

事実は一九〇〇年代から今日に至るまで、イスラエルにおけるユダヤ人の経済は成算の見こみがたったためしがない。この国のユダヤ人は一度も自活した暮しをしたことがなく、バランスシートは常にマイナスで、海外からの援助――ふんだんな義援金、そして一九七〇年頃からのアメリカ政府の支援――のおかげで、赤字の穴埋めをし生きのびてきた。

ポーランド生れで、一九三〇年代に卓越した指導力を発揮した右翼のシオニスト、ゼエブ・ジャボチンスキーはこうした社会的問題をはっきり理解し、急進的解決法を打ち出した。彼はカリスマ性をもつ弁士で、ヨーロッパのファシズムの熱烈な賛美者であった。声高にジャボチンスキーを信奉するパレスチナの少数のユダヤ人たちは、修正主義者と呼ばれた（今はリクードと呼ばれている）。ジャボチンスキーの経済政策は社会主義的枠組みを官僚的に押しつけるのをやめ、市場を自由化し、投資を促進させるものであった。あとからみればこの政策は正しかった。ほかの彼の救済策は（今も圧倒的多数のイスラエル人は拒否しているが）、武力でアラブ人をイスラエルから追い出すことであった。

彼は、そのほかに武力を備える地下組織をつくることを唱道した。それはアラブ人に敵対するためだけでなく、英国がシオニストへの約束を果さず、ユダヤ人の移住を再開させぬ場合武力に訴えるためであった。最初はベン゠グリオンも大多数の社会主義者もこの方策を拒否した。だが、ホロコーストの報道が各地でなされるようになり、それでもイギリスがナチスから逃れてきた難民をパレスチナに迎え入れるのを許可しない一九四三年になると、ベン＝グリオンもジャボチンスキーと基本的に同じ方針をとるに至った。
一九三〇年代後期のアラブの反乱の時期に、英国の援助のもと、ユダヤの国防軍として設立されたキブツに基礎をおくハガナーは、解放のための軍隊に変わり始めた。一九四五年にはハガナー、およびそのパルマック（攻撃部隊）と修正社会主義党の主力である軍組織イルグーン団（ユダヤ主義者軍事地下組織）との唯一の相違は、後者が英国の役人の暗殺および英国人の人質の殺害を含め、英国人へのテロを容認する点だけになっていた。

この三〇年間ホロコーストに対抗してイシューブがとった処置に関する記録が論争の的になってきた。東ヨーロッパのユダヤ人をもっと大勢救うためにベン＝グリオン、ユダヤ機関（ユダヤ人のイスラエル移住推進団体）、社会主義のシオニストの指導層は、もっと何かできなかったのであろうか。答えは「おそらくできた」であろう。

一九三〇年代半ばシオニストの指導者たちは短期間ではあるがナチス政府と交渉し、一時効果を収めた。イシューブが世界中のユダヤ人のドイツ製品に対するボイコットをやめさせるのと引き替えに、ドイツ在住の一団のユダヤ人がパレスチナに移住する許可を獲得し、ナチスが没収した彼らの財産に対するいくらかの代償をドイツ政府からかちとったのである。そうした裏取引はもっと可能だったと思われるが、再び試みられることはなかった。

一九三〇年代後期のシオニストの外交政策に関する綿密な研究を著したイスラエルの歴史家S・B・バイト・ツバイは、東ヨーロッパの難民をいろいろな国に受け入れてもらう努力が中途半端で、すればできたであろうこともしなかったと結論した。事実はイシューブのシオニスト労働党の指導層は、パレスチナ以外の国にユダヤ人が避難することには大して関心をもっていなかったのである。

一九四四年イシューブの指導部は、ハンガリーのナチスの官僚から、軍事用トラック及びその他の非破壊兵器の軍需品と交換に、死の収容所に送られる予定のハンガリーのユダヤ人を引き渡すという申し出を受けとった。イシューブの指導部は近東の連合軍の代表者たちにこのことで相談したが、いかにも連合軍らしく、ナチスと交渉を始めるのに反対した。イシューブの指導部は従順に同意し、こうしてハンガリーのナチス当局と取引する可能性を追求しそこなった。数十万人の人命を救えたかもしれなかったのに。

ナチスと交渉する代りにベン＝グリオンとイシューブの指導者たちは、次第に大規模になるホロコーストからのユダヤ人の難民のパレスチナへの逃亡に、イギリスの承認をかちうることにもっぱら重きをおき、大戦の最後の二年間にイギリスと苦々しい対立関係になっていった。ベン＝グリオンの長期的政策は、一九四二年のバルチモア会議（ニューヨークシティのバルチモア・ホテルで開催されことからきた名称）の結果にそって決定されたため、ナチス支配下のユダヤ人の救出は最優先の事項ではなくなった。この会議の出席者はベン＝グリオンとイシューブの指導者たち、それにアメリカのユダヤ人の代表者たち、たいていはシオニストの組織・団体の指導者たち、であった。バルチモア会議の決議はイスラエルにおけるユダヤ人の独立国家の創設への努力を第一に優先するというものであった。

ベン＝グリオンと彼の同僚たちはこの決議が英国政府への挑戦を意味するのを知っていた。英国の世論、世界の世論を味方にひきいれて、ナチのホロコーストからユダヤ人を救出することに緊急の注意を喚起させることはあまり期待できなかった。バルチモア会議が開催された時には、ベン＝グリオンはヨーロッパのユダヤ人のことは考慮の対象から外す心積もりになっていた。自治権をもつ独立したユダヤ人の国という主張が、イギリス政府およびパレスチナのイギリス軍との相克・対立をつくり出しそうなことも彼は承知していた。

限りない勇気と大胆な決断力をもつベン゠グリオンは、この急進的な政策を推し進める心の準備ができていた。ヴァイツマンなら、ナチスの支配下に生きているユダヤ人の救出を、当面の緊急課題にしたであろう。また、英国と長期の辛抱強い交渉を重ねたであろう。たしかに、この時点でシオニストの政策の最終目標である独立の獲得を、できるだけ早く達成しようとはしなかっただろう。だが彼は世界のシオニストの仲間内では隅に追いやられ、ベン゠グリオンはそのカリスマ性をもつ人柄ゆえに、思い通りにすすめていった。

一九四三年までに難民を乗せた老朽船がハイファの港の沖合に姿を現し、英国の関係当局によって引き返させられることが時おり起こり、その中に五〇〇人の乗客を乗せたままコンスタンチノープルの沖合で沈没するケースが起こった。この事件で、イシューブは英国の人道への配慮に対する信頼のかけらすらなくした。シオニスト労働党と修正社会主義党の見解は互いに接近して、にかよったものになった、とはいえレジスタンスの共同戦線をはることはなかった。独立の獲得、自治権をもつ独立したイスラエルの誕生が唯一の解決策であると思われた。

一九三七年にすでにシオニストたちは、小さな国土を保有できることになる、アラブ人とユダヤ人とでパレスチナを分割するイギリスの提案をしぶしぶ受け入れていた。妥協を拒む傲慢なアラブ人はこの提案を拒否した。一九四七年に国連委員会は、先の分割よりユダヤ人の領土がわずかに大きくなる別の分割案を提示した。ベン゠グリオンは喜んでそれを受け入れた。パレスチナ人たちはパレスチナをとり囲むアラブの国々——その石油資源および戦略上占める位置とで、戦後の世界では以前よりずっと強力な存在になると思われた国々——の支持をあてにして、以前よりさらに政治的に楽観的で野心的になっていたために、この提案を拒否した。

一九四七年、行き詰まり状態のアラブ人とユダヤ人との相克に挫折感を覚え、戦争で経済的にも疲弊した英国は、イルグーン団〔ユダヤ主義者の軍事地下組織〕および、さらに過激な社会修正主義の集団、リーハイ（仮借なき一隊）が始めたテロ攻撃に痛手を受けていて、パレスチナから手をひくことを唐突に宣言した。ほぼ時を同じくして、英国政府はインドの統治をあきらめた。パレスチナを放棄する英国の決断は戦後の労働党政府の外務大臣で著名な労働運動の指導者でもあるアーネスト・ベヴァンによってロンドンにおいてなされ、シオニストは彼を反ユダヤ主義者として記憶することになった。たしかに彼は親アラブでシオニストの野心に対してそっけなかった。彼はソビエト連邦との冷戦に勝利するのを最優先する政策を選んだから、アラブ人をなだめる必要があったのである。

そんな風に英国が手をひいたため、パレスチナのほとんどがアラブ人の手に渡る恐れがあった。ベン＝グリオンはこの時を二度とないチャンスと見定め、イスラエル国家の誕生を宣言し、パレスチナ人および近隣のアラブ諸国のパレスチナ人を支持する人々を相手に、決死の戦いをする準備を整えた。この行動は卓越した勇気を示すが、代償は大きかった。一九四七年から四八年にかけてのイスラエル独立戦争で六〇〇〇人のユダヤ人が命を落としたが、少ない人口を考慮すれば大変な数である。

初めは装備は貧弱で、ろくすっぽ訓練もうけてなく、まとまりのない軍隊であったが、ほとんどはキブツ出身のイスラエル解放軍の将校たちは、最後の勝利をかちとることができた。その戦術は、しばしば賢明とはいえなかったが、死にもの狂いで戦った。こうして国連の分割案よりずっと大きな領土を軍事的に捷ちえたが、エルサレムは西半分しか獲得できなかった。ヨルダン河の西岸の多くの地域と共に、この聖なる都市の残りの地域は、イギリス式の訓練をうけ、イギリス軍式の装備を備えるヨルダン軍の手におちた。

一九四八年のある時期、イスラエルの人々は装備を整えたパレスチナ人の軍隊だけでなく、イスラエルに向かって進撃するアラブの五個の方面軍と対抗した。もっとも、そのうち完全な実働兵力をもつのはヨルダン軍だけであったが。ユダヤの歴史をダビデ王までさかのぼっても、この第一次アラブ・イスラエル戦争の間にイスラエルの軍人と民間人の行動・振舞いを特徴づけた個人的ヒロイズムは、どこにもみられない。この戦争に関してはダン・クルツマンの著書が良書である。

イスラエルが勝利した要因は個人的な勇気の他にいくつかある。第一に、親ユダヤで聖書の伝道に熱心なイギリスの将軍オードゥ・ウィンドゲイトの軍事教練を多少ともうけていたこと。第二にイスラエル独立宣言がただちにソビエト連邦とアメリカ合衆国に承認されたこと。スターリンが支配するソビエトは（じきに反イスラエル、親アラブに転じたが）イスラエルは大英帝国（どのみち崩壊しつつあった）にとって面倒な存在になると考えたのである。

アメリカの事情は複雑だった。国防省長官と国務省長官は大統領トルーマンに、イスラエルを承認してアラブ諸国と敵対するのは避けるように勧めたが、トルーマンはそれを却けた。これにはさまざまな動機が考えられる。民主党へのユダヤ人の支援を強化することを望んだから。あるいは、失敗に終ったが、かつて不況下のカンサス・シティでユダヤ人の鷹揚な共同経営者と一緒に服飾小間物店を経営したこともある親ユダヤ主義者であったから。それとも、正しいと思ったからそうしただけのことかもしれない。

トルーマンは船舶によるパレスチナへの武器の輸出を禁じることで意見を異にする閣僚たちと妥協点をみつけた。これはもっぱらユダヤ人側にこたえる措置であった。しかしながら、シオニストたちは合衆国とカナダで緊急の資金調達をして多額の金を集め、ブルックリンの波止場からイスラエルに武器を密輸出した。戦後のヨーロッパでは、隠し場所に貯蔵された多量の武器をシオニストの代理人を通して購入することができたのである。

大きな問題は飛行機であった。この点でユダヤ人側に利した第三の要因があった。ルドルフ・スランスキーが首相を務め、政府高官のほとんどがユダヤ人であったチェコスロバキアの共産主義政府の支援をえたのである。一九二〇年代には、ユダヤ人が中央ヨーロッパで共産主義運動の指導層の核になっていたが、彼らはそうした指導者たちの生き残りであった。だが、政権の座にいた期間は短かった。大戦の後半期には、連合軍の爆撃機が飛来するのが困難なプラハの飛行場の飛行機をドイツ軍は大いに活用したが、皮肉にも最初のイスラエル空軍の核をなしたのは、これらのドイツ軍機で、搭乗したほとんどのパイロットはアメリカ、イギリス、カナダの空軍を巣立った人々であった。スランスキーと彼の仲間の高官たちは、スターリン主義者たちによってただちに追放された。シオニストの回想記の中ではスランスキーは正当な評価をうけていない。

一九四八年に第一次アラブ・イスラエル戦争を終決させた休戦協定を（エジプトは一九八〇年に、ヨルダンは一九九四年にイスラエルとの講和条約を結んだ）ひとまず苦労して結んだ新国家イスラエルは、ホロコーストを生きのびた一〇〇万人近いヨーロッパからの難民のみならず、誕生して最初の四年間で、多くの場合一〇〇〇年ないしそれ以上も平和裡に暮してきた土地から追い出されたアラブ諸国在住のほぼ一〇〇万人の中東、北アフリカ系のユダヤ人、すなわちセファルディを受けいれるという大変な問題に直面した。

財産を奪われ追放された中流階級のセファルディたちは、イスラエルへ強制的に移住させられ、しばしば身分・地位も大きく降下した。大きな人口の中心的都市から「開発援助都市」へ移され、就職難に直面させられ貧しいプロレタリアートに落ちぶれたが、そんな情況は今なおいく分改善をみたにすぎない。人口はアシュケナジのユダヤ人とほぼ同じなのに、イスラエルの大学に在学するセファルディのユダヤ人は、全体の二〇パーセントにすぎない。政治の面でも彼らは比較的弱い情況におかれている。

イスラエルへの移住の最盛期である一九四九年から五〇年にかけての、イスラエル政府の中東・北アフリカ系のユダヤ人に対する処遇は、鷹揚ではなかった。トム・セゲフの卓抜な著書をよめば、ベン゠グリオン政府の姿勢が西欧の人種差別主義の影響をどのくらいうけたものなのかがよくわかる。

イスラエル人たちはアラブ諸国からユダヤ人の難民をうけ入れつつ、独立戦争の間にパレスチナの住み慣れた土地を離れた数十万人のアラブ人の財産を没収した。彼らが土地を離れたのは、やがて勝利を収めるアラブ軍と共に戻れるという指導者たちの早まった口約束のため自発的になされたのか、それとも、イスラエル人のテロや武力の行使による強制的なものなのか、近年大いに論争の的となってきた。イスラエルの歴史家ベニー・モリスは慎重に検討した結果、両方であったと結論づけている。

一九五〇年代イスラエル政府は、アラブ人の襲撃から国境地帯を守る問題のほかに、二〇〇万の人々の再定住、住い、就職という大きな国内問題に直面したが、そうした危機をかなりうまく切り抜けてきた。ベン゠グリオンは首相としてカリスマ性のある指導力を発揮し、ほとんどがキブツ出身のシオニスト労働党の政府の高官たちは、並はずれた精力と臨機応変の才を発揮してきた。

海外のユダヤ人の巨額の支援金なしには政府は財政的にたちいかなかったのはいうまでもない。ドイツの賠償金（右翼の野党の指導者として、ジャボチンスキーの後継者であるメナヘム・ベギンは激しく反対したが、ベン゠グリオンは即座にうけいれた）の支払いが始まったことにも大いに助けられた。ベン゠グリオンは一九三〇年代、四〇年代にドイツ人相手に当然なすべきであった交渉を、今度は熱心に行なった。交渉相手が当時のドイツ政府とはまるで異なっていたのはいうまでもない。

イスラエルの国境地帯を定期的なアラブ人の襲撃から守る任に当たったのは、最新式の武器・装備を備えるイスラエル防衛軍で、武器はフランスから供与されたものであった。当時フランス政府は、大戦時におけるユダヤ人への姿勢・行動に関する気の滅入る記録を残したことへの償いとして、親ユダヤであった。フランス最大の航空機工場の所有者がユダヤ人であったことも助けになった。

国外対象のイスラエルの秘密情報局モサドと国内対象の秘密情報局シン・ベイトは、アラブ政府から、そしてソビエト筋からすらも、秘密の情報を探りだす並はずれた能力をもつことで知られている。歴史的体験から容易にユダヤ人の手に入るヨーロッパの政治や社会のあらゆる相に関する深い知識は、今やアラブの言語、文化、政治に関する諸々のイスラエルの大学の綿密な研究のおかげで、一層大きなものになった。

イスラエル人は情報活動にきわめて習熟しているので、アメリカ中央情報局（ＣＩＡ）は、その職員は親ユダヤでは少しもないのに重要な情報をイスラエル人に頼るようになっている。ニキタ・フルシチョフが一九五六年にモスクワで行なったスターリン非難の極秘演説の完全な原文を、ＣＩＡが入手するのにしくじった後、入手に成功したのはイスラエル人であった。その手法は彼らが大成功を収めた多くの情報活動の典型的な一例である。この文書のマル秘コピーをもつ共産主義のポーランド政府の高官レベルに親しく近づくことができるユダヤ系ポーランド人が、イスラエルに飛び、情報局に手渡したのである。

一九五〇年代半ばエジプトはイスラエルに対する最大の脅威となった。一九五六年のスエズ戦争でイスラエルは、イギリスおよびフランスと手を組みエジプトを懲らしめた。アメリカの介入で、シナイ半島に利権を獲得するのを諦めざるをえなかったが、ロシア軍の武器・装備をもつエジプト軍を打ち負かす自信をえた。このことは、イスラエル防衛軍にとって新たな自信となり、一九六七年の六日戦争に勝利するお膳立てとなった。

一九五〇年代後期と六〇年代にイスラエルを特徴づけたものは、国内的には、卓越した教育制度の整備と発展を主眼とする現代化を推し進めたことである。労働党政府のもと、公立の学校制度に潤沢な資金を供給し、全体として派閥的な干渉は排除されるようになった。一九二四年の創立だが、資金の乏しいエルサレムのヘブライ大学、新設のテルアビブ大学は、政府からの資金とアメリカその他の国々からの多額の援助金を支給され、大きな大学になった。テルアビブ近くのレホヴォトのヴァイツマン科学協会は、ヘブライ大学（創設にはヴァイツマンも手をかした）の発展ぶりに不満を抱いて、一九三七年にヴァイツマンが創立したものだが、超一流の科学研究の施設になった。

イスラエルの経済的発展は、産業に対するほとんどソビエト式の規制と中央統制型の計画、強大なヒスタドルート労働連盟、そして法外な課税により阻害され、この国の軍事上、教育上の成功と不釣り合いになった。当座の間は、経済の失政が含みもつ面は海外からの援助、観光産業の芽生え、政府のきわめて巧妙なプロパガンダによって隠されていた。

だがあらゆる騒動、表面的な成功のもとで、イスラエルの社会は次の数十年間に三つの階級へくっきりと分化していった。一番上は高級官僚、銀行や自治体や企業の官僚政治とつながるお偉方たちで、人口の五パーセントに当たる人々である。彼らは立派な家に住み、一年の多くを海外で過ごし、国際的に活躍するブルジョアの一部である人々である。彼らはエルサレムの健康によい地域、そしてテルアビブの北の郊外地からヘルツリアを通ってカエサリアへのびる四〇マイルにわたる海岸ぞいの地域——パレスチナの統治に当たったローマ帝国の高官たちが好んで住んだ地域でもある——に別荘をもっている。

人口の二〇パーセントを占める人々は、医者、法律家、大学教師、教師、トップクラスの次に位する官僚のような知的職業人、小売店とか飲食店のような小規模の事業の成功した経営者、軍の上層部といった人々である。彼らは慎ましい収入で忍耐強い生活をしているが、西欧式の快適な共同住宅に暮し、子供には国内や海外の立派な教育を受けさせている。たいした資本もないが、この新しい国の安定に欠かせぬ品位ある行動をする人々である。

人口の四分の三を占める人々は貧しく、安い給料ないし福祉手当でようやく一週間単位の生計をたて、苦労して税金を払い、低水準の住まいに暮しているが、幸いにも野菜や果物にはこと欠かぬ食事のおかげで何事もなく生活している。

シオニストで社会主義者であったこの国の創設者たちの農業に関する夢は消え失せた。ほとんどの人は都市に暮していて、キブツで暮す人は、一九七〇年の時点で国民の三パーセントにすぎず、しかもその割合は減少していた。とはいえ、陸軍将校と政府の高官のおおかたは相変わらずキブツ出身の人々であった。海外で農作物を売りさばく困難に直面し、多くのキブツは赤字を避けるために生業を農業から製造業や観光業にくらがえしたが、結果はまちまちであった。一九八〇年には農業共同体と共同農場のほとんどは銀行からの多額の借入金を背負っていた。

軍隊はイスラエル国民に共通の教育を施し、国民に多くの共通性をもたせる意味で大きな存在となってきた。超正統派のユダヤ教徒を除き、女性も含めだれでも二年間の教練をうけねばならず、男ならそのあと五五歳まで毎年一ヵ月間の予備兵役を務めなければならない。このことはこの国の精力と知力にとり重い税金のようなものだが、教育の面では移民としてのさまざまな文化的背景をもつ人々に、共同社会の一員たる自覚をもたせる効果があった。また、この国の大半の人々がおかれている厳しい経済的情況は、アラブ人の襲撃とテロの絶えざる脅威とあいまって、頑強で、物質主義的で、ほとんどシニカルな国民性を形成する要因となってきた。一九七〇年代にはすでにイスラエル人は、能力があり、優れて実際的で明敏だが、あまり寛大でも理想主義的でもない性格を身につけていた。

彼らはハスィディズムを信奉してゲットーに暮していた人々の精神のみならず、ヘルツルやヴァイツマンやアハド・ハ・アムにみられた騎士道的理想主義からも、遠い精神の持ち主であった。イスラエル人は、生粋のイスラエル人は外側は硬いサボテンだが、内側は優しく柔かいといって自慢する。時の経過と共に硬さが増し柔かい内側は縮んでいった。

このことは理解できることだ。彼らはぐるりを包囲された状態で、襲撃、テロ、戦闘行為に果てしなく脅かされて暮してきた。一九四八年の独立戦争の終決時から一九九三年までに、一万八〇〇〇人のイスラエル人がアラブ人の手にかかり命を落した。前線のいたる所でアラブ人によるテロがひんぱんに起こるのみならず、一九七二年のミュンヘン・オリンピックでは、数名のユダヤ人の選手が武闘派のアラブ人によってたおされた。

イスラエルの人々は、教練を受けたあとは銃を保有し、常に身につけていることを勧められる。イスラエルのユダヤ人の間での犯罪の発生率がとるにたらぬものであることは、彼らのもって生れた礼節の感覚の確かさの証しである。

海外のパレスチナ解放機構、およびそのスポークスマンであり名目上の議長ヤセル・アラファトや、エドワード・サイードのようないんぎんな学者たちによってなされるきわめて効果的な宣伝活動に、イスラエルの人々は大いに悩まされてきた。アメリカは一九七五年にシオニズムを一種の人種差別主義であると非難したが、この中傷的な言葉は一九九一年にようやく撤回された。

英国、カナダ、フランス、そしてしばしばアメリカのマスコミは、イスラエルを帝国主義的で人種差別主義的強国であるとののしっている。また、アメリカのテレビ各局は、（たとえ自衛のためであれ）アラブ人を攻撃するイスラエル兵士の映像の放映は、ドラマチックで視聴者を引きつけることを知った。アメリカの左翼のジャーナリストたち（その多くはユダヤ人）ほど、執拗にイスラエルを非難し続ける人々はいない。彼らはアラブ諸国に課すよりはるかに高い倫理的基準をイスラエルが守るよう要求してきた。

一九六〇年代半ばにはイスラエルの人々は、自分たちがアラブ諸国の軍隊とテロに物理的に脅かされているだけでなく、世界中の世論から不当な扱いをうけていると思うようになっていた。一九六七年六月にほらを吹くエジプト大統領ナセルが好戦的な脅しを口にして、アカバ湾をイスラエルの船舶に対して閉鎖したとき（これは戦争行為にほかならない）、イスラエル人はもう沢山だと思った。卓越した装備と技術を備えるイスラエル空軍はエジプトの飛行場に先制攻撃をしかけ、わずか二時間でロシアからの戦闘機と装備からなるエジプト空軍を破壊した。イスラエルの戦車は縦列を組みシナイ半島を疾駆し、エジプト軍の戦車を粉砕した。ヨルダンから東エルサレムを奪取し、こうして再統一されたダビデ王の都はイスラエルの首都であると宣言されたのであった。

西欧世界だけでなくソビエト圏の諸国でもユダヤ人はいたる所でテレビの前に集まり、生々しい映像を通しイスラエルが勝利するさまを見守った。ほぼ二〇〇〇年間、踏みつけられ侮辱され名誉を傷つけられっぱなしであった人々の背筋をスリル感が走った。それはダビデがゴリアテを倒して以来の偉きな勝利であり、ついにやり返したと感じたのである。

数百万の人々の心の底から、イスラエル国歌「ハティクバ（希望）」が流れでた。いかにもユダヤ人らしくチェコの作曲家スメタナの交響詩から採った旋律にあわせて、人を鼓舞する歌詞「ユダヤ人の血潮がいずれの地で脈打っていようと……」が口をついてでた。

一九六七年の六日戦争でエジプトとヨルダンを粉砕したことは、当初はユダヤ人の歴史上もっともすばらしい出来事の一つに思われた。だが振り返れば、それはイスラエルにとって大きな苦難の始まりであったと思われる。東イスラエルのみでなくヨルダン川の西岸地域とガザを奪取したイスラエルは、イスラエルの市民権をもつ人々の二〇パーセントを占めるアラブ人のみならず、イスラエルの統治領に住み、心に不満を抱く数百万のアラブ人を統治する強国になった。

シナイ半島は一九七〇年代にエジプトに返還されたが、イスラエルは統治領を支配したままで、領土を奪いとった強国の経験するあらゆる苦しみを経験してきた。一つの結果として、海外でのイスラエルのイメージは、疑いもなく本能的な反ユダヤ主義も加勢して、英雄的で民主的な人々の国のそれから一転し、不運な隣国たちをいいように利用する帝国主義的な国のそれに変わった。イスラエルに似た国として挙げられるのは、スイスではなくスパルタ、プロシア、あるいはナチスドイツですらある。

ユダヤ人はとにかく嫌いだと思う人々の心に、とくに強く植えつけられるこうしたイスラエルを傷つけるイメージには、もっともと思わせるものが充分にある。イスラエルの農業（キブツのそれを除いて）と建設業は、安いアラブ人の労働力を利用してきた。統治領の医療施設と交通・運輸の基本的施設は大きく改善されたが、住民は貧しい住まいに住み、不健康な環境に暮し、教育施設はイスラエルのそれより格段に劣っている。

六日戦争の直後にイスラエルが、隣国のアラブ諸国およびPLOの指導者たちと包括的な平和条約を結ぶ交渉が可能であったか否かは議論の余地がある。ゴルダ・メイアとモシェ・ダヤンが率いる政府は非常に熱心に交渉をすすめたとはいえない。彼らは大きな勝利をかちえており、大幅な譲歩をする気はなかった。勝ち誇る調子がイスラエル政府にはあった。

一九七三年にエジプトとシリアが第四次中東戦争をしかけてきたとき、イスラエル軍と情報機関は気がゆるみ、準備がよく整っていなかった。今度はロシア軍の訓練を充分にうけ、装備もしっかり整えたエジプトとシリアは、初めの一週間で両戦線でイスラエル軍を惨憺たる戦況に陥らせた。イスラエルにとり最も脅威だったのは、シリア戦線に出撃させた戦車のおおかたを失ったことである。アメリカ政府の緊急援助のおかげで惨敗は免れた。アメリカの国防長官でユダヤ人のヘンリー・キッシンジャーの提唱で、空輸によるアメリカの武器の補給をうけられたおかげで、エアリエル・シャロン将軍は、戦車をスエズ運河を越え進軍させてエジプト軍を包囲する危険性の高い作戦を実行できた。それが成功して、国連の介入による戦争の終結にもっていくことができた。

ゴラン高原ではかろうじてシリア軍を押し返すことができた。北の戦線では、敵軍が対等の力をもつことを知った。こうして一九七三年には、軟弱で無能な人々というアラブ人のイメージは消え去った。

労働党政府は勝利主義者の幻想に呑まれて一九六〇年代、七〇年代には東洋人たち（オリエンタルズ）のためにはほとんど何もしようとしなかった。一九七七年の選挙ではジャボチンスキーの信奉者であるメナヘム・ベギンとイツハク・シャミルが率いる右翼の野党リクード党を東洋人たちは支持し、リクード党が労働党にとって代り、以後一五年間のほとんどを政権の座についていた。ベギンはアメリカのたっての要請でシナイ半島から手を引いたが、彼の軍事的姿勢は攻撃的で一九八二年にはレバノン侵攻を開始した。

ベイルートへの進出を特徴とする一九八二年のレバノン戦争は、当時の国防大臣であったシャロン将軍の、ベギン首相の黙認の下での、パレスチナ問題を軍事的手段で解決しようとする急進的な姿勢の顕れであった。アメリカのレーガン政権は、なかでも特異な個性の持ち主の国務長官アレクサンダー・ヘイグはとくにそうであるが、過去のどの政権より親ユダヤであった。アメリカの援助のおかげでイスラエルは大きな軍事力を保持しており、国境を越えてレバノンからイスラエル北部に襲撃してくるＰＬＯを、軍事力を用いてレバノンから力づくで追い出す決心をシャロンに固めさせた。シャロンには、流血事件が多発するレバノンで政権の座につこうと争いあうさまざまな党派の中に、一つの勢力として、キリスト教徒のグループをつくる意図もあった。ＰＬＯは余儀なくレバノンから撤退しチュニスに本部を構えることになった。それでも彼らの工作活動は相変わらず大きな効果をあげ続けた。イスラエルと同盟関係のキリスト教の政権をベイルートに打ち建てようとするシャロンの努力は、キリスト教徒の指導者が暗殺され、シリア人たちがイスラム教徒の諸々の党派の勢力を回復させようと介入してきたとき水泡に帰した。

アメリカやヨーロッパのテレビに映る、イスラエルがベイルートを爆撃するさまは、イスラエルのイメージを損なった。野営地に暮すイスラム教徒の難民たちに対する、イスラエルと同盟関係にあるレバノンのキリスト教徒の兵士たちの虐殺行為の映像は、さらにイスラエルのイメージを損なった。イスラエルの査問会議は、シャロンを、そうしたことが起こる可能性を前もって吟味しなかった点で、軽率であったと非難した。

イスラエル国防軍はレバノン戦争で、一九四八年以降の戦いで最大の死傷者をだした。そのためベギンは打ちのめされ、その後の政権の運営をシャミルに任せ、自らは公的生活から突然引退した。シャミルはイスラエルの独立前は寡黙な情報士官で、イギリスを向こうに回して闘ったシュテルン団の一員であった。明らかにイスラエルは軍国主義の方向に深く入りこみすぎ、住民には耐えがたい重荷になりつつあった。国内的にはリクード政府は労働党政府より市場経済に好意的であったが、海外からの大規模な投資を促すのに必要な構造改革を、ほんの少ししかできなかった。

超正統派に気に入られ、彼らの政治的支持を保持するために、政府の援助を惜しみなく超正統派の党派や宗派、その施設や機関に注ぎ、そのために公立の学校は犠牲になり質が低下していった。大学への支援は大幅にカットされ（大学の教職員の圧倒的多数がアンチ・リクードである）、イスラエルの高等教育と科学研究は世界で第一級のレベルに達しようとしたときに、急速にレベルダウンしていった。

イスラエルの社交界や政界の上層部に深刻な腐敗が広がっていった。一九八〇年代すべての大銀行の社長は株式相場を操作したかどで有罪の判決をうけた。政府の援助がひそかにひいき筋の人々や団体、とくにリクードにとり大切な票田である超正統派の宗派や党派にふんだんに流れた。産業主義者や引退した将軍たちは、政府の同意のもと世界各地の武器の貿易に暗躍するようになっていった。

イスラエルの人々は、ヒスタドルート（イスラエル労働連盟）の活動の一環としての社会主義的医療制度に誇りを抱いてきた。だが、一九八〇年代後期には官僚の腐敗・堕落と毎年大きな赤字続きのために、それは窮地に陥っていた。

戦争でかちえた統治領に移り住むユダヤ人なら、だれにでも多額の助成金と安価な住宅が提供され、その結果一〇万人以上のユダヤ人が周囲に厚い防御網を張り巡らしたヨルダン川西岸地域に住みつくようになった。おそらく彼らの四分の一は、「ユダヤとサマリア」言いかえると「アブラハムの土地」をユダヤ人の手にとり戻す決意をした理想主義的な正統派のユダヤ教徒で、大多数はエルサレムとテルアビブの通勤距離にあるお買い得の家が欲しかっただけの人々であった。イスラエルの道路網は概して水準以下で、鉄道網はほぼイギリスが残したままの状態だが、ヨルダン川西岸地域をイスラエル各地と結ぶ手のこんだ道路網の建設が開始され、ヨルダン川西岸地域からのイスラエルの撤退を一層困難にした。

アラブ人が少しも妥協しない手をうつのは時間の問題であった。ヨルダン川西岸地域やガザのアラブ人の失業者たち、まともな教育をうけていないアラブ人の若者たちは民衆蜂起が醸成される恰好の存在であり、インティファーダ（統治領内でのパレスチナ人の一斉蜂起）が一九八七年末に起こった。イスラエルの兵士は（おおかたは統治領の治安を回復する困難な任務を熱心に遂行しはしない在郷軍人、予備兵、補充兵からなる）投石したりタイヤに放火する子供にどう対処すべきかも一貫した方針がたてられなかった。

新しい世代のイスラエル人のおおかたはこうしたことにうんざりし、統治領を併合した大イスラエルにも、勝利主義にも、軍国主義にもうんざりしていた。彼らは奪取した領土と引き替えてでも、また謀反の絶えぬガザやヨルダン川西岸地域を手放してでも、平和を望んだ。一九九二年にラビン——彼はキブツ〔自営小農の集まった協同農場〕の世代の最後の一人で、一九四〇年代後期および五〇年代のモシャブ〔自営小農の集まった協同農場〕の軍事的英雄の一人である——の下に政権の座についた新労働党は、講和条約を結ぶ交渉を始める決心をした。

海外とくにアメリカのシオニストは、ラビンの平和をかちとる決断を熱烈に支持しはしなかった。彼らは攻撃的政策をとるベギンとシャミールを一貫して支持した。リクードの党員で好戦的なシャロン将軍の、ニューヨークのシナゴーグにおける講演は格別の人気があった。イスラエル以外の世界各地に住むユダヤ人は、イスラエルを好戦的で勝利主義の国であり、アラブ人たちは卑怯なテロリストからなる民族であるとみなすようになっていた。攻撃的で熟練した手腕のノーマン・ポドゥホレッツが編集長を務める『コメンタリー』誌は最も強い影響力をもつアメリカのユダヤ人の雑誌であるが、リクード政権の好戦的政策を強く支持した。アラブとの調停を求めるイスラエルの諸々の団体には敵対的で、講和を達成しようとするラビンの努力を厳しく批判した。

一九九三年の秋にホワイトハウス・ローズガーデンでラビンがアラファトと握手したとき、そしてPLOと講和を結ぶための真剣な会談が始まり新しい時代が訪れる可能性がみえたとき、世界各地のユダヤ人は衝撃を覚えた。もし和平交渉が成功しイスラエルがその統治領から撤退したら——獰猛で測りがたいシリア人との戦いにあれほど多くのユダヤ人の血を流して獲得し保持してきたゴラン高原の大部分も、おそらく手放して撤退することになろうが——イスラエルについて、近東について、自分自身についてすら、これまでと違う考え方をするよう迫られることになろう。

パレスチナ人、シリア人との和平が達成されたら、アメリカのユダヤ人はイスラエルを獅子ではなく、より小さな平和的な普通の国とみなさねばならなくなるだろう。

アメリカのユダヤ人たちは、多くのイスラエル人と同様にヒロイズム（英雄的行為・性格）を自分たちの文化の一部とみなしてきた。それは、代理のヒロイズム——イスラエルの人々は戦い、命をおとし、自分たちは財政的・精神的支援をして、闘う国イスラエルというイメージを抱いてきた——であり、自分自身がその地にあって危険を賭してイスラエル国防軍に参加するより、一層魅力的なヒロイズムであった。今やこうしたすべては幻のように消失するかもしれなかった。郊外に住むアメリカのユダヤ人が自分自身に関して抱いている闘士としてのイメージは危険にさらされた。

一九八〇年代と九〇年代初期にロシアからイスラエルに大挙して移住してきた三〇万のユダヤ人たちの捉え方はまるで違い、彼らは講和への努力を熱烈に歓迎した。統治領になんの関心もなく、戦闘的国家という伝統を培かう気持ちなど少しもなかった。聖書を引き合いにだされてもなんの感動も覚えず、移住後にヘブライ語を学ぶまで、聖書をひもとく者すらほとんどいなかった有様で、自分と家族を養う仕事や生活の保障をまず最初に欲した。

スターリンは、ユダヤ人の宗教、ユダヤ人としての記憶、そしてイディッシュ語すらも抹消し、ユダヤ人の政治的・知的エリートを粛清したが、若い世代のロシアのユダヤ人には（いつも通り人種差別的人数割り当て制を課したにもかかわらず）、よい教育をうけ、専門的訓練をうけるのを許した。ユダヤ人がロシアを去ってイスラエルに移住したのは、一九八〇年代後期にソビエト連邦が崩壊していった際、そこに生じるさまざまな裂目を通して伝統的な反ユダヤ主義が徐々に広まるのをソビエト政府が許容したからであり、また、もっとよい仕事、もっと裕福な暮しを欲したからでもあった。移民のおおかたはアメリカへの移住を希望したが、リクード政府はアメリカ政府を説得しソビエトからのアメリカへの移民を大幅に制限させ、モスクワからの移住者を強制的にエルサレムに向かわせた。それは信じがたいほど意地悪で冷笑的な処置であった。

ロシアからの移住者の四分の一はおそらく民族的にはユダヤ人ではなかった。ラビたちはそのことを申し立てたが、受け入れられなかった（ラビたちはさらに、エルサレムに集団で空輸されてきたエチオピアの黒人のユダヤ人たちも民族的にはユダヤ人でないと抗議したが無視された）。

ロシアからの移住者は、選挙権をもつ四〇〇万のイスラエル人の中で新たに相当大きな部分を占める集団となり、その意見を無視できなくなった。職業・仕事に関する彼らの強い希望は、イスラエルが高度科学技術を駆使する豊かな経済力をもつ国として発展して始めて満足させうる性格のもので、それには巨額の資本の投資を必要とし、また、近東の治安のよさを前提条件とする。ロシアから多くの人々を移住させることで、リクードはその好戦的な政策を切り崩されるはめになったのである。

一九九〇年代初期のイスラエルは、さまざまな逆説や変則に満ちている。金曜の正午から土曜の日没まで、安息日で活動がぱったり止むが、安息日の宗教的儀式に出席するユダヤ人は、人口の二〇パーセントにもみたない。古代からひき継いだ国土は隅々まで崇められ、考古学的発見がなされると国民こぞって祝福するが、脆い生態環境を扱うやり方は、アメリカ人やカナダ人なら肝をつぶしかねないやり方なのである。車の排気ガス規制もなく、汚水を地中海に垂れ流しにし、自国の浜辺も汚れるがままである。

石油の採掘を際限なくし続けているが（それもなんの利益もなしに）、さし迫った水不足にはほとんど手を打とうとしない。移住者たちの心をひきつけ、定住してもらうことにはあれこれ気を使うが、アメリカに暮す多くは高等教育をうけ高度の技能をもつ三〇万のイスラエルからの移住者たちを呼び戻すことにはなんの関心も払わない。

民主政体の国だが、みたところ言論の自由を憲法に定めることができない。世界中のユダヤ民族の統一について語るが、改革派のラビがイスラエルにおいて結婚式を執り行なうのを認めず、女性の社会的地位は多くの点で依然として男性より低い。離婚訴訟を起せるのはタルムードの掟にそって、夫に限られ、官公吏のトップはほぼいつでも男が占め、その仕事は主に女性の「助手」がやっている。

イスラエルはユダヤ人の歴史を物語るいくつかの博物館を創ったが、過去のアシュケナジ文化の中のイディッシュ語が関わる輝かしい側面を少しも培っていこうとはしない。道路一マイル当たりの自動車数は世界一だが、自動車産業は一つもなく、すべて輸入車である。観光産業には数百万ドルも費やしながら、国営のテレビとラジオの英語の放映や放送は一日わずか数分間である。ヨルダンのテレビとラジオは英語の放映や放送に多くの時間を当てているというのに。

イスラエルの人々はもっともな誇りをもって自国の大学を語るが、世に最も著名な教授たちが専任校での講座と平行させて海外の大学で講座を担当するのを許容し、半年ないしそれ以上の期間、海外にいて、専任校に姿をみせないのを許容している。

イスラエル人が意識にのぼせるのを嫌うこうしたさまざまな逆説や矛盾をことあげしていけばきりがない。フルブライト法による客員教授が、イスラエルのフルブライト委員会のアンケートに答えて、まる秘文書でこうした事柄を指摘しようとしたとき、恥知らずにも、委員会はテルアビブのアメリカの文化担当官をして彼を咎めだてさせた。

イスラエルが抱えるこうした問題点は、アラブ人さえこの国からいなくなればすべては完璧になるというシオニストの抱く神話の視点からではなく、この国は独立して五〇年もたたぬ若い国で、地球上のまるで異なるさまざまな地域からきた人々によって構成され、きわめて多様な文化が混ぜ合わさった国であるという認識に立って捉えられるべきものである。

もし多様性と多文化主義を特徴とする国があるとすれば、それはイスラエルである（イスラム教徒とキリスト教徒という少数集団を考慮せずとも、そうである）。

ノーベル文学賞を獲得したイスラエルの偉大な作家S・Y・アグノンは、『夜の訪問客』（一九三九）において如上のことを巧みに表現している。多くの問題を抱え、解決を迫られている事柄が沢山ある未完の国であるさまがよく描出されている。イスラエルの国柄は建設途上で、まだ初期の段階にある。さらに、イスラエル人は自分たちの問題を解決しようと努力する大きな勇気と品位をもつ民族であることもよく描き出されている。

一九八〇年代と九〇年代初期のイスラエルに関して一番まずい点は、軍事的目的にせよ非軍事的目的にせよ、アメリカ政府の援助に――最小でも年間五〇億ドルもの援助に――依存するようになったことである。毎年似たような海外からの多額の援助金を計算に入れるようになると、イスラエルは自活していけぬ、向こう見ずなまでに他の国民の金に貪欲に寄食する負債国、植民地国家として認識されるはめになった。

このことは自国が抱える問題に直面する上での大きな障害、脆い経済を建てなおし、輸出産業を建設し、教育も、熟練した技能ももつ人的資源の大変な貯えを能率的に利用する上での、大きな障害となっている。

一九九三年九月のラビンとアラファトがとり交わした協定以来、イスラエルは、パレスチナ人との、また、長い目でみてアラブの近隣諸国との和平達成に向けて意義深い進歩をしてきた。目標達成は遠い先だが、達成に向かう出発はなされた。ソビエト流の統制経済を撤廃するなど、同じような劇的な進歩が必要なのは経済面である。一九九四年四月二三日の『エルサレム・ポスト』紙の国際版に次のような、酔いも醒めるような記事がのった

最近発表された、カナダのフレイザー研究所とアメリカに本拠を置くリバティ・ファンドがスポンサーになり、世界各地の数百名の経済学の教授たちを対象になされた調査によると、経済の諸々の規制からの解放度では、イスラエルは世界で最も遅れており、以前は共産主義体制下にあった数ヵ国とインドよりはましであるにすぎない。

アメリカの援助への依存、負債国、もの乞い国家としての地位は、複雑でさまざまな悪しき問題をうみだしてきた。イスラエルではアメリカからの援助金のうちの不均衡に大きな分け前が、上級公務員や国営企業や軍の上層部、知的職業の人々から構成される国民全体の五パーセントを占めるにすぎぬエリートたちに割り当てられ、そのため階級の分極化による緊張が増し、この点第三世界の国々に似かよっている。

アメリカのユダヤ人の私的財源から毎年多額の資金を獲得していることは、アメリカでは、自治体がさし迫って必要とする資金を奪われること（なかでも教育が一番の被害者）を意味する。ある意味でイスラエルのエリートは、長期的にはいずれ罰をうける代償を払って、当面のあいだ利益を貪っている。アメリカのユダヤ人からより多額の援助をうければうけるほど、初等から高等に至るアメリカのユダヤ人の教育施設の不適切性は、それだけ改善されないことになる。このことは、若い世代のアメリカのユダヤ人は、教育施設の貧しさゆえにユダヤ人としての意識を欠くことになり、一九四〇年代にアメリカのユダヤ人の心

を捉えたシオニストのエトスを、親の世代よりひき継ぐ可能性が小さくなることを意味する。その結果、イスラエルはやがて孤立を深めることになるだろう。アメリカの援助のおかげで裕福で心地よい暮しをするイスラエルのエリートたちは、死を免れている病人のように余分な人生を送っているのだ。アメリカのユダヤ人の八〇パーセントが一度もイスラエルを訪れていないのは意味がなくはない。老齢に入りつつあるユダヤ人の死亡率は高いので、イスラエルを訪れるユダヤ人は今後さらに少なくなりそうである。そして若い世代のユダヤ人の間では熱烈なシオニズムは影をひそめるであろう。

したがってイスラエルは、他国の施しで暮し、財政的麻薬中毒を気にやむ国、先進工業諸国の市場経済に仲間入りして、経済の世界的な舞台で競いあうのに必要な強力な方策を講じるのを嫌がる共同依存者たちの国なのである。イスラエル人は、生活に困窮していた彼らの父祖たちが神秘的な宗教に陶酔したのと異なり、軍事的栄光と勝利主義者のイメージに陶酔しており、これは二〇世紀末の真剣に覇を競う世界にあっては、危険で自己破壊的な姿勢といわねばならない。

イスラエルにとっての希望は、アラブ人との講和が達成されたら、鏡に移る自分自身をよい点も悪い点もあるがままに眺め、軍国主義と他国への経済的依存に頼るのを卒業して立派な国民（充分にその能力がある）になる決心をすることである。

一九六〇年頃からイスラエルの人々は、世界各地に住むユダヤ人を指導する立場にある者として声を発し始め、ユダヤ人たることを意識するディアスポラに住む人々は、そのことに多大の注意を払ってきた。人口も少なく、比較的貧しい小さな国であることを思えば、きわめて強い関心がイスラエルの人々に払われているのは驚くべきことである。『ニューヨーク・タイムズ』紙にのる一年間分のカナダ関係の記事の量はインチで計れるが、イスラエル関係の記事はフィートで計ることになるだろう。どちらかというと、世界のマスコミにイスラエルは登場しすぎており、関心の向け方も堅いビジネスよりもイスラエルの政治家たちのスタンドプレーを奨励するむきがある。

イスラエルが、世界各地のユダヤ人にとり指導的立場にある二つの国の一つとみなされているのにはもっともな理由がある。一九九〇年代初期のイスラエルのユダヤ人の人口は、アメリカのユダヤ人の人口五〇〇万より一〇〇万少ないにすぎない。アメリカのユダヤ人の歴史と運命もまた、二〇世紀のユダヤ人の歴史の形成にとってきわめて重要な意味をもってきた。今日のロシア、ウクライナ、ベラルーシ三国合わせて、ユダヤ人の数はおそらく三〇〇万ほどだが、彼らの大多数は、スターリン主義者たちが文化的に民族性を抹消させる政策をとってきた結果、ユダヤ人としての自覚をほとんど欠いている。

イスラエルにおけるアラブ人問題、経済問題、ソビエト連邦におけるユダヤ人としてのアイデンティティの抹消を考慮すれば、一九二〇年以降のユダヤ人の運命はアメリカの状況に大きな影響を受けてきたのであった。

第二次大戦時にユダヤ人を救済せよとの圧力が連合軍側の諸々の政府にかかっていたら、アメリカ在住の四〇〇万のユダヤ人はその数と経済的・政治的状況ゆえに、おそらくパレスチナのイシャブと共に、率先して主要な役割を果さねばならなかったであろう。現実には彼らは効果的な行動をとるのにしくじり、そこからくる無力感がアメリカのユダヤ人の良心に今なおやましさ覚えさせ、論争をひきおこしている。

一九二〇年代の昔、東欧から移住してきてむさくるしく惨めな暮しをする貧しい人々に希望と慰めを与えるべく、ユダヤ系アメリカ人女性エマ・ラザルスが自由の女神像について唄った詩の中の約束は、成就する途上にあると思われた。アメリカにきた数多くの移民の集団の長い歴史の中で、アメリカ文化に早く適応した点、また社会的地位を決定的に向上させた点で、ユダヤ人の集団に優るものはない。文化への適応、経済的成功の点で、アイルランドやイタリアからの移民の集団と比較すればきわだった対照を示している。

一つの理由はアシュケナジ・ユダヤ人の生れもった知力と合理性、そして高度の読み書き能力が、ビジネスに従事したり高等教育をうけたり学問的職業につく機会を与えられ、発揮されたことにある。

一九〇〇年に東欧の貧しく汚らしい、惨めで犯罪の多い強制居住地域から、ニューヨークシティのロワー・イーストサイドの安アパートや手押し車を特色とする人口密集貧困地域に移住してきたユダヤ人たちは、以前と同じような環境にきてしまったと思った。そして、数百万の人々が押し合いへしあいする不健康な環境に生活し、あくせくした小売り商人の暮しをしたり、衣料品を生産する労働搾取工場で虐げられて暮していた。

惨めな暮しをし、低賃金・長時間労働の職場で働いていた初期の頃（一八九〇—一九二〇）を記念するものは、ロワー・マンハッタンのワシントン広場の真東にある建物で、当時は工場で、今はニューヨーク大学の教室になっている建物である。一九〇三年に不名誉なトライアングル・シャートウェスト会社の火事が起きた。この搾取工場で働いていた三〇〇人の若いユダヤ人女性は逃げようとしたが、現場監督たちが商品をこそ泥されるのを防ごうと非常口に錠を下ろしていたために命をおとしたのであった。

だが、移住してきたユダヤ人の暮しは次の二〇年間に大きく改善された。地下鉄、学校、組合、ニューヨークの外にのびる自治区に住まいが分散していったことがその鍵をなす要因である。インターナショナル・レディーズ・ガーメント労働組合やその他の組合は、給料をあげ、労働条件を改善した。第一次世界大戦によるにわか景気のためユダヤ人の労働力に対する需要がまし、安い労働力の流入は大きく減少した。一九二四年の移民法によりユダヤ人の入国が拒否されたことは（一九一七年以降うけ入れ人数は縮小されてきていた)、東欧から脱出できぬユダヤ人にとっては不幸なことだったが、アメリカにすでに移住していたユダヤ人には、労働要員が安定して幸いなことであった。

二〇世紀の最初の一〇年間にブルックリンとブロンクスに通じる地下鉄が建設され、ほどほどの収入のユダヤ人も、ロワー・イーストサイドの不潔で不快な安アパートを引き払い、郊外地の空気も新鮮な安い住まいに居を移した。

ニューヨークの公立学校制度は若い世代のユダヤ人がこの国に同化し、社会的地位を向上させるのに何よりも貢献してきた。公立学校のワスプ(アングロサクソン系白人新教徒)とアイルランド系の教師たちは、ユダヤ人を失望させなかった。彼らのほとんどは、ユダヤ人の多様性には鈍感であったが、よい教師であった。シティカレッジは入学資格を高いレベルで満たす生徒には授業料を免除した。

授業料が免除になるほど優秀ではなく、高額でもない授業料をようやく支払える家族には、ロワー・イーストサイド近くにニューヨーク大学のワシントン広場キャンパスがあった。大学の評議員たちは、ブロンクスのユニバーシティ・ハイツ〔オハイオ州北部クリーブランドの東にある人口一万五〇〇〇の住宅都市〕――ユダヤ人の割り当て人口は厳密に一五パーセントであった――に新しく立派なキャンパスを建設し、四棟のおんぼろ建物からなるワシントン広場キャンパスは、この町にユダヤ人の移住者が大挙しておしよせ、宝の山のような生徒たちを迎え入れたことを自覚したとき、ワスプの評議員たちは閉鎖する準備を進めた。一九二〇年には学生の半数以上を、男女共にユダヤ人が占め、マンハッタンでは「ニューヨークのユダヤ人」が話の種になった。

ドイツから移住してきたユダヤ系の一族一門の、ニューヨーク在住の、億万長者の族長たち――「アワクラウド」――は、一九世紀後期に移民の最初の波が押し寄せてきたとき、基金を提供し、社会奉仕をした。一九〇〇年までには族長たちは、東欧のユダヤ人町からきた、見た目にも汚い庶民階級の人々が、独りだちでやっていけるのを知っていて、彼らの暮しの援助を減額することができた。とはいえ、芽ばえ始めたユダヤ人の組織的犯罪には厳しい監視の目を怠らなかった。山の手の住宅地に住む家族は、警察と協力し、民間人の調査員を雇ってユダヤ人のギャング団に潜入させた。

のちにマフィアと呼ばれるようになるギャングの生みの親は、大ざっぱにいってイタリア人ではなくユダヤ人であった。一九二〇年代になりニューヨークの組織化された犯罪産業に、イタリア人がユダヤ人にとって代った。一九四〇年の華々しいやくざ仲間の殺人事件を求めるなら、「殺人会社」としても知られたレプケ・バチャルター団の典型的な事件を探すことになる。ユダヤ人は賭博の世界でも目につく存在で、一九四〇年代にラスベガスを繁栄に導いたのはユダヤ人であった。一九一九年の大リーグのワールドシリーズの八百長ゲーム――世にブラックソックス八百長事件として知られている――を仕組んだのはユダヤ人の賭博師であった。

移民の集団としてユダヤ人がアイルランド人やイタリア人より成功を収めたのはなぜか。生れもった優秀な遺伝子、選り抜かれた血統もその要因かもしれないが、ラビやハスィディズム派の指導者が、その統制力や保守的な指導力を大西洋を越えてアメリカに持ちこむのに失敗したのに対し、カトリック教会の重々しい統制力は、二〇世紀初期のアメリカで、ヨーロッパにおけると同じくらい、アイルランド人やイタリア人の共同体の日々の暮しに、強い影響力をおよぼしたことに主な原因があるのは確かである。

ユダヤ人の共同体の生活はすっかり崩れさり、家族生活は変容し、若い世代の人々は自由気ままに自分の暮しをし、教育をうけ、仕事や職業を追求していった。

イディッシュ語はあっという間に廃れていった。ニューヨークの『ジューイッシュ・デイリー・フォーワード』紙、およびその他のユダヤ系の三紙は、一九一四年には四紙あわせて一〇〇万の発行部数を誇ったが、一九三〇年には四紙とも廃刊せずに存続していくだけで精一杯であった。一九二〇年までには、知的職業につく目的でレベルの高い大学への入学をめざす東欧のユダヤ人の伝統的気質が発揮され、目的を果す人々の数が増えていった。ユダヤ人たちは、ニューヨークシティからシカゴ、フィラデルフィア、バルチモア、ミネアポリス、クリーブランド、デトロイトそしてロサンジェルスへと散らばってゆき、それぞれの都市に相当数が住み着いていった。

ハリウッドで新しく発達した、映画を制作し配給する産業は、誕生して最初の五〇年間、ほとんど完全にユダヤ人の移住者が支配していた。今なお最上層部はユダヤ人が掌握している。

ハリウッド映画は、サウンドトーキーが出現した一九三〇年代の一〇年間が、芸術作品としては頂点の時期であった。ハリウッド映画の世界のエトスは、撮影所をリードしていたユダヤ人の移住者たちのそれであった。すなわち勤勉、正直、理想主義、家族と国への忠誠心といったハリウッド映画が訓える価値観である。ハリウッド映画には、ドラマでも喜劇でも、フレッド・アステアとジンジャー・ロジャーズ主演のミュージカル映画ですら、生きた倫理的価値観が常に存在する。「正しいことをしなさい、そうすればむくわれる」それがこの新しい国に移住してきた人々の期待であり希望であった。

大まかにいって今なおアメリカは移民の国であるから、ハリウッド映画のエトスは労働者階級やプチブルの観客たちの価値観と息があう。カルヴァン主義やプロテスタントの伝統とも容易に両立する。壮大なハリウッド映画会社を創設した大胆な企業家たちは大変な金持ちになった。

ラジオも（そしてテレビも）先頭に立って導いたユダヤ人たちは、ハリウッド映画の場合と同じように、影響を及ぼした。ラジオの世界では、ハリウッドのルイス・B・マイヤー、ジャック・ウォーナー、デイビッド・セルズニックに匹敵する存在としてウィリアム・ペーリイとデイビッド・サーノフがいる。それぞれCBSとNBCネットワークの創設者である。ふたりはプログラム作成に当り、ハリウッド映画と同じエトスを――愛国的で、家族指向で、ピューリタン的で、概して自由主義的で、両大戦間のプロテスタントの文化と完全に両立するエトスを――説き、訓えた。

一九二〇年代初期のユダヤ人の進歩・向上をめざす趨勢が、その後も引き続き存続することができたとしたら、アメリカのユダヤ人が一九七〇年頃に享受した大きな富と力とを、すでに一九四〇年までにユダヤ人は手にしていたことだろう。そして、その富と力を行使して、東欧の数百万のユダヤ人（多くの場合アメリカのユダヤ人たちと血のつながりがあるユダヤ人たち）を救うこともできたであろう。だが一九二〇年代と三〇年代に、ユダヤ人が進歩・向上し、力や能力をさらに伸ばすのを阻害する二つの不運な状況が生じた――反ユダヤ主義の高まりと大恐慌である。

一九二四年に議会を通過した移民法は、主に東欧の貧しいユダヤ人たちがアメリカに流入するのを阻止するのを狙いとしたもので、強制的に実施され、一〇〇パーセントに近い効果をあげ、一九六五年に上院議員エドワード・ケネディ発案になる移民法が可決されるまで、ずっと遵守されてきた。短期的にみれば、ニューヨークのエリス島の移民局を通過できるユダヤ人の数に割り当て制を適用したことは、労働要員の凍結を意味し、在米ユダヤ人の仕事・奉仕を一層貴重なものにした。長期的にみれば、ヒットラー支配下のヨーロッパからのユダヤ人の避難を締めきり、ホロコーストを大きく助ける結果になった。

一九三〇年代後半と四〇年代には再三再四、難民問題――主としてユダヤ人問題――を話しあう国際会議が開かれた。囚われの身のユダヤ人たちをナチスが解放するか否かは、だれも討議にのせようとしなかった――ユダヤ人の行く先がない以上、そんな考慮自体ありえぬことだった。アメリカが受け入れないのは明白だった。アメリカが排他的な移民法を改正しようとしないなら、どこの国も受け入れはしなかった。

したがって、ユダヤ人の殺害に最も力をかしたのは、ドイツ人やポーランド人やウクライナ人がユダヤ人殺戮に肯定的意思をもっていたことの次に、一九一七年に実行され始め、一九二四年にはっきり法令化されたアメリカの移民の締め出しであったのである。

エリス島のゴーストタウン化を結果したユダヤ人移民の締め出しは、まず第一に、二〇世紀初めにアメリカに生じ、一九三〇年代にそのピークに達した反ユダヤ主義の大きなうねりの一つの結果であった。反ユダヤ主義のうねりは非ユダヤ人のあらゆる階層・集団に及び、アメリカの大きな団体や組織に熱病のように広まっていった。

一九二〇年代アメリカ東部の名門私立大学はユダヤ人の入学には、厳しい割り当て制——プリンストンの三パーセント、ハーバードの一五パーセント、コロンビアの二五パーセントといった風に——を課した。ユダヤ人は医学部に入るのも困難になった（いくつかの都市の大病院はユダヤ人の博愛家が出資して建てられ、その結果アメリカのヘルスケアの分野ではシナイ山とかベス・イスラエルといった名称がごく一般的に使われていたにもかかわらずである）。名門のロースクールに入学したユダヤ人学生は平均して優秀な成績をあげたが、法人組織の大きな法律事務所はユダヤ人を雇わず、ユダヤ人が経営する名門法律事務所は数が少なすぎて、一九二〇年代、三〇年代にロースクールを大挙して卒業した聡明で前途有望なユダヤ人の法律家たちを受け入れる余地はなかった。

銀行業界、保険業界、公益企業はユダヤ人を幹部には登用しなかった。それは、自動車や石油業界やガス会社も同じであった。住宅地に関しても、反ユダヤ主義の風潮は差別を生み出した。ユダヤ人が持ち家を購入するのも、借りるのもできない郊外地や海岸沿いの地域社会がいくつかあった。とはいえ、もっともこたえたのは、大学への入学や就職の際のハンディキャップである。ユダヤ人が、移住者からなる共同体の外にでて、社会的地位や立場を向上させる上で妨げになったからである。

一九三〇年代ユダヤ人は主要な大学の人文科学の分野では教職につけなかった。主要な大学の人文科学の分野を卒業できたユダヤ人学生も何人かいた。だが、彼らのうちのだれかが大学での教職につくのを志願すると、その学生の卒業論文の審査に当たる教官は採用を検討している当局者に、その学生は英国人風の名前だが、実はユダヤ人であると教えた。そんな状況だったので、当時ユダヤ人を採用していたシティーカレッジやブルックリンカレッジといった大学が、今現在、プリンストンやアムハーストより優秀な教師陣を備えていてもなんら異とするにたりない。

一九三〇年代には反ユダヤ主義の風潮は公の講演では（どんなレベルのものでも）、一般的に受け入れられていた。イギリスの詩人で批評家のT・S・エリオットは講演旅行の間、名門の大学でユダヤ人をけなす話をすると、大いに喝采をあびたものであった。プリンストンでは、比較的高級なダイニングクラブからはユダヤ人学生は締め出された。ユダヤ人を狂信的に嫌う人々が、単行本や小冊子ばかりか新しく世に広まったラジオを通して、ユダヤ人を非難・攻撃した。カトリックの司祭チャールズ・コフリンの日曜の反ユダヤ主義の説教は、数百万の人々の耳を引きつけた。上層部の聖職者たちが彼の説教を押し止めるまで、数年間彼の説教は続いた。

ユダヤ人を叩きのめし自信を失わせ、集団行動をする力を干上がらせたアメリカにおけるもう一つのものは、大恐慌であった。知的専門職につくのを厳しく制限され、たいていの企業では幹部になれず、一九三〇年代ユダヤ人の働き場所は、小売り業、サービス業、縮小していく消費者市場に直接ものを売る、布地や衣服のような手工業的製造業の市場に、偏っていった。億万長者の族長たちは、株式市場の大暴落に恐れをなして、物事に公に介入するのを控えがちになっていった。

こうした逆境にあってユダヤ人たちは政治の分野で反応した。フランクリン・D・ルーズベルトのニューディール政策と彼が率いる民主党を、ほとんどのユダヤ人が熱狂的なまでに支持した。ルーズベルトは大不況から抜けださせてくれるだろう、そうなれば景気の動向に大きな影響を蒙りがちな中流階級のユダヤ人も暮し向きがぐっとよくなるだろう、そう彼らは期待した。

ハーバードその他の名門のロースクールを卒業したユダヤ人たちは、ルイス・ブランダイスの弟子でハーバード・ロースクールの指導的立場にある教授のフェリックス・フランクファーター（のちにルーズベルトにより連邦最高裁判所の判事に任命される）に救けられ、ワシントンにおいて、ニューディール政策を実施するために新設されたり、従前より規模を拡大した、さまざまな機関で、比較的高いポストについて仕事ができたことも等しく意義深いことだった。

ルーズベルトは自由主義的左翼主義にたち、統制色を強め、いく分福祉国家的なアメリカを建設しなければならなかった。この仕事を果していく上で、若いユダヤ人の法律家たちはうってつけのスタッフになった。彼らは個人的にルーズベルトを崇拝しており、中庸をえた左翼で、ケインズ学説に準拠するその政策は、ユダヤ人の家族に伝統的に流れる社会主義的傾向と通じるものがあった。ユダヤ人の法律家たちは聡明で、うまずたゆまず仕事に励み、これまでの自由市場経済に少しも愛着をもっていなかった。

ニューディール政策を遂行するワシントンには、ベンジャミン・ギンスバーグが注目したように、何世紀にもおよぶユダヤ人の宮廷に仕えてきた伝統が甦った観があった。門閥の出ではあるがフランクリン・ルーズベルトは、彼の階級に特徴的な反ユダヤ主義を少しももたず、ユダヤ人の財政家バーナード・バルークと親しい間柄にあった。フランクファーターは最高裁判事に任命され、ユダヤの億万長者の一門の御曹司ヘンリー・モーゲンソーは財務長官としてルーズベルト内閣を支えた。聡明で才能豊かな若いユダヤ人たちは、ルーズベルトに対し深い個人的な忠誠心を覚えていた。

ワシントンで相応の責任を負わされてニューディール政策を遂行する若いユダヤ人たちは、その素性とは縁遠い仕事をこなしていた。テネシー州のユダヤ人でハーバードのロースクールを出たエイブ・フォータスは、環境および農業を保護・支援する機構に関する中心的法律を作成する任を負わされた。それは中流階級出のユダヤ人という彼のバックグラウンドからは考えられぬ仕事であった。一九三〇年代にフォータスが起草した農業に関する連邦法のいくつかは今も残っている。

ニューディール政策を遂行する機関に所属し仕事をすることは、ニューヨークやワシントンの非ユダヤ人の経営する主だった法律事務所のユダヤ人排斥の壁を壊す方途になった。ニューディール政策遂行の仕事をして、統制色を強めたアメリカに関する専門的知識や経験をつんだユダヤ人は、法人の利益に奉仕する保守的な法律事務所にとっても役にたつ存在であり、そのため一九四〇年代初めにそうした事務所はユダヤ人を雇い始めた。

一九四〇年代初期にアメリカのユダヤ人たちが、苦しんでいる東欧のユダヤ人を救けるべく勇気ある適切な行動をとるのに失敗したのを考慮する際は、一九三〇年代に彼らが置かれていた困難な状況を斟酌せねばならない。彼らは、合衆国の行政組織の省や移民局にまで及んでいた反ユダヤ主義の壁にぶつかったのである。職業や経済上の前途の見通しは依然として暗く、公に対立するようなことには彼らは用心深くなり、厭いがちになった。

彼らはフランクリン・ルーズベルトと深いかかわりをもちすぎ、感謝の念をもちすぎていて、ルーズベルトが大勢のユダヤ人を救えたかもしれない行動をとるのを拒否したとき、排他的な移民法を改正するよう迫るか、チャーチルも拒否した軍事的・外交的手段を試みるよう迫るかして、公にルーズベルトに挑戦することはなしえなかった。ルーズベルトは四度選挙に勝利した。勝利するために、ルーズベルトは大きくて扱いにくく、互いに共通性を欠く異種の集団の連合体（なかでもユダヤ人は低い評価をうけ猜疑の目でみられていた）をまとめなければならなかった。ルーズベルトは東欧のユダヤ人を救うために特別な努力をすることで政治的支配力を危険にさらすのを望まなかった。

一九四四年にルーズベルトが労働組合の指導者でユダヤ人のシドニー・ヒルマンに政治的協議をしたことは、野党の共和党の議員たちの嘲笑をかった。「肝心な交渉相手はシドニーだ」というあざけりの唱和が「ルーズベルトの、左派のユダヤ人たちとの協議」の際にはきまって起こった。そんな状況下でのヨーロッパのユダヤ人を救おうとする試みは、進んで自分の政治生命を危険にさらす覚悟をルーズベルトに迫ったであろう。彼は理想主義者で勇気ある人間ではあったが、政治家として殉教者になるつもりはなかった。

一九四四年になってヘンリー・モーゲンソーは遅ればせながらルーズベルトに個人的に訴え、国務省と領事館のエリートたちの反ユダヤ主義の姿勢を率直に批判した。大勢のユダヤ人を救うには時すでに遅すぎたが、モーゲンソーがルーズベルトから同情の言葉以上のものをひきだしえたかどうかは疑わしい。ルーズベルトはカリスマ性があり、いく分理想家肌ではあったが、何よりまず、抜けめない貴族的な政治家であったのだから。

悪夢そのものであるヒットラーの企みに捉えられたユダヤ人のうち数千の人々がビザを取得できる資格をとった際も、国務省の領事館に勤務する反ユダヤ主義のワスプ（アングロサクソン系白人の新教徒）は陰謀をめぐらし、彼らがアメリカに入国できぬようにした。一九四〇年に国務次官補（つまり海外のビザの発行に関する責任者）であったブレキンリッジ・ロングはアメリカの領事に、ビザを取得できる少数のユダヤ人のだれかがきたら、ひたすら待たせること、「障害になるあらゆる口実を設け、ビザの許可を延ばしに延ばす」ことを勧めた。大変な状況下のユダヤ人を一層大変な状況におとしたロングのような名門出のワスプに類する人々には、いう言葉もないのである。

アメリカのユダヤ人たちがホロコーストを手加減させるのに失敗した究極的理由は、以上指摘した政治的状況のほかに、指導層の指導力の弱さにあった。ホロコーストの脅威を公の場で訴えるに当たって指導的立場にあったのは、二人の改革派のラビ、ニューヨークのスティーブン・ワイズとクリーブランドのアバ・ヒレル・シルバーであった。ふたりは説教をし、アメリカ政府に書簡をよせ、個人的に大統領に会い、話もした。ふたりはマディソンスクエア・ガーデンで大きな公の集会を催し、ある程度の関心をマスコミにもたせはした。だが、それだけのことで、それ以上は何もしなかった。

先頭にたちワシントンへ行進することも、ホワイトハウスの周囲をめぐる柵に自分の体を縛りつけることもしなかった。礼儀に捉われすぎ、気遣いのしすぎで、さらに又、ルーズベルトと民主党の左派の人々によって各種の委員に任命されすぎてもいた。彼らの振舞い様は実際、王の機嫌を損ねることを潔しとせず、運命の好転をひたすらまち続けた、かつての宮仕えのユダヤ人たちのそれに似ていた。それはユダヤの指導層に古くからみられる一つの策であるが、今度は信じがたいほど致命的な破局を生んだのである。

もしワイズとシルバーの両人が公に大いに騒ぎたてていたら、反ユダヤ主義の人々からひどい非難を浴びたであろうが、二〇〇万人のユダヤ人の命を救えたかもしれなかった。

東欧のユダヤ人のために声を大にして人々に最も強く訴えたのは、ジャボチンスキーの弟子で比較的世に知られていない二人の右翼の修正主義者であった。一人はパレスチナで最も人々に厚く崇められたラビの甥にあたるヒレル・クックである。彼は、ユダヤ人問題を倦むことなく一般人に訴える運動を続ければ、人々の関心を呼び、アメリカのユダヤ人たちの良心を呼び覚ますことができることを身をもって示した。ワイズとシルバーの、シナゴーグのお上品な演壇からの講演ではできなかったことを、彼はやりおおせたのである。

大衆むけの演劇、映画の脚本家としてのベテラン作家ベン・ヘクトは、イギリスがユダヤ人の難民をパレスチナから締め出したことを厳しく批判するブロードウェイの劇を執筆して上演し、ヒレル以上に注目されるべき仕事をした。アメリカの知識人とエリートたちはこの戯曲を品のないプロパガンダとみなした。実際そうであるにせよ、この作品はユダヤ人ばかりではない劇場一杯の観客にむけて上演されたのである。一九四四年の上演であるから現実に効果を生むには遅きに失した。ヘクトはユダヤ人の指導層がなすべきであったことを示してみせたのである。つまり、公にはっきり目につく運動をし、非ユダヤ人たちに罪の意識を目覚めさせ、ルーズベルトに行動を起すよう迫るべきだったのだ。

ホロコーストから多くのユダヤ人を救出するのにしくじったワイズとシルバー、そして保守的な億万長者の族長たちのために言えることが二つある。第一に、当時は、マーチン・ルーサー・キングがアフリカ系アメリカ人の市民権運動を起すより二〇年も前の時代であったこと。一九三〇年代の共産主義者のアジ、あるいは南部のクー・クルックス・クランのそれ以外に、よいモデルになるものも、政治的運動、市民的不服従を起す雰囲気・状況も当時のアメリカにはなかったし、また、戦時における市民的不服従は特別に問題になる性格のものなのである。

当時の不況もアメリカのユダヤ人の生活に重たいとばりを投げかけ、共同体意識を蝕んでいた。そんな病にかかっているような有様は、アメリカのユダヤ人たちの移民時代の暮しぶりをみごとに描いたヘンリー・ロスの『コール・イット・スリープ』（一九三四）の中に活写されている。その頃のニューヨークで成長期を送った少年は、口汚い父親が牛耳る自分の家でも完全な疎外感を覚えている。転落防止網（セイフティネット）になる組織・仕組みが何もなく、個人的経験を除いて自分に理解できるものが何もない――少年を保護したり助言を与える役割を果す制度あるいは共同体という擁護物がないのだ。連綿と伝わってきたユダヤの伝統とそれにともなう諸々の制度は、アメリカの物質主義的な消費社会というつぼの中で消失している。

そんな虚無的な状況・雰囲気は、ホロコーストをやめさせる行動をとるよう大統領に要求すべく危険を冒してユダヤ人の共同体を召集することができるようなものではなかった。すべてはおし流され、ユダヤ人の歴史は綺麗さっぱりかき消されていた。マーチン・ルーサー・キングは一つの基地として南部の黒人の教会を頼りにできたが、ワイズとシルバーには何も頼れるものがなかった。花が飾られ、オルガンが奏でる楽の音が響いていて、プロテスタントじみた説教がなされる改革派のシナゴーグが頼りにできたであろうか。情熱も深い感情もなく、肝心な時に奮い立ち、燃える大地からユダヤ人を救出する宗教的、社会的に献身的行為をするだけのものはそこにはなかった。

アメリカのユダヤ人たちがホロコーストに対抗する行動を起すのに失敗したこと、公に大いに目につくかたちで抗議してルーズベルト政府に圧力をかけることができなかったことは、ユダヤ人の生活に影響を及ぼすラビの指導力が、この二〇〇〇年間で最低であったことを物語っている。

ワイズとシルバーが信奉し続けた改革派ユダヤ教は、概していって東欧から流入してきた移民たちの要求や気持ちに対しては緩慢で弱々しい応え方をしてきた。一九三〇年代に改革派ユダヤ教を信奉した人々は東欧以外からの移民たちで、それも、裕福で教育のある人々に限られていた。

改革派ユダヤ教はシオニズムを支持すべきか否かをめぐる激しい論争により内側から弱体化していた。

この論争は一九四〇年代後期にシオニズムに肩入れすることで決着がついたが、自由主義的宗派はその結果ヨーロッパの危機から一層目をそらす、という代償を支払わされたのである。

一九世紀のカントの時代に改革派ユダヤ教を特徴づけていた知的な活力はすっかり失われ、今や伝統や慣習に浅薄・従順にしたがう新しい一つの形式主義、この時代の正統派の仰々しい形式主義にとって代ることができるものになり下がっていた。

正統派ユダヤ教の信奉者はアメリカのユダヤ人全体の一〇パーセントにすぎなくなっていた。それは消費者中心の世俗的文化の激しい挑戦に戸惑い、混乱しているようにみえた。ハラカーの伝統を中心理念とする大きな大学であるイェシバ大学を創る試みすら、大体において失敗したといえる。資金不足で秀でた学部がなく、ほとんどなんのインパクトも与えることができなかったからである。

一九三〇年代には保守派ユダヤ教がユダヤ教の大きな宗派になっていた。この名称が使われたのはアメリカ合衆国とカナダだけであるが、この宗派は二〇世紀初めには英国で顕著な存在になっていた。ラビで、ケンブリッジ大学で教鞭をとり、ユダヤ教会堂の書庫に眠っていた多くの古文書の発見者でもあるソロモン・シェクターは、アメリカに招聘され、ニューヨークのモーニングサイドにコロンビア大学と並んで建っている、保守派のユダヤ教のラビ養成施設であるユダヤ教神学校の校長になった。

ユダヤ教神学校の卒業生から大変な数の叙品されたラビが誕生し、保守派のシナゴーグで説教する聖職者たちの数は増加の一途をたどった。保守派のシナゴーグは、大いに敬われるべきユダヤ教の学問の中心的施設であった。だが保守派ユダヤ教は気のきかない妥協の産物であり、アメリカのユダヤ人の信仰心に影響を及ぼす無気力な優柔不断さが反映されていた。保守派ユダヤ教が提供したものは、急速にアメリカの文化に同化・順応していく数多くの移民や彼らの子供や孫が欲したものである。それは消費者指向であった。

移住者たちは改革派ユダヤ教が提供する短縮され英国風にされた典礼に尻込みを覚えた。あまりにも異邦人風、異教風、キリスト教の聖堂風であり、シナゴーグらしさがなかった。保守派ユダヤ教は正統派の礼拝様式の本質部分をそのまま留め、その冗長で曖昧なところをほんの少し削りとり、重要な祈禱の文句を英訳してわずかにとりいれていた。だが保守派ユダヤ教の基盤となるものはそれだけで、他になにもない。保守派ユダヤ教徒の中には掟を遵守する者もいるが、たいていの人はそうでない。それは信仰の世界の簡易食堂のようなもので、チケットを買って自分の好みを択ぶようなものだ。

保守派ユダヤ教のラビたちは、正統派の信徒にとって大きな躓きの石である信徒が安息日に車でシナゴーグに乗りつけるのを禁じる条項を、掟からとりのぞいた。おおかたのユダヤ人はシナゴーグまで歩いていけない郊外地に住んでいるため、保守派ユダヤ教が郊外地で信徒を増やしていったのは理の当然である。ユダヤ教徒の多くは、家では食事の戒律を守っているが、外ではユダヤ教の掟に捉われないレストランで食事をしていて、とくに中華料理店の豚肉は、どういうわけか食してよいものになっている。

ものごとすべてにほどほどの妥協をしつつ、保守派ユダヤ教は精神的核を欠いていた。ユダヤ教神学校の二人の教授モルデカイ・カプランとアブラハム・ジョシュア・ヘシェルは、一九四〇年代、五〇年代にこの問題点を強く意識して、互いに大きく異なる見地から、保守派ユダヤ教にしっかりした核を与える試みをした。

カプランは彼がユダヤ教再建運動と呼んだものを興したが、自身は保守派のラビの協会にずっと所属し、ユダヤ教神学校で教鞭をとり続けた。改革派ユダヤ教のアメリカ東部の教育施設であるヘブライ・ユニオン大学から教授のポストの申し出を二度うけ、二度とも引きうける寸前までいって、彼は辞退した。もし移っていれば彼の及ぼした影響はさらに大きなものがあっただろう。実際彼は、改革派に属していた方がずっと似あっていた。たとえば、一九四一年に彼は改革派の公認の祈禱書よりさらに急進的に削除を施した新しい祈禱書を世に出した。彼はコールニドレー〔贖罪の日に先立つ夕方から日没まで、礼拝の初めに吟唱される祈禱文〕の破棄を望んだ。というのは、契約にもとづく誓約は、他人との契約からでなく、神と個々のユダヤ人との関わりから生れたものゆえ、神に契約にもとづく誓約を無効にすることを頼むのは、一部の人々が考えるように、反ユダヤ主義の連中がユダヤ人は二枚舌だとする主張にもっともらしい口実を与えるからというものである。

カプランがいなくなるのを喜ぶユダヤ教神学校の理事たちは、神学校の校長でタルムード学者のルイス・ギンスバーグに、彼を首にするよう迫った。カプランの教え子のギンスバーグは拒否した。どうしてカプランは自分にもっとふさわしい公開討論の場を提供できるヘブライ・ユニオン大学に移らなかったのであろう。臆病さと無気力さのためとも思われるが、もしそんなに積極性に欠けていたのなら、ときに彼がその気になったと思われるアメリカのユダヤ人の暮しに宗教革命を起すことなどとても無理であった。

カプランは改革に関しいくつかの非常に優れた案をもっていた。シナゴーグは一般人の幼年時代の教育と成人教育にかかわるコミュニティセンターでなければならぬことを彼は強調し、個人的にその方向に強い影響力を及ぼしてもいる。とはいえ彼の本質は社会学者であって神学者ではなかった。彼はアメリカのプラグマティズムの哲学者ジョン・デューイの信奉者であった（ニューヨークに住む彼の同世代のユダヤ人の知識人の多くがそうであった）。彼はシナゴーグが社会の中で果す役割を強調したが、シナゴーグが発すべき宗教に関するメッセージについてはほとんど何もいわなかった。シナゴーグの一員として無神論者を迎えいれてもさしつかえないとすら匂わしている。

宗教改革をなしとげるには自分が正しいビジョンをもつことを信じるだけでなく、宗教的共同体に提示するそれが世にひろまっているどの選択肢より、ずっと優れていることを信じていなければならない。ユダヤ教の改革に必要なこうした条件をみたすのにカプランは大きく失敗し、一九四〇年代に一時は見こみありげに思われた彼のユダヤ教再建運動は、ささやかな影響を及ぼしたにとどまった。一方で急進的な再建運動を唱道しつつ、保守派ユダヤ教の総本山であるユダヤ教神学校の教授にとどまったのは馬鹿げており、彼の運動は失敗に終わらざるをえなかった。カプランは臆病で矛盾を抱えていて、彼の失敗はアメリカのユダヤ教にとり大きくマイナスの影響を及ぼすことになった。

アブラハム・ヘシェルは彼と同世代の人々に最も広く敬愛されたアメリカのユダヤ人のラビで、宗教についても多くを語った。とはいえ彼の著作にオリジナル性を見いだすのは難しい。ハスィディズムの伝統をもろにうけ継いでいるが、アメリカという環境に適合させ、いく分やわらかな性格のものにしている。彼には聖人らしいところがあり、あれほどの人気はその人柄ゆえであったと思われる。著作を読んでも説明できない。

ヘシェルもカプランも、保守派ユダヤ教と改革派ユダヤ教が共に遭遇していた危機的な知的問題に進んで対決しようとしなかった。ユダヤ教神学は、モダニストの知的革命を考慮しつつ、自らを二〇世紀に持ちこみ生きのびるのに、いかに手直ししたらよいのか。ジョン・デューイまたはバール・シェムトブは気にかけないでよい。モダニズムのユダヤ人の五人の大物であるフロイト、アインシュタイン、デュルケーム、ボアズそしてウィトゲンシュタインは、今日のユダヤ教にとりどんな意味をもつか。それが問題であった。

ラビの思想家は当時も、今日も、だれ一人としてこの問題に対決するのを望まない。この点からすると、改革派ユダヤ教と保守派ユダヤ教は、消費者を満足させ共同体を組織する点でいかに成功を収めたにせよ、文化の面では失敗を重ねてきた。一九四五年の時点でそうだったし五〇年後も同じである。

大戦後の三〇年間、アメリカのユダヤ人が前例がないほど社会的地位を向上させ、繁栄を謳歌する時代にあっては、保守派および改革派ユダヤ教が失敗したこと――ユダヤ教の思想を革新し、知的に魅力あるものに発展させること――がますます切実になっている。

一九六〇年代初期には、一九三〇年代、四〇年代の反ユダヤ主義の毒気はどんどん消散していった。ユダヤ人は前例がないほど多くアイビーリーグに入学し、主要な大学の教職につき、非ユダヤ系の保守的な法律事務所で働いている。一九六〇年代に二人のユダヤ人がアメリカ連邦最高裁判所の判事に任命され、社会的に高位の地位に昇りつめた例を他にも挙げられる。二分の一ユダヤ人の血をうけ継いだ人間として初めてコロンビアの歴史学科で教鞭をとったのは、一九四五年に同学科で教職についたリチャード・ホフスタッタであった。一九四八年に純血のユダヤ人として初めてコロンビア大学で教鞭をとるようになったのは、ブルックリンのラビの息子のリチャード・B・モリスであった。一九六〇年には彼は学科長になっていて、同学科の教官の三分の一はユダヤ人が占めるに至っていた。

一九三〇年代、一九四〇年代初期に「ニューヨークの知識人たち」の中のもっぱらユダヤ人たちからなるグループ（評論家と小説家のグループで、トロツキズム信奉の月刊誌であった『パーティザンレビュー』をきわめて影響力の強い文芸と美術批評の前衛誌に変えたのだが）は、学術界の外の世界、たいていはジャーナリズムの世界で、世に名を挙げなければならなかった。一九五〇年代後期までには、同じ類のユダヤ人の知識人や物書きたちは大学で教鞭をとることができるようになっていた。『パーティザンレビュー』誌の創刊時からのメンバーの中には大学で教える資格をとった人々もいた。同誌の最も有能な編集者であったフィリップ・ラーブの最終経歴はブランダイス大学の教職であった。アーヴィング・ハウは現在彼の母校ニューヨークのシティーカレッジで教鞭をとっている。彼はありきたりな社会主義的な論文も沢山記してきたが、感傷性をまじえつつも、洞察力がうかがえる『父祖たちの世界』（一九七六）を著した。そこにはシュテトルとロワー・イーストサイドの文化が再現されていてベストセラーになった。ユダヤ人の知識人たちは、これまでワスプの高貴な城壁であったハーバード、イェール、コーネルといった一流大学から革新的な文芸・美術批評を生み出し続けている。

一九七〇年代半ばには、全米の上位二五大学の人文科学、社会科学部門の教授陣の約三分の一はユダヤ人によって占められていた。一九七四年にはイェール・ロースクールの新入生の四〇パーセントはユダヤ人であった。一九七〇年にはハーバード・カレッジの学部学生の四分の一、コロンビア・カレッジの四〇パーセントがユダヤ人であった。

次の二〇年間ユダヤ人は引き続いてあらゆる分野で進出していった。一九七〇年代にはデュポン株式会社の社長、一九八〇年代にはプリンストンの学長、一九九〇年代にはイェールの学長に、ユダヤ人がなっていた。一九九〇年代初めにはユダヤ人は政治の分野でも第一線に進出している。一九九二年の選挙ではアメリカの議会の両院におけるユダヤ人の議員数は、ユダヤ人の人口の比率の五倍に当たるまでになっている。カリフォルニア選出の上院議員は二人ともユダヤ人女性である。大統領ビル・クリントンのホワイトハウスでは、これまでのどの大統領とくらべても、ずば抜けて数多くのユダヤ人の役人が働いている。

わずか一年ちょっとの間（一九九三—九四）に、大統領クリントンは二人のユダヤ人、ルース・バーダー・ギンスバーグとスティーブン・ブレヤーを連邦最高裁判所判事に任命した。過去二五年間でユダヤ人が連邦最高裁の判事になったのは初めてである（その他の連邦裁判所ではどこでも任命されてきたが）。ギンスバーグもブレヤーも連邦裁判所の判事として卓越した記録を残してきた人物である。またふたり共に億万長者である。

連邦最高裁の九人の判事のうち二人がユダヤ人であることは（二〇世紀になって過去二回同じ例がある）、法曹界においてユダヤ人が果たしてきた大きな役割が適切に認められたことの証左である。ニューヨーク、ワシントン、シカゴ、ロサンジェルスの法人組織の大きな法律事務所では、多数のユダヤ人が仕事をしている。

今では今世紀初めの四〇年間米国法律家協会に蔓延していた激しい反ユダヤ主義を思い起すのは困難である。一九四〇年代、一九五〇年代には、ユダヤ人にとって最も魅力的で報われるところ大きい職業は医業に思われた。一九六〇年代、一九七〇年代には、聡明で創造的なユダヤ人にとって最も快適に思える暮しは学究生活であった。一九八〇年代には、医業も大学の教職も新しい問題を抱えていたため、若い世代の最も優れた素質や頭脳をもつユダヤ人たちを引きつける知的職業は、法曹界の仕事であった。

少なくとも最高レベルの法人組織で仕事をする場合、司法に携わる職業は、今では医者の仕事と同等に思われている（医者は構造的、政治的問題が心労になりがちであるが）。また、大学を出たばかりの世代の最優秀のユダヤ人たち（性別にかかわりなく）にとって生涯携わる仕事として司法に携わる仕事は、不況に大きく揺さぶられる学究生活より望ましく思われている。このことが国にとって良いことか否かは議論の余地があることだが。

ハリウッドにおける非ユダヤ人にとっての最後の砦であったディズニースタジオも、一九九〇年代初めにその経営幹部はユダヤ人の統率下に入った。TVネットワークの一つはすでにユダヤ人（CBSのローレンス・ティッシュ）を社長に戴いており、他の二大ネットワークもユダヤ人が傑出した幹部社員でありプロデューサーになっている。

一九八〇年代、ユダヤ人の財政的支援を受けたハリウッド映画の中身、TVネットワークが放映するものの中身は、一昔前の世代の、映画界やラジオ放送局のユダヤ人の大立者たちが世に広めるのに努めたものとは大きく異なっていた。主流であったプロテスタントの文化に由来する清教徒的性格のものは捨てられたといってよい。テレビや映画は市場の要望に際限もなく譲歩し、暴力とセックスのシーンが日常茶飯事になっている。現在娯楽産業に携わるユダヤ人の企業家たちは、彼らの前任者たちより普通は高い教育をうけているが、世に提供するものの中身は、可能な限り高度な技術を駆使してはいるが、ずっと低俗である。ユダヤ人の伝統的な道徳はアメリカのカルヴィニズムのそれに似た性格をもつが、娯楽産業に従事するユダヤ人の大物たちの意思決定に逆らう力はないようにみえる。とはいえ、一九三〇年代、四〇年代のハリウッド映画にみられる感傷的リベラリズムは、一九八〇年代、九〇年代の映画やテレビにもそのままうけ継がれている。今や多文化主義、民族の多様性、環境保護、フェミニズムが強調されており、政治的リベラリズムは以前より強い関心の的になっている。

ニューヨークシティは史上初めて、一九七〇年代半ばから八〇年代のほとんどの期間、純血のユダヤ人（アベ・ビームとエドワード・コッチ）を市長に戴いていた（一九三〇年代の市長フィオレロ・ラ・グアルディアはユダヤ人のハーフとされている）。一九八〇年代後半、国務省の主だった中東の専門家たちのほとんどは、国務長官ジェームズ・ベーカーの「ユダヤ人なんぞくそ食らえだ、彼らは我が党に票をいれないんだから」という発言にもかかわらず、ユダヤ人であった。

共和党を支持するユダヤ人は少数であるとするベーカーの指摘はまちがってはいない。レーガンが政権を掌握していた時代にユダヤ人の支持が相当大きく共和党に移ったが、レーガン後は、ユダヤ人の伝統的な民主党への過剰なまでの肩入れが再び始まった。一九九二年の大統領選挙では、民主党の候補ビル・クリントンの選挙資金の半分近くがユダヤ人の出資になるものであった。

一九六〇年代、七〇年代の新左翼の文化の形成には、ユダヤ人の、大学教師や知識人たちが主要な役割を果していた。歴史社会学者イマニュエル・ワラーシュタインの記した大きな影響力をもつ著作がその例だが、ときに新左翼の理論は、マルクス・レーニン思想の主流をなす思想をいく分現代的に焼きなおしたものにすぎなかった。とはいえ、もっとしばしばそれは、アドルノやベンヤミンや一九三〇年代のフランクフルト学派の創意・工夫に富む文化的マルキシズムに、フロイトの伝統の急進的側面を混ぜあわせたものであった。この一派の指導者はフランクフルト学派の流れをくむヘルベルト・マルクーゼで、彼は一九五〇年代、六〇年代、ユダヤ人が支援するブランデイス大学において格別注目をあびた指導者であった。

一九七〇年代と八〇年代、みごとな成功を収めたフェミニズム運動を指導した人々の中にもユダヤ人がいた。二〇世紀の最初の三〇年間におけるアメリカ最初のフェミニズム運動には、ユダヤ人女性は一人も加わっていなかったが、七〇年代、八〇年代は違った。女性運動における最も著名な二人、グロリア・スタイネムとベティ・フレイダンはおそらくユダヤ人であった。フェミニズムの理論家としての第三の指導者エリザベス・フォクス゠ジェノベーゼは半分ユダヤ人の血が混じっていた。ニューヨークに住まう中流階級のユダヤ人エリカ・ジョングは、女性の性的関心を賛美して空前のベストセラーとなり二七ヵ国語に翻訳された小説を著した。

ユダヤ人が自己満足を覚える快適な暮しが送れる時代がすでに始まっていたのである。ユダヤ人の億万長者は、一九八〇年代に入るまでにアメリカ史上前例がないほど生活全般にわたり快適な暮しを送れるようになっていた。ティッシュ一族はメトロポリタン美術館を借りきって結婚式を催した。そんな富のひけらかしぶりを人々は噂の種にしたが、彼らは気にとめなかった。一九八〇年代の、インサイダー取引も含めてのウォール街の飛躍的発展にはユダヤ人が大きく寄与していた。ウォール街の悪の大立者である二人の億万長者のユダヤ人の一人、イヴァン・ボエスキーはユダヤ神学校の著名な後援者である。

一九八〇年代のウォール街の熱狂的な投機的事業熱にはユダヤ人の投資銀行員たちがおそらく主だった役割を演じたといってよい。当時の投機的事業をジャーナリストの目で捉えてベストセラーになった小説の作者である非ユダヤ人のミカエル・トーマスの使った言葉を借りるなら、一九八〇年代の「掠奪者の舞踏会」では、ユダヤ人のダンスカード〔女性が踊る相手の名を順番に記したカード〕は一杯であった。もっとも、ユダヤ人の存在がウォール街の投機的事業に果した役割を、大きなテーマにしたこの小説は、『ニューヨークタイムズ』のブックレビューでは反ユダヤ主義的という非難を蒙っている。

一九八〇年代のウォール街におけるにわか景気では、さまざまな手段や手管が使われた。なかでも最も大きな意味をもち、儲けも大きいのは、ある会社を別の会社が不本意ながら接収するとき必要な資本金を供給するジャンクボンド〔格付けが低く〈BB以下〉、利払い償還について危険性が大きいが利回りも大きい社債〕の発行である。ジャンクボンドという手段が経済的・社会的にもつ意味あいは論争の的になってきた。財政専門家の中には、それは、旧来の型を打破できずに期待にそえぬ会社を革新的な金融業者や経営者が接収したり、共同経営で相乗的な生産効果があげられる会社なら、いくつかを一つの企業の傘下にいれることで、アメリカの産業の発展に貢献してきたとして肯定的に捉える人々もいる。

財政の面でベテランの評論家ベンジャミン・スタインもその一人だが、ジャンクボンドは、冷血な投資銀行員や企業の経営者たち、そして過度の補償を受ける彼らと結託した弁護士たちに不正利得をえさせる、一時的な共同資金をこしらえる巨大な詐欺的ポンジー〔利殖の高い架空の投資対象を考え出し、それに先に投資した人が後から投資する人の投資金によって利をうる方式の詐欺〕とみなす人々もいる。ジャンクボンドから資本金を調達された合同企業はしばしば経営がひどい赤字で、早急に必要な金を手に入れるために、会社の大切な一部を安く売り払わざるをえなくなり、こうして相乗的な効果うんぬんの旨い話が偽りであることを示しているということが指摘されてきた。さらに、ジャンクボンドに基礎をおき、乗っとりで大きくなった企業の億万長者の所有者たちはしばしば、乗っとられた会社に数十年間有能な社員として誠実に尽くしてきた労働者を容赦なくレイオフすることでコストの削減をはかってきたと指摘されてきた。一九八〇年代半ばに評判をとった、ウォール街の一人の詐欺師によるニューイングランドの小さな会社の乗っとりを主題にした戯曲『他人の金』は、その詐欺師がユダヤ人である点が疑問の余地がないように描かれている。

ジャンクボンドを発行して企業を乗っとるやり口を最初に考えだしたのは、ウォール街の主要な投資会社の一つとつながりのあるカリフォルニアの金融業者ミカエル・ミルケンであった。ミルケンを天才的な財務家とよぶ向きもあれば、冷血な掠奪者として軽蔑する向きもあるが、彼は最後にはウォール街の掟にふれることをやり、高名なユダヤ人のジャーナリストを夫にもつ非ユダヤ人の裁判官により、一〇年間の禁固刑をいい渡される。しかしその判決は、結局は刑期を短縮する理由づけがみつかり、大幅に短縮されている。

刑期を勤めあげるとミルケンは、多額の融資に関する講義を講師の肩書きで行なってみたいとサザンカリフォルニア大学に申し出る。その厚かましさ以上に驚くべきは、厚顔な申し出を大学当局を説得して受け入れさせた彼の能力である。さらに彼は、自分の講義をテープにとって、市場で売りにだしたのであった。

二人の著名なユダヤ人の悪の大物であるミルケンとボエスキーのほかにも、いかがわしい術策を弄したユダヤ人の億万長者や、彼らと結託した会社があった。メディア企業として最大手のタイム・ワーナー社の社長になったスティーブ・ロスは、若い頃、彼がウエストチェスター郡に所有していたディナーシアター〔食事中・食後に観劇ができるレストラン〕で、法に触れる経営上のごまかし等のスキャンダルでその名を汚した。とどのつまり、彼の親しい同僚で友人でもある人間が責任をとる形で決着したのであった。

脚光を浴びているもう一人のユダヤ人の億万長者も業務上の犯罪行為を犯したが、無傷で逃れおおした点、スティーブ・ロスによく似ている。彼の会社の副社長の一人は彼の罪を認めたが、連邦検察官は寛大にも、上層部で行なわれていたことを知らなかったというこの億万長者の主張を受け入れたのであった。彼の犯罪は、売春婦を使って商売敵を罠にはめるという、一種のゆすり・強要であった。

法律に抵触するかしないかの、ぎりぎりの行為をやって、言いなりになるマスコミの助けと、大枚をはたいて獲得したニューヨークのユダヤ人の弁護士の援助とで、なんとか無傷で逃れおおすというユダヤ人の億万長者の一部の連中が心得る術策は、まことにたいしたものである。

脚光を浴びるユダヤ人の億万長者の近年よくみかけるもう一つの処世術のパターンは、ユダヤ人の糟糠の妻を棄てて、人生に勝利した一つに戦利品として非ユダヤ人の妻をめとることである。

一九九三年度における、アメリカの会社の取締役で最も高給をはむ二人の人物はユダヤ人である。一人はハリウッド・スタジオの会長で、もう一人はウォール街の投資銀行の取締役である。

一九九〇年代ユダヤ人の億万長者たちは、社会的力量でも文化的重要度でも頂点に達したことを、これまではワスプやアイルランド系の大物のみがなしえたこと、すなわちプロスポーツのチームを買いとることで、明示した。一九九三年には、プロのスポーツチームの中で最も名誉あるニューヨークの二つのアメリカン・フットボール・チーム、また二つのナショナル・フットボール・リーグのチーム、そして二つのメジャーリーグの野球のフランチャイズ〔特定の都市を根拠地にして、そこで特別の興行権をもつこと〕が、ユダヤ人のものになっていた。ユダヤ人のオーナーの一人は、他のすべてのオーナーに対し非常な影響力をもっていて、そのオーナーは工作して、野球のコミッショナーを首にし、そのあとを臨時代理のコミッショナーになり、議会の委員会ですべてのオーナーの代表をつとめた。一九三〇年代に二人のボクシングのチャンピオンを生み出したとき、アメリカのユダヤ人たちは自分たちは世の中をうまく渡っていっていると思ったのであった。もはや汗水垂らして肉体労働をする必要はなくなった、チームの所有者になったのだから。

ヒットラーが政権を掌握する以前のベルリンやウィーンの出版界におけると同じくらい、ユダヤ人は出版界で重要な役割を果してきた。アメリカで最も大きな影響力をもつ新聞のうちの二つ、『ニューヨークタイムズ』と『ワシントンポスト』は、一九五〇年までにそれぞれユダヤ人の一門が所有するところとなっていた。両家は、毎日毎日の経営の方針に、そして又編集方針の決定に直接かかわってきた。

『ニューヨークタイムズ』は東部の体制派を代弁する役割を果たしていて、その政策は比較的進歩的な保守派と提携して行動する中道派のリベラリストのそれであった。第二次大戦後二〇年間でアメリカが世界の覇権を掌握したのは、この中道派と、包容力ある人道主義的な政治的コンセンサスに政策の基礎をすえてきたためであり、この方針は『タイムズ』を所有し、その経営方針を綿密に監督・指示してきたオクス＝サルズバーガー家のそれと完全に合致している。マイヤー＝グラハム家が掌握する『ワシントンポスト』は、リベラル左派の民主党員の声を代弁するようになった。共和党のリチャード・ニクソン政権に対決し、力強く助だちをしてニクソンを政権の座から引きずり下ろしたとき、『ワシントンポスト』は新たにその令名を馳せた。

オクス＝サルズバーガー家とマイヤー＝グラハム家の行動と思考の様式は厳格に貴族的で家族主義的（パターナリスティック）なものであった。彼らはアメリカという騒々しい民主的な共和国の宮廷に仕えるユダヤ人であり、本質的に分極化し対立するアメリカの政治制度に安定性と改革への推進力を賦与するのに大きく貢献してきた。イスラエルに対する両家の、無批判ではないにしても、不変の援助なしには、周囲から孤立した悩み多きこのユダヤ人の国の存続はありえなかったであろう。

一九三〇年代と四〇年代に勇気があり頭のきれるニューヨークのユダヤ人たちが、出版会社をいくつか興した。のちのアルフレッド・A・クノップ社、ランダムハウス（ベネット・サーフ）社、サイモンアンドシュースター社、ファーラーシュトラウスアンドジルー社は、いずれもこの時代の創業になる。創業者の勇気と優れた嗜好に礎をすえるこれらの出版社は、今日では広大なメディア帝国の一部にすぎない。とはいえ、今でも編集者として高名なユダヤ人たちがいる。サイモンアンドシュースター社のマイケル・コルダ、クノップ社のジェイソン・エプシュタイン、自分の会社で今も演劇を上演しているロジャー・ストラウスはそうした人たちである

二人のユダヤ人、ロバート・シルバーとバーバラ・エプスタインは一九六〇年代に『ニューヨーク・レビュー・オブ・ブックス』誌を興した。三〇年後の九〇年代、非常な影響力を誇るこの週刊誌は、南部のワスプに買いとられてはいるが、編集者は昔と同じ人々で、ニューヨークの学術界のリベラル左派のユダヤ人たちの嗜好と信念を今なお反映している。

一九八〇年代までには、全米いたるところ病院の建物にはユダヤ人の名前が誇らかに冠されるようになっていた（この慣行は一九五〇年代に始まった）。のみならず、著名な大学のキャンパス内の、諸々の校舎や研究施設の建物にもつけられている。億万長者のユダヤ人たちは、それ以前も医療関係の施設や設備を整える上で大きな存在であったが、アメリカの高等教育への資金の提供の点でも、同様に大切な存在になっていたのである。

この方面の先達はラリー・ティッシュであった。ニューヨーク大学では一九八〇年代末までに大学病院、舞台芸術学部（おそらくこの分野で全米一の学部）、そして経営学部学生用の宿舎に彼の名がつけられている。これらの施設が彼の恩恵を大いに蒙ったのは、たんに彼の財政的支援だけでなく、彼が大学の運営に細かく目を光らせてきたためであった。一九七七年からこのかたティッシュはニューヨーク大学の有能な理事長として指導に当たってきた。CBSテレビのネットワークを管理・運営したのと同じくらい巧みに、彼はこの大学の運営に当たり、発展させてきた。名誉職のようにみなされてきた理事長が、親しく大きな大学の管理・運営に当たるという新しい方式を彼はうちたてた。みごとな運営ぶりのおかげで、アメリカの学術界におけるニューヨーク大学の地位は大いに格上げされたのである。

一九五〇年以降の四〇年間にユダヤ人はアメリカ社会において、郊外に快適な暮しが送れるようになり、陋習《ろう》や偏見を打ち破って学術界や、特権を享受する知的職業や、企業に、そしてメディア界の指導層へ進出し、政治家や政府の高官になっていった。ユダヤ人はその人口の比率の五倍から六倍の比率で知的職業についている。一九九四年にはユダヤ人の人口はアメリカの人口の三パーセントにすぎないが、その影響力は人口の二〇パーセントに当たる民族集団のそれに匹敵する。

ユダヤ人の歴史のいずれの時期をみてみても、権力と富と名誉の獲得においてこれほど成功した時期はなかった。イスラム教国のスペインでも、二〇世紀初期のドイツでもなかったし、イスラエルにおいてすらない（なぜなら、この小さな国においてはアメリカのような世界第一級のレベルでの富と権力とは存在しない）。

一九三〇年代と四〇年代初期の悲惨を極めた歴史のあと、戦後になってどうしてこれほどの成功と社会的地位の向上を達成しえたのか。この問題の社会学的研究は未だ試みられていないが、四つの要因が働いたといえよう。

第一に、第二次大戦後一、二年経た時から一九七三年のオイルショックの時点まで、アメリカ経済は一貫して着実に発展し、一九八〇年代のレーガン大統領時代に、再びしばしの間発展の時期があった。一八五〇年以降、財政が上向きで産業が発展している時期には、ユダヤ人はいつでもうまく世に処してきた。ユダヤ人の卓越した才能は称賛され、事業や商業が上向きの時には、ユダヤ人は管理者・経営者として、投資家として、知的職業人として新たに中枢部に加わることを切に要請されてきたのである。

第二に、アメリカの権力者たちと裕福なエリート層に、体制の内側から、エリート層の望む条件で奉仕して、ユダヤ人は信頼できる尊重されるべき人々であることを証してきた。移住後、第三世代のユダヤ人たちは、その生活様式が完全にワスプに同化しているのみならず、みたところエリート層の人々の資産の保持と、統治の様式の存続にすっかり献身しているようにみえる。

ユダヤ人は政治的に信頼できず共産主義に共感をよせているのではないかという一九四〇年代に人々が抱いた疑惑は、一九五三年にローゼンバーグ夫妻が原爆に関するスパイの容疑で死刑に処せられると同時に消滅した。ジュリアスとエセル・ローゼンバーグ夫妻を告発したのはユダヤ人であり、体制側への忠誠心を過剰に示そうとしたユダヤ人の裁判官によって夫妻は死刑を宣告された（少なくとも妻のエセルへの判決は、ロナルド・ラドッシュの最も信頼できる研究書によれば、不当なものであった）。ローゼンバーグ夫妻のなきがらは一九二〇年代、三〇年代にユダヤ人が示した左翼への傾きに対する償いとして、異邦人たちに捧げられたのである。ベルリン在住のある物理学者はローゼンバーグ夫妻と同じ時期に同じ容疑で一二年の懲役刑に処せられ、五年間の服役で釈放されているのである。

ローゼンバーグ夫妻の事件のあとはユダヤ人の忠誠心に関してはなんの疑問もなかった。一九五〇年代初期、上院議員マッカーシーの赤狩りの助力者を務めた二人は、ユダヤ人の取り巻きコーンとシーネであった（第三の助力者はロバート・ケネディであった）。ハリウッドスタジオのユダヤ人の所長たちは、映画産業界の中の元共産主義者を、要注意人物として人々の注目を集めさせようとして、見つけだすのに努めた。

一九六〇年代にはユダヤ人の政治的信頼性に関し、しばしの間、再び人々の胸を疑惑の念がよぎる状況がもちあがった。大学の新左翼の指導者には人々に当惑を覚えさせるほどユダヤ人が多かった。ユダヤ人の指導者の中には、一九三〇年代の共産主義者を親にもついわゆる「おしめをした赤い赤ん坊」もいたが、ほとんどの者は、一九五〇年代、六〇年代初期に新しく郊外地に住みついた中産階級のユダヤ人の家族出身で、新左翼運動は、わびしく退屈な暮しと経済的やりくりに苦しむ親たちの気持ちを反映したものであった。

新左翼運動は一九六八年五月に頂点に達し、一九七一年秋までには政治的運動としては姿を消していた。急進主義者のユダヤ人たちは、黒人たちがしょっぴかれていくのを目の当たりにすると大学院や法律事務所に戻っていき、この急進的な運動は消滅した。

レーガンおよびブッシュ大統領時代には、一九四〇年代にトロツキー主義者で民主社会党員であった人々は、新保守主義の堅い信奉者になっていて、数々の栄光を誇る英国の自由主義的保守主義の伝統とアメリカの市場経済について人々に語り、説いていた。

出版界でもマスコミでも非常に目立つ存在のふた組みのカップル、ノーマン・パドゥホレッツとミッジ・デクター、そしてアーヴィング・クリストルとガートルード・ヒンメルファーブは、実際に新保守主義を伝統的な親族企業の内に生かし、編集長のポストや研究所の所長や大学教授のポストを手に入れたにとどまらず、息子あるいは義理の息子にはレーガン政権、ブッシュ政権における高官のポストを獲得した。それは、一九三〇年代に町外れに暮していたユダヤ人が、英国系の保守主義に忠誠を尽くす右派として出世したみごとな実例である。ニューヨークシティの片隅で惣菜屋を営んでいたのが、中央政府の引き立てをえて、『ウォールストリート・ジャーナル』紙のコラムを担当し、全国人文科学基金で全国巡回講演をする身分になったのである。

一九九三年には、一九六〇年代後期にウェストコーストで新左翼の指導者として騒がしく活動していたラビ・ミカエル・ラーナーはヒラリー・ロッドハム・クリントンの私設顧問として世の注目をあびる存在になっていた。ユダヤ人にとって共産主義は、カライ派の教義ほどにも縁遠いものになっていた。ユダヤ人の政治的信頼性は完全に証明ずみのものとなった。

一九六〇年以降の二五年間にアメリカで反ユダヤ主義が衰退し、社会的にも経済的にもあらゆる重要な分野でユダヤ人が指導層および特権をもつ層に仲間入りしていった第三の理由は、名誉毀損防止協会が効率的に機能したことに起因する。この協会は、友愛のための平和的な組織であるユダヤ人文化教育促進協会ブネイブリスの一つの機関として創設され、一九六〇年代の市民権運動の際に公開討論の術を学び、そして、市民権運動の結果生れた平等主義と政治的公平性の精神の広まりに援けられ、ユダヤ人への偏見を含む見解やユダヤ人を傷つける行為と闘う際に、きわめて効果的な働きをするようになった。アメリカ社会のほかのどの民族の協会や集団も、一九七五年までに、この名誉毀損防止協会がユダヤ人の評判を悪意から守るやり方、ユダヤ人が高い地位や権力者の地位につく際の交渉の仕方を真似できたものはない。一九八〇年代に名誉毀損防止協会がとったいく分大胆な政策、すなわち反シオニズムを反ユダヤ主義と同一視し、さらにはイスラエルに対する厳しい批判ですら反ユダヤ主義と同一視する政策すら、おおかたの世論の容認をかちえた。

ユダヤ人の躍進の第四の理由はホロコーストそれ自体にあった。「なんの利益があっただろう」あんな行為からだれが利益をえられよう。そう、モラリストは問う。だが、アメリカのユダヤ人はホロコーストから大きな利益をえたのである。ヒットラー主義は白人の上層中流階級の間では完全に信用を失墜した。反ユダヤ主義はもはやカントリークラブでの気晴らしとか、古来からのまっとうな感情の発散として受け入れられることはなく、家を焼き払うことにもつながる火種をもちこむこととみなされている。反ユダヤ主義は、もはやニューイングランド諸州でもウエストコーストでも、白人の権力とつながる裕福な人々の仲間の間では通用しない。南部の頑迷な見解の持ち主たちですら自分の言葉に気をつけることを学び始めている。

スティーブン・スピルバーグが、一九八六年と九三年に出版されたある本に基づき、『シンドラーのリスト』を映画化したのは偶然ではない。反ユダヤ主義が大学やマスコミでまっとうな講話や講演としてブラックムスリム〔黒人だけの社会建設を唱えるアメリカの黒人イスラム教団体のメンバー〕たちによって唱道され始めると、スピルバーグは、ユダヤ人恐怖症の火を兆した時点で鎮めるために、アメリカ人に実際のホロコーストがいかなるものであったかを生き生きと想起させることが必要だと分かったのである。

一九五〇年以降の三五年間にアメリカでユダヤ人が躍進したこれら四つの理由の背後にある、全体的な社会学的条件も幸いした。この三五年間に都市の住民たちが郊外地に移り住み、大都市の中心から一〇マイルから四〇マイルの処にショッピングモール〔歩行者しか入れない商店街〕文化を伴う共同社会が造られていった。早くからユダヤ人は郊外地へ発展していくこの風潮に適応していった。戦後すぐにロングアイランドに、裕福な人々だけでなくほどほどの資産の持主でも郊外に住宅がもてることを示してみせたのは、ユダヤ人の建設業者ウィリアム・レビットであった。

古くからワスプが占有してきた郊外地の中には、一九六〇年にいたるまでユダヤ人の定住にいろいろ制限をもうけてきたところも、徐々に制限を撤廃していった。ユダヤ人は上層の裕福な人々の住む都市や町ではとくに繁栄していった。例をあげれば、ロングアイランドのグレートネック、ニューヨーク市のウエストチェスター郡のスカーデイル、オハイオ州のシェイカーハイツ、ミシガン湖の北岸沿いの細長い町々、ロサンジェルスの北郊のサンフェルナンド、サンフランシスコ北郊のパロアルトやサンフランシスコのすぐ北の郡マリンなどである。

知的職業につくユダヤ人、実業家の裕福なユダヤ人は、教養があり野心的で才覚に富み良心的な納税者であり市民であるため、こうした高額所得者たちの住む郊外の町や都市では理想的な住民であった。彼らはワスプが伝統的に培ってきた郊外地の家族のよき在り方というものに賛意を示してきた。レベルの高い学校を維持するのに必要な高額の税を許容し、ボランティアの仕事に参加し、営々として築きあげた資産の保持には大いに気を配ることを忘れなかった。通常コンサートホールに似たシナゴーグを賢明にも人目につかぬように建てることを除けば、彼らは裕福な郊外地のプロテスタントの文化を侵害するようにみえることは何一つしてこなかった。ニューヨークのロックランド郡で起こったように、超正統派のユダヤ教徒やハスィディズム派のユダヤ人からなる数少ないコロニーの一つが移住してきた際には、地元の住民は大いに緊張した。とはいえ、そんな状況は稀に起こったにすぎない。ほとんど例外なしに、郊外地に定住したユダヤ人は、そこに住むプロテスタントの習俗や慣習、生活様式や社会的姿勢を喜んで受けいれ、郊外地に優雅な趣をそえている伝来の権力構造とアイビーリーグのものの見方を忠実に支持してきた。

このことは一〇年ないし二〇年間にわたり、ワスプのエリートたちに、金もあり教養もある若い世代のユダヤ人たちは、アメリカの支配的な文化とそりがあうことを示す効果があった。郊外地でユダヤ人が非ユダヤ人と調和を保って暮していることは、ユダヤ人が法律事務所に受け入れられ、著名な病院のスタッフになり、会社の重役にとりたてられるようになるのに貢献した。時代の波にのり、郊外地に住まいをもつことは、ユダヤ人の若者が一九六〇年代以降全米有数の名門大学に入学できるようになる大きな助けになった。こうして郊外での生活、とくに上流人士の住まう裕福な郊外地での生活は、一九五〇年以降の三五年間、ユダヤ人の身の栄達に目覚ましい貢献をし、また純粋にワスプからなる支配的な文化に深く入りこむのに大きく貢献した。

そうした郊外地での文化適応や社会的地位の向上にもかかわらず中流上層階級のユダヤ人たちは、一九三〇年代の経験、そしてフランクリン・ルーズベルトのことを決して忘れなかった。彼らは民主党の左派と、リベラルで進歩主義的な主義・主張を厚く支持してきた。

ユダヤ人は公民権運動とアフリカ系アメリカ人の権利拡張運動において主要な役割を果してきた。ユダヤ人はこれらの運動が始まって数十年間、資金のおおかたを支給し、二人のユダヤ人の子供を犠牲にし、そうした運動の玄人として多大な貢献をしてきた。全米黒人向上協会の結成を可能にしたのはユダヤ人であり、ブラウン対教育委員会判決〔米国最高裁の一九五四年の判決：公立学校を白人と黒人に分離するのは合衆国憲法第一四修正の平等保護条項に違反する〕をかちとった全米黒人向上協会の二人の弁護士の一人は、現在はコロンビア大学のロースクール（法科大学院）の教授となっているユダヤ人のジャック・グリーンバーグである（一九九四年にPBSテレビで放映されたドキュメンタリードラマは全米黒人向上協会所属のこのユダヤ人弁護士をまったくとりあげていない）。

一九八〇年代までの黒人指導者たちは数十年もの間、彼らがいかにユダヤ人の援助に依存していたかを想起するのを好まなかった。それはわからぬでもない。イスラエル人たちは、彼らの国の存立がどのくらいイギリスの帝国主義のおかげを蒙ったかに関して口をつぐんでいる。アフリカ系アメリカ人たちが自分たちの自律性、主体性を主張したがることにはなんの悪気もない。

ハーレムに住む黒人たちの間には、古くからの、とくに一九二〇年代にさかのぼれる、反ユダヤ主義の源泉ともいうべきものがある。これは驚くべきことではない。ユダヤ人の、商店経営者、地主、学校教師たちは、権力の代表としてアフリカ系アメリカ人に直接接して彼らの日々の暮しに影響を及ぼす存在であったからだ。黒人たちは一人として億万長者のワスプと個人的に接触した者はいなかったが、中産階級のユダヤ人のビジネスマンや役人とは毎日顔を突き合わせていた。相手のユダヤ人が鷹揚な人間であった場合でも（しばしばそうだったが）、黒人たちは屈従の痛みを感じざるをえなかった。

そのため一九二〇年代以降アメリカの黒人の好戦的な指導者たち、とくにハーレムに住む指導者たちは、再三再四ユダヤ人を、権力をかさに抑圧してくる白人の「旦那」の代弁者として扱ってきた。一九六九年にはこの風潮がこり固まって爆発し、黒人の活動家たちとニューヨークシティのユダヤ人が指導する教員組合とが闘争状態に入った。それは後に深い傷跡を残し、一九三〇年代、四〇年代にはニューヨーク在住のユダヤ人の間で重んじられていた教職から離れるユダヤ人も多くでてきた。

一九九〇年頃黒人の間に反ユダヤ主義の新しい波が起こった。かつてアフリカ系アメリカ人の身に起こったすべての凶事《まがごと》（奴隷貿易や奴隷制すらも含め）はユダヤ人に責任があるとした。しかしながら、ハーバードのヘンリー・L・ゲイツやプリンストンのコーネル・ウエストのような知的な黒人の指導者たちは、こうした安易な反ユダヤ主義に流される過ちを強く諫めた。

ゲイツは「黒人の反ユダヤ主義はまず何より黒人自身を傷つける、それは人種差別主義に対する私たちの闘争の信頼性を危うくするばかりか、私たちの政治活動を歪曲して狂気じみたものにしてしまうからだ。私たちの抱える問題事の源をあやまつことは、問題をただしていく上で障害になる」と述べた。

黒人の哲学者コーネル・ウエストは彼らしく高邁な道徳的根拠に立脚しようとしてこう述べる

黒人とユダヤ人の関係の今の袋小路状態は、黒人とユダヤ人が、それぞれの共同体の中で、またお互い同士、自分たちの集団の利益について自己批判的に思考し、そして、黒人であること、ユダヤ人であることの意味について倫理的観点から自己批判的に思考するなら、のり越えられるであろう。

黒人による反ユダヤ主義の言動は、名誉毀損防止協会から強く非難され、数十人ものラビたちによる説教壇からの糾弾を浴び、少しも黒人の味方ではない『コメンタリー』誌からも非難されてきたが、実際にはユダヤ人の脅威なんかではなかった。

現実にアメリカのユダヤ人に、少なくとも若い世代のユダヤ人男性に不利益をもたらしたのは、アフリカ系アメリカ人のみならず多くのユダヤ人のフェミニストによる、高等教育や知的専門職に対し積極的差別是正措置〔差別を受けてきた少数民族や女性の雇用・高等教育などを積極的に推進する措置〕を講じよとの要求であった。著名なユダヤ人たちはこの問題について語るのを好まぬが（自分たちの息子は保護されている）、一九九〇年代初期には中流階級のユダヤ人は、息子が大学で学究的生活を送ったり、名門のロースクールに入学するのが二〇年前よりどんどん困難になっていることを知り当惑した。ユダヤ人男性は、積極的差別是正措置の優先順位のリストで、諸々の少数民族の最下位におかれている。ユダヤ人女性はそれなりの配慮がなされているが。

白人男性のすべてが今や不利益を蒙っているが、どういうわけかユダヤ人の男性は優先順位のリストの一番下に位置づけられている。少数者集団としての認可をうける点でも、ユダヤ人が優先順位の下位にくる奇妙な細工が施されている。こうして積極的差別是正措置の対象者としてスペイン系の人々がトップに位置づけられているが、ラテンアメリカの出自でスペイン系の名前をもつユダヤ人は、たとえその家族がアメリカに移住する前、アルゼンチンやチリに何世代も住みついていたにしても、スペイン系の人々に与えられる優先権は与えられない。ロースクールの入学志願者の審査に当たる人々は、ラテンアメリカ出身のスペイン系の名前をもつユダヤ人を、綿密な審査を通して排除せねばならず、一九九〇年まで実際にそうしてきた。一九三〇年代初期にドイツの大学へのユダヤ人の入学志願者を排除する作業に当たったナチス党員なら、ユダヤ人を排除する名門のロースクールの審査官のこうした熱意に喝采をおくったことだろう。

雇用に関する現在のこの慣行が続くと仮定すれば、全米の主要な大学の学部教授陣に占めるユダヤ人の割合は、一九八〇年代中葉にピークに達し、以降着実に減少の一途を辿ってきたが、将来もへり続け、二〇一〇年には、一九七〇年代後期の三五パーセントをはるかに下回る一五パーセント以下になるであろう。

このことは、権力をもつエリートたちの仲間入りを果したユダヤ人たちが口にするのを好まぬ一事である。というのも、それは彼ら自身が是認・支持し、自分たちの制度の中にとりいれた積極的差別是正措置のプログラムの妥当性を問い直すことになるからだ。若い世代のユダヤ人男性は社会的地位が下降していっているが、そのことを口にしない。年配の世代のユダヤ人たちは、このことが社会的問題になるときには、お金も名誉もある地位から退職していることであろう。今のところ、権力をもつ社会的地位についている裕福な家族のユダヤ人はこの新しい差別の影響を感じとっていない。彼らの息子たちにはいつでも抜け道があるのだ。電話一本で事は解決するからだ。名門の大学やロースクールから入学不許可の薄っぺらい冷たい文書を受けとったり、博士号をもつタクシーの運転手になるのは中流階級のユダヤ人だけであり、これまでもそうだったが、彼らのことなど知ったことではないのである。

ブランダイス大学は主にニューヨークシティのユダヤ人の慈善家たちの資金援助で、ボストン郊外に一九四八年に創設された。名門の大学や知的職業人養成の学校へのユダヤ人に対する入学差別が一九三〇年代各地に広まったが、それに対抗して創られたのである。一九五〇年代歴史学者アブラハム・L・サカーが学長になり、精力的な彼のもとで大学は格をあげ、教養学科は全米でベストの学科の一つになっている。一九六〇年代になるとユダヤ人に対する障壁は消失していき、ブランダイスの初めの目的はその必要性を失っていった。創設者たちが本来めざしたロースクールと医学部は教養学科のようには発展しなかった。ニューヨークのユダヤ人の慈善家たちは、その関心をほかに――イスラエルだけにとどまらず、今やユダヤ人を喜んで理事として迎え入れているコロンビアやニューヨークの諸々の大学に――向けるようになった。エイブ・サカーが退職した後の一九七〇年代と八〇年代、彼のあとを継いだ弱い指導力の学長のもとでブランダイス大学は厳しい財政上の問題を抱えていた。こうして、一九九〇年代ユダヤ人男性が、名門の大学や知的職業人養成の学校に対する積極的差別是正措置のために、再び差別待遇に脅えるようになっても、ブランダイス大学は救いの手をさし伸べることがほとんどできないでいる。

ユダヤ人の女性をとり囲む社会的情況は一九九〇年代初期には非常によくなっている。女性運動がかかげる男女平等の要求が社会的に受容されるようになったことは、彼らの知力そしてエリート教育を受ける機会の拡大のために、ユダヤ人女性に有利に働いている。もはや居間でぶくぶく太って無神経にぼけっとしていて、ただ夫を支持したり、ハダッサ慈善団体〔イスラエルの医療、教育施設の改良などを行なうユダヤ婦人の慈善団体〕のイスラエルツアーを企画したりして時をすごさねばならぬことはなくなった。

社会的に成功することを念頭において、服装を整えたり、ロースクールやビジネススクールに通ったり、法律事務所や企業の経営陣の一員になって注目を浴びたり、ハイレベルの出版社や雑誌社の優雅な副社長として権力をふるうこともできるようになった。あるいは、毛沢東主義者のようにだぶだぶの服を着て、ないし、セーヌ川左岸の芸術家風の地味で野暮ったい風体で、ニューヨーク大学の学科長を務め、きわだって有能な仕事ぶりをみせつけることもできるようになった。

一九九四年の時点でアメリカのユダヤ人が直面する真の問題は、中産階級の仕事の世界の浮き沈みであって、大学のキャンパスや街角に毒をまき散らす、心に忿懣を抱く一握りの黒人のイスラム教徒たちの存在ではない。とはいえ、再び頭をもたげようとする古来の憎しみの壁のこだまを心穏やかに聞いていることはできないが。

中産階級のユダヤ人男性の運命の傾きの問題は、権力を握るユダヤ人たちにとって論争の的になっている。というのは、この問題に対する両者の関心には共通性がないからだ。裕福な人々の息子はそんな災いから免れ、女性たちは積極的差別是正措置制度の割り当てから実際に利益をえていて、不利益を蒙り無力化の思いを再び味わわされているのは中産階級のユダヤ人男性なのであるから。

ユダヤ人の運命の浮沈は景気の循環に再び左右されている。アメリカのユダヤ人男性の足元にひたひたとおし寄せる諸々の問題は、この二〇年間に戦後の経済発展が終焉を迎えて生じたものである。一方に働き口の不足があり、他方に大学の教職や知的職業につける資格をもつ人々があり余っている。

繁栄の時代は過ぎ去ったようにみえる。アメリカの資本主義は発展期を終え成熟期に入った。こういう時はこれまで常にそうだったように、景気の下降が始まると、ユダヤ人の社会的身分・地位の可動性はただちに脅かされ始める。生存競争が基本のこの世の中では、名誉ある教職や専門職につく上で、だれかが列の後尾に位置しなければならない。積極的差別是正措置はユダヤ人男性に対し列の後尾につくようにと告げる。

今のところ、ユダヤ人の運命の女神の紡ぎ車の下降は、始まったばかりで、少し下降したにすぎない。

明らかに今もユダヤ人は富と権力を追う競争で上手にやっていっている。

ユダヤ人が発展してきたこの数十年間、改革派ユダヤ教と保守派ユダヤ教がモダニズムの文化への挑戦にしくじり、またユダヤ教の神学の再定義にしくじってきたことはユダヤ人たちに切ない思いをさせてきた。戦後のユダヤ人の物書きの中で最も優れた三人、小説家フィリップ・ロスとソール・ベロー、そして映画製作者ウッディ・アレンの著作には、そうした挫折感が反映されている。それぞれ異なる表現をしてはいても、三者ともに同じテーマが詳細に扱われてきた。

磨かれた感性、豊かな才能、疲れをしらぬ精力をもつユダヤ人男性には、その能力に見あうはけ口が見つからない。彼らの深い感情と卓越した洞察力は宙に浮いたままほおっておかれている。社会的価値をもつ彼らの技能・技術や本質的に善良な意図を生かす機会が欠け、何ごとかを成就するということができないでいる。

こうしてロスやベロウやアレンにその例をみるように、アメリカのユダヤ人男性は自分の生きる環境に適合できぬ人間、だめ人間、厄介者、まぬけ、きちがいになる。いいかえると、尊厳や物事の成就やまともであることや権力を追求するが、哀感漂う失敗者になるのである。規則正しくマスタベーションしても、エキゾチックな土地に逃亡しても、非ユダヤ人の手近な娘とセックスしても、大して助けにならず、そんなことはふんぎりをつけてくれぬ意に満たぬ滑稽で虚しい解決策でしかない。こうして、彼らの生み出す小説や映画は面白おかしいが心痛むものがあり、人を夢中にさせるが、よく考えるとそこに盛られた非難・弾劾は建設的というにはほど遠い。

アメリカのユダヤ人男性の生み出す文化は、最も優れた作家や映画製作者を例にとっても、致命的なまでに人格の二重性、理性と知力の不適切な適用、個人を燃やし尽くすことに対するはなからの諦めがある。

ユダヤ人のフェミニストたちもこの情況を感じとり始めた。ビンゲンのヒルデガルド〔中世ドイツのベネディクト会修道女・神秘家〕あるいはメアリー・ウルストンクラフト・ゴッドウィン〔一八世紀の英国の女権拡張論者・作家〕の主張した諸々の事柄はどこまで進めることができるのだろうか。

ラビのユダヤ教は今も古来からの、時の試練をしのいできた解決策——戒律に従った善行の遂行、トーラーやタルムードの研究、神話的性格をもつ歴史観、よい教育や教養を通してユダヤ人の家庭と家族をより価値あるものにすること——を提供している。ラビ・アービング・グリーンバーグとブルー・グリーンバーグはアメリカという舞台・環境の中でのハラカーに則る正統派ユダヤ教の立場を力説している。とはいえ正統派ユダヤ教が、非妥協的な厳格なきまり、安息日の諸々の約束事、専断的な食事の掟、無味乾燥な祈禱に関する遵守を従来どおり要求することで、アメリカのユダヤ人の一五パーセント以上の人々の心を捉える絶好の機会を逸してしまった。

大多数のユダヤ人は、ハラカーを遵守する少数派のユダヤ人が心の平安、および行動と感情のしっかりした基準をもっていることをいく分羨ましく思っているであろう。だが、彼らが将来帰依する見こみはない。金曜の夜ハンプトンに車で出かける楽しみを諦めるつもりになれるだろうか。三ツ星印のレストランで食事するのを諦める気になれるであろうか。不可解で奇妙なヘブライ語ないし陳腐な英語の、四時間も続く無味乾燥な中世の祈禱を定期的に辛抱する気になれるだろうか。無理であろう。

イスラエル人の八五パーセントは、正統派に対しては、その最も進歩的な面ですら、一様に辛抱できなくなっている（安息日に海辺にいくのを禁じられるなんて）が、一種の解決策を見いだしている。国への奉仕と兵役、新スパルタ主義、新プロイセン主義の行動と感性の様式である。一九四八年以降、アメリカのユダヤ人たちの間にみられる不合理なまでのシオニズムへの傾倒（とくにシオニズムが、戦場における時おりの勝利と連想される際の傾倒ぶり）の主たる理由は、プロイセン主義に則り自分と他人を一体化させるイスラエルのやり方に、アメリカのユダヤ人たちが心理的に自分を重ねるためである。

それは姑息な手だてである。一見それは立派なものに思われても、実質的にはマスタベーションやエキゾチックな土地への逃避や、最も親密な仲の非ユダヤ人少女とのセックスと変わりなく、ましな点といえば、ものぐさなラビが説教壇から祝福してくれる点ぐらいである。

ニューディール政策や公民権運動のような、ユダヤ人が十二分に情熱を燃やせる大義、あり余る知力と精力を使い尽くせる大義をもつ政治上の大改革が始まってくれさえすれば。ビル・クリントンとヒラリーは、ハリウッドの映画の世界からやってきた笑うべきロナルド・レーガン同様、失望させられる政治家にすぎない。

目的をもてない自己、その頭脳をフルに使うことが出来ない精神、費やしえない精力、それがアメリカのユダヤ人の病である。もし中東に和平が成立すれば、安価なイスラエルの催眠薬すらとりあげられるであろう。

すべての社会はそのトーテム、つまり、その社会の完全性に対する憧れを、自分への最高度の期待を表現した英雄的なイメージをもっている。イスラエル社会のトーテムはモシェ・ダヤンで、彼は独立戦争においての勇敢に戦い、六日戦争のイスラエルの勝利を象徴する存在である。痩せてハンサムで独立戦争の際に失明した片目にロマンチックな黒い眼帯をしていて、物議をかもしがちだが世に知られたアマチュアの考古学者であり、女遊びが好きで、雄弁ではしっこい政治家である彼は、イスラエル人が自分がそうありたいと思うイメージ、人々にそう思ってもらいたいイメージを代表している。

彼の娘でフェミニストのジャーナリストで政治家でもあるヤエル・ダヤンがその回想記『父と私』――

イスラエルに関する書物では最も洞察力に満ちたものの一つだが——に描きだした彼の映像は、ロマンチックなイメージをさして壊しはしないが、この勇敢な男のもつ冷たさ、利己性、よそよそしさ、そしておそらく空虚さをも読者に伝えてくれる。こうした特質はおそらく多くの鋭敏なイスラエル人が、自分の内に認める特質でもある。よその国からきて半年間もイスラエルに暮して働いた者ならだれしも、イスラエル人の内にある、ある種の冷たさ、不可解さ、人間らしさの希薄性を印象づけられるであろう。

モシェ・ダヤンがイスラエル社会のトーテムなら、当今のアメリカのユダヤ人社会のシンボルはローレンス・A・ティッシュである。ずんぐりした身体に大きな丸い禿頭の彼は、鋭く輝いた目で話相手のうちに常に弱点を探っていて、また、チャンスや利益をいつでもうかがっている。自家用車のリムジンから降りたった彼は、特注の一五〇〇ドルのスーツに身を包んでいる。澄んで大きな声で、常に明瞭な言葉づかいをし、しばしば半開きの口元は白い大きな歯をのぞかせる笑みをたたえているといった風である。ティッシュは知的専門職についている裕福なアメリカのユダヤ人のエリートたち——アメリカのユダヤ人社会で唯一重要な存在である世論指導者たち、優柔不断でお金目当てに働く今や傍流的存在にすぎぬラビたち、権力を自己性愛的に回避する力のない大学教師・学者たち——から、事業に対する鋭い眼識と社会を牛耳る能力を体現した人物として崇められている。

アメリカのユダヤ人のエリートたちの目には、そうしたことだけが（旅行や家の模様がえの外に）熱を入れてやるに値することなのだ。そして、近年はラリー・ティッシュがユダヤ人の集団の間では最もやり手の存在と目されている。

一方で、意識して反知性主義的な姿勢をとるティッシュは、彼のネットワークを構成する友人や同僚や称賛者たち同様に、各方面の消息にきわめてよく通じている。彼らは、人文科学の分野のくすんだ教授たちや左翼支持の姿勢を保持する社会科学者たちを一様に蔑視しており、そうした人々は自分がたずさわっている仕事なら下級職員、知的専門職の場合なら既成の権力集団の下っぱに位置する人々のようにみなしている。

彼らは本の質を判断する際も、購入しはしても読みもせずに、『ニューヨーク・タイムズ』のブックレビューの書評を読んで判断する。そして『タイムズ』のベストセラーのリストの中間くらいまでその本が上がってこないと考慮するに値しないと思っている。ほとんどの大学教授はすぐにも金で抱きこむことができ、物書きのほとんどはいつでも雇えるから、そんな連中の書いたものなど目をとめる必要はないと知っているのである。

アシュケナジ系のユダヤ人は五世代にわたって発展を続ける間に、言葉ではなく物を崇めるようになった。ラリー・ティッシュはアメリカのユダヤ人の世論指導者のバール・シェム・トブ〔一八世紀前半ポーランドで活躍したユダヤ人の宗教家でハスィディズムの創始者〕であり、巫なのである。

彼はアメリカのユダヤ人の四世代にわたる歴史が創り出した偉大な指導者であり、真の洞察力と豊かな知識・情報の所有者である。彼の支配欲は飽くことをしらない。ホテル業や不動産業において、運営し、統制し、革新する自己の能力を誇示することへの熱意も飽くことをしらない。だが、さらに飽くことを知らぬ彼の情熱の対象は、アメリカが文化への眼識をみせて世界に伝達してきた特別の無形の動的な分野、すなわち、娯楽と高等教育に対してなのである。

過去の時代の巨人たち、モルガン家やロックフェラー家やルーズベルト家やケネディ家の人々は、彼らと同じくらい完全な業績をあげてきたユダヤ人ラリー・ティッシュにとって代られた。モシェ・ダヤンがイスラエル人のトーテムであるように、彼はアメリカ人のトーテムである。「今日まで我らを守りたもうた神に祝福あれ。」

第12章 ユダヤ人の未来

一九〇〇年に始まったユダヤ人による西欧思想に新生面を開いてゆく仕事は、一九九〇年代後半も続行されるであろう。モダニズムにおいてユダヤ人が果した役割は、ポストモダニズムにおいて果している顕著な役割と平行する。二一世紀初頭におけるユダヤ人の未来に関し自信をもって言えることは、ユダヤ人の思想家は、西欧の思想の性格づけと方向づけに、大きな影響を与え続けるだろうということだ。今二〇世紀の終りが近づき、ユダヤ人の思想家が消しがたくその影響を残している心的傾向は、ポストモダニズムの意識である。それは、二〇世紀初頭におけるモダニズムの知的台頭の核心に、ユダヤ人の思想家が深い影響を与えたのに似ている。

こうした歴史的事実はユダヤ人と非ユダヤ人とをとわず、多くの人々の心をかき乱すものがあろう。第一にそれは、一般の中産階級のユダヤ人に、モダニズム運動における急進的な西欧思想の構築が、また、ポストモダニズム運動におけるさらに意義深い西欧思想の構築が、ユダヤ人に関するきわめて重っくるしい連想を伴うからである。この自覚が、ユダヤ人を全体として人目にさらし、批判にさらされがちにすると感じせしめるのである。第二に、今世紀初め頃にユダヤ人のモダニストたちにより飛躍的発展がもたらされ、そこに、ユダヤ人のポストモダニストたちにより新たな展望が加えられれば、伝統的なユダヤ教の古来からの聖なる鎖と二〇世紀の偉大なユダヤ人の思想家たちの革新的な思想とを調和させるという、さなきだに大変な仕事が、一層困難で大変なものになるからである。

こうした懸念は理が通っていて軽くうけとめられるべきではない。とはいえ、中産階級のユダヤ人の市民たちのそんな感情は歴史の事実を変えるものではない。

五人のユダヤ人——物理学者アルベルト・アインシュタイン、心理学者シグムント・フロイト、社会学者エミール・デュルケーム、人類学者フランツ・ボアズ、そして哲学者ルートヴィヒ・ウィトゲンシュタイン——が、モダニズムの最盛期である二〇世紀の最初の四〇年間に始めた西欧思想の変革は、一九五五年以降の四〇年間のポストモダニズムの時代に、さらに若い世代の四人のユダヤ人思想家により世に普及せしめられた。そのうちの二人、ノーム・チョムスキーとハロルド・ブルームはアメリカ人で、あとの二人、クロード・レヴィ゠ストロースとジャック・デリダはフランス人である。こうした歴史的事実がどんな意味をもつにせよ、隠蔽ではなく直面しなければならぬ事実なのである。

チョムスキーはマサチューセッツ工科大学の言語学の教授で、言語学の分野を根本から変えたというより新たに創造した。彼はイスラエルに対する痛烈な批判者であるが（同時に一九六〇年代ベトナム戦争に反対する勢力の主要な指導者でもあった）、個々人の精神における言語の発展に関する理論は、ハスィディズムそしてカバラの伝承と少しも矛盾せず、トーラーやタルムードともまちがいなく両立しうる。チョムスキーは言う、私たちは生来そういう能力をもっているから言語を学ぶ。三歳から一四歳にかけてこの能力は特に活発に機能する、と。これは知的な能力が個々の特定の言語より先行するという言語の発達に関する理想主義的・プラトン的見解である。大勢の彼の弟子や学生たちにより普及していったチョムスキーの見解は、一九七〇年までに言語学の分野を支配するにいたる。一九三〇年代にアメリカの言語学の分野で指導的立場にあった理論家エドワード・サピアもユダヤ人であるのは興味深い。言語学は、言葉中心の性格をもつタルムードやカバラやハスィディズムの思考様式によく似た性格の科学であるといえる。託宣でも垂れているようなチョムスキーの態度・振舞い、そして、どんな社会問題にも意見をのべる傾向が、彼をして世俗世界のラビたらしめた。

イェール大学で専門課程の文学を担当し、ニューヨーク大学でも教鞭をとるハロルド・ブルームは、チョムスキーに似たラビ風のスタイルを保持してきた。彼のセミナーでは、彼を慕う学生たちや彼が口にする真理を聞くために何マイルもやってきた人々を相手に、太った青白いハスィディズムの指導者風の風貌の彼は、最終的な権威をもつ判断となる言葉を口にし、革新的な文芸批評を詳説する。ブルームは本質的には二つの思想をもつ。一つは、文学の歴史には一人の作家の別の作家への影響、一つのテキストの別のテキストへの影響が包含され、一つのテキストや一人の作家に対する別のテキストや別の作家の誤った理解や誤読が、重要な要素となってきたというものである。彼の説くこのテキスト間相互関連性は、たしかにイギリスの詩歌の発展・展開の歴史におけると同じくらい、ラビの思想の歴史でも実証可能である。もう一つの思想は、ユダヤ教の思想でもキリスト教の思想でも（アメリカの福音主義の伝統にいたるまでそうだが）、グノーシス主義の二元論が一貫して中心的位置を占めてきたという思想である。ブルームは意識して自分をゲルショム・ショーレムの弟子であると公言し、きわめて重要なショーレムの仕事を一九六〇年代、七〇年代にアメリカ人が深く理解するのに大きな貢献をした。

クロード・レヴィ＝ストロースはベルギーのラビの家柄の出で、一九三〇年代に、これ又ラビの家柄の出のエミール・デュルケームの甥でかつ知的後継者でもあるミシェル・マウスと共にパリで人類学を学んだ。一九三〇年代にアマゾンの諸々の種族の間でフィールドワークを行なっている際に浮んだひらめきや洞察と、ニューヨークのニュースクール・フォー・ソーシャルリサーチ――マンハッタンにある私立の高等教育機関で、パリがナチスに占領されると、彼はニューヨークに逃亡し、大戦の間そこで教鞭をとっていた――で、当時隆盛をきわめていたゲシュタルト心理学一派の人々から受けた影響とで、後年（一九五六年に）『悲しき熱帯』（二〇世紀の最も革命的な三冊の書物の一つ。一冊はフロイトの『夢の解釈』、もう一冊はジェームズ・ジョイスの小説『ユリシーズ』で、これは二〇世紀初め頃のダブリンを舞台にした、（少なくとも表面的には）一人のユダヤ人の一日の暮しを描いたもの）の中で、雄弁かつ詳細に説くことになる社会理論を創りだした。

レヴィ＝ストロースの主な思想は二つある。一つは社会的他者の学説――覇権主義的で、帝国主義的で、機械論的で、環境破壊的で、政略的で、伝統破壊的な産業が発達した西洋と、西洋以外の世界との普遍的分裂・不和――の学説である。これが一九六〇年以降の左寄りの思想すべての基本的見解となった。もう一つの思想は、すべての社会すべての思想の構造を構成する普遍的な二進コードの思想である。フランツ・ボアズを創始者とする英国系アメリカ人の経験主義的文化人類学の学者たちは敵対的であったが、レヴィ＝ストロースの構造人類学は社会科学の分野で広く受容されるに至ったばかりでなく、文芸批評、美術批評の分野にも進出していった。二進コードを伴うコンピュータ科学の進歩は、彼が一九五〇年代に唱え始めた普遍的構造主義にさらなる信憑性を賦与した。ボアズもレヴィ＝ストロースも、人種差別主義に反対して闘ったが、それぞれ異なる理論的観点にたっていた。ボアズの主張は、どの民族集団、どの民族文化も、他のものより優れているとはいえない。なぜなら、比較判断するどんな範疇も経験に基づいてうちたてることはできぬから。すべての民族は、それぞれの文脈、それぞれの社会の行動様式の中で評価されねばならぬというものであった。レヴィ＝ストロースの唱えるところは、どの社会集団、どの民族集団もほかのものより優れているということはない。なぜなら、同一の構造的コードがあらゆる精神と社会を貫いているのだから。レヴィ＝ストロースは、「未開人の精神」も学問研究に携わる科学者の精神も、構造的にはほぼ同じように機能しているとすら述べている。ボアズの学説もレヴィ＝ストロースの学説も、同一の結論――人種的な序列はなく、特典・特権を享受する人種など存しない――に達したが、異なるルートを辿ったのである。

一九五〇年代後期にフランスのユダヤ人の人口は三〇万から五〇万へと急速に増加し、彼らの性格も全体として変化を蒙った。というのは、フランスに住む伝統的・慣習的で、すっかりその土地にとけこんできたユダヤ人たちに、アルジェリア戦争でアラブ側が勝利したために逃亡してきたセファルディの家族・一門の人々が、新に住み着いたからである。アルジェリアにいたユダヤ人の大多数はフランスに住むのを選び、その他の人々はイスラエルに移住した。アルジェリアのユダヤ人のほとんどは貧しく、教育もろくすっぽうけていなかったが、きわめて大きな影響力を世に及ぼすにいたる哲学者兼文芸批評家ジャック・デリダの出自は、アルジェリアの中流階級のユダヤ人の家族であった。彼はパリの大学院で大勢の熱心な学生たちを教え、アメリカでも少なくとも三つの大学で著名な教授として教鞭をとった。

デリダの脱構築理論の本質はフロイトの学説を文芸批評へ応用したものである。テキストの表面上の表現と明瞭な意味の下に、それらと矛盾するような別の意味のレベルがあり、さらにさまざまな異なる意味のレベルがある。こうして著者の「死」が告げられると、その文芸作品のテキストの支配・統御は著者からとりあげられ、テキストは自動的に自由に解体されることになる。精力的で多産な作家で能弁な講演家のデリダは、英語を母国語とする世界、フランス語を母国語とする世界で大変な影響力を及ぼすようになり、その脱構築理論は小説、詩歌、映画、建築、絵画に影響を及ぼすにいたる。

哲学者デリダのユダヤ人としての背景は明らかである。彼はタルムードやカバラやハスィディズムの伝統から充分引き出しうる、テキストに対する解釈学を詳説したのである。アルジェリアに生れたデリダは、その地で不当な待遇をうけ、社会的・経済的に恵まれぬ少数者集団であるユダヤ人の子として育ったため、規範的な文芸に対し急進的で敵対的姿勢をとりがちであった。

チョムスキー、ブルーム、レヴィ＝ストロースそしてデリダの学説の及ぼした影響は、二一世紀にひきつがれ、その反響は強く及んでいくであろう。

ユダヤ人は知的に卓越した民族で、ユダヤ人の遺伝子が世に存する限り、二〇世紀の思想に及ぼしたユダヤ人の並はずれて大きな影響は、これこれと特定されぬ各方面に広く及び続けるであろう。アカデミックな世界の政治的側面が、積極的差別是正措置に基づく審査と昇進の手続きを通して、ユダヤ人男性がアカデミックな世界に進出するのを制限するため、男性のユダヤ人の学者や科学者の絶頂期間はすでに過ぎ去ったのかもしれない。恵まれた地位や報酬を享受するユダヤ人の大学教師や学者の数は、一九六〇年から八五年の最盛期に比べれば、予見できる将来減少するだろう。とはいえ一九二〇年から四五年、大学において反ユダヤ主義が吹き荒れた最悪の時期ほど情況が悪化することはあるまい。昔ユダヤ人が学園生活でひどい差別をうけ、諸々の権利をあからさまに剝脱されていた際でもその力・影響力を知らせしめることができた。「ユダヤ人はほかのだれよりも優れていなければならない」、プリンストンの歴史学科のよき助言者であった私の指導教授は、一九五〇年代初期によくそういい、実際にユダヤ人の教授たちは優れた教師であった。多くのユダヤ人が最も卓越した学者、科学者に数えられていて、反ユダヤ主義の逆風が吹き荒れるさなかでも、一九六〇年代、七〇年代という輝かしい時期に比べれば少数だが、大学教師や学者に仲間入りし、西欧思想に新生面を切り開くのに格別の貢献を果したのである。

ゲットーに押しこめられたり、ホロコーストを経験することはないにせよ、二一世紀にユダヤ人の身に何が起こるかはわからない。何があるせよユダヤ人の及ぼす知的影響は続いていくであろう。モダニズムの五人の巨人のあとを、第二波としてチョムスキー、ブルーム、レヴィ＝ストロース、デリダが継いだ。このポストモダニストたちのあとは、二一世紀最初の数十年間に若い世代の優れて意義深いユダヤ人のインテリたちが継いでいくであろう。

ポストモダニズムの思想の指導者であるこの四人は、聖なるつながり、すなわちタルムードやカバラやハスィディズムの伝統に、一九〇〇年から一九四〇年にかけて輩出したモダニストたちより、もっと両立できる学説を説いた。伝統的ユダヤ教の思想と二〇世紀後期の学説の対立を癒し統合しうる可能性を、チョムスキー、ブルーム、レヴィ＝ストロース、デリダの著作を構成する主要な要素が提供したのである。

こう述べたからといって、たとえば、『コメンタリー』誌のように、体制派の全米ユダヤ委員会に資金を頼り、擬似規範的でラビたちの意にそうユダヤ人が経営する諸々の雑誌が、チョムスキーやブルームやレヴィ＝ストロースやデリダの学説に飛びついて歓迎し、ユダヤ教の古来からの知的伝統とポストモダニストたちの思想を統合できる可能性を強調してみせたというのではない。これら四人のポストモダニストたちそれぞれには、ユダヤ人社会で権力を握る人々が好意を抱くのを妨げるようなものがみられるからだ。チョムスキーは親アラブ派で、そのイスラエル批判には痛烈なものがある。ブルームは、旧約聖書の初めの五書（ユダヤ教ではこれを律法（トーラー）とする）に語られている内容の主要な点は、紀元前第一ミレニアムにダビデの血筋をひく王女が記した物語から成立していると主張した。こうして彼は、トーラーを虚構的なものとし、聖書の史実性を否定した。レヴィ＝ストロースの説く学説は政治的に急進的な意味をもつ社会的他者の理論であり、エドワード・サイードその他のイスラエルに敵意をもつ人々によって、論争の際に利用されている。おまけに彼は、アメリカ合衆国やカナダに住む中流上層のユダヤ人にとって不愉快なことに、平等主義に基づいて彼らを全体に埋没させる普遍救済論の構造主義（ユニバーサリスト・ストラクチュアリズム）を信奉している。デリダはあまりにフロイト信奉者でありすぎ、聖句の伝統的な意味を問いなおす傾向が強すぎるため、聖書の伝統的な解釈だけでなく、ラビの月並みな説教も脅威にさらされ、アメリカのユダヤ人の共同体の指導者たちの信仰心も不信の眼差しでみられることになる。

ユダヤ人のモダニストたちが不和をもたらした後の、ユダヤ教の知的指導者たちとポストモダニストたちの思想の和解（少なくとも部分的な和解）の可能性は、こうして、大いに実現に近づいたというわけではない。チョムスキー、ブルーム、レヴィ＝ストロース、デリダが口にしたこと、および、彼らの学説が実際には双方の関係を修復しうる意味あいをもつことを無視してきたことが、惰性的状態が改善されずにいる大きな原因となっている。ラビ養成のユダヤ教神学校はキリスト教、とくにカトリック教の神学校に比較して知的活発さに欠け、時勢に暗い。ユダヤ教の学問研究のプログラムは将来にむけて新生面を開くより、過去の事柄を究める方に熱心だが、そんな姿勢は、これすなわち用心深く保守的な金持ちのユダヤ教の後援者たちの姿勢にほかならない。旧来のユダヤ教に検討を加え、二〇世紀初期の五人の偉大なモダニストたちの急進的な学説にそって新しいユダヤ教を創造するには、ユダヤ人の共同体の指導者たちが示したそれらより、はるかに優れた頭脳と、とてつもない道徳的勇気を必要としたであろうが、ポストモダニストたちの学説を包含する新しいユダヤ教の創造ということなら、それほど大変な力量を必要とするわけではあるまい。だが、そうした方向での努力はほとんどなされてきていない。

今日の見地からユダヤ教の将来を測ると、私たちはまず第一にユダヤ教に関する現今の思想には、ある種のものぐさ、無気力性がみられるといわざるをえず、今日、ユダヤ人の世界に大挙しておし寄せる深刻な難題に対処するには、弱すぎる土台しか提供できまい。ユダヤ人の遺伝子の知的優秀性は将来も変わることはないであろう、そして、ユダヤ人が個人として自由な存在で、科学、哲学、文学、諸々の芸術の分野で一人一人の関心を追求できる恩恵に恵まれさえすれば、人類にプラスになる結果をもたらし続けるであろう。

だがユダヤ人の独自性、集団としてのユダヤ民族の存在は、今日の見地からみると、近い将来脅かされることになろう。

記録も存在していて、科学的観点からみて、ユダヤ人の歴史と呼べるものは、紀元前一〇〇〇年頃のダビデ王の時代から、イツハク・ラビンがイスラエル首相に再選され、アラブ人との講和条約を締結しようと骨を折っている一九九三年、九四年の今に到るまでである。実に三つのミレニアムにわたる歴史なのである。豊饒な肌理《きめ》を備えて、長期間発展してきたユダヤ人の歴史に比較しうるのは、おそらく中国の歴史あるのみであろう。

ユダヤ人の歴史がかくも長期に及んだからといって、将来も今までと同じように存続するとは必ずしもいえない。歴史家が未来を予言するのは危険なことである。今の時点では予見できぬ諸々の事件が事態を相当変えるかもしれない。たとえば聖書時代の、そして聖書時代後の、ユダヤ教の聖なる鎖が、モダニストおよびポストモダニストが創造した文化に怯えて、それを避けるのでなく、それに直面し包容して力強い信仰を復活させるなら、知性の、情念の、再生・復活が起きるであろう。

だが一九九四年の時点ではそんなことが起きそうな徴《きざし》は何もない。今の風潮の予期せぬ逆転でも起きないかぎり、現在の見通しでは、私たちの知るユダヤ人の歴史はおそらくその終焉に近づきつつあると思われる。

今の世にも伝統的なユダヤ教を信じる人々――イスラエルとアメリカ合衆国に住むユダヤ人の総人口の約一五パーセントの人々――は、五〇年後あるいは一〇〇年後も、存続しているであろう。だがその他のユダヤ人に関しては、ユダヤ人としてのアイデンティティは、周囲をとりまく強力な文化――アメリカの郊外地の中産階級の物質主義、イスラエルの場合は生気あふれる新しい近東のアラブ文化――のうちに飲みこまれていくであろう。

もしユダヤ人の大多数がこうした環境の中で意識して民族としてのアイデンティティを保持しているとすれば、それは、周囲をとりまく強力な文化と影響を及ぼしあって大いに変容し、希薄化したアイデンティティであろう。

私たちは、今でも多くはないその数を減らさずに、他と明瞭に区別できる特徴をもつ集団としてユダヤ人が存続しつづけるのが、歴史の指令であるとか、神の意思であるとか考えてはならない。ユダヤ人の大きな共同体が過去にもいくつか姿を消した。それらの共同体は、第二の追放期以降最も知的で創造的な共同体であった。アレクサンドリアの進歩的な共同体は西暦一〇〇年から四〇〇年にかけて衰退していき、とるにたりぬ存在になった。イベリア半島の大きな共同体は一三五〇年から一五五〇年にかけて姿を消した。原因の一部は強制的な改宗ないし追放にあるが、もっと大きな原因はおそらく、多くのユダヤ人が背教してイベリア半島の当時の魅力的なキリスト教文化にとけこんでいったことにあった。

一九〇〇年当時並はずれて創造的であったドイツのユダヤ人共同体を消滅させた責めは、第一にナチスが負わねばならぬが、当時、ドイツのユダヤ人と異なる人種との結婚率は五〇パーセントもあり、改宗率もそれと同じくらい高かったので、ヒットラーが登場しなくとも他と区別できる集団としてのユダヤ人は、二〇世紀が終わる頃にはほとんど姿を消していたであろう。もっとも五〇万（一九三三年のドイツのユダヤ人の人口）の人々は、命を落とすことなくドイツの文化と科学に力強い貢献をしたであろうが。

一九六〇年代にイギリスの著名な歴史家ジェフリー・バランクラウは「人口統計学は宿命である」といった。ユダヤ人の場合、私たちが知るユダヤ人の歴史は、人口の趨勢からみて、その終焉に近づきつつあると思われる。今から五〇年後アメリカの正統派ユダヤ教徒の数はほぼ今日と同じくらい、つまり現在の五〇〇万のユダヤ人人口の一五パーセントほどであろう。ハラカーに則る振舞い・行動という面倒な生活様式が現在以上に多くの人々に魅力をもつようになることは決してないであろう。

アメリカに住むユダヤ人の残りの八五パーセントは、民族的連帯性に関してはただ消滅にむかう一方である。一九九〇年度のアメリカの国勢調査の意味するところは余りに恐ろしいものなので、ラビたちはこの問題を公に論じるのを嫌っている。

一九九〇年におけるユダヤ人の結婚の五二パーセントが異邦人相手の結婚で、最も多めにみても、結婚後ユダヤ教に改宗する異邦人は三人に一人にすぎず、そしてふたりの間の子供で、ユダヤ教徒として育てられるのは三人に一人もいない。こうして、二一世紀にはアメリカのユダヤ人は着実に消えていくと推定できる。ヒットラーが登場しなかったら、二〇〇〇年までにドイツで起ったであろうことが、今アメリカで起っているといえる。

ユダヤ神学校の社会学者ジャック・ワーザイマーは、一九九三年に重要な意味をもつ象徴的事実を指摘している。会衆の非常に多くが改宗した連れ合いと一緒なので、正統派以外のラビたちは、説教の中で異邦人との結婚を戒めることはもはやできない、そんなことをすれば、多くの会衆を侮辱することになるからだ。ユダヤ人の集団が生き残るのに必要な限界をすでに越えてしまっている。

この問題に関連するデータがほかにもいくつかある。第一は、『ニューヨークタイムズ』の日曜日の結婚欄をみれば、通常そこに載る二四組かそこらの縁組のうち、少なくとも四組はユダヤ人と異邦人とのそれで、二〇年前とは異なりユダヤ人の女性と異邦人の男性との結婚は、ユダヤ人男性と異邦人女性とのそれとほぼ同じくらいであること。さらに重要な社会的事実は、こうした人々はアメリカのエリートたち、郊外に住まう名門の人々、出世の道を歩む知的職業人たちであることである。

ユダヤ人は、一九世紀の英国でそうだったような、ワスプのエリートたちの軽蔑をかう少数者集団の人々ではもはやなく、まさにその正反対の存在である。ユダヤ人はよき伴侶になり、監督教会員やプロテスタントの血統を豊かにするエキゾチックな人種の人々なのである。一五世紀のスペインや二〇世紀初期のドイツでそうだったように、ユダヤ人と異邦人の縁組による新たなエリートが誕生しつつある。

もう一つの社会的事実は、比較的多人数の家族からなる正統派を含めても、アメリカのユダヤ人の一家族当たりの子供の数は、現在の人口を保つのに必要な二・三人を下回っていることである。毎年数千人ものユダヤ人が、ユダヤ教の掟を遵守できずに、ユダヤ人共同体を離れ、ユダヤ人としてのアイデンティティを喪失していっている一方で、共同体に留まるユダヤ人たちは、現状の人口を保つことができずにいる。合法的、そして非合法的なアメリカへの移民の流入のために、アメリカの人口、とくにラテンアメリカ系、アジア系、アフリカ系の人々の人口は、急速な伸び率を示しているというのにである。

シナゴーグ中心のユダヤ人の生活を支える大黒柱となってきた伝統的なユダヤ人の家族の構造は、一九九〇年までに、ほとんど崩壊してしまった。男女が結婚し子供をもつという伝統的な型の家族は、アメリカのユダヤ人の家族ではただの一四パーセントしかない。こうした家族にあってすら、父親の働きや、高い教育をうけた野心的な女性の知的職業を通してうるアメリカの中流家族の収入は減少しているため、母親が暮しに必要なものを満たすため、ないし社会的な上昇を指向して家の外に働きに出、ユダヤ人の伝統的に割り当てられた家族における親の役割を果せなくなっていっている。

片親の家族、結婚しないカップル、同性愛の夫婦がユダヤ人の家族の非常に大きな割合を占めていて、これは一つの社会革命であり、男女が結婚して子供をもつ伝統的な家族を当然の前提とするユダヤ教の伝統的訓えは、古くさく、無縁なものになっている。ラビは、崩壊したユダヤ人の家族生活と標準的な家族の構造を前提とするユダヤ教の道徳的遺産とを、どうつなげたらよいのか途方に暮れている。

ユダヤ人と異邦人との結婚がふえることで人種としての自殺をするということがなかったとしても、アメリカ社会におけるユダヤ人の数はゆっくりと着実に減りつづけ、今後二世紀間にほとんど消滅してしまうであろう。異なる人種間の縁組、そうした縁組の結果生れる子供をユダヤ教徒として育てられないこと、そしてユダヤ人としてのアイデンティティの消失は、集団としての絶滅の過程を早めるであろう、アシュケナジとしての遠い過去の歩く博物館である七五万人ほどの正統派の人々を除いては。

もし信仰の復興が興るなら、そしてシオニストのイスラエルへの与えすぎの基金調達が見なおされ、ユダヤ人としての幼児養育、成人教育という基盤が犠牲にされることがなくなれば、この過程は進行が止まるか、逆転が始まるであろうが、一九九四年の現時点ではそんな見込みはありそうにない。

宗派を問わず今のラビたち全員が一体となり先頭をきって、アメリカのユダヤ人の宗教的・文化的復活をなしとげることはできない。

とくに改革派、保守派のユダヤ教では、ここ二〇年間に新たにラビになった男性たちの質は凡庸で、女性たちはもっと優秀であるが数が少なすぎ、周囲から余りにも認められていないため道徳的・知的に社会をリードすることができない。

今は改革派の集会にだけ、目につく女性のラビが存在するが、そのリベラルな文脈にあってすら、男性のラビのアシスタント以外であるのは非常に稀である。どのみち、彼らを雇っている鈍感な、すべてを牛耳るシナゴーグの評議員たちが革新的なラビを容認しない。そうかといって、アメリカのユダヤ教の宗教的・文化的復興はユダヤ人の大学教師たちが興すことはできない。彼らはユダヤ教に関心も知識もなく、リーダーシップをとるのに必要なカリスマ性もない。

もしユダヤ人の若い人々で復興の必要性を感じる人々がいても、導く人間がいない。そうした若者はニューエイジの精神的サークルであるシナゴーグのハブーラを形成するが、強力なリーダーシップなしには長期にわたる影響力はありえない。そんな指導力を頼るのは力のない今のラビたちをおいてなく、しかもそれは望めない。たとえばキリスト教の宗派によっては、メソジスト派の場合その例をみるように、平信徒が指導的立場にたつということはユダヤ教の伝統にはない。

したがって、今みられるアメリカのユダヤ人の共同体のさし迫った浸食と崩壊の危機は、阻止するものとてなく、ひき続き進行していくであろう。

イスラエルのユダヤ人の未来に関してもいろいろ問題がある。ラビンがアラブ人たちとの和平交渉を進める努力の下には、イスラエルの経済的に正常な状態への希求がある。イスラエルの経済は、いまだかつて自立してやっていく状態になったことがない。現状の失業率は一〇パーセントで、失業者の中には高等教育をうけたロシアからの数万人の移民たちが含まれ、彼らはそんな逆境に耐える力がないであろう。唯一の望みは、ハイテク中心の経済によってシンガポールや韓国のようにイスラエルが発展することである。

PLO議長アラファトは、一九九三年に過去二五年間にアラブ人の銃火によって数千人のイスラエル人が命を落としたことに責任がある。とはいえ、交渉相手はアラファトの他にだれもいない。ラビン政府は最初ウエストバンク（ヨルダン川西地区）のアラブ人共同体の指導者たちと直接平和交渉しようと試みたが、一向に埒があかなかった。というのは、彼らは、PLOが受け入れない講和条約を結ぶのを恐れ、肩ごしにアラファトの方ばかり目をむけていたからである。アラファト以外に交渉相手はなく、しかも講和を結べる時間は残り少なくなりつつある、というのは、イスラム教徒の好戦的な原理主義者ハマス（イスラエルはかつてPLOへの対抗勢力として、味方として励ましたのだが）が、イスラエルの占領地域でどんどん支持を広げているからである。アラファトは「エルサレムにパレスチナ国家の首都を！」が依然として自分の最終目標だと挑発的な演説をぶって、アラブ人との講和の交渉を鷹揚にうけ入れているイスラエル人たちを怒らせている。ラビン政府にとって、短期的にみてのアラファト問題は、このPLOの議長が強力にすぎ、非妥協的にすぎるのではなく、イスラエルの占領地域に対する彼の管理・行政能力が無能かつ無力にすぎることである。アラファトは世界銀行やアメリカ政府、そのほかの約束された援助を供与する相手を納得させるために財政制度と管理体制を整えねばならなかった。彼は保健衛生、教育、工業生産の方面で途方もなく困難な問題ととりくまねばならない。彼が、こうした問題にとりくむ充分な行政的技量の持主か否かはまだわからない。したがっておそらく彼はつなぎ役の人間なのだろう。一方、ラビン政府は彼に頼らざるをえないのである。

ラビンの抱える問題はイスラエルのユダヤ人側にも、パレスチナ人側と同じくらい大きなものである。一九九四年ラビン内閣はアラブ人の代議士たちの投票を獲得して、ようやく過半数を確保した。イスラエルの一般国民の気持ちは毎日大きく揺れ動いている。リクードは一九九六年の選挙で政権に復帰できると期待している。だが平和をめざす過程が逆戻りすることはありそうにない。まず何より、イスラエルの軍事力を支えてきたアメリカ政府がそんな逆戻りを許容しないであろう。

ラビン政府はPLOとの交渉を始める前にアメリカのシオニストたちのアドバイスを求めなかった。ラビンは、アメリカのユダヤ人はイスラエルの未来を決定する権利はなく、ただ財政的・政治的支援をする義務しかないと思っているのである。

労働党政府は、ほぼ二〇年間リクードの非妥協的姿勢によって妨げられてきた（そう彼らは主張する）平和を希求する長い伝統に立ち返ることができた。ラビンと外務大臣シモン・ペレスはリクードが権力を握っていた年月のあと、イスラエルを元の路線に戻すことができた。アメリカのユダヤ人たちは、おそらく本来の路線を忘れていて、軍事的に強大なイスラエルというイメージに慣れっこになっているが、そんなイメージはシオニストの伝統の最善の要素から逸脱している、そう彼らは主張する。

かなり昔一九四八年にハイム・ヴァイツマンは、ヨルダン王にイスラエルとの経済と科学技術の面の協力を申し出たが、拒否された。このことはベン゠グリオンとゴルダ・メイアの和平をさぐる努力――中途半端なものと批判するむきもあるが――が、徒労に終わったのと軌を一にしている。

どのみち一九九三年は新しい時代の夜明けを迎えた年である。イスラエル国民が現実を認識し、できるだけ速やかに占領地区のすべてでないしそのほとんどの統治から手を引く時がきた。パレスチナ人の統治下に入った占領地区の政治に関していろいろ問題が生じるであろうことは心づもりしていなければならない。

さらに、イスラム教世界のいたるところでユダヤ人に対する憎しみの壁は非常に高いので、どんな和平の取り決めも、イスラム教文化の中のユダヤ人嫌いの分子のためにご破算になる危険性もある。ヨルダンからマレーシアに到るイスラム教の国々が、ホロコーストをテーマにした映画『シンドラーのリスト』の上映を、ドイツ人にあまりに敵対的でユダヤ人に好意的にすぎるという理由で禁じたことに、イスラエルは失望した。イスラエル政府は、イスラム教の国々の行政やビジネスの世界のエリートたちが、イスラエルとの講和がもたらす利点、イスラエルとの協調が経済発展に役立つことを理解して、ＰＬＯがこの数十年間煽ってきた一般のイスラム教徒の狂信ぶりをやわらげる勇気と手腕をもつことを信じて、イスラム教徒たちの姿勢が徐々に変わっていくであろうと望みをかけている。

シンシナティ出身の改革派のラビで、ヘブライ大学の初代学長ユダ・マグネスは、一九三〇年代と四〇年代に、パレスチナ問題の唯一の解決策はイスラエルにユダヤ人とアラブ人両国民からなる国家をつくることだと主張して、シオニストたちののしりを浴びた。この主張にだれも目をとめなかったようだが、一九九三年にラビンとアラファトが同意した案は、このマグネスの解決策と大きくちがうものではない。

二つの政治体イスラエルとパレスチナがつくられるであろう。後者は自治権をもつ占領地区ウエストバンクとガザにつくられ、それぞれ立法府と行政官たちを備える。とはいえ、かたちの上のこうした政治機構にあまり大きな意味をもたせるのは政治的にナイーブであろう。二つの国家は経済問題、水の供給、科学技術の開発・発展、生態学、警察に関して、密に協力していかねばならないであろう。現代世界では、統治に必要なこれらの活動分野は、伝統的な行政機構や立法府とまったく同じくらい重要である。

ラビンとアラファトの交渉から派生するもう一つの問題が見逃されているようである。イスラエルの人口の二〇パーセントを占め、出生率もイスラエルのユダヤ人の平均よりずっと高い、イスラエルに市民権と家をもつアラブ人は、どうなるのであろう。一九九三年における彼らの立場は一九六〇年代におけるアメリカ南部のアフリカ系黒人のそれと同じである。彼らは正規の政治的権利と市民的権利をもつが、第二級市民である。知的職業についている比率は人口の割にきわめて小さく、大学生の数はイスラエルの全大学生の五パーセント以下である。ガリラヤの、イスラエル在住のアラブ人の最大の居住地域に隣接したハイファ大学でのみ全学生の七パーセントを占め、それと認識できる存在であるにすぎない。しかも彼らには少しの譲歩も許されず、ウエストバンクのアラブ系の大学（三流以下のこれらの学術施設は『インティファーダ』紙で非常な悪評をかった）より格段に優れたイスラエルの大学で学ぶには、ヘブライ語を習得しなければならない。

そのうち（すぐにかもしれない）、ウエストバンクとガザの自治権をもつパレスチナの政治体がパレスチナ国家になれば、イスラエルのアラブ人は政治的にパレスチナ国家から切り離された状態に満足しているであろうか。不満ではないにせよ、イスラエルで二流市民の地位にいることを我慢しているであろうか。危機をはらむこうした見通しを充分考慮しているとは思えない。それらはすぐに切迫した難題、ユーゴスラビアとチェコスロバキアをばらばらにし、北アイルランドを荒廃させたのと同じ類の問題をひきおこすと思われるのに、である。

一旦ナショナリズムという菌が統治体に入りこむと、すぐに極度に爆発しやすいものになる。とくにシオニストはそのことを知るべきである。一九九四年平和協定締結に反対したウエストバンクのユダヤ人の入植者たちは、人々の関心を一手に集めたが、長い目で見れば、イスラエルに住むアラブ人の問題、彼らのアイデンティティははるかにイスラエルの安定を脅かす大きな問題となりうるのである。

イスラエル政府と大多数の人々は、経済と科学技術が必ずや政治と文化にたち勝って、モダニティがアラブのナショナリズムと軍事優先政策を和らげていくであろうと主張する。

イスラエル政府は平和が戻ればアメリカとヨーロッパからの投資がふえるだろうと期待している。イスラエルの経済はハイテク中心の経済に変わり、近東の共同経済の焦点になるだろう。フランスとドイツが、数世紀におよぶ同胞あい食む相克の後でヨーロッパ経済共同体の仲間同士になれるのなら、ユダヤ人とアラブ人は、一〇〇〇年前ゴイタイン・ゲニザの世界で、地中海とその彼方の国々を股にかけた通商を楽々と共にやっていた仲間であったのだから、仲良くやっていけぬことがどうしてあろうか。

一九九三年にはアンマンとヨルダンの三〇〇人のビジネスマンと公務員が、近東の共同市場を予期してヘブライ語を熱心に学び始めた。ヨルダンのフセイン国王はイスラエルとの講和を、ユダヤ人の国家との経済的団結にむかう第一歩とみなしているにすぎない。地図をみれば容易にわかるが、ドイツからクエートにメルセデスベンツを運ぶ一番安上がりの方法は、時代遅れで費用がかさむスエズ運河経由ではなく、ハイファの港を経由させ、陸のフェリーで砂漠地帯を通って（多少の道路の改修工事を必要とするが、金もかからず容易にできる）南に運ぶ方法である。

厳しい財政情況と高い失業率に直面するアラブ人にとって、ユダヤとアラブの経済協定と共同市場の必要性はイスラエル人に勝るとも劣らない。ユダヤ人の過激主義者はなんとかお金で解決し、アラブ人の過激論者は抑えこむことができよう。若い世代を代表するアラブ人たちは投石したり路上で騒ぎを起す連中ではなく、学生たちであろう。

今から五〇年後には、近東の経済は非常な隆盛期を迎えていて、ローマ人とユダヤ人の戦闘のように、アラブ人とユダヤ人の不和・相克の原因がなんであったのか、想起するのも難しくなっているであろう。もし経済と科学技術が、政治的記憶を抑え、宗教的熱情を湿らせるにしても、今後数十年イスラエル人は重い意味をもつ挑戦に直面することにかわりはない。文化の上部構造は組織化された経済的基礎のあとを追う。今現在、イスラエルにおける一人当たりのシナゴーグへの出席率は、アメリカでのそれと同じである。正統派ユダヤ教徒の割合はイスラエルもアメリカも同じようなものである。贖いの日ですら、イスラエルの海水浴場は太陽を崇める物質主義者で一杯である。中世のイスラム教のスペインで、今のユダヤ人よりはるかに掟をよく遵守していたユダヤ人たちでもそうであったのだから、経済が大きく発展する二一世紀初期の近東で、四〇〇万のイスラエル人が、甦った古い伝統をもつ生気あふれるアラブの文化に吸収され、その生活様式や行動パターンに飲みこまれていく可能性がある。

イベリア半島のユダヤ人の歴史をディアスポラの黄金時代としてロマンス化するのは、アラブ人との講和を結んだあとイスラエル人が迎える新しい文化の時代と大いに関わってくる現実を隠すことになろう。イスラム教のイベリア半島のユダヤ人の偉《おお》きな作家たちが、彼らの重要な作品をアラビア語で記したこと、セファルディたちがアラブ人のような服装をし、性にからまる行為・振舞いがアラブ人の隣人たちに似通っていった事実に目をむけるべきである。同じ事が充分起りうるからだ。

平和をとり戻した現代化された新しい近東では、ユダヤ人が経済、科学技術、教育の面で指導的立場に立つことになるだろう。だが数十年の歳月が流れ、新しい世代のイスラエル人が世に出てくる頃になれば、アラビア語とアラブ人の行動様式がイスラエル人に及ぼしている影響は並々ならぬものがあるだろう。

イスラエル人が、一億人のアラブ人の住む環境の及ぼす精神的影響に抗するのは容易ではないであろう。しばらく時がたてば、抵抗すること自体おそらく望まなくなるだろう。イスラエル人は自分たちを、ビクトリア時代の帝国主義の最後の前哨部隊、ユダヤ人を殺害しアラブ人と戦ったフランス十字軍兵士の最後の後継者たちではなく、ユダヤとアラブが融合した二一世紀の発展する高貴な文化の申し子たちとみなすようになるであろう。

アメリカにおけるユダヤ人とキリスト教徒の結婚が典型的行動様式であるなら、近東でのユダヤ人とイスラム教徒とのそれが同じことになっていけない理由はない。こんな予測をたいていのイスラエル人は、少なくとも古い世代の人々は、ありえぬことと思うであろうが、イスラエル人はこれまでいつでも人類学的作用の強力な影響力に盲目であった。二一世紀の半ばまでにユダヤ人とアラブ人の縁組の時代がくるであろう。共に遊ぶ者同士、共に働く者同士は結びつくものである。それが自然の法則である。

ユダヤ人とアラブ人の文化的・民族的な混和・融合は両国の緊張を緩和するであろう。二一世紀にはユダヤとアラブの混血のエリートたちが現れでるであろう。

聖なる鎖をつくりあげてきた輪も最後の輪を迎え、私たちが知るユダヤ史は終焉に近づきつつあることを強く示す徴候を、人は嘆き悲しむこともできる。だが神学の観点に立って観てみよう。ユダヤ人は歴史における自分たちの役割をなしとげたのである。ユダヤ人は世界の光明であった。世界に一神教と清教徒的倫理を与え、キリスト教とイスラム教という二つの世界宗教を与えた。西欧世界に創世（ジェネシス）、運命（デスティニイ）、終末論（エスカトロジー）の仮説を与えた。ユダヤ人は社会正義に関する予言的訓えという不朽の遺産を遺した。

そして二〇世紀にはユダヤ人は、諸々の科学、行動の原理、私たちが経験する諸々の芸術の分野で、モダニズムおよびポストモダニズムの文化を創造した一群の思想家を西欧世界に贈った。

ユダヤ人は自分たち自身の目的、神の目的、そして人類の目的のために力を尽くしてきた。ユダヤ人は、他と区別される人種として実際に大いに必要とされる存在ではもはやない。二一世紀には、大きな人間集団としてはこの世界に存しなくなっても、ユダヤ人が遺した遺産は生きのびていくであろう。

ユダヤ人が、聖書が語るようにメソポタミアからきた羊飼いであろうとなかろうと、もとはカナン人の中で分派を形成していたか、それとも社会的行動主義者たちで、のちに同族結婚をする排他的集団を形成した人々であったにせよ、なかったにせよ、又は、遠い宇宙の彼方の惑星から宇宙船にのって地球に飛来した人々であったにせよ、なかったにせよ、この特別な民族は三〇〇〇年間諸々のユニークな思想に生き、その思想を人類に広め、伝えてきたのであった。

ユダヤ人は比類ない悲惨を数知れず味わってきた。それは彼らが、神は超越的で純粋に精神的な存在であり、いかなる魔術的手だてによっても条件づけられぬという真実を証す存在であったからである。

ユダヤ人は比類もない輝かしい業績、とくに知的方面のそれを達成してきた、また、古代においても、現代のイスラエル国家においても、機会が与えられれば、軍事面でも勇ましく輝かしい仕事を達成してきた。今やユダヤ人のもつ生得のすぐれた資質は異民族との結婚を通して数百万の人々の血のなかに永続的に伝わり、アメリカやアラブその他の社会に広まっていくであろう。アメリカのワスプのエリート層の子弟とユダヤ人との婚姻は、一六世紀のイベリア半島でユダヤ教から改宗したユダヤ人の血統をつぐ人々との婚姻から新たな貴族が誕生したのと同じように、ユダヤ人の血を継ぐ新たな貴族を誕生させるであろう。

とはいえ、合衆国における裕福で活気ある最も大きなユダヤ人共同体が、アメリカ社会への同化、家族生活の病理学的崩壊、少子化による人口の減少、だけでなく、異民族との結婚の比率のとめどない上昇のために、人口学的に姿を消しつつあり、それに伴ないユダヤ人としての明瞭なアイデンティティも尽きはてつつある。

近東においてユダヤ人とアラブ人の似たような混合が起るには時間がかかるであろう。だがイスラエルとパレスチナとの間に実効性ある講和が成立すれば、そんなに時間はかからないであろう。

ユダヤ人の将来がかかっている二つのユダヤ人の民族社会、イスラエルとアメリカ合衆国のそれらは、カリスマ性があり啓《ひら》けた思想をもつ指導者がユダヤ人に進んで真実を語り、正面から対決しないかぎり解決しない重大で複雑な諸々の問題に現時点で直面している。正面からぶつかっても、解決策はおいそれとは見つかるまい。

アメリカのユダヤ人は、社会への同化や異民族相手の結婚を通して、ユダヤ人としてのアイデンティティが着実に浸食されていっているだけでなく、中年のユダヤ人は前例のない力と富を享受する一方で、思春期すぎの若いユダヤ人は、知的職業につく機会が狭められ、中高年のユダヤ人が享受する社会的に高い職につく機会も狭められていっているという情況に直面している。多様性と多文化主義という装いのもとに、一九三〇年代、四〇年代の差別的人数割り当て制度が静かに復活しつつある。思春期すぎのユダヤ人女性は今のところ積極的差別是正措置の恩恵を蒙っており、社会的地位が下降線を辿りつつあるユダヤ人男性と同じ関心を共有しないで暮している。

『コメンタリー』誌やその他のユダヤ系のメディアで時おりこれらの問題がとりあげられ論じられているが、活気のない臆病なラビたちや、その他先見の明があってしかるべきどの指導者層からも、事態の改善をめざす行動につながる強い関心が示される徴候はうかがわれない。

おそらく二〇年ほど遅かったが、一九九四年にイスラエルのユダヤ人たちは、経済と科学技術の発展の絶対的前提である環境の整備に必要な平和協定締結をめざすキャンペーンを始めた。彼らは、ウエストバンクの一〇万人のユダヤ人が——その四分の一は妥協をしらぬ宗教的理想主義者で（なかでもめだつ存在は熱烈なアメリカ人たちであるが）——和平交渉の諸々の目的達成のためにとり組まねばならぬ一つの課題をさしだしていることを知っている。

和平の達成に伴うさらに困難な二つの事柄をイスラエル人はだれも考慮しているようにみえない。第一に、短期的にはイスラエルの一〇〇万のアラブ人の活性化したナショナリズムに関する今後の見通し、イスラエルで二流市民たることへの彼らの不満、近く誕生するパレスチナ国家の一員になりたいと望むであろう彼らの欲求の問題。第二に、長期的には、イスラエル人が早急にたち起すのを望んでいる近東共同市場——それは現にアメリカで猛烈なテンポで進んでいるユダヤ人の文化的・民族的特質の喪失をイスラエルでも促進させることになろう――がもたらす社会的な結果である。

今の情況では、すぐにも実現するであろう救世主の到来をまちうけるブルックリンのルーバビッチ派のハシィディズム信奉者の姿勢が妥当なものであろう。現状では、救世主の出現かそれに匹敵する大変動でもないかぎり、今後五〇年間における集団としてのユダヤ人のアイデンティティの喪失を救う手だてはありえない。

アメリカのユダヤ人共同体の急激な縮小と、遠からぬ将来におけるその崩壊（あとに残るのは秘教的性格のものであろう）へと向かう強い傾向を逆転させるには、以下の事柄をただちに実行せねばならない

アメリカとカナダのユダヤ人の財源から毎年イスラエルに送られている資金のすべては、本国の初等、中等およびそれ以後の教育に投資されねばならないであろう。このことは、とりわけユダヤ人の教区学校、住宅地域のユダヤ人のハイスクール、ヘブライ語が使用されるサマーキャンプ、そして成人教育の施設に、多額の助成金を出すことを意味する。イェシバ大学、ブランダイス大学を財政的窮境から救うことと、少なくとも単科大学をあと三つ、中西部、南部、カリフォルニアにユダヤ人の手で創設すること。

ユダヤ人の学者たちはモダニズムとポストモダニズムの思想の観点からユダヤ教を解釈しなおさねばならないであろう。今のところラビのだれ一人として知的にも学識の点でも、この仕事を果す能力はまずないであろうから、最も優れた頭脳をもつユダヤ人たち、一流の大学の一団の学者たちにこの仕事を依頼することになるだろう。この人たちは二〇世紀末の自然科学、社会科学、行動科学、人道主

義的思想と調和する新しいユダヤ人の神学を三年間というタイムリミットで創りだすことになろう。

中世に創られた退屈な今のシナゴーグの典礼の八〇パーセントは廃止し、現代の音楽、文学、美術をとりいれた新しいユダヤ教の典礼が案出されねばならないであろう。ユダヤ人の作曲家、詩人、小説家、演劇・映画・テレビに携わる人々の中から選ばれた一団のエリートたちがこの仕事に当たり、シナゴーグの評議員たちは、二年というタイムリミットで完成されるこの新しい典礼を実際に執り行なうことを前もって約束する必要があろう。さらにこの典礼は五年毎に改訂されるものとする。新しい典礼を創案する人々に、シナゴーグでのユダヤ教の儀式はすべて九〇分を越えぬこと、説教に三〇分間当てること、という規定を申し渡すこと。今後は年間を通してシナゴーグでのユダヤ教の説教の少なくとも半分は、学術界、学識を要するその他の知的専門職、国家公務員、メディアの世界から呼んだ平信徒たちにしてもらうこと。年間を通して説教の少なくとも四分の一は女性が担当し、四分の一は五〇歳未満の人々が担当するべしと定めること。

『タイム』誌と『ニューズウィーク』誌を範として、ユダヤ人およびユダヤ教に関する記事を編集の軸に据えた週刊の時事解説誌を創刊し、政府からの補助金を受けつつ、学校、シナゴーグ、大学に、そして講読を希望する人だれにでも、無料で配布する。

アメリカの優れた大学二〇〇校を最優等か優等で卒業したユダヤ人学生すべて、そしてラビやキャンター（先唱者）あるいは、ユダヤ系の学校の教師になる教育をうけるのを希望する学生には授業料を無料にし、年間二万ドルの奨学金を与える。

ラビはすべて聖職について七年以内に修士の学位をとり、一四年以内に博士号をとることを義務づける。ラビがさらに高度の研究をするためのサバティカルがとれる基金を準備する。

以上の規定が実行に移されれば、おそらくユダヤ人の集団としての存在は消滅せずにすむであろう。救世主の到来も同じ効果をもつであろう。前者より後者の方がより大きな見こみがありそうである。民族としてのユダヤ人は全体として浸食と共同体の消滅の危機に脅かされている。ホロコーストが物理的に試み始めたことが、二一世紀には、文化的に成就されるであろう。

ユダヤ人は今や死んで歴史の霧の中へ、遠い過去の思い出の彼方へと去ってゆき、自分たちの神と共に永眠しようとしている。「イスラエル民族よ、生きのびよ！」は歳古りた叫びであった。今は聞かれない。今や近づきつつある新しいミレニアムの地平線上に、この叫びは凍りついている。

訳者あとがき

本書は、Norman F. Cantor: *THE SACRED CHAIN—The History of the Jews* (Harper Collins, 1994) の全訳である。

著者ノーマン・F・キャンターはニューヨーク大学の歴史学、社会学、比較文学の教授、テルアビブ大学の客員教授であり、その著書には、ナショナル・ブック・クリティックス・サークル賞を受賞した『中世の発明』(*Inventing the Middle Ages*, 1991) をはじめ、『二〇世紀の文化』(*Twentieth Century Culture*)、『中世の文明』(*The Civilization of the Middle Ages*, 1993)、『中世のカリスマたち』(*Medieval Lives*, 1994) など数多くある。

最新の研究成果と情報をとり入れた本書は、これまで世に出たユダヤ史の中でももっとも総合的なものの一つと思われる。

キャンターは、古代世界におけるユダヤ人の源を人類学的に、社会学的に辿りながら、ユダヤ人はほかの民族とは明確に区別できる諸々の特色を持つ民族であるとする。本書のメインテーマは、およそ三〇〇〇年に及ぶまことに波乱に満ち複雑・錯綜するユダヤ人の歴史の展開を通して、ユダヤ人のアイデンティティそしてユダヤ人としての意識がいかに創りだされ、不朽のものとなっていったかの考察にある。そして著者は、ユダヤ人が独自の振舞・行動の仕方、ものの考え方、文化を作りあげていく上で、ほかの社会集団との相互作用も与って力があったのだと主張する。

一般の読者や大学一、二年生を対象に記された本書にみられる一つの興味深い点は、自身ユダヤ人である著者が歴史上の事件や事象や人物を、客観的に捉えようとすると同時に、著者の内面的視点から把握し考察する性格を色濃くもっていて、そこに非抽象性、親しみやすさがみられることである。たとえば、ユダヤ人にとってディアスポラ（離散したユダヤ人の住む土地）のもつ意義を考察しつつ、著者はこう述べる。

ディアスポラはユダヤ人が最も奥深くにもつ感性、最も奥深くに存する意識に入りこんでいる。バビロンの河面《かわも》、スペインの諸々の都市、ドイツの平野、ポーランドの森林、ウクライナの大草原、そしてアメリカの都市郊外住宅地域も、エルサレムやガリラヤやネゲブ砂漠と同様に、ユダヤ人の運命の土地なのである。（本書一五四頁）

そして二〇〇〇年以上も昔の祖国の地での（民族集団としての）追憶を、あたかも個人的な、数十年前の思い出ででもあるかのように、こう記す。

カナン人の住まう故国で嗅いだ匂い、目にした光景、耳にした響きや音は、ユダヤ人の意識にしっかりと留まって離れない。疑いもなくそれらはまったく親しいものだ。

……生け贄《にえ》の動物の肉の焼ける臭いが、かつてはヘロデの神殿からエルサレムの旧市内の城壁を越えて漂ってきた。……ネゲブの地平線にたち昇り、もの皆しなびさせる砂漠のもや。冬、突風が吹く際にカエサレアに吹きつける塩気を含んだ湿った風。（本書一五四―五五頁）

そして二〇〇〇年間に及ぶディアスポラでの（民族集団としての）追憶の例を、こう記す。

離散《ディアスポラ》はそれを暗示するものもあった。異端審問によって祈禱書とメーズーザー〔申命記の数節を記した羊皮紙小片〕が無くなっている、アンダルシアの諸都市のセファルディのシナゴーグとその中庭に落ちる長い影、……雨模様の春の朝、すきで掘り返されたウクライナの気持のよい黒々とした土……ニューヨーク郊外のシナゴーグの演壇にのっている大きな花束の香りを殺すエアコンの冷気。（本書一五五頁）

そして「前者の追憶は永続し、後者のそれは消え去るものだろうか」「ディアスポラにおける経験のイメージは、……ユダヤ人の祖国で起こった出来事から生じたそれらと並んでユダヤ人の歴史的記憶の中で貴重な位置を占めている」と著者はいう。

私たちにとってまことに奇異なこうした追懐に、主流派のユダヤ教徒の心性《メンタリティ》（ないし、その名残）をまざまざと感じとることができるように思う。正統派のユダヤ教が育んだユニークな感性、思考様式の一つの特徴は「史的典拠性」にある（本書の五五頁から五六頁）。つまり、自分自身を「族長の時代から今に至る、非常に長くて荒れ狂う連続する時間の中の一部に生きる存在」と捉え、そして共同体に重きを置き「個人の行為は集団というコンテキストにおいて意義深いものになる」のであり、その共同体は空間の次元のみならず「時間の次元の旅人」であり「終末の日に終わる歴史の中のある時期に存在するもの」であり、かくして共同体は「アブラハムからモーセ、ダビデ、エレミヤを経て現在に至る二〇〇〇年間を通してユダヤの民からなる従者たちの集団」となり、「個人のあらゆる行為は、共同体の巡礼の旅を時間の次元で前進させるものか妨げとなるものかという観点で判断されねばならぬ」とするのである。

訳者は、本書を訳出しながら実にさまざまな感想を覚えた。ユダヤ史の古代の偉人たち、アブラハムやモーセ、預言者のイザヤやエレミヤは、二〇〇〇年以上の時を隔てた現代に生きる私たち日本人にとって縁遠い存在のように思っていたのであるが、近・現代に天凛の洞察力と偉《おお》いなる精神力とで芸術や自然科学や人文科学の分野で偉業をなしとげたユダヤ人の巨人たち（彼らが存在しなかったら今ある世界は確かにまったく違ったものになっていたに相違ない）——スピノザ、リカード、モンテーニュ、マルクス、デュルケーム、アインシュタイン、フロイト、レヴィ＝ストロース、ボアズなどなど——は、ユダヤの古代世界の知的、精神的巨人たちの真《まこと》の後裔にほかならないこと、教典タルムードは精神を訓練し、思考方法を深く身につけさせ、社会の指導者としての能力を身につけさせる役割を果たしてきたこと、タルムードと共にユダヤ教神秘哲学カバラやハスィディズム（一八世紀にパール・シェムが始めたユダヤ教改革運動）は、ユダヤ人の卓越した学者たちが新しい比類のない思想を創造したり革新的な理論を展開・発展させる上で助けとなってきたこと（たとえば、言語学のノーム・チョムスキーやエドワード・サピア、哲学のデリダ）などなど、つまるところ、ユダヤ人の歴史は古代から今に至るまで、私たちに縁遠いどころか、よくよく考察し研究すべき対象なのだということを、驚きと共に知ったのである。

大部の本書を訳出するのは、予想を越える時間と思いのほかの労苦が伴った。ほかの仕事を抱えていたり、時間に追われていたりしたこともあり、不備な点もありはしないかと危惧する。今は、他日を期して整備することができればと願うのみである。なじみのない語句や単語を日本語に置き換えていくに当たり、多くの方々にご助力を仰いだ。なかでも獨協大学の元同僚のミーシャ・A・シブル氏にはお世話になった。また、人名やユダヤ人の生活に固有の言葉の訳語については獨協大学英語学科教授でユダヤ人史が専門の佐藤唯行氏には大変助けていただいた。両氏に心からの感謝の念を表したい。

二〇〇五年九月

藤田　永祐

サウジアラビア王朝史	J.B.フィルビー／岩永，冨塚訳	¥5700
愛の探究〈生の意味の創造〉	I.シンガー／工藤政司訳	¥2200
自由意志について〈全体論的な観点から〉	M.ホワイト／橋本昌夫訳	¥2000
政治の病理学	C.J.フリードリヒ／宇治琢美訳	¥3300
書くことがすべてだった	A.ケイジン／石塚浩司訳	¥2000
宗教の共生	J.コスタ=ラスクー／林瑞枝訳	¥1800
数の人類学	T.クランプ／髙島直昭訳	¥3300
ヨーロッパのサロン	ハイデン=リンシュ／石丸昭二訳	¥3000
エルサレム〈鏡の都市〉	A.エロン／村田靖子訳	¥4200
メソポタミア〈文字・理性・神々〉	J.ボテロ／松島英子訳	¥4700
メフメト二世〈トルコの征服王〉	A.クロー／岩永，井上，佐藤，新川訳	¥3900
遍歴のアラビア〈ベドウィン揺籃の地を訪ねて〉	A.ブラント／田隅恒生訳	¥3900
シェイクスピアは誰だったか	R.F.ウェイレン／磯山，坂口，大島訳	¥2700
戦争の機械	D.ピック／小澤正人訳	¥4700
住む　まどろむ　嘘をつく	B.シュトラウス／日中鎮朗訳	¥2600
精神分析の方法 I	W.R.ビオン／福本修訳	¥3500
考える／分類する	G.ペレック／阪上脩訳	¥1800
バビロンとバイブル	J.ボテロ／松島英子訳	¥3000
初期アルファベットの歴史	J.ナヴェー／津村，竹内，稲垣訳	¥3500
数学史のなかの女性たち	L.M.オーセン／吉村，牛島訳	¥1700
解決志向の言語学	S.ド・シェイザー／長谷川啓三監訳	¥4600
精神分析の方法 II	W.R.ビオン／福本修訳	¥4000
バベルの神話〈芸術と文化政策〉	C.モラール／諸田，阪上，白井訳	¥4000
最古の宗教〈古代メソポタミア〉	J.ボテロ／松島英子訳	¥4500
心理学の７人の開拓者	R.フラー編／大島，吉川訳	¥2700
飢えたる魂	L.R.カス／工藤，小澤訳	¥3900
トラブルメーカーズ	A.J.P.テイラー／真壁広道訳	¥3200
エッセイとは何か	P.グロード，J.-F.ルエット／下澤和義訳	¥3300
母と娘の精神分析	C.オリヴィエ／大谷，柏訳	¥2200
女性と信用取引	W.C.ジョーダン／工藤政司訳	¥2200
取り消された関係〈ドイツ人とユダヤ人〉	H.マイヤー／宇京早苗訳	¥5500
火　その創造性と破壊性	S.J.パイン／大平章訳	¥5400
鏡の文化史	S.メルシオール=ボネ／竹中のぞみ訳	¥3500
食糧確保の人類学	J.ポチエ／山内，西川訳	¥4000
最古の料理	J.ボテロ／松島英子訳	¥2800
人体を戦場にして	R.ポーター／目羅公和訳	¥2800
米国のメディアと戦時検閲	M.S.スウィーニィ／土屋，松永訳	¥4000
十字軍の精神	J.リシャール／宮松浩憲訳	¥3200
問題としてのスポーツ	E.ダニング／大平章訳	¥5800
盗まれた手の事件〈肉体の法制史〉	J.-P.ボー／野上博義訳	¥3600
パステルカラーの罠〈ジェンダーのデザイン史〉	P.スパーク／菅，暮沢，門田訳	¥3800
透明な卵〈補助生殖医療の未来〉	J.テスタール／小林幹夫訳	¥2300
聖なるきずな〈ユダヤ人の歴史〉	N.F.キャンター／藤田永祐訳	

（表示価格は本書刊行時のものです．表示価格は，重版に際して変わる場合もありますのでご了承願います．なお表示価格に消費税は含まれておりません．）

十九世紀パリの売春	パラン=デュシャトレ／A.コルバン編 小杉隆芳訳	¥2500
変化の原理〈問題の形成と解決〉	P.ワツラウィック他／長谷川啓三訳	¥2200
デザイン論〈ミッシャ・ブラックの世界〉	A.ブレイク編／中山修一訳	¥2900
時間の文化史〈時間と空間の文化／上巻〉	S.カーン／浅野敏夫訳	¥2300
空間の文化史〈時間と空間の文化／下巻〉	S.カーン／浅野，久郷訳	¥3400
小独裁者たち〈両大戦間期の東欧における民主主義体制の崩壊〉	A.ポロンスキ／羽場久浘子監訳	¥2900
狼狽する資本主義	A.コッタ／斉藤日出治訳	¥1400
バベルの塔〈ドイツ民主共和国の思い出〉	H.マイヤー／宇京早苗訳	¥2700
音楽祭の社会史〈ザルツブルク・フェスティヴァル〉	S.ギャラップ／城戸朋子，小木曾俊夫訳	¥3800
時間 その性質	G.J.ウィットロウ／柳瀬睦男，熊倉功二訳	¥1900
差異の文化のために	L.イリガライ／浜名優美訳	¥1600
よいは悪い	P.ワツラウィック／佐藤愛監修，小岡礼子訳	¥1600
チャーチル	R.ペイン／佐藤亮一訳	¥2900
シュミットとシュトラウス	H.マイアー／栗原，滝口訳	¥2000
結社の時代〈19世紀アメリカの秘密儀礼〉	M.C.カーンズ／野﨑嘉信訳	¥3800
数奇なる奴隷の半生	F.ダグラス／岡田誠一訳	¥1900
チャーティストたちの肖像	G.D.H.コール／古賀，岡本，増島訳	¥5800
カンザス・シティ・ジャズ〈ビバップの由来〉	R.ラッセル／湯川新訳	¥4700
台所の文化史	M.ハリスン／小林祐子訳	¥2900
コペルニクスも変えなかったこと	H.ラボリ／川中子，並木訳	¥2000
祖父チャーチルと私〈若き冒険の日々〉	W.S.チャーチル／佐藤佐智子訳	¥3800
有閑階級の女性たち	B.G.スミス／井上，飯泉訳	¥3500
秘境アラビア探検史（上・下）	R.H.ギールナン／岩永博訳	上¥2800 下¥2900
動物への配慮	J.ターナー／斎藤九一訳	¥2900
年齢意識の社会学	H.P.チュダコフ／工藤，藤田訳	¥3400
観光のまなざし	J.アーリ／加太宏邦訳	¥3300
同性愛の百年間〈ギリシア的愛について〉	D.M.ハルプリン／石塚浩司訳	¥3800
古代エジプトの遊びとスポーツ	W.デッカー／津山拓也訳	¥2700
エイジズム〈優遇と偏見・差別〉	E.B.パルモア／奥山，秋葉，片多，松村訳	¥3200
人生の意味〈価値の創造〉	I.シンガー／工藤政司訳	¥1700
愛の知恵	A.フィンケルクロート／磯本，中嶋訳	¥1800
魔女・産婆・看護婦	B.エーレンライク，他／長瀬久子訳	¥2200
子どもの描画心理学	G.V.トーマス，A.M.J.シルク／中川作一監訳	¥2400
中国との再会〈1954―1994年の経験〉	H.マイヤー／青木隆嘉訳	¥1500
初期のジャズ〈その根源と音楽的発展〉	G.シューラー／湯川新訳	¥5800
歴史を変えた病	F.F.カートライト／倉俣，小林訳	¥2900
オリエント漂泊〈ヘスター・スタノップの生涯〉	J.ハズリップ／田隅恒生訳	¥3800
明治日本とイギリス	O.チェックランド／杉山・玉置訳	¥4300
母の刻印〈イオカステーの子供たち〉	C.オリヴィエ／大谷尚文訳	¥2700
ホモセクシュアルとは	L.ベルサーニ／船倉正憲訳	¥2300
自己意識とイロニー	M.ヴァルザー／洲崎惠三訳	¥2800
アルコール中毒の歴史	J.-C.スールニア／本多文彦監訳	¥3800
音楽と病	J.オシエー／菅野弘久訳	¥3400
中世のカリスマたち	N.F.キャンター／藤田永祐訳	¥2900
幻想の起源	J.ラプランシュ，J.-B.ポンタリス／福本修訳	¥1300
人種差別	A.メンミ／菊地，白井訳	¥2300
ヴァイキング・サガ	R.プェルトナー／木村寿夫訳	¥3300
肉体の文化史〈体構造と宿命〉	S.カーン／喜多迅鷹・喜多元子訳	¥2900

りぶらりあ選書

スミス，マルクスおよび現代	R.L.ミーク／時永淑訳	¥3500
愛と真実〈現象学的精神療法への道〉	P.ローマス／鈴木二郎訳	¥1600
弁証法的唯物論と医学	ゲ・ツァレゴロドツェフ／木下，仲本訳	¥3800
イラン〈独裁と経済発展〉	F.ハリデー／岩永，菊地，伏見訳	¥2800
競争と集中〈経済・環境・科学〉	T.プラーガー／島田稔夫訳	¥2500
抽象芸術と不条理文学	L.コフラー／石井扶桑雄訳	¥2400
プルードンの社会学	P.アンサール／斉藤悦則訳	¥2500
ウィトゲンシュタイン	A.ケニー／野本和幸訳	¥3200
ヘーゲルとプロイセン国家	R.ホッチェヴァール／寿福真美訳	¥2500
労働の社会心理	M.アージル／白水，奥山訳	¥1900
マルクスのマルクス主義	J.ルイス／玉井，渡辺，堀場訳	¥2900
人間の復権をもとめて	M.デュフレンヌ／山縣熙訳	¥2800
映画の言語	R.ホイッタカー／池田，横川訳	¥1600
食料獲得の技術誌	W.H.オズワルド／加藤，禿訳	¥2500
モーツァルトとフリーメーソン	K.トムソン／湯川，田口訳	¥3000
音楽と中産階級〈演奏会の社会史〉	W.ウェーバー／城戸朋子訳	¥3300
書物の哲学	P.クローデル／三嶋睦子訳	¥1600
ベルリンのヘーゲル	J.ドント／花田圭介監訳，杉山吉弘訳	¥2900
福祉国家への歩み	M.ブルース／秋田成就訳	¥4800
ロボット症人間	L.ヤブロンスキー／北川，樋口訳	¥1800
合理的思考のすすめ	P.T.ギーチ／西勝忠男訳	¥2000
カフカ=コロキウム	C.ダヴィッド編／円子修平，他訳	¥2500
図形と文化	D.ペドウ／磯田浩訳	¥2800
映画と現実	R.アーメス／瓜生忠夫，他訳／清水晶監修	¥3000
資本論と現代資本主義（I・II）	A.カトラー，他／岡崎，塩谷，時永訳	I 品切 II ¥3500
資本論体系成立史	W.シュヴァルツ／時永，大山訳	¥4500
ソ連の本質〈全体主義的複合体と新たな帝国〉	E.モラン／田中正人訳	¥2400
ブレヒトの思い出	ベンヤミン他／中村，神崎，越部，大島訳	¥2800
ジラールと悪の問題	ドゥギー，デュピュイ編／古田，秋枝，小池訳	¥3800
ジェノサイド〈20世紀におけるその現実〉	L.クーパー／高尾利数訳	¥2900
シングル・レンズ〈単式顕微鏡の歴史〉	B.J.フォード／伊藤智夫訳	¥2400
希望の心理学〈そのパラドキシカルアプローチ〉	P.ワツラウィック／長谷川啓三訳	¥1600
フロイト	R.ジャカール／福本修訳	¥1400
社会学思想の系譜	J.H.アブラハム／安江，小林，樋口訳	¥2300
生物学における ランダムウォーク	H.C.バーグ／寺本，佐藤訳	¥1600
フランス文学とスポーツ〈1870～1970〉	P.シャールトン／三好郁朗訳	¥2800
アイロニーの効用〈『資本論』の文学的構造〉	R.P.ウルフ／竹田茂夫訳	¥1600
社会の労働者階級の状態	J.バートン／真実一男訳	¥2000
資本論を理解する〈マルクスの経済理論〉	D.K.フォーリー／竹田，原訳	¥2800
買い物の社会史	M.ハリスン／工藤政司訳	¥2000
中世社会の構造	C.ブルック／松田隆美訳	¥1800
ジャズ〈熱い混血の音楽〉	W.サージェント／湯川新訳	¥2800
地球の誕生	D.E.フィッシャー／中島竜三訳	¥2900
トプカプ宮殿の光と影	N.M.ペンザー／岩永博訳	¥3800
テレビ視聴の構造〈多メディア時代の「受け手」像〉	P.バーワイズ他／田中，伊藤，小林訳	¥3300
夫婦関係の精神分析	J.ヴィリィ／中野，奥村訳	¥3300
夫婦関係の治療	J.ヴィリィ／奥村満佐子訳	¥4000
ラディカル・ユートピア〈価値をめぐる議論の思想と方法〉	A.ヘラー／小箕俊介訳	¥2400

魔女と魔女裁判〈集団妄想の歴史〉	K.バッシュビッツ／川端，坂井訳	¥3800
科学論〈その哲学的諸問題〉	カール・マルクス大学哲学研究集団／岩崎允胤訳	¥2500
先史時代の社会	クラーク，ピゴット／田辺，梅原訳	¥1500
人類の起原	レシェトフ／金光不二夫訳	¥3000
非政治的人間の政治論	H.リード／増野，山内訳	¥ 850
マルクス主義と民主主義の伝統	A.ランディー／藤野渉訳	¥1200
労働の歴史〈棍棒からオートメーションへ〉	J.クチンスキー，良知，小川共著	¥1900
ヒュマニズムと芸術の哲学	T.E.ヒューム／長谷川鉱平訳	¥2200
人類社会の形成（上・下）	セミョーノフ／中島，中村，井上訳	上 品 切 下 ¥2800
倫理学	G.E.ムーア／深谷昭三訳	¥2200
国家・経済・文学〈マルクス主義の原理と新しい論点〉	J.クチンスキー／宇佐美誠次郎訳	¥ 850
ホワイトヘッド教育論	久保田信之訳	¥1800
現代世界と精神〈ヴァレリィの文明批評〉	P.ルーラン／江口幹訳	¥980
葛藤としての病〈精神身体医学的考察〉	A.ミッチャーリヒ／中野，白滝訳	¥1500
心身症〈葛藤としての病2〉	A.ミッチャーリヒ／中野，大西，奥村訳	¥1500
資本論成立史（全4分冊）	R.ロスドルスキー／時永，平林，安田他訳	(1)¥1200 (2)¥1200 (3)¥1200 (4)¥1400
アメリカ神話への挑戦（I・II）	T.クリストフェル他編／宇野，玉野井他訳	I ¥1600 II ¥1800
ユダヤ人と資本主義	A.レオン／波田節夫訳	¥2800
スペイン精神史序説	M.ピダル／佐々木孝訳	¥2200
マルクスの生涯と思想	J.ルイス／玉井，堀場，松井訳	¥2000
美学入門	E.スリヨ／古田，池部訳	¥1800
デーモン考	R.M.=シュテルンベルク／木戸三良訳	¥1800
政治的人間〈人間の政治学への序論〉	E.モラン／古田幸男訳	¥1200
戦争論〈われわれの内にひそむ女神ベローナ〉	R.カイヨワ／秋枝茂夫訳	¥3000
新しい芸術精神〈空間と光と時間の力学〉	N.シェフェール／渡辺淳訳	¥1200
カリフォルニア日記〈ひとつの文化革命〉	E.モラン／林瑞枝訳	¥2400
論理学の哲学	H.パットナム／米盛，藤川訳	¥1300
労働運動の理論	S.パールマン／松井七郎訳	¥2400
哲学の中心問題	A.J.エイヤー／竹尾治一郎訳	¥3500
共産党宣言小史	H.J.ラスキ／山村喬訳	¥980
自己批評〈スターリニズムと知識人〉	E.モラン／宇波彰訳	¥2000
スター	E.モラン／渡辺，山崎訳	¥1800
革命と哲学〈フランス革命とフィヒテの本源的哲学〉	M.ブール／藤野，小栗，福吉訳	¥1300
フランス革命の哲学	B.グレトゥイゼン／井上尭裕訳	¥2400
意志と偶然〈ドリエージュとの対話〉	P.ブーレーズ／店村新次訳	¥2500
現代哲学の主潮流（全5分冊）	W.シュテークミュラー／中埜，竹尾監修	(1)¥4300 (2)¥4200 (3)¥6000 (4)¥3300 (5)¥7300
現代アラビア〈石油王国とその周辺〉	F.ハリデー／岩永，菊地，伏見訳	¥2800
マックス・ウェーバーの社会科学論	W.G.ランシマン／湯川新訳	¥1600
フロイトの美学〈芸術と精神分析〉	J.J.スペクター／秋山，小山，西川訳	¥2400
サラリーマン〈ワイマル共和国の黄昏〉	S.クラカウアー／神崎巌訳	¥1700
攻撃する人間	A.ミッチャーリヒ／竹内豊治訳	¥ 900
宗教と宗教批判	L.セーヴ他／大津，石田訳	¥2500
キリスト教の悲惨	J.カール／高尾利数訳	¥1600
時代精神（I・II）	E.モラン／宇波彰訳	I 品 切 II ¥2500
囚人組合の出現	M.フィッツジェラルド／長谷川健三郎訳	¥2000

著　者

ノーマン・F. キャンター
(Norman F. Cantor)

ニューヨーク大学教授．テルアビブ大学客員教授．専攻は歴史学，社会学から比較文学におよぶ．本書のほか，『中世のカリスマたち——八人の指導者の葛藤と選択』（邦訳・小局刊），ナショナル・ブック・クリティックス・サークル賞を受賞した『中世の発明』（邦訳・小局刊行予定），『中世の文明』，『20世紀の文化』など，多数の著書がある．

訳　者

藤田永祐（ふじた えいすけ）

1963年，東京大学文学部英文科卒業．1967年，同大学大学院英語英文学修士課程修了．現在，獨協大学外国語学部教授．訳書に，I. ワット『小説の勃興』（南雲堂，1999）など，共訳に，H. P. チュダコフ『年齢意識の社会学』（法政大学出版局，1994），主要論文に，「『インドへの道』論」，「『ディヴィッド・コパフィールド』の登場人物論」，「『エマ』論」など．

りぶらりあ選書
聖なるきずな――ユダヤ人の歴史
2005年11月18日　初版第1刷発行

著　者　ノーマン・F. キャンター
訳　者　藤田永祐
発行所　財団法人 法政大学出版局
〒102-0073 東京都千代田区九段北3-2-7
Tel. 03 (5214) 5540／振替 00160-6-95814
製版，印刷　三和印刷
鈴木製本所

ISBN4-588-02226-1
Printed in Japan

索　引

カ 行

サ　行

タ　行

ナ　行

ハ　行

マ　行

ヤ　行

ラ 行

ワ　行

精選参考文献

As the vigorous outpouring of publication on Jewish history continues, the bibliographical needs of the general reader and college student are best served by an annotated guide that constitutes a selected library of books that are both authoritative in their learning and accessible to the educated lay reader and preferably are a pleasure to read.

This is the purpose of the following Select Bibliography. It will be noted that the majority of these books have been published since 1980 and these are therefore still likely available through booksellers or by phoning the customer service department of the publishers. All of these titles can be found in a good university or first-rate college library.

I. The Ancient World: The Second Millennium B.C. to A.D. 600

Allegro, John M. *The Chosen People*. Garden City, N.Y.: Doubleday, 1972.

A Manchester scholar's very controversial and idiosyncratic but persistently interesting account of ancient Jewish religion which it is here claimed originated mostly in Iraq and was also marked by an underground variety involving psychedelic drugs. The latter claim, not popular in Jewish circles, was also espoused by Columbia University's Morton Smith toward the end of his career.

Alter, Robert, and Frank Kermode. *The Literary Guide to the Bible.* Cambridge, Mass.: Harvard University Press, 1987.

Critical essays on the books of the Hebrew Bible by leading scholars and general essays on the literary character of biblical literature comprise most of this volume. Uneven but intriguing.

Barnavi, Eli, ed. *A Historical Atlas of the Jewish People.* New York: Knopf, 1992.

The first part of this Israeli project is very helpful in sorting out the complexities of ancient Jewish history. The maps are superb and the archaeological illustrations well chosen.

Bickerman, Elias J. *From Ezra to the Last of the Maccabees: Foundations of Postbiblical Judaism.* New York: Schocken, 1962.

The Columbia University authority on Judaism in the Hellenistic era summarizes his many studies on this important subject.

Bloom, Harold, and David Rosenberg. *The Book of J.* New York: Vintage, 1990.

The renowned Yale critic highlights a novel embedded in the Torah, written by a woman of the royal court, a suggestion already made by R.E. Friedman. The new translation by Rosenberg will make you stop and think. This is the first translation of part of the Pentateuch that actually reads differently than the King James Version. This book was a bestseller in the United States.

Cohen, Shaye J. D. *From the Maccabees to the Mishna.* Philadelphia: Westminster, 1987.

By the head of the Judaic Studies Program at Brown University, formerly at the Jewish Theological Seminary, this work of deep learning and clear insight is also well written, guiding the reader through half a millennium of crucial religious development. An enduring, classic work.

Eilberg-Schwartz, Howard. *The Savage in Judaism.* Bloomington, Ind.: Indiana University Press, 1990.

A controversial but important and up-to-date anthropological reading of parts of the Bible that leaves the reader wanting more of such.

Fox, Robin Lane. *The Unauthorized Version, Truth and Fiction in the Bible.* New York: Viking, 1991.

This book by an Oxford don covers much the same ground and says much the same things about the Hebrew Bible as the earlier book by

Richard Friedman, but in a more personal, crankily British way, with a discussion of the New Testament—also significantly a Jewish product—added on.

Frederikson, Paula. *From Jesus to Christ*. New Haven, Conn.: Yale University Press, 1988.

The Jewish origins of Christianity, brilliantly explicated by a Boston University professor who is herself a convert from Christianity to Orthodox Judaism.

Friedman, Richard Elliott. *Who Wrote the Bible?* New York: Summit, 1987.

If you are going to read one book about the Hebrew Bible, this classic by a University of California professor is the one. It marvelously sums up the results of more than a century of scholarship in a succinct, clear, and thoroughly convincing manner.

Goodenough, Erwin R. *Jewish Symbols in the Graeco-Roman Period*. Abr. ed. Princeton, N.J.: Princeton University Press, 1988.

A representative selection from the great Yale scholar's seminal analysis of Hellenistic Jewish culture.

Hadas-Lebel, Mireille. *Flavius Josephus: Eyewitness to Rome's First-Century Conquest of Judea*. New York: Macmillan, 1989.

A highly readable and authoritative account of the great war of A.D. 66–70 through the life and perception of someone who was there. The author teaches in a French University.

Küng, Hans. *Judaism: Between Yesterday and Tomorrow*. New York: Crossroads, 1992.

A great man has written a very important book. Father Küng, a German theologian, is the world's leading liberal Roman Catholic thinker. The first part of this book summarizes biblical religion and history as well as anyone has ever done. The rest of the book reflects on the implications of ancient Judaism for later eras and today.

Neusner, Jacob. *The Bavli: An Introduction*. Atlanta: Scholars, 1992.

Formerly at Brown University, now the holder of a research chair at South Florida University, the prolific Neusner has devoted much of his long and distinguished career to explicating the Talmud. Here is a convenient summary of his views, clearly stated. An indispensable guide to the Talmud.

Otzen, Benedict. *Judaism in Antiquity*. Sheffield: JSOT Press, 1990.

Among the legion of books by Protestant scholars surveying ancient Jewish history, this one by a Danish historian is probably the briefest, the most readable, and most persuasive.

Sarna, Nahum. *Exploring Exodus, the Heritage of Biblical Israel*. New York: Schocken, 1986.

———. *Songs of the Heart: An Introduction to the Book of Psalms*. New York: Schocken, 1993.

A Brandeis professor and prominent Conservative rabbi gives his learned and heartfelt readings of the Bible. Too pious for my taste but admirable of their kind.

Segal, Alan F. *Rebecca's Children: Judaism and Christianity in the Roman World*. Cambridge, Mass: Harvard University Press, 1986.

The common origins of rabbinical Judaism and early Christianity; a clear-headed, sympathetic account by a Columbia professor.

Shanks, Hershel, ed. *Understanding the Dead Sea Scrolls: A Reader from the Biblical Archaeology Review*. New York: Vintage, 1993.

Dispassionate and insightful essays, the best introduction to this muddled subject.

Smith, Morton. *Palestinian Parties and Politics that Shaped the Old Testament*. 2d ed. London: SCM, 1987.

Bickerman's Columbia colleague and disciple straightens out the Pharisees and the Saduccees. A readable analysis of a very difficult subject.

Steinsaltz, Adin. *The Essential Talmud*. New York: Bantam, 1976.

The great Israeli rabbinical scholar delivers what he promises. Dry, but succinct and readable.

Zeitlin, Irving M. *Ancient Judaism: Biblical Criticism From Max Weber to the Present*. New York: Polity, 1984.

A Toronto sociologist's updated and expanded version of Max Weber's classic sociological study of the same main title. Immensely valuable synthesis of seven decades of scholarship.

II. Medieval and Early Modern Times: 600 to 1800

Ashtor, Eliyahu. *The Jews of Moslem Spain*. 3 vols. Philadelphia: Jewish Publication Society, 1979.

An Israeli historian's bold and near-successful effort to communicate very deep research in a literary form that is immediately accessible to the general reader.

Baer, Yitzhak F. *Galut.* Lanham, Md.: University Press of America, 1988 (1947).

The prominent historian of Jews in Christian Iberia ruminates on the course of Diaspora history. Fiercely Zionist, intellectually challenging.

Baron, Salo W. *A Social and Religious History of the Jews.* 2d ed. Vol. 8, *Philosophy and Science.* Philadelphia: Jewish Publication Society, 1971 (1958).

The most readable of Baron's many volumes, this discussion of medieval Jewish philosophy and science is marked not only by immense learning but also by subtle insight into a very complex subject.

Biale, David. *Eros and the Jews: From Biblical Israel to Contemporary America.* New York: Basic Books, 1992.

Jewish sexuality through the ages. Lots of laughs, some insights.

Dubnov, Simon M. *A History of the Jews in Russia and Poland From the Earliest Times.* New York: KTAV, 1975 (1920).

In many ways obsolete but still very much worth reading. The classic work of Yiddish historiography.

Faur, José. *In the Shadow of History: Jews and Conversos at the Dawn of Modernity.* Albany, N.Y.: State University of New York Press, 1992.

Overlapping somewhat with the first volume of Y. Yovel's work, this is an illuminating account of intellectual Marranos in the transition from Judaism to Christianity.

Gerber, Jane S. *The Jews of Spain.* New York: Free Press, 1992.

A convenient and readable overview, somewhat romanticized.

Goitein, Solomon D. *A Mediterranean Society.* 6 vols. Berkeley: University of California Press, 1967–1993.

Two thousand pages of deep immersion in the social and economic life of the Jewish merchant class in the Arabic Mediterranean world from 950 to 1250. A world of its own. The prose is readable enough but the very loosely structured work requires infinite patience and leisure to read through. The result is worth it—like reading all of Proust, another product of the Jewish mannerist imagination. Volumes III and V are probably the most accessible to the general reader. Volume VI is a cumulative index.

———. *Jews and Arabs: Their Contacts Through the Ages*. 3d ed. New York: Schocken Books, 1974.

Until someone produces a volume of carefully edited selections from Goitein's *A Mediterranean Society,* this short, thoughtful, and highly personal survey will provide easy access to the master's many decades of research and reflection on medieval Arabic Jewish culture and society. Goitein knows the Arabs as well as he knows the Jews.

Green, Arthur. *Tormented Master: A Life of Rabbi Nahman of Bratislav*. Tuscaloosa, Ala.: University of Alabama Press, 1979.

A careful biography of an early prominent Hasidic zaddik, Nahman of Bratislav, this work provides many insights into East European Jewish life around 1800.

Heer, Friedrich. *God's First Love: Christians and Jews Over Two Thousand Years*. New York: Weybright and Talley, 1970.

Heer was a prominent Viennese liberal Catholic intellectual historian. This book is probably the best of many accounts of Christian anti-Semitism down to 1900.

Idel, Moshe. *Kabbalah: New Perspectives*. New Haven, Conn.: Yale University Press, 1988.

A Hebrew University professor's followup and modification of Gershom Scholem's pioneering work.

Israel, Jonathan I. *European Jewry in the Ages of Mercantilism*. 2d ed. New York: Oxford University Press, 1989.

The Jewish role in early modern capitalism, by a University of London professor. Somewhat dry and hyper-academic but worth careful study for its highly illuminating account of Jewish economic and social roles. A seminal work.

Kadourie, Elie ed. *Spain and the Jews. The Sephardi Experience 1492 and After*. New York: Thames and Hudson, 1992.

An extremely valuable collection of important essays by leading scholars. The papers by Henry Kamen and Haim Beinart are especially significant.

Katz, Jacob. *Tradition and Crisis: Jewish Society at the End of the Middle Ages*. New York: Free Press, 1961.

A summary of a lifetime of research and reflection by the Hebrew University historical sociologist. Especially valuable for the discussion of communal and family structure.

Lewis, Bernard. *The Jews of Islam*. Princeton, N.J.: Princeton University Press, 1984.

Covering much the same ground as Goitein's *Jews and Arabs,* this book presents a very (perhaps too) succinct summary of Lewis's authoritative perceptions on Jewish-Muslim relations through the long centuries.

Maccoby, Hyam. *Judaism on Trial: Jewish-Christian Disputations in the Middle Ages*. Rutherford, N.J.: Farleigh Dickinson University Press, 1982.

Absorbing if somewhat idiosyncratic narratives with an excellent translation of Nachmanides's account of his disputation.

Mahler, Raphael. *A History of Modern Jewry*. New York: Schocken Books, 1971.

The title of this lengthy and authoritative study of the social foundations of Hasidism and its early phase should be "the origins and significance of Hasidism." A monumental and readable piece of high scholarship by the veteran YIVO scholar.

Scholem, Gershom. *Kabbalah*. New York: Dorset, 1987 (1974).

A highly readable summing up of Scholem's life-long research on medieval Jewish mysticism and its legacy.

———. *Sabbatai Sevi: The Mystical Messiah*. Princeton, N.J.: Princeton University Press, 1973.

The single most impressive work of humanistic scholarship ever written on post-Biblical Jewish history. A masterpiece that deals with not only messianism but also mysticism and the intellectual background to Hasidism.

Sharot, Stephen. *Messianism, Mysticism, and Magic. A Sociological Analysis of Jewish Religion*. Chapel Hill, N.C.: University of North Carolina, 1982.

An Israeli sociologist gives a succinct and subtle appraisal of the social and cultural meaning of Jewish mystical and messianic movements from the sixteenth century to the present. A classic work and a delight to read.

Sirat, Colette. *A History of Jewish Philosophy in the Middle Ages*. New York: Cambridge University Press, 1990 (1985).

Somewhat difficult and technical, this survey by a Parisian scholar is immensely useful for its biographical information, pithy summaries of theories, and extensive quotes from medieval writings.

Stillman, Norman A. *The Jews of Arab Lands*. Philadelphia: Jewish Publication Society, 1979.

The American scholar Stillman, Goitein's student, provides a wonderful anthology of contemporary writings, brilliantly translated, with helpful introductions for the period down to 1800. A classic.

Stow, Kenneth. *Alienated Minority: The Jews of Medieval Latin Europe*. Cambridge, Mass.: Harvard University Press, 1992.

An authoritative narrative of the decline and fall of Ashkenaz.

Yerushalmi, Yosef H. *From Spanish Court to Italian Ghetto: Isaac Cardoso*. Seattle: University of Washington Press, 1981.

The Sephardic Diaspora in charming biographical form.

Yovel, Yirmiyahu. *Spinoza and Other Heretics*. 2 vols. Princeton, N.J.: Princeton University Press, 1989.

Nothing less than an intellectual history of Western Sephardi society from 1500 into the eighteenth century by a Jerusalem professor. Bold, idiosyncratic, original; a seminal work.

III. The Modern and Contemporary Era: 1800 to 1994

Aberbach, David. *Bialik*. New York: Grove, 1988.

Not the definitive study of the poet and sage that needs to be written, but an interim essay that is well-informed and insightful.

Alcalay, Ammiel. *After Jews and Arabs: Remaking Levantine Culture*. Minneapolis: University of Minnesota Press, 1993.

Original and suggestive essays on aspects of Israeli culture in an unusual Middle Eastern context.

Alderman, Geoffrey. *Modern British Jewry*. New York: Oxford University Press, 1992.

A London University professor caused a commotion in the placid world of British Jewry with this hard-hitting but thoroughly well-grounded and convincing book. A model of what the history of a national Jewish society ought to be.

Beit Zvi, S. B. *Post-Ugandan Zionism on Trial: A Study of the Factors that Caused the Mistakes Made by the Zionist Movement during the Holocaust*. 2 vols. Tel Aviv: Beit Zvi, 1991.

The author's discussion of the subject as announced in the subtitle is relentlessly persuasive. He couldn't find a publisher who dared to bring out the book, and no wonder. Compelling reading.

Beller, Steven. *Vienna and the Jews 1867–1938: A Cultural History*. New York: Cambridge University Press, 1989.

The world of Freud, Schoenberg, and Wittgenstein, artfully analyzed.

Burt, Robert A. *Two Jewish Justices: Outcasts in the Promised Land*. Berkeley: University of California Press, 1988.

A succinct and thoughtful discussion of Brandeis and Frankfurter and their relationship, by a Yale law professor.

Chamish, Barry. *The Fall of Israel*. London: Canongate, 1992.

A detailed account of gross corruption in Israeli government and big business in the 1980s. Much of this information got into Israeli newspapers, but here it is in one book by an outraged Canadian living in Israel.

Chernow, Ron. *The Warburgs*. New York: Random House, 1993.

The billionaire patriarchs at work and play, prolix but valuable because of the author's access to the family's private papers, and easy reading.

Dayan, Yael. *My Father, His Daughter*. New York: Farrar, Straus, 1985.

A biographical portrait of the Israeli hero and statesman Moshe Dayan written by his daughter, a feminist journalist and politician. A work of deep insight.

Englander, David, ed. *The Jewish Enigma: An Enduring People*. New York: Braziller, 1992.

An up-to-date and insightful collection of overviews by a group of English and American scholars.

Feingold, Henry L., ed. *The Jewish People In America*. 5 vols. Baltimore: Johns Hopkins University Press.

An ambitious effort at a comprehensive narrative sponsored by the American Jewish Historical Society and addressed to the lay reader. Inevitably uneven, but volume 3 on the period 1880–1920 by Gerald Sorin and volume 4 on the period 1920–45 by Feingold, are very much worth reading.

Friedman, Maurice. *Encounter on the Narrow Ridge: A Life of Martin Buber*. New York: Paragon, 1991.

Not only an authoritative biography of the sage, but an intellectual history of early twentieth century German Jewry.

Gilman, Sander. *The Jews's Body*. New York: Routledge, 1991.

A prominent Cornell professor's psychiatric ruminations on anti-Semitism and the Jewish question in modern culture.

Ginsberg, Benjamin. *The Fatal Embrace: Jews and the State*. Chicago: University of Chicago Press, 1993.

An original and provocative essay by a Johns Hopkins political scientist about modern Jews, political power, and anti-Semitism.

Greenberg, Louis. *The Jews in Russia: The Struggle For Emancipation*. New Haven, Conn.: Yale University Press, 1965 (1949–51).

Partisan and somewhat obsolete but still not superseded. Highly readable.

Harshav, Benjamin. *The Meaning of Yiddish*. Berkeley: University of California Press, 1990.

A comprehensive and inspiring history of Yiddish language and the culture it expressed, by an Israeli scholar. A classic.

Hilberg, Raul. *Perpetrators, Victims, Bystanders: The Jewish Catastrophe 1933-1945*. New York: HarperCollins, 1992.

The pioneering American historian of the Holocaust gives his explicit conclusions after thirty years of research and reflection. Persuasive and important.

Howe, Irving. *The World of Our Fathers: The Journey of East European Jews to America and the Life They Found and Made*. New York: Schocken Books, 1989 (1976).

A brilliantly written combination of insight and sentiment. A runaway bestseller.

Kalmar, Ivan. *The Trotskys, Freuds, and Woody Allens: Portrait of a Culture*. New York: Viking, 1993.

A Toronto anthropologist's reflections on the folkways of the tribe. Many smiles, plenty of insight.

Kolsky, Thomas A. *Jews Against Zionism: The American Council for Judaism 1942–1948*. Philadelphia: Temple University Press, 1990.

A lively account of the losers—Reform rabbis who opposed Zionism. A vanished but interesting sub-culture.

Kurzman, Dan. *Genesis 1948: The First Arab-Israeli War*. New York: Da Capo, 1992 (1970).

The War of Independence graphically narrated by an American writer. Partisan but frank in revealing Israeli failures as well as triumphs.

Levin, Nora. *The Jews in the Soviet Union Since 1917: Paradox of Survival.* 2 vols. New York: New York University Press, 1988.

An absorbing and well-informed narrative history in the grand manner. A formidable achievement.

Linderman, Albert S. *The Jews Accused: Three Anti-Semitic Affairs: Dreyfus, Beilis, Frank 1894–1915.* New York: Cambridge University Press, 1991.

Reflective and probing examination of key aspects of the Wall of Hatred.

Mendes-Flohr, Paul. *Divided Passions: Jewish Intellectuals and the Experience of Modernity.* Detroit: Wayne, 1991.

Not comprehensive, but offering important studies of key aspects of this immensely complex and important subject by a Hebrew University professor.

Meyer, Michael A. *Response to Modernity: History of the Reform Movement in Judaism.* New York: Oxford University Press, 1988.

A somewhat dry and academic account, with an institutional focus, but well-researched and valuable. The author teaches at Hebrew Union College in New York.

Mosse, Werner E. *Jews in the German Economy, The German-Jewish Elite 1820–1936.* New York: Oxford University Press, 1987.

Rising above a vast fog of polemics and apologetics, this is an authoritative summation of the facts, worthy of close consideration.

Nakhimovsky, Alice Stone. *Russian-Jewish Literature and Identity.* Baltimore: Johns Hopkins University Press, 1992.

First-rate literary criticism, beautifully written.

Oz, Amos. *Israeli Literature: A Case of Reality Reflecting Fiction,* Colorado Springs: Colorado College, 1985.

Cultural insights by Israel's best known commentator. Essentially the voice of the Israeli liberal establishment. How the *New Yorker* wants to see Israeli culture.

Pawel, Ernst. *The Labyrinth of Exile: A Life of Theodor Herzl.* New York: Farrar, Straus, 1988.

An extremely insightful biography, placing Herzl in his cultural ambience and portraying Herzl's weaknesses as well as his greatness.

Raviv, Dan, and Yosef Melman. *Every Spy a Prince: The Complete History of Israel's Intelligence Community*. Boston: Houghton Mifflin, 1990.

This bestseller by two Israeli journalists is concrete and circumstantial, telling of the intelligence confusions and failures as well as the celebrated successes. Sometimes you wonder how the Arabs could have lost.

Reinharz, Jehudah. *Chaim Weizmann*. 2 vols. New York: Oxford University Press, 1985, 1993.
Rose, Norman. *Chaim Weizmann*. New York: Viking, 1986.

Rose's biography is much the more readable of the two and communicates Weizmann's humanity and grandeur. A first-rate memorial to a very great man, whatever your feelings about Zionism. Reinharz provides more information but is hard going and lacks focus. All things considered, Rose's is the better work.

Sachar, Howard M. *A History of the Jews in America*. New York: Knopf, 1992.

Lengthy and comprehensive, somewhat dull but highly informative, especially on communal organizations.

———. *A History of Israel*. New York: Knopf, 1993.

Triumphalist and partisan, but a convenient narrative.

Schult, Mel. *Judaism Faces the Twentieth Century: A Biography of Moedecai Kaplan*. Detroit: Wayne, 1993.

This long-awaited biography of Kaplan could be better written but it is intrinsically fascinating. Kaplan's failure to foment a religious rebirth seems to be due at least partly to defects in personality.

Segev, Tom. *The First Israelis, 1949*. New York: Free Press, 1986.
———. *The Seventh Million: The Israelis and the Holocaust*. New York: Hill and Wang, 1993.

Israel's top investigative journalist pulls no punches in describing the way it really was. Not what you are going to hear at an Israeli Bond dinner or from your local synagogue pulpit.

Stillman, Norman A. *The Jews in Arab Lands in Modern Times*. Philadelphia: Jewish Publication Society, 1991.

The fate of the "Oriental" Jews since 1800 portrayed in contemporary documents with extremely valuable editorial introductions.

Teveth, Shabtai. *Ben-Gurion: The Burning Ground 1886-1948*. Boston: Houghton Mifflin, 1987.

The first volume of the authorized biography that is remarkably frank about Ben-Gurion's personal and policy failures, yet communicates his courage, dynamism, and vision. Not well written but still fascinating. Teveth is an Israeli journalist.

Weintraub, Stanley. *Disraeli*. New York: Dutton, 1993.

Disraeli as a Jew. Detailed and delightful.

Wertheimer, Jack. *A People Divided: Judaism in Contemporary America*. New York: Basic Books, 1993.

A prophet crying in the wilderness. Wertheimer is a historical sociologist teaching at the font of Conservative Judaism, the Jewish Theological Seminary. Wertheimer sees the future of the Jewish community and faith in the American setting to be in grave peril. When he published a summary of this book in *Commentary,* he was publicly censured by the head of the Conservative national rabbinical organization. So much for self-criticism and free speech in the American Jewish community. Wertheimer took this censure calmly.

Wistrich, Robert S. *Between Redemption and Perdition: Anti-Semitism and Jewish Identity*. Boston: Routledge, 1990.

A Jerusalem professor's sensitive probing of the relationship between anti-Semitism and anti-Zionism. This book aroused fierce criticism in Britain where in academic and media circles it is fashionable to maintain that it is possible to make a sharp distinction between anti-Semitism and anti-Zionism, a position also held in some American leftist precincts, such as the *Village Voice*.

Wyman, David B. *The Abandonment of the Jews: America and the Holocaust, 1941–1945*. New York: Pantheon, 1984.

The pioneering work on this highly controversial subject was Arthur Morse, *While Six Million Died* (1964). Wyman's book is based on extensive additional archival research and is authoritative. What annoyed Arthur Schlesinger, Jr. and other liberal Democrats is that FDR himself comes through badly, not just a handful of anti-Semitic WASPS in the State Department. Unsuccessful efforts were made in 1994 to dissuade PBS from running a documentary film based on Wyman's excellent book. Read it and weep.

Yahl, Leni. *The Holocaust: The Fate of European Jewry*. New York: Oxford University Press, 1990.

A comprehensive and definitive narrative history by an Israeli scholar.

Zipperstein, Steven J. *The Jews of Odessa: A Cultural History, 1794–1881*. Stanford, Calif.: Stanford University Press, 1991.

A very important study of the emergence of the leading intellectual center of Russian Jewry.

———. *Elusive Prophet: Ahad Ha'Am and the Origins of Zionism*. Berkeley: University of California Press, 1993.

A superb account of Ahad Ha'Am in his time and place, giving full explanation of his importance in Zionist history, by a Stanford scholar.

Zuccotti, Susan. *The Holocaust, the French and the Jews*. New York: Basic Books, 1993.

A devastating and incontestable indictment. You will never eat in a French restaurant again. Zuccotti is a student of Columbia's Robert Paxton, who did the pioneering work on this subject twenty years ago.

A Mini-List

You only have time to read a half dozen books on Jewish history? Or you want a handy list of highly discussable, relatively short books for your synagogue or adult education group? I would choose the following. (Full bibliographical information is given above.)

Cohen, Shaye J. D. *From the Maccabees to the Mishna*
Friedman, Richard Elliot. *Who Wrote the Bible?*
Hilberg, Raul. *Perpetrators, Victims, Bystanders: The Jewish Catastrophe 1933–1945*
Lewis, Bernard. *The Jews of Islam*
Rose, Norman. *Chaim Weizmann*
Sharot, Stephen. *Messianism, Mysticism, and Magic*